MINISTÈRE DE LA MARINE

INSTRUCTIONS

SUR

L'APPLICATION DU DROIT INTERNATIONAL

EN CAS DE GUERRE

MINISTÈRE DE LA MARINE

INSTRUCTIONS

SUR

L'APPLICATION DU DROIT INTERNATIONAL

EN CAS DE GUERRE

RÉPUBLIQUE FRANÇAISE

—

MINISTÈRE DE LA MARINE

ÉTAT-MAJOR GÉNÉRAL : 1ᴿᴱ SECTION

INSTRUCTIONS

SUR

L'APPLICATION DU DROIT INTERNATIONAL

EN CAS DE GUERRE

ADRESSÉES

PAR LE MINISTRE DE LA MARINE

À MM. LES OFFICIERS GÉNÉRAUX, SUPÉRIEURS ET AUTRES

COMMANDANT

LES FORCES NAVALES ET LES BÂTIMENTS

DE LA RÉPUBLIQUE

PARIS

IMPRIMERIE NATIONALE

—

1912

TABLE DES ARTICLES

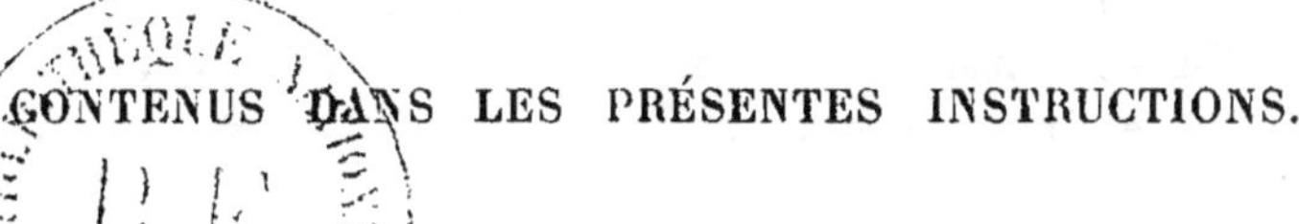

CONTENUS DANS LES PRÉSENTES INSTRUCTIONS.

TABLE DES ANNEXES.

ANNEXES 1.

TEXTES.

ANNEXES II.

RENSEIGNEMENTS.

ANNEXES III.

FORMULAIRE.

ÉTAT-MAJOR GÉNÉRAL : 1RE SECTION.

INSTRUCTIONS

SUR L'APPLICATION DU DROIT INTERNATIONAL

EN CAS DE GUERRE

ADRESSÉES

PAR LE MINISTRE DE LA MARINE

A MM. LES OFFICIERS GÉNÉRAUX, SUPÉRIEURS ET AUTRES

COMMANDANT

LES FORCES NAVALES ET LES BÂTIMENTS

DE LA RÉPUBLIQUE.

(Du 19 décembre 1912.)

OBSERVATIONS GÉNÉRALES.

Dans tout le cours des présentes instructions, les expressions *capture, saisie, confiscation, séquestre* ont été employées avec le sens et dans le but qui vont être indiqués.

1° *Opérations effectuées par le bâtiment de guerre.*

La *capture* est l'acte purement militaire par lequel le commandant du navire de guerre substitue son autorité à celle du capitaine du navire de commerce, dispose du navire, de son équipage et de sa cargaison, comme il est dit aux présentes instructions, sous réserve du jugement ultérieur du Conseil des prises quant au sort définitif du navire et de sa cargaison.

La *saisie*, lorsqu'elle s'applique aux marchandises seules, est l'acte par lequel le navire de guerre, avec ou sans l'assentiment du capitaine du navire arrêté, s'empare et dispose de ces marchandises comme il est dit aux présentes instructions, sous réserve du jugement ultérieur du Conseil des prises.

La *saisie*, lorsqu'elle s'applique au navire, diffère de la capture en ce que le sort ultérieur du navire n'est pas en cause quant à l'éventualité de sa confiscation. Il y a saisie, lorsque le navire doit être mis sous séquestre pendant la durée des hostilités ; il y a saisie, lorsque le navire doit être contraint de venir débarquer sa marchandise illicite dans un port national ou allié, sous réserve du jugement ultérieur du Conseil des prises quant au sort de cette marchandise.

La *saisie* est toujours accompagnée des opérations d'inventaire et d'apposition des scellés.

Le mot *prise* est une expression générale s'appliquant au navire capturé ou à la marchandise saisie.

2° *Opérations effectuées par d'autres autorités que le commandant du bâtiment de guerre.*

Ces opérations sont envisagées dans les présentes instructions à titre de renseignements et pour permettre au commandant du bâtiment de guerre de régler sa conduite, dans certains cas, suivant les possibilités ultérieures de confiscation, de relaxe, de séquestre ou de saisie avec ou sans indemnité.

La *confiscation* est prononcée par le Conseil des prises en conséquence de la validation de la capture. C'est l'attribution définitive, au profit de l'État, de la propriété du navire ou de la cargaison capturée.

Le *séquestre* est l'acte par lequel le Gouvernement ou les autorités compétentes d'un port retiennent le navire et sa cargaison, soit provisoirement en vue d'un jugement ultérieur du Conseil des prises, soit pendant la durée de la guerre pour des raisons d'ordre militaire.

ARTICLE PREMIER.

Bâtiments ennemis[1].

1. Dès que vous avez connaissance de l'état de guerre existant entre la France et . . . . . ., soit par les ordres directs que vous avez reçus, soit par une information officielle de nos agents diplomatiques ou consulaires, soit par toute autre information indirecte mais certaine, vous êtes requis, sous la réserve des intérêts spéciaux de la mission qui vous est confiée, de courir sus à tous les bâtiments de guerre de . . . ., de les détruire ou de vous en emparer par la force des armes.

---

[1] Convention III de La Haye relative à l'ouverture des hostilités. — Article **V** des présentes instructions (eaux territoriales neutres). — Formule I. Capture d'un navire ennemi. — Convention VI de La Haye, relative au régime des navires de commerce ennemis au début des hostilités.

2. Vous êtes également requis de courir sus à tous les navires de commerce ennemis que vous rencontrerez et de les capturer.

3. Sous réserve des dispositions de l'article XIII ci-après, relatives au transfert de pavillon, tout navire est présumé ennemi qui ne peut justifier du droit de porter un pavillon neutre.

4. Exceptionnellement, vous laisserez librement passer les navires de commerce ennemis munis d'un sauf-conduit à souche, conforme au modèle annexé aux présentes instructions, constatant qu'il leur a été permis de sortir librement d'un port français après l'ouverture des hostilités pour gagner directement le port qui leur aura été désigné dans ce sauf-conduit [1].

Vous vous assurerez que l'acte qui vous est présenté est sincère et que les conditions en ont été rigoureusement observées, particulièrement en ce qui concerne la route suivie par le navire et la composition de son équipage ou de sa cargaison.

En cas de soupçon sur l'authenticité de cet acte ou d'inexécution des conditions stipulées, vous capturerez le navire.

5. Vous laisserez librement passer les navires de commerce ennemis qui auront pris des cargaisons à destination de France ou pour compte français antérieurement à la déclaration de guerre. Vous délivrerez un sauf-conduit à ces navires qui pourront librement se rendre dans le port français que vous leur désignerez et y débarquer leur chargement.

Mais, si le lieu où vous avez rencontré lesdits navires et la route suivie par eux vous permettent de conclure qu'ils ont manifestement dévié de la route qu'ils devaient suivre d'après leurs papiers de bord, sans qu'ils y soient contraints par les circonstances de leur navigation, vous les capturerez.

6*. Les navires de commerce ennemis qui ont quitté leur dernier port de départ avant le commencement de la guerre, et qui sont rencontrés en mer ignorant les hostilités, ne peuvent être capturés.

Si la réussite des opérations engagées l'exige, lesdits navires sont sujets à être saisis, moyennant l'obligation de les restituer après la guerre sans indemnité, ou à être réquisitionnés ou même à être détruits, à charge d'indemnité et sous l'obligation de pourvoir à la sécurité des personnes ainsi qu'à la conservation des papiers de bord.

Si, en particulier, la cargaison desdits navires est de nature à justifier leur saisie et leur mise sous séquestre pendant la durée des hostilités dans les conditions ci-dessus spécifiées, et s'il ne vous est pas possible de les escorter jusqu'à un port français ou allié sans que, pour cela, leur destruction soit indispensable, vous leur ordonnerez, en inscrivant cet ordre sur leur journal de bord, de se rendre eux-mêmes, pour être mis sous séquestre, dans tel port français ou allié que vous fixerez, et sous telles conditions de route et de vitesse que vous fixerez également.

---

[1] Formule A de sauf-conduit à souche.

Vous leur spécifierez alors qu'ils seront capturés s'ils sont ensuite rencontrés faisant route pour une destination différente ou n'ayant pas observé les conditions de votre ordre.

7. Vous capturerez tous navires de commerce ennemis qui, dans les cas des paragraphes 5 et 6 précédents, n'auraient pas strictement observé les ordres donnés et préalablement inscrits à leur journal de bord par le commandant ou le délégué autorisé du commandant d'un navire de guerre français.

8. Vous capturerez *dans tous les cas* tous navires de commerce ennemis qui ne pourraient vous présenter des papiers de bord [1] complètement **en règle** et intacts ou que vous soupçonneriez spécialement d'avoir falsifié soit leur journal de bord, soit tout autre document relatif à leur route.

9. Vous capturerez *dans tous les cas* les navires de commerce ennemis dont la construction indique qu'ils sont destinés à être transformés en bâtiments de guerre, ou qui sont portés sur les listes officielles de leur gouvernement comme destinés à être transformés en bâtiments de guerre.

10. Les marchandises ennemies se trouvant à bord des navires ennemis visés aux paragraphes 5, 6, et non susceptibles d'être capturés, sont également sujettes à être saisies et restituées après la guerre sans indemnité, ou à être réquisitionnées moyennant indemnité conjointement avec le navire ou séparément.

11. En ce qui concerne la correspondance postale, vous vous conformerez aux prescriptions de l'article XVI ci-après.

ARTICLE II.

Bateaux de pêche et navires chargés de certaines missions [2].

12. Les navires ennemis exclusivement affectés à la pêche côtière ou à des services de petite navigation locale sont exempts de capture, ainsi que leurs engins, agrès, apparaux et chargement. Cette exemption cesse de leur être applicable dès qu'ils participent d'une façon quelconque aux hostilités.

13. Toutefois vous ne tolérerez la pêche et la petite navigation locale sur les côtes de l'ennemi que pendant le jour et qu'autant que cette faveur,

---

[1] Article XV des présentes instructions (papiers de bord).
[2] XI° Convention de La Haye relative à certaines restrictions à l'exercice du droit de capture dans la guerre maritime.

dictée par un intérêt d'humanité, n'entraînerait aucun abus préjudiciable aux opérations militaires et maritimes, notamment en cas de blocus.

14. Tout navire préalablement prévenu des interdictions que vous auriez pu ainsi décider, ou provenant d'un port auquel vous auriez notifié ces interdictions, et qui ne les aurait pas observées, sera considéré par vous comme participant aux hostilités.

15. Les bâtiments chargés de mission religieuse, scientifique ou philanthropique sont également exempts de capture, sous la même réserve que ces bâtiments ne participent en aucune façon aux hostilités.

16. Il vous est interdit de profiter du caractère inoffensif des navires français ayant les caractères susvisés pour les employer dans un but militaire en leur conservant leur apparence pacifique.

ARTICLE III.

Navires hospitaliers. — Personnel religieux, médical et hospitalier [1].

17. Vous vous conformerez aux prescriptions de la Convention de La Haye du 18 octobre 1907 pour l'adaptation à la guerre maritime des principes de la Convention de Genève (annexe n° 9) en respectant les bâtiments hospitaliers mentionnés dans les articles 1, 2 et 3 de cette Convention et dont la liste vous est adressée par ailleurs; le tout sous réserve des droits que vous confèrent et des devoirs que vous imposent, d'une part, les articles 4, 7, 8, 9, 10, 12, 14, d'autre part, les articles 7, 8, 9, 10, 11, 16, 17 de cette même Convention. Il vous appartient d'apprécier vous-même l'opportunité d'user de vos droits dans les divers cas envisagés par ladite Convention.

ARTICLE IV.

Câbles sous-marins.

18. Autant que possible, et sans nuire aux opérations principales où vous

---

[1] X⁰ Convention de La Haye pour l'adaptation à la guerre maritime des principes de la Convention de Genève.

serez engagé, vous vous efforcerez de procéder à la destruction des câbles sous-marins reliant exclusivement des possessions de l'ennemi.

19. Vous respecterez les câbles qui relient exclusivement entre eux deux pays neutres.

20. Quant aux câbles qui, venant d'un pays neutre, atterrissent en territoire ennemi ou le traversent, vous les mettrez hors de service partout ailleurs que dans les eaux territoriales neutres, s'ils sont susceptibles d'être utilisés par le belligérant pour la conduite immédiate de ses opérations de guerre.

21. Dans aucun de ces cas, vous n'avez à tenir compte de la nationalité de la compagnie ou société propriétaire du câble.

ARTICLE V.

Respect des droits des États neutres [1].

22. Vous vous conformerez strictement aux interdictions imposées aux belligérants par la Convention XIII de La Haye, du 18 octobre 1907, concernant les droits et devoirs des Puissances neutres en cas de guerre maritime.

23. Pour l'application de cette Convention, vous considérerez les eaux territoriales comme ne s'étendant jamais à moins de *trois* milles des côtes, des îles ou des bancs découvrant qui en dépendent, à compter de la laisse de basse mer, et jamais au delà de la portée de canon.

Vous trouverez dans l'annexe II le tableau des Puissances qui, soit dans un texte légal ou réglementaire, soit dans une déclaration de neutralité, ont fixé la limite de leurs eaux territoriales, quant au droit de la guerre, à une distance de la côte supérieure à trois milles.

Vous respecterez toute limite de cette nature qui se trouverait ainsi régulièrement fixée avant l'ouverture des hostilités.

ARTICLE VI.

Commerce des nationaux.

24. L'état de guerre entraînant l'interdiction de toutes relations de commerce avec la nation ennemie, vous devez arrêter les navires de com-

---

[1] Convention XIII de La Haye. (Droits et devoirs des puissances neutres en cas de guerre maritime.)

merce français qui, sans justifier d'une licence, tenteraient d'enfreindre cette interdiction ou qui, plus coupables encore, chercheraient à violer un blocus ou s'engageraient dans un transport de troupes, de dépêches officielles ou de contrebande de guerre, pour le compte ou à destination de l'ennemi.

25. Les capitaines et toutes personnes soupçonnées de complicité devraient être arrêtés et remis à l'autorité judiciaire française la plus proche, à l'effet d'être poursuivis, s'il y a lieu, par application des articles 77 et suivants du Code pénal.

ARTICLE VII.

Commerce des neutres. — Caractère neutre [1].

26. Les neutres sont autorisés par le droit des gens à continuer librement leur commerce avec les belligérants.

Toutefois les navires neutres sont soumis au droit de visite et, éventuellement, à la capture dans les cas suivants :

1° S'ils résistent à la visite dans les conditions de l'article XII ci- après ;

2° S'ils transportent des objets de contrebande de guerre, dans les conditions de l'article VIII ci-après ;

3° S'ils prêtent assistance à l'ennemi dans les conditions de l'article IX ci-après ;

4° S'ils tentent de violer un blocus dans les conditions de l'article X ci-après.

27. *Caractère neutre ou ennemi.* — Sous réserve des dispositions de l'article XIII ci-après, relativement au transfert de pavillon, le caractère d'un navire est déterminé par le pavillon qu'il a le droit de porter. Voir annexe II.

Le caractère neutre ou ennemi des marchandises trouvées à bord d'un navire ennemi est déterminé par la nationalité de leur propriétaire.

Si le caractère neutre de la marchandise trouvée à bord d'un navire ennemi n'est pas établi, la marchandise est présumée ennemie.

28. Le pavillon neutre couvre la marchandise ennemie, à l'exception de la contrebande de guerre. Vous n'avez donc point à examiner la propriété du chargement des navires neutres, mais seulement la nature de ce chargement.

---

[1] **Déclaration du Congrès de Paris du 16 avril 1856. Annexe I.**

ARTICLE VIII.

Contrebande de guerre. — Sort des navires transportant de la contrebande.

29. A moins de stipulation spéciale des Traités ou de décision particulière du Gouvernement de la République, vous considérerez de plein droit comme contrebande de guerre les objets et matériaux suivants, compris sous le nom de *contrebande absolue*, dont la destination hostile apparaîtra comme il est dit plus loin :

1° Les armes de toute nature, y compris les armes de chasse et les pièces détachées caractérisées ;

2° Les projectiles, gargousses et cartouches de toute nature et les pièces détachées caractérisées ;

3° Les poudres et explosifs spécialement affectés à la guerre ;

4° Les affûts, caissons, avant-trains, fourgons, forges de campagne et les pièces détachées caractérisées ;

5° Les effets d'habillement et d'équipement militaires caractérisés ;

6° Les harnachements militaires caractérisés de toute nature ;

7° Les animaux de selle, de trait et de bât utilisables pour la guerre ;

8° Le matériel de campement et les pièces détachées caractérisées ;

9° Les plaques de blindage ;

10° Les bâtiments et embarcations de guerre et les pièces détachées spécialement caractérisées ;

11° Les instruments et appareils exclusivement faits pour la fabrication des munitions de guerre, pour la fabrication et la réparation des armes et du matériel militaire terrestre ou naval.

30. Vous ne considérerez pas comme contrebande de guerre les armes et les munitions exclusivement destinées à la défense du navire, et en la quantité que permet la coutume, à moins qu'il n'en ait été fait usage pour résister à la visite.

31. Le cas échéant, vous recevrez une liste complémentaire d'objets et de matériaux exclusivement employés à la guerre, que le Gouvernement jugerait utile, au cours des hostilités, d'ajouter aux objets de contrebande absolue énumérés ci-dessus.

32. Les articles énumérés ci-dessus sont de contrebande, s'il vous apparaît qu'ils sont destinés au territoire de l'ennemi ou à un territoire occupé par lui ou à ses forces armées. Peu importe que le navire transporteur soit lui-même à destination d'un port neutre.

33. La destination ennemie de la contrebande absolue est considérée comme définitivement prouvée dans les cas suivants :

1° Lorsque la marchandise est documentée pour être débarquée dans un port de l'ennemi ou pour être livrée à ses forces armées ;

2° Lorsque, bien que la marchandise soit documentée pour un port neutre, le navire ne doit aborder qu'à des ports ennemis, ou lorsqu'il doit toucher à un port de l'ennemi, ou rejoindre ses forces armées avant d'arriver au port neutre pour lequel la marchandise est documentée.

34*. Les papiers de bord font preuve complète de l'itinéraire du navire transportant de la contrebande absolue, à moins que le navire ne soit rencontré ayant manifestement dévié de la route qu'il devrait suivre d'après ses papiers de bord et sans pouvoir justifier d'une cause suffisante de cette déviation.

35. Vous considérerez de plein droit comme contrebande de guerre les objets et matériaux suivants, qui, susceptibles de servir aux usages de la guerre comme à des usages pacifiques, sont compris sous le nom de *contrebande conditionnelle*, et dont la destination hostile apparaîtra comme il est dit plus loin, savoir :

1° Les vivres ;

2° Les fourrages et les graines propres à la nourriture des animaux ;

3° Les vêtements et les tissus d'habillement, les chaussures propres à des usages militaires ;

4° L'or et l'argent monnayé et en lingots, les papiers représentatifs de la monnaie ;

5° Les véhicules de toute nature pouvant servir à la guerre, ainsi que les pièces détachées ;

6° Les navires, bateaux et embarcations de tout genre, les docks flottants, parties de bassins, ainsi que les pièces détachées ;

7° Le matériel fixe ou roulant des chemins de fer, le matériel des télégraphes, radiotélégraphes ou téléphones ;

8° Les aérostats et les appareils d'aviation, les pièces détachées caractérisées ainsi que les accessoires, objets et matériaux caractérisés comme devant servir à l'aérostation ou à l'aviation ;

9° Les combustibles et matières lubréfiantes ;

10° Les poudres et les explosifs qui ne sont pas spécialement affectés à la guerre ;

11° Les fils barbelés, ainsi que les instruments servant à les fixer ou à les couper ;

12° Les fers à cheval et le matériel de maréchalerie ;

13° Les objets de harnachement et de sellerie ;

14° Les jumelles, télescopes, chronomètres et les divers instruments nautiques.

36. Le cas échéant, vous recevrez une liste complémentaire d'objets et matériaux susceptibles de servir aux usages de la guerre comme aux usages pacifiques, que le Gouvernement jugerait utile, au cours des hostilités, d'ajouter aux objets de contrebande conditionnelle énumérés ci-dessus.

37. Les articles énumérés ci-dessus sont de contrebande s'il vous apparaît qu'ils sont destinés à l'usage des forces armées ou à des administrations de l'État ennemi, à moins, dans ce dernier cas, que les circonstances n'établissent qu'en fait ces articles ne peuvent être utilisés pour la guerre en cours; cette dernière réserve ne s'applique pas à l'or et à l'argent monnayés et en lingots, ni aux papiers représentatifs de la monnaie.

38 *. Vous considérerez que les articles de contrebande conditionnelle ont la destination ci-dessus indiquée, si l'envoi est adressé aux autorités ennemies, ou à un commerçant établi en pays ennemi, et lorsqu'il est notoire que ce commerçant fournit au Gouvernement ennemi des objets et matériaux de cette nature. Il en est de même si l'envoi est à destination d'une place fortifiée ennemie ou d'une autre place servant de base d'opérations ou de ravitaillement aux forces armées ennemies.

39*. Si, sans en pouvoir trouver la preuve complète, vous avez cependant des raisons suffisantes de croire que les articles de contrebande conditionnelle, dont le déchargement doit avoir lieu en territoire ennemi ou occupé par l'ennemi, ont la destination hostile ci-dessus indiquée, vous pourrez saisir le navire porteur de cette contrebande.

40. A défaut des présomptions ci-dessus, la destination est présumée innocente.

41. Les articles dits de contrebande conditionnelle n'ont le caractère de contrebande que si le navire transporteur fait route vers le territoire de l'ennemi ou vers un territoire occupé par lui ou vers ses forces armées, et s'il ne doit pas les décharger dans un port intermédiaire neutre.

42. Toutefois, si le territoire de l'ennemi n'a pas de frontière maritime, les articles ci-dessus ont le caractère de contrebande par le seul fait de leur propre destination hostile, encore que le navire transporteur ait lui-même une destination neutre.

43*. Les papiers de bord font preuve complète de l'itinéraire du navire ainsi que du lieu de déchargement des marchandises, à moins que ce navire ne soit rencontré ayant manifestement dévié de la route qu'il devait suivre d'après ses papiers de bord et sans pouvoir justifier d'une cause suffisante de cette déviation.

44. Les objets et matériaux qui ne sont pas compris dans les deux listes ci-dessus de contrebande absolue ou de contrebande conditionnelle, ou qui ne vous auraient pas été notifiés comme devant y être ajoutés, ne sont pas contrebande de guerre.

45. Ne sont jamais contrebande de guerre les articles suivants, savoir :

1° Le coton brut, les laines, soies, jutes, lins, chanvres bruts, et les autres matières premières des industries textiles ainsi que leurs filés ;

2° Les noix et graines oléagineuses, le coprah ;

3° Les caoutchoucs, résines, gommes et laques, le houblon ;

4° Les peaux brutes, les cornes, os et ivoires ;

5° Les engrais naturels et artificiels, y compris les nitrates et les phosphates pouvant servir à l'agriculture ;

6° Les minerais ;

7° Les terres, les argiles, la chaux, la craie, les pierres y compris les marbres, les briques, ardoises et tuiles ;

8° Les porcelaines et verreries ;

9° Le papier et les matières préparées pour sa fabrication ;

10° Les savons, couleurs, y compris les matières exclusivement destinées à les produire, et les vernis ;

11° L'hypochlorite de chaux, les cendres de soude, la soude caustique, le sulfate de soude en pains, l'ammoniaque, le sulfate d'ammoniaque et le sulfate de cuivre ;

12° Les machines servant à l'agriculture, aux mines, aux industries textiles et à l'imprimerie ;

13° Les pierres précieuses, les pierres fines, les perles, la nacre et les coraux ;

14° Les horloges, pendules et montres, autres que les chronomètres ;

15° Les articles de mode et les objets de fantaisie ;

16° Les plumes de tout genre, les crins et soies :

17° Les objets d'ameublement et d'ornement, les meubles et accessoires de bureau.

46. Ne sont pas non plus considérés comme contrebande de guerre :

1° Les objets et matériaux servant exclusivement à soigner les malades et les blessés. Toutefois, en cas de nécessité militaire importante, vous pourrez les réquisitionner, moyennant une indemnité, s'ils sont destinés au territoire de l'ennemi ou à un territoire occupé par lui ou à ses forces armées ;

2° Les objets et matériaux destinés à l'usage du navire où ils sont trouvés, ainsi qu'à l'usage de l'équipage et des passagers de ce navire pendant la traversée.

Sort des navires transportant de la contrebande.

47*. Vous ne saisirez pas un navire en raison d'un transport de contrebande qu'il aurait antérieurement effectué et actuellement achevé.

48. Le navire transportant des articles saisissables comme contrebande peut être saisi ou capturé par vous pendant tout le cours de son voyage, même s'il a l'intention de toucher à un port d'escale avant d'atteindre la destination ennemie.

49*. Vous capturerez le navire transportant de la contrebande si cette contrebande forme, soit par sa valeur, soit par son poids, soit par son volume, soit par son fret, plus de la moitié de la cargaison.

50. Vous vous bornerez à saisir le navire transportant de la contrebande si cette contrebande est en proportion inférieure à celle ci-dessus indiquée.

51. Suivant les circonstances, vous pourrez autoriser à continuer sa route un navire arrêté pour cause de contrebande et non susceptible de confiscation à raison de la proportion de la contrebande, si le capitaine est prêt à vous livrer cette contrebande.

La remise de la contrebande sera mentionnée sur le livre de bord du navire arrêté, et le capitaine de ce navire devra vous remettre copie certifiée conforme de tous papiers utiles.

52. Vous aurez la faculté de détruire la contrebande qui vous sera ainsi livrée (voir art. XXIX).

53. Si vous rencontrez en mer un navire naviguant dans l'ignorance des hostilités ou de la déclaration de contrebande applicable à son chargement, vous pourrez néanmoins saisir ces articles de contrebande; mais, la confiscation de ces articles pouvant ultérieurement donner lieu à une indemnité, vous aurez soin de dresser un procès-verbal précis en nature, poids, valeur, volume et fret des marchandises ainsi saisies. Dans ce cas, le navire et le surplus de sa cargaison, tout en étant sujets à être saisis, seront exempts de confiscation. Il en sera de même si le capitaine, après avoir eu connaissance de l'ouverture des hostilités ou de la déclaration de contrebande, n'a pu encore décharger les articles de contrebande.

54. Le navire est réputé connaître l'état de guerre ou la déclaration de contrebande, lorsqu'il a quitté un port ennemi après l'ouverture des hostilités ou lorsqu'il a quitté un port neutre après que la notification de l'ouverture des hostilités ou de la déclaration de contrebande a été faite en temps utile à la puissance dont relève ce port.

ARTICLE IX.

Assistance hostile.

55[4]. Vous capturerez tout navire neutre :

1° S'il voyage spécialement en vue du transport de passagers individuels incorporés dans la force armée de l'ennemi ou en vue de la transmission de nouvelles dans *l'intérêt de l'ennemi*.

2° S'il vous apparaît que c'est à la connaissance soit du propriétaire, soit de celui qui a affrété le navire en totalité, soit du capitaine, qu'il transporte un détachement militaire de l'ennemi ou une ou plusieurs personnes qui, pendant le voyage, prêtent une assistance directe aux opérations de l'ennemi.

56. Dans les deux cas spécifiés ci-dessus, le navire sera passible de confiscation et, d'une manière générale, passible du traitement que subirait le navire neutre sujet à confiscation pour contrebande de guerre.

57. Toutefois les dispositions du paragraphe 55, alinéa 2°, ne s'appliquent pas si, lorsque le navire est rencontré en mer, il ignore les hostilités ou si le capitaine, après avoir appris l'ouverture des hostilités, n'a pu encore débarquer les personnes transportées.

58. Le navire est réputé connaître l'état de guerre, lorsqu'il a quitté un port ennemi après l'ouverture des hostilités ou un port neutre postérieurement à la notification en temps utile de l'ouverture des hostilités à la puissance dont relève ce port.

59. Alors même qu'il n'y aurait pas lieu de capturer le navire, vous pourrez faire prisonniers de guerre tous individus incorporés dans la force armée de l'ennemi et qui seront trouvés à bord d'un navire de commerce neutre.

Vous demanderez tout d'abord au capitaine du navire de vous remettre ces individus. En cas de refus de sa part, vous passerez outre et vous les ferez prisonniers de guerre. En cas de résistance de la part du personnel du navire, vous capturerez le navire.

60. Le personnel religieux, médical et hospitalier ennemi, trouvé à bord d'un navire de commerce neutre, ne peut être fait prisonnier de guerre ; mais, avant de laisser libre ce personnel, vous vous assurerez avec soin de la réalité de son caractère. En cas de doute, vous pourrez le retenir dans la forme ci-dessus indiquée jusqu'à ce que la preuve de ce caractère soit établie.

61. Vous capturerez également tout navire neutre :

1° Lorsqu'il prend une part directe aux hostilités ;

2° Lorsqu'il se trouve sous les ordres ou sous le contrôle d'un agent placé à bord par le Gouvernement ennemi ;

3° Lorsqu'il est affrété en totalité ou en partie par le Gouvernement ennemi ;

4° Lorsqu'il est actuellement et exclusivement affecté soit au transport de troupes ennemies, soit à la transmission de nouvelles dans l'intérêt de l'ennemi.

62. Dans les quatre cas ci-dessus spécifiés, le navire sera passible de confiscation et, d'une manière générale, passible du traitement qu'il subirait s'il était navire de commerce ennemi.

63. Vous remarquerez que le transport des dépêches officielles ne peut être incriminé que s'il est fait à titre spécial; dans le cas contraire, vous vous conformerez aux dispositions de l'article XVI ci-après.

ARTICLE X.

Blocus. — Établissement d'un blocus.

64. Le blocus doit être limité aux ports et aux côtes de l'ennemi ou occupés par lui.

65. Les forces bloquantes ne doivent pas barrer l'accès aux ports et aux côtes neutres.

66. Conformément à la Déclaration de Paris, le blocus, pour être obligatoire, doit être effectif, c'est-à-dire maintenu par une force suffisante pour interdire réellement l'accès du littoral de l'ennemi.

67. Le blocus, pour être obligatoire, doit être déclaré conformément au paragraphe 68 et notifié conformément aux paragraphes 69 et 77.

68. Si, en l'absence d'une déclaration de blocus faite par le Gouvernement lui-même, vous êtes appelé à établir un blocus de votre propre initiative, vous devez préalablement faire une déclaration précisant :

1° La date du commencement du blocus ;

2° Les limites géographiques du littoral bloqué, expressément désignées en latitude et longitude ;

3° Le délai de sortie à accorder aux navires neutres.

69. Dans tous les cas, l'établissement d'un blocus devra également faire l'objet d'une notification formelle aux autorités des points bloqués. Cette notification, dont vous trouverez le modèle à l'Annexe III, sera envoyée à ces autorités, en même temps qu'au consul de l'une des Puissances neutres, au moyen d'un parlementaire.

70. Le cas échéant, vous me feriez connaître, par la voie la plus rapide, toute disposition prise de votre propre initiative pour l'établissement d'un blocus, afin de me permettre de compléter, dans le plus bref délai, votre notification aux autorités locales par une notification aux Puissances neutres par la voie diplomatique.

71. Il conviendra de remplir les mêmes formalités si le blocus vient à être étendu à quelque nouveau point de la côte, ou est repris après avoir été levé.

72. Le blocus n'est pas considéré comme levé si, par suite de mauvais temps, les forces bloquantes se sont momentanément éloignées.

73. La levée volontaire du blocus, ainsi que toute restriction qui y serait apportée, doit être notifiée dans la même forme que ci-dessus.

Violation de blocus.

74. La violation d'un blocus ainsi établi résulte aussi bien de la tentative de pénétrer dans le lieu bloqué que de celle d'en sortir après la notification du blocus, à moins, dans ce cas, que ce ne soit dans le délai fixé et expressément mentionné dans la déclaration de blocus, délai qui devra être suffisant pour protéger la navigation et le commerce de bonne foi.

75. La saisissabilité d'un navire neutre pour violation de blocus est subordonnée à la connaissance réelle ou présumée du blocus.

76. La connaissance du blocus est, sauf preuve contraire, présumée lorsque le navire a quitté un port neutre postérieurement à la notification, en temps utile, du blocus à la puissance dont relève ce port.

77. Si le navire qui approche du port bloqué n'a pas connu ou ne peut être présumé avoir connu l'existence du blocus, la notification doit être faite au navire même par un officier de l'un des bâtiments de la force bloquante Cette notification doit être portée sur le livre de bord avec indication de la date et de l'heure ainsi que de la position géographique du navire à ce moment.

78. Tout navire qui force un blocus doit être capturé, fût-il neutre, allié ou national, sous réserve, à l'encontre de ce dernier, de l'application des lois pénales édictées contre ceux qui entretiennent des intelligences avec l'ennemi.

79. Toutefois aucune saisie ne peut être pratiquée à l'égard d'un navire qui, après avoir forcé le blocus, a gagné la haute mer et dont la chasse a été abandonnée.

80. Tout navire qui, après avoir reçu l'avertissement réglementaire, ne s'éloigne pas franchement et est surpris louvoyant autour de la côte bloquée, dans le rayon d'action de la force bloquante, devient suspect de fraude et peut être capturé.

81. Un navire neutre, en cas de détresse constatée par une autorité des forces bloquantes, peut pénétrer dans la localité bloquée et en sortir ultérieurement, à la condition de n'y avoir laissé ni pris aucun chargement.

82. Vous pourrez accorder à des navires de guerre la permission d'entrer dans un port bloqué et d'en sortir ultérieurement.

83. Vous capturerez tout navire reconnu coupable de violation de blocus. Ce navire sera passible de confiscation.

84*. La violation du blocus est insuffisamment caractérisée pour autoriser la capture du navire, lorsque celui-ci est actuellement dirigé vers un port non bloqué, quelle que soit la destination ultérieure du navire ou de son chargement.

ARTICLE XI.

Droit de visite.

85. Vous avez le droit de visiter tous les navires de commerce que vous rencontrerez. Vous ne visiterez les paquebots postaux qu'en cas de nécessité, ainsi qu'il est dit à l'article XVII.

86. Toutefois, suivant les circonstances, notamment suivant les parages où vous vous trouverez, ou suivant l'éloignement du théâtre des opérations, il peut arriver que vous ayez des motifs de supposer que la visite ne peut entraîner aucune saisie. Dans ce cas, l'exercice du droit de visite peut n'être qu'une vexation inutile dont il est préférable de s'abstenir.

87. Les navires neutres sous convoi de leur pavillon sont, en principe, exempts de visite. Toutefois vous agirez à leur égard comme il est dit à l'article suivant.

ARTICLE XII.

Procédure de la visite. — Semonce. — Visite.
Papiers de bord. — Résistance à la visite. — Convoi.

88. *Semonce.* — Lorsque vous serez déterminé à visiter un navire, vous l'avertirez d'abord en tirant un coup de canon de semonce à poudre et en arborant votre pavillon. A ce signal, le navire est tenu aussi d'arborer ses couleurs et de s'arrêter pour attendre votre visite.

89*. S'il continue sa route et cherche à fuir, vous le poursuivrez et l'arrêterez au besoin par la force.

90. En cas de résistance armée de sa part, vous le capturerez sans autre examen.
La tentative de fuite ne suffit pas à elle seule à justifier la capture.

91. Dès que le navire semoncé s'est arrêté, vous lui envoyez une embarcation.

Aucune règle précise ne peut être fixée au sujet de la distance à laquelle doit s'arrêter le croiseur pendant la visite. Vous agirez suivant les circonstances et l'état de la mer.

92. *Visite.* — Un officier en armes, accompagné de deux ou trois hommes au plus, monte à bord du navire à visiter. Si vous êtes seul officier à votre bord, la visite pourra être effectuée par un officier-marinier.

93. Avant tout, l'officier visiteur doit procéder à l'examen des papiers de bord [1].

94. Les principaux papiers de bord des navires de commerce sont:

1° L'acte constatant la nationalité;

2° Éventuellement l'acte de propriété (voir § 108 et suiv.); ·

3° Le congé;

4° Le permis de navigation ou certificat de navigabilité;

5° Le rôle d'équipage et la liste des passagers;

6° La patente de santé;

7° Le journal de bord;

8° Le manifeste de chargement;

9° La charte-partie (si le navire est affrété) et les connaissements dûment signés;

10° L'inventaire.

95. L'examen de ces pièces vous renseignera sur la nationalité du navire, sur sa destination et sa route, ainsi que sur la nature et la destination apparente du chargement.

96. Éventuellement, vous pourrez demander à vous faire présenter :
Le journal des machines;
La police d'assurance du navire et celle des marchandises, si elles sont à bord;
Le registre des télégrammes reçus et envoyés si le navire est muni de T. S. F.

97*. Si l'examen de ces pièces démontre d'une manière certaine la neutralité du navire, sa destination inoffensive et le caractère inoffensif de son chargement, l'officier visiteur constatera le résultat de sa visite sur le journal de bord dudit navire, et vous laisserez le navire continuer sa route.

L'absence de l'une des pièces ci-dessus indiquées ne justifierait pas seule la capture, si d'ailleurs l'ensemble des autres pièces prouvait la neutralité du navire et la régularité de l'expédition.

---

[1] Voir album des *Papiers de bord.*

Papiers jetés à la mer, supprimés ou distraits.

98. Toutefois, s'il est constaté qu'un ou plusieurs de ces papiers ont été jetés à la mer, supprimés, distraits ou falsifiés, le navire visité doit être capturé sans qu'il soit besoin d'examiner par qui ou pour quelle cause ils ont été jetés à la mer, supprimés, distraits ou falsifiés.

99*. Si l'examen des pièces vous laisse un doute quelconque ou vous confirme un soupçon :

1° Sur la nationalité du navire : alors vous le capturerez ;

2° Sur sa destination ou sur le caractère inoffensif de son chargement : alors vous pourrez procéder à la visite de la cargaison.

Cette visite s'effectue par les soins du capitaine et de l'équipage du navire visité, sous les yeux de l'officier visiteur, lequel ne doit y procéder par lui-même qu'en cas de refus de ces derniers.

100. Les papiers de bord font preuve complète de l'itinéraire du navire ainsi que du lieu de déchargement des marchandises, à moins que ce navire ne soit rencontré ayant manifestement dévié de la route qu'il devait suivre d'après ses papiers de bord et sans pouvoir justifier d'une cause suffisante de cette déviation.

101. Toutes ces opérations de visite doivent être faites avec la plus grande courtoisie et modération, et, s'il s'agit de paquebots postaux, avec toute la célérité possible (voir § 85 et 126).

102. *Résistance à la visite.* — La résistance opposée par la force à l'exercice légitime des diverses opérations de la visite rend immédiatement le navire passible de capture et ultérieurement de confiscation. Le chargement sera passible du même traitement que subirait le chargement d'un navire ennemi ; les marchandises appartenant au capitaine ou au propriétaire du navire seront considérées comme marchandises ennemies.

103. *Convoi.* — En ce qui concerne les navires sous convoi, le commandant du convoi vous donnera par écrit, à votre demande, sur le caractère des navires convoyés et sur leur chargement, toutes informations que la visite servirait à obtenir.

104. Si vous avez lieu de soupçonner que la religion du commandant du convoi a été surprise, vous lui communiquerez vos soupçons. C'est au commandant du convoi seul qu'il appartient, en ce cas, de procéder à une vérification. Vous pourrez cependant accepter l'offre qu'il vous ferait d'assister à cette vérification. Il devra constater le résultat de cette visite par un procès-verbal dont une copie sera remise à l'un de vos officiers. Si des faits ainsi constatés justifiaient, dans l'opinion du commandant du convoi, la saisie d'un ou de plusieurs navires, la protection du convoi devrait leur être retirée, et vous procéderiez à cette saisie.

105. Si des divergences s'élèvent entre vous et le commandant du convoi, notamment à propos de la contrebande, vous pourrez seulement lui adresser une protestation écrite. Vous m'en rendrez compte immédiatement, et la difficulté sera réglée par la voie diplomatique.

106. Le fait, pour un neutre, de se faire convoyer par un bâtiment de guerre ennemi, c'est-à-dire de se placer sous sa protection, le rend suspect et forclos du droit de se plaindre s'il est atteint d'avaries ou même détruit dans le combat.

107. Le fait, par un navire de commerce ennemi, de se faire convoyer par un bâtiment de guerre ennemi l'expose à toutes vos attaques, directes et indirectes.

ARTICLE XIII.

Changement de nationalité des navires.
Transfert de pavillon.

108. Lorsqu'il résulte de l'examen des pièces de bord que le navire est passé récemment sous pavillon neutre, il y a lieu de procéder avec la plus grande attention et de s'inspirer des règles suivantes :

109. Le transfert sous pavillon neutre d'un navire ennemi, effectué avant l'ouverture des hostilités, est valable à moins qu'il ne soit établi que ce transfert a été effectué en vue d'éluder les conséquences qu'entraîne le caractère de navire ennemi. Il y a néanmoins présomption de nullité si l'acte de transfert ne se trouve pas à bord, alors que le navire a perdu la nationalité belligérante moins de soixante jours avant l'ouverture des hostilités; la preuve contraire est admise.

110. Il y a présomption absolue de validité d'un transfert effectué plus de trente jours avant l'ouverture des hostilités, s'il est complet, absolu, conforme à la législation des pays intéressés et s'il a cet effet que le contrôle du navire et le bénéfice de son emploi ne restent pas entre les mêmes mains qu'avant le transfert. Toutefois, si le navire a perdu la nationalité belligérante moins de soixante jours avant l'ouverture des hostilités et si l'acte de transfert ne se trouve pas à bord, la saisie du navire ne pourra donner lieu à des dommages et intérêts.

111. Si, d'après ces considérations, vous estimez suffisante la présomption de nullité de l'acte de transfert, vous capturerez le navire suspect.

112. Le transfert sous pavillon neutre d'un navire ennemi, effectué après l'ouverture des hostilités, est nul, à moins qu'il ne soit établi que ce transfert n'a pas été effectué en vue d'éluder les conséquences qu'entraîne le caractère de navire ennemi, par exemple par suite d'héritage.

113. Toutefois il y a présomption absolue de nullité :

1° Si le transfert a été effectué pendant que le navire est en voyage ou dans un port bloqué;

2° S'il y a faculté de réméré ou de retour;

3° Si les conditions auxquelles est soumis le droit de pavillon, d'après la législation du pavillon arboré, n'ont pas été observées.

114. Ces règles ne sont, bien entendu, pas applicables lorsque la vente du navire ennemi à un sujet neutre a été effectuée par les autorités françaises, à la suite d'une prise.

ARTICLE XIV.

Capture. — Saisie. — Formalités de la capture[1].

115. La visite est suivie de capture ou de saisie lorsqu'elle révèle ou confirme soit le caractère ennemi du navire, soit une violation de blocus, soit le caractère de contrebande de son chargement.

116. Si la visite ne détermine pas la saisie du bâtiment, l'officier qui en aura été chargé devra seulement la constater sur les papiers de bord. Si, au contraire, elle détermine la saisie ou la capture, il devra être procédé ainsi qu'il suit :

1° S'emparer de tous les papiers de bord et les mettre sous scellés après en avoir dressé inventaire;

2° Dresser un procès-verbal de capture ou de saisie portant inventaire sommaire du bâtiment (voir annexes III, formules H et I), dont un exemplaire sera remis au capitaine du navire capturé ou saisi;

3° Constater l'état du chargement, puis faire fermer les écoutilles de la cale, les coffres, les soutes et y apposer les scellés;

4° Dresser un état des effets, argent, instruments nautiques, et autres objets appartenant au capitaine et à l'équipage. S'ils ne sont pas laissés à leur disposition, mention en sera faite au procès-verbal;

5° Mettre à bord un équipage pour la conduite de la prise et en donner le commandement à un officier ou à un officier-marinier, en lui remettant une lettre de conducteur de prise et vos instructions.

117. *Capture des corsaires.* — En cas de prise d'un corsaire régulièrement pourvu de lettres de marque par un Gouvernement n'ayant pas adhéré à la Déclaration de Paris, vous procéderez de la même manière. Le capitaine, les officiers et l'équipage de ce corsaire seront traités comme il est dit au paragraphe 146 pour les bâtiments de guerre.

---

[1] Voir également décret sur le service à bord des bâtiments de la Marine militaire du 15 mai 1910, art. 368, 369, 407.

Le capitaine, les officiers et l'équipage de tout navire armé en course par un Gouvernement signataire de la Déclaration de 1856, étant passibles des peines prévues pour le crime de piraterie, devront être considérés non comme prisonniers de guerre, mais comme détenus, et remis aux autorités françaises les plus proches pour être poursuivis conformément aux lois de la République.

118. *Capture des bâtiments de guerre.* — Dans le cas de capture d'un bâtiment de guerre, vous vous bornerez à le constater sur votre journal et vous pourvoirez à la conduite de la manière la plus conforme à la sécurité des équipages auxquels vous la confierez. (Décret du 15 mai 1910 sur le service à bord des bâtiments de la Flotte, art. 368, 369, 407.)

ARTICLE XV.

Usage de la télégraphie sans fil.

119. Si les circonstances l'exigent et dans la mesure où vous le jugerez indispensable, vous pourrez notifier aux navires de commerce munis d'une installation de T. S. F. qui séjourneraient dans la zone de vos opérations, ou même qui la traverseraient, l'interdiction :

De transmettre des nouvelles sur votre situation ou sur vos mouvements;

D'enregistrer des télégrammes clairs ou chiffrés provenant de votre bâtiment ou des bâtiments de votre force navale;

D'émettre des signaux de nature à troubler vos communications.

Vous fixerez alors par une déclaration et une notification analogues à celles qui concernent le blocus, les limites géographiques et, le cas échéant, les limites de temps ou d'heures entre lesquelles s'étendra le régime de vos interdictions.

120. Si, malgré votre notification, les navires susvisés transmettent des nouvelles interdites ou troublent systématiquement vos communications, vous agirez suivant la gravité et les conséquences de leurs actes, soit comme il est prévu à l'article 4 de la Convention X de La Haye pour l'application à la guerre maritime des principes de la Convention de Genève, soit comme il est dit pour le deuxième cas visé au paragraphe 55 (assistance hostile).

Vous pourrez donc enjoindre à ces navires de s'éloigner hors des limites fixées dans votre déclaration, leur imposer une direction déterminée, les détenir, même les capturer et, dans tous les cas, saisir leurs appareils de T. S. F.

121. Si la visite de ces navires vous révèle simplement l'enregistrement de dépêches interdites, vous pourrez saisir leur registre de télégrammes, leur enjoindre de s'éloigner, leur fixer une direction déterminée, et, si vous avez des motifs suffisants de suspecter leur bonne foi, saisir leurs appareils de T. S. F.

ARTICLE XVI.

De la correspondance postale [1].

122. La correspondance postale des neutres ou des belligérants, quel que soit son caractère officiel ou privé, trouvée en mer sur un navire neutre ou ennemi, est inviolable. S'il y a saisie du navire, elle est expédiée avec le moins de retard possible par le capteur.

123. Les dispositions précédentes ne s'appliquent pas, en cas de violation de blocus, à la correspondance qui est à destination ou en provenance du port bloqué.

124. Elles ne sont également applicables qu'entre les puissances qui ont ratifié la Convention de La Haye du 18 octobre 1907 relative à certaines restrictions à l'exercice du droit de capture dans la guerre maritime, ou qui ont adhéré à cette Convention, et seulement si les belligérants sont tous parties à cette Convention.

125. Dans le cas des paragraphes 123 et 124, vous pourrez prendre connaissance des lettres officielles ou particulières adressées aux autorités ennemies ou à des personnes résidant sur le territoire de l'ennemi ou occupé par lui et trouvées à bord des bâtiments capturés; s'il en est qui présentent de l'intérêt, vous les adresserez sans délai au Ministre de la Marine, vous expédierez les autres à leur destination avec le moins de retard possible.

ARTICLE XVII.

Paquebots [2].

126*. L'inviolabilité de la correspondance postale ne soustrait pas les paquebots-poste neutres aux lois et coutumes de la guerre sur mer concernant les navires de commerce neutres en général. Toutefois, la visite n'en doit être effectuée qu'en cas de nécessité, avec tous les ménagements et toute la célérité possibles.

Voir annexe I, Convention postale franco-britannique du 30 août 1890.

ARTICLE XVIII.

Pavillon des prises.

127. Tout navire capturé navigue avec le pavillon et la flamme, insignes des bâtiments de guerre.

---

[1] XIe Convention de la 2e Conférence de La Haye du 18 octobre 1907.

[2] XIe Convention de La Haye relative à certaines restrictions à l'exercice du droit de capture dans la guerre maritime.

ARTICLE XIX.

Envoi des prises dans les ports français.
Conditions de séjour éventuel des prises dans les eaux neutres [1].

128. Sauf le cas de force majeure indiqué ci-dessous, les prises sont dirigées sur les ports de France ou des possessions françaises, ou appartenant à un gouvernement allié.

129. Une prise ne peut être amenée dans un port neutre que pour cause d'innavigabilité, de mauvais état de la mer, de manque de combustible ou de provisions. Elle doit repartir aussitôt que la cause qui en a justifié l'entrée a cessé.

Le capteur se mettra en rapport avec le Consul de France et se concertera avec lui sur la destination ultérieure de la prise.

130. Si la prise, en mesure de sortir des eaux neutres, retardait son départ ou ne se conformait pas à l'ordre de partir immédiatement qui lui aurait été notifié par la puissance neutre, cette dernière serait dans son droit strict en usant des moyens dont elle dispose pour relâcher la prise avec ses officiers et son équipage, et interner l'équipage mis à bord par le capteur.

131. Vous pourrez d'ailleurs considérer comme port pour la mise sous séquestre des navires et des marchandises tout port occupé par nos forces, où il pourra être procédé aux actes d'instruction et d'administration prescrits par les lois et règlements de la République.

132. Bien que, aux termes de l'article 23 de la XIe Convention de La Haye, une puissance neutre ait la faculté de permettre l'accès de ses ports et rades aux prises escortées ou non, lorsqu'elles y sont amenées pour être laissées sous séquestre en attendant la décision du tribunal des prises, vous ne chercherez à user de cette autorisation que si les circonstances vous y obligent et qu'après vous être assuré que ladite puissance neutre permettra réellement l'accès de ses ports et rades à vos prises dans les conditions de l'article 23 précité.

133. Si le port neutre dans lequel il se présente lui est interdit absolument, ou si sa présence n'y est tolérée que pour un temps insuffisant, le capteur ou le conducteur d'une prise défère aux invitations qui lui sont adressées par le gouvernement du pays où il se trouve. Il agit alors au mieux des intérêts dont il est chargé, et rend compte sans délai au Ministre de la Marine du refus qu'il a éprouvé.

---

[1] XIIIe Convention de La Haye concernant les droits et les devoirs des puissances neutres en cas de guerre maritime.

ARTICLE XX.

Pièces à remettre par les conducteurs de prises.

134. Si le capteur n'escorte pas sa prise parce qu'il juge pouvoir l'expédier directement, le conducteur de la prise doit, à son arrivée au port de destination, remettre à l'autorité maritime :

1° Son rapport de traversée ;

2° Les pièces et documents de toute nature visés au paragraphe 116.

Une copie certifiée du procès-verbal de capture et d'apposition des scellés restera entre les mains du capteur.

Il importe à tous les points de vue que le capteur n'omette aucune de ces formalités réglementaires (*B. O. R.*, t. IV, p. 67).

ARTICLE XXI.

Du régime des équipages des navires de commerce ennemis capturés[1].

135. Lorsque vous aurez capturé un navire de commerce ennemi, les hommes de son équipage, nationaux d'un État neutre, ne seront pas faits prisonniers de guerre.

136. Il en sera de même du capitaine et des officiers, également nationaux d'un État neutre, s'ils promettent formellement par écrit de ne pas servir sur un navire ennemi pendant la durée de la guerre.

137. Le capitaine, les officiers et les membres de l'équipage, nationaux de l'État ennemi, ne seront pas faits prisonniers de guerre, à la condition qu'ils s'engagent, sous la foi d'une promesse formelle écrite, à ne prendre pendant la durée des hostilités aucun service ayant rapport avec les opérations de la guerre.

138. Vous remettrez aux intéressés reçu des promesses qu'ils auraient faites dans les termes des paragraphes 136 et 137. En outre, vous aurez soin de me faire connaître et de porter à la connaissance de l'ennemi, par toutes voies possibles, les noms des individus laissés libres dans les conditions visées aux susdits paragraphes.

139. Les dispositions ci-dessus ne s'appliquent pas aux navires qui prennent part aux hostilités.

---

[1] XIᵉ Convention de La Haye. Chapitre III. — Formule R.

140. Dans le cas où vous n'y verriez aucun danger, vous pourriez maintenir à leur bord le capitaine et tout ou partie de l'équipage du navire de commerce capturé.

141. Les individus qui n'auront pas conservé leur liberté dans les conditions des paragraphes 135 et 136 seront prisonniers de guerre.

142. Toute personne trouvée à bord d'un navire de commerce ennemi est, sauf preuve contraire, présumée de nationalité ennemie.

ARTICLE XXII.

Du régime des passagers trouvés à bord des navires capturés.

143. Les passagers sont libres et peuvent débarquer dans le premier port où le bâtiment aborde.

144. Toutefois les hommes de 18 à 50 ans nationaux de l'État ennemi et qui ne tombent pas sous le coup des paragraphes 59, 60 de l'article IX seront traités comme il est dit ci-dessus à l'article XXI, pour le capitaine, les officiers et les membres de l'équipage nationaux de l'État ennemi.

ARTICLE XXIII.

Expédition directe des pièces et des personnes.

145. Dans des circonstances exceptionnelles, le capteur peut expédier directement au port de prise, avec les pièces de procédure, les personnes (capitaine, officiers, ou membres de l'équipage du navire capturé, au nombre de trois au moins) dont la présence est nécessaire à l'instruction de la prise.

Leur arrivée devra précéder celle de la prise elle-même.

ARTICLE XXIV.

Équipages des bâtiments de guerre capturés.

146. Si le navire capturé est un bâtiment de guerre, vous transborderez le capitaine, la majeure partie des officiers, une portion de l'équipage, et vous conduirez ces prisonniers dans un port français ou allié, ou occupé par les forces armées françaises ou alliées.

Voir décret du 15 mai 1910 sur le service à bord des bâtiments de la marine militaire, art. 339, 368, 369, 406, 407.

ARTICLE XXV.

Prise perdue par fortune de mer.

147. Si une prise est perdue par fortune de mer, il importe de constater le fait avec le plus grand soin et d'en faire l'objet d'un rapport adressé sans délai au Ministre de la Marine.

ARTICLE XXVI.

Réarmement et emploi des navires capturés.

148. Si l'intérêt public l'exige, vous pourrez réarmer les navires ennemis capturés et les employer pour les besoins du service, après en avoir, autant que possible, fait dresser un inventaire sommaire avec estimation.

149. Vous pourrez également utiliser, pour le service de la flotte, les cargaisons des navires ennemis, après en avoir fait dresser un inventaire estimatif détaillé.

150. Vous aurez également la faculté d'en agir ainsi pour les approvisionnements du navire, notamment pour les combustibles et les matières grasses.

151. Les procès-verbaux rédigés en exécution de ces dispositions devront être joints au dossier de la prise; un double en sera adressé au Ministre de la Marine, et un autre au capitaine du navire capturé.

ARTICLE XXVII.

Interdiction de la rançon.

152. Il vous est interdit de consentir un traité de rançon.

ARTICLE XXVIII.

Destruction des prises ennemies.

153. Les prises doivent être amarinées, conduites dans un port national ou allié, et non pas détruites.

Par exception, vous êtes autorisé à détruire toute prise dont la conservation compromettrait votre propre sécurité ou le succès de vos opérations, notamment si vous ne pouvez conserver la prise sans affaiblir votre équipage.

154. Avant la destruction, vous mettrez en sûreté les personnes, quelles qu'elles soient, qui se trouvent à bord, ainsi que tous les papiers et documents utiles pour le jugement de la prise.

155. En cas de combat provoqué par une résistance armée, ceux qui montent le navire suivent la fortune des armes.

ARTICLE XXIX.

Destruction des prises neutres.
Destruction des marchandises.

156. Un navire neutre capturé ne peut être détruit par le capteur; mais il doit être conduit dans un port national ou allié, pour y être statué ce que de droit sur la validité de la capture.

157*. Par exception, un navire neutre capturé et dont la confiscation vous apparaîtrait certaine peut être détruit, si sa conservation et son convoi peuvent compromettre la sécurité de votre bâtiment ou le succès des opérations dans lesquelles vous êtes engagé.

158. Avant la destruction, les personnes qui se trouvent à bord devront être mises en sûreté, et tous les papiers de bord et autres pièces que les intéressés estimeront utiles pour le jugement sur la validité de la capture devront être transbordés sur votre bâtiment.

159*. Je vous rappelle que le capteur qui a détruit un navire neutre doit, préalablement à tout jugement sur la validité de la capture, justifier en fait avoir agi en présence d'une nécessité exceptionnelle dans le sens du paragraphe 157.

160. Si le navire n'est pas sujet à confiscation ou s'il y a doute, vous aurez la faculté d'exiger la remise ou de procéder à la destruction des marchandises confiscables trouvées à bord dudit navire, lorsque les circonstances justifieraient la destruction d'un navire passible de confiscation. Vous mentionnerez alors les objets livrés ou détruits sur le livre de bord du navire arrêté, et vous vous ferez remettre par le capitaine copie certifiée conforme de tous papiers utiles. Lorsque la remise ou la destruction a été effectuée et que les formalités ont été remplies, le capitaine doit être autorisé à continuer sa route.
L'oubli de ces formalités engage la responsabilité du capteur.

ARTICLE XXX.

Recousse.

161. En cas de capture par l'ennemi d'un bâtiment national ou allié, vous devez vous efforcer d'en opérer la recousse.
Dans ce cas et dans celui où vous reprendriez sur l'ennemi un bâtiment

neutre, vous retiendrez le personnel militaire ennemi trouvé à bord, et vous relàcherez purement et simplement le navire.

Pour le personnel ennemi non militaire trouvé à bord du même navire, vous vous conformerez aux articles 6 et 7 de la Convention XI de La Haye.

ARTICLE XXXI.

Application des principes de la Convention concernant les lois et coutumes de la guerre sur terre (IVe Convention et Règlement annexe de la 2e Conférence de La Haye).

162. Si vous êtes conduit à opérer un débarquement et à poursuivre vos opérations à terre, vous observerez les prescriptions de la Convention IV de La Haye concernant les lois et coutumes de la guerre sur terre et du règlement annexé à ladite Convention.

ARTICLE XXXII.

Bombardement par des forces navales en temps de guerre.

163. Vous vous conformerez strictement aux dispositions de la IXe Convention de La Haye, du 18 octobre 1907, concernant le bombardement par des forces navales en temps de guerre.

ARTICLE XXXIII.

Pose des mines sous-marines automatiques de contact.

164. Vous vous conformerez également aux dispositions de la VIIIe Conférence de La Haye, du 18 octobre 1907, relative à la pose des mines sous-marines automatiques de contact.

ARTICLE XXXIV.

165. Les présentes instructions entreront immédiatement en vigueur.

166. Sont et demeurent abrogées toutes les dispositions contraires.

Paris, le 19 décembre 1912.

Le Ministre de la Marine,

DELCASSÉ.

ANNEXES I

Annexes I.

—

N° 1.

DÉCLARATION DU CONGRÈS DE PARIS
EN DATE DU 16 AVRIL 1856.

Les plénipotentiaires qui ont signé le traité de Paris du 3o mars 1856, réunis en conférence,

Considérant :

Que le droit maritime en temps de guerre a été pendant longtemps l'objet de contestations regrettables ;

Que l'incertitude du droit et des devoirs, en pareille matière, donne lieu, entre les neutres et les belligérants, à des divergences d'opinion qui peuvent faire naître des difficultés sérieuses et même des conflits ;

Qu'il y a avantage, par conséquent, à établir une doctrine uniforme sur un point aussi important ;

Que les plénipotentiaires assemblés au Congrès de Paris ne sauraient mieux répondre aux intentions dont leurs gouvernements sont animés qu'en cherchant à introduire dans les rapports internationaux des principes fixes à cet égard ;

Dûment autorisés, les plénipotentiaires sont convenus de se concerter sur les moyens d'atteindre ce but, et, étant tombés d'accord, ont arrêté la déclaration solennelle ci-après :

1° La course est et demeure abolie ;

2° Le pavillon neutre couvre la marchandise ennemie, à l'exception de la contrebande de guerre ;

3° La marchandise neutre, à l'exception de la contrebande de guerre, n'est pas saisissable sous pavillon ennemi ;

4° Les blocus, pour être obligatoires, doivent être effectifs, c'est-à-dire maintenus par une force suffisante pour interdire réellement l'accès du littoral de l'ennemi.

Les gouvernements des plénipotentiaires soussignés s'engagent à porter cette déclaration à la connaissance des États qui n'ont pas été appelés à participer au Congrès de Paris et les inviter à y accéder.

Convaincus que les maximes qu'ils viennent de proclamer ne sauraient être accueillies qu'avec gratitude par le monde entier, les plénipotentiaires soussignés ne doutent pas que les efforts de leurs gouvernements, pour en généraliser l'adoption, ne soient couronnés d'un plein succès.

La présente déclaration n'est et ne sera obligatoire qu'entre les puissances qui y ont ou qui y auront accédé.

Fait à Paris, le 16 avril 1856.

<table>
<tr><td>Signé : A. WALEWSKI.</td><td>Signé : HATZFELD.</td></tr>
<tr><td>BOURQUENEY.</td><td>ORLOFF.</td></tr>
<tr><td>BUOL-SCHAUENSTEIN.</td><td>BRUNOW.</td></tr>
<tr><td>HUBNER.</td><td>CAVOUR.</td></tr>
<tr><td>CLARENDON.</td><td>DE VILLAMARINA.</td></tr>
<tr><td>COWLEY.</td><td>AALI.</td></tr>
<tr><td>MANTEUFFEL.</td><td>MEHEMMED-DJEMIL.</td></tr>
</table>

NOTA. I. Les principes de la déclaration du Congrès de Paris seront applicables même aux puissances qui n'auront point adhéré à cette déclaration.

II. Les puissances qui ont adhéré à la déclaration ci-dessus sont les suivantes :
En Europe : Allemagne, Angleterre, Autriche-Hongrie, Belgique, Danemark, Espagne, France, Grèce, Hollande, Italie, Portugal, Russie, Suède, Norvège, Suisse, Turquie.
En Amérique : Brésil, Chili, Confédération argentine, Équateur, Guatemala, Haïti, Mexique, Pérou, Salvador.
En Asie : Japon.

Les principales nations qui n'ont pas adhéré sont :
La Chine et les États-Unis.

———

Annexes I.

N° 2.

Le Ministre de la Marine *à Messieurs les Vice-Amiraux commandant en chef, Préfets maritimes; Officiers généraux, supérieurs et autres commandant à la mer; Gouverneurs généraux et Gouverneurs des Colonies, les Ambassadeurs, Ministres et Consuls généraux; Consuls et Vice-Consuls de France à l'étranger.*

Cabinet du Ministre : *Contentieux;* État-Major général : *3ᵉ Section.*
Services auxiliaires de la Flotte : *Bureau des Approvisionnements de la Flotte.*

Paris, le 8 novembre 1900.

Notification d'un décret du 8 mai 1900 concernant l'exercice du droit de réquisition pour le service de l'Armée de mer.

Messieurs, vous trouverez ci-après le texte d'un décret en date du 8 mai dernier, rendu en exécution de l'article 35 de la loi du 3 juillet 1877, modifiée par la loi du 17 juillet 1898, et portant règlement d'administration publique pour l'exercice du droit de réquisition afférent aux besoins de l'armée de mer.

Je crois devoir accompagner des explications suivantes la notification de cet acte qui a été promulgué au *Journal officiel* du 11 mai 1900.

La loi du 3 juillet 1877 et le règlement du 2 août de la même année, qui y faisait suite, avaient surtout pour but de déterminer le rôle et les droits des autorités maritimes en matière de réquisitions, pour le cas où, la mobilisation générale étant effectuée, la Marine serait appelée à prêter son concours à l'armée de terre; la législation de 1877 laissait donc une lacune en ce qui touche l'hypothèse où l'armée de terre aurait à opérer isolément, soit dans une guerre exclusivement maritime, soit à l'occasion d'une simple expédition coloniale ne comportant aucun état de guerre.

La loi du 17 juillet 1898 a comblé cette double lacune en spécifiant que les réquisitions exercées pour les besoins de l'armée de mer pourraient être effectuées «en tout temps et en tout lieu». Quant au règlement d'administration publique du 8 mai dernier, il tend spécialement à préciser les agents et les conditions de la réquisition.

Pour bien comprendre la portée des dispositions nouvelles qui s'intercalent,

par voie de modification, dans l'ancien décret du 2 août 1877, il faut considérer tout d'abord que des règles distinctes sont posées en ce qui touche la
réquisition des navires de commerce et de leur matériel d'armement, ou pour
la réquisition des objets énumérés à l'article 5 de la loi du 3 juillet 1877. Les
premières, destinées à doter l'armée de mer des navires auxiliaires dont elle
peut avoir besoin, sont effectuées sur la délégation du Ministre de la Marine,
sans limitation de temps ni de lieu, c'est-à-dire même en l'absence de mobilisation et même hors de France. Toutefois, en raison des traités que la France
a conclus avec la plus grande partie des nations maritimes, les réquisitions
ne doivent porter, aussi bien dans les ports français qu'en dehors des eaux
françaises, que sur des navires français.

La seconde nature des réquisitions, analogue à celle à laquelle peut recourir l'armée de terre, ne peut être employée qu'en cas de mobilisation totale ou
partielle; hors de ce cas, la réquisition doit être signée directement et sans
aucune délégation du Ministre.

L'article 65 nouveau énumère d'une manière assez précise les autorités qui
peuvent être investies du droit de réquisition pour que des explications com-
plémentaires soient superflues. Cependant il y est question d'une délégation
du Ministre de la Marine : or, si pour ce qui est de la France, cette délégation
pourra toujours intervenir en temps utile, fût-ce par le télégraphe, il pourrait, si une guerre venait à éclater, en être différemment en dehors des eaux
territoriales métropolitaines, spécialement aux colonies ou à l'étranger; soit
que les communications télégraphiques fussent interrompues et ne permissent
pas d'aviser de la déclaration de guerre, soit que les hostilités eussent com-
mencé inopinément et sans déclaration préalable. En prévision de ces hypothèses ou de toute autre analogue, j'entends que MM. les Commandants en
chef et Commandants de force navale, Gouverneurs généraux et Gouverneurs
des colonies, Ambassadeurs, Ministres, Consuls généraux, Consuls et Vice-
Consuls se tiennent pour investis conditionnellement, c'est-à-dire pour les cas
d'attaque inopinée ou de faits de guerre coïncidant avec une rupture de communications, et je leur confère dès maintenant cette investiture du droit
d'exercer dans les limites de la loi du 17 juillet 1898 et du décret du 8 mai
1900, à l'encontre des navires de commerce français, telles réquisitions qui
seraient nécessaires pour les besoins de l'armée de mer.

Il y a lieu de remarquer, toutefois, que les présentes instructions, non
plus que le décret du 8 mai, ne concernent pas les réquisitions que MM. les
Gouverneurs des colonies, ou les Commandants supérieurs des troupes qui y
sont stationnées, pourraient avoir à exercer pour les besoins de la défense terrestre et de l'armée coloniale.

Le droit de réquisition s'étend non seulement au navire, mais encore à
tout ce qui peut servir à son utilisation (charbon, matières grasses, vivres, etc.),
et même aux marchandises présentes à bord et appartenant à des Français;
mais mon intention est que l'exercice de cette dernière faculté soit strictement
limité aux marchandises ayant le caractère d'objets d'approvisionnements ou
de vivres, et affecté exclusivement aux opérations militaires se rattachant à
des expéditions coloniales ou maritimes. En ce qui touche la réserve inscrite

à l'avant-dernier paragraphe de l'article 66, elle avait trait aux marchandises qui, trouvées à bord d'un navire français, seraient reconnues appartenir à des sujets étrangers dont le gouvernement aurait passé avec la France des conventions stipulant à ce sujet des privilèges spéciaux. Mais le grand nombre de traités existants me conduit à vous enjoindre de ne faire porter, en temps de paix, vos réquisitions sur aucun chargement étranger. Il n'y aurait lieu de déroger à cette règle que si la réciprocité nous était refusée par un État maritime, et je vous informerais spécialement de cette circonstance.

Ainsi que vous le verrez par le texte des articles 71 et suivants du décret, le règlement des indemnités dues en matière de réquisition de navires a pour base les états descriptifs et procès-verbaux dressés au moment de la remise du navire; je ne saurais donc trop insister sur la nécessité de rédiger ces pièces avec le plus grand soin. La liquidation est toujours faite en France. D'ailleurs vous recevrez ultérieurement, s'il y a lieu, avis des conventions particulières qui pourraient être conclues entre le Département de la Marine et certaines compagnies de navigation, en conformité de l'article 73, § 1er, du décret du 8 mai dernier.

Le dernier paragraphe du même article, respectant le principe posé dans la loi du 3 juillet 1877, attribue aux tribunaux civils la connaissance des contestations soulevées par le règlement des indemnités; mais il est à peine besoin de faire remarquer que cette compétence s'applique aux suites pécuniaires de la réquisition, sans pouvoir en aucun cas paralyser l'exercice du droit de l'autorité maritime.

J'appelle votre attention sur l'importance de l'acte nouveau qui complète la série des mesures législatives prises, depuis deux ans, en vue de la constitution et du bon fonctionnement de la Flotte de réserve.

Recevez, Messieurs, etc.

Signé : DE LANESSAN.

DÉCRET *concernant l'exercice du droit de réquisition pour le service de l'Armée de mer.*

(Du 8 mai 1900.)

Marine. — Affaires étrangères. — Colonies.

LE PRÉSIDENT DE LA RÉPUBLIQUE FRANÇAISE,

Sur le rapport des Ministres de la Marine, des Affaires étrangères et des Colonies;

Vu la loi du 3 juillet 1877, sur les réquisitions militaires, et notamment l'article 35, modifié par la loi du 17 juillet 1898, ainsi conçu : « . . . Les dispositions de la présente loi sont applicables, en tout temps et en tout lieu, aux réquisitions exercées pour les besoins de l'armée de mer.

«Un règlement d'administration publique déterminera les attributions de l'autorité maritime ou de toute autre autorité française qu'elle déléguerait, en ce qui concerne le droit de requérir et les conditions d'exécution des réquisitions» ;

Vu le décret du 2 août 1877, portant règlement d'administration publique pour l'exécution de la loi du 3 juillet 1877 ;

Le Conseil d'État entendu,

Décrète :

ARTICLE PREMIER.

Le titre VII du décret du 2 août 1877 est modifié comme suit :

TITRE VII.

DES RÉQUISITIONS DE L'AUTORITÉ MARITIME.

Art. 65. En France, les préfets maritimes, les officiers des corps de la Marine investis d'un commandement et les officiers du commissariat de la Marine peuvent, sur la délégation du Ministre de la Marine, en tout temps et en tout lieu, réquisitionner les navires de commerce et embarcations de toute nature avec le matériel et les objets existant à bord, que l'autorité requérante juge à propos de conserver.

Hors des eaux territoriales métropolitaines, les mêmes réquisitions peuvent être faites sur la délégation du Ministre de la Marine, en tout temps et en tout lieu, par tout officier commandant une force navale ou un bâtiment isolé, tout représentant diplomatique ou consulaire, tout gouverneur de colonie.

Art. 66. Dans les cas prévus à l'article précédent, lorsque la réquisition n'est pas exercée directement par le représentant de la Marine, elle doit être adressée à ce dernier qui, en cette circonstance, a les mêmes droits et les mêmes devoirs que le maire. Lorsqu'il n'y a pas de représentant de la Marine, elle est adressée, soit dans un port, soit en mer, directement au capitaine, maître ou patron. Elle est faite par écrit, mais sans que l'emploi d'un carnet à souche soit imposé. La réquisition du navire entraîne, pour le capitaine, maître ou patron, l'obligation de débarquer au port désigné par l'autorité requérante, les passagers ainsi que les objets non conservés à bord.

Il est dressé, au moment de la remise, un état descriptif du navire et un inventaire du matériel et des objets de consommation conservés, ainsi que des marchandises réquisitionnées. Les procès-verbaux sont établis contradictoirement par un représentant de l'autorité requérante et par le capitaine, maître ou patron, lesquels, en cas de désaccord, consignent leurs observations sur ces procès-verbaux. Ces documents sont rédigés en deux originaux, dont l'un reste entre les mains du représentant du navire, et dont l'autre est transmis au Ministre de la Marine.

Les marchandises transportées ne peuvent être. réquisitionnées que sous réserve des dispenses accordées par les conventions internationales.

La réquisition peut s'appliquer à l'état-major et à l'équipage, qui sont tenus de prêter leur concours toutes les fois où il ne s'agit pas d'armer le navire en qualité de croiseur auxiliaire.

Art. 67. Exceptionnellement, et seulement en cas de mobilisation totale ou partielle, tout officier de marine commandant une force navale, un bâtiment isolé ou un détachement à terre peut, dans les mêmes conditions, sans délégation du Ministre et sous sa responsabilité personnelle, requérir les prestations nécessaires aux navires et aux hommes qu'il commande.

Art. 68. En cas de mobilisation totale ou partielle, l'autorité maritime exerce, comme l'autorité militaire, des réquisitions portant sur les objets énumérés dans l'article 5 de la loi du 3 juillet 1877.

En cas de mobilisation partielle, des arrêtés du Ministre de la Marine déterminent l'époque où pourra commencer et celle où devra se terminer l'exercice du droit de réquisition.

Les vice-amiraux commandant en chef, préfets maritimes, peuvent seuls exercer de plein droit lesdites réquisitions. Ils peuvent déléguer le droit de requérir aux officiers du Commissariat de la Marine et aux officiers du corps de la Marine investis d'un commandement ou d'une commission. Ces réquisitions sont extraites d'un carnet à souche; elles sont adressées aux maires comme les réquisitions de l'autorité militaire et ordonnées ou exécutées suivant les règles établies par les articles composant les titres II, III et IV du présent décret.

Art. 69. En dehors du cas de mobilisation totale ou partielle les réquisitions prévues à l'article précédent ne peuvent être exercées que sur l'ordre direct du Ministre de la Marine. Ces réquisitions, signées par le Ministre, sont adressées aux maires et exécutées suivant les règles rappelées à l'article 68.

Art. 70. Lorsque des troupes de l'armée de terre prennent part à une opération maritime dirigée par un officier d'un corps de la Marine, les réquisitions relatives à ces troupes sont ordonnées au nom et pour le compte de l'autorité maritime.

Lorsque des marins ou des troupes de l'armée de terre sont employés à terre à des opérations de l'armée de terre, les réquisitions relatives à ces troupes sont exercées au nom et pour le compte de l'autorité militaire.

Art. 71. Dans les arrondissements et sous-arrondissements maritimes où il est exercé soit des réquisitions de l'autorité maritime, soit des réquisitions de l'autorité militaire, relatives à des navires, embarcations et à leurs équipages, il est créé une Commission mixte d'évaluation composée de trois, cinq ou sept membres, selon l'importance des réquisitions.

Le Ministre de la Marine fixe ce nombre et peut déléguer au préfet maritime le soin de nommer les membres de ces commissions.

Les articles 46 et 47 du présent décret sont applicables auxdites commissions.

Art. 72. Toutes les fois qu'il y a lieu d'évaluer les indemnités qui peuvent être dues pour des réquisitions exercées par l'autorité militaire, par application de l'article 23 de la loi du 3 juillet 1877, cette évaluation est faite par la Commission indiquée dans l'article précédent, complétée par l'adjonction d'un fonctionnaire de l'Intendance nommé par le Ministre de la Guerre ou, sur sa délégation, par le Commandant de région.

En cas de partage, la voix du président est prépondérante.

Art. 73. Le règlement et la liquidation des indemnités relatives aux réquisitions de l'autorité maritime s'effectuent suivant les règles établies pour les réquisitions de l'autorité militaire, sans préjudice des conventions conclues entre l'État et les compagnies propriétaires de navires.

La Commission d'évaluation visée à l'article 71 transmet son avis à l'officier du Commissariat chargé par le Ministre de fixer cette indemnité.

Les notifications prévues à l'article 51 sont faites par cet officier.

Lorsque la réquisition est effectuée dans les conditions prévues à l'article 65 ci-dessus, le règlement et la liquidation se font de la façon suivante :

L'évaluation de l'indemnité est faite sur le vu de l'état descriptif des procès-verbaux mentionnés à l'article 66 ci-dessus, par une des commissions d'arrondissements ou de sous-arrondissements maritimes prévues à l'article 71, et spécialement désignée par le Ministre de la Marine pour être saisie de l'affaire.

La décision de l'officier du Commissariat chargé par le Ministre de fixer l'indemnité, accompagnée des états descriptifs et procès-verbaux susmentionnés, est signifiée directement, en la forme administrative, soit au **capitaine**, maître ou patron du navire, en même temps qu'à l'armateur, par l'officier du Commissariat de la Marine, qui revêt ces divers documents de son visa et de l'indication de la date à laquelle est effectuée la signification, soit au propriétaire des marchandises réquisitionnées ou à tous autres intéressés par les soins du Ministre de la Marine lui-même.

En cas de contestation, le juge de paix ou le tribunal de première instance compétent est celui du ressort dont relève la Commission d'arrondissement ou de sous-arrondissement maritime désigné par le Ministre pour statuer sur l'affaire.

En cas d'acceptation de l'indemnité, le montant est ordonnancé et mandaté par les soins de l'autorité maritime.

ART. 2.

Les Ministres de la Marine, des Affaires étrangères et des Colonies sont chargés, chacun en ce qui le concerne, de l'exécution du présent décret, qui sera publié au *Journal officiel* et inséré au *Bulletin des lois*.

Fait à Paris, le 8 mai 1900.

Émile LOUBET.

Par le Président de la République :

Le Ministre de la Marine,

De LANESSAN.

Le Ministre des Colonies,

Albert DECRAIS.

Le Ministre des Affaires étrangères,

DELCASSÉ.

Annexes I.

N° 3.

CONVENTION III

RELATIVE À L'OUVERTURE DES HOSTILITÉS [1].

(Indication des souverains et chefs d'État.)

. . . .

Considérant que, pour la sécurité des relations pacifiques, il importe que les hostilités ne commencent pas sans un avertissement préalable;

Qu'il importe, de même, que l'état de guerre soit notifié sans retard aux puissances neutres;

Désirant conclure une convention à cet effet, ont nommé pour leurs plénipotentiaires, savoir :

. . . .

(Suit la liste des plénipotentiaires.)

. . . .

Lesquels, après avoir déposé leurs pleins pouvoirs, trouvés en bonne et due forme, sont convenus des dispositions suivantes :

ARTICLE PREMIER.

Les puissances contractantes reconnaissent que les hostilités entre elles ne doivent pas commencer sans un avertissement préalable et non équivoque, qui aura soit la forme d'une déclaration de guerre motivée, soit celle d'un ultimatum avec déclaration de guerre conditionnelle.

ART. 2.

L'état de guerre devra être notifié sans retard aux puissances neutres et ne produira effet à leur égard qu'après réception d'une notification qui pourra être faite même par voie télégraphique. Toutefois les puissances neutres ne pourraient invoquer l'absence de notification, s'il était établi d'une manière non douteuse qu'en fait elles connaissaient l'état de guerre.

---

[1] Convention de La Haye, 1907 ; voir décret du 2 décembre 1910, *Journal officiel* du 8 décembre 1910.

ART. 3.

L'article 1ᵉʳ de la présente Convention produira effet en cas de guerre entre deux ou plusieurs des puissances contractantes.

L'article 2 est obligatoire dans les rapports entre un belligérant contractant et les puissances neutres également contractantes.

ART. 4.

La présente Convention sera ratifiée aussitôt que possible.

Les ratifications seront déposées à La Haye.

Le premier dépôt de ratifications sera constaté par un procès-verbal signé par les représentants des puissances qui y prennent part et par le ministre des affaires étrangères des Pays-Bas.

Les dépôts ultérieurs de ratifications se feront au moyen d'une notification écrite adressée au Gouvernement des Pays-Bas et accompagnée de l'instrument de ratification.

Copie certifiée conforme du procès-verbal relatif au premier dépôt de ratifications, des notifications mentionnées à l'alinéa précédent ainsi que des instruments de ratification, sera immédiatement remise par les soins du Gouvernement des Pays-Bas et par la voie diplomatique aux puissances conviées à la deuxième Conférence de la paix, ainsi qu'aux autres puissances qui auront adhéré à la Convention. Dans les cas visés par l'alinéa précédent, ledit Gouvernement leur fera connaître en même temps la date à laquelle il a reçu la notification.

ART. 5.

Les puissances non signataires sont admises à adhérer à la présente Convention.

La puissance qui désire adhérer notifie par écrit son intention au Gouvernement des Pays-Bas en lui transmettant l'acte d'adhésion, qui sera déposé dans les archives dudit Gouvernement.

Ce Gouvernement transmettra immédiatement à toutes les autres puissances copie certifiée conforme de la notification ainsi que de l'acte d'adhésion, en indiquant la date à laquelle il a reçu la notification.

ART. 6.

La présente Convention produira effet, pour les puissances qui auront participé au premier dépôt de ratification, soixante jours après la date du procès-verbal de ce dépôt, et, pour les puissances qui ratifieront ultérieurement ou qui adhéreront, soixante jours après que la notification de leur ratification ou de leur adhésion aura été reçue par le Gouvernement des Pays-Bas.

ART. 7.

S'il arrivait qu'une des hautes parties contractantes voulût dénoncer la présente Convention, la dénonciation sera notifiée par écrit au Gouvernement des Pays-Bas, qui communiquera immédiatement copie certifiée conforme de la notification à toutes les autres puissances en leur faisant savoir la date à laquelle il l'a reçue.

La dénonciation ne produira ses effets qu'à l'égard de la puissance qui l'aura notifiée et un an après que la notification en sera parvenue au Gouvernement des Pays-Bas.

ART. 8.

Un registre tenu par le Ministre des affaires étrangères des Pays-Bas indiquera la date du dépôt de ratification effectué en vertu de l'article 4, alinéas 3 et 4, ainsi que la date à laquelle auront été reçues les notifications d'adhésion (article 5, alinéa 2) ou de dénonciation (article 7, alinéa 1).

Chaque puissance contractante est admise à prendre connaissance de ce registre et à en demander des extraits certifiés conformes.

En foi de quoi, les plénipotentiaires ont revêtu la présente Convention de leurs signatures.

Fait à La Haye, le dix-huit octobre mil neuf cent sept, en un seul exemplaire qui restera déposé dans les archives du Gouvernement des Pays-Bas et dont les copies, certifiées conformes, seront remises par la voie diplomatique aux puissances qui ont été conviées à la deuxième Conférence de la paix.

Annexes I.

N° 4.

LOIS ET COUTUMES DE LA GUERRE SUR TERRE.

CONVENTION IV

CONCERNANT LES LOIS ET COUTUMES DE LA GUERRE SUR TERRE [1].

(Indication des souverains et chefs d'État.)

. . . .

Considérant que, tout en recherchant les moyens de sauvegarder la paix et de prévenir les conflits armés entre les nations, il importe de se préoccuper également du cas où l'appel aux armes serait amené par des événements que leur sollicitude n'aurait pu détourner;

Animés du désir de servir encore, dans cette hypothèse extrême, les intérêts de l'humanité et les exigences toujours progressives de la civilisation;

Estimant qu'il importe, à cette fin, de reviser les lois et coutumes générales de la guerre, soit dans le but de les définir avec plus de précision, soit afin d'y tracer certaines limites destinées à en restreindre autant que possible les rigueurs,

Ont jugé nécessaire de compléter et de préciser sur certains points l'œuvre de la première Conférence de la paix qui, s'inspirant, à la suite de la Conférence de Bruxelles de 1874, de ces idées recommandées par une sage et généreuse prévoyance, a adopté des dispositions ayant pour objet de définir et de régler les usages de la guerre sur terre.

Selon les vues des hautes parties contractantes, ces dispositions, dont la rédaction a été inspirée par le désir de diminuer les maux de la guerre, autant que les nécessités militaires le permettent, sont destinées à servir de règle générale de conduite aux belligérants, dans leurs rapports entre eux et avec les populations.

Il n'a pas été possible toutefois de concerter dès maintenant des stipulations s'étendant à toutes les circonstances qui se présentent dans la pratique.

D'autre part, il ne pouvait entrer dans les intentions des hautes parties contractantes que les cas non prévus fussent, faute de stipulation écrite, laissés à l'appréciation arbitraire de ceux qui dirigent les armées.

En attendant qu'un code plus complet des lois de la guerre puisse être édicté, les hautes parties contractantes jugent opportun de constater que, dans les cas non compris dans les dispositions réglementaires adoptées par elles, les populations et les belligérants restent sous la sauvegarde et sous l'empire des principes et du droit

---

[1] Convention de La Haye, 1907; voir décret du 2 décembre 1910, *Journal officiel* du 8 décembre 1910.

des gens, tels qu'ils résultent des usages établis entre nations civilisées, des lois de l'humanité et des exigences de la conscience publique.

Elles déclarent que c'est dans ce sens que doivent s'entendre notamment les articles 1 et 2 du règlement adopté.

Les hautes parties contractantes, désirant conclure une nouvelle Convention à cet effet, ont nommé pour leurs plénipotentiaires, savoir :

. . . .

(Suit la liste des plénipotentiaires.)

. . . .

Lesquels, après avoir déposé leurs pleins pouvoirs, trouvés en bonne et due forme, sont convenus de ce qui suit :

ARTICLE PREMIER.

Les puissances contractantes donneront à leurs forces armées de terre des instructions qui seront conformes au règlement concernant les lois et coutumes de la guerre sur terre, annexé à la présente Convention.

ART. 2.

Les dispositions contenues dans le règlement visé à l'article 1er ainsi que dans la présente Convention, ne sont applicables qu'entre les puissances contractantes et seulement si les belligérants sont tous parties à la Convention.

ART. 3.

La partie belligérante qui violerait les dispositions dudit règlement sera tenue à indemnité, s'il y a lieu. Elle sera responsable de tous actes commis par les personnes faisant partie de sa force armée.

ART. 4.

La présente Convention dûment ratifiée remplacera, dans les rapports entre les puissances contractantes, la Convention du 29 juillet 1899 concernant les lois et coutumes de la guerre sur terre.

La Convention de 1899 reste en vigueur dans les rapports entre les puissances qui l'ont signée et qui ne ratifieraient pas également la présente Convention.

ART. 5.

La présente Convention sera ratifiée aussitôt que possible.

Les ratifications seront déposées à La Haye.

Le premier dépôt de ratification sera constaté par un procès-verbal signé par les représentants des puissances qui y prennent part et par le Ministre des affaires étrangères des Pays-Bas.

Les dépôts ultérieurs de ratifications se feront au moyen d'une notification écrite adressée au Gouvernement des Pays-Bas et accompagnée de l'instrument de ratification.

Copie certifiée conforme du procès-verbal relatif au premier dépôt de ratifications, des notifications mentionnées à l'alinéa précédent ainsi que des instruments de ratification. sera immédiatement remise par les soins du Gouvernement des Pays-Bas et par la voie diplomatique aux puissances conviées à la deuxième Convention de la paix, ainsi qu'aux autres puissances qui auront adhéré à la Convention. Dans les cas visés par l'alinéa précédent, ledit Gouvernement leur fera connaître en même temps la date à laquelle il a reçu la notification.

ART. 6.

Les puissances non signataires sont admises à adhérer à la présente Convention.

La puissance qui désire adhérer notifie par écrit son intention au Gouvernement des Pays-Bas en lui transmettant l'acte d'adhésion qui sera déposé dans les archives dudit Gouvernement.

Ce Gouvernement transmettra immédiatement à toutes les autres puissances copie certifiée conforme de la notification ainsi que de l'acte d'adhésion, en indiquant la date à laquelle il a reçu notification.

ART. 7.

La présente Convention produira effet, pour les puissances qui auront participé au premier dépôt de ratifications, soixante jours après la date du procès-verbal de ce dépôt et, pour les puissances qui ratifieront ultérieurement ou qui adhéreront, soixante jours après que la notification de leur ratification ou de leur adhésion aura été reçue par le Gouvernement des Pays-Bas.

ART. 8.

S'il arrivait qu'une des puissances contractantes voulût dénoncer la présente Convention, la dénonciation sera notifiée par écrit au Gouvernement des Pays-Bas, qui communiquera immédiatement copie certifiée conforme de la notification à toutes les autres puissances en leur faisant savoir la date à laquelle il l'a reçue.

La dénonciation ne produira ses effets qu'à l'égard de la puissance qui l'aura notifiée et un an après que la notification en sera parvenue au Gouvernement des Pays-Bas.

ART. 9.

Un registre tenu par le Ministère des affaires étrangères des Pays-Bas indiquera la date du dépôt de ratifications effectué en vertu de l'article 5, alinéas 3 et 4, ainsi que la date à laquelle auront été reçues les notifications d'adhésion (art. 6, alinéa 2) ou de dénonciation (art. 3, alinéa 1).

Chaque puissance contractante est admise à prendre connaissance de ce registre et à en demander des extraits certifiés conformes.

En foi de quoi, les plénipotentiaires ont revêtu la présente convention de eurs signatures.

Fait à La Haye, le 18 octobre 1907, en un seul exemplaire qui restera déposé dans les archives du Gouvernement des Pays-Bas, et dont des copies certifiées conformes seront remises par la voie diplomatique aux puissances qui ont été conviées à la deuxième Conférence de la paix.

ANNEXE À LA CONVENTION.

RÈGLEMENT CONCERNANT LES LOIS ET COUTUMES DE LA GUERRE SUR TERRE.

SECTION PREMIÈRE.

Des belligérants.

CHAPITRE PREMIER.

DE LA QUALITÉ DE BELLIGÉRANT.

ARTICLE PREMIER.

Les lois, les droits et les devoirs de la guerre ne s'appliquent pas seulement à l'armée, mais encore aux milices et aux corps de volontaires réunissant les conditions suivantes :

1° D'avoir à leur tête une personne responsable pour ses subordonnés ;

2° D'avoir un signe distinctif fixe et reconnaissable à distance ;

3° De porter les armes ouvertement ;

4° De se conformer dans leurs opérations aux lois et coutumes de la guerre ;

Dans les pays où les milices ou des corps de volontaires constituent l'armée ou en font partie, ils sont compris sous la dénomination d'*armée*.

ART. 2.

La population d'un territoire non occupé qui, à l'approche de l'ennemi, prend spontanément les armes pour combattre les troupes d'invasion sans avoir eu le temps de s'organiser conformément à l'article 1er, sera considérée comme belligérante si elle porte les armes ouvertement et si elle respecte les lois et coutumes de la guerre.

ART. 3.

Les forces armées des parties belligérantes peuvent se composer de combattants et de non-combattants. En cas de capture par l'ennemi, les uns et les autres ont droit au traitement des prisonniers de guerre.

CHAPITRE II.

DES PRISONNIERS DE GUERRE.

ART. 4.

Les prisonniers de guerre sont au pouvoir du gouvernement ennemi, mais non des individus ou des corps qui les ont capturés.

Ils doivent être traités avec humanité.

Tout ce qui leur appartient personnellement, excepté les armes, les chevaux et les papiers militaires, reste leur propriété.

ART. 5.

Les prisonniers de guerre peuvent être assujettis à l'internement dans une ville, forteresse, camp ou localité quelconque, avec obligation de ne pas s'en éloigner au delà de certaines limites déterminées ; mais ils ne peuvent être enfermés que par mesure de sûreté indispensable, et seulement pendant la durée des circonstances qui nécessitent cette mesure.

ART. 6.

L'État peut employer, comme travailleurs, les prisonniers de guerre, selon leur grade et leurs aptitudes, à l'exception des officiers. Ces travaux ne seront pas excessifs et n'auront aucun rapport avec les opérations de la guerre.

Les prisonniers peuvent être autorisés à travailler pour le compte d'administrations publiques ou de particuliers, ou pour leur propre compte.

Les travaux faits pour l'État sont payés d'après les tarifs en vigueur pour les militaires de l'armée nationale exécutant les mêmes travaux, ou, s'il n'en existe pas, d'après un tarif en rapport avec les travaux exécutés.

Lorsque les travaux ont lieu pour le compte d'autres administrations publiques ou pour des particuliers, les conditions en sont réglées d'accord avec l'autorité militaire.

Le salaire des prisonniers contribuera à adoucir leur position, et le surplus leur sera compté au moment de leur libération, sauf défalcation des frais d'entretien.

ART. 7.

Le gouvernement au pouvoir duquel se trouvent les prisonniers de guerre est chargé de leur entretien.

A défaut d'une entente spéciale entre les belligérants, les prisonniers de guerre seront traités pour la nourriture, le couchage et l'habillement sur le même pied que les troupes du gouvernement qui les aura capturés.

ART. 8.

Les prisonniers de guerre seront soumis aux lois, règlements et ordres en vigueur dans l'armée de l'État au pouvoir duquel ils se trouvent. Tout acte d'insubordination autorise, à leur égard, les mesures de rigueur nécessaires.

Les prisonniers évadés qui seraient repris avant d'avoir pu rejoindre leur armée ou avant de quitter le territoire occupé par l'armée qui les aura capturés sont passibles de peines disciplinaires.

Les prisonniers qui, après avoir réussi à s'évader, sont de nouveau faits prisonniers ne sont passibles d'aucune peine pour la fuite antérieure.

ART. 9.

Chaque prisonnier de guerre est tenu de déclarer, s'il est interrogé à ce sujet, ses véritables nom et grade, et, dans le cas où il enfreindrait cette règle, il s'exposerait à une restriction des avantages accordés aux prisonniers de guerre de sa catégorie.

ART. 10.

Les prisonniers de guerre peuvent être mis en liberté sur parole, si les lois de leur pays les y autorisent, et en pareil cas ils sont obligés, sous la garantie de leur honneur personnel, de remplir scrupuleusement, tant vis-à-vis de leur propre gouvernement que vis-à-vis de celui qui les a faits prisonniers, les engagements qu'ils auraient contractés.

Dans le même cas, leur propre gouvernement est tenu de n'exiger ni accepter d'eux aucun service contraire à la parole donnée.

ART. 11.

Un prisonnier de guerre ne peut être contraint d'accepter sa liberté sur parole; de même le gouvernement ennemi n'est pas obligé d'accéder à la demande du prisonnier réclamant sa mise en liberté sur parole.

ART. 12.

Tout prisonnier de guerre, libéré sur parole et repris portant les armes contre le gouvernement envers lequel il s'était engagé d'honneur, ou contre les alliés de celui-ci, perd le droit au traitement des prisonniers de guerre et peut être traduit devant les tribunaux.

ART. 13.

Les individus qui suivent une armée sans en faire directement partie, tels que les correspondants et les reporters de journaux, les vivandiers, les fournisseurs, qui tombent au pouvoir de l'ennemi et que celui-ci juge utile de détenir, ont droit au traitement des prisonniers de guerre, à condition qu'ils soient munis d'une légitimation de l'autorité militaire de l'armée qu'ils accompagnaient.

ART. 14.

Il est constitué, dès le début des hostilités, dans chacun des États belligérants, et, le cas échéant, dans les pays neutres qui auront recueilli des belligérants sur leur territoire, un bureau de renseignements sur les prisonniers de guerre. Ce bureau, chargé de répondre à toutes les demandes qui les concernent, reçoit des divers services compétents toutes les indications relatives aux internements et aux mutations, aux mises en liberté sur parole, aux échanges, aux évasions, aux entrées dans les hôpitaux, aux décès, ainsi que les autres renseignements nécessaires pour établir et tenir à jour une fiche individuelle pour chaque prisonnier de guerre. Le bureau devra porter sur cette fiche le numéro matricule, les nom et prénom, l'âge, le lieu d'origine, le grade, le corps de troupe, les blessures, la date et le lieu de la capture, de l'internement, des blessures et de la mort, ainsi que toutes les observations particulières. La fiche individuelle sera remise au gouvernement de l'autre belligérant après la conclusion de la paix.

Le bureau de renseignements est également chargé de recueillir et de centraliser tous les objets d'un usage personnel, valeurs, lettres, etc., qui seront trouvés sur les champs de bataille ou délaissés par des prisonniers libérés sur parole, échangés, évadés ou décédés dans les hôpitaux et ambulances, et de les transmettre aux intéressés.

ART. 15.

Les sociétés de secours pour les prisonniers de guerre, régulièrement constituées selon la loi de leur pays et ayant pour objet d'être les intermédiaires de l'action charitable, recevront, de la part des belligérants, pour elles et pour leurs agents dûment accrédités, toute facilité, dans les limites tracées par les nécessités militaires et les règles administratives, pour accomplir efficacement leur tâche d'humanité. Les délégués de ces sociétés pourront être admis à distribuer des secours dans les dépôts d'internement, ainsi qu'aux

lieux d'étapes des prisonniers rapatriés, moyennant une permission personnelle délivrée par l'autorité militaire, et en prenant l'engagement par écrit
de se soumettre à toutes les mesures d'ordre et de police que celle-ci pres-
crirait.

ART. 16.

Les bureaux de renseignements jouissent de la franchise de port. Les
lettres, mandats et articles d'argent, ainsi que les colis postaux destinés aux
prisonniers de guerre ou expédiés par eux, seront affranchis de toutes les
taxes postales, aussi bien dans les pays d'origine et de destination que dans
les pays intermédiaires.

Les dons et secours en nature destinés aux prisonniers de guerre seront
admis en franchise de tous droits d'entrée et autres, ainsi que des taxes de
transport sur les chemins de fer exploités par l'État.

ART. 17.

Les officiers prisonniers recevront la solde à laquelle ont droit les officiers
de même grade du pays où ils sont retenus, à charge de remboursement par
leur gouvernement.

ART. 18.

Toute latitude est laissée aux prisonniers de guerre pour l'exercice de leur
religion, y compris l'assistance aux offices de leur culte, à la seule condition
de se conformer aux mesures d'ordre et de police prescrites par l'autorité
militaire.

ART. 19.

Les testaments des prisonniers de guerre sont reçus ou dressés dans les
mêmes conditions que pour les militaires de l'armée nationale.

On suivra également les mêmes règles en ce qui concerne les pièces relatives à la constatation des décès, ainsi que pour l'inhumation des prisonniers
de guerre, en tenant compte de leur grade et de leur rang.

ART. 20.

Après la conclusion de la paix, le rapatriement des prisonniers de guerre
s'effectuera dans le plus bref délai possible.

CHAPITRE III.

DES MALADES ET DES BLESSÉS.

ART. 21.

Les obligations des belligérants concernant le service des malades et des
blessés sont régies par la Convention de Genève.

SECTION I.

Des hostilités.

CHAPITRE PREMIER.

DES MOYENS DE NUIRE À L'ENNEMI, DES SIÈGES ET DES BOMBARDEMENTS.

ART. 22.

Les belligérants n'ont pas un droit illimité quant au choix des moyens de nuire à l'ennemi.

ART. 23.

Outre les prohibitions établies par des conventions spéciales, il est notamment interdit :

a. D'employer du poison ou des armes empoisonnées;

b. De tuer ou de blesser par trahison des individus appartenant à la nation ou à l'armée ennemie;

c. De tuer ou de blesser un ennemi qui, ayant mis bas les armes ou n'ayant plus les moyens de se défendre, s'est rendu à discrétion;

d. De déclarer qu'il ne sera pas fait de quartier;

e. D'employer des armes, des projectiles ou des matières propres à causer des maux superflus;

f. D'user indûment du pavillon parlementaire, du pavillon national ou des insignes militaires et de l'uniforme de l'ennemi, ainsi que des signes distinctifs de la Convention de Genève;

g. De détruire ou de saisir des propriétés ennemies, sauf le cas où ces destructions ou ces saisies seraient impérieusement commandées par les nécessités de la guerre;

h. De déclarer éteints, suspendus ou non recevables en justice les droits et actions des nationaux de la partie adverse.

Il est également interdit à un belligérant de forcer les nationaux de la partie adverse à prendre part aux opérations de guerre dirigées contre leur pays, même dans le cas où ils auraient été à son service avant le commencement de la guerre.

ART. 24.

Les ruses de guerre et l'emploi des moyens nécessaires pour se procurer des renseignements sur l'ennemi et sur le terrain sont considérés comme licites.

ART. 25.

Il est interdit d'attaquer ou de bombarder, par quelque moyen que ce soit, des villes, villages, habitations ou bâtiments qui ne sont pas défendus.

ART. 26.

Le commandant des troupes assaillantes, avant d'entreprendre le bombardement, et sauf le cas d'attaque de vive force, devra faire tout ce qui dépend de lui pour en avertir les autorités.

ART. 27.

Dans les sièges et bombardements, toutes les mesures nécessaires doivent être prises pour épargner, autant que possible, les édifices consacrés aux cultes, aux arts, aux sciences et à la bienfaisance, les monuments historiques, les hôpitaux et les lieux de rassemblement de malades et de blessés, à condition qu'ils ne soient pas employés en même temps à un but militaire.

Le devoir des assiégés est de désigner ces édifices ou lieux de rassemblement par des signes visibles spéciaux qui seront notifiés d'avance à l'assiégeant.

ART. 28.

Il est interdit de livrer au pillage une ville ou localité même prise d'assaut.

CHAPITRE II.

DES ESPIONS.

ART. 29.

Ne peut être considéré comme espion que l'individu qui, agissant clandestinement ou sous de faux prétextes, recueille ou cherche à recueillir des informations dans la zone d'opérations d'un belligérant, avec l'intention de les communiquer à la partie adverse.

Ainsi les militaires non déguisés qui ont pénétré dans la zone d'opérations de l'armée ennemie, à l'effet de recueillir des informations, ne sont pas considérés comme espions. De même ne sont pas considérés comme espions : les militaires et les non militaires, accomplissant ouvertement leur mission, chargés de transmettre des dépêches destinées soit à leur propre armée, soit à l'armée ennemie. A cette catégorie appartiennent également les individus envoyés en ballon pour transmettre les dépêches et, en général, pour entretenir les communications entre les diverses parties d'une armée ou d'un territoire.

ART. 3o.

L'espion pris sur le fait ne pourra être puni sans jugement préalable.

ART. 31.

L'espion qui, ayant rejoint l'armée à laquelle il appartient, est capturé plus tard par l'ennemi, est traité comme prisonnier de guerre et n'encourt aucune responsabilité pour les actes d'espionnage antérieurs.

CHAPITRE III.

DES PARLEMENTAIRES.

ART. 32.

Est considéré comme parlementaire l'individu autorisé par l'un des belligérants à entrer en pourparlers avec l'autre et se présentant avec le drapeau blanc. Il a droit à l'inviolabilité, ainsi que le trompette, clairon ou tambour, le porte-drapeau et l'interprète qui l'accompagneraient.

ART. 33.

Le chef auquel un parlementaire est expédié n'est pas obligé de le recevoir en toutes circonstances.

Il peut prendre toutes les mesures nécessaires afin d'empêcher le parlementaire de profiter de sa mission pour se renseigner.

Il a le droit, en cas d'abus, de retenir temporairement le parlementaire.

ART. 34.

Le parlementaire perd ses droits d'inviolabilité s'il est prouvé, d'une manière positive et irrécusable, qu'il a profité de sa position privilégiée pour provoquer ou commettre un acte de trahison.

CHAPITRE IV.

DES CAPITULATIONS.

ART. 35.

Les capitulations arrêtées entre les parties contractantes doivent tenir compte des règles de l'honneur militaire.

Une fois fixées, elles doivent être scrupuleusement observées par les deux parties.

CHAPITRE V.

DE L'ARMISTICE.

ART. 36.

L'armistice suspend les opérations de guerre par un accord mutuel des parties belligérantes. Si la durée n'en est pas déterminée, les parties belligérantes peuvent reprendre en tout temps les opérations, pourvu toutefois que l'ennemi soit averti en temps convenu, conformément aux conditions de l'armistice.

ART. 37.

L'armistice peut être général ou local. Le premier suspend partout les opérations de guerre des États belligérants; le second, seulement entre certaines fractions des armées belligérantes et dans un rayon déterminé.

ART. 38.

L'armistice doit être notifié officiellement et en temps utile aux autorités compétentes et aux troupes. Les hostilités sont suspendues immédiatement après la notification ou au terme fixé.

ART. 39.

Il dépend des parties contractantes de fixer, dans les clauses de l'armistice, les rapports qui pourraient avoir lieu, sur le théâtre de la guerre, avec les populations et entre elles.

ART. 40.

Toute violation grave de l'armistice, par l'une des parties, donne à l'autre le droit de le dénoncer et même, en cas d'urgence, de reprendre immédiatement les hostilités.

ART. 41.

La violation des clauses de l'armistice par des particuliers agissant de leur propre initiative donne droit seulement à réclamer la punition des coupables et, s'il y a lieu, une indemnité pour les pertes éprouvées.

SECTION III.

De l'autorité militaire sur le territoire de l'État ennemi.

ART. 42.

Un territoire est considéré comme occupé lorsqu'il se trouve placé de fait sous l'autorité de l'armée ennemie.

L'occupation ne s'étend qu'aux territoires où cette autorité est établie et en mesure de s'exercer.

ART. 43.

L'autorité du pouvoir légal ayant passé de fait entre les mains de l'occupant, celui-ci prendra toutes les mesures qui dépendent de lui en vue de rétablir et d'assurer autant qu'il est possible l'ordre et la vie publics, en respectant, sauf empêchement absolu, les lois en vigueur dans le pays.

ART. 44.

Il est interdit à un belligérant de forcer la population d'un territoire occupé à donner des renseignements sur l'armée de l'autre belligérant ou sur ses moyens de défense.

ART. 45.

Il est interdit de contraindre la population d'un territoire occupé à prêter serment à la puissance ennemie.

ART. 46.

L'honneur et les droits de la famille, la vie des individus et la propriété privée, ainsi que les convictions religieuses et l'exercice des cultes, doivent être respectés.

La propriété privée ne peut pas être confisquée.

ART. 47.

Le pillage est formellement interdit.

ART. 48.

Si l'occupant prélève, dans le territoire occupé, les impôts, droits et péages établis au profit de l'État, il le fera, autant que possible, d'après les règles de l'assiette et de la répartition en vigueur, et il en résultera pour lui l'obligation de pourvoir aux frais de l'administration du territoire occupé dans la mesure où le gouvernement légal y était tenu.

ART. 49.

Si, en dehors des impôts visés à l'article précédent, l'occupant prélève d'autres contributions en argent dans le territoire occupé, ce ne pourra être que pour les besoins de l'armée ou de l'administration de ce territoire.

ART. 50.

Aucune peine collective, pécuniaire ou autre, ne pourra être édictée contre les populations, à raison de faits individuels dont elles ne pourraient être considérées comme solidairement responsables.

ART. 51.

Aucune contribution ne sera perçue qu'en vertu d'un ordre écrit et sous la responsabilité d'un général en chef.

Il ne sera procédé, autant que possible, à cette perception que d'après les règles de l'assiette et de la répartition des impôts en vigueur.

Pour toute contribution, un reçu sera délivré aux contribuables.

ART. 52.

Des réquisitions en nature et des services ne pourront être réclamés des communes ou des habitants que pour les besoins de l'armée d'occupation. Ils seront en rapport avec les ressources du pays et de telle nature qu'ils n'impliquent pas pour les populations de prendre part aux opérations de la guerre contre leur patrie.

Ces réquisitions et ces services ne seront réclamés qu'avec l'autorisation du commandant dans la localité occupée.

Les prestations en nature seront, autant que possible, payées au comptant; sinon elles seront constatées par des reçus, et le payement des sommes dues sera effectué le plus tôt possible.

ART. 53.

L'armée qui occupe un territoire ne pourra saisir que le numéraire, les fonds et les valeurs exigibles appartenant en propre à l'État, les dépôts d'armes, moyens de transport, magasins et approvisionnements, et en général, toute propriété mobilière de l'État de nature à servir aux opérations de la guerre.

Tous les moyens affectés sur terre, sur mer et dans les airs à la transmission des nouvelles, au transport des personnes ou des choses, en dehors des cas régis par le droit maritime, les dépôts d'armes, et en général toute espèce de munitions de guerre, peuvent être saisis, même s'ils appartiennent à des personnes privées, mais devront être restitués et les indemnités seront réglées à la paix.

ART. 54.

Les câbles sous-marins reliant un territoire occupé à un territoire neutre ne seront saisis ou détruits que dans le cas d'une nécessité absolue. Ils devront également être restitués, et les indemnités seront réglées à la paix.

ART. 55.

L'État occupant ne se considérera que comme administrateur et usufruitier des édifices publics, immeubles, forêts et exploitations agricoles appartenant à l'État ennemi et se trouvant dans le pays occupé. Il devra sauvegarder le fonds de ces propriétés et les administrer conformément aux règles de l'usufruit.

ART. 56.

Les biens des communes, ceux des établissements consacrés aux cultes, à la charité et à l'instruction, aux arts et aux sciences, même appartenant à l'État, seront traités comme la propriété privée.

Toute saisie, destruction ou dégradation intentionnelle de semblables établissements, de monuments historiques, d'œuvres d'art et de science, est interdite et doit être poursuivie.

Annexes I.

N° 5.

RÉGIME DES NAVIRES DE COMMERCE ENNEMIS AU DÉBUT DES HOSTILITÉS.

CONVENTION VI [1]

RELATIVE AU RÉGIME DES NAVIRES DE COMMERCE ENNEMIS AU DÉBUT DES HOSTILITÉS.

(Indication des souverains et chefs d'État.)

. . . .

Désireux de garantir la sécurité du commerce international contre les surprises de la guerre, et voulant, conformément à la pratique moderne, protéger autant que possible les opérations engagées de bonne foi et en cours d'exécution avant le début des hostilités :

Ont résolu de conclure une convention à cet effet et ont nommé pour leurs plénipotentiaires, savoir :

(Suit la liste des plénipotentiaires.)

. . . .

Lesquels, après avoir déposé leurs pleins pouvoirs trouvés en bonne et due forme, sont convenus des dispositions suivantes :

ARTICLE PREMIER.

Lorsqu'un navire de commerce relevant d'une des puissances belligérantes se trouve, au début des hostilités, dans un port ennemi, il est désirable qu'il lui soit permis de sortir librement, immédiatement ou après un délai de faveur suffisant, et de gagner directement, après avoir été muni d'un laisser-passer, son port de destination ou tel autre port qui lui sera désigné.

Il en est de même du navire ayant quitté son dernier port de départ avant le commencement de la guerre et entrant dans un port ennemi sans connaître les hostilités.

---

[1] Convention de La Haye, 1907; voir décret du 2 décembre 1910, *Journal officiel* du 8 décembre 1910.

ART. 2.

Le navire de commerce qui, par suite de circonstances de force majeure, n'aurait pu quitter le port ennemi pendant le délai visé à l'article précédent, ou auquel la sortie n'aurait pas été accordée, ne peut être confisqué.

Le belligérant peut seulement le saisir moyennant l'obligation de le restituer après la guerre sans indemnité, ou le réquisitionner moyennant indemnité.

ART. 3.

Les navires de commerce ennemis qui ont quitté leur dernier port de départ avant le commencement de la guerre, et qui sont rencontrés en mer ignorants des hostilités, ne peuvent être confisqués. Ils sont seulement sujets à être saisis, moyennant l'obligation de les restituer après la guerre sans indemnité, ou à être réquisitionnés, ou même à être détruits, à charge d'indemnité et sous l'obligation de pourvoir à la sécurité des personnes ainsi qu'à la conservation des papiers de bord.

Après avoir touché à un port de leur pays ou à un port neutre, ces navires sont soumis aux lois et coutumes de la guerre maritime.

ART. 4.

Les marchandises ennemies se trouvant à bord des navires visés aux articles 1 et 2 sont également sujettes à être saisies et restituées après la guerre sans indemnité, ou à être réquisitionnées moyennant indemnité, conjointement avec le navire ou séparément.

Il en est de même des marchandises se trouvant à bord des navires visés à l'article 3.

ART. 5.

La présente Convention ne vise pas les navires de commerce dont la construction indique qu'ils sont destinés à être transformés en bâtiments de guerre.

ART. 6.

Les dispositions de la présente Convention ne sont applicables qu'entre les puissances contractantes et seulement si les belligérants sont tous parties à la Convention.

ART. 7.

La présente Convention sera ratifiée aussitôt que possible.

Les ratifications seront déposées à La Haye.

Le premier dépôt de ratifications sera constaté par un procès-verbal signé par les représentants des puissances qui y prennent part et par le Ministre des affaires étrangères des Pays-Bas.

Les dépôts ultérieurs de ratifications se feront au moyen d'une notification écrite adressée au Gouvernement des Pays-Bas et accompagnée de l'instrument de ratification.

Copie certifiée conforme du procès-verbal relatif au premier dépôt de ratification, des modifications mentionnées à l'alinéa précédent, ainsi que des instruments de ratifications, sera immédiatement remise par les soins du Gouvernement des Pays-Bas et par la voie diplomatique aux puissances conviées à la deuxième Conférence de la paix, ainsi qu'aux autres puissances qui auront adhéré à la Convention. Dans les cas visés par l'alinéa précédent, ledit Gouvernement leur fera connaître en même temps la date à laquelle il a reçu la notification.

ART. 8.

Les puissances non signataires sont admises à adhérer à la présente Convention.

La puissance qui désire adhérer notifie par écrit son intention au Gouvernement des Pays-Bas en lui transmettant l'acte d'adhésion, qui sera déposé dans les archives dudit Gouvernement.

Ce Gouvernement transmettra immédiatement, à toutes les autres puissances, copie certifié conforme de la notification ainsi que de l'acte d'adhésion, en indiquant la date à laquelle il a reçu la notification.

ART. 9.

La présente Convention produira effet, pour les puissances qui auront participé au premier dépôt de ratifications, soixante jours après la date du procès-verbal de ce dépôt, et pour les puissances qui ratifieront ultérieurement ou qui adhéreront. soixante jours après que la notification de leur ratification ou de leur adhésion aura été reçue par le Gouvernement des Pays-Bas.

ART. 10.

S'il arrivait qu'une des puissances contractantes voulût dénoncer la présente Convention, la dénonciation sera notifiée par écrit au Gouvernement des Pays-Bas, qui communiquera immédiatement copie certifiée conforme de la notification à toutes les autres puissances en leur faisant savoir la date à laquelle il l'a reçue.

La dénonciation ne produira ses effets qu'à l'égard de la puissance qui l'aura notifiée et un an après que la notification en sera parvenue au Gouvernement des Pays-Bas.

ART. 11.

Un registre tenu par le Ministère des affaires étrangères des Pays-Bas indiquera la date du dépôt de ratification effectué en vertu de l'article 7, alinéas 3 et 4 , ainsi que la date à laquelle auront été reçues les notifications d'adhésion (art. 8 , alinéa 2) ou de dénonciation (art. 10 , alinéa 1).

Chaque puissance contractante est admise à prendre connaissance de ce registre et à en demander des extraits certifiés conformes.

En foi de quoi, les plénipotentiaires ont revêtu la présente Convention de leurs signatures.

Fait à La Haye, le 18 octobre 1907, en un seul exemplaire qui restera déposé dans les archives du Gouvernement des Pays-Bas et dont les copies, certifiées conformes, seront remises par la voie diplomatique aux puissances qui ont été conviées à la deuxième Conférence de la paix.

Annexes I.

N° 6.

TRANSFORMATION DES NAVIRES DE COMMERCE EN BÂTIMENTS DE GUERRE.

CONVENTION VII [1]
RELATIVE À LA TRANSFORMATION DES NAVIRES DE COMMERCE EN BÂTIMENTS DE GUERRE.

(Indication des souverains et chefs d'État.)

. . . .

Considérant qu'en vue de l'incorporation en temps de guerre de navires de la marine marchande dans les flottes de combat, il est désirable de définir les conditions dans lesquelles cette opération pourra être effectuée;

Que, toutefois, les puissances contractantes n'ayant pu se mettre d'accord sur la question de savoir si la transformation d'un navire de commerce en bâtiment de guerre peut avoir lieu en pleine mer, il est entendu que la question du lieu de transformation reste hors de cause et n'est nullement visée par les règles ci-dessous :

Désirant conclure une Convention à cet effet, ont nommé pour leurs plénipotentiaires, savoir :

(Suit la liste des plénipotentiaires.)

. . . .

Lesquels, après avoir déposé leurs pleins pouvoirs, trouvés en bonne et due forme, sont convenus des dispositions suivantes :

ARTICLE PREMIER.

Aucun navire de commerce transformé en bâtiment de guerre ne peut avoir les droits et les obligations attachés à cette qualité, s'il n'est placé sous l'autorité directe, le contrôle immédiat et la responsabilité de la puissance dont il porte le pavillon.

---

[1] Convention de La Haye, 1907 ; voir décret du 2 décembre 1910, *Journal officiel* du 8 décembre 1910.

ART. 2.

Les navires de commerce transformés en bâtiments de guerre doivent porter les signes extérieurs distinctifs des bâtiments de guerre de leur nationalité.

ART. 3.

Le commandant doit être au service de l'État et dûment commissionné par les autorités compétentes. Son nom doit figurer sur la liste des officiers de la Flotte militaire.

ART. 4.

L'équipage doit être soumis aux règles de la discipline militaire.

ART. 5.

Tout navire de commerce transformé en bâtiment de guerre est tenu d'observer dans ses opérations les lois et coutumes de la guerre.

ART. 6.

Le belligérant qui transforme un navire de commerce en bâtiment de guerre doit, le plus tôt possible, mentionner cette transformation sur la liste des bâtiments de sa flotte militaire.

ART. 7.

Les dispositions de la présente Convention ne sont applicables qu'entre les puissances contractantes, et seulement si les belligérants sont tous parties à la Convention.

ART. 8.

La présente Convention sera ratifiée aussitôt que possible.

Les ratifications seront déposées à La Haye.

Le premier dépôt de ratifications sera constaté par un procès-verbal signe par les représentants des puissances qui y prennent part et par le Ministre des affaires étrangères des Pays-Bas.

Les dépôts ultérieurs de ratifications se feront au moyen d'une notification écrite adressée au Gouvernement des Pays-Bas et accompagnée de l'instrument de ratification.

Copie certifiée conforme du procès-verbal relatif au premier dépôt de ratifications, des notifications mentionnées à l'alinéa précédent, ainsi que des instruments de ratification, sera immédiatement remise, par les soins du Gouvernement des Pays-Bas et par la voie diplomatique, aux puissances conviées à la deuxième Conférence de la paix, ainsi qu'aux autres puissances qui auront adhéré à la Convention. Dans les cas visés par l'alinéa précédent, ledit Gouvernement leur fera connaître en même temps la date à laquelle il a reçu la notification.

ART. 9.

Les puissances non signataires sont admises à adhérer à la présente Convention.

La puissance qui désire adhérer notifie par écrit son intention au Gouvernement des Pays-Bas en lui transmettant l'acte d'adhésion qui sera déposé dans les archives dudit Gouvernement.

Ce Gouvernement transmettra immédiatement à toutes les autres puissances copie certifiée conforme de la notification ainsi que de l'acte d'adhésion, en indiquant la date à laquelle il a reçu la notification.

ART. 10.

La présente Convention produira effet, pour les puissances qui auront participé au premier dépôt de ratifications, soixante jours après la date du procès-verbal de ce dépôt, et pour les puissances qui ratifieront ultérieurement ou qui adhéreront, soixante jours après que la notification de leur ratification ou de leur adhésion aura été reçue par le Gouvernement des Pays-Bas.

ART. 11.

S'il arrivait qu'une des puissances contractantes voulût dénoncer la présente Convention, la dénonciation sera notifiée par écrit au Gouvernement des Pays-Bas, qui communiquera immédiatement copie certifiée conforme de la notification à toutes les autres puissances en leur faisant savoir la date à laquelle il l'a reçue.

La dénonciation ne produira ses effets qu'à l'égard de la puissance qui l'aura notifiée et un an après que la notification en sera parvenue au Gouvernement des Pays-Bas.

ART. 12.

Un registre tenu par le Ministère des affaires étrangères des Pays-Bas indiquera la date du dépôt de ratifications effectué en vertu de l'article 8, alinéas 3 et 4, ainsi que la date à laquelle auront été reçues les notifications d'adhésion (art. 9, alinéa 2) ou de dénonciation (art. 11, alinéa 1).

Chaque puissance contractante est admise à prendre connaissance de ce registre et à demander des extraits certifiés conformes.

En foi de quoi, les plénipotentiaires ont revêtu la présente Convention de leurs signatures.

Fait à La Haye, le 18 octobre 1907, en un seul exemplaire qui restera déposé dans les archives du Gouvernement des Pays-Bas, et dont des copies, certifiées conformes, seront remises par la voie diplomatique aux puissances qui ont été conviées à la deuxième Conférence de la paix.

Annexes I.

N° 7.

POSE DE MINES SOUS-MARINES AUTOMATIQUES DE CONTACT.

CONVENTION VIII [1]
RELATIVE À LA POSE DE MINES SOUS-MARINES AUTOMATIQUES DE CONTACT.

(Indication des souverains et chefs d'État.)

. . . .

S'inspirant du principe de la liberté des voies maritimes ouvertes à toutes les nations;

Considérant que, si dans l'état actuel des choses, on ne peut interdire l'emploi de mines sous-marines automatiques de contact, il importe d'en limiter et réglementer l'usage, afin de restreindre les rigueurs de la guerre et de donner, autant que faire se peut, à la navigation pacifique la sécurité à laquelle elle a droit de prétendre malgré l'existence d'une guerre;

En attendant qu'il soit possible de régler la matière d'une façon qui donne aux intérêts engagés toutes les garanties désirables;

Ont résolu de conclure une Convention à cet effet et ont nommé pour leurs plénipotentiaires, savoir :

(Suit la liste des plénipotentiaires.)

. . . .

Lesquels, après avoir déposé leurs pleins pouvoirs trouvés en bonne et due forme, sont convenus des dispositions suivantes :

ARTICLE PREMIER.

Il est interdit :

1° De placer des mines automatiques de contact non amarrées, à moins qu'elles ne soient construites de manière à devenir inoffensives une heure au maximum après que celui qui les a placées en aura perdu le contrôle:

---

[1] Convention de La Haye, 1907; voir décret du 2 décembre 1910, *Journal officiel* du 8 décembre 1910.

2° De placer des mines automatiques de contact amarrées, qui ne deviennent pas inoffensives dès qu'elles auront rompu leurs amarres:

3° D'employer des torpilles, qui ne deviennent pas inoffensives lorsqu'elles auront manqué leur but.

ART. 2.

Il est interdit de placer des mines automatiques de contact devant les côtes et les ports de l'adversaire, dans le seul but d'intercepter la navigation de commerce.

ART. 3.

Lorsque les mines automatiques de contact amarrées sont employées, toutes les précautions possibles doivent être prises pour la sécurité de la navigation pacifique.

Les belligérants s'engagent à pourvoir, dans la mesure du possible, à ce que ces mines deviennent inoffensives après un laps de temps limité, et, dans le cas où elles cesseraient d'être surveillées, à signaler les régions dangereuses, aussitôt que les exigences militaires le permettront, par un avis à la navigation qui devra être aussi communiqué aux gouvernements par la voie diplomatique.

ART. 4.

Toute puissance neutre qui place des mines automatiques de contact devant ses côtes doit observer les mêmes règles et prendre les mêmes précautions que celles qui sont imposées aux belligérants.

La puissance neutre doit faire connaître à la navigation, par un avis préalable, les régions où seront mouillées des mines automatiques de contact. Cet avis devra être communiqué d'urgence aux gouvernements par voie diplomatique.

ART. 5.

A la fin de la guerre, les puissances contractantes s'engagent à faire tout ce qui dépend d'elles pour enlever, chacune de son côté, les mines qu'elles ont placées.

Quant aux mines automatiques de contact amarrées, que l'un des belligérants aurait posées le long des côtes de l'autre, l'emplacement en sera notifié à l'autre partie par la puissance qui les a posées, et chaque puissance devra procéder dans le plus bref délai à l'enlèvement des mines qui se trouvent dans ses eaux.

ART. 6.

Les puissances contractantes qui ne disposent pas encore de mines perfectionnées telles qu'elles sont prévues dans la présente Convention, et qui, par conséquent, ne sauraient actuellement se conformer aux règles établies

dans les articles 1 et 3, s'engagent à transformer aussitôt que possible leur
matériel de mines, afin qu'il réponde aux prescriptions susmentionnées.

ART. 7.

Les dispositions de la présente Convention ne sont applicables qu'entre les
puissances contractantes, et seulement si les belligérants sont tous parties à la
Convention.

ART. 8.

La présente Convention sera ratifiée aussitôt que possible.

Les ratifications seront déposées à La Haye.

Le premier dépôt de ratifications sera constaté par un procès-verbal signé
par les représentants des puissances qui y prennent part et par le Ministre
des affaires étrangères des Pays-Bas.

Les dépôts ultérieurs de ratifications se feront au moyen d'une notification
écrite, adressée au Gouvernement des Pays-Bas et accompagnée de l'instrument de ratification.

Copie certifiée conforme du procès-verbal relatif au premier dépôt de ratifications, des notifications mentionnées à l'alinéa précédent, ainsi que des
instruments de ratification, sera immédiatement remise, par les soins du
Gouvernement des Pays-Bas et par la voie diplomatique, aux puissances
conviées à la deuxième Conférence de la paix, ainsi qu'aux autres puissances
qui auront adhéré à la Convention. Dans les cas visés par l'alinéa précédent,
ledit Gouvernement leur fera connaître en même temps la date à laquelle
il a reçu la notification.

ART. 9.

Les puissances non signataires sont admises à adhérer à la présente Convention.

La puissance qui désire adhérer notifie par écrit son intention au Gouvernement des Pays-Bas en lui transmettant l'acte d'adhésion qui sera déposé
dans les archives dudit Gouvernement.

Ce Gouvernement transmettra immédiatement à toutes les autres puissances copie certifiée conforme de la notification ainsi que l'acte d'adhésion,
en indiquant la date à laquelle il a reçu la notification.

ART. 10.

La présente Convention produira effet, pour les puissances qui auront
participé au premier dépôt de ratifications, soixante jours après la date du
procès-verbal de ce dépôt, et pour les puissances qui ratifieront ultérieurement
ou qui adhéreront, soixante jours après que la notification de leur ratification ou de leur adhésion aura été reçue par le Gouvernement des Pays-Bas.

ART. 11.

La présente Convention aura une durée de sept ans à partir du soixantième jour après la date du premier dépôt de ratifications.

Sauf dénonciation, elle continuera d'être en vigueur après l'expiration de ce délai.

La dénonciation sera notifiée par écrit au Gouvernement des Pays-Bas, qui communiquera immédiatement copie certifiée conforme de la notification à toutes les puissances, en leur faisant savoir la date à laquelle il l'a reçue.

La dénonciation ne produira ses effets qu'à l'égard de la puissance qui l'aura notifiée et six mois après que la notification en sera parvenue au Gouvernement des Pays-Bas.

ART. 12.

Les puissances contractantes s'engagent à reprendre la question de l'emploi des mines automatiques de contact six mois avant l'expiration du terme prévu par l'alinéa 1er de l'article précédent, au cas où elle n'aurait pas été reprise et résolue à une date antérieure par la troisième Conférence de la paix.

Si les puissances contractantes concluent une nouvelle convention relative à l'emploi des mines, dès son entrée en vigueur, la présente Convention cessera d'être applicable.

ART. 13.

Un registre tenu par le Ministère des affaires étrangères des Pays-Bas indiquera la date du dépôt de ratifications effectué en vertu de l'article 8, alinéas 3 et 4, ainsi que la date à laquelle auront été reçues les notifications d'adhésion (article 9, alinéa 2) ou de dénonciation (article 11, alinéa 3).

Chaque puissance contractante est admise à prendre connaissance de ce registre et à en demander des extraits certifiés conformes.

En foi de quoi, les plénipotentiaires ont revêtu la présente Convention de leurs signatures.

Fait à La Haye, le 18 octobre 1907, en un seul exemplaire qui restera déposé dans les archives du Gouvernement des Pays-Bas, et dont des copies, certifiées conformes, seront remises par la voie diplomatique aux puissances qui ont été conviées à la deuxième Conférence de la paix.

Annexes I.

N° 8.

BOMBARDEMENT PAR DES FORCES NAVALES
EN TEMPS DE GUERRE.

CONVENTION IX [1]
CONCERNANT LE BOMBARDEMENT PAR LES FORCES NAVALES
EN TEMPS DE GUERRE.

(Indication des souverains et chefs d'État.)

. . . .

Animés du désir de réaliser le vœu exprimé par la première Conférence de la paix, concernant le bombardement, par des forces navales, des ports, villes et villages non défendus ;

Considérant qu'il importe de soumettre les bombardements par des forces navales à des dispositions générales qui garantissent les droits des habitants et assurent la conservation des principaux édifices, en étendant à cette opération de guerre, dans la mesure du possible, les principes du règlement de 1899 sur les lois et coutumes de la guerre sur terre ;

S'inspirant ainsi du désir de servir les intérêts de l'humanité et de diminuer les rigueurs et les désastres de la guerre ;

Ont résolu de conclure une convention à cet effet, et ont en conséquence nommé pour leurs plénipotentiaires, savoir :

. . . .

(Suit la liste des plénipotentiaires.)

. . . .

Lesquels, après avoir déposé leurs pleins pouvoirs, trouvés en bonne et due forme sont convenus des dispositions suivantes :

CHAPITRE PREMIER.
DU BOMBARDEMENT DES PORTS, VILLES ET VILLAGES,
HABITATIONS OU BÂTIMENTS NON DÉFENDUS.

ARTICLE PREMIER.

Il est interdit de bombarder, par des forces navales, des ports, villes, villages, habitations ou bâtiments qui ne sont pas défendus.

---

[1] Convention de La Haye, 1907 ; voir décret du 2 décembre 1910, *Journal officiel* du 8 décembre 1910.

Une localité ne peut pas être bombardée à raison du seul fait que, devant son port, se trouvent mouillées des mines sous-marines automatiques de contact.

ART. 2.

Toutefois ne sont pas compris dans cette interdiction les ouvrages militaires, établissements militaires ou navals, dépôts d'armes ou de matériel de guerre, ateliers et installations propres à être utilisés pour les besoins de la flotte ou de l'armée ennemie, et les navires de guerre se trouvant dans le port. Le commandant d'une force navale pourra, après sommation avec délai raisonnable, les détruire par le canon, si tout autre moyen est impossible et lorsque les autorités locales n'auront pas procédé à cette destruction dans le délai fixé.

Il n'encourt aucune responsabilité, dans ce cas, pour les dommages involontaires qui pourraient être occasionnés par le bombardement.

Si les nécessités militaires exigeant une action immédiate ne permettaient pas d'accorder le délai, il reste entendu que l'interdiction de bombarder la ville non défendue subsiste comme dans le cas énoncé dans l'alinéa 1er, et que le commandant prendra toutes les dispositions voulues pour qu'il en résulte pour cette ville le moins d'inconvénients possible.

ART. 3.

Il peut, après notification expresse, être procédé au bombardement des ports, villes, villages, habitations ou bâtiments non défendus si les autorités locales, mises en demeure par une sommation formelle, refusent d'obtempérer à des réquisitions de vivres ou d'approvisionnements nécessaires au besoin présent de la force navale qui se trouve devant la localité.

Ces réquisitions seront en rapport avec les ressources de la localité. Elles ne seront réclamées qu'avec l'autorisation du commandant de ladite force navale et seront, autant que possible, payées au comptant; sinon elles seront constatées par des reçus.

ART. 4.

Est interdit le bombardement, pour le non-payement des contributions en argent, des ports, villes, villages, habitations ou bâtiments non défendus.

CHAPITRE II.

DISPOSITIONS GÉNÉRALES.

ART. 5.

Dans le bombardement par des forces navales, toutes les mesures nécessaires doivent être prises par le commandant pour épargner autant que possible les édifices consacrés aux cultes, aux arts, aux sciences et à la bienfaisance, les monuments historiques, les hôpitaux et les lieux de rassemblement de malades ou de blessés, à condition qu'ils ne soient pas employés en même temps à un but militaire.

Le devoir des habitants est de désigner ces monuments, ces édifices ou lieux de rassemblement, par des signes visibles, qui consisteront en grands panneaux rectangulaires rigides, partagés, suivant une des diagonales, en deux triangles de couleur, noire en haut et blanche en bas.

ART. 6.

Sauf le cas où les exigences militaires ne le permettraient pas, le commandant de la force navale assaillante doit, avant d'entreprendre le bombardement, faire tout ce qui dépend de lui pour avertir les autorités.

ART. 7.

Il est interdit de livrer au pillage une ville ou localité même prise d'assaut.

CHAPITRE III.

DISPOSITIONS FINALES.

ART. 8.

Les dispositions de la présente Convention ne sont applicables qu'entre les puissances contractantes, et seulement si les belligérants sont tous parties à la Convention.

ART. 9.

La présente Convention sera ratifiée aussitôt que possible.

Les ratifications seront déposées à La Haye.

Le premier dépôt de ratifications sera constaté par un procès-verbal signé par les représentants des puissances qui y prennent part et par le Ministre des affaires étrangères des Pays-Bas.

Les dépôts ultérieurs de ratifications se feront au moyen d'une notification écrite, adressée au Gouvernement des Pays-Bas et accompagnée de l'instrument de ratification.

Copie certifiée conforme du procès-verbal relatif au premier dépôt de ratifications, des notifications mentionnées à l'alinéa précédent, ainsi que des instruments de ratification, sera immédiatement remise, par les soins du Gouvernement des Pays-Bas et par la voie diplomatique, aux puissances conviées à la deuxième Conférence de la paix ainsi qu'aux autres puissances qui auront adhéré à la Convention. Dans les cas visés par l'alinéa précédent, ledit Gouvernement leur fera connaître en même temps la date à laquelle il a reçu la notification.

ART. 10.

Les puissances non signataires sont admises à adhérer à la présente Convention.

La puissance qui désire adhérer notifie par écrit son intention au Gouvernement des Pays-Bas, en lui transmettant l'acte d'adhésion qui sera déposé dans les archives dudit Gouvernement.

Ce Gouvernement transmettra immédiatement à toutes les autres puissances copie certifiée conforme de la notification ainsi que de l'acte d'adhésion, en indiquant la date à laquelle il a reçu la notification.

ART. 11.

La présente Convention produira effet, pour les puissances qui auront participé au premier dépôt de ratifications, soixante jours après la date du procès-verbal de ce dépôt, et pour les puissances qui ratifieront ultérieurement ou qui adhéreront, soixante jours après que la notification de leur ratification ou de leur adhésion aura été reçue par le Gouvernement des Pays-Bas.

ART. 12.

S'il arrivait qu'une des puissances contractantes voulût dénoncer la présente Convention, la dénonciation sera notifiée par écrit au Gouvernement des Pays-Bas, qui communiquera immédiatement copie certifiée conforme de la notification à toutes les autres puissances en leur faisant savoir la date à laquelle il l'a reçue.

La dénonciation ne produira ses effets qu'à l'égard de la puissance qui l'aura notifiée et un an après que la notification en sera parvenue au Gouvernement des Pays-Bas.

ART. 13.

Un registre tenu par le Ministère des affaires étrangères des Pays-Bas indiquera la date du dépôt de ratifications effectué en vertu de l'article 9, alinéas 3 et 4, ainsi que la date à laquelle auront été reçues les notifications d'adhésion (art. 10, alinéa 2) ou de dénonciation (art. 12, alinéa 1).

Chaque puissance contractante est admise à prendre connaissance de ce registre et à demander des extraits certifiés conformes.

En foi de quoi, les plénipotentiaires ont revêtu la présente Convention de leurs signatures.

Fait à La Haye, le 18 octobre 1907, en un seul exemplaire qui restera déposé dans les archives du Gouvernement des Pays-Bas, et dont des copies, certifiées conformes, seront remises par la voie diplomatique aux puissances qui ont été conviées à la deuxième Conférence de la paix.

Annexes I.

N° 9.

ADAPTATION À LA GUERRE MARITIME DES PRINCIPES DE LA CONVENTION DE GENÈVE.

CONVENTION X [1]
POUR L'ADAPTATION À LA GUERRE MARITIME DES PRINCIPES DE LA CONVENTION DE GENÈVE.

(Indication des souverains et chefs d'État.)

. . . .

Également animés du désir de diminuer, autant qu'il dépend d'eux, les maux inséparables de la guerre ;

Et voulant, dans ce but, adapter à la guerre maritime les principes de la Convention de Genève du 6 juillet 1906 ;

Ont résolu de conclure une Convention à l'effet de reviser la Convention du 29 juillet 1899 relative à la même matière, et ont nommé leurs plénipotentiaires, savoir :

(Suit la liste des plénipotentaires.)

. . . .

Lesquels, après avoir déposé leurs pleins pouvoirs, trouvés en bonne et due forme, sont convenus des dispositions suivantes :

ARTICLE PREMIER.

Les bâtiments-hôpitaux militaires, c'est-à-dire les bâtiments construits ou aménagés par les États spécialement et uniquement en vue de porter secours aux blessés, malades et naufragés, et dont les noms auront été communiqués, à l'ouverture ou au cours des hostilités, en tout cas avant toute mise en usage, aux puissances belligérantes, sont respectés et ne peuvent être capturés pendant la durée des hostilités.

Ces bâtiments ne sont pas non plus assimilés aux navires de guerre au point de vue de leur séjour dans un port neutre.

---

[1] Convention de La Haye, 1907; voir décret du 2 décembre 1910, *Journal officiel* du 8 décembre 1910.

ART. 2.

Les bâtiments hospitaliers, équipés eu totalité ou en partie aux frais des particuliers ou des sociétés de secours officiellement reconnues, sont également respectés et exempts de capture, si la puissance belligérante dont ils dépendent leur a donné une commission officielle et en a notifié les noms à la puissance adverse à l'ouverture ou au cours des hostilités, en tout cas avant toute mise en usage.

Ces navires doivent être porteurs d'un document de l'autorité compétente déclarant qu'ils ont été soumis à son contrôle pendant leur armement et à leur départ final.

ART. 3.

Les bâtiments hospitaliers, équipés en totalité ou en partie aux frais des particuliers ou des sociétés officiellement reconnues de pays neutres, sont respectés et exempts de capture, à condition qu'ils se soient mis sous la direction de l'un des belligérants avec l'assentiment préalable de leur propre gouvernement et avec l'autorisation du belligérant lui-même et que ce dernier en ait notifié le nom à son adversaire dès l'ouverture ou dans le cours des hostilités, en tout cas avant tout emploi.

ART. 4.

Les bâtiments qui sont mentionnés dans les articles 1, 2 et 3 porteront secours et assistance aux blessés, malades et naufragés des belligérants sans distinction de nationalité.

Les gouvernements s'engagent à n'utiliser ces bâtiments pour aucun but militaire.

Ces bâtiments ne devront gêner en aucune manière les mouvements des combattants.

Pendant et après le combat, ils agiront à leurs risques et périls.

Les belligérants auront sur eux le droit de contrôle et de visite; ils pourront refuser leur concours, leur enjoindre de s'éloigner, leur imposer une direction déterminée et mettre à bord un commissaire, même les détenir, si la gravité des circonstances l'exigeait.

Autant que possible, les belligérants inscriront sur le journal du bord des bâtiments hospitaliers les ordres qu'ils leur donneront.

ART. 5.

Les bâtiments-hôpitaux militaires seront distingués par une peinture extérieure blanche avec une bande horizontale verte d'un mètre et demi de largeur environ.

Les bâtiments qui sont mentionnés dans les articles 2 et 3 seront distingués par une peinture extérieure blanche avec une bande horizontale rouge d'un mètre et demi de largeur environ.

Les embarcations des bâtiments qui viennent d'être mentionnés, comme les petits bâtiments qui pourront être affectés au service hospitalier, se distingueront par une peinture analogue.

Tous les bâtiments hospitaliers se feront reconnaître en hissant, avec leur pavillon national, le pavillon blanc à croix rouge prévu par la Convention de Genève, et en outre, s'ils ressortissent à un État neutre, en arborant au grand mât le pavillon national du belligérant sous la direction duquel ils se sont placés.

Les bâtiments hospitaliers qui, dans les termes de l'article 4, sont détenus par l'ennemi auront à rentrer le pavillon national du belligérant dont ils relèvent.

Les bâtiments et embarcations ci-dessus mentionnés, qui veulent s'assurer la nuit le respect auxquels ils ont droit, ont, avec l'assentiment du belligérant qu'ils accompagnent, à prendre les mesures nécessaires pour que la peinture qui les caractérise soit suffisamment apparente.

ART. 6.

Les signes distinctifs prévus à l'article 5 ne pourront être employés, soit en temps de paix, soit en temps de guerre, que pour protéger ou désigner les bâtiments qui y sont mentionnés.

ART. 7.

Dans le cas d'un combat à bord d'un vaisseau de guerre, les infirmeries seront respectées et ménagées autant que faire se pourra.

Ces infirmeries et leur matériel demeurent soumis aux lois de la guerre, mais ne pourront être détournés de leur emploi, tant qu'ils seront nécessaires aux blessés et malades.

Toutefois le commandant qui les a en son pouvoir a la faculté d'en disposer en cas de nécessité militaire importante, en assurant au préalable le sort des blessés et malades qui s'y trouvent.

ART. 8.

La protection due aux bâtiments hospitaliers et aux infirmeries des vaisseaux cesse si l'on en use pour commettre des actes nuisibles à l'ennemi.

N'est pas considéré comme étant de nature à justifier le retrait de la protection le fait que le personnel de ces bâtiments et infirmeries est armé pour le maintien de l'ordre et pour la défense des blessés ou malades, ainsi que le fait de la présence à bord d'une installation radio-télégraphique.

ART. 9.

Les belligérants pourront faire appel au zèle charitable des commandants de bâtiments de commerce, yachts ou embarcations neutres, pour prendre à bord et soigner des blessés ou des malades.

Les bâtiments qui auront répondu à cet appel ainsi que ceux qui spontanément auront recueilli des blessés, des malades ou des naufragés, jouiront d'une protection spéciale et de certaines immunités. En aucun cas, ils ne pourront être capturés pour le fait d'un tel transport; mais, sauf les promesses qui leur auraient été faites, ils restent exposés à la capture pour les violations de neutralité qu'ils pourraient avoir commises.

ART. 10.

Le personnel religieux, médical et hospitalier de tout bâtiment capturé est inviolable et ne peut être fait prisonnier de guerre. Il emporte, en quittant le navire, les objets et les instruments de chirurgie qui sont sa propriété particulière.

Ce personnel continuera à remplir ses fonctions tant que cela sera nécessaire, et il pourra ensuite se retirer, lorsque le commandant en chef le jugera possible.

Les belligérants doivent assurer à ce personnel tombé entre leurs mains les mêmes allocations et la même solde qu'au personnel des mêmes grades de leur propre marine.

ART. 11.

Les marins et les militaires embarqués et les autres personnes officiellement attachées aux marines ou aux armées, blessés ou malades, à quelque nation qu'ils appartiennent, seront respectés et soignés par les capteurs.

ART. 12.

Tout vaisseau de guerre d'une partie belligérante peut réclamer la remise des blessés, malades ou naufragés qui sont à bord de bâtiments-hôpitaux militaires, de bâtiments hospitaliers de société de secours ou de particuliers, de navires de commerce, yachts et embarcations, quelle que soit la nationalité de ces bâtiments.

ART. 13.

Si des blessés, malades ou naufragés sont recueillis à bord d'un vaisseau de guerre neutre, il devra être pourvu, dans la mesure du possible, à ce qu'ils ne puissent pas de nouveau prendre part aux opérations de la guerre.

ART. 14.

Sont prisonniers de guerre les naufragés, blessés ou malades d'un belligérant qui tombent au pouvoir de l'autre. Il appartient à celui-ci de décider, suivant les circonstances, s'il convient de les garder, de les diriger sur un port de sa nation, sur un port neutre ou même sur un port de son adversaire. Dans ce dernier cas, les prisonniers ainsi rendus à leur pays ne pourront servir pendant la durée de la guerre.

ART. 15.

Les naufragés, blessés ou malades qui sont débarqués dans un port neutre, du consentement de l'autorité locale, devront, à moins d'arrangement contraire de l'État neutre avec les États belligérants, être gardés par l'État neutre de manière qu'ils ne puissent pas de nouveau prendre part aux opérations de la guerre.

Les frais d'hospitalisation et d'internement seront supportés par l'État dont relèvent les naufragés, blessés ou malades.

ART. 16.

Après chaque combat, les deux parties belligérantes, en tant que les intérêts militaires le comportent, prendront des mesures pour rechercher les naufragés, les blessés et les malades et pour les faire protéger, ainsi que les morts, contre le pillage et les mauvais traitements.

Elles veilleront à ce que l'inhumation, l'immersion ou l'incinération des morts soit précédée d'un examen attentif de leurs cadavres.

ART. 17.

Chaque belligérant enverra, dès qu'il sera possible, aux autorités de leur pays, de leur marine ou de leur armée, les marques ou pièces militaires d'identité trouvées sur les morts et l'état nominatif des blessés ou malades recueillis par lui.

Les belligérants se tiendront réciproquement au courant des internements et des mutations, ainsi que des entrées dans les hôpitaux et des décès survenus parmi les blessés et malades en leur pouvoir. Ils recueilleront tous les objets d'un usage personnel, valeurs, lettres, etc., qui seront trouvés dans les vaisseaux capturés, ou délaissés par les blessés ou malades décédés dans les hôpitaux, pour les faire transmettre aux intéressés par les autorités de leur pays.

ART. 18.

Les dispositions de la présente Convention ne sont applicables qu'entre les puissances contractantes, et seulement si les belligérants sont tous parties à la Convention.

ART. 19.

Les commandants en chef des flottes des belligérants auront à pourvoir aux détails d'exécution des articles précédents, ainsi qu'aux cas non prévus, d'après les instructions de leurs gouvernements respectifs et conformément aux principes généraux de la présente Convention.

ART. 20.

Les puissances signataires prendront les mesures nécessaires pour instruire leurs marines, et spécialement le personnel protégé, des dispositions de la présente Convention et pour les porter à la connaissance des populations.

ART. 21.

Les puissances signataires s'engagent également à prendre ou à proposer à leurs législatures, en cas d'insuffisance de leurs lois pénales, les mesures nécessaires pour réprimer en temps de guerre, les actes individuels de pillage et de mauvais traitements envers des blessés et malades des marines, ainsi que pour punir, comme usurpation d'insignes militaires, l'usage abusif des signes distinctifs désignés à l'article 5 par des bâtiments non protégés par la présente Convention.

Ils se communiqueront, par l'intermédiaire du Gouvernement des Pays-Bas, les dispositions relatives à cette répression, au plus tard dans les cinq ans de ratification de la présente Convention.

ART. 22.

En cas d'opérations de guerre entre les forces de terre et de mer des belligérants, les dispositions de la présente Convention ne seront applicables qu'aux forces embarquées.

ART. 23.

La présente Convention sera ratifiée aussitôt que possible.

Les ratifications seront déposées à La Haye.

Le premier dépôt de ratifications sera constaté par un procès-verbal signé par les représentants des puissances qui y prennent part, et par le Ministre des affaires étrangères des Pays-Bas.

Les dépôts ultérieurs de ratifications se feront au moyen d'une notification écrite, adressée au Gouvernement des Pays-Bas et accompagnée de l'instrument de ratification.

Copie certifiée conforme du procès-verbal relatif au premier dépôt de ratifications, des notifications mentionnées à l'alinéa précédent ainsi que des instruments de ratifications, sera immédiatement remise par les soins du Gouvernement des Pays-Bas et par la voie diplomatique aux puissances conviées à la deuxième Conférence de la paix, ainsi qu'aux autres puissances qui auront adhéré à la Convention. Dans les cas visés par l'alinéa précédent, ledit Gouvernement leur fera connaître en même temps la date à laquelle il a reçu la notification.

ART. 24.

Les puissances non signataires qui auront accepté la Convention de Genève du 6 juillet 1906 sont admises à adhérer à la présente Convention.

La puissance qui désire adhérer notifie par écrit son intention au Gouvernement des Pays-Bas en lui transmettant l'acte d'adhésion qui sera déposé dans les archives dudit Gouvernement.

Ce Gouvernement transmettra immédiatement à toutes les autres puissances copie certifiée conforme de la notification ainsi que de l'acte d'adhésion, en indiquant la date à laquelle il a reçu la notification.

ART. 25.

La présente Convention, dûment ratifiée, remplacera dans les rapports entre les puissances contractantes la Convention du 29 juillet 1899 pour l'adaptation à la guerre maritime des principes de la Convention de Genève.

La Convention de 1899 reste en vigueur dans les rapports entre les puissances qui l'ont signée et qui ne ratifieraient pas également la présente Convention.

ART. 26.

La présente Convention produira effet, pour les puissances qui auront participé au premier dépôt de ratifications, soixante jours après la date du procès-verbal de ce dépôt, et, pour les puissances qui ratifieront ultérieurement ou qui adhéreront, soixante jours après que la notification de leur ratification ou de leur adhésion aura été reçue par le Gouvernement des Pays-Bas.

ART. 27.

S'il arrivait qu'une des puissances contractantes voulût dénoncer la présente Convention, la dénonciation sera notifiée par écrit au Gouvernement des Pays-Bas, qui communiquera immédiatement copie certifiée conforme de la notification à toutes les autres puissances en leur faisant savoir la date à laquelle il l'a reçue.

La dénonciation ne produira ses effets qu'à l'égard de la puissance qui l'aura notifiée et un an après que la notification en sera parvenue au Gouvernement des Pays-Bas.

ART. 28.

Un registre tenu par le Ministère des affaires étrangères des Pays-Bas indiquera la date du dépôt des ratifications effectué en vertu de l'article 23.

6.

alinéas 3 et 4, ainsi que la date à laquelle auront été reçues les notifications d'adhésion (art. 24, alinéa 2) ou de dénonciation (art. 27, alinéa 1).

Chaque puissance contractante est admise à prendre connaissance de ce registre et à en demander des extraits certifiés conformes.

En foi de quoi, les plénipotentiaires ont revêtu la présente Convention de leurs signatures.

Fait à La Haye, le 18 octobre 1907, en un seul exemplaire, qui restera déposé dans les archives du Gouvernement des Pays-Bas et dont des copies certifiées conformes seront remises par la voie diplomatique aux puissances qui ont été conviées à la deuxième Conférence de la paix.

Annexes I.

N° 10.

RESTRICTIONS À L'EXERCICE DU DROIT DE CAPTURE
DANS LA GUERRE MARITIME.

CONVENTION XI [1]

RELATIVE À CERTAINES RESTRICTIONS À L'EXERCICE DU DROIT DE CAPTURE
DANS LA GUERRE MARITIME.

(Indication des souverains et chefs d'État.)

. . . .

Reconnaissant la nécessité de mieux assurer que par le passé l'application équitable du droit aux relations maritimes internationales en temps de guerre;

Estimant que, pour y parvenir, il convient, en abandonnant ou en conciliant le cas échéant dans un intérêt commun certaines pratiques divergentes anciennes, d'entreprendre de codifier dans des règles communes les garanties dues au commerce pacifique et au travail inoffensif, ainsi que la conduite des hostilités sur mer; qu'il importe de fixer dans des engagements mutuels écrits des principes demeurés jusqu'ici dans le domaine incertain de la controverse ou laissés à l'arbitraire des gouvernements;

Que, dès à présent, un certain nombre de règles peuvent être posées, sans qu'il soit porté atteinte au droit actuellement en vigueur concernant les matières qui n'y sont pas prévues:

Ont nommé pour leurs plénipotentiaires, savoir:

. . . .

(Suit la liste des plénipotentiaires.)

. . . .

Lesquels, après avoir déposé leurs pleins pouvoirs, trouvés en bonne et due forme, sont convenus des dispositions suivantes:

CHAPITRE PREMIER.
DE LA CORRESPONDANCE POSTALE.

ARTICLE PREMIER.

La correspondance postale des neutres et des belligérants, quel que soit son caractère officiel ou privé, trouvée en mer sur un navire neutre ou

---

[1] Convention de La Haye, 1907; voir décret du 2 décembre 1910, *Journal officiel* du 8 décembre 1910.

ennemi, est inviolable. S'il y a saisie du navire, elle est expédiée avec le moins de retard possible par le capteur.

Les dispositions de l'alinéa précédent ne s'appliquent pas, en cas de violation de blocus, à la correspondance qui est à destination ou en provenance du port bloqué.

ART. 2.

L'inviolabilité de la correspondance postale ne soustrait pas les paquebots-poste neutres aux lois et coutumes de la guerre sur mer concernant les navires de commerce neutres en général. Toutefois la visite n'en doit être effectuée qu'en cas de nécessité, avec tous les ménagements et toute la célérité possibles.

CHAPITRE II.

DE L'EXEMPTION DE CAPTURE POUR CERTAINS BATEAUX.

ART. 3.

Les bateaux exclusivement affectés à la pêche côtière ou à des services de petite navigation locale sont exempts de capture, ainsi que leurs engins, agrès, apparaux et chargement.

Cette exemption cesse de leur être applicable dès qu'ils participent d'une façon quelconque aux hostilités.

Les puissances contractantes s'interdisent de profiter du caractère inoffensif desdits bateaux pour les employer dans un but militaire en leur conservant leur apparence pacifique.

ART. 4.

Sont également exempts de capture les navires chargés de missions religieuses, scientifiques ou philanthropiques.

CHAPITRE III.

DU RÉGIME DES ÉQUIPAGES DES NAVIRES DE COMMERCE ENNEMIS CAPTURÉS PAR UN BELLIGÉRANT.

ART. 5.

Lorsqu'un navire de commerce ennemi est capturé par un belligérant, les hommes de son équipage, nationaux d'un État neutre, ne sont pas faits prisonniers de guerre.

Il en est de même du capitaine et des officiers, également nationaux d'un État neutre, s'ils promettent formellement par écrit de ne pas servir sur un navire ennemi pendant la durée de la guerre.

ART. 6.

Le capitaine, les officiers et les membres de l'équipage, nationaux de l'État ennemi, ne sont pas faits prisonniers de guerre, à condition qu'ils s'engagent sous la foi d'une promesse formelle écrite à ne prendre, pendant la durée des hostilités, aucun service ayant rapport avec les opérations de guerre.

ART. 7.

Les noms des individus laissés libres dans les conditions visées à l'article 5, alinéa 2, et à l'article 6, sont notifiés par le belligérant capteur à l'autre belligérant. Il est interdit à ce dernier d'employer sciemment lesdits individus.

ART. 8.

Les dispositions des trois articles précédents ne s'appliquent pas aux navires qui prennent part aux hostilités.

CHAPITRE IV.

DISPOSITIONS FINALES.

___

ART. 9.

Les dispositions de la présente Convention ne sont applicables qu'entre les puissances contractantes, et seulement si les belligérants sont tous parties à la Convention.

ART. 10.

La présente Convention sera ratifiée aussitôt que possible.

Les ratifications seront déposées à La Haye.

Le premier dépôt de ratifications sera constaté par un procès-verbal signé par les représentants des puissances qui y prennent part et par le Ministre des affaires étrangères des Pays-Bas.

Les dépôts ultérieurs de ratifications se feront au moyen d'une notification écrite adressée au Gouvernement des Pays-Bas et accompagnée de l'instrument de ratification.

Copie certifiée conforme du procès-verbal relatif au premier dépôt de ratifications, des notifications mentionnées à l'alinéa précédent ainsi que des instruments de ratification. sera immédiatement remise par les soins du Gouvernement des Pays-Bas et par la voie diplomatique aux puissances conviées à la deuxième Conférence de la paix, ainsi qu'aux autres puissances qui auront adhéré à la Convention. Dans les cas visés par l'alinéa précédent, ledit Gouvernement leur fera connaître en même temps la date à laquelle il a reçu notification.

ART. 11.

Les puissances non signataires sont admises à adhérer à la présente Convention.

La puissance qui désire adhérer notifie par écrit son intention au Gouvernement des Pays-Bas, en lui transmettant l'acte d'adhésion qui sera déposé dans les archives du Gouvernement.

Ce Gouvernement transmettra immédiatement à toutes les autres puissances copie certifiée conforme de la notification ainsi que de l'acte d'adhésion, en indiquant la date à laquelle il a reçu la notification.

ART. 12.

La présente Convention produira effet, pour les puissances qui auront participé au premier dépôt de ratifications, soixante jours après la date du procès-verbal de ce dépôt et, pour les puissances qui ratifieront ultérieurement ou qui adhéreront, soixante jours après que la notification de leur ratification ou de leur adhésion aura été reçue par le Gouvernement des Pays-Bas.

ART. 13.

S'il arrivait qu'une des puissances contractantes voulût dénoncer la présente Convention, la dénonciation sera notifiée par écrit au Gouvernement des Pays-Bas qui communiquera immédiatement copie certifiée conforme de la notification à toutes les autres puissances en leur faisant savoir la date à laquelle il l'a reçue.

La dénonciation ne produira ses effets qu'à l'égard de la puissance qui l'aura notifiée et un an après que la notification sera parvenue au Gouvernement des Pays-Bas.

ART. 14.

Un registre tenu par le Ministre des affaires étrangères des Pays-Bas indiquera la date du dépôt des ratifications effectué en vertu de l'article 10, alinéas 3 et 4, ainsi que la date à laquelle auront été reçues les notifications d'adhésion (art. 11, alinéa 2) ou de dénonciation (art. 13, alinéa 1).

Chaque puissance contractante est admise à prendre connaissance de ce registre et à en demander des extraits certifiés conformes.

En foi de quoi, les plénipotentiaires ont revêtu la présente Convention de leurs signatures.

Fait à La Haye, le 18 octobre 1907, en un seul exemplaire qui restera déposé dans les archives du Gouvernement des Pays-Bas et dont les copies, certifiées conformes, seront remises par la voie diplomatique aux puissances qui ont été conviées à la deuxième Conférence de la paix.

Annexes I.

N° 11.

DROITS ET DEVOIRS DES PUISSANCES NEUTRES EN CAS DE GUERRE MARITIME.

CONVENTION XIII [1]

CONCERNANT LES DROITS ET LES DEVOIRS DES PUISSANCES NEUTRES EN CAS DE GUERRE MARITIME.

. . . .

(Indication des souverains et chefs d'État.)

. . . .

En vue de diminuer les divergences d'opinions qui, en cas de guerre maritime, existent encore au sujet des rapports entre les puissances neutres et les puissances belligérantes et de prévenir les difficultés auxquelles ces divergences pourraient donner lieu ;

Considérant que, si l'on ne peut concerter dès maintenant des stipulations s'étendant à toutes les circonstances qui peuvent se présenter dans la pratique, il y a néanmoins une utilité incontestable à établir, dans la mesure du possible, des règles communes pour le cas où malheureusement la guerre viendrait à éclater;

Considérant que pour les cas non prévus par la présente Convention, il y a lieu de tenir compte des principes généraux du droit des gens ;

Considérant qu'il est désirable que les puissances édictent des prescriptions précises pour régler les conséquences de l'état de neutralité qu'elles auraient adopté ;

Considérant que c'est pour les puissances neutres un devoir reconnu d'appliquer impartialement aux divers belligérants les règles adoptées par elles;

Considérant que, dans cet ordre d'idées, ces règles ne devraient pas, en principe, être changées au cours de la guerre par une puissance neutre, sauf dans le cas où l'expérience acquise en démontrerait la nécessité pour la sauvegarde de ses droits;

Sont convenus d'observer les règles communes suivantes, qui ne sauraient d'ailleurs porter aucune atteinte aux stipulations des traités généraux existants, et ont nommé pour leurs plénipotentiaires, savoir :

. . . .

---

[1] Convention de La Haye, 1907; voir décret du 2 décembre 1910, *Journal officiel* du 8 décembre 1910.

(Suit la liste des plénipotentiaires.)

. . . .

Lesquels, après avoir déposé leurs pleins pouvoirs, trouvés en bonne et due forme, sont convenus des dispositions suivantes :

ARTICLE PREMIER.

Les belligérants sont tenus de respecter les droits souverains des puissances neutres et de s'abstenir, dans le territoire ou les eaux neutres, de tous actes qui constitueraient de la part des puissances qui les toléreraient un manquement à leur neutralité.

ART. 2.

Tous actes d'hostilité, y compris la capture et l'exercice du droit de visite, commis par des vaisseaux de guerre belligérants dans les eaux territoriales d'une puissance neutre, constituent une violation de la neutralité et sont strictement interdits.

ART. 3.

Quand un navire a été capturé dans les eaux territoriales d'une puissance neutre, cette puissance doit, si la prise est encore dans sa juridiction, user des moyens dont elle dispose pour que la prise soit relâchée avec ses officiers et son équipage, et pour que l'équipage mis à bord par le capteur soit interné.

Si la prise est hors de la juridiction de la puissance neutre, le gouvernement capteur, sur la demande de celle-ci, doit relâcher la prise avec ses officiers et son équipage.

ART. 4.

Aucun tribunal des prises ne peut être constitué par un belligérant sur un territoire neutre ou sur un navire dans des eaux neutres.

ART. 5.

Il est interdit aux belligérants de faire des ports et des eaux neutres la base d'opérations navales contre leurs adversaires, notamment d'y installer des stations radio-télégraphiques ou tout appareil destiné à servir comme moyen de communication avec des forces belligérantes sur terre ou sur mer.

ART. 6.

La remise, à quelque titre que ce soit, faite directement ou indirectement par une puissance neutre à une puissance belligérante, de vaisseaux de guerre, de munitions, ou d'un matériel de guerre quelconque, est interdite.

ART. 7.

Une puissance neutre n'est pas tenue d'empêcher l'exportation ou le transit, pour le compte de l'un ou de l'autre des belligérants, d'armes, de munitions, et en général de tout ce qui peut être utile à une armée ou à une flotte.

ART. 8.

Un gouvernement neutre est tenu d'user des moyens dont il dispose pour empêcher, dans sa juridiction, l'équipement ou l'armement de tout navire qu'il a des motifs raisonnables de croire destiné à croiser ou à concourir à des opérations hostiles contre une puissance avec laquelle il est en paix. Il est aussi tenu d'user de la même surveillance pour empêcher le départ hors de sa juridiction de tout navire destiné à croiser ou à concourir à des opérations hostiles, et qui aurait été, dans ladite juridiction, adapté en tout ou en partie à des usages de guerre.

ART. 9.

Une puissance neutre doit appliquer également aux deux belligérants les conditions, restrictions ou interdictions édictées par elle pour ce qui concerne l'admission dans ses ports, rades ou eaux territoriales, des navires de guerre belligérants ou de leurs prises.

Toutefois une puissance neutre peut interdire l'accès de ses ports et de ses rades au navire belligérant qui aurait négligé de se conformer aux ordres et prescriptions édictés par elle ou qui aurait violé la neutralité.

ART. 10.

La neutralité d'une puissance n'est pas compromise par le simple passage dans ses eaux territoriales des navires de guerre et des prises des belligérants.

ART. 11.

Une puissance neutre peut laisser les navires de guerre des belligérants se servir de ses pilotes brevetés.

ART. 12.

A défaut d'autres dispositions spéciales de la législation de la puissance neutre, il est interdit aux navires de guerre des belligérants de demeurer dans les ports et rades ou dans les eaux territoriales de ladite puissance, pendant plus de vingt-quatre heures, sauf dans les cas prévus par la présente Convention.

ART. 13.

Si une puissance avisée de l'ouverture des hostilités apprend qu'un navire de guerre d'un belligérant se trouve dans un de ses ports et rades ou dans ses eaux territoriales, elle doit notifier audit navire qu'il devra partir dans les vingt-quatre heures ou dans le délai prescrit par la loi locale.

ART. 14.

Un navire de guerre belligérant ne peut prolonger son séjour dans un port neutre au delà de la durée légale que pour cause d'avaries ou à raison de l'état de la mer. Il devra partir dès que la cause du retard aura cessé.

Les règles sur la limitation du séjour dans les ports, rades et eaux neutres, ne s'appliquent pas aux navires de guerre exclusivement affectés à une mission religieuse, scientifique ou philantropique.

ART. 15.

A défaut d'autres dispositions spéciales de la législation de la puissance neutre, le nombre maximum des navires de guerre d'un belligérant qui pourront se trouver en même temps dans un de ses ports ou rades, sera de trois.

ART. 16.

Lorsque des navires de guerre des deux parties belligérantes se trouvent simultanément dans un port ou une rade neutre, il doit s'écouler au moins vingt-quatre heures entre le départ du navire d'un belligérant et le départ du navire de l'autre.

L'ordre des départs est déterminé par l'ordre des arrivées, à moins que le navire arrivé le premier ne soit dans le cas où la prolongation de la durée légale du séjour est admise.

Un navire de guerre belligérant ne peut quitter un port ou une rade neutre moins de vingt-quatre heures après le départ d'un navire de commerce portant le pavillon de son adversaire.

ART. 17.

Dans les ports et rades neutres, les navires de guerre belligérants ne peuvent réparer leurs avaries que dans la mesure indispensable à la sécurité de leur navigation et non pas accroître, d'une manière quelconque, leur force militaire. L'autorité neutre constatera la nature des réparations à effectuer qui devront être exécutées le plus rapidement possible.

ART. 18.

Les navires de guerre belligérants ne peuvent pas se servir des ports, rades et eaux territoriales neutres, pour renouveler ou augmenter leurs approvisionnements militaires ou leur armement ainsi que pour compléter leurs équipages.

ART. 19.

Les navires de guerre belligérants ne peuvent se ravitailler dans les ports et rades neutres que pour compléter leur approvisionnement normal du temps de paix.

Ces navires ne peuvent, de même, prendre du combustible que pour gagner le port le plus proche de leur propre pays. Ils peuvent d'ailleurs prendre le combustible nécessaire pour compléter le plein de leurs soutes proprement dites, quand ils se trouvent dans les pays neutres qui ont adopté ce mode de détermination du combustible à fournir.

Si, d'après la loi de la puissance neutre, les navires ne reçoivent du charbon que vingt-quatre heures après leur arrivée, la durée légale de leur séjour est prolongée de vingt-quatre heures.

ART. 20.

Les navires de guerre belligérants qui ont pris du combustible dans le port d'une puissance neutre ne peuvent renouveler leur approvisionnement qu'après trois mois dans un port de la même puissance.

ART. 21.

Une prise ne peut être amenée dans un port neutre que pour cause d'innavigabilité, de mauvais état de la mer, de manque de combustible ou de provisions.

Elle doit repartir aussitôt que la cause qui en a justifié l'entrée a cessé. Si elle ne le fait pas, la puissance neutre doit lui notifier l'ordre de partir immédiatement; au cas où elle ne s'y conformerait pas, la puissance neutre doit user des moyens dont elle dispose pour la relâcher avec ses officiers et son équipage et interner l'équipage mis à bord par le capteur.

ART. 22.

La puissance neutre doit, de même, relâcher la prise qui aurait été amenée en dehors des conditions prévues par l'article 21.

ART. 23.

Une puissance neutre peut permettre l'accès de ses ports et rades aux prises escortées ou non, lorsqu'elles y sont amenées pour être laissées sous séquestre en attendant la décision du tribunal des prises. Elle peut faire conduire la prise dans un autre de ses ports.

Si la prise est escortée par un navire de guerre, les officiers et les hommes mis à bord par le capteur sont autorisés à passer sur le navire d'escorte.

Si la prise voyage seule, le personnel placé à son bord par le capteur est laissé en liberté.

ART. 24.

Si, malgré la notification de l'autorité neutre, un navire de guerre belligérant ne quitte pas un port dans lequel il n'a pas le droit de rester, la puissance neutre a le droit de prendre les mesures qu'elle pourra juger nécessaires pour rendre le navire incapable de prendre la mer pendant la durée de la guerre, et le commandant du navire doit faciliter l'exécution de ces mesures.

Lorsqu'un navire belligérant est retenu par une puissance neutre, les officiers et l'équipage sont également retenus.

Les officiers et l'équipage ainsi retenus peuvent être laissés dans le navire, ou logés soit sur un autre navire, soit à terre, et ils peuvent être assujettis aux mesures restrictives qu'il paraîtrait nécessaire de leur imposer. Toutefois on devra toujours laisser sur le navire les hommes nécessaires à son entretien.

Les officiers peuvent être laissés libres en prenant l'engagement sur parole de ne pas quitter le territoire neutre sans autorisation.

ART. 25.

Une puissance neutre est tenue d'exercer la surveillance que comportent les moyens dont elle dispose pour empêcher dans ses ports ou rades et dans ses eaux toute violation des dispositions qui précèdent.

ART. 26.

L'exercice par une puissance neutre des droits définis par la présente Convention ne peut jamais être considéré comme un acte peu amical par l'un ou par l'autre belligérant qui a accepté les articles qui s'y réfèrent.

ART. 27.

Les puissances contractantes se communiqueront réciproquement, en temps utile, toutes les lois, ordonnances et autres dispositions réglant chez elles le régime des navires de guerre belligérants dans leurs ports et leurs eaux, au moyen d'une notification adressée au Gouvernement des Pays-Bas et transmise immédiatement par celui-ci aux autres puissances contractantes.

ART. 28.

Les dispositions de la présente Convention ne sont applicables qu'entre les puissances contractantes, et seulement si les belligérants sont tous parties à la Convention.

ART. 29.

La présente Convention sera ratifiée aussitôt que possible.

Les ratifications seront déposées à La Haye.

Le premier dépôt de ratifications sera constaté par un procès-verbal signé par les représentants des puissances qui y prennent part et par le Ministre des affaires étrangères des Pays-Bas.

Les dépôts ultérieurs de ratifications se feront au moyen d'une notification écrite, adressée au Gouvernement des Pays-Bas et accompagnée de l'instrument de ratification.

Copie certifiée conforme du procès-verbal relatif au premier dépôt de ratifications, des notifications mentionnées à l'alinéa précédent, ainsi que des instruments de ratification, sera immédiatement remise par les soins du Gouvernement des Pays-Bas et par la voie diplomatique aux puissances conviées à la deuxième Conférence de la paix, ainsi qu'aux autres puissances qui auront adhéré à la Convention. Dans les cas visés par l'alinéa précédent, ledit Gouvernement leur fera connaître en même temps la date à laquelle il a reçu la notification.

ART. 30.

Les puissances non signataires sont admises à adhérer à la présente Convention.

La puissance qui désire adhérer notifie par écrit son intention au Gouvernement des Pays-Bas, en lui transmettant l'acte d'adhésion qui sera déposé dans les archives dudit Gouvernement.

Ce Gouvernement transmettra immédiatement à toutes les autres puissances copie certifiée conforme de la notification ainsi que de l'acte d'adhésion, en indiquant la date à laquelle il a reçu la notification.

ART. 31.

La présente Convention produira effet, pour les puissances qui auront participé au premier dépôt des ratifications, soixante jours après la date du procès-verbal de ce dépôt, et pour les puissances qui ratifieront ultérieurement ou qui adhéreront, soixante jours après que la notification de leur adhésion aura été reçue par le Gouvernement des Pays-Bas.

ART. 32.

S'il arrivait qu'une des puissances contractantes voulût dénoncer la présente Convention, la dénonciation sera notifiée par écrit au Gouvernement des Pays-Bas qui communiquera immédiatement copie certifiée conforme de la notification à toutes les autres puissances en leur faisant savoir la date à laquelle il l'a reçue.

La dénonciation ne produira ses effets qu'à l'égard de la puissance qui l'aura notifiée et un an après que la notification en sera parvenue au Gouvernement des Pays-Bas.

ART. 33.

Un registre tenu par le Ministère des affaires étrangères des Pays-Bas indiquera la date du dépôt de ratifications effectué en vertu de l'article 29, alinéas 3 et 4, ainsi que la date à laquelle auront été reçues les notifications d'adhésion (art. 30, alinéa 2) ou de dénonciation (art. 32, alinéa 1).

Chaque puissance contractante est admise à prendre connaissance de ce registre et à en demander des extraits certifiés conformes.

En foi de quoi, les plénipotentiaires ont revêtu la présente Convention de leurs signatures.

Fait à La Haye, le 18 octobre 1907, en un seul exemplaire qui restera déposé dans les archives du Gouvernement des Pays-Bas et dont les copies certifiées conformes seront remises par la voie diplomatique aux puissances qui ont été conviées à la deuxième Conférence de la paix.

ANNEXES I.

N° 12.

DROITS ET DEVOIRS DES PUISSANCES ET DES PERSONNES NEUTRES EN CAS DE GUERRE SUR TERRE.

CONVENTION V [1]

CONCERNANT LES DROITS ET LES DEVOIRS DES PUISSANCES
ET DES PERSONNES NEUTRES EN CAS DE GUERRE SUR TERRE.

(Indication des souverains et chefs d'État.)

. . . .

En vue de mieux préciser les droits et les devoirs des puissances neutres en cas de guerre sur terre et de régler la situation des belligérants réfugiés en territoire neutre;

Désirant également définir la qualité de neutre en attendant qu'il soit possible de régler dans son ensemble la situation des particuliers neutres dans leurs rapports avec les belligérants;

Ont résolu de conclure une convention à cet effet et ont, en conséquence, nommé pour leurs plénipotentiaires, savoir :

. . . .

(Suit la liste des plénipotentiaires.)

. . . .

Lesquels, après avoir déposé leurs pleins pouvoirs trouvés en bonne et due forme, sont convenus des dispositions suivantes :

CHAPITRE PREMIER.

DES DROITS ET DES DEVOIRS DES PUISSANCES NEUTRES.

ARTICLE PREMIER.

Le territoire des puissances neutres est inviolable.

---

[1] Convention de La Haye, 1907: voir décret du 2 décembre 1910, *Journal officiel* du 8 décembre 1910.

ART. 2.

Il est interdit aux belligérants de faire passer à travers le territoire d'une puissance neutre des troupes ou des convois soit de munitions, soit d'approvisionnements.

ART. 3.

Il est également interdit aux belligérants :

a. D'installer sur le territoire d'une puissance neutre une station radiotélégraphique ou tout appareil destiné à servir comme moyen de communication avec des forces belligérantes sur terre ou sur mer;

b. D'utiliser toute installation de ce genre établie par eux avant la guerre sur le territoire de la puissance neutre dans un but exclusivement militaire, et qui n'a pas été ouverte au service de la correspondance publique.

ART. 4.

Des corps de combattants ne peuvent être formés. ni des bureaux d'enrôlement ouverts sur le territoire d'une puissance neutre au profit des belligérants.

ART. 5.

Une puissance neutre ne doit tolérer sur son territoire aucun des actes visés par les articles 2 à 4.

Elle n'est tenue de punir des actes contraires à la neutralité que si ces actes ont été commis sur son propre territoire.

ART. 6.

La responsabilité d'une puissance neutre n'est pas engagée par le fait que des individus passent isolément la frontière pour se mettre au service de l'un des belligérants.

ART. 7.

Une puissance neutre n'est pas tenue d'empêcher l'exportation ou le transit, pour le compte de l'un ou de l'autre des belligérants d'armes, de munitions, et en général de tout ce qui peut être utile à une armée ou à une flotte.

ART. 8.

Une puissance neutre n'est pas tenue d'interdire ou de restreindre l'usage. pour les belligérants, des câbles télégraphiques ou téléphoniques, ainsi que des appareils de télégraphie sans fil qui sont soit sa propriété, soit celle de compagnies ou de particuliers.

ART. 9.

Toutes mesures restrictives ou prohibitives prises par une puissance neutre à l'égard des matières visées par les articles 7 et 8 devront être uniformément appliquées par elle aux belligérants.

La puissance neutre veillera au respect de la même obligation par les compagnies ou particuliers propriétaires de câbles télégraphiques ou téléphoniques ou d'appareils de télégraphie sans fil.

ART. 10.

Ne peut être considéré comme un acte hostile le fait, par une puissance neutre, de repousser même par la force les atteintes à sa neutralité.

CHAPITRE II.

DES BELLIGÉRANTS INTERNÉS
ET DES BLESSÉS SOIGNÉS CHEZ LES NEUTRES.

ART. 11.

La puissance neutre qui reçoit sur son territoire des troupes appartenant aux armées belligérantes les internera, autant que possible, loin du théâtre de la guerre.

Elle pourra les garder dans des camps et même les enfermer dans des forteresses ou dans des lieux appropriés à cet effet.

Elle décidera si les officiers peuvent être laissés libres en prenant l'engagement sur parole de ne pas quitter le territoire neutre sans autorisation.

ART. 12.

A défaut de convention spéciale, la puissance neutre fournira aux internés les vivres, les habillements et les secours commandés par l'humanité.

Bonification sera faite, à la paix, des frais occasionnés par l'internement.

ART. 13.

La puissance neutre qui reçoit des prisonniers de guerre évadés les laissera en liberté. Si elle tolère leur séjour sur son territoire, elle peut leur assigner une résidence.

La même disposition est applicable aux prisonniers de guerre amenés par des troupes se réfugiant sur le territoire de la puissance neutre.

ART. 14.

Une puissance neutre pourra autoriser le passage sur son territoire des blessés ou malades appartenant aux armées belligérantes, sous la réserve que les trains qui les amèneront ne transporteront ni personnel, ni matériel de guerre. En pareil cas, la puissance neutre est tenue de prendre les mesures de sûreté et de contrôle nécessaires à cet effet.

Les blessés ou malades amenés dans ces conditions sur le territoire neutre par un des belligérants et qui appartiendraient à la partie adverse devront être gardés par la puissance neutre, de manière qu'ils ne puissent de nouveau prendre part aux opérations de la guerre. Cette puissance aura les mêmes devoirs quant aux blessés ou malades de l'autre armée qui lui seraient confiés.

ART. 15.

La Convention de Genève s'applique aux malades et aux blessés internés sur territoire neutre.

CHAPITRE III.

DES PERSONNES NEUTRES.

ART. 16.

Sont considérés comme neutres les nationaux d'un État qui ne prend pas part à la guerre.

ART. 17.

Un neutre ne peut pas se prévaloir de sa neutralité :

a. S'il commet des actes hostiles contre un belligérant ;

b. S'il commet des actes en faveur d'un belligérant, notamment s'il prend volontairement du service dans les rangs de la force armée de l'une des parties.

En pareil cas, le neutre ne sera pas traité plus rigoureusement par le belligérant contre lequel il s'est départi de la neutralité que ne pourrait l'être, à raison du même fait, un national de l'autre État belligérant.

ART. 18.

Ne seront pas considérés comme actes commis en faveur d'un des belligérants, dans le sens de l'article 17, lettre *b* :

a. Les fournitures faites ou les emprunts consentis à l'un des belligérants, pourvu que le fournisseur ou le prêteur n'habite ni le territoire de l'autre partie, ni le territoire occupé par elle, et que les fournitures ne proviennent pas de ces territoires:

b. Les services rendus en matière de police ou d'administration civile.

CHAPITRE IV.

DU MATÉRIEL DES CHEMINS DE FER.

ART. 19.

Le matériel des chemins de fer provenant du territoire de puissances neutres, qu'il appartienne à ces puissances ou à des sociétés ou personnes privées, et reconnaissable comme tel, ne pourra être réquisitionné et utilisé par un belligérant que dans le cas et la mesure où l'exige une impérieuse nécessité. Il sera renvoyé aussitôt que possible dans le pays d'origine.

La puissance neutre pourra de même, en cas de nécessité, retenir et utiliser, jusqu'à due concurrence, le matériel provenant du territoire de la puissance belligérante.

Une indemnité sera payée de part et d'autre, en proportion du matériel utilisé et de la durée de l'utilisation.

CHAPITRE V.

DISPOSITIONS FINALES.

ART. 20.

Les dispositions de la présente Convention ne sont applicables qu'entre les puissances contractantes, et seulement si les belligérants sont tous parties à la Convention.

ART. 21.

La présente Convention sera ratifiée aussitôt que possible.

Les ratifications seront déposées à La Haye.

Le premier dépôt de ratifications sera constaté par un procès-verbal signé par les représentants des puissances qui prennent part et par le Ministre des affaires étrangères des Pays-Bas.

Les dépôts ultérieurs de ratifications se feront au moyen d'une notification écrite, adressée au Gouvernement des Pays-Bas et accompagnée de l'instrument de ratification.

Copie certifiée conforme du procès-verbal relatif au premier dépôt de ratifications, des notifications mentionnées à l'alinéa précédent, ainsi que des instruments de ratification, sera immédiatement remise par les soins du Gouvernement des Pays-Bas et par la voie diplomatique aux puissances conviées à la deuxième Conférence de la Paix, ainsi qu'aux autres puissances qui auront adhéré à la Convention. Dans les cas visés à l'alinéa précédent, ledit Gouvernement leur fera connaître en même temps la date à laquelle il a reçu la notification.

ART. 22.

Les puissances non signataires sont admises à adhérer à la présente Convention.

La puissance qui désire adhérer notifie par écrit son intention au Gouvernement des Pays-Bas, en lui transmettant l'acte d'adhésion, qui sera déposé dans les archives dudit Gouvernement.

Ce Gouvernement transmettra immédiatement à toutes les autres puissances copie certifiée confurme à la notification ainsi que de l'acte d'adhésion, en indiquant la date à laquelle il a reçu la notification.

ART. 23.

La présente Convention produira effet, pour les puissances qui auront participé au premier dépôt de ratifications, soixante jours après la date du procès-verbal de ce dépôt, et pour les puissances qui ratifieront ultérieurement ou qui adhéreront, soixante jours après que la notification de leur ratification ou de leur adhésion aura été reçue par le Gouvernement des Pays-Bas.

ART. 24.

S'il arrivait qu'une des puissances contractantes voulût dénoncer la présente Convention, la dénonciation sera notifiée par écrit au Gouvernement des Pays-Bas, qui communiquera immédiatement copie certifiée conforme de la notification à toutes les autres puissances, en leur faisant savoir la date à laquelle il l'a reçue.

La dénonciation ne produira ses effets qu'à l'égard de la puissance qui l'aura notifiée et un an après que la notification en sera parvenue au Gouvernement des Pays-Bas.

ART. 25.

Un registre tenu par le Ministre des Affaires étrangères des Pays-Bas indiquera la date du dépôt des ratifications effectué en vertu de l'article 21, alinéas 3 et 4, ainsi que la date à laquelle auront été reçues les notifications d'adhésion (art. 24, alinéa 2) ou de dénonciation (art. 24, alinéa 1).

Chaque puissance contractante est admise à prendre connaissance de ce régime et à en demander des extraits certifiés conformes.

En foi de quoi, les plénipotentiaires ont revêtu la présente Convention de leurs signatures.

Fait à La Haye, le 18 octobre 1907, en un seul exemplaire qui restera déposé dans les archives du Gouvernement des Pays-Bas et dont des copies, certifiées conformes, seront remises par la voie diplomatique aux puissances qui ont été conviées à la deuxième Conférence de la Paix.

Annexes I

—

N° 13

CONVENTIONS DE LA HAYE DU 18 OCTOBRE 1907

—

TABLEAU

DES SIGNATURES, DES RATIFICATIONS

ET DES ADHÉSIONS

—

ÉDITION D'AVRIL 1912

PUISSANCES.	III. CONVENTION relative à L'OUVERTURE des hostilités.	IV. CONVENTION concernant LES LOIS et coutumes de la guerre sur terre.	V. CONVENTION concernant les droits et les devoirs des Puissances et des personnes neutres en cas de guerre sur terre.	VI. CONVENTION relative AU RÉGIME des navires de commerce ennemis au début des hostilités.	VII. CONVENTION relative à la TRANSFORMATION des navires de commerce en bâtiments de guerre.			VIII. CONVENTION relative à LA POSE de mines sous-marines automatiques de contact.	IX. CONVENTION concernant le BOMBARDEMENT par des forces navales en temps de guerre.	X. CONVENTION pour L'ADAPTATION à la guerre maritime des principes de la Convention de Genève.	XI. CONVENTION relative à certaines RESTRICTIONS à l'exercice du droit de capture dans la guerre maritime.	XIII. CONVENTION concernant LES DROITS et les devoirs des Puissances neutres en cas de guerre maritime.	PUISSANCES.
Allemagne. Rat. 27 nov. 1909.	S. Rat.	S. rés. Rat. rés.	S. Rat.	S. rés. Rat. rés.	S. Rat.	a b	a b	S. rés. Rat. rés.	S. rés. Rat. rés.	S. Rat.	S. Rat.	S. rés. Rat. rés.	Allemagne.
Amérique (États-Unis d'). Rat. 27 nov. 1909. Adh. 3 déc. 1909.	S. Rat.	S. Rat.	S. Rat.	— —	— —	c d	c d	S. Rat.	S. Rat.	S. Rat.	S. Rat.	— Adh. rés.	Amérique (États-Unis d').
Argentine.	S.	S.	S. rés.	S.	S.	e	e	S.	S.	S.	S.	S.	Argentine.
Autriche-Hongrie. Rat. 27 nov. 1909.	S. Rat.	S. rés. Rat. rés.	S. Rat.	S. Rat.	S. Rat.	f g	f g	S. Rat.	S. Rat.	S. Rat.	S. Rat.	S. Rat.	Autriche-Hongrie.
Belgique. Rat. 8 août 1910.	S. Rat.	S. Rat.	S. Rat.	S. Rat.	S. Rat.	h i	h i	S. Rat.	S. Rat.	S. Rat.	S. Rat.	S. Rat.	Belgique.
Bolivie. Rat. 27 nov. 1909.	S. Rat.	S. Rat.	S. Rat.	S. —	S. —	j k	j k	S. —	S. Rat.	S. Rat.	S. —	S.	Bolivie.
Brésil.	S.	S.	S.	S.	S.	l	l	S.	S.	S.	S.	S.	Brésil.
Bulgarie.	S.	S.	S.	S.	S.	m	m	S.	S.	S.	S.	S.	Bulgarie.
Chili.	S.	S.	S.	S.	S.	n	n	S.	S. rés.	S.	S.	S.	Chili.
Chine. Rat. 27 nov. 1909. Adh. 15 janv. 1910.	— Adh.	— —	— Adh.	— —	— —	o p	o p	— —	— Adh.	S. rés. Rat. rés.	— ∴	— Adh. rés.	Chine.

S. = signée.   Rat. = ratifiée.   Adh. = adhésion.   rés. = réserve.

PUISSANCES.	III. CONVENTION relative à l'ouverture des hostilités.	IV. CONVENTION concernant LES LOIS et coutumes de la guerre sur terre.	V. CONVENTION concernant LES DROITS et les devoirs des Puissances et des personnes neutres en cas de guerre sur terre.	VI. CONVENTION relative AU RÉGIME des navires de commerce ennemis au début des hostilités.	VII. CONVENTION relative à la TRANSFORMATION des navires de commerce en bâtiments de guerre.		VIII. CONVENTION relative À LA POSE de mines sous-marines automatiques de contact.	IX. CONVENTION concernant le BOMBARDEMENT par des forces navales en temps de guerre.	X. CONVENTION pour L'ADAPTATION à la guerre maritime des principes de la Convention de Genève.	XI. CONVENTION relative à certaines RESTRICTIONS à l'exercice du droit de capture dans la guerre maritime.	XIII. CONVENTION concernant LES DROITS et les devoirs des Puissances neutres en cas de guerre maritime.	PUISSANCES.
Colombie	S.	S.	S.	S.	S.	a	S.	S.	S.	S.	S.	Colombie.
Cuba	S.	S.	S.	S.	S.	b	S.	S.	S.	S.	–	Cuba.
Rat. 22 févr. 1912.	–	Rat.	Rat.	Rat.	–	c	–	Rat.	Rat.	–	–	
Danemark	S.	S.	S.	S.	S.	d	S.	S.	S.	S.	S.	Danemark.
Rat. 27 nov. 1909.	Rat.	Rat.	Rat.	Rat.	Rat.	e	Rat.	Rat.	Rat.	Rat.	Rat.	
Dominicaine (République)	S.	S.	S.	S.	–	f	S. rés.	S.	S.	S.	S. rés.	Dominicaine (République).
Équateur	S.	S.	S.	S.	S.	g	S.	S.	S.	S.	S.	Équateur.
Espagne	S.	–	S.	S.	S.	h	–	–	S.	S.	–	Espagne.
France	S.	S.	S.	S.	S.	i	S. rés.	S. rés.	S.	S.	S.	France.
Rat. 7 oct. 1910.	Rat.	Rat.	Rat.	Rat.	Rat.	j	Rat. rés.	Rat. rés.	Rat.	Rat.	Rat.	
Grande-Bretagne	S.	S.	S. rés.	S.	S.	k	S. rés.	S. rés.	S. rés.	S.	S. rés.	Grande-Bretagne.
Rat. 27 nov. 1909.	Rat.	Rat.	–	Rat.	Rat.	l	Rat. rés.	Rat. rés.	–	Rat.	–	
Grèce	S.	S.	S.	S.	S.	m	S.	S.	S.	S.	S.	Grèce.
Guatémala	S.	S.	S.	S.	S.	n	S.	S.	S.	S.	S.	Guatémala.
Rat. 15 mars 1911.	Rat.	Rat.	Rat.	Rat.	Rat.	o	Rat.	Rat.	Rat.	Rat.	Rat.	

PUISSANCES.	III. CONVENTION relative à l'ouverture des hostilités.	IV. CONVENTION concernant les lois et coutumes de la guerre sur terre.	V. CONVENTION concernant les droits et les devoirs des Puissances et des personnes neutres en cas de guerre sur terre.	VI. CONVENTION relative au régime des navires de commerce ennemis au début des hostilités.	VII. CONVENTION relative à la transformation des navires de commerce en bâtiments de guerre.		VIII. CONVENTION relative à la pose de mines sous-marines automatiques de contact.	IX. CONVENTION concernant le bombardement par des forces navales en temps de guerre.	X. CONVENTION pour l'adaptation à la guerre maritime des principes de la Convention de Genève.	XI. CONVENTION relative à certaines restrictions à l'exercice du droit de capture dans la guerre maritime.	XIII. CONVENTION concernant les droits et les devoirs des Puissances neutres en cas de guerre maritime.	PUISSANCES.
Haïti. Rat. a févr. 1910.	S. Rat.	S. Rat.	S. Rat.	S. Rat.	S. Rat.	a b	S. Rat.	S. Rat.	S. Rat.	S. Rat.	S. Rat.	Haïti.
Italie.	S.	S,	S.	S.	S.	c	S.	S.	S.	S.	S.	Italie.
Japon. Rat. 13 déc. 1911.	S. Rat. rés.	S. rés, Rat.	S. Rat.	S. Rat.	S. Rat.	d e	S. Rat. rés.	S. rés. Rat.	S. Rat.	S. Rat. rés.	S. rés. Rat.	Japon.
Luxembourg.	S. Rat.	S. Rat.	S. Rat.	S. Rat.	S. Rat.	f g	S. Rat.	S. Rat.	S. Rat.	S. Rat.	S. Rat.	Luxembourg.
Mexique. Rat. 27 nov. 1909.	S. Rat.	S. Rat.	S. Rat.	S. Rat.	S. Rat.	h i	S. Rat.	S. Rat.	S. Rat.	S. Rat.	S. Rat.	Mexique.
Monténégro.	S.	S. rés.	S.	S.	S.	j	–	S.	S.	–	S.	Monténégro.
Nicaragua. Adh. 16 déc. 1909.	Adh.	Adh.	Adh.	Adh.	Adh.	k	Adh.	Adh.	Adh.	Adh.	Adh.	Nicaragua.
Norvège. Rat. 19 sept. 1910.	S. Rat.	S. Rat.	S. Rat.	S. Rat.	S. Rat.	l m	S. Rat.	S. Rat.	S. Rat.	S. Rat.	S. Rat.	Norvège.
Panama. Rat. 11 sept. 1911.	S. Rat.	S. Rat.	S. Rat.	S. Rat.	S. Rat.	n o	S. Rat.	S. Rat.	S. Rat.	S. Rat.	S, Rat.	Panama.
Paraguay.	S.	S.	S.	S.	S.	p	S.	S.	S.	S.	S.	Paraguay.

PUISSANCES.	III. CONVENTION relative à l'ouverture des hostilités.	IV. CONVENTION concernant les lois et coutumes de la guerre sur terre.	V. CONVENTION concernant les droits et les devoirs des Puissances et des personnes neutres en cas de guerre sur terre.	VI. CONVENTION relative au régime des navires de commerce ennemis au début des hostilités.	VII. CONVENTION relative à la transformation des navires de commerce en bâtiments de guerre.			VIII. CONVENTION relative à la pose de mines sous-marines automatiques de contact.	IX. CONVENTION concernant le bombardement par des forces navales en temps de guerre.	X. CONVENTION pour l'adaptation à la guerre maritime des principes de la Convention de Genève.	XI. CONVENTION relative à certaines restrictions à l'exercice du droit de capture dans la guerre maritime.	XIII. CONVENTION concernant les droits et les devoirs des Puissances neutres en cas de guerre maritime.	PUISSANCES.
Pays-Bas............. Rat. 27 nov. 1909.	S. Rat.	S. Rat.	S. Rat.	S. Rat.	S. Rat.	a b	a b	S. Rat.	S. Rat.	S. Rat.	S. Rat.	S. Rat.	Pays-Bas.
Pérou...............	S.	S.	S.	S.	S.	c	c	S.	S.	S.	S.	S.	Pérou.
Perse...............	S.	S.	S.	S.	S.	d	d	S.	S.	S. rés.	S.	S. rés.	Perse.
Portugal............ Rat. 13 avril 1911.	S. Rat.	S. Rat.	S. Rat.	S. Rat.	S. Rat.	e f	e f	– –	S. Rat.	S. Rat.	S. Rat.	S. Rat.	Portugal.
Roumanie............ Rat. 1er mars 1912.	S. Rat.	S. Rat.	S. Rat.	S. Rat.	S. Rat.	g h	g h	S. Rat.	S. Rat.	S. Rat.	S. Rat.	S. Rat.	Roumanie.
Russie.............. Rat. 27 nov. 1909.	S. Rat.	S. rés. Rat. rés.	S. Rat.	S. rés. Rat. rés.	S. Rat.	i j	i j	– –	S. Rat.	S. Rat.	– –	S. Rat.	Russie.
Salvador............ Rat. 27 nov. 1909.	S. Rat.	S. Rat.	S. Rat.	S. Rat.	S. Rat.	k l	k l	S. Rat.	S. Rat.	S. Rat.	S. Rat.	S. Rat.	Salvador.
Serbie..............	S.	S.	S.	S.	S.	m	m	S.	S.	S.	S.	S.	Serbie.
Siam............... Rat. 12 mars 1910.	S. Rat.	S. Rat.	S. Rat.	S. Rat.	S. Rat.	n o	n o	rés. Rat. rés.	S. Rat.	S. Rat.	S. Rat.	S. rés. Rat. rés.	Siam.
Suède.............. Rat. 27 nov. 1909 et 13 juillet 1911, pour ce qui concerne la Convention X.	S. Rat.	S. Rat.	S. Rat.	S. Rat.	S. Rat.	p q	p q	– –	S. Rat.	S. Rat.	S. Rat.	S. Rat.	Suède.

PUISSANCES.	III. CONVENTION relative à l'ouverture des hostilités.	IV. CONVENTION concernant les lois et coutumes de la guerre sur terre.	V. CONVENTION concernant les droits et les devoirs des Puissances et des personnes neutres en cas de guerre sur terre.	VI. CONVENTION relative au régime des navires de commerce ennemis au début des hostilités.	VII. CONVENTION relative à la transformation des navires de commerce en bâtiments de guerre.		VIII. CONVENTION relative à la pose de mines sous-marines automatiques de contact.	IX. CONVENTION concernant le bombardement par des forces navales en temps de guerre.	X. CONVENTION pour l'adaptation à la guerre maritime des principes de la Convention de Genève.	XI. CONVENTION relative à certaines restrictions à l'exercice du droit de capture dans la guerre maritime.	XIII. CONVENTION concernant les droits et les devoirs des Puissances neutres en cas de guerre maritime.	PUISSANCES.
Suisse *Rat. 12 mai 1910.*	S. *Rat.*	S. *Rat.*	S. *Rat.*	S. *Rat.*	S. *Rat.*	a b	S. *Rat.*	S. *Rat.*	S. *Rat.*	S. *Rat.*	S. *Rat.*	Suisse.
Turquie	S.	S. *rés.*	S.	S.	S. *rés.*	c	S. *rés.*	S.	S. *rés.*	S.	S. *rés.*	Turquie.
Uruguay	S.	S.	S.	S.	–	d	S.	S.	S.	S.	S.	Uruguay.
Vénézuéla	S.	S.	S.	S.	S.	e	S.	S.	S.	S.	S.	Vénézuéla.

RÉSERVES À LA SIGNATURE.

CONVENTION III.

Japon .... Sous réserve de l'article 44.[*](Réserve maintenue à l'acte de ratification.)

CONVENTION IV.

Allemagne....... Sous réserve de l'article 44 du Règlement annexé. — Réserve maintenue à l'acte de ratification.

Autriche-Hongrie . Sous réserve de la déclaration faite dans la séance plénière de la Conférence du 17 août 1907. — Réserve maintenue au procès-verbal de dépôt des ratifications.

Japon .... Avec réserve de l'article 44. — Réserve maintenue à l'acte de ratification

Monténégro...... Sous réserves formulées à l'article 44 du Règlement annexé à la présente Convention et consignées au procès-verbal de la quatrième séance plénière du 17 août 1907.

Russie .... Sous réserves formulées à l'article 44 du Règlement annexé à la présente Convention et consignées au procès-verbal de la quatrième séance plénière du 17 août 1907. — Réserves maintenues à l'acte de ratification.

Turquie .... Sous réserve de l'article 3.

CONVENTION V.

Argentine....... La République Argentine fait réserve de l'article 19.

Grande-Bretagne.. Sous réserve des articles 16, 17 et 18.

CONVENTION VI.

Allemagne....... Sous réserve de l'article 3 et de l'article 4, alinéa a. — Réserves maintenues à l'acte de ratification.

Russie . . . . Sous réserves formulées à l'article 3 et à l'article 4, alinéa 2, de la présente Convention et consignées au procès-verbal de la septième séance plénière du 27 septembre 1907. — Réserves maintenues à l'acte de ratification.

CONVENTION VII.

Turquie . . . . Sous réserve de la déclaration faite à la 8ᵉ séance plénière de la Conférence du 9 octobre 1907.

CONVENTION VIII.

Allemagne. . . . . . . Sous réserve de l'article 2. — Réserve maintenue à l'acte de ratification.

Rép. Dominicaine. Avec réserve sur l'alinéa 1ᵉʳ de l'article 1ᵉʳ.

France . . . . Sous réserve de l'article 2. — Réserve maintenue à l'acte de ratification.

Grande-Bretagne. . Sous réserve de la déclaration suivante : «En apposant leurs signatures à cette convention, les plénipotentiaires britanniques déclarent que le simple fait que ladite convention ne défend pas tel acte ou tel procédé ne doit pas être considéré comme privant le Gouvernement de Sa Majesté Britannique du droit de contester la légalité dudit acte ou procédé. Réserve maintenue à l'acte de ratification.

Siam . . . . Sous réserve de l'article 1ᵉʳ, alinéa 1. — Réserve maintenue à l'acte de ratification.

Turquie . . . . Sous réserve des déclarations consignées au procès-verbal de la 8ᵉ séance plénière de la Conférence du 9 octobre 1907.

Japon . . . . Sous réserve de l'alinéa 2 de l'article 1ᵉʳ. — Réserve maintenue à l'acte de ratification.

CONVENTION IX.

Allemagne . . . . . . Sous réserve de l'article 1ᵉʳ, alinéa 2. — Réserve maintenue à l'acte de ratification.

Chili . . . . Sous la réserve de l'article 3 formulée dans la 4ᵉ séance plénière du 17 août.

France . . . . Sous réserve du 2ᵉ alinéa de l'article 1ᵉʳ. — Réserve maintenue à l'acte de ratification.

Grande-Bretagne. . Sous réserve du 2ᵉ alinéa de l'article 1ᵉʳ. — Réserve maintenue à l'acte de ratification.

Japon . . . . Avec réserve de l'alinéa 2 de l'article 1ᵉʳ. — Réserve maintenue à l'acte de ratification.

CONVENTION X.

Chine . . . . Sous réserve de l'article 21. — Réserve maintenue à l'acte de ratification.

Grande-Bretagne..	Sous réserve des articles 6 et 21 et de la déclaration suivante: «En apposant leurs signatures à cette Convention les plénipotentiaires britanniques déclarent que le Gouvernement de Sa Majeté entend que l'application de l'article 12 se borne au seul cas des combattants recueillis pendant ou après un combat naval auquel ils auront pris part.»
Perse..........	Sous réserve du droit reconnu par la Conférence de l'emploi du Lion et du Soleil Rouge au lieu et à la place de la Croix Rouge.
Turquie	Sous réserve du droit reconnu par la Conférence de la paix de l'emploi du Croissant Rouge.

CONVENTION XI.

Japon..........	Sous réserve des articles 19 et 23. — Réserve maintenue à l'acte de ratification.

CONVENTION XIII.

Allemagne	Sous réserve des articles 11, 12, 13 et 20. — Réserves maintenues à l'acte de ratification.
Amérique.......	L'acte *d'adhésion* contient la réserve suivante : «That the United States adheres to the said Convention, subject to the reservation and exclusion of its article XXIII and with the understanding that the last clause of article III thereof implies the duty of a neutral power to make the demand therein mentioned for the return of a ship captured within the neutral jurisdiction and no longer within that jurisdiction.»
Chine..........	*Adhésion* avec les réserves de l'alinéa 2 de l'article 14, de l'alinéa 3 de l'article 19 et de l'article 27.
Rép. Dominicaine .	Avec réserve sur l'article 12.
Grande-Bretagne..	Sous réserve des articles 19 et 23.
Japon..........	Avec réserve des articles 19 et 23. — Réserves maintenues à l'acte de ratification.
Perse	Sous réserve des articles 12, 19 et 21.
Siam..........	Sous réserve des articles 12, 19 et 23. — Réserve maintenue à l'acte de ratification.
Turquie	Sous réserve de la déclaration concernant l'article 10 portée au procès-verbal de la 8ᵉ séance plénière de la Conférence du 9 octobre 1907.

Annexes I.

N° 14.

EXTRAIT DU TRAITÉ

POUR L'ÉTABLISSEMENT D'UN RÉGIME DÉFINITIF DESTINÉ À GARANTIR LE LIBRE
USAGE DU CANAL DE SUEZ, CONCLU À CONSTANTINOPLE LE 29 OCTOBRE 1888,
ENTRE LA FRANCE, L'ALLEMAGNE, L'AUTRICHE-HONGRIE, L'ESPAGNE, LA
GRANDE-BRETAGNE, L'ITALIE, LES PAYS-BAS, LA RUSSIE ET LA TURQUIE.

(Échange des ratifications à Constantinople, le 28 décembre 1888, approuvé
et promulgué par décret du 28 janvier 1889. *Journal officiel* du 30 janvier 1889.)

. . . .

ARTICLE PREMIER.

Le canal maritime de Suez sera toujours libre et ouvert, en temps de
guerre comme en temps de paix, à tout navire de commerce ou de guerre,
sans distinction de pavillon.

En conséquence, les Hautes Parties contractantes conviennent de ne porter
aucune atteinte au libre usage du canal, en temps de guerre comme en
temps de paix.

Le canal ne sera jamais assujetti à l'exercice du droit de blocus.

ART. 2.

Les Hautes Parties contractantes, reconnaissant que le canal d'eau douce
est indispensable au canal maritime, prennent acte des engagements de Son
Altesse le Khédive envers la Compagnie Universelle du canal de Suez en ce
qui concerne le canal d'eau douce, engagements stipulés dans une convention
en date du 18 mars 1863, contenant un exposé et quatre articles.

Elles s'engagent à ne porter aucune atteinte à la sécurité de ce canal et de
ses dérivations dont le fonctionnement ne pourra être l'objet d'aucune tentative d'obstruction.

ART. 3.

Les Hautes Parties contractantes s'engagent de même à respecter le matériel, les établissements, constructions et travaux du canal maritime et du
canal d'eau douce.

ART. 4.

Le canal maritime restant ouvert en temps de guerre comme passage libre, même aux navires de guerre des belligérants, aux termes de l'article 1ᵉʳ du présent traité, les Hautes Parties contractantes conviennent qu'aucun droit de guerre, aucun acte d'hostilité, ou aucun acte ayant pour but d'entraver la libre navigation du canal, ne pourra être exercé dans le canal et ses ports d'accès, ainsi que dans un rayon de 3 milles marins de ces ports, alors même que l'Empire ottoman serait l'une des puissances belligérantes.

Les bâtiments de guerre des belligérants ne pourront, dans le canal et ses ports d'accès, se ravitailler ou s'approvisionner que dans la limite strictement nécessaire. Le transit desdits bâtiments par le canal s'effectuera dans le plus bref délai d'après les règlements en vigueur et sans autre arrêt que celui qui résulterait des nécessités du service. Leur séjour à Port-Saïd et dans la rade de Suez ne pourra dépasser vingt-quatre heures, sauf le cas de relâche forcée. En pareil cas, ils seront tenus de partir le plus tôt possible. Un intervalle de vingt-quatre heures devra s'écouler entre la sortie d'un port d'accès d'un navire belligérant et le départ d'un navire appartenant à la puissance ennemie.

ART. 5.

En temps de guerre, les puissances belligérantes ne débarqueront et ne prendront dans le canal et ses ports d'accès ni troupes, ni munitions, ni matériel de guerre. Mais, dans le cas d'un empêchement accidentel dans le canal, on pourra embarquer ou débarquer dans les ports d'accès, des troupes fractionnées par groupe n'excédant pas 1,000 hommes avec le matériel de guerre correspondant.

ART. 6.

Les prises seront soumises sous tous les rapports au même régime que les navires de guerre des belligérants.

ART. 7.

Les puissances ne maintiendront dans les eaux du canal (y compris le lac Timsah et les lacs amers) aucun bâtiment de guerre.

Toutefois, dans les ports d'accès de Port-Saïd et de Suez, elles pourront faire stationner des bâtiments de guerre dont le nombre ne devra pas excéder deux pour chaque puissance.

Ce droit ne pourra être exercé par les belligérants.

. . . .

Annexes I.

N° 15.

EXTRAIT DE LA CONVENTION POSTALE
DU 30 AOÛT 1890 ENTRE LA FRANCE ET L'ANGLETERRE.

(*Journal officiel* du 13 avril 1891.)

. . . .

ART. 9.

En cas de guerre entre les deux nations, les paquebots des deux administrations continueront leur navigation sans obstacle ni molestation jusqu'à notification de la rupture des communications postales faite par l'un des deux gouvernements, auquel cas il leur sera permis de retourner librement et sous protection spéciale dans leurs ports respectifs.

. . . .

ANNEXES II

Annexes II.

N° 1.

CONDITIONS
IMPOSÉES PAR LES PRINCIPALES PUISSANCES MARITIMES
POUR LE DROIT AU PAVILLON NATIONAL.

NATION.	CONSTRUCTION.	PROPRIÉTÉ.	COMPOSITION DE L'ÉQUIPAGE.
PUISSANCES EUROPÉENNES.			
Allemagne	Nationale ou étrangère	Nationale	Pas de règle.
Angleterre	Idem	Nationale	Pas de règle.
Autriche	Idem	Deux tiers nationale	Le capitaine et, au long cours, un pilote, autrichiens.
Hongrie	Idem	Deux tiers nationale	Le capitaine et, au long cours, un pilote, hongrois.
Belgique	Idem	Moitié nationale	Pas de règle.
Danemark	Idem	Deux tiers nationale	Pas de règle.
Espagne	Idem	Nationale	Le capitaine et quatre cinquièmes de l'équipage, espagnols.
Grèce	Idem	Demi-nationale	Officiers et trois quarts de l'équipage grecs.
Italie	Idem	Deux tiers nationaux	Le capitaine et deux tiers de l'équipage italiens.
Norvège	Idem	Nationale	Pas de règle.
Pays-Bas	Idem	Demi-nationale	Pas de règle.
Portugal	Idem	Nationale	Capitaine, subrécargue et deux tiers de l'équipage, portugais.

NATION.	CONSTRUCTION.	PROPRIÉTÉ.	COMPOSITION DE L'ÉQUIPAGE.
Roumanie..........	Nationale ou étrangère..	Nationale............	Pas de règle.
Russie............	Idem..............	Nationale............	Le capitaine et les trois quarts sujets russes.
Suède............	Idem..............	Deux tiers nationale....	Pas de règle.
Turquie	Idem..............	Nationale............	Pas de règle.

PUISSANCES EXTRA-EUROPÉENNES.

NATION.	CONSTRUCTION.	PROPRIÉTÉ.	COMPOSITION DE L'ÉQUIPAGE.
Argentine	Nationale ou étrangère..	Nationale ou étrangère..	Au moins un marin argentin.
Brésil............	Idem..............	Nationale............	Le capitaine et les deux tiers de l'équipage brésiliens.
Chili	Idem..............	Nationale............	Un tiers chilien.
États-Unis.........	Nationale, sauf exception	Nationale............	Le capitaine et les officiers américains.
Japon	Nationale ou étrangère..	Nationale............	Pas de règle.
Haïti	Idem..............	Nationale............	Officiers et moitié de l'équipage haïtiens.
Mexique	Idem..............	Nationale............	Le capitaine et les deux tiers de l'équipage mexicains.
Pérou............	Idem..............	Pas de règle.........	Le capitaine et un cinquième de l'équipage péruviens.
Uruguay..........	Idem..............	Libre...............	Libre.

Annexes II.

N° 2.

TABLEAU DES ÉTATS QUI ONT FIXÉ UNE ÉTENDUE DE LEURS EAUX TERRITORIALES SUPÉRIEURE À TROIS MILLES, QUANT AU DROIT DE LA GUERRE.

ÉTATS.	ÉTENDUE DES EAUX TERRITORIALES.	OBSERVATIONS.
Russie	Portée de canon	Pour la mer Blanche, la limite s'étend à 3 milles, au large de la ligne joignant les caps Sviatoi Noss et Kaninn Noss.
Suède	4 milles, et, près d'une forteresse, la portée des canons de cette forteresse.	A partir de l'îlot non submergé le plus éloigné de la côte.
Norvége	4 milles	A partir de l'îlot non submergé le plus éloigné de la côte.
Danemark	4 milles.	
France	6 milles.	
Espagne	6 milles.	
Portugal	6 milles.	
Italie	Portée de canon.	

Annexes II.

N° 3.

TABLEAU des États qui, pour le temps de guerre, ont fixé des conditions d'admission et de séjour dans leurs ports des bâtiments belligérants, différentes des conditions de la Convention XIII de La Haye du 18 octobre 1907.

ÉTATS.	CONDITIONS.	
	NOMBRE DE BÂTIMENTS ADMIS.	TEMPS DE SÉJOUR.
Russie	6 dans chaque port.	7 jours.
Hollande	3 dans la même partie du monde.	
Belgique	. . . .	Le même navire ne peut être admis deux fois dans l'espace de trois mois dans les eaux et ports belges. L'accès de l'Escaut est interdit.
France	6 grands bâtiments, 12 torpilleurs et sous-marins.	3 fois 24 heures.
Autriche	3 dans un même port, et 6 au total dans tous les ports de l'État.	

ANNEXES III

FORMULAIRE

FORMULE A.

MINISTÈRE DE LA MARINE.

DIRECTION CENTRALE
DE LA NAVIGATION
ET DES PÊCHES MARITIMES.

N°
D'ORDRE GÉNÉRAL.

N° ______ de la série
du port de délivrance.

VALABLE
pour
UN VOYAGE SEULEMENT.

SAUF-CONDUIT.

AU NOM DU PEUPLE FRANÇAIS.

Nous, Ministre Secrétaire d'État au département de la Marine,

Avons autorisé et autorisons par le présent sauf-conduit le navire (1) l ayant comme n° du Code commercial , appartenant au port d , armé par jaugeant tonneaux , monté de hommes d'équipage, commandé par le Sr

à se rendre directement à (2)

En conséquence, ORDONNONS à tous commandants des bâtiments de la marine nationale de laisser librement passer et naviguer le susdit bâtiment pour se rendre à sa destination.

Paris, le   19   .

Par le Ministre :

Le Directeur central de la Navigation et des Pêches maritimes,

Le présent a été délivré par nous soussigné (3),

A   , le   19   .

(1) A voiles ou à vapeur.
(2) Indiquer le lieu de destination, si le navire est sur lest, ou la nature de son chargement.
(3) L'autorité qui délivrera le sauf-conduit indiquera ici ses qualités, ainsi que les conditions sous lesquelles la délivrance est faite.

Talon du sauf-conduit accordé le 19 , sous le n° d'ordre général et sous le n°
série du port de délivrance, au navire l , ayant pour n° du Code commercial
capitaine , se rendant de à sous les conditions suivantes :

Formule B.

DÉCLARATION DE BLOCUS.

(1) Grade. (2) En chef, s'il y a lieu. (3) Dans la mer *ou* devant tel port.	Nous soussigné (1) commandant (2) les forces navales françaises (3) Vu l'état de guerre existant entre la France et agissant en vertu des pouvoirs qui nous appartiennent,

Déclarons :

(4) Date. (5) Le port et ses issues, la rivière, les havres, rades, criques, etc. , compris entre (latitude et longitude).	Qu'à partir du (4) l (5)

seront tenus en état de blocus effectif par les forces navales placées sous notre commandement et que les bâtiments amis ou neutres auront un délai de (6)

(6) Nombre de jours.

pour quitter les lieux bloqués.

Il sera procédé contre tout bâtiment qui tenterait de violer ledit blocus conformément aux lois internationales et aux traités en vigueur avec les puissances neutres.

(7) Nom et espèce du bâtiment. (8) Lieu où se trouve le bâtiment. (9) Date.	A bord d (7) français (8) le (9)

(10) Signature, timbre.	(10)

Formule C.

NOTIFICATION DE LA DÉCLARATION DE BLOCUS.

Nous soussigné (*nom, prénoms et grade*).

Commandant le (*classe et nom du bâtiment de guerre*),

Notifions :

aux autorités du port de (*nom du port et désignation des autorités*),
la déclaration de blocus faite en date du
par (*le Gouvernement français*),   ou par le (*grade, commandant en chef,
s'il y a lieu, les forces navales françaises dans la mer ou devant tel port*),
dont copie est ci-jointe, afin que lesdites autorités en soient informées et qu'elles
en informent les consuls étrangers résidant dans le port de

A bord du (*classe et nom du bâtiment*) français,

le (*date*)

(*Signature et timbre.*)

Formule D.

NOTIFICATION SPÉCIALE

DE

DÉCLARATION DE BLOCUS AUX NAVIRES DE COMMERCE NEUTRES.

INSCRIPTION À METTRE SUR LE LIVRE DE BORD.

L'an mil neuf cent   le   à   heure   du
étant par   ° de longitude, et par   ° de latitude.

Je soussigné (*nom, prénoms et grade de l'officier visiteur*), désigné à cet effet par le commandant du (*classe et nom du bâtiment de guerre*), faisant partie des forces navales françaises bloquant (*tel port ou telle côte*), me suis rendu à bord du (*désignation, nationalité et nom du navire visité*).

Attendu qu'il résulte de l'examen des papiers de bord que le capitaine du (*nom du navire*)   n'a pas connu et ne peut être présumé avoir connu l'existence du blocus, lui notifions :
la déclaration de blocus faite en date du
par (*le Gouvernement français*),   ou par (*le Commandant en chef, s'il y a lieu des forces navales françaises*), et lui remettons copie de cette déclaration.

(*Signature.*)

Formule E.

PROCÈS-VERBAL DE VISITE.

INSCRIPTION À METTRE SUR LE JOURNAL DE BORD DU NAVIRE VISITÉ ET TROUVÉ EN RÈGLE.

L'an mil neuf cent   , le   à   heure du   , étant par   ° de longitude et   ° de latitude, je soussigné (*nom, prénoms, grade et emploi de l'officier visiteur*), désigné à cet effet par le commandant du (*nom et désignation du bâtiment visiteur*), me suis rendu à bord du (*nom et désignation du navire visité*) et j'ai trouvé en règle les papiers de bord et documents qui m'ont été présentés concernant le navire et sa cargaison.

En foi de quoi j'ai signé sur le journal de bord.

Formule F.

PROCÈS-VERBAL DE VISITE ET DE REMISE
DE CONTREBANDE DE GUERRE.

L'an mil neuf cent   , le   à   heure
du   , étant par   ° de longitude et   ° de latitude, je soussigné
(*nom, prénoms et grade de l'officier visiteur*), désigné à cet effet par le commandant
du (*classe et nom du bâtiment visiteur*), me suis rendu à bord du (*désignation,
nationalité et nom du bâtiment visité*), armé à   , venant de   ,
à destination de   , sous le commandement de   ,
ledit navire ayant été préalablement sommé de s'arrêter :

Attendu qu'il résulte de l'examen des papiers de bord et spécialement de (*tel
document*) ou de la visite du chargement, que ledit navire transporte de la contrebande de guerre, consistant en (*désigner les marchandises*).

Attendu que le capitaine se déclare prêt à livrer ces marchandises de contrebande :

J'ai fait extraire des cales lesdites marchandises et après les avoir inventoriées
comme il est dit ci-après, je les ai fait transporter à bord du (*nom du bâtiment
capteur*), savoir :

1° (*Inventaire*).

J'ai en outre inscrit la remise des marchandises sur le livre de bord du (*nom du
navire arrêté*).

De tout ce qui précède, j'ai dressé le présent procès-verbal en double expédition,
dont l'une pour être remise au capitaine du (*nom du navire arrêté*), lequel a (*signé
ou refusé de signer*) avec moi, après lecture.

Formule G.

—

CONVOI.
PROCÈS-VERBAL DE VÉRIFICATION.

—

L'an mil neuf cent   , le   à   heure
du   , étant par   ° de longitude et   ° de latitude, je soussigné
(*nom, prénoms, grade*), commandant du convoi composé de (*désignation et noms
des navires convoyés*), sur la demande de M. (*nom, prénoms, grade*), commandant
le (*classe, nationalité et nom du bâtiment de guerre*), ai fait procéder (*dire si le
commandant du bâtiment de guerre belligérant a été invité à assister à la vérification*)
à une vérification à bord du ou des navires suivants du convoi : (*noms des navires*),
soupçonnés de   .

Il est résulté de cette vérification que : les soupçons n'étaient pas fondés, les
papiers de bord et le chargement se trouvent en règle au point de vue de la neutralité.

Ou que : les soupçons étaient fondés en ce qui concerne (*noms des navires*) qui
(*indiquer l'irrégularité commise*) et que, en conséquence, je leur ai retiré la protection du convoi.

En foi de quoi, j'ai dressé le présent procès-verbal en deux expéditions, dont
l'une pour être remise au commandant du (*classe, nationalité et nom du bâtiment de
guerre*).

(*Signature.*)

Formule H.

PROCÈS-VERBAL DE SAISIE D'UN NAVIRE NEUTRE.

L'an mil neuf cent   , le   à   heure
du   , étant par   ° de longitude et   ° de latitude, je soussigné,
(*nom, prénoms et grade de l'officier visiteur*), désigné à cet effet par le commandant
du (*classe et nom du bâtiment visiteur*), me suis rendu à bord du (*espèce, nationalité et nom du navire visité*), armé à   , venant de   ,
à destination de   , sous le commandement de   ,
ledit navire sommé préalablement de s'arrêter :

Attendu qu'il résulte de (*tel document ou de telle circonstance*), que ledit navire
transporte de la contrebande de guerre (*absolue, conditionnelle*) consistant en
(*désigner les articles*) à destination de (*spécifier la destination*), la totalité formant
en valeur, en poids, en volume ou en fret moins de la moitié du chargement, j'ai
déclaré le (*nom du navire*) saisi en vue de sa conduite dans un port de prise où
les articles de contrebande seront débarqués.

Comme justification de la saisie, je me suis fait remettre les papiers de bord
ci-après : (*inventaire des papiers*) qui ont été immédiatement renfermés dans un
sac dûment scellé.

(*S'il y a lieu*), j'ai procédé à l'interrogatoire de (*nom et qualité des personnes
interrogées*) dont les dépositions sont ci-jointes.

J'ai constaté que le chargement des (*cales, soutes, coffres, armoires, etc.*) contenant les articles de contrebande était en (*spécifier l'état : bon, mauvais*) état et j'ai
fait apposer des scellés au nombre de   sur ces divers locaux.

De tout ce qui précède, j'ai dressé le présent procès-verbal en double expédition,
dont l'une pour être remise au capitaine du (*nom du navire saisi*), lequel a (*signé
ou refusé de signer*) avec moi après lecture.

(*Signature.*)

Formule I.

PROCÈS-VERBAL DE CAPTURE D'UN NAVIRE
(ENNEMI OU NEUTRE).

L'an mil neuf cent (*comme au modèle II jusqu'à* de s'arrêter).

Navire ennemi... — Après avoir constaté par l'examen des papiers de bord que ledit navire était de nationalité ( ), je l'ai déclaré de bonne prise.

Simulation de pavillon. — Attendu qu'il résulte de l'examen des papiers de bord et spécialement de (*tel document*) que ledit navire bien qu'ayant arboré le pavillon (*le désigner*) est en réalité de nationalité (ennemie) (*spécifier les motifs*), je l'ai déclaré de bonne prise.

Transfert de pavillon entaché de nullité — Attendu qu'il résulte de l'examen des papiers de bord et spécialement de (*tel document*) que ledit navire, bien qu'ayant arboré le pavillon (*le désigner*) doit être en réalité considéré comme de nationalité (ennemie), par suite de la nullité de son transfert de pavillon effectuée dans (*spécifier les circonstances qui entraînent la nullité*), je l'ai déclaré de bonne prise.

Contrebande de guerre entraînant la confiscation du navire neutre. — Attendu qu'il résulte de (*tel document ou telle circonstance*) que ledit navire, bien qu'étant de nationalité neutre, transporte de la contrebande de guerre, consistant en (*désigner les articles*) destinée à (*spécifier la destination*), laquelle contrebande forme par s... (*valeur, poids, volume ou fret*) plus de la moitié de la cargaison, je l'ai déclaré de bonne prise.

Résistance à la visite. — Attendu que, sommé de s'arrêter pour se laisser visiter, ledit navire a tenté de résister par la force à la visite en (*spécifier les moyens employés pour la résistance*), je l'ai, nonobstant la constatation de son pavillon neutre, déclaré de bonne prise.

Assistance hostile. — Attendu qu'il résulte de (*tel document ou telle circonstance*) que ledit bâtiment prête à l'ennemi une assistance hostile consistant à (*spécifier le genre de l'assistance hostile*), je l'ai déclaré de bonne prise.

Violation de blocus. — Attendu qu'il résulte de l'examen des papiers de bord (*ou de telle circonstance*) que ledit navire, à destination de (*tel point*), compris dans le blocus, ayant eu connaissance de l'existence du blocus et se trouvant dans le rayon d'action des forces bloquantes a tenté (*ou avait l'intention de forcer le blocus*), je l'ai déclaré de bonne prise.

Comme justification de la capture, j'ai saisi et renfermé dans un sac dûment scellé les papiers de bord énumérés dans l'inventaire ci-joint :

(*S'il y a lieu*) J'ai procédé à l'interrogatoire de (*nom et qualité des personnes inter-rogées*) dont les dépositions sont ci-jointes :

J'ai dressé un état portant, en outre des papiers de bord, inventaire sommaire du bâtiment et du chargement, des effets, argent, instruments nautiques et autres objets appartenant au capitaine et à l'équipage.

J'ai fait fermer les panneaux des cales, les soutes, les coffres, armoires, etc., saisi les clefs et apposé les scellés au nombre de ... sur ces divers locaux.

Requis d'apposer également son sceau sur ledits sacs et ouvertures, le capitaine du *nom du navire*) a (*procédé ou refusé de procéder*) à cette opération.

De tout ce qui précède, j'ai dressé le présent procès-verbal en double expédition, dont l'une pour être remise au capitaine du (*nom du navire capturé*), lequel a (*signé ou refusé de signer*) avec moi, après lecture.

Nota. Dans le cas où un prélèvement serait fait immédiatement sur le chargement d'un navire capturé, ajouter :

Conformément aux ordres antérieurement reçus, j'ai fait extraire du navire les (*objets, matières ou argent*) dont la nature, la quantité et la destination sont indiquées au procès-verbal ci-annexé.

A joindre
au procès-verbal
de capture.

Formule K.

INVENTAIRE

DRESSÉ PAR SUITE DE LA CAPTURE DU...

(ESPÈCE, NATIONALITÉ ET NOM DU NAVIRE.)

1° Papiers de bord :

2° Inventaire sommaire du bâtiment

3° Inventaire sommaire du chargement :

4° Inventaire des effets, argent, instruments nautiques et autres objets appartenant au capitaine et à l'équipage :

(Mentionner si ces objets ont été laissés à la disposition de leur propriétaire.)

(Signature.)

Formule L.

PROCÈS-VERBAL D'ENLÈVEMENT DES MATIÈRES
OU DE MARCHANDISES À BORD D'UN NAVIRE CAPTURÉ.

L'an mil neuf cent   , le   , conformément aux ordres du commandant (*nom du bâtiment capteur*), je soussigné (*nom, prénoms, grade et emploi de l'officier visiteur*), me suis rendu à bord du (*nom et désignation de la prise*) capturé le (*date*) suivant procès-verbal de ce jour.

En présence du capitaine démonté dudit navire (*ou de telles personnes le suppléant en raison de sa maladie, de son décès*)   .

(*S'il y a lieu* : après avoir reconnu le bon état des scellés apposés suivant procès-verbal précité sur (*telles écoutilles, portes, etc.*),

J'ai fait extraire des cales et appréhendé les objets, matières ou marchandises dont la désignation suit, savoir :

1°. . . . . 2°. . . . .

Lesdits objets sont destinés (*au service du capteur ou à l'entretien des prisonniers, ou à être mis à l'abri lors de la destruction du navire capturé*).

Si la prise doit être conservée, ajouter : J'ai immédiatement apposé à nouveau les scellés au nombre de   sur lesdites (*écoutilles, portes, etc.*).

Requis également d'apposer son sceau à côté du mien, le capitaine démonté du (*navire capturé*) (*ou la personne qui le remplace*) a procédé (*ou refusé de procéder à cette opération*).

De tout ce qui précède, j'ai dressé le présent procès-verbal en double expédition dont l'une a été remise au capitaine démonté du (*navire capturé*) (*ou à la personne qui le remplace*), lequel a signé (*ou refusé de signer*) avec nous après lecture.

Formule M.

PROCÈS-VERBAL DE DESTRUCTION
DE PRISE ENNEMIE [1].

L'an mil neuf cent   , le   à   heure du   étant
par   ° de longitude, et   ° de latitude, après avoir fait évacuer par l'équipage
et par les passagers le (*espèce et nom*), de nationalité (*ennemie*), capturé le (*date de
la prise*), et avoir fait transporter à mon bord tous les papiers de bord et (*s'il y a
lieu*) les marchandises et matières désignées au procès-verbal ci-annexé, j'ai (*nom,
prénoms et grade*), commandant le (*classe et nom du bâtiment capteur*), fait procéder
à la destruction complète dudit (*nom du navire*) en raison de l'impossibilité où je
me trouvais de conserver et de faire conduire la prise, pour les motifs suivants :

---

[1] Un navire neutre convaincu d'assistance hostile caractérisée est passible du même traitement
qu'un navire ennemi.

Formule N.

PROCÈS-VERBAL DE DESTRUCTION
DE PRISE NEUTRE.

L'an mil neuf cent   , le   , à   heure du   étant
par   ° de longitude et   ° de latitude, après avoir fait évacuer par l'équipage et
par les passagers le (*espèce, nationalité et nom du navire*), capturé le (*date de la
prise*), comme étant passible de confiscation pour (*donner le motif*) et après avoir
fait transporter à mon bord tous les papiers de bord et (*les marchandises désignées
au procès-verbal ci-annexé*) (*s'il y a lieu*), j'ai, (*nom, prénoms, grade*), commandant
le (*classe et nom du bâtiment capteur*), fait procéder à la destruction complète dudit
(*nom du navire capturé*), en raison de la nécessité dans laquelle je me suis trouvé
de détruire la prise pour les motifs suivants :

(*Spécifier avec soin ces motifs qui doivent être de nature à compromettre la sécurité
du bâtiment capteur ou le succès des opérations dans lesquelles il est actuellement
engagé.*)

Formule O.

PROCÈS-VERBAL DE DESTRUCTION
DE MARCHANDISES DE CONTREBANDE DE GUERRE.

L'an mil neuf cent   , le   à   heure du   étant
par   ° de longitude et   ° de latitude, j'ai (*nom, prénoms, grade*), commandant
le (*classe et nom du bâtiment capteur*), fait procéder à la destruction des marchandises de contrebande de guerre énumérées ci-après, remises le (*date de la remise*),
par le (*espèce, nationalité et nom du navire*)

(*désignation des marchandises*).

Cette destruction a été rendue nécessaire pour les motifs suivants : (*spécifier les
motifs, encombrement dangereux pour le bâtiment au moment du combat, etc.*).

FORMULE P.

PASSAGERS FAITS PRISONNIERS.

L'an mil neuf cent   , le   à   heure   étant
par   ° de longitude et   ° de latitude, je soussigné (*nom et grade de l'officier visiteur*) désigné à cet effet par le commandant du (*classe et nom du bâtiment visiteur*), me suis rendu à bord du (*désignation, nationalité, nom du bâtiment visité*), armé à   venant de   à destination de   sous le commandement de

Attendu que ce navire transporte des passagers de nationalité
incorporés dans les forces armées de l'ennemi, savoir :

(*Liste nominative des passagers ennemis avec leur âge, grade, etc.*)

Attendu que le capitaine se déclare prêt à livrer ces passagers ,
Je les ai faits prisonniers de guerre.

Ou bien :

Attendu que le capitaine a refusé de livrer ces passagers, j'ai passé outre et les ai faits prisonniers de guerre.

J'ai fait extraire des cales et locaux occupés par les prisonniers leurs effets et objets personnels et, après les avoir inventoriés, je les ai fait transporter à bord du (*nom du bâtiment capteur*), (*suit l'inventaire*).

De tout ce qui précède j'ai dressé le présent procès-verbal en double expédition, dont l'une pour être remise au capitaine du (*nom du navire visité*), lequel a signé (*ou refusé de signer*) avec moi après lecture et j'ai laissé le navire libre de continuer sa route.

(*Signature.*)

(*S'il y a résistance.*)

Attendu que le capitaine a refusé de livrer ces passagers, je l'ai prévenu qu'en cas de résistance de sa part ou de celle de l'équipage, son navire serait capturé.

Attendu que le capitaine (*ou l'équipage*) a résisté (*ou tenté de résister*) par la force à la capture des prisonniers, j'ai déclaré le navire (*nom du navire*) de bonne prise.

Comme justification de la capture   etc.
(Le reste comme à la formule I.)

Formule R.

PROMESSE DE NE PAS SERVIR L'ENNEMI.

L'an mil neuf cent   , le (*date*)

Je soussigné (*nom et prénoms*) de nationalité   né à
          le (*date*) actuellement domicilié à

(*Fonctions à bord du navire capturé   capitaine, officier, faisant partie de l'équipage, en service à bord, passager*) à bord du navire (*désignation, nationalité, nom*), capturé le (*date*) par le (*classe et nom du bâtiment capteur*).

(*Pour les neutres*) déclare m'engager formellement à ne pas servir sur un navire *nationalité ennemie*) pendant la durée de la guerre.

(*Pour les nationaux de l'État ennemi*) déclare m'engager formellement à ne prendre, pendant la durée des hostilités, aucun service ayant rapport avec les opérations de la guerre.

Je reconnais que c'est sous la condition de la présente promesse formelle que
M   commandant du (*navire capteur*) m'a laissé libre.

Fait en triple expédition, dont deux (1) pour le commandant du (*bâtiment capteur*), lequel a signé avec moi, la troisième m'ayant été remise.

(*Signatures.*)

---

(1) L'une de ces expéditions est destinée au Gouvernement ennemi.

COURS

DE

MÉCANIQUE

PAR

CH. CELLÉRIER

PROFESSEUR A L'UNIVERSITÉ DE GENÈVE

PARIS

LIBRAIRIE GAUTHIER-VILLARS ET FILS

QUAI DES GRANDS-AUGUSTINS, 55

—

1892

Tous droits réservés

COURS

MÉCANIQUE

GENÈVE. IMPRIMERIE AUBERT-SCHUCHARDT

COURS

DE

MÉCANIQUE

PAR

CH. CELLÉRIER

PROFESSEUR A L'UNIVERSITÉ DE GENÈVE

PARIS

LIBRAIRIE GAUTHIER-VILLARS ET FILS

QUAI DES GRANDS-AUGUSTINS, 55

1892

Tous droits réservés

OUVRAGES DE M. CH. CELLÉRIER DÉJA PUBLIÉS

Note sur la théorie des quantités imaginaires. (*Comptes rendus de l'Académie des sciences*, Paris, 1844; inséré depuis dans la collection des savants étrangers).

Mémoire sur la mesure de la pesanteur par le pendule. (*Mémoires de la Société de physique de Genève*, t. XVIII), 1866.

Sur la pression au centre de la terre. (*Ibid*, t. XIX).

Note sur la détermination d'une fonction arbitraire. (*Journal de mathématiques de Liouville*, t. VIII).

Note sur une classe particulière d'intégrales définies. (*Ibid.*).

Mémoire sur la surface des ondes. (*Mémoires de la Société de physique de Genève*, t. XXIII), 1873.

Seconde note sur la surface des ondes. (*Archives des sciences physiques*), 1873.

Mouvement simultané d'un pendule et de ses supports. (*Archives des sciences physiques*, t. LIV), 1875.

Nouveau mode de discussion de la propagation des mouvements vibratoires dans un milieu élastique. (*Mémoires de la Société de physique de Genève*, t. XXVII), 1880.

Sur l'équilibre intérieur des solides de grandes dimensions. (*Archives des sciences physiques*, t. IV), 1880.

Sur la répartition des vitesses moléculaires dans les gaz. (*Archives des sciences physiques*, t. VI), 1881.

Rapport sur la question du pendule, présenté à l'Association géodésique internationale. Berlin, 1881.

Extension d'une propriété des gaz aux liquides et aux solides. (*Archives des sciences physiques*, t. VII), 1882.

Sur les forces apparentes naissant du mouvement terrestre. (*Archives des sciences physiques*, t. IX), 1883.

Principe des forces vives en hydrodynamique et son application aux moteurs hydrauliques. (*Archives des sciences physiques*, t. XV), 1886.

Sur les coefficients de self induction. (*Archives des sciences physiques*, t. XVII), 1887.

Mémoire sur la théorie des halos. (*Mémoires de la Société de physique de Genève*, t. XXIX), 1887.

Mémoire sur les mouvements des corps électrisés. (*Mémoires de la Société de physique de Genève*, t. XXX), 1888.

———

Note sur les principes fondamentaux de l'analyse. (*Bulletin des sciences mathématiques*, publié par MM. Gaston Darboux et J. Tannery), Paris, 1890.

Mémoire sur les variations des excentricités et des inclinaisons. (*Mémoires des savants étrangers*, publiés par l'Académie des sciences de l'Institut de France), Paris, 1890.

Note sur une question de mécanique. (*Bulletin des sciences mathématiques*), Paris, 1891.

Loi des chocs moléculaires (*Journal de mathématiques pures et appliquées*, fondé par Liouville, publié par M. Camille Jordan, t. VII). Paris, 1891.

Note sur la détermination d'un minimum géométrique remarquable. (*Bulletin des sciences mathématiques*), 1891.

Sur l'impossibilité de faire passer de la chaleur d'un corps plus froid dans un corps plus chaud sous forme rayonnante. (*Mémoires de la Société de physique de Genève*), 1891.

Sur quelques effets des tremblements de terre. (*Journal de mathématiques pures et appliquées*, t. VII), 1891.

———

Le *Cours de mécanique* que nous publions est le dernier ouvrage de
M. Cellérier, qui occupait la chaire de mécanique à l'Université de
Genève. L'auteur l'a terminé et entièrement recopié peu de mois avant
sa mort, en 1889. Son intention étant de faire un ouvrage pour l'ensei-
gnement de la mécanique selon sa méthode personnelle, il ne s'est pas
borné à une simple reproduction de son cours tel qu'il le professait,
mais il lui a donné, en le rédigeant, une plus grande extension. Il a sim-
plifié les démonstrations tout en augmentant leur rigueur ; et, ce qui
semble être un caractère propre à ses écrits et en particulier à ce cours,
c'est que, pour des sujets traités comme exemples ou applications, il ne
s'en tient pas seulement aux résultats analytiques, mais les complète
souvent par une discussion serrée, à l'aide d'un système d'inégalités
conformes à la nature du problème.

Outre ce manuscrit, que nous livrons aujourd'hui à la publicité sans
aucun changement, M. Cellérier a laissé un grand nombre de travaux

inédits, dont plusieurs sont très importants, sur la mécanique céleste, la théorie des nombres, l'électricité, l'analyse. etc. L'Académie des Sciences de Paris a jugé son travail sur les *Variations des excentricités et des inclinaisons* digne d'être inséré dans les *Mémoires des savants étrangers*. Nous lui exprimons ici notre profonde gratitude pour cet honneur rendu à la mémoire de M. Cellérier. Nous conservons aussi une vive reconnaissance à M. Bertrand, secrétaire perpétuel de l'Académie des Sciences, ainsi qu'à M. Camille Jordan et M. Gaston Darboux pour le bienveillant empressement avec lequel ils se sont occupés de l'examen et de la publication de plusieurs de ses manuscrits.

Genève, Février 1892.

LA FAMILLE DE L'AUTEUR.

COURS

DE

MÉCANIQUE

—

INTRODUCTION

Avant d'aborder l'étude de la mécanique, il convient de passer en revue quelques principes de géométrie dans l'espace dont il sera fait un fréquent usage.

1. Propriétés des résultantes. — On nomme *résultante* de deux droites OA, OB, menées par un même point O, la diagonale OC du parallélogramme construit sur ces droites. Ce mot s'emploiera plus tard pour des forces, des vitesses, et d'autres 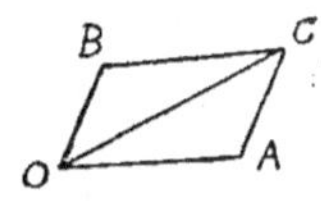 grandeurs représentables par des droites, et il convient de démontrer pour les droites elles-mêmes les propriétés générales des résultantes.

Les droites OA, OB sont dites ⎸les *composantes* de OC. La résultante de plusieurs droites s'obtient en cherchant celle de la première et de la seconde, ou en les *composant*, puis en composant de même la résultante trouvée avec la troisième droite, leur résultante avec la quatrième, et ainsi de suite jusqu'à la dernière droite.

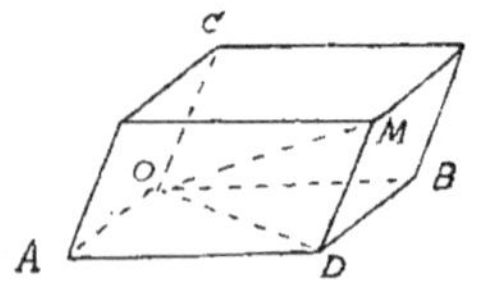

Entre autres, la résultante de trois droites OA, OB, OC est la diagonale OM du parallélipipède construit sur ces droites comme arêtes, car elle est résultante de OD et OC, et OD est celle de OA et OB.

THÉORÈME I. — *Toute droite OM est décomposable suivant trois directions données OA, OB, OC, pourvu qu'elles ne soient pas situées dans un même plan.*

En effet, on déterminera les points A, B, C, en menant par M des plans parallèles aux plans AOB, AOC, BOC; ceux-ci formeront avec les autres un parallélipipède ayant OM pour diagonale, et ses composantes seront les arêtes OA, OB, OC; il est clair que le point A pourra tomber sur la droite donnée OA d'un côté ou de l'autre du point O, et cette remarque s'applique aussi aux points B et C.

Si la droite donnée OM était dans le plan AOB, la composante OC serait nulle et le tracé se réduirait à mener par M des parallèles aux deux autres directions; ainsi *toute droite OM peut être décomposée suivant deux directions données OA, OB, situées avec elle dans un même plan, pourvu que ces directions soient distinctes ou ne tombent pas sur une même droite.*

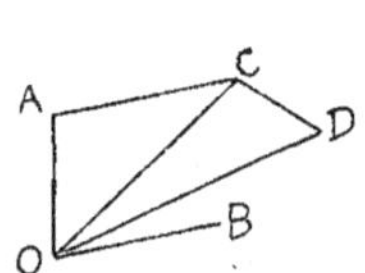La résultante OC de deux droites OA, OB se construit également en menant par le point A la droite AC égale et parallèle à OB et de même sens; pour trouver sa résultante OD avec une troisième droite on lui mènerait de même CD égale et parallèle, et ainsi de suite.

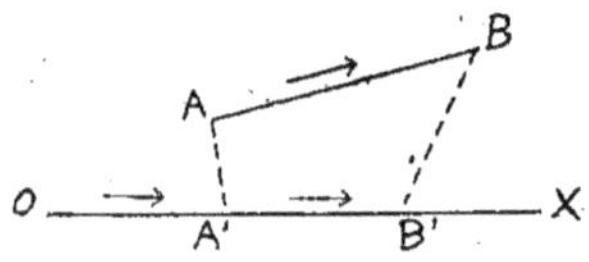

2. **Projections.** — Abstraction faite du signe, la projection d'une droite limitée AB sur une droite indéfinie OX signifie la distance des

pieds A′, B′ des perpendiculaires abaissées des points A, B sur OX; ces points A′ B′ sont les projections de A et B sur OX.

Ce qui précède n'est que la définition géométrique de la projection. Dans tout ce qui suivra, nous la considérerons comme une quantité algébrique ayant un signe. Cela exige qu'on assigne un sens aux diverses droites. Pour OX ce sera de O vers X; ensuite, en supposant que ce soit de même de A vers B, cela détermine le sens de la projection qui sera de A′ vers B′; quant à sa valeur, elle sera $+$ A′B′ si son sens coïncide avec celui de OX, et $-$ A′B′ dans le cas contraire.

Si l'on déplace OX parallèlement, la projection ne change pas, car A′B′ est la distance des plans perpendiculaires à OX menés par A et B, et ces deux plans parallèles restent les mêmes. Elle ne change pas non plus quand c'est AB qu'on déplace parallèlement, car la figure est alors pareille à celle qui, dans le premier cas, résultait du déplacement de la droite OX.

Quand on a assigné un sens à deux droites, leur angle supposé compris entre o et π est entièrement déterminé, lors même qu'elles ne se rencontrent pas; c'est celui de deux parallèles à ces droites, menées dans le sens de chacune par un point quelconque de l'espace.

L'angle droit est ici désigné par $\dfrac{\pi}{2}$, et en général dans l'analyse on doit supposer tout angle ainsi exprimé en arcs ayant pour rayon l'unité. C'est à cette condition qu'un arc quelconque est le produit de l'angle par le rayon, que le rapport d'un petit angle à son sinus ou à sa tangente est sensiblement l'unité, etc. Toutes les formules du calcul différentiel le supposent également.

Cette mesure se transforme en secondes en la multipliant par le nombre

$$\frac{180 . 60 . 60}{\pi} = 206265$$

qu'on désigne par R″.

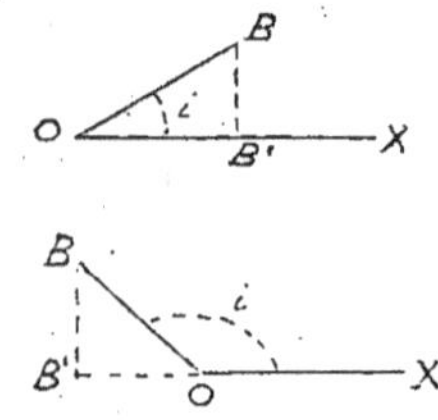

La projection de AB sur OX est égale à AB cos i pour la valeur et pour le signe, i étant l'angle des deux droites. Cela devient évident si l'on déplace AB parallèlement de façon que le point A vienne en O; la projection et l'angle i restent alors les mêmes.

Dans la première figure, B′ tombant du côté de X, la projection est

$$OB' = OB \cos BOB' = OB \cos i \; ;$$

dans la seconde, B′ tombant du côté opposé, elle est

$$- OB' = - OB \cos BOB' = - OB \cos (\pi - i) = OB \cos i :$$

sa valeur est donc OB cos i dans les deux cas.

THÉORÈME II. — *Si l'on projette plusieurs composantes OA, OB, OC, etc., et leur résultante sur une même droite, la projection de la résultante est la somme algébrique de celles des composantes.*

On peut supposer dans la démonstration que les projections se fassent sur une droite OX passant au point O; en effet, si elle était autrement placée on pourrait l'y transporter parallèlement, ce qui ne changerait ni la projection de la résultante, ni celles des composantes.

Cela posé, soient OA, OB les deux premières droites, OH leur résultante, et prenons pour OA celle des deux droites dont la projection est la plus grande, abstraction faite du signe. Nous pouvons remplacer celle de OB par celle de AH prise dans le sens de la flèche; soient A′, H′, les projections de A et H.

Si celles de OA et AH ont le même signe, A′H′ est le prolongement de OA′, et l'on a OH′ = OA′ + A′H′, c'est-à-dire la projection de la résultante est numériquement la somme de celles des composantes; elle a le même sens et, par suite, le signe commun.

Si les projections de OA, AH sont de signe contraire, H' tombe entre O et A', et l'on a OH' = OA' — A'H', c'est-à-dire la projection de 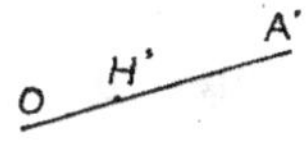 la résultante est numériquement la différence de celles des composantes ; elle a le sens et par suite le signe de la plus grande OA'.

Le théorème est donc démontré s'il n'y a que deux composantes. S'il y en a d'autres, OC, OD, etc., soient OH' la résultante de OH et OC, OH'' celle de OH' et OD, et ainsi de suite. On aura d'après ce qui précède

$$\text{proj. } OH' = \text{proj. } OH + \text{proj. } OC = \text{proj. } OA + \text{proj. } OB + \text{proj. } OC,$$
$$\text{proj. } OH'' = \text{proj. } OH' + \text{proj. } OD, \text{ etc.}$$

ou

$$\text{proj. } OH'' = \text{proj. } OA + \text{proj. } OB + \text{proj. } OC + \text{proj. } OD,$$

et ainsi de suite jusqu'à la projection de la résultante finale, qui sera la somme de celles des composantes OA, OB, etc.

Conséquence. — Le cas où les composantes OA, OB, OC, etc., sont toutes placées sur une même droite OX, peut se ramener au cas général en admettant que leurs angles avec OX diffèrent très peu de o ou de π ; alors on en peut dire autant des angles des parallélogrammes employés dans leur composition et de celui que fait la résultante avec OX. Les projections de la résultante et des composantes sur OX ne diffèrent donc de ces droites que par le signe dont elles sont affectées. En attribuant alors ce signe aux droites elles-mêmes, c'est-à-dire en les supposant positives ou négatives, suivant qu'elles ont ou non le sens OX, on pourra dire, d'après le théorème II, que *la résultante est la somme algébrique des composantes.*

THÉORÈME III. — *Si dans le triangle OAB, OA et OB ont des valeurs finies et que AB soit infiniment petit, sa projection sur AO, en lui donnant le sens de A vers O, est la différence OA — OB, en négligeant les infiniment petits du second ordre.*

1*

Soit, en effet, i l'angle infiniment petit AOB; en projetant les droites sur AO, résultante de AB et BO, on a

$$\text{proj. } AB + \text{proj, } BO = \text{proj. } AO,$$

ou

$$\text{proj. } AB = AO - BO \cos i = AO - BO + 2BO \sin^2 \frac{i}{2}$$

et le dernier terme de cette valeur est infiniment petit du second ordre.

On voit aussi que la différence de la droite BO et de sa projection est du second ordre si leur angle est du premier.

3. **Propriétés des projections sur trois axes rectangulaires.** — Le mot d'*axe*, en géométrie, signifie une droite indéfinie ayant un sens déterminé. Un *système* d'axes dans l'espace se compose de trois axes dont le sens est en général indiqué par OX, OY, OZ; ils sont menés par une même *origine* O, et nous admettrons constamment qu'ils sont perpendiculaires entre eux deux à deux. Les plans XOY, XOZ, YOZ se nomment les *plans coordonnés*, nous verrons bientôt pourquoi; on les appelle aussi les plans des xy, des xz et des yz.

THÉORÈME IV. — *Si l'on décompose une droite suivant trois directions parallèles aux axes, les projections de la droite sur les axes sont égales aux trois composantes, prises chacune avec le signe* $+$ *ou* — *suivant qu'elle est ou non dirigée dans le sens de l'axe correspondant.*

Pour le vérifier on peut supposer les axes transportés parallèlement de façon que leur origine O soit aussi celle de la droite.

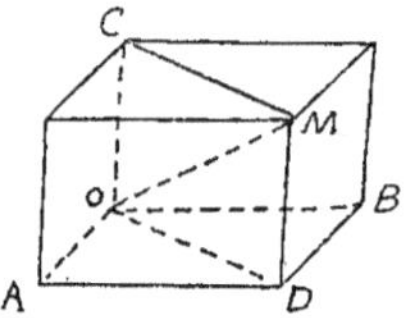

Désignons par OM celle-ci, et par OA, OB, OC ses composantes suivant les axes. Le parallélipipède qu'elles forment étant rectangle, l'angle MCO est droit, et OC est, sauf le signe, la projection de OM sur OZ; en outre, cette projection est positive ou négative suivant que OC ou la composante a ou non le sens de OZ. La même remarque s'applique aux autres projections.

THÉORÈME V. — *Le carré d'une droite est la somme des carrés de ses projections sur les trois axes.*

En effet, dans le parallélipipède précédent on a -

$$\overline{OD}^2 = \overline{OA}^2 + \overline{OB}^2, \qquad \overline{OM}^2 = \overline{OD}^2 + \overline{OC}^2,$$

ou

$$\overline{OM}^2 = \overline{OA}^2 + \overline{OB}^2 + \overline{OC}^2,$$

et OA, OB, OC sont, au signe près, les trois projections de OM.

Conséquence. A l'aide des propriétés précédentes, la composition d'un nombre quelconque de droites peut s'opérer par un calcul au lieu d'un tracé dans l'espace. Les droites étant données de même que leurs angles avec les axes, on connaîtra leurs projections sur OX ; la somme X de celles-ci sera, d'après le théorème II, la projection de la résultante ; on trouvera de même ses projections Y, Z sur OY, OZ ; en désignant par R la résultante, par α, β, γ ses angles avec les axes, on aura, d'après le théorème V,

$$R = \sqrt{X^2 + Y^2 + Z^2},$$

et en outre, par la définition des projections, $X = R \cos \alpha$, etc., d'où

$$\cos \alpha = \frac{X}{R}, \qquad \cos \beta = \frac{Y}{R}, \qquad \cos \gamma = \frac{Z}{R}.$$

On peut conclure de cette règle que *la résultante de plusieurs droites est indépendante de l'ordre de leur composition.* En effet, si on change cet ordre, les sommes X, Y, Z, et par suite les valeurs de R, α, β, γ restent les mêmes.

La résultante ne change donc pas non plus si l'on remplace quelques-unes des composantes par leur résultante prise à part, car en employant le tracé dans l'espace, cela revient à commencer la composition par celles-là.

Il est donc aussi indifférent de remplacer une des composantes par plusieurs droites dont elle est résultante.

1**

THÉORÈME VI. — *Soient x, y, z les projections d'une droite limitée sur OX, OY, OZ, et p sa projection sur une droite indéfinie $L'L$, faisant les angles α, β, γ avec les axes.*

On a

$$p = x \cos \alpha + y \cos \beta + z \cos \gamma .$$

On peut, comme ci-dessus, supposer pour la démonstration que l'origine O tombe sur celle de la droite limitée, qui sera OM ; désignons par a, b, c ses composantes parallèles aux axes ; d'après le théorème II leurs projections sur $L'L$ ont pour somme celle de leur résultante OM ; ainsi

$$p = \text{proj.}\ a + \text{proj.}\ b + \text{proj.}\ c ,$$

ces trois projections étant faites sur $L'L$. Or, d'après le théorème IV, si c tombe dans le sens OZ, cette droite c fait, comme OZ, l'angle γ avec $L'L$, et en même temps $z = c$; il en résulte

$$\text{proj.}\ c = c \cos \gamma = z \cos \gamma ;$$

si c tombe dans le sens opposé à OZ, cette droite fait avec $L'L$ l'angle $\pi - \gamma$, et en même temps on a $z = -c$, d'où résulte

$$\text{proj.}\ c = c \cos (\pi - \gamma) = - c \cos \gamma = + z \cos \gamma ,$$

comme dans le premier cas. On vérifierait de même qu'on a dans tous les cas

$$\text{proj.}\ a = x \cos \alpha, \qquad \text{proj.}\ b = y \cos \beta ,$$

et la valeur de p, ou

$$p = \text{proj.}\ a + \text{proj.}\ b + \text{proj.}\ c$$

prend ainsi la forme indiquée.

4. Coordonnées dans l'espace. — Les coordonnées d'un point quelconque M signifient les projections de OM sur OX, OY, OZ, le sens de OM étant de O vers M. (Pour éviter des répétitions, nous conviendrons dans ce qui suivra que l'ordre dans lequel sont écrites les deux extrémités d'une droite indique son sens, qui va de la première à la seconde).

Les propriétés les plus usuelles des coordonnées, détaillées plus loin, sont la traduction en formules des principes que nous avons démontrés.

Supposons que OM soit la résultante de OM′, OM″, et désignons par x', y', z', x'', y'', z'' les coordonnées de M′, M″; on aura entre les projections de ces trois droites sur OX, d'après le théorème II, la relation $x = x' + x''$; or x'' ou $x - x'$, projection de OM″, est aussi celle de la droite M′M qui lui est égale et parallèle et a le même sens; ses projections sur OY, OZ sont de même $y - y'$, $z - z'$. On pourra donc énoncer les propriétés suivantes :

Première propriété. — Soient x, y, z, x', y', z', les coordonnées de deux points quelconques M, M′; α, β, γ, les angles de M′M avec les axes, et r sa longueur; on aura

$$x - x' = r \cos \alpha, \qquad y - y' = r \cos \beta, \qquad z - z' = r \cos \gamma,$$

puisque le rapport de la projection d'une droite à cette droite est le cosinus de leur angle; et en outre, à cause du théorème V,

$$r = \sqrt{(x - x')^2 + (y - y')^2 + (z - z')^2}.$$

Seconde propriété. — *Les données étant les mêmes,* $x - x'$, $y - y'$, $z - z'$ *sont les coordonnées de M pour l'origine M′,* ou par rapport à des axes menés par M′ parallèles aux anciens et de même sens.

En effet, $z - z'$, par exemple, est la projection de M′M sur OZ et aussi sur le nouvel axe des z; c'est donc la nouvelle ordonnée de M.

Troisième propriété. — En supposant dans la première que M′ coïncide avec O, on aura $x' = y' = z' = 0$, d'où

$$\cos \alpha = \frac{x}{r}, \qquad \cos \beta = \frac{y}{r}, \qquad \cos \gamma = \frac{z}{r}, \qquad r = \sqrt{x^2 + y^2 + z^2},$$

x, y, z étant les coordonnées du point quelconque M, α, β, γ les angles de OM avec les axes, et r la distance OM. On en déduit aussi

$$\cos^2 \alpha + \cos^2 \beta + \cos^2 \gamma = \frac{x^2 + y^2 + z^2}{r^2} = \frac{r^2}{r^2} = 1 \,;$$

cette relation est toujours satisfaite par les *cosinus d'une droite,* en désignant de la sorte ceux de ses angles avec les axes.

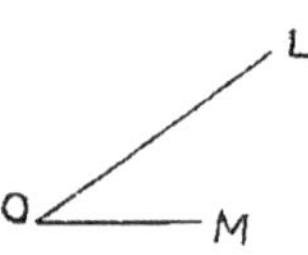

Quatrième propriété. — Soient x, y, z les coordonnées d'un point quelconque M, et p la projection de OM sur une droite indéfinie OL, faisant avec les axes des angles α, β, γ; on aura, d'après le théorème VI,

$$p = x \cos \alpha + y \cos \beta + z \cos \gamma \,,$$

puisque x, y, z sont les projections de OM sur les axes.

On peut donner une autre forme à cette relation : soient α', β', γ' les angles de OM avec les axes, et v son angle avec OL ; supposons la distance OM $= 1$; on aura d'une part

$$p = \text{OM} \cos v = \cos v \,,$$

et d'autre part

$$x = \text{OM} \cos \alpha' = \cos \alpha', \qquad y = \cos \beta', \qquad z = \cos \gamma' \,;$$

en faisant ces substitutions, la formule ci-dessus deviendra

$$\cos v = \cos \alpha \cos \alpha' + \cos \beta \cos \beta' + \cos \gamma \cos \gamma'.$$

Elle donne l'angle v de deux droites lors même que celles-ci ne passeraient pas par l'origine, puisqu'en les déplaçant parallèlement, tous les angles restent les mêmes.

Si les deux droites sont perpendiculaires, on a $\cos v = 0$; par suite, si les cosinus de la première droite sont proportionnels à a, b, c et ceux de la seconde à a', b', c', la condition de perpendicularité est exprimée par

$$aa' + bb' + cc' = 0 \,.$$

Angles polaires. — Cette expression suppose qu'on donne dans un plan une origine O, un *axe polaire* OL, et un sens *direct* de rotation indiqué par la flèche. On nomme alors *angle polaire* d'une droite OM tout angle tel qu'étant compté à partir de OL, dans le sens direct s'il est positif, en sens contraire s'il est négatif, il aboutisse à OM. Ce n'est donc pas l'angle *ordinaire* LOM compris entre o et π, mais une quantité algébrique de grandeur et de signe quelconques. L'angle polaire de la droite OM a ainsi une infinité de valeurs, qui se déduisent de l'une d'elles en lui ajoutant des multiples positifs ou négatifs de 2π ou de quatre droits. Voici un cas particulier où l'emploi de ces angles est nécessaire.

La direction d'une droite OM dans l'espace est définie par ses angles α, β, γ avec les axes, compris entre o et π. Quand elle se trouve dans le plan des xy, on a

$$\cos \gamma = o, \qquad \cos^2 \alpha + \cos^2 \beta = 1.$$

A cause de cette relation entre α et β, il est préférable de n'employer alors qu'un angle polaire φ. Communément, on prend pour axe polaire OX et pour sens direct celui qui va de OX vers OY. On définit les signes $\cos \varphi$, $\sin \varphi$ de façon que dans ce cas, pour tout point M de la droite, x et y étant ses coordonnées et r la distance OM, on ait

$$x = r \cos \varphi, \qquad y = r \sin \varphi.$$

Comme en général $x = r \cos \alpha$, $y = r \cos \beta$, on voit que pour passer des angles dans l'espace à l'angle polaire, on a simplement à remplacer $\cos \gamma$ par o, $\cos \alpha$ par $\cos \varphi$ et $\cos \beta$ par $\sin \varphi$.

Il suffirait, pour déterminer une droite, de compter son angle polaire de o à 2π, mais pour de nombreuses applications de ces angles, il est nécessaire de leur laisser leur généralité.

A toute droite AB du plan correspond un angle polaire; c'est celui d'une parallèle OM qui lui serait menée par l'origine dans le même sens.

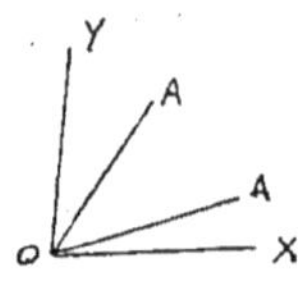

Soient OA, OA′ deux droites déterminées par des angles polaires quelconques φ, φ' ; soit aussi φ'' un angle polaire de OA′ compté à partir de OA dans le sens direct. Il est clair que si φ et φ'' sont positifs, $\varphi + \varphi''$ est un angle polaire de OA′ compté de OX, d'où

$$\varphi' = \varphi + \varphi'' + \text{mult.} \,(2\pi).$$

C'est encore exact si φ ou φ'' est négatif, l'équation conservant la même forme quand on augmente ces angles d'un multiple de 2π. On a donc, dans tous les cas

$$\varphi'' = \varphi' - \varphi + \text{mult.} \,(2\pi).$$

relation qui sera employée plus loin et dans laquelle on peut supposer φ'' compris entre o et 2π ; si v est l'angle ordinaire AOA′, il est clair que $\varphi'' = v$ ou $2\pi - v$, $\cos v = \cos \varphi'' = \cos (\varphi' - \varphi)$. On a d'ailleurs

$$\cos v = \cos \alpha \cos \alpha' + \cos \beta \cos \beta' + \cos \gamma \cos \gamma'.$$

En y remplaçant $\cos \gamma$ par o et $\cos \alpha$, $\cos \beta$, $\cos \alpha'$, $\cos \beta'$ par $\cos \varphi$, $\sin \varphi$, $\cos \varphi'$, $\sin \varphi'$, on trouve la formule connue

$$\cos (\varphi' - \varphi) = \cos \varphi \cos \varphi' + \sin \varphi \sin \varphi' ;$$

elle coïncide ainsi avec celle qui donne $\cos v$.

Coordonnées polaires. — S'il s'agit d'un point M dans le plan des xy, on nomme *coordonnées polaires* de ce point le *rayon vecteur* OM $= r$ et l'angle polaire φ de la droite OM.

La position d'un point M dans l'espace peut être déterminée au moyen d'une origine O, d'un *axe principal* quelconque OL, d'un axe polaire OL′ placé dans un plan perpendiculaire à OL, puis d'un sens de rotation direct qui sera par exemple de OL′ vers OL″ perpendiculaire à OL′.

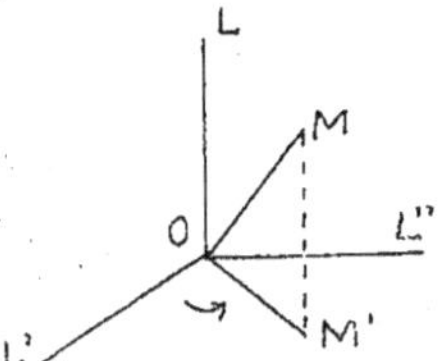

Les coordonnées polaires du point M sont alors le *rayon vecteur* OM $= \rho$, l'angle LOM $= \theta$ variable de o à π, et l'angle polaire φ de la projection OM′ de OM sur le plan L′OL″.

Il est clair que ρ, ϑ et φ déterminent entièrement la position du point M.

Le plus souvent on prend pour OL, OL′ des axes ordinaires : plaçons par exemple OZ sur OL, OX sur OL′, OY sur OL″ et soient x, y, z les coordonnées ordinaires du point M, dites *coordonnées linéaires*; z est la projection de OM sur OZ ou $\rho \cos \vartheta$. Suivant que ϑ est aigu ou obtus, le triangle OMM′ donne

$$\mathrm{OM}' = \rho \cos\left(\frac{\pi}{2} - \vartheta\right) \qquad \text{ou} \qquad \rho \cos\left(\vartheta - \frac{\pi}{2}\right),$$

c'est-à-dire $\mathrm{OM}' = \rho \sin\vartheta$. Ensuite, dans le plan des xy, OM′ et φ sont les coordonnées polaires du point M′; ses coordonnées x, y sont d'ailleurs celles de M, d'où résulte

$$x = \mathrm{OM}' \cos\varphi, \quad y = \mathrm{OM}' \sin\varphi.$$

En substituant la valeur de OM′ on trouve les formules usuelles

$$x = \rho \sin\vartheta \cos\varphi, \quad y = \rho \sin\vartheta \sin\varphi, \quad z = \rho \cos\vartheta.$$

Les cosinus de la droite OM par rapport aux axes ont pour valeur $\dfrac{x}{\rho}$, $\dfrac{y}{\rho}$, $\dfrac{z}{\rho}$, c'est-à-dire

$$\sin\vartheta \cos\varphi, \quad \sin\vartheta \sin\varphi, \quad \cos\vartheta.$$

Aussi les angles ϑ, φ qui déterminent la direction de OM se nomment quelquefois ses *coordonnées angulaires*.

Transformation des coordonnées. — Soient x, y, z les coordonnées d'un point M par rapport à un premier système d'axes et x', y', z' ce qu'elles deviennent par rapport à un autre OX′, OY′, OZ′ de même origine. Désignons par a, b, c les cosinus de OX′ par rapport aux anciens axes; par a', b', c' ceux de OY′ et par a'', b'', c'' ceux de OZ′; x' est la projection de OM sur OX′ ou la valeur de p tirée de la quatrième propriété ci-dessus en remplaçant $\cos\alpha$, $\cos\beta$, $\cos\gamma$ par a, b, c; on trouverait de même y' et z'.

En outre, par rapport aux nouveaux axes, a, a', a'' sont les cosinus de OX; b, b', b'' ceux de OY et c, c', c'' ceux de OZ. Il en résulte les deux groupes de formules suivants :

$$x' = ax + by + cz, \qquad x = ax' + a'y' + a''z,$$
$$y' = a'x + b'y + c'z, \qquad y = bx' + b'y' + b''z',$$
$$z' = a''x + b''y + c''z, \qquad z = cx' + c'y' + c''z',$$

Les carrés des cosinus d'une droite ayant pour somme l'unité, les coefficients satisfont six relations telles que :

$$a^2 + b^2 + c^2 = 1, \qquad a^2 + a'^2 + a''^2 = 1, \quad \text{etc.}$$

La condition de perpendicularité en fournit six autres telles que :

$$aa' + bb' + cc' = 0, \qquad ab + a'b' + a''b'' = 0, \quad \text{etc.}$$

Un cas particulier que nous aurons plus souvent à employer est celui où le nouveau système se déduit de l'ancien en le faisant tourner d'un angle ω autour de l'un des axes, par exemple de OZ.

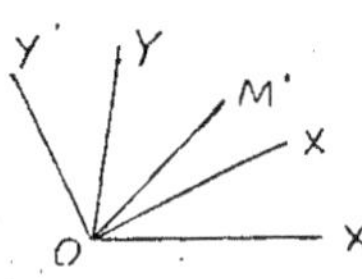

De la sorte z ne change pas; ω est l'angle polaire de OX' compté à partir de OX; x, y, x', y' sont les mêmes pour le point M et pour sa projection M' sur le plan des xy. Soient r la distance OM'; φ et φ' ses angles polaires par rapport à OX et OX'.

Il en résulte, comme on l'a vu plus haut,

$$\varphi = \varphi' = \omega + \text{mult}\,(2\pi),$$

d'où

$$x = r \cos \varphi = r \cos (\varphi' + \omega), \quad y = r \sin (\varphi' + \omega);$$

en développant ces valeurs et remplaçant $r \cos \varphi'$, $r \sin \varphi'$ par x', y', on trouve les formules de transformation

$$x = x' \cos \omega - y' \sin \omega, \quad y = x' \sin \omega + y' \cos \omega, \quad z = z'$$

L'ancien système se déduirait du nouveau en le faisant tourner de l'angle $-\omega$; en remplaçant ω par $-\omega$ on aura donc

$$x' = x \cos \omega + y \sin \omega, \quad y' = - x \sin \omega + y \cos \omega, \quad z' = z,$$

formules qu'on déduirait également des précédentes.

5. Distinction des sens de rotation. Projections des aires.

5. Distinction des sens de rotation. Projections des aires. — Le mouvement d'une droite autour d'une origine O est bien déterminé si l'on dit qu'elle tourne de OM vers OM', M et M' étant deux points donnés; la droite mobile est alors OR, R cheminant sur la droite MM' de M vers M'. C'est ainsi que pour une figure contenue dans le plan des xy nous

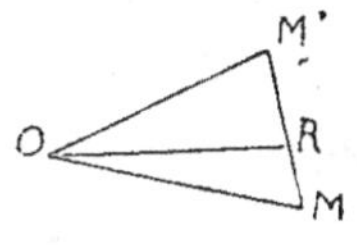

avons défini, comme le sens direct de rotation dans lequel on compte les angles polaires, celui qui va de OX vers OY.

Mais dans l'espace, cette notion est insuffisante pour distinguer le sens direct et rétrograde, car la droite allant de OM vers OM', le sens absolu de sa rotation change suivant que l'observateur est placé d'un côté ou de l'autre du plan OMM'; tantôt la droite lui paraîtra tourner dans le sens des aiguilles d'une montre, tantôt ce sera en sens contraire. On dit aussi quelquefois qu'elle tourne soit de droite à gauche soit de gauche à droite, en supposant l'observateur ayant les pieds sur le point O.

En général, il est donc nécessaire, quand une figure tourne autour d'un axe, de mentionner par rapport à laquelle des deux directions opposées de l'axe le sens de rotation est défini.

Dans toute question où il est fait usage de coordonnées dans l'espace, le sens de rotation considéré comme direct est, par rapport à l'axe des z positifs, celui qui va de OX vers OY; on le nomme simplement le sens xy; alors, en conservant ce même sens, il devient, par rapport à l'axe des x positifs le sens yz allant de OY vers OZ; par rapport à OY, c'est de même le sens zx allant de OZ vers OX; dans

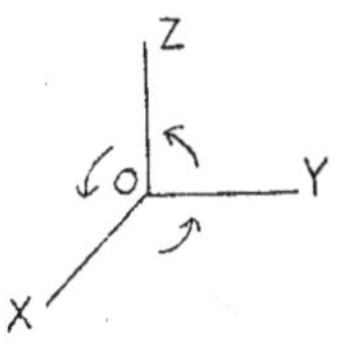

ces trois cas, les lettres x, y, z se succèdent dans l'ordre alphabétique, z étant suivi de x.

Nous emploierons constamment pour les axes la disposition ci-dessus, qui a quelques avantages, entre autres en astronomie. Fréquemment on la remplace par sa symétrique, qui s'en déduit en échangeant OX et OY; le sens des rotations directes se trouve alors inversé.

Projections d'une aire. — Dans ce qui suit, MM' sont deux points quelconques de coordonnées x, y, z, x', y', z'; l'aire μ est celle du parallélogramme construit sur OM, OM'; en outre, en prenant l'une de ces droites OM pour la *première*, l'autre OM' étant la *seconde*, nous attribuerons à l'aire le sens de rotation allant de la première à la seconde.

L'*axe* de l'aire signifiera une perpendiculaire ON à son plan, ayant pour longueur $ON = \mu$ et menée d'un côté tel que le sens de rotation de l'aire, par rapport à elle, soit direct.

On sait que la projection de l'aire sur un plan quelconque, abstraction faite du signe, est $\mu \cos i$, i étant l'angle aigu des deux plans; mais nous attribuerons à ses projections sur chaque plan coordonné le signe $+$ ou $-$ suivant que le sens de rotation allant de la projection de OM à celle de OM' est ou non le sens direct qui correspond à ce plan.

Cela posé, nous allons démontrer les propriétés suivantes :

Première propriété. — Les projections de l'aire sur les plans coordonnés, avec leurs signes, sont égales aux projections de ON, axe de l'aire, sur OX, OY, OZ.

Seconde propriété. — Les mêmes projections ont pour valeurs

$$yz' - zy' \text{ sur le plan des } yz,$$
$$zx' - xz' \text{ sur le plan des } zx,$$
$$xy' - yx' \text{ sur le plan des } xy.$$

Démonstration de la première propriété. — Nous désignerons par R un point mobile sur la droite MM', et par A, A', S les projections de M, M', R sur le plan des xy.

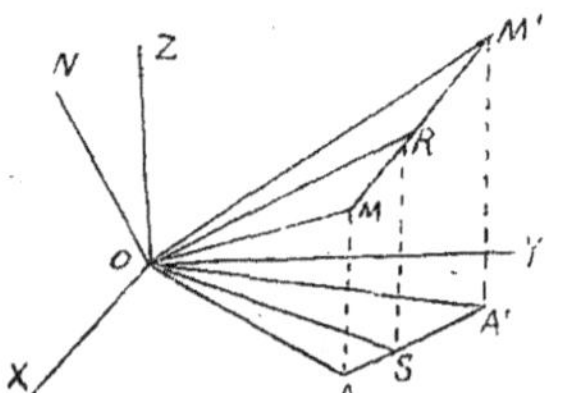

Supposons d'abord que l'angle NOZ soit aigu, comme dans la figure. La rotation de OR allant de OM à OM' est directe pour l'observateur placé en N; il en est par suite de même

directe pour l'observateur placé en N; il en est par suite de même s'il est en Z ou du même côté du plan de l'aire. Or, ce sens se confond pour lui avec le sens dans lequel il voit tourner OS, projection de OR; celui-là est donc aussi direct ou de OX vers OY: d'ailleurs, S va de A en A' et OS de la première droite OA vers la seconde OA'. Par suite, le signe de la projection de l'aire, défini comme ci-dessus, est positif. Si l'angle $NOZ = \gamma$, c'est aussi l'angle aigu des plans de l'aire et de sa projection, de sorte que celle-ci est $\mu \cos \gamma$.

Si l'angle NOZ ou γ est obtus, le sens de rotation de OM vers OM' est rétrograde par rapport au prolongement de ON, qui fait avec OZ l'angle aigu $\pi - \gamma$. La projection de OR sur le plan des xy tourne donc dans le sens rétrograde et celle de l'aire est négative. Sa valeur absolue est d'ailleurs $\mu \cos (\pi - \gamma)$; par suite, avec son signe, elle devient $\mu \cos \gamma$ comme dans le premier cas, c'est-à-dire la projection de ON sur OZ. Tout ce qui précède s'applique de même aux projections de ON sur OX et OY.

Démonstration de la seconde propriété. — Soient r, φ les coordonnées polaires du point A dans le plan des xy, r', φ' celles de A' et v l'angle ordinaire AOA' compris entre o et π. La projection de l'aire sur le plan des xy est $rr' \sin v$, abstraction faite du signe. Elle est positive ou négative suivant que la rotation de OA vers OA' est ou non directe, ou suivant qu'en tournant dans le sens direct de OA jusqu'à OA', l'angle φ'' parcouru est inférieur ou supérieur à π. Or, on a évidemment $v = \varphi''$ dans le premier cas, $v = 2\pi - \varphi''$ dans le second. La projection de l'aire est donc, avec son signe, dans le premier cas $rr' \sin \varphi''$ et dans le second

$$- rr' \sin (2\pi - \varphi'') = rr' \sin \varphi^{\circ}$$

comme dans le premier. On a vu, au numéro précédent, que

$$\varphi'' = \varphi' - \varphi + \text{mult. } (2\pi).$$

La projection est ainsi $rr' \sin (\varphi' - \varphi)$.

D'ailleurs x, y coordonnées du point M sont aussi celles de A et x', y' celles de A'. Les relations

$$x = r \cos \varphi, \quad y = r \sin \varphi, \quad x' = r' \cos \varphi', \quad y' = r' \sin \varphi'$$

donnent

$$xy' - yx' = rr' (\cos \varphi \sin \varphi' - \sin \varphi \cos \varphi') = rr' \sin (\varphi' - \varphi).$$

La projection de l'aire sur le plan des xy est donc $xy' - yx'$ pour la valeur et pour le signe.

La disposition des accents provient de ce que le sens de la rotation directe est xy; par suite, sur les autres plans coordonnés, où ce sens est yz ou zx, les projections auront bien la valeur indiquée dans l'énoncé.

Comme application, considérons un nouveau système d'axes, en supposant sa disposition pareille à celle de l'ancien et désignons comme précédemment par a, b, c les cosinus de OX', par a', b', c', ceux de OY' et par a'', b'', c'' ceux de OZ'. Prenons M sur OX'' M' sur OY', de sorte qu'on ait OM $=$ OM' $= 1$. L'aire μ du rectangle construit sur ces lignes est l'unité, de sorte que l'axe de l'aire ON $= 1$. Le sens de rotation de OX' vers OY' devant être direct par rapport à ON, cette droite est sur OZ'. Ses projections sur les anciens axes sont ainsi $a'' \varkappa$ ON, etc. ou a'', b'', c''. Elles sont égales aux expressions $yz' - zy'$, etc., dans lesquelles on doit remplacer x, y, z, coordonnées de M, par a, b, c et x', y', z' par a', b', c'. Il en résulte

$$a'' = bc' - cb', \quad b'' = ca' - ac', \quad c'' = ab' - ba'.$$

En plaçant M, M' sur OY' et OZ' ou sur OZ' et OX', on trouverait six relations analogues, qui se déduiraient des précédentes en augmentant d'une unité chacun des accents et remplaçant l'accent triple par l'accent nul.

CHAPITRE PREMIER

STATIQUE THÉORIQUE

6. Notions préliminaires. — On nomme *force* toute cause tendant à produire ou à modifier le mouvement d'un corps. On dit que des forces sont en équilibre lorsqu'elles se détruisent mutuellement ou que leur ensemble a un effet nul. On dit aussi quelquefois qu'un corps est en équilibre si les forces qui agissent sur lui se détruisent.

La mécanique est la science qui traite des propriétés du mouvement et des effets des forces.

Ses applications ont formé, en se développant, des branches spéciales qu'il ne faut point confondre avec elle. Celles qui concernent l'astronomie et la physique rentrent dans la *mécanique céleste* et la *physique mathématique*.

De même, s'il s'agit d'une machine, la mécanique fournit les propriétés essentielles de son mouvement ; la machine contient toujours un appareil approprié à un travail industriel ; la description des formes infiniment variées de ces appareils se nomme la *technologie ;* l'étude des dispositions les plus avantageuses pour l'emploi du moteur forme la *mécanique appliquée*. On y fait rentrer également la recherche des forces mises en jeu dans les constructions, tandis que les autres détails les concernant forment *l'art des constructions*.

Quant à la mécanique théorique, nommée aussi mécanique rationnelle, ou mécanique analytique, elle contient trois divisions principales :

La *cinématique,* théorie du mouvement, abstraction faite des forces qui le produisent ;

La *statique*, théorie de l'équilibre des forces;

La *dynamique*, théorie du mouvement produit par des forces.

La mécanique des fluides fait en général un objet d'étude distinct.

A un autre point de vue, la mécanique se compose de principes généraux et de nombreuses applications qu'on ne doit pas considérer comme de simples exercices, mais comme un complément indispensable de la théorie. Celle-ci, en effet, a pour résultat de réduire toutes les questions de mécanique à des questions de calcul, qui doivent ensuite être classées et la méthode propre à les résoudre, quand elle existe, doit être indiquée pour tous les cas par des exemples qui ont souvent, d'ailleurs, de l'importance en eux-mêmes.

Forces. — On doit distinguer cette notion de quelques autres où le mot de force est aussi employé. Par exemple, on nomme *force vive* une quantité mathématique d'une autre nature qu'une force proprement dite. De même on emploie quelquefois le mot de force pour désigner la cause inconnue d'une classe de phénomènes.

Une force n'agit jamais d'une façon tout à fait instantanée, mais d'une manière continue, et l'on peut toujours se figurer son action en l'assimilant à un fil qui tire un point d'un corps, nommé le *point d'application* de la force. La direction et le sens de la force sont ceux du mouvement qu'elle tend à comprimer au point et qui sont figurés par ceux du fil ; enfin, son intensité est l'énergie avec laquelle elle agit. Nous allons voir que celle-ci est exprimable en nombres :

Si un point matériel isolé O, c'est-à-dire un corps de dimensions insensibles, est soumis à des forces agissant suivant OX, OX' sur une même droite et qu'on le suppose en repos, il ne pourra se mouvoir que sur cette droite, car il n'y a aucune raison pour qu'il s'en écarte d'un côté plutôt que de l'autre. Il sera en équilibre s'il n'y a que deux forces, φ suivant OX, φ' suivant OX' et que φ' soit identique à φ ou la même, due aux mêmes causes dans une autre position; en effet, il n'y a aucune raison pour que le point se déplace dans un sens plutôt que dans l'autre.

Il y aura aussi équilibre si l'on fait agir plusieurs forces φ, par exemple, cinq suivant OX, et cinq forces φ' identiques aux premières suivant OX'. Supprimons les forces φ et remplaçons-les par une force unique f; on pourra évidemment lui attribuer une intensité telle que le point ne bouge pas.

Supposons maintenant que le point O fasse partie d'un corps qui, sans l'existence de ces forces, resterait immobile; il n'y a aucune raison pour que, dans les deux positions d'équilibre précédentes, où le point O était en repos, sa liaison avec le reste du corps mette celui-ci en mouvement. Les forces seront donc encore en équilibre et, soit que l'on fasse agir suivant OX la seule force f ou le groupe G des forces φ, celui des forces φ' sera également détruit. Par conséquent, dans ce cas particulier, la force f a la même intensité que le groupe G. Or, nous admettons que l'*effet d'une force dépend uniquement de son point d'application, de sa direction et de son intensité.* Par conséquent, si on substitue à la force f le groupe G appliqué au même point et dans la même direction, l'effet en sera identiquement le même soit pour le repos soit pour le mouvement.

On pourrait trouver de même des forces équivalentes à des multiples quelconques de φ; plusieurs d'entre elles, agissant dans le même sens, peuvent alors être remplacées par les unités qui les composent, de sorte que leurs mesures numériques s'ajoutent; de même elles se retranchent si les forces agissent en sens contraire.

Il est clair qu'en prenant la commune mesure φ assez petite, on pourrait représenter ainsi toutes les forces avec une grande approximation par des entiers, mais qu'il revient au même de les exprimer par des nombres fractionnaires en employant une unité quelconque.

Quand on veut lui attribuer une valeur déterminée, on choisit ən général pour celle-là l'unité de poids. Si une grande précision est nécessaire, on convient que c'est le kilogramme mesuré au niveau de la mer à la latitude de 45°, parce que sa valeur comme force varie légèrement avec l'altitude et la latitude.

Travail des forces. — Lorsqu'un point A, soumis à l'action d'une force f suivant AO, parcours un petit espace AB, faisant

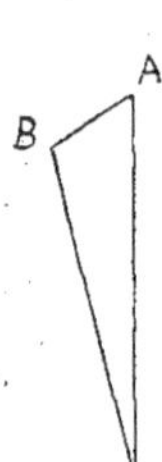

avec la force l'angle $OAB = i$, le produit $AB \times f \cos i$ se nomme le *travail de la force correspondant au déplacement AB*. Nous verrons plus tard d'où vient le nom de travail et quel sens on lui donne pour un déplacement quelconque du point; actuellement nous supposons ce déplacement infiniment petit. En outre, on ne doit pas le considérer comme l'effet de la force, le point pouvant être entraîné par le mouvement du corps auquel il appartient.

Le travail est positif, négatif ou nul, suivant que l'angle i est aigu, obtus ou droit; on peut remarquer, en outre, que si le même déplacement AB s'effectue en sens opposé, i se change en $\pi - i$ et le travail prend la même valeur en signe contraire.

Dans tous les cas, $AB \cos i$ est la projection de AB sur la direction AO de la force, où le point O peut être pris à volonté. D'après le théorème III, AB étant infiniment petit, sa projection est égale à $OA - OB$ et par suite, en négligeant les infiniment petits du secone ordre, le travail est aussi exprimé par

$$f \, (OA - OB).$$

7. Nature des corps dont on considère l'équilibre. — Dans ce chapitre et le suivant, nous admettrons constamment que les corps sur lesquels agissent les forces partent de l'état de repos et, par suite, restent en repos s'ils sont en équilibre.

Solides. — Nous nommerons ainsi tout corps considéré comme rigoureusement indéformable; on l'appelle également un *système de points de forme invariable.* Bien que dans la nature tout corps soit plus ou moins déformable par élasticité ou par rupture, on peut concevoir la possibilité de déformation comme assez faible pour pouvoir être négligée, et c'est pour les corps réalisant cet idéal qu'on doit d'abord chercher l'effet des forces. Ce sont les seuls que nous considérerons dans ce chapitre.

On peut toujours supposer une force appliquée à un solide en un point qui lui est extérieur ; cela signifie que ce point lui est lié d'une manière invariable.

Le mouvement d'un solide peut être gêné par des obstacles ; s'il n'y en a pas, nous dirons que le solide est *libre*.

Cas particulier d'équilibre. — *Soit qu'un solide soit libre ou non, il reste en équilibre s'il n'agit sur lui que deux forces égales f, f', appliquées en deux points quelconques A, B et dirigées suivant les prolongements AL, BL' de la droite AB.*
En effet, supposons d'abord le solide réduit
à une tige rigide AB en repos. Il n'y a aucune raison pour que les points A, B s'écartent de la droite LL' d'un côté plutôt que de l'autre.

Si les forces f, f' étaient inégales, il est clair qu'elles ne se détruiraient pas ; mais si elles sont égales, il n'y a point de raison pour que les points A et B se déplacent sur LL' dans un sens plutôt que dans l'autre.

Quel que soit le solide auquel sont appliquées les forces f, f', on peut imaginer une tige telle que la précédente qui en fasse partie. Puisqu'en étant isolée elle reste en repos, sa liaison avec le reste du solide ne peut avoir pour effet de mettre celui-ci en mouvement. Les forces f, f' se font donc encore équilibre.

Tension d'un fil. — Si A est un point quelconque d'un fil tendu, on peut regarder chacune des portions
AL, AL' comme exerçant sur l'autre une
force appliquée à ce point.

Or, le caractère de la *flexibilité* supposée parfaite est tel, que toute force appliquée à une de ces portions, sans être dirigée suivant la longueur du fil, produirait la flexion ; puisqu'elle n'a pas lieu, nous devons supposer chacune des deux forces placées sur la droite LL′.

Si B est un autre point du fil, tout ce que nous avons dit ci-dessus d'une tige est applicable à la portion AB du fil, aux deux extrémités de laquelle les portions AL, BL′ exercent des forces suivant la direction LL′; elles doivent, comme on l'a vu, être égales et de sens contraire pour que AB reste en équilibre. Si B est infiniment près de A ou que ces points coïncident, l'égalité subsiste.

Cela nous indique la loi suivie par cette force nommée la *tension* du fil. En un point A elle est exercée avec une même intensité en sens contraire par la portion AL sur AL′ et par AL′ sur AL; de plus, elle est la même en B, ou constante le long d'un fil tendu. Il est clair que si le fil est fixé en un point d'un solide, sa tension devient une force appliquée à ce point.

Système théorique. — Bien que dans ce chapitre nous nous occupions principalement de l'équilibre d'un seul solide, nous commencerons par une proposition fondamentale concernant l'équilibre d'un *système,* c'est-à-dire d'un ensemble de solides, en admettant que leurs mouvements puissent être gênés par leurs contacts, soit entre eux, soit avec des appuis extérieurs fixes. C'est là ce que nous nommerons un *système théorique.*

Tel est le cas de la plupart des machines quand les corps dont elles se composent peuvent être regardés comme indéformables; ce sont des solides liés entre eux par des tiges articulées, des engrenages ou d'autres modes de transmission du mouvement.

Les appuis et les contacts se nomment les *liaisons* du système. Ce sont des obstacles au mouvement, mais ils ne doivent point être regardés comme des forces, ni confondus avec celles qui sont directement appliquées aux corps du système et dont nous cherchons les conditions d'équilibre.

Frottement. — On nomme ainsi une force qui, dans les corps naturels, s'oppose au glissement de deux surfaces l'une sur l'autre, dans quelque sens qu'il se produise. Une roue frotte de même sur son axe, de sorte que si celui-ci est fixe, deux forces agissant 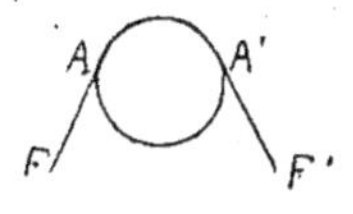 tangentiellement suivant AF, A'F' se font équilibre, non seulement si elles sont égales, mais aussi quand leur différence n'est pas trop grande.

Nous examinerons, dans le chapitre suivant, ce cas où, par suite du frottement, les conditions d'équilibre sont des inégalités et non des équations. Mais comme le frottement peut être atténué soit par le poli des surfaces, soit par d'autres moyens, on peut concevoir des surfaces réalisant le cas idéal où le frottement serait entièrement supprimé.

Nous admettrons, dans tout ce chapitre, qu'il en est ainsi. Fréquemment, c'est le cas réel; par exemple, dans l'équilibre de forces agissant sur un solide libre ou sur une particule isolée, le frottement ne joue aucun rôle. En outre, dans le cas général, les principes trouvés, en admettant cette hypothèse, serviront plus tard de base rationnelle pour obtenir les conditions d'équilibre sans négliger le frottement.

De la sorte, la roue considérée ci-dessus ne sera en équilibre que si les forces sont égales. De même si AHA' est un fil tendu, traversant en H un anneau infiniment petit sur lequel il glisse sans frottement, deux forces qui lui sont appliquées suivant ses prolongements AF, A'F' doivent être égales pour l'équilibre. Cela revient à dire qu'à l'état de repos la tension du fil est la même des deux côtés de l'anneau.

Axiome. — *Si une force unique est appliquée à un système théorique, et s'il peut se mouvoir de façon que le point d'application de la force se déplace suivant sa direction, le système ne restera pas en équilibre.* — Ce principe, quand on néglige le frottement, est assez évident pour qu'on l'emploie constamment sans le formuler, comme nous venons de le faire.

Par exemple, si une roue peut tourner autour d'un axe fixe et qu'une seule force lui soit appliquée tangentiellement, elle tourne ; l'évidence est la même toutes les fois que le système se réduit à un solide.

Dans les raisonnements élémentaires où l'on considère l'équilibre d'une machine simple, on suppose communément l'action d'une puissance et d'une résistance et l'on cherche leur rapport dans l'état d'équilibre, mais on admet toujours implicitement que si la puissance agissait seule la machine se mettrait en mouvement et, en général, aucune machine ne peut rester en équilibre si elle n'éprouve pas de résistance et qu'en même temps la descente d'un poids ou tout autre moteur tend à la déplacer.

Voici une exception apparente à l'axiome ci-dessus : Considé-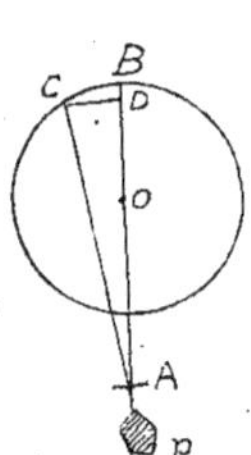rons une roue verticale pouvant tourner autour d'un axe fixe ; un poids p est suspendu à un fil passant dans un anneau fixe A placé sur la verticale du centre O ; le fil est attaché en un point de la circonférence de la roue. Si ce point est le plus élevé B, il y a évidemment équilibre et cependant, en regardant le poids p comme le point d'application de la force, ce poids descendrait, c'est-à-dire se déplacerait suivant la force si la roue tournait.

Mais il faut remarquer que si elle tourne très peu, B venant en C, la hauteur dont descend le poids ou le point d'application de la force est la différence des distances AB, AC, laquelle est moindre que la projection BD de BC sur AB. Or, si l'espace BC est regardé comme infiniment petit, BD est infiniment petit par rapport à BC ou infiniment petit du second ordre ; aussi peut-on dire dans ce cas que le poids ne descend pas. Le même fait se présente sous des formes analogues dans les positions d'équilibre instable des corps pesants.

8. **Principe des vitesses virtuelles.** — Voici l'énoncé de ce principe :

Pour que des forces appliquées à un système théorique en repos se fassent équilibre il faut, et il suffit, que pour tout déplacement infiniment petit du système, compatible avec ses liaisons ou avec les obstacles à son mouvement, la somme des travaux des forces soit nulle ou négative.

Quant à cette somme, il faut remarquer qu'elle est infiniment petite, mais nous verrons que dans chaque cas elle se trouve le produit d'un facteur commun infiniment petit par une expression finie, de sorte qu'on peut discerner sans ambiguïté si elle est positive, négative ou nulle.

On peut, dans la démonstration, supposer que les forces ont une commune mesure, du reste aussi petite qu'on voudra, car le résultat s'étendra alors évidemment au cas où elles seraient incommensurables entre elles.

Soient f, f', f'', etc., les forces appliquées aux points A, A', A'', etc., du système suivant AO, A'O', etc.; les points fixes O, O', etc., sont choisis à volonté sur leurs directions. Soit aussi p la moitié de la commune mesure, de sorte qu'en désignant par n, n', etc., des nombres entiers, on ait

$$f = 2np, \quad f' = 2n'p, \quad f'' = 2n''p, \quad \text{etc.}$$

Voici la forme que nous attribuerons à l'action des forces :

Plaçons une rangée de n anneaux sur une même *chape*, lame solide à laquelle les anneaux sont fixés; cette chape elle-même sera liée invariablement au point mobile A du système.

Fixons au point O une autre chape portant $n + 1$ anneaux. Imaginons en outre qu'un fil infiniment fin, parfaitement flexible et inextensible, venant suivant une direction quelconque QO, traverse le premier anneau en O, aille de là au premier en A, puis au second en O, au second en A et ainsi de suite alternativement ; après le dernier en A il traversera le dernier en O, de rang $n+1$ et s'éloignera suivant OQ' après avoir ainsi circulé $2n$ fois entre A et O.

Nous supposerons de même une chape de n' anneaux fixée en A', une de $n'+1$ anneaux en O' et un fil venant suivant Q'O', circulant $2n'$ fois entre A' et O', puis s'éloignant suivant O'Q'' et ainsi de suite pour O'', etc.

Nous admettrons en outre qu'un même fil effectue tous ces trajets, en passant successivement en O, O', O'', etc., après quoi il va s'attacher en un point fixe I. A l'autre extrémité il lui est appliqué une force p, figurée par un poids. Des anneaux fixes Q, Q', etc., servent à modifier convenablement sa direction.

Les chapes O, O', etc., sont fixes et tant que le système est maintenu en repos, le fil, comme on l'a vu au numéro précédent, a d'une extrémité à l'autre une même tension p.

Supposons maintenant les chapes infiniment petites, de même que les anneaux et ceux-ci infiniment rapprochés sur chacune d'elles. Les tensions des $2n$ cordons circulant entre A et O deviendront $2n$ forces p appliquées en A suivant AO, c'est-à-dire une seule force $2np$ ou f ; la force f primitive peut donc être remplacée par cette force égale qu'exerce le fil en A et celui-ci remplacera de même f' en A', f'' en A'', etc.

Pour que les forces f, f', f'', etc., se fassent équilibre, il faut, et il suffit donc que le système reste en repos quand il n'existe pas d'autre force que la tension du fil. Celle-ci est d'ailleurs due à une force unique, savoir la pesanteur agissant sur le poids p. De là résultent les deux conséquences suivantes :

1° D'après l'axiome du numéro précédent, *le système ne sera pas en équilibre s'il est susceptible d'un déplacement entraînant la descente du poids*, car le point d'application de la force unique se mouvrait ainsi sur sa direction.

2° Il est d'ailleurs évident que le *système ne peut prendre de lui-même un mouvement entraînant la montée du poids.*

Nous devons donc chercher dans quelles circonstances un déplacement purement hypothétique ferait descendre ou monter le poids.

Supposons pour cela que le point A vienne en B, le déplacement AB étant infiniment petit. La tension du fil ne peut varier que d'une manière continue et, par suite, ne deviendra pas brusquement nulle; le fil restera donc tendu et les cordons entre O et A prendront la longueur OB; puisqu'ils sont en nombre $2n$, leur diminution totale sera $2n\,(OA - OB)$, longueur du fil qui se dégagera de l'appareil en O; ce sera, si elle est négative, une longueur absorbée. On peut l'écrire

$$\frac{2np\,(OA - OB)}{p}$$

or, $2np = f$; de plus, au numéro 6, en employant les mêmes lettres, nous avons vu que $f\,(OA - OB)$ exprimait le travail T de la force f pour le déplacement AB; le fil dégagé sera donc $\dfrac{T}{p}$. Il s'agit ici du travail de la force f telle qu'elle agissait avant le déplacement, et il est indifférent qu'après celui-ci le fil ne l'exerce plus de la même manière. Le déplacement, s'il y a équilibre, est d'ailleurs *virtuel*, c'est-à-dire hypothétique et ne se produit pas. La longueur de fil dégagée sera de même $\dfrac{T'}{p}$, $\dfrac{T''}{p}$, etc., aux points O', O'', etc., en désignant par T', T'', etc., les travaux des forces f', f'', etc. Soit aussi S la somme des travaux, de sorte que

$$S = T + T' + T'' + \text{etc.};$$

la totalité du fil dégagé sera

$$\frac{T}{p} + \frac{T'}{p} + \frac{T''}{p} + \text{etc.} = \frac{S}{p};$$

c'est aussi ce dont le poids descendra, puisque les longueurs QO, OQ′, Q′O′, etc., n'ont pas changé. Si S est négatif ou le fil absorbé, S/p mesure de même la montée du poids.

Les deux principes énoncés ci-dessus prennent ainsi la forme suivante :

1° Le système n'est pas en équilibre s'il est susceptible d'un déplacement pour lequel S ou le travail total des forces soit positif, le poids pouvant alors descendre.

2° Il ne peut prendre de lui-même un mouvement pour lequel S serait négatif, puisque le poids monterait.

Le premier de ces énoncés montre que la condition indiquée dans le principe des vitesses virtuelles est nécessaire pour l'équilibre.

Nous devons maintenant supposer cette condition satisfaite, de sorte que S soit nul ou négatif pour tout déplacement et vérifier que l'équilibre existe ou que tout mouvement est impossible.

En effet, s'il s'en produisait un, soit CD l'espace infiniment petit parcouru dans un premier instant par un point C qui peut différer de A, A′, A″, etc. Imaginons qu'outre les forces f, f', etc., on en fasse agir une φ sur le point C suivant CL, en sens opposé à CD. Le mouvement sera modifié, mais en prenant φ très faible, il le sera aussi peu qu'on voudra, de sorte que le nouveau déplacement CD′ du point C, effectué dans le même instant, fera un angle aigu avec l'ancien CD et un angle obtus avec la force φ, dont le travail sera par suite négatif. La somme S des travaux de f, f', f'', etc., sera nulle ou négative pour ce nouveau déplacement, puisqu'elle l'est pour tous par hypothèse ; elle serait donc non pas nulle, mais négative, si l'on comprenait φ parmi les forces. Ainsi le système aurait pris de lui-même un mouvement pour lequel la somme des travaux de toutes les forces serait négative, ce qu'on a vu être impossible.

La démonstration est ainsi complétée. Nous verrons plus tard pourquoi on emploie le terme de *vitesses virtuelles* au lieu de *travaux virtuels*. Le mot de virtuel, comme nous l'avons dit, signifie hypothétique; il s'applique à un déplacement géométriquement possible, abstraction faite de toute cause capable de le produire.

9. Seconde forme du principe des vitesses virtuelles. Transformation des forces appliquées à un solide. — Dans tout déplacement infiniment petit d'un système, le chemin décrit par chacun des points d'application des forces peut être considéré comme rectiligne; nous dirons qu'un autre déplacement de ces points est *opposé* au premier si le chemin décrit est pour chacun le même en sens directement contraire. Nous avons vu au numéro 6 que le travail de la force pour deux déplacements opposés d'un point est le même en signe contraire.

Par conséquent, *si les liaisons du système permettent deux déplacements opposés des points d'application A, A', etc., des forces, la somme S des travaux des forces correspondant à ceux-là doit être nulle pour l'équilibre.* En effet, si elle était négative pour l'un d'eux, elle serait positive pour l'autre ou incompatible avec l'équilibre.

Plus généralement nous nommerons *opposés* deux déplacements du système, si *pour chacun de ses points, et non plus seulement pour ceux auxquels les forces sont appliquées*, les chemins décrits sont opposés.

Nous nommerons *normal* un déplacement du système, quand son opposé est également possible ou compatible avec les liaisons. Si cela n'a pas lieu, le déplacement sera dit *anormal*.

Le système lui-même sera appelé *normal* si tous les déplacements dont il est susceptible jouissent de la propriété précédente ou sont normaux.

Pour un système normal, le principe des vitesses virtuelles prend la forme suivante :

Il faut et il suffit pour l'équilibre que, pour tous les déplace-

ments infiniment petits du système compatibles avec ses liaisons, la somme des travaux des forces soit nulle.

En effet, pour tout déplacement des points d'application des forces, l'opposé est également possible.

De la sorte, pourvu que le système soit normal, les conditions d'équilibre deviennent des égalités et non des inégalités, ce qui est avantageux pour les applications.

Équivalence des systèmes de forces appliqués à un solide. — Un *système* signifie ici un ensemble quelconque de forces. Quant au solide, nous supposons qu'il puisse être gêné dans son mouvement d'une manière quelconque pouvant former ou non un système normal.

L'effet des forces qui agissent sur un ensemble de solides ne présente en statique que deux alternatives, savoir : l'équilibre ou le mouvement, et toute question de statique se réduit à chercher laquelle des deux se produit.

Or, soit que le système des solides soit normal ou non, les conditions d'équilibre et, par suite, l'effet des forces défini comme nous venons de le faire, ne dépendent que de la somme de leurs travaux pour les divers déplacements. Cet effet restera donc le même si nous remplaçons plusieurs des forces formant un système U par un autre V tel que, pour tous les déplacements possibles, la somme des travaux des forces V soit la même que pour les forces U. Toutefois nous n'aurons à employer cette substitution que pour les forces agissant sur un même solide.

Si, au lieu d'un ensemble de solides on n'en considère qu'un seul gêné dans son mouvement d'une façon quelconque, nous dirons que deux systèmes de forces U, V sont *équivalents relativement* à ce mode de liaison, si pour tous les déplacements qu'elles permettent, la somme des travaux des forces est la même pour U et pour V. Alors, les liaisons restant les mêmes, l'effet des forces ne changera pas en substituant V à U.

Nous dirons que deux systèmes U, V appliqués à un même solide sont *équivalents d'une manière absolue* ou simplement qu'ils sont *équivalents* si la somme de leurs travaux est la même pour tout déplacement du solide supposé libre. Elle sera alors aussi la même pour tous les déplacements du solide s'il y a des liaisons, ceux-là étant compris parmi ceux du solide libre. De la sorte U, V auront aussi l'équivalence relative.

En outre, *l'effet des forces sur un ensemble de solides ne sera pas changé en remplaçant les forces U appliquées à l'un d'eux par les forces V.*

Il est clair que si U est équivalent à V et V à un autre système T, U l'est aussi à T. L'opération par laquelle on remplace un système par un autre équivalent se nomme la *transformation des forces.* C'est en la répétant plusieurs fois qu'on arrive, en général, à simplifier les conditions d'équilibre.

Cas où un système Q est équivalent à une force nulle. C'est évidemment celui où, pour tout déplacement, la somme des travaux des forces est nulle. Soit que l'équivalence soit relative ou absolue, il est alors indifférent de joindre aux forces qui agissent sur le solide le système Q, et aussi de le supprimer, c'est-à-dire *l'effet d'un système quelconque T est le même que celui de T et Q réunis.*

Il faut remarquer que les forces Q agissant seules sont en équilibre, mais la réciproque n'est pas exacte, c'est-à-dire, si un système Q agissant seul sur un solide est en équilibre, l'effet de T et Q réunis n'est pas toujours le même que celui de T seul. Soit, par exemple, M un solide posé sur un plan horizontal; en faisant abstraction de la pesanteur, prenons pour Q 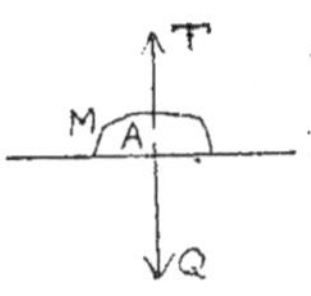 une force verticale dirigée vers le bas et appliquée en un point quelconque A, tandis que T sera une force verticale plus faible dirigée vers le haut et appliquée au même point. Dans tout déplacement, le point A ne peut descendre; le travail de Q est par suite nul ou négatif et la force Q agissant seule est en équilibre. Il en est de même de Q et T réunies, qui se réduisent à une force Q-T dirigée vers le bas. Mais le travail de T est positif si le point A monte et, par suite, l'effet de T seul est le mouvement.

Cas particulier. Nous avons vu, au numéro 7, que deux forces égales f, f' sont en équilibre quand elles sont appliquées à deux points A, B d'un solide suivant les prolongements AL, BL' de la droite AB. La méthode employée pour le vérifier était ce qu'on nomme la *raison d'indifférence*. Mais il est aisé de le démontrer directement.

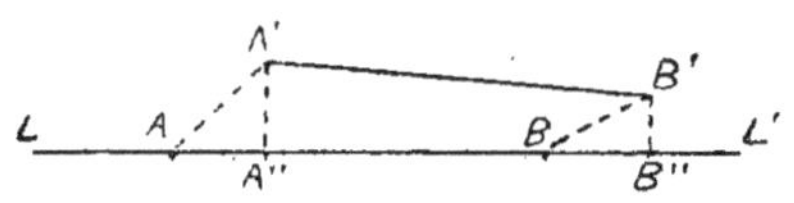

Supposons que dans un déplacement, A, B viennent en A', B', ayant A″, B″ pour projections sur LL'. Leur distance n'étant pas changée, on a A'B' = AB. En outre, d'après le numéro 2, A'B, faisant avec sa projection A″B″ un angle infiniment petit, on a, en négligeant le second ordre de petitesse, A″B″ = A'B' = AB' d'où AA″ = BB″. Par conséquent, les projections des déplacements AA', BB' sur les directions des forces f, f' sont égales, l'une tombant dans le sens de la force, l'autre dans le sens opposé. Les travaux sont donc égaux et de signe contraire ; leur somme étant nulle, le système de f, f' est équivalent à une force nulle. Soit f'' une force égale à f ou f', agissant sur B suivant BA ; le système des deux forces directement opposées f', f'' est aussi équivalent à une force nulle. Par conséquent, la force f seule est équivalente à f, f', f'' réunies, et en supprimant f et f' elle l'est aussi à f''. De là résulte qu'*on ne change pas l'effet de la force f en déplaçant son point d'application A sur sa direction, ou le transportant en B.* Cette équivalence de f et f'' est exacte pour un solide libre, et par suite absolue.

10. **Équilibre et transformation des forces appliquées à un même point.** — Dès à présent, nous supposerons toute force représentée par une droite ayant sa direction, son

sens et en outre, lui étant égale, ou ayant autant d'unités de longueur que la force a d'unités de force.

La projection de la force sur une droite ou un plan signifiera celle de la droite.

La *résultante* de plusieurs forces appliquées au même point sera celle des droites correspondantes, en la considérant elle-même comme une force.

La démonstration du principe des vitesses virtuelles n'exclut point le cas où plusieurs forces seraient appliquées à un même point A. Si f est l'une d'elles, figurée par AF, son travail quand le point A décrit AB est $f \times$ AB cos FAB, ou le produit de l'espace AB par la projection de la force sur cet espace. Si plusieurs forces sont appliquées en A, la projection de leur résultante est, d'après le théorème II, la somme de celle des composantes. En multipliant cette égalité par AB on voit que *le travail de la résultante est la somme de ceux des composantes.*

Il en est ainsi pour tout déplacement du point ; par conséquent *tout système de forces appliquées à un même point est équivalent d'une manière absolue à leur résultante seule.*

Si les forces appliquées en A sont les seules qui agissent, la condition d'équilibre revient à ce que le travail de la résultante soit négatif ou nul.

Le cas principal est celui où le point peut se déplacer en tous sens, comme cela a lieu s'il appartient à un solide libre. L'opposé de chaque déplacement du point A étant alors possible, le travail de la résultante doit être nul pour chacun ; pour cela sa projection sur une direction quelconque doit être nulle, et par suite la résultante doit l'être elle-même.

Parmi les autres cas, bornons-nous à mentionner ceux où le point A est contraint à rester sur une surface ou une courbe donnée, sur laquelle il peut se déplacer librement. Nous admettons que la surface ne présente pas en A d'angle ou d'arête, de sorte qu'elle a un plan tangent déterminé, contenant les tangentes à toutes les courbes tracées sur elle. L'opposé de chaque déplacement du point A étant possible, il faut pour l'équilibre que le travail de la résultante des forces soit nul pour chacun, et par suite qu'elle ait sur chacun une projection nulle ou lui soit perpendiculaire.

Si le point reste sur une surface la résultante est perpendiculaire à toute droite tangente à la surface ; elle est donc normale ou perpendiculaire au plan tangent.

Si le point reste sur une courbe, la résultante doit aussi lui être normale ou perpendiculaire à sa tangente.

Transformation des forces appliquées à un même point. — Cette question se réduit à la recherche de la résultante, et on la trouve comme celle des droites qui représentent les forces, soit en traçant une suite de parallélogrammes, soit par le calcul. Ce calcul consiste dans le cas général, comme on l'a vu précédemment, à ajouter les projections des forces sur trois axes ; en désignant leurs sommes par X, Y, Z, ce sont les projections de la résultante. Soient r celle-ci, et α, β, γ, ses angles avec les axes ; on aura

$$r = \sqrt{X^2 + Y^2 + Z^2}, \quad \cos \alpha = \frac{X}{r}, \quad \cos \beta = \frac{Y}{r}, \quad \cos \gamma = \frac{Z}{r}$$

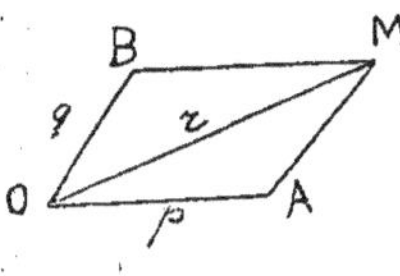

S'il n'y a que deux forces $p = OA$, $q = OB$, leur résultante étant $r = OM$, les trois forces sont les côtés du triangle OAM, et en remarquant qu'on a

$$OMA = BOM, \quad OAM = \pi - AOB,$$

il en résulte

$$r^2 = p^2 + q^2 + 2\,pq\,\cos AOB, \qquad \frac{p}{\sin BOM} = \frac{q}{\sin AOM} = \frac{r}{\sin AOB}$$

De la sorte les trois forces p, q, r sont proportionnelles chacune au sinus de l'angle des deux autres.

Si l'angle AOB est droit, en désignant par i l'angle AOM, les relations se réduisent évidemment à

$$p = r \cos i, \qquad q = r \sin i,$$

ou à leurs réciproques

$$r = \sqrt{p^2 + q^2}, \qquad \tang i = \frac{q}{p}$$

11. Équilibre et transformation des forces appliquées à un solide ne pouvant que glisser le long d'un axe fixe sans tourner, ou que tourner autour de lui sans glisser. — Dans les deux cas, le solide pouvant indifféremment glisser ou tourner dans un sens ou dans l'autre, il est clair qu'à tout déplacement en correspond un opposé également possible. Le système est donc normal, et pour l'équilibre la somme des travaux des forces doit être nulle.

Premier cas. — Si le solide ne peut que glisser, il est clair que dans tout déplacement ses points décrivent dans le même sens des droites égales α, parallèles à l'axe. Le travail d'une force est le produit de α par la projection de la force sur le chemin parcouru ou sur l'axe. En supprimant le facteur commun α, on trouve ainsi pour la condition nécessaire et suffisante d'équilibre que *la somme des projections des forces sur l'axe soit nulle*, en attribuant à celui-ci un sens déterminé.

En outre, deux systèmes de forces sont relativement équivalents si la somme des projections des forces sur l'axe est la même pour chacun, car celle de leurs travaux le sera aussi.

Second cas. — Le solide ne peut que tourner sans glisser autour d'un axe fixe OL.

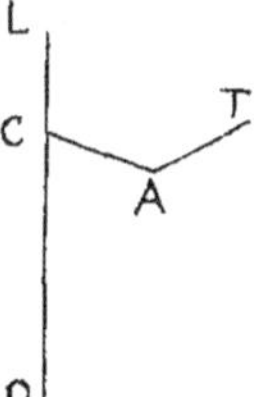

Supposons choisi un sens de rotation considéré comme direct. Si le corps tourne dans ce sens, le point d'application A de la force f décrit dans un plan perpendiculaire à l'axe un petit arc de cercle ayant pour rayon sa distance AC à l'axe et pour centre C; cet arc a pour longueur $r\theta$, r étant son rayon AC, et θ l'angle dont il a tourné; le travail est ainsi $r\theta f \cos i$, i étant l'angle de la force et de la tangente AT à l'arc, menée dans le sens de la rotation directe.

Le produit $rf \cos i$ se nomme *le moment de la force f par rapport à l'axe ;* le travail est donc le produit de ce moment par l'angle de rotation : cet angle est d'ailleurs évidemment le même pour tous les points. Par conséquent, *la somme des travaux des forces est le produit de l'angle de rotation infiniment petit par la somme de leurs moments relatifs à l'axe ;* il en serait de même si la rotation avait lieu en sens contraire, en considérant alors l'angle comme négatif, car les moments sont définis par ce qui précède, et on y suppose toujours que $\cos i$ correspond au sens AT de la rotation directe.

Nous voyons déjà que *deux systèmes de forces sont relativement équivalents si la somme de leurs moments par rapport à l'axe est la même,* puisque celle de leurs travaux l'est aussi.

En outre, *il faut et il suffit pour l'équilibre que la somme des moments des forces par rapport à l'axe soit nulle.*

L'emploi des règles précédentes exige la connaissance de quelques propriétés des moments, qui d'ailleurs se définissent d'ordinaire sous une forme différente. Il faut remarquer que la droite AT est dans un plan perpendiculaire à l'axe qui le coupe en C, et qu'elle est en outre perpendiculaire à AC ; elle l'est donc aussi au plan OCA.

Première propriété des moments : Pour que le moment d'une force par rapport à un axe soit nul sans que la force le soit, il faut et il suffit qu'elle se trouve avec l'axe dans un même plan.

En effet, si $r = o$, le point A est sur l'axe et la force le coupe ; en même temps, le moment $rf \cos i$ est nul.

Si r n'est pas nul, il faut et il suffit pour que le moment le soit qu'on ait $f \cos i = o$, ou que la projection de la force sur AT soit nulle, ou que la force soit perpendiculaire à AT, c'est-à-dire placée dans le plan OCA où se trouve aussi l'axe.

Seconde propriété : Si plusieurs forces sont appliquées au point A le moment de leur résultante est la somme de ceux des composantes.

En effet, le moment $rf \cos i$ est le produit de r par la projection de la force sur AT ; si f est résultante de φ, φ', φ'', etc., on a, en les projetant sur AT,

$$\text{proj. } f = \text{proj. } \varphi + \text{proj. } \varphi' + \text{etc.}$$

et en multipliant cette égalité par r,

$$\text{mom. } f = \text{mom. } \varphi + \text{mom. } \varphi' + \text{etc.}$$

Définition usuelle du moment. — *Le moment d'une force par rapport à un axe, abstraction faite du signe, est le produit de la projection de la force sur un plan perpendiculaire à l'axe par son bras de levier, en nommant ainsi la distance de cette projection à l'axe. Le moment est pris avec le signe $+$ ou $-$ suivant que la force tend à faire tourner autour de l'axe dans le sens direct ou rétrograde.*

Il est clair, en effet, que la force tend ou non à faire tourner dans le sens direct suivant qu'elle fait avec AT un angle i aigu ou obtus, et qu'en même temps le moment $rf \cos i$ est positif ou négatif. Il ne reste donc à vérifier que l'exactitude de la mesure précédente en faisant abstraction du signe.

On nomme *moment d'une force par rapport à un point* le produit de la force par sa distance au point et celle-ci est *son bras de levier*.

Supposons maintenant qu'une force AF appliquée en A soit comprise dans un plan perpendiculaire à l'axe, lequel le coupe en C. Prenons ce plan pour celui de la figure, et menons CD perpendiculaire à AF. Le moment, pris positif, est $rf \cos i$, i étant l'angle de AF avec AT, perpendiculaire à AC, et menée d'un côté tel que l'angle i soit aigu.

L'angle aigu ACD est le même que i, ses côtés étant perpendiculaires à ceux de l'autre. Il en résulte

$$CD = CA \cos i = r \cos i$$

et le moment $rf \cos i$ peut s'écrire $f \times CD$; *le moment par rapport à l'axe est donc celui de la force par rapport au point C,* puisque CD est le bras de levier.

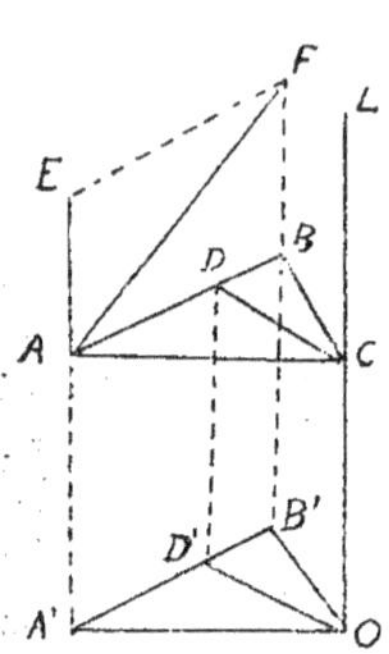

Supposons maintenant quelconque la force AF appliquée en A. Soit AB sa projection sur un plan ACB mené par A perpendiculairement à l'axe. La force peut être décomposée en deux autres AB, AE, celle-ci complétant le rectangle ABFE et par suite, étant parallèle à l'axe.

Le moment de AF est la somme de ceux de AB et AE, dont le second est nul, AE étant dans un même plan avec l'axe. Le moment de AF se réduit donc à celui de AB, ou comme on vient de le voir, à celui de AB par rapport au point C, c'est-à-dire au produit $AB \times CD$, CD étant perpendiculaire à AB.

Or la projection OA′D′B′ de la figure CADB sur un second plan quelconque perpendiculaire à l'axe lui est identique, de sorte que le moment est encore mesuré par $A'B' \times OD'$, produit du bras du levier OD′ par la projection A′B′ de la force sur le second plan, conformément à l'énoncé de la seconde définition du moment.

Troisième propriété. — *Le moment d'une force par rapport à un axe ne change pas si l'on déplace le point d'application de la force sur sa direction.* En effet, la projection de la force sur un plan perpendiculaire à l'axe a encore la même longueur et tombe sur la même droite, de sorte que le bras de levier ne change pas non plus.

La seconde et la troisième propriété auraient aussi pu se conclure de ce qu'on ne faisait que remplacer une force ou un système de forces par une force équivalente.

12. Transformation des forces agissant sur un solide entièrement libre. — Au lieu d'appliquer le principe des vitesses virtuelles aux divers déplacements, il est plus simple d'employer ce que nous nommerons *les transformations élémentaires.*

La première consiste à déplacer le point d'application d'une force sur sa direction.

La seconde consiste à remplacer plusieurs forces appliquées au même point par leur résultante, ou celle-ci par ses composantes.

Nous savons déjà que tout système de forces se change de cette manière en un autre équivalent. Les conditions d'équilibre doivent être exprimées par des équations et non dépendre de constructions à effectuer dans l'espace. Or ces conditions supposent, comme on le verra, qu'on ait fait choix d'un système d'axes. En outre, six nombres, que nous désignerons constamment par L, M, N, P, Q, R y jouent un rôle essentiel : L, M, N sont les sommes des projections des forces sur OX, OY, OZ ; P, Q, R sont les sommes de leurs moments par rapport à OX, OY, OZ.

Vérifions d'abord que ces sommes restent invariables si l'on effectue une des transformations élémentaires.

1° Si l'on déplace le point d'application d'une force sur sa direction, sa projection sur un axe ne change pas, non plus que son moment par rapport à un axe, d'après la troisième propriété du numéro précédent.

2° De même si trois forces φ, φ', φ'' appliquées au même point ont pour résultante f, les moments de φ, φ', φ'' par rapport à un axe ont pour somme celui de f d'après la seconde propriété. On ne changera donc pas la somme totale des moments des forces en y supprimant ceux de φ, φ', φ'' et les remplaçant par celui de f. Pour une raison semblable, la somme des projections des forces restera aussi la même en y remplaçant celles de φ, φ', φ'' par celle de f.

Voici comment l'on peut, par une suite de transformations élémentaires, changer un système de forces quelconque donné en un autre équivalent dont l'effet soit plus aisé à apprécier.

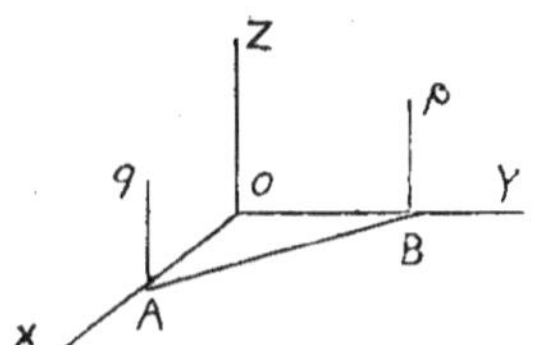

Soient A, B deux points pris à volonté sur OX, OY, par exemple à l'unité de distance de l'origine.

Toute force peut être remplacée par trois autres appliquées en A, B et O. En effet, si elle n'est pas dans le plan des xy on peut lui assigner un point d'application D hors de ce plan, et, d'après le théorème I, la décomposer en trois autres suivant DO, DA, DB, ces droites n'étant pas dans un même plan. Si la force est dans le plan des xy, quel que soit son point d'application D, on peut la décomposer suivant deux des directions DA, DB, DO, car il y en a toujours au moins deux qui ne sont pas en ligne droite.

En répétant l'opération précédente pour toutes les forces du système, elles seront remplacées par d'autres, dirigées vers A, B, O, qu'on pourra supposer appliquées en ces points et qui se réduiront pour chacun à une seule.

Ensuite la force appliquée en B pourra être décomposée en trois autres suivant BA, BO et Bp parallèle à OZ ; de même la force appliquée en A se décomposera suivant AB, AO et Aq parallèle à OZ. Les forces dirigées vers O étant appliquées à ce point se composeront avec celle qui l'était déjà. Le système quelconque est ainsi ramené à un autre, formé des forces p, q, dirigées suivant Bp, Aq, d'une force r placée sur AB, et d'une quelconque f appliquée en O.

Si L, M, N, P, Q, R sont les sommes de projections et de moments du système de forces donné, elles sont encore les mêmes après les transformations. Or le moment de f est nul par rapport aux trois axes ; chacune des forces p, q, r est dans un même plan avec deux des axes, par rapport auxquels son moment est par suite nul. De la sorte P est le moment de la seule force p par rapport à OX ; Q est celui de q par rapport à OY, et R celui de r par rapport à OZ.

La seule utilité de cette réduction consiste dans les conséquences suivantes :

1° *Si un système de forces est tel que les sommes P, Q et R soient nulles, il est réductible à une force unique appliquée à l'origine.*

En effet, le moment P de la force p par rapport à OX étant nul, cette force doit l'être aussi, son bras de levier OB ne l'étant pas. Pour la même raison, q et r sont nulles.

2° *Si les sommes P, Q, R sont les mêmes pour deux systèmes de forces le second peut se former du premier en lui joignant une force appliquée à l'origine.*

En effet, si on les réduit à la forme simple ci-dessus, P étant le même dans les deux cas, la force p aura le même moment par rapport à OX, le même bras de levier OB, et par suite sera aussi la même ; on peut en dire autant de q et r ; la force f appliquée en O peut donc seule différer.

3° *Si les six sommes L, M, N, P, Q, R sont les mêmes pour deux systèmes de forces et qu'on les ramène à la forme simple ci-dessus, ils deviennent identiques.*

On vient de voir, en effet, que p, q, r sont les mêmes pour les deux systèmes. Leurs projections l'étant aussi, celles de la force f sur les trois axes sont égales dans les deux cas et, par suite, cette force est aussi la même.

13. Conditions d'équilibre et d'équivalence des forces agissant sur un solide. — Voici dans les cas principaux ces conditions, déjà démontrées pour les deux premiers :

Premier cas : Le solide ne peut que glisser le long d'un axe fixe sans tourner. — Il faut et il suffit pour l'équilibre que les projections des forces sur l'axe aient une somme nulle.

Second cas : Le solide ne peut que tourner autour d'un axe fixe sans glisser. — Il faut et il suffit que les moments des forces par rapport à l'axe aient une somme nulle.

Troisième cas : Le solide ne peut que tourner en tous sens autour d'un point fixe O. — En prenant ce point pour origine, il faut et il suffit que les sommes des moments des forces par rapport à chaque axe soient nulles, ou qu'on ait à la fois

$$P = o, \qquad Q = o, \qquad R = o$$

En effet, si l'équilibre existe, on ne le troublera pas en rendant fixe l'axe OZ. La condition $R = o$ propre à ce cas doit donc être satisfaite, et on verrait de même qu'on doit avoir $P = o$, $Q = o$; d'ailleurs ces conditions sont suffisantes, car on a vu au numéro précédent que, dans ce cas, les forces sont équivalentes à une seule appliquée en O ; or le travail de celle-ci est nul, comme le déplacement de son point d'application.

On voit aussi que deux systèmes sont relativement équivalents si pour chacun les sommes P, Q, R sont les mêmes ; car d'après le numéro précédent, le second système se forme alors du premier en lui joignant une force appliquée en O, dont le travail est nul. La somme des travaux est ainsi la même pour les deux systèmes.

Quatrième cas : Le solide est entièrement libre. — En choisissant à volonté l'origine O, il faut et il suffit qu'on ait à la fois

$$L = o, \qquad M = o, \qquad N = o, \qquad P = o, \qquad Q = o, \qquad R = o$$

En effet, quelle que soit l'origine O, si l'équilibre existe, on ne le troublera pas en fixant ce point ; le solide rentre alors dans le troisième cas et les conditions $P = Q = R = o$ doivent, par conséquent, être satisfaites.

S'il en est ainsi, on a vu que les forces se réduisent à une seule appliquée en O. Il faut et il suffit donc pour l'équilibre qu'elle soit nulle, ou que ses projections sur les trois axes le soient. Or c'est à ces projections que se réduisent les sommes L, M, N. La condition précédente signifie donc qu'on a

$$L = M = N = o$$

Cinquième cas : Le solide est entièrement libre et les forces sont toutes dans un même plan. — En choisissant à volonté dans le plan un point O nommé *centre des moments*, il faut que la somme des moments des forces par rapport à ce point soit nulle, en prenant en signe contraire ceux des forces tendant à faire tourner autour de lui en sens opposé. Il faut et il suffit qu'en outre les sommes des projections des forces sur deux directions rectangulaires prises dans le plan soient séparément nulles.

En effet, prenons le plan pour celui des xy et le point O pour origine. Les six sommes L, M, N, P, Q, R doivent être nulles ; mais les forces étant dans un même plan avec OX et OY, leurs moments par rapport à ces axes sont nuls : ainsi on a déjà $P = o$, $Q = o$. Les forces étant dans un plan perpendiculaire à OZ, on a aussi $N = o$, et en outre, leurs moments par rapport à OZ se réduisent à leurs moments par rapport au point O. La première des conditions ci-dessus signifie donc que $R = o$; les deux autres sont évidemment les mêmes que $L = o$, $M = o$.

Équivalence des systèmes de force. — L'effet de tout système agissant sur un solide libre dépend uniquement des six nombres L, M, N, P, Q, R, car nous avons vu au numéro précédent que s'ils sont les mêmes pour deux systèmes, on peut changer l'un dans l'autre en répétant les deux transformations élémentaires, et par suite, ils sont équivalents. Réciproquement deux systèmes U, V ne peuvent être équivalents ou produire le même effet qu'à cette condition ; car si le système U et un autre système T se font équilibre, il devra en être de même pour V et T. Les six sommes étant nulles pour U et T réunis, sont égales et de signe contraire pour U seul et T seul ; il en est de même pour V et T ; elles sont donc égales et de même signe pour U et V, ce qu'il fallait démontrer.

Il en résulte aussi que deux systèmes faisant chacun équilibre à un troisième sont équivalents. Ce principe s'applique souvent sons la forme suivante :

Un système de forces étant en équilibre, si l'on y remplace une ou plusieurs forces f, f', etc., par d'autres φ, φ', etc., qui leur soient égales et directement opposées, celles-ci seront équivalentes à l'ensemble des autres forces.

En effet, en désignant par T cet ensemble, T fait par hypothèse équilibre à f, f', etc., réunies, et φ, φ', etc., leur font aussi équilibre ; donc T est équivalent à φ, φ', etc.

Conditions d'équilibre de deux ou de trois forces. — Quand un solide est libre la somme des moments des forces par rapport à une droite arbitraire doit être nulle pour l'équilibre, puisqu'on pourrait la prendre pour un des axes, et dans certaines questions, il est avantageux d'employer cette remarque plutôt que les conditions générales rapportées à un système d'axes déterminé.

Cherchons, par exemple, les conditions d'équilibre de deux forces AF, A'F'. Si un point O de AF n'était pas sur A'F', le moment de AF serait nul par rapport à un axe passant par O et perpendiculaire au plan mené par ce point et A'F' ; en même temps, le moment de A'F' ne serait pas nul, non plus que la somme des moments. Par conséquent, tout point O de AF doit être sur A'F' ; les deux forces étant sur la même droite, nous savons d'ailleurs qu'elles doivent être égales et de sens contraire.

Équilibre de trois forces f, f'. f''. — Si deux d'entre elles se rencontrent, il résulte de ce qui précède que la troisième doit être égale et directement opposée à leur résultante. Il reste à trouver les dispositions dans lesquelles elles se font équilibre sans se couper.

Soient O un point de f'' et A, B, C trois points de f'. Les moments de f', f'' par rapport à OA étant nuls, celui de f doit l'être aussi ; cette force d'après la première propriété est donc

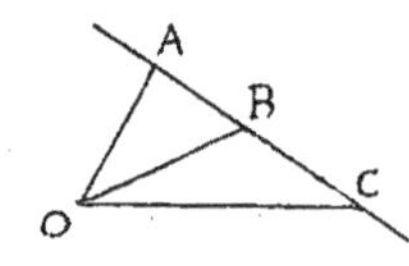

dans un même plan avec OA ; il en est de même pour OB et OC, et comme f ne peut être parallèle à plus d'une de ces droites, il faut qu'elle en coupe deux, par exemple OA et OB. Les points d'intersection étant différents de O sont distincts entre eux, et, par suite, f est dans le plan OAB de même que f'. Or on démontrerait de même que f'' est avec f' dans un même plan qui ne peut être que celui de OAB. *Les trois forces doivent donc être dans un même plan*, comme cela avait déjà lieu quand deux d'entre elles se rencontraient. En outre, dans le cas actuel, elles sont parallèles.

La condition d'équilibre rentre alors dans le cinquième cas. Prenons le plan des forces pour celui des xy, OY étant sur la force placée entre les deux autres ; soient f, f' celles-ci. Le moment de f'' par rapport au point O étant nul, ceux de f, f' doivent être égaux en signe contraire ; ainsi f, f' sont de même sens, et en menant la perpendiculaire commune AOA', on a

$$f \times \mathrm{OA} = f' \times \mathrm{OA}'$$

En outre, pour que la somme des projections sur OY soit nulle, le sens de f'' doit être contraire à celui de f et f' et on doit avoir $f'' = f + f'$.

Ces conditions sont suffisantes, les projections des forces sur OX étant nulles.

14. Moments d'une force par rapport aux axes. Moment principal d'une force et d'un système de forces. Somme des moments des forces par rapport à une droite quelconque menée par l'origine et somme de leurs projections sur cette droite. — On suppose données pour chaque force ses projections sur les axes et les coordonnées de son point d'application.

1° *Moments d'une force f par rapport aux axes.* — Nous admettons, comme on l'a vu au numéro 5, que le sens de rotation considéré comme direct soit de OX vers OY ou xy par rapport à OZ, zx par rapport à OY et yz par rapport à OX.

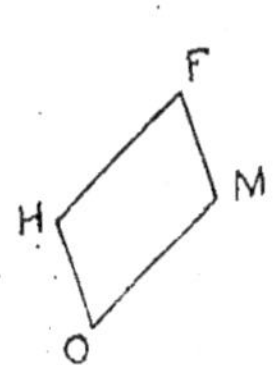

Soient M le point d'application; x, y, z ses coordonnées; MF la force f; OH égale et parallèle à MF et de même sens; X. Y, Z les projections de la force sur les axes, qui sont ainsi les coordonnées du point H.

En désignant par μ l'aire du parallélogramme OMFH, *les moments de la force par rapport aux axes sont les projections de cette aire sur les plans coordonnés, avec leurs signes*, tels qu'ils ont été définis au numéro 5, en prenant OM pour la première droite.

Soit en effet OM'F'H' la projection de OMFH sur le plan des

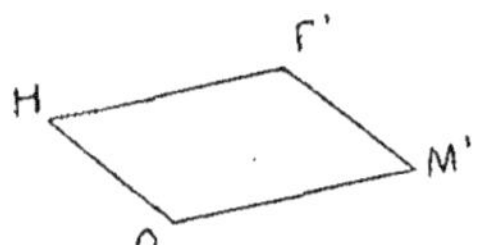

xy; M'F' est celle de la force f; son moment par rapport à OZ est le produit de M'F' par son bras de levier, ou par la distance de M'F' à l'origine; c'est donc, abstraction faite du signe, l'aire du parallélogramme OM'F'H', ou la projection de de l'aire OMFH.

La force tend à faire tourner OM' du côté de cette droite où se trouve M'F', ou de OM' vers OH', c'est-à-dire de la projection de la première droite OM vers celle de la seconde; le moment est positif ou négatif suivant que ce sens de rotation est ou non direct, c'est-à-dire coïncide ou non avec le sens xy; or c'est aussi la règle qui, au numéro 5, déterminait le signe de la projection de l'aire. Celle-ci est donc égale au moment pour la valeur et pour le signe, ce qu'il fallait démontrer.

La même vérification s'étendrait évidemment aux projections sur les plans des zx et des yz.

Par suite, les moments par rapport aux axes ont les valeurs $yz' - zy'$, etc., indiquées au numéro 5, sauf que x', y' z', qui correspondent à la seconde droite ou au point H, doivent être remplacées par ses coordonnées X, Y, Z.

Les moments de la force f sont ainsi :

$$yZ - zY \quad \text{par rapport à OX}$$
$$zX - xZ \quad \text{par rapport à OY}$$
$$xY - yX \quad \text{par rapport à OZ}$$

2° *Moment principal d'une force f.* — Nous avons nommé *axe de l'aire* au numéro 5 une droite ON perpendiculaire à son plan, menée d'un côté tel que par rapport à elle le sens de rotation allant de la première droite OM à la seconde OH fût direct ; en outre, on supposait ON $= \mu$.

Dans le cas actuel, cette droite se nomme le *moment principal* de la force f. *Elle est donc menée perpendiculairement au plan passant par l'origine et la force MF, d'un côté tel que la force tende à faire tourner autour d'elle dans le sens direct,* car ce sens est celui de OM vers OH. En outre, *on lui donne pour longueur le moment de la force par rapport à ON,* car c'est évidemment l'aire μ du parallélogramme OMFH.

Cette définition est indépendante des axes et suppose seulement qu'on ait fait choix d'une origine O.

Cela posé, on a vu au numéro 5 que la projection de ON sur OZ était égale à la projection de l'aire sur le plan des xy, avec son signe, c'est-à-dire au moment de la force par rapport à OZ. Cet axe étant quelconque, il en résulte la propriété essentielle suivante : *La projection du moment principal sur une droite quelconque passant par l'origine est égale au moment de la force par rapport à cette droite.*

3° *Moment principal d'un système de forces.* — Cette expression suppose encore qu'on ait fait choix d'une origine. On nomme *moment principal* d'un système de forces f, f', etc., la résultante

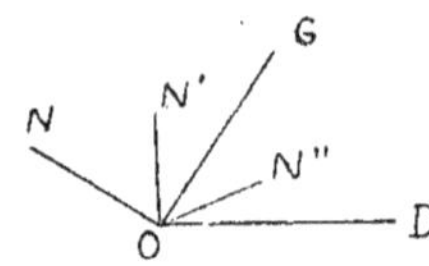

OG des moments principaux ON, ON', etc., de chacune d'elles. Il en résulte que *la somme des moments des forces par rapport à une droite quelconque OD passant par l'origine est égale à la projection du moment principal OG sur cette droite.* En effet, OG étant la résultante de ON, ON', etc., sa projection est la somme de celles de ON, ON', etc., ou des moments des forces f, f', etc.

4° *Valeurs de la somme S des projections des forces sur une droite quelconque OD passant à l'origine, et de la somme S' de leurs moments par rapport à cette droite.* — On connaît par hypothèse pour chaque force ses projections X, Y, Z sur les axes, et les formules trouvées ci-dessus donnent ses moments $yZ - zY$, etc., par rapport aux axes. On peut en tirer les sommes P, Q, R des moments des forces, et les sommes L, M, N de leurs projections sur les axes. On connaît aussi OD et par suite ses angles α, β, γ avec les axes.

Nous allons démontrer que les sommes cherchées sont :

$$S = L \cos \alpha + M \cos \beta + N \cos \gamma, \quad S' = P \cos \alpha + Q \cos \beta + R \cos \gamma.$$

D'après le théorème VI du numéro 3 on a

$$p = x \cos \alpha + y \cos \beta + z \cos \gamma.$$

p étant la projection d'une droite quelconque sur OD, et x, y, z ses projections sur les axes.

Prenons pour cette droite le moment principal OG du système de forces. Sa projection sur une droite est la somme des moments par rapport à cette droite ; ainsi ses projections sur OX, OY, OZ, OD sont P, Q, R, et la quantité cherchée S'. Il suffit de remplacer x, y, z, p par P, Q, R, S' dans l'équation précédente pour trouver la valeur de S' à démontrer.

Quant aux projections des forces, elles ne changeront pas si on les déplace toutes parallèlement de façon qu'elles soient appliquées à l'origine. Soit alors OK leur résultante ; sa projection sur toute droite est la somme de celles des forces ; ses projections sur OX, OY, OZ, OD sont donc L, M, N et la quantité cherchée S qu'il suffit de substituer à x, y, z, p pour trouver la valeur de S.

15. Changement de coordonnées ; cas où le système se réduit à une force unique. Couples. — Connaissant les sommes L, M, N, P, Q, R des projections et des moments des forces, cherchons leurs valeurs L', M', N', P', Q', R', correspondant à de nouveaux axes.

Si on change la direction des axes en conservant la même origine, la question est résolue par les valeurs de S, S' du numéro précédent, en prenant pour OD tour à tour chacun des nouveaux axes.

Il ne reste à examiner que le cas où l'on change l'origine, et comme il est superflu de faire les deux changements à la fois, nous admettrons que les nouveaux axes sont parallèles aux anciens et de même sens. De la sorte, les sommes de projections ne changent pas, de sorte qu'on a

$$L' = L, \quad M' = M, \quad N' = N$$

Ensuite, en désignant par a, b, c les coordonnées de la nouvelle origine O', par X, Y, Z les projections d'une force f sur les axes, par x, y, z les coordonnées anciennes de son point d'application, les nouvelles, d'après le numéro 4, sont $x - a$, $y - b$, $z - c$, et par conséquent son moment par rapport à l'ancien axe des z, qui était xY $- y$X, deviendra par rapport au nouveau

$$(x - a)\, Y - (y - b)\, X,$$

X et Y étant les mêmes. En l'ajoutant pour toutes les forces on aura

$$R' = \Sigma \left[(x - a)\, Y - (y - b)\, X \right]$$

ou

$$R' = \Sigma \, (x\mathrm{Y} - y\mathrm{X}) - a\Sigma\mathrm{Y} + b\Sigma\mathrm{X}$$

Or L, M, R désignent les expressions

$$\mathrm{L} = \Sigma\mathrm{X}, \qquad \mathrm{M} = \Sigma\mathrm{Y}, \qquad \mathrm{R} = \Sigma \, (x\mathrm{Y} - y\mathrm{X})$$

d'où résulte

$$R' = R + Lb - Ma$$

Il est clair que cette formule restera exacte en remplaçant chaque axe par le suivant ou chaque lettre par celle qui la suit dans l'ordre alphabétique, et cela séparément pour chacun des groupes (P, Q, R), (P', Q', R'), (L, M, N) *(a, b, c)*. On trouvera ainsi

$$P' = P + Mc - Nb$$
$$Q' = Q + Na - Lc$$
$$R' = R + Lb - Ma$$

Cas où le système est réductible à une force unique φ. — Pour trouver s'il en est ainsi, remarquons qu'en plaçant l'origine O' en un point de la direction de φ on devrait avoir $P' = Q' = R' = o$; ainsi les coordonnées *a, b, c* du point devraient satisfaire les équations

$$P + Mc - Nb = o$$
$$Q + Na - Lc = o$$
$$R + Lb - Ma = o$$

Réciproquement si l'on peut trouver pour *a, b, c* des valeurs satisfaisant ces équations, les sommes P', Q', R' seront nulles, et nous avons vu au numéro 12 que les forces se réduisent alors à une seule passant en O'.

En ajoutant les équations multipliées par L, M, N, les termes en *a, b, c* se détruisent, et l'on trouve

$$LP + MQ + NR = o$$

C'est une condition sans laquelle il n'y a pas de solution. Il y en aura une si elle est satisfaite, pourvu que L, M, N ne soient pas nulles à la fois ; en effet, supposons, par exemple, N différente de o. En prenant

$$c = o, \qquad a = -\frac{Q}{N}, \qquad b = \frac{P}{N}$$

valeurs dont le dénominateur N n'est pas nul, les deux premières équations seront identiques, et la troisième se réduira à LP + MQ + NR = o, relation qu'on a supposée exacte.

Celle-là est encore satisfaite si L = M = N = o, seul cas qui nous reste à examiner ; si l'on avait en même temps P = Q = R = o, le système serait en équilibre ; si cela n'a pas lieu, il n'est pas équivalent à une force unique. En effet, quels que soient a, b, c, les valeurs de P', Q' R' se réduisent à P, Q, R et par suite ne sont pas nulles.

En outre, P, Q, R étant les projections du moment principal sur les axes, ce moment, quelle que soit l'origine, reste parallèle à lui-même, en conservant la même valeur et le même sens.

Couples. — On nomme ainsi l'assemblage de deux forces égales et parallèles de sens contraire, qui ne sont pas directement opposées, telles que AF, BF'.

Il rentre dans le cas précédent, car les projections des deux forces ont évidemment une somme nulle.

Le moment principal ON du système qu'on nomme aussi *axe du couple*, est alors le même que si l'on transportait l'origine en O' sur BF'. Il se réduirait alors au moment principal de AF, celui de BF' étant nul ; c'est donc le produit de la force AF par la distance des deux forces, produit que l'on nomme *le moment du couple ;* il est dirigé de façon que AF tende à faire tourner autour de lui dans le sens direct ; ON a le même sens, est égal au moment du couple et perpendiculaire à son plan.

Il est clair que tout système de forces pour lequel les sommes L, M, N sont nulles sans que P, Q, R le soient se réduit à un couple, car on peut en trouver un pour lequel P, Q, R aient des valeurs données.

Il résulte aussi de ce qui précède que deux couples de même moment et de même sens, placés dans le même plan ou dans des plans parallèles, sont deux systèmes équivalents, car leur moment principal déterminé par la règle précédente est le même.

Si plusieurs couples ont leurs plans parallèles à celui des xy, leurs axes sont parallèles à OZ, de même que le moment principal de leur ensemble, et l'on a $P = Q = o$, outre $L = M = N = o$. De la sorte, l'effet du système dépend uniquement de la somme R des moments des forces par rapport à OZ ; si elle était nulle, les forces se feraient équilibre.

Les propriétés des couples sont fréquemment employées comme moyen de démonstration des conditions d'équilibre d'un solide ; en outre, elles fournissent un mode de transformation d'un système de forces qui peut être quelquefois avantageux, savoir : *On peut transporter parallèlement une force AF en un point quelconque B*, c'est-à-dire la remplacer par BF' égale et parallèle à AF dans le même sens, *pourvu qu'on y joigne le couple de déplacement formé par AF et BF'''*, celle-ci étant égale et opposée à BF'. En effet, BF' et BF'' se détruisant, l'effet de AF n'est pas changé.

16. **Équilibre et transformation des forces parallèles.** — Nous avons vu au numéro 13 la disposition de trois forces parallèles en équilibre ; en remplaçant les lettres f, f' f'' par p, q, r, les forces p, q doivent être inversement proportionnelles à leurs distances à r, et il en est évidemment de même si ces distances AC, BC sont mesurées sur une transversale quelconque, d'où résulte pour les conditions d'équilibre

$$\frac{p}{q} = \frac{BC}{AC} \qquad r = p + q$$

Comme on l'a vu au numéro 13, chacune des forces, prise en sens contraire, est équivalente aux deux autres réunies, et on la nomme encore leur *résultante*, bien que les composantes ne se rencontrent pas.

Quand on ne considère que l'effet d'une force, on peut regarder son point d'application comme indéterminé sur sa direction; mais dans la théorie des forces parallèles on suppose ces points bien déterminés sur les deux composantes, et on admet que *le point d'application de la résultante doit être placé sur la droite joignant les deux autres;* de la sorte, les composantes étant appliquées à deux des points A, B, C, la résultante l'est au troisième.

C'est par suite de cette convention géométrique spéciale qu'il existe pour les forces parallèles une théorie à part, ne rentrant pas dans la statique générale.

Il résulte de la disposition des forces en équilibre que *la résultante de deux forces p et q de même sens, ou l'opposée de r, est située entre p et q ; elle a le même sens et est égale à leur somme. La résultante de deux forces p, r de sens contraire, ou l'opposée de q, est la différence de r — p des composantes; elle a le sens de la plus grande r, et se trouve placée en dehors de leur intervalle, du côté de la plus grande.*

Dans les deux cas, comme dans la position d'équilibre, les points d'application sont liés par la proportion double

$$\frac{p}{BC} = \frac{q}{AC} = \frac{p+q}{AC+BC} = \frac{r}{AB}$$

de sorte que les *forces p, q, r sont proportionnelles chacune à la distance des points d'application des deux autres.* Réciproquement de cette proportion on tirerait $r = p + q$.

Quand les composantes sont de sens contraire, il faut exclure le cas où elles seraient égales ou formeraient un couple. La règle précédente donnerait une résultante nulle et serait inapplicable, et nous savons d'ailleurs que le couple n'est pas réductible à une force unique.

La résultante d'un nombre quelconque de forces parallèles f, f', f'', etc., appliquées en A, A', A'', etc., s'obtient par des compositions successives conformes aux règles précédentes :

On cherchera d'abord la résultante φ de f, f' et son point d'application C sur AA', ensuite φ' résultante de φ et f'', et son point d'application C' sur CA''; puis φ'' résultante de φ' et f''' et son point d'application C'' sur C'A''', et ainsi de suite jusqu'à la résultante totale R, dont le point d'application G se nomme le *centre des forces parallèles*.

Théorème des moments. — Pour remplacer cette méthode graphique ou ce *tracé* par des formules équivalentes, on nomme *moment d'une force par rapport à un plan* le produit de la force par la distance de son point d'application au plan, cette distance étant considérée comme positive d'un côté du plan, négative de l'autre. En même temps on convient de regarder comme positives les forces agissant dans un sens déterminé, les autres étant négatives. Le théorème consiste en ce que *le moment de la résultante de plusieurs forces parallèles par rapport à un plan est la somme algébrique de ceux des composantes.*

En prenant le plan pour celui des xy, il est clair que les distances des points d'application au plan, avec leurs signes, seront leurs ordonnées z, z', z'', etc. Démontrons en premier lieu le théorème pour deux forces p, q de même sens, r étant leur résultante, et A, B, C les points d'application.

Considérons d'abord les forces comme positives ; soient z, z' les ordonnées de A et B, ζ celle de C, et γ l'angle de la droite ACB avec OZ; il est le même pour les droites AC et CB ; d'après le numéro 4 on aura donc

$$\cos \gamma = \frac{\zeta - z}{AC}, \qquad \cos \gamma = \frac{z' - \zeta}{BC},$$

ou

$$\frac{z' - \zeta}{\zeta - z} = \frac{B\,C}{A\,C} = \frac{p}{q}, \qquad q\,(z' - \zeta) = p\,(\zeta - z),$$

et en transportant chaque terme de cette égalité dans le membre où il est positif,

$$pz + qz' = (p + q)\zeta = r\zeta,$$

c'est-à-dire le moment de r est la somme de ceux de p et q, ce qu'il fallait démontrer. Le résultat serait le même si les forces p, q, r étaient négatives, les moments changeant tous les trois de signe.

Si l'on change le sens de r et, par suite, son signe et celui de son moment, on aura pour trois forces en équilibre

$$\text{mom. } p + \text{mom. } q + \text{mom. } r = 0$$

Si l'on change encore le sens de q, qui devient ainsi la résultante des deux autres, l'égalité prend la forme

$$\text{mom. } q = \text{mom. } p + \text{mom. } r$$

le théorème est donc encore exact pour deux composantes de sens contraire.

Par conséquent, dans le cas ci-dessus d'un nombre quelconque de forces f, f', f'', etc., dont les résultantes successives sont φ, φ', φ'', etc., on aura

$$\text{mom. } \varphi = \text{mom. } f + \text{mom. } f', \qquad \text{mom. } \varphi' = \text{mom. } \varphi + \text{mom. } f'',$$
$$\text{mom. } \varphi'' = \text{mom. } \varphi' + \text{mom. } f''', \text{ etc.}$$

ou

$$\text{mom. } \varphi' = \text{mom. } f + \text{mom. } f' + \text{mom. } f'', \qquad \text{mom. } \varphi'' = \text{mom, } f + \text{etc.}$$

et ainsi de suite jusqu'au moment de la résultante finale R qui sera la somme de tous les autres; le théorème est par suite démontré.

D'après le signe attribué aux forces, il est clair que la résultante de deux forces est toujours égale à leur somme algébrique, et il est aisé d'étendre cette règle à la résultante finale R qui sera ainsi la somme algébrique $f + f' + f'' + $ etc.

Voici les formules qui expriment les résultats précédents : Désignons par x_1, y_1, z_1 les coordonnées du point G, centre des forces parallèles, et par x, y, z celles du point d'application de f, ces lettres avec des accents correspondant de même à f', f'', etc. Le théorème exprime que $\mathrm{R}z_1 = fz + f'z' +$ etc. $= \Sigma fz$. Le même raisonnement s'appliquant aux autres coordonnées, on a

$$\mathrm{R} = f + f' + f'' + \text{etc.} = \Sigma f, \qquad x_1 = \frac{\Sigma fx}{\mathrm{R}}, \qquad y_1 = \frac{\Sigma fy}{\mathrm{R}}, \qquad z_1 = \frac{\Sigma fz}{\mathrm{R}}$$

Ces formules déterminent entièrement la position du même point G qu'on avait trouvé d'abord par un tracé. La seule exception, que nous examinerons bientôt, est le cas où l'on aurait $\mathrm{R} = o$.

Remarques sur les résultats précédents.

1º Le tracé ne dépendait pas des axes; ainsi de quelque manière qu'on les choisisse, x_1, y_1, z_1 seront toujours les coordonnées d'un même point G.

2º Si l'on change l'ordre de la composition des forces, x_1, y_1, z_1 restent identiquement les mêmes, et, par suite, le point G trouvé par le tracé ne change pas non plus. Par conséquent, *on peut remplacer quelques-unes des forces par leur résultante prise à part*, car en employant la méthode du tracé ou des compositions successives, cela revient à les commencer par celles de ces forces.

3ᵉ Si tous les points d'application sont dans un même plan, en le prenant pour celui des xy, il suffira de déterminer x_1, y_1; les moments signifieront alors les produits des forces par la distance des points d'application, non à un plan, mais à une droite OX ou OY.

De même si tous les points d'application étaient sur une même droite OX il suffirait de connaître x_1.

Cas où $\mathrm{R} = o$. Conditions d'équilibre. — Quand R est nul, les forces sont en équilibre ou se réduisent à un couple. La condition nécessaire et suffisante pour l'équilibre est *que les sommes des moments par rapport à deux plans rectangulaires parallèles aux forces soient séparément nulles.*

En effet, nous pouvons admettre qu'on n'a pas $f = o$; soit alors R' la résultante des autres forces f', f'', etc., et X, Y, Z les coordonnées de son point d'application G', celui de f étant A; on aura ainsi

$$R'X = f'x' + f''x'' + \text{etc.}, \qquad R' + f = R = o,$$

de sorte que R' ou $- f$ n'est pas nulle.

Prenons maintenant l'axe des z parallèle aux forces; les sommes S, S' de leurs moments par rapport aux plans des xz et des yz seront

$$S = fx + f'x' + \text{etc.} = fx + R'X = f(x - X). \qquad S' = f(y - Y)$$

Le système est réduit à deux forces R', f égales et de sens contraire, et celles-ci formeront un couple, à moins que leurs points d'application G', A soient placés sur une même parallèle aux forces ou à OZ, auquel cas les forces seront directement opposées et se détruiront. Les conditions pour qu'il en soit ainsi sont donc X $= x$, Y $= y$, ou ce qui revient au même S $= o$, S' $= o$. C'est ce qu'il fallait démontrer, S et S' étant les sommes des moments par rapport aux plans rectangulaires des xz et des yz.

17. **Centres de gravité.** — La pesanteur est une force générale qui anime tous les corps placés à la surface de la terre. Elle agit sur toutes les parties dans lesquelles on peut supposer un corps partagé et se compose ainsi d'un ensemble de forces, nommées les poids de ces parties, et dirigées suivant la verticale; on peut les considérer comme parallèles pour un corps de dimensions ordinaires, en négligeant les variations de la pesanteur dues à l'altitude et à la latitude.

En supposant que le corps soit un solide, ces forces ont une résultante dont le point d'application se nomme le *centre de gravité* du corps.

Supposons d'abord le solide partagé en plusieurs parties, de poids p, p', p'', etc., pour chacune desquelles le centre de gravité soit déjà connu ; désignons les cordonnées de ce centre par x, y, z pour la première partie, par x', y', z' pour la seconde et ainsi de suite. Soient aussi x_1, y_1, z_1 celles du centre de gravité G du corps total et P son poids.

Nous avons vu au numéro précédent que le centre des forces parallèles n'est pas changé si l'on remplace une portion des forces par leur résultante prise à part et, par conséquent, nous l'obtiendrons en composant les résultantes partielles correspondant à chaque partie du corps, ou les poids p, p', etc. En remplaçant dans les formules générales les lettres f, f', etc., par p, p', etc., nous aurons ainsi

$$P = p + p' + p'' + \text{etc.}, \qquad x_1 = \frac{px + p'x' + \text{etc.}}{P}, \qquad y_1 = \frac{py + \text{etc.}}{P}$$

$$z_1 = \frac{pz + \text{etc.}}{P}$$

formules qui déterminent le point G, et on le trouverait également en composant successivement les forces p, p', etc., par la méthode du tracé.

Si l'on ne connaît pas le centre de gravité des diverses parties on peut encore employer les mêmes formules, en supposant les parties assez petites *pour qu'il soit indifférent de prendre pour le centre de gravité de chacune d'elles un point quelconque qui lui soit intérieur.* Voici ce que cela signifie : Admettons que pour chaque partie l'erreur commise sur la valeur de x, x', etc., c'est-à-dire la quantité dont elle peut varier suivant le point intérieur qu'on choisit, soit au plus de α : l'erreur commise sur la somme $px + p'x' + $ etc., sera au plus $p\alpha + p'\alpha + $ etc., et il en résulte pour celle de x_1

$$\frac{p\alpha + p'\alpha + p''\alpha + \text{etc.}}{p + p' + p'' + \text{etc.}}$$

ou α ; la même remarque s'applique à y_1 et z_1.

On aura donc les coordonnées du point G avec une exactitude

indéfinie en prenant les parties du corps très petites, car il est clair que α décroît ainsi sans limite.

La position du centre de gravité par rapport au solide reste la même si l'on déplace celui-ci d'une manière quelconque. En effet, supposons qu'on déplace en même temps les axes comme s'ils étaient liés au solide. Les coordonnées x, y, z, x', y', etc., resteront les mêmes ; on en peut dire autant de p, p', p'', etc., et par suite, des valeurs de x_i, y_i, z_i qui déterminent la position de G par rapport au corps.

De là résulte une règle pratique pour la trouver : si l'on suspend de deux manières le corps à un point fixe, le centre de gravité se plaçant chaque fois sur la verticale de ce point, sera déterminé par l'intersection de deux droites intérieures au corps.

Nous verrons au chapitre V les méthodes propres à trouver le centre de gravité d'un corps quelconque, ces méthodes servant à la fois à plusieurs questions analogues. Dans ce qui suit, nous nous bornerons à des règles simples qui permettent de le trouver souvent sans employer le calcul intégral.

Cas où le corps est homogène. — Les poids des parties sont alors proportionnels à leurs volumes v, v', v'', etc., et il est indifférent, dans la formule

$$x_i = \frac{px + p'x' + \text{etc.}}{p + p' + \text{etc.}}$$

et ses analogues, de remplacer p, p', etc., par v, v', etc.

Le centre de gravité d'une surface signifie celui d'une couche homogène, d'épaisseur uniforme infiniment petite, figurée par la surface. Celui d'une ligne la suppose de même assimilée à un fil homogène infiniment mince et de section constante. Les volumes v, v', etc., deviennent dans ces deux cas de petites portions de surface ou de ligne.

Première règle. — *S'il existe dans le solide un plan de symétrie le centre de gravité G doit s'y trouver,* car, par suite de la symétrie, les centres de gravité G', G'' des deux parties sont à égale distance de part et d'autre de ce plan, et des poids égaux leur étant appliqués, le centre G est au milieu de G'G''.

S'il y a plusieurs plans de symétrie, il est sur chacun d'eux; pour un cercle ou une sphère, il est donc au centre. Pour une droite, il est au milieu, et on peut assimiler à une droite toute aire plane comprise entre deux droites parallèles infiniment voisines.

Seconde règle. — Si un solide est décomposable en parties dont les centres de gravité soient tous sur un même plan ou sur une même droite, le centre G s'y trouve aussi, comme on le voit en composant entre eux ceux des parties.

En particulier, si des poids égaux sont appliqués à des points équidistants sur une même droite, le centre de gravité G est au milieu de l'intervalle du premier et du dernier, comme on le vérifie en composant séparément entre eux ceux qui sont à égale distance des extrêmes.

Les règles qui précèdent sont applicables aux cas suivants :

Parallélogramme. — En le partageant en bandes minces par des parallèles à une base et assimilant ces bandes à des droites, on voit que le centre de gravité est sur toute droite joignant les milieux de deux côtés opposés. Il est donc au centre de figure.

Triangle. — Des parallèles à une base le partagent en bandes ayant leurs milieux sur la médiane correspondante. Le centre G est donc sur chaque médiane, et l'on sait que l'intersection des médianes se trouve sur chacune aux deux tiers à partir du sommet.

Polygone. — Son centre de gravité se détermine en composant ceux des triangles dans lesquels on peut le partager. Il faut remarquer que si deux polygones sont semblables les lignes employées pour déterminer le centre de chacun forment des figures semblables et par suite, les centres de gravité des deux polygones s'y trouvent dans des positions homologues.

Volume prismatique ou cylindrique, droit ou oblique, compris entre deux bases parallèles de forme quelconque. — Des plans équidistants parallèles aux bases interceptent des tranches minces, égales entre elles, assimilables à des surfaces et ayant leurs centres de gravité sur la droite $G'G''$ qui joint ceux des bases, car ces points ont ainsi des positions identiques dans chaque section. En outre, on peut supposer les centres de gravité des tranches placés au milieu de leur épaisseur. Ils sont de la sorte équidistants, et des poids égaux leur étant appliqués, le centre de gravité G est au milieu de $G'G''$.

Zone sphérique. — Ce cas est semblable au précédent ; si G', G'' sont les centres des bases, des plans équidistants parallèles à ceux des bases interceptent des zones minces de même hauteur et de surfaces équivalentes, ayant leurs centres de gravité sur $G'G''$; ils peuvent être supposés équidistants, et des poids égaux leur étant appliqués, le point G est au milieu de $G'G''$.

Volume d'une pyramide à base quelconque — Le centre de gravité G est sur la droite joignant le sommet S au centre de gravité G' de la base, aux trois quarts à partir du sommet.

En effet, des plans parallèles à la base partagent le corps en tranches minces, semblables entre elles et ayant leurs centres de gravité sur SG', car de la sorte ils ont sur chaque section des positions homologues. Il reste à démontrer que G s'y trouve aux trois quarts, et il suffit évidemment de faire cette vérification pour un des tétraèdres de sommet S dans lesquels le solide peut être décomposé.

Pour cela menons un plan par l'arête SA et le milieu B de l'arête opposée ; en prenant $BG' = \frac{1}{3} BA$, $BG'' = \frac{1}{3} BS$, G' sera le centre de gravité de la base, G'' celui de la face opposée au sommet A, et G doit être à la fois sur SG' et AG″ ; il résulte alors des triangles semblables BAS, BG'G″ qu'on a

$$\frac{GG'}{SG} = \frac{G'G''}{SA} = \frac{BG'}{BA} = \frac{1}{3}, \qquad GG' = \frac{1}{3} SG = \frac{1}{4} SG',$$

ce qu'il fallait démontrer.

CHAPITRE II

APPLICATIONS DE LA STATIQUE

18. Équilibre d'un solide ne pouvant que tourner autour d'un axe fixe. — Nous savons que la somme algébrique des moments des forces par rapport à l'axe doit être nulle.

Premier exemple. — *Treuil ordinaire.* Il se compose d'un 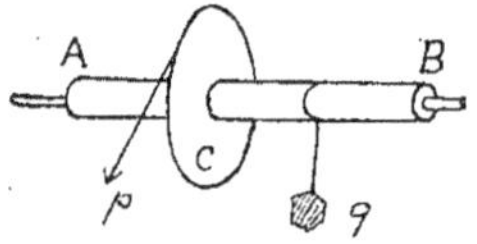 *arbre* ou cylindre horizontal AB ne pouvant que tourner autour de son axe, et d'une roue C, centrée sur l'arbre, auquel elle est fixée. La première force p ou la *puissance* est appliquée tangentiellement à la roue ; la *résistance* q est un poids suspendu à une corde enroulée sur l'arbre et que la force p doit faire monter. Les forces agissent ainsi dans des plans perpendiculaires à l'axe. Leurs bras de levier sont évidemment les rayons R, r de la roue et de l'arbre ; la condition d'équilibre est par suite

$$pR - qr = 0 \quad \text{ou} \quad \frac{p}{q} = \frac{r}{R}$$

En A et B l'arbre est prolongé par des cylindres de petit rayon, nommés *tourillons*, dont nous verrons plus tard le but ; ils ont le même axe que l'arbre et reposent sur deux appuis.

La puissance fera monter le poids q pour peu qu'elle dépasse $\dfrac{qr}{R}$; toutefois en pratique elle devra être un peu plus grande à cause du frottement.

Second exemple. Balance romaine. — Un levier ou barre AOL ne peut que tourner autour d'un point fixe O. Il y est suspendu en A un plateau, où l'on met l'objet à peser, de poids q. Un poids mobile p peut se placer à volonté en tout point de la branche OL ; soit C la position où il fait équilibre au poids q, et B celle où il fait équilibre au plateau vide. Dans les deux cas, les moments des forces par rapport au point O sont égaux de part et d'autre ; il en est donc de même de l'accroissement de ces moments quand on passe du second cas au premier ; le moment du poids p est tantôt $p \times$ OB, tantôt $p \times$ OC, et son accroissement $p \times$ BC ; de l'autre côté, le moment additionnel est $q \times$ OA, d'où résulte $q \times$ OA $= p \times$ BC. Marquons sur la branche OL des divisions de longueur $\dfrac{\text{OA}}{p}$, en plaçant leur origine en B, et soit n le nombre de divisions indiqué au point C ; on aura

$$q \times \text{OA} = p \times \text{BC} = p \times n \, \frac{\text{O A}}{p},$$

ou $q = n$; les divisions marquent ainsi les unités du poids q.

Troisième exemple. Balance ordinaire. — Le *fléau* de la balance est un levier tournant autour d'un point fixe C ; aux extrémités A, B sont suspendus deux plateaux dont les poids, quand ils sont vides, se composent en un seul, appliqué toujours au même point g du fléau ; le poids de celui-ci est appliqué à son centre de gravité g' ; la somme p de ces poids est celui de la balance, appliqué sur la droite gg' en un point G nommé *centre de gravité de la balance,* quoique ce ne soit pas celui d'un solide unique ; ce point G reste le même quelle que soit l'inclinaison du fléau. Voici les conditions que la balance doit remplir.

Quand elle est en équilibre et les plateaux vides, le point G se place verticalement au-dessous du point de suspension C; la droite AB doit alors être horizontale. Il faut donc qu'elle soit perpendiculaire à CG.

Si un poids q est placé dans le plateau suspendu en A, ce point

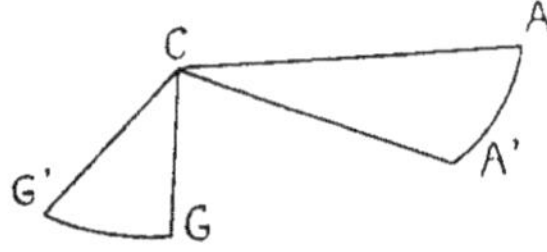

vient en A' et G en G', de sorte qu'il y ait équilibre, ou que, par rapport à C, les moments des forces p, q appliquées en G', A' soient égaux. Pour une même inclinaison, le moment de p diminue soit avec p soit avec la distance CG' ou CG et par conséquent, la force q produisant l'équilibre diminue également. Ainsi, pour rendre la balance *sensible*, on doit diminuer le poids p et prendre le point G très près du point de suspension.

Il convient que cette sensibilité ne soit pas altérée quand les deux plateaux sont en outre chargés de poids égaux p' ou que l'effet de ceux-ci soit détruit; comme ils se composent en un seul appliqué au milieu de AB, on obtiendra ce résultat en prenant ce milieu pour le point C de suspension; les poids p' sont alors détruits par sa résistance. Si les plateaux sont suspendus au moyen d'anneaux leur point de suspension varie légèrement pendant que le fléau s'incline. Ainsi pour toute balance de précision on doit employer des couteaux pour ces suspensions et celle du fléau.

19. Remarques sur l'emploi du principe des vitesses virtuelles. — Ce principe admet une légère extension, avantageuse en pratique, bien qu'elle fût superflue pour les applications qui en ont été faites au chapitre Ier, et que pour cette raison nous l'ayons laissée de côté au numéro 8.

La démonstration de ce numéro reste évidemment exacte si l'on admet que deux points du système puissent être réunis par un fil tendu qui y est attaché, en supposant le fil infiniment fin, inextensible et de poids négligeable. Il en est de même si dans l'intervalle il passe sur un anneau, et l'on peut en dire autant si l'anneau est remplacé par une poulie dont le fil se détache suivant les tangentes AA', BB'; la poulie peut tourner sans frottement autour de son centre O ; quant au fil, il est comme adhérent à la poulie sur l'arc AB, et les cordons AA' BB' doivent dans l'état d'équilibre avoir la même tension, sans quoi la poulie tournerait.

Le principe des vitesses virtuelles joue un rôle dans les théories générales et en particulier dans celle du mouvement d'un système, et nous aurons plus tard à l'examiner de nouveau. Mais dans ce chapitre nous nous occupons des méthodes les plus propres à résoudre les questions de statique, même pour des corps susceptibles de déformation, et il existe pour cela, comme nous le verrons, une méthode tout à fait générale, applicable également aux systèmes de solides.

Pour ces derniers, quand il n'y a pas de frottement, la méthode se démontre en partie par le principe des vitesses virtuelles, mais ensuite elle est fréquemment plus avantageuse à employer que le principe lui-même, la considération de tous les déplacements possibles d'un système étant en général compliquée.

Cette complication cesse dans certains cas, et le plus important auquel nous bornerons dans les exemples du numéro suivant l'application directe du principe des vitesses virtuelles est celui d'un système *à liaisons complètes*. On le nomme ainsi quand chacun de ses points est astreint à rester sur une courbe donnée, et qu'en outre le déplacement de l'un d'eux étant connu, celui de tous les autres est entièrement déterminé.

Il en est évidemment ainsi, par exemple, si le système se réduit à une roue ne pouvant que tourner autour de son axe immobile ; si, en outre, elle communique forcément son mouvement à une série d'autres solides, comme cela a lieu dans diverses machines, la même propriété s'étend à leur ensemble.

Un système à liaisons complètes est en outre supposé *normal* dans le sens attribué à ce terme au numéro 9, c'est-à-dire que si un petit déplacement est possible, son opposé, dans lequel chaque point décrit le même espace en sens contraire, l'est également. Par suite, comme on l'a vu au numéro 9, il faut pour l'équilibre que la somme des travaux des forces soit nulle pour tout petit déplacement.

Cas le plus simple des systèmes à liaisons complètes. — Ce cas est celui où il n'agit que deux forces p, q, dirigées chacune suivant la tangente à la ligne que décrit son point d'application; si α, β sont les déplacements de ces deux points, les travaux sont, au signe près $p\alpha$, $q\beta$; leur somme devant être nulle, il faut pour l'équilibre qu'ils soient égaux et de signe contraire; si l'un des déplacements a le sens de la force, l'autre doit donc avoir le sens opposé, ce qui est d'ailleurs évident. Il faut en outre qu'on ait

$$p\alpha = q\beta, \qquad \frac{p}{q} = \frac{\beta}{\alpha}.$$

Or, par suite de la nature du système, le rapport $\dfrac{\beta}{\alpha}$ des petits déplacements des points d'application a une valeur bien connue, indépendante de leur grandeur absolue. C'est aussi le rapport de leurs vitesses simultanées v', v quand le système est en mouvement. La condition d'équilibre peut donc s'écrire

$$\frac{p}{q} = \frac{v'}{v},$$

et l'on exprime quelquefois ce résultat en disant que *ce qu'on gagne en force on le perd en vitesse*. De là provient l'expression de *principe des vitesses virtuelles*, parce qu'il a d'abord été trouvé sous cette forme.

Ce principe est applicable à d'autres cas. Toutefois, si le système n'était pas normal, il aurait l'inconvénient de fournir les conditions d'équilibre sous la forme d'inégalités. Nous allons voir comment on peut souvent ramener un système à pouvoir être considéré comme normal ou même à liaisons complètes, quand au premier abord il ne paraît pas l'être.

Réduction des déplacements possibles d'un système. — Jusqu'ici les forces ont été supposées complètement arbitraires ; or, en pratique, sans qu'elles soient connues, puisqu'on cherche leurs conditions d'équilibre, elles sont presque toujours assujetties à certaines limitations, par suite desquelles on est assuré d'avance que certains modes de déplacement du système ne pourront se produire.

Par exemple, si l'on comprenait les poids et les plateaux d'une balance dans le système, on pourrait imaginer des forces détachant les poids des plateaux, mais celles dont on cherche l'équilibre ne peuvent le faire.

Nous nommerons déplacements *exclus* ceux qui sont ainsi considérés comme impossibles, tandis que les autres seront les déplacements *admissibles*. La condition nécessaire et suffisante de l'équilibre sera alors *que la somme des travaux des forces soit négative ou nulle pour tous les déplacements admissibles*, c'est-à-dire la même que si les déplacements exclus étaient rendus impossibles par les liaisons.

En effet, cette condition est nécessaire ; d'autre part, si elle est satisfaite, elle le sera aussi pour les déplacements virtuels exclus, car s'il en était autrement il n'y aurait pas équilibre, et en remplaçant, comme au numéro 8, les forces par l'action unique d'un poids, celui-ci descendrait. Or cela ne peut arriver que si la somme des travaux des forces est positive ; comme il n'en est ainsi pour aucun des déplacements admissibles, celui qui se produirait serait l'un de ceux que l'on a exclus ou supposés impossibles.

La somme des travaux des forces est donc nulle ou négative pour tous les déplacements sans exception, et la condition énoncée ci-dessus est suffisante pour l'équilibre.

Un système n'est pas normal s'il contient des solides simplement appuyés l'un contre l'autre et pouvant se séparer, puisque dans le déplacement opposé, ils devraient se pénétrer. Il en est de même si un fil est tendu entre deux points du système ; ceux-ci peuvent se rapprocher et le fil se détendre, mais ils ne peuvent s'éloigner. Or dans beaucoup de cas la remarque précédente ramène le système à être normal.

Par exemple, en cherchant, comme au numéro précédent, les conditions d'équilibre d'un treuil, on suppose l'arbre assujetti à tourner autour de son axe, bien qu'il soit fréquemment disposé de manière à pouvoir être soulevé ou enlevé de ses appuis. On peut n'avoir aucun égard à cette circonstance, parce qu'en général les deux forces dont on cherche la condition d'équilibre ne peuvent produire ce soulèvement. Le système devient ainsi normal et à liaisons complètes.

Appliquons encore ce qui précède à un *treuil à engrenages*. La puissance p agit sur une manivelle de rayon r, dans le sens où se déplace son point d'application en tournant ; la résistance q est un poids, suspendu à une corde, et que le treuil doit faire monter. L'appareil est en réalité susceptible de déplacements anormaux ; la manivelle fait mouvoir des roues dentées dont les dents sont simplement appuyées et peuvent se séparer ; le poids pourrait se soulever et la corde se détendre, mais la nature des forces qui agissent ne permet pas ces mouvements ; de la sorte, le système devient normal.

En outre, il n'est pas possible que le poids se balance ou que la corde cesse d'être verticale ; par suite de cette nouvelle exclusion, le système se trouve à liaisons complètes. Il rentre dans le cas simple examiné plus haut, parce que les forces p, q agissent suivant les lignes décrites par leurs points d'application ; v et v' étant les vitesses simultanées de l'extrémité de la manivelle et du poids q, $\dfrac{v'}{v}$ est le rapport des espaces que ces points parcourent pendant un tour de la manivelle ; ceux-là sont $2\pi r$ pour la manivelle et une certaine hauteur h pour le poids. La condition d'équilibre est ainsi

$$\frac{p}{q} = \frac{v'}{v} = \frac{h}{2\pi r}$$

La même réduction à un système à liaisons complètes se présente dans les applications du numéro suivant, sans qu'il soit nécessaire de l'indiquer en détail pour chacune.

Le résultat est toujours imparfait en ce sens qu'on néglige le frottement ; toutefois, en certains cas, celui-ci n'existe pas ou n'a pas d'influence sensible. Par exemple, au numéro précédent, nous avons admis que le fléau d'une balance était suspendu par un couteau C ; celui-ci repose alors sur la *gouttière* formée par deux plans inclinés AI, BI. Mais le contact I ne peut être celui d'un tranchant parfait : il a une certaine largeur et peut s'assimiler à la surface d'un cylindre de très petit rayon OI, qui tourne autour de son axe en glissant sur l'appui ; on le nomme *rouleau de friction*.

Malgré cette circonstance, on peut regarder le solide comme tournant autour d'un axe fixe ; c'est évident s'il n'y a pas de frottement ; si ce dernier existe, on en tiendra compte en le considérant comme une force extérieure inconnue f, agissant sur le solide au point de contact I ; en effet, peu importe qu'elle soit due au contact ou à toute autre cause. De la sorte, le principe des vitesses virtuelles ne cesse pas d'être applicable. Or si le fléau s'incline, le point I décrit un espace imperceptible en comparaison des déplacements des points d'application des autres forces ; ainsi par rapport au travail de ces forces, celui du frottement, tout en étant inconnu, est négligeable et n'influence pas l'équilibre.

20. Applications du principe des vitesses virtuelles.

Premier exemple : Treuil différentiel. — Deux poulies P, P', de rayons r, r', sont centrées sur un même arbre horizontal, que fait tourner la force f appliquée suivant AL, perpendiculairement à un bras de manivelle

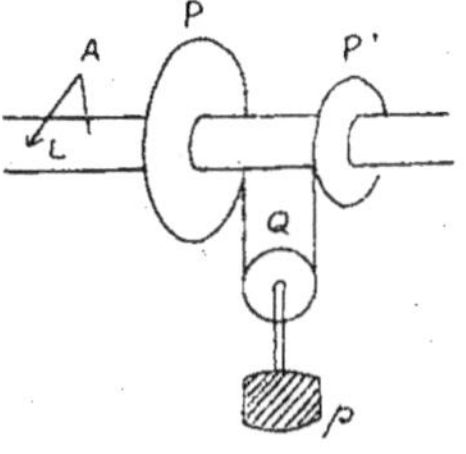

de longueur R. Le poids p qu'elle doit faire monter est suspendu par une poulie mobile Q à un cordon qui s'enroule sur P et se déroule sur P′, en supposant $r > r'$. Chacune des forces f, p est dirigée suivant le déplacement de son point d'application. La condition d'équilibre est donc $\dfrac{f}{p} = \dfrac{v'}{v}$; ce rapport est celui des espaces décrits simultanément par le poids p et le point A pendant un tour de l'arbre. Le second est $2\pi r$; la longueur de cordon enroulée est $2\pi r$, la longueur déroulée $2\pi r'$; les portions verticales des cordons ont ainsi diminué en tout de $2\pi r - 2\pi r'$, ou chacune de $\pi (r - r')$; c'est ce dont le poids a monté, d'où résulte

$$\frac{f}{p} = \frac{\pi (r - r')}{2\pi R} = \frac{r - r'}{2R}$$

Second exemple : Balance de Quintemps ou poids à bascule. —

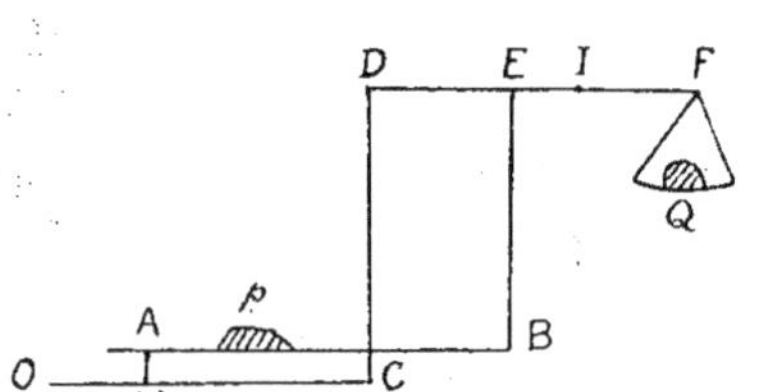

Sans décrire minutieusement l'appareil, il suffira d'une coupe longitudinale pour en comprendre le principe.

DIF est un levier ne pouvant que tourner autour du point fixe I; il lui est articulé en D, E des tringles verticales DC, EB; la première est articulée en C à un levier horizontal OC ne pouvant que tourner autour du point fixe O; la seconde est articulée en B à une plateforme horizontale AB qui repose d'autre part en A sur le point A′ du levier OC; ce point est placé de façon qu'on ait

$$\frac{OC}{OA'} = \frac{DI}{EI}$$

Un objet de poids p étant posé sur la plateforme est pesé au moyen d'un poids Q suspendu en F par un plateau au levier DF.

On admet qu'en enlevant les poids p et q la plateforme reste horizontale en équilibre de même que le levier DF.

Soit ρ le rapport $\dfrac{DI}{EJ}$; si le point E et par suite B descend d'une petite quantité α, D et C descendent de $\rho\alpha$, et puisque $\dfrac{OC}{OA'} = \rho$, A' descend de α ; ainsi A et B descendent tous deux de α, et il en est de même du poids p quelle que soit sa position sur la plateforme, celle-ci restant horizontale. Le travail $p\alpha$ de ce poids est donc le même que s'il était suspendu directement en E, et par conséquent, le poids à placer dans le plateau pour lui faire équilibre est aussi le même.

On en peut dire autant de tous les objets placés sur la plateforme; ils seront ainsi pesés au moyen du poids Q comme s'ils étaient tous suspendus au poids E.

Troisième exemple : Équilibre de la vis. — L'appareil se compose d'une vis immobile dont l'axe OZ est vertical. L'écrou est mobile et supporte un poids p sur un plateau. La force f destinée à le faire monter agit suivant AL, direction horizontale perpendiculaire à un bras de levier AC; celui-ci est horizontal, fixé à l'écrou et rencontre en C l'axe OZ; sa longueur est AC $= r$.

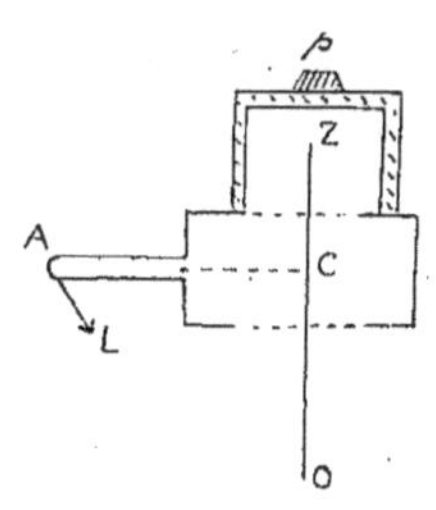

Si le point A éprouve un petit déplacement α, c'est dans la direction de l'hélice que ce point est forcé de décrire, et non dans celle de AL. Le travail de la force f est $f\alpha \cos i$, i étant l'angle que fait α avec AL ou avec un plan horizontal. Ainsi $\alpha \cos i$ est un petit arc de la circonférence que décrit en tournant la projection horizontale du point A. S'il forme une fraction $\dfrac{1}{n}$ de cette circonférence on a

$$\alpha \cos i = \frac{2\pi r}{n}$$

En même temps, h étant le pas de la vis, le poids p aura monté de $\dfrac{h}{n}$. Les travaux des forces f et p sont de signe contraire, et doivent pour l'équilibre être égaux au signe près, d'où résulte

$$f \times \frac{2\pi r}{n} = p \times \frac{h}{n}, \qquad \frac{f}{p} = \frac{h}{2\pi r}$$

21. Méthode générale de solution des questions de statique.
— Il s'agit ici de principes communs à tous les cas, s'étendant en partie à l'état de mouvement, et dont nous ferons successivement l'application aux systèmes de solides, aux corps déformables, élastiques et fluides.

L'expression de *système matériel* désigne un assemblage quelconque de matière, pouvant contenir des corps de toute espèce, solides, élastiques, fluides ou même des portions de corps ; il suffit que toutes ses parties soient définies avec précision.

Les *forces intérieures* sont celles qui agissent sur un point du système et proviennent d'un corps appartenant aussi au système.

Les *forces extérieures* agissent sur un point du système, mais sont dues ou à un corps qui n'en fait pas partie ou à toute autre cause extérieure indéterminée.

Premier principe. — Pour établir les conditions d'équilibre ou les lois du mouvement d'un système matériel on peut remplacer tout corps en contact avec lui ou gênant son mouvement, par les forces extérieures qu'il exerce sur lui. — En effet, ces forces existent toujours au contact de deux corps, et proviennent de leur résistance à la pénétration et à la déformation. Quand on dit qu'on exerce sur un corps A une force extérieure sans mentionner sa cause, celle-ci est fréquemment le contact d'un corps B qui presse le premier et en cherchant l'effet de la force, on fait abstraction de l'existence du corps B, à laquelle la force du contact est ainsi substituée.

Ce qui précède reste même exact si la surface de contact est purement idéale ou sépare deux portions A et B d'un même corps ; seulement si l'on remplace B par des forces, celles-ci proviennent de la *cohésion* qui lie toutes les parties d'un même corps et qui s'oppose à la séparation de A et B aussi bien qu'à leur rapprochement.

Nous nommerons *forces des contacts* celles que nous venons de définir. Il est clair qu'on doit y comprendre le frottement des surfaces, s'il existe. Il était exclu quand on regardait le contact comme un obstacle au mouvement ; mais si on le remplace par une force, il n'y a plus aucune raison pour ne pas lui attribuer sa valeur réelle.

Second principe. — *Si un système matériel quelconque est en équilibre et en repos et qu'on remplace les obstacles à son mouvement par les forces de contact, les forces extérieures qui agissent sur lui, y compris celles-là, satisfont les conditions d'équilibre d'un solide entièrement libre.* — En effet, l'équilibre du système ne serait pas troublé si on pouvait le supposer *solidifié*, de façon à devenir un tout de forme invariable ou un solide théorique entièrement libre. Celui-ci ne serait plus alors animé que des forces extérieures, qui devraient par suite satisfaire les conditions d'équilibre d'un solide.

Quant à la solidification, si le système est un liquide, on peut le supposer congelé ; si c'est un assemblage de solides, on peut les supposer adhérents entre eux. Il en est ainsi quelque petits que soient les solides dont il se compose, et par suite, malgré les impossibilités pratiques de réaliser la solidification, on peut regarder le principe à démontrer comme vrai dans tous les cas.

Remarque sur ce qui précède. — Les lois générales de l'équilibre des corps flexibles, élastiques ou fluides s'obtiennent en les décomposant en très petites parties, auxquelles on applique le principe ci-dessus. Par conséquent, dans toutes les questions de statique on n'a jamais à employer que les sommes des projections ou des moments des forces extérieures. C'est un résultat essentiel, car les forces de contact semblent souvent appliquées à un nombre infini de points.

Troisième principe. — Égalité de l'action et de la réaction. — Ce principe s'exprime d'ordinaire en disant que si un corps exerce une force sur un autre, celui-ci en exerce sur le premier une égale et directement opposée. Par exemple, en poussant un objet avec la main on la sent repoussée par la pression de l'objet. Toutefois, dans ce cas et dans d'autres analogues, il n'agit pas une force unique mais une réunion d'un grand nombre de petites forces, le contact ayant une étendue finie. Voici le principe sous une forme plus précise.

Soient A, B deux systèmes matériels agissant l'un sur l'autre, que nous supposons en équilibre et en repos : *Si L, M, N, P, Q, R sont les sommes de projections et de moments correspondant aux forces exercées par A sur B, et L', M', etc., leurs analogues pour les forces exercées par B sur A, ces nouvelles sommes sont égales aux premières en signe contraire.*

Il suffit de le vérifier pour une des sommes, par exemple pour P. Soit P'' la somme analogue pour les forces extérieures qui agissent sur A sans provenir de B ; soit de même P''' la somme analogue pour les forces extérieures agissant sur B sans provenir de A.

Pour toutes les forces extérieures à A cette somme sera $P' + P''$, et en considérant A comme solidifié, on doit avoir $P' + P'' = o$. Pour l'équilibre de B on trouve de même $P + P''' = o$. Pour le système de A et B réunis, leurs actions mutuelles deviennent des forces intérieures et ne doivent plus être comptées, d'où résulte $P'' + P''' = o$. Les relations précédentes donnent $P + P' + P'' + P''' = o$; on en conclut $P + P' = o$, $P' = - P$, ce qu'il fallait vérifier. Ce résultat revient à dire que les forces exercées par A sur B et par B sur A se feraient équilibre si elles agissaient à la fois sur un même solide.

Si deux corps se touchent en un point isolé chacun d'eux exerce sur l'autre en ce point une force unique ; ces deux forces appliquées à un même corps devraient se faire équilibre ; elles sont donc égales et directement opposées. De même, si en prenant pour

A et B des particules imperceptibles on admettait que l'action mutuelle fût réduite à une force unique agissant de A sur B et une autre agissant de B sur A, elles devraient être égales et directement opposées ; mais pour ce qui suivra, il est inutile de chercher si ce cas simple existe.

La loi d'égalité de l'action et de la réaction est expérimentale, car on pourrait bien concevoir *a priori* deux particules A, B s'attirant à distance avec des forces inégales ; on doit donc se demander comment cette loi peut être le résultat d'une démonstration.

Cela provient de ce qu'elle était implicitement contenue dans divers principes considérés comme évidents.

Par exemple, une tige rigide AB peut être regardée comme formée de deux parties AC, BC,

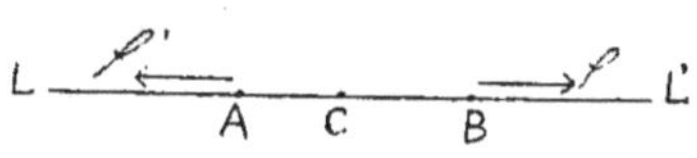

séparées en C par un plan idéal ; soient f la force exercée par AC sur CB suivant la droite AB, et f' celle qu'exerce CB sur CA ; si l'on fait agir des forces f', f suivant les prolongements AL, BL', les portions AC, CB seront séparément en équilibre en admettant qu'il en soit ainsi pour une tige tirée en sens contraire par des forces égales. Par suite, la tige entière AB serait en équilibre. Or ce serait impossible si f et f' différaient. Le cas simple d'équilibre d'une tige serait donc inexact si l'action et la réaction n'étaient pas égales en C. Il le serait également si les extrémités de la tige étaient formées par les particules A, B ci-dessus, s'attirant inégalement.

Sans le principe d'égalité de l'action et de la réaction de semblables anomalies se produiraient dans les cas d'équilibre les plus évidents. Nous verrons plus tard que ce principe subsiste dans l'état de mouvement.

Nature des questions de statique. — Les questions se classent, d'après la nature du système en équilibre, suivant qu'il se compose d'un ou plusieurs corps considérés comme des solides théoriques, ou qu'il contient des corps déformables ; en outre, ceux-ci peuvent l'être par flexibilité, par élasticité ou par rupture.

L'équilibre des fluides sera examiné dans un autre chapitre. Il en est de même de principes généraux relatifs aux corps élastiques, qu'il convient de réunir à certaines propriétés de leur mouvement.

Les questions concernant les solides se classent également suivant qu'il y en a ou non plusieurs, suivant qu'on tient compte ou non du frottement et aussi suivant la nature des inconnues, car tantôt on cherche la position de certains corps, tantôt c'est leur forme, et dans d'autres cas, l'une et l'autre sont données et la question concerne les forces.

La variété des problèmes de statique est donc très grande, et les applications qu'on trouvera plus loin indiqueront autant que possible la marche à suivre dans les différents cas.

22. Forces de contact. Équilibre d'un système de solides.

Principe préliminaire. — *Si deux systèmes de forces U, V agissant sur un solide S sont absolument équivalents, ils produisent le même effet quand S fait partie d'un ensemble (E), lors même que le frottement existe dans les contacts.* — Les propriétés de l'équivalence sont les deux suivantes :

1° Si l'ensemble (E) est en équilibre quand les forces extérieures T et U agissent sur S, il en est de même quand ce sont les forces T et V.

2° S'il n'est pas en équilibre dans le premier cas, il ne l'est pas non plus dans le second.

La seconde est une conséquence de la première, car si T et V produisaient l'équilibre, il devrait en être de même de T et U. Il suffit donc de démontrer la première.

Soit — U un système formé de forces égales et directement opposées à celles de U ; de la sorte, le système composé de — U et V se ferait équilibre sur le solide S libre ; l'équilibre des corps (E) n'est donc pas troublé en joignant ces forces à celles qui agissent sur S, de sorte qu'elles deviennent T, U, — U et V ; c'est démontré s'il n'y a pas de frottement, et cela reste exact s'il y en a, c'est-à-dire que les corps ne se mettront pas en mouvement, puisque le caractère des frottements est de s'opposer au mouvement dans quelque sens qu'il se produise.

D'autre part, comme on l'a vu au numéro 6 en parlant de la mesure numérique des forces, deux forces égales et directement opposées, dans toute question d'équilibre ou ¦de mouvement, peuvent être remplacées par une force nulle, ou supprimées ; il en est donc ainsi pour l'ensemble de U et de — U. Les forces agissant sur S se réduisent de la sorte à T et V sans que l'équilibre soit troublé, ce qu'il fallait démontrer.

Nature du système. — En laissant de côté pour le moment le cas où il y aurait des fils, nous admettrons que tout obstacle au mouvement soit un contact entre deux solides du système ou entre l'un d'eux et un solide fixe.

Ce contact pourra d'ailleurs être de nature quelconque, avec ou sans adhésion, avec ou sans frottement, la forme des surfaces étant arbitraire, etc. En tout cas, chacun peut être remplacé par une force.

Soient maintenant A, A' deux points en contact, appartenant à deux solides S, S' ; nous dirons que *le contact est unique* pour l'un d'eux, par exemple pour S, s'il n'existe pour ce corps aucun autre obstacle au mouvement que le contact A.

Premier cas d'équilibre. — Nous désignerons ainsi celui où *le contact est unique pour S, tandis que S' est fixe, et où il n'agit sur S qu'une seule force extérieure f appliquée en A.*

Nous admettrons que pour chaque nature de contact on ait déterminé directement toutes les forces f produisant ainsi l'équilibre ; nous les nommerons f, f', f'', etc., et en général les forces f.

Forces de contact admissibles. — Nous nommerons ainsi pour chaque contact toutes les forces qui pourraient lui être substituées, c'est-à-dire toutes celles que le contact peut exercer dans un ensemble (E) de solides en équilibre.

Pour les trouver, soit h la force de contact inconnue agissant sur un solide S de l'ensemble (E) de A' en A dans son contact avec S'. Soit aussi U le système formé par les forces extérieures agissant sur S, réunies aux forces provenant des contacts de ce solide autres que AA'.

D'après le numéro précédent, S serait en équilibre en le supposant libre et animé des forces extérieures agissant sur lui et de toutes celles de ses contacts. Cet ensemble se compose du système U et de la force h; U est donc équivalent à une force $- h$, appliquée en A, égale et opposée à h.

D'autre part, si l'on remplace par des forces seulement les contacts autres que A, celui-ci deviendra unique, le solide S ne sera plus animé que des forces extérieures U, et l'équilibre subsistera si l'on remplace U par la force équivalente $- h$, en rendant en outre S' fixe s'il ne l'était pas déjà. A ce moment, le premier cas d'équilibre se trouve réalisé, et la force extérieure $- h$ agissant seule sur S est nécessairement une des forces f. Par conséquent, *les forces de contact h admissibles agissant sur S sont à chaque point de contact les opposées des forces f,* considérées comme connues. Toutes les opposées des forces f peuvent d'ailleurs exister comme forces de contact, car il en est évidemment ainsi dans le premier cas d'équilibre.

Seconde forme du premier cas d'équilibre. — C'est celle où l'on suppose le contact A' unique pour S', S fixe, et une seule force f' agissant sur S', appliquée en A'; les forces de contact admissibles sont alors les opposées de toutes ces forces f'. Or, d'après le principe d'égalité de l'action et de la réaction, ces forces agissant de A sur A' sont en sens contraire les mêmes qui pouvaient agir de A' sur A, ou les forces f; par suite, *les forces f' sont les opposées des forces f.*

Second cas d'équilibre. — Désignons ainsi *celui où le contact AA est unique pour S et aussi pour S', S n'étant animé que d'une seule force f appliquée en A, et S' d'une seule f' appliquée en A', égale et opposée à f.* Pour vérifier que l'équilibre existe, remarquons qu'il en est ainsi si l'on rend S fixe par des obstacles extérieurs, ce qui reproduit le premier cas d'équilibre sous la seconde forme. En raisonnant alors comme ci-dessus, nous verrons qu'on peut sans troubler l'équilibre remplacer les obstacles extérieurs de S par un système de forces U, et celui-ci par une force unique *f* appliquée en A ; la force de contact étant d'ailleurs à la fois égale et opposée à *f* et à *f'*, celles-ci le sont aussi entre elles, et le second cas d'équilibre se trouve ainsi réalisé.

Conditions d'équilibre d'un ensemble (E) de solides. — Il faut et il suffit qu'on puisse trouver des forces de contact admissibles capables, pour chaque solide séparément, de faire équilibre à ses forces extérieures comme s'il était libre.

Nous avons déjà vu que cette condition était nécessaire, l'équilibre devant exister séparément entre les forces extérieures agissant sur chaque solide et ses forces de contact, et celles-ci étant toutes comprises parmi les admissibles.

Réciproquement, en supposant les conditions satisfaites par des forces de contact admissibles *h, h'*, etc., celles qui agissent sur le solide S feraient par hypothèse équilibre au système de ses forces extérieures comme s'il était libre, et d'après le numéro 13 ce système est équivalent à l'ensemble des forces égales et opposées à *h, h'*, etc., comprises par suite parmi les forces *f*. Il en est ainsi pour tous les solides, et comme il est indifférent pour l'équilibre de remplacer un système par un autre équivalent, nous n'avons plus à vérifier *qu'un troisième cas d'équilibre dans lequel des forces f appliquées à tous les points de contact sont devenues les forces extérieures* à la place des primitives.

De la sorte les forces sont disposées comme dans le premier et le second cas d'équilibre pour chaque point de contact, sauf que celui-ci n'est pas unique ; en effet, si S et S' font partie de l'ensemble (E), f et f' agissant sur A et A' sont considérées comme opposées à une même force de contact et par suite sont égales et opposées entre elles.

1° S'il n'y a pas de frottement, le principe des vitesses virtuelles est applicable.

Les déplacements des points de contact A, A' qui sont possibles dans le troisième cas d'équilibre le sont aussi dans le premier et le second, où les contacts sont moins nombreux. Dans ceux-ci, puisqu'il y a équilibre, le travail de f seule, ou celui de f et f' réunies, est nul ou négatif ; il en est donc ainsi dans le troisième cas, et cela pour tous les contacts séparément, et par suite pour l'ensemble des forces f. La somme des travaux est la même pour les systèmes des forces extérieures primitives, qui étaient équivalents à ceux des forces f ; ainsi pour tout déplacement de l'ensemble (E) la somme des travaux des forces extérieures est nulle ou négative, et par suite il y a équilibre.

Il faut remarquer que souvent les forces de contact h, h', etc., et par suite les forces f correspondantes peuvent être choisies d'une infinité de manières, que même des points de contact peuvent être infiniment rapprochés ; mais cela ne change rien au résultat, qui concerne les forces extérieures seules et ne dépend pas de ce choix.

2° Supposons qu'il y ait un frottement en certains points de contact C, C', C'', etc., et admettons pour chacun qu'il n'y ait pas de contact infiniment voisin. Isolons alors dans le voisinage de chacun une portion ¦P des solides S et S', ou de S seul si S' est fixe, de sorte qu'elle soit disjointe ou indépendante du reste des solides et ne contienne pas d'autre point de contact que C ou C', etc.

Chaque portion P sera séparément en équilibre comme rentrant dans le second ou le premier cas, car les forces de contact admissibles en AA', et par suite les forces f ne dépendent que de la forme et de la nature des corps dans le voisinage de AA' et sont ainsi les mêmes pour les portions que pour les solides complets.

D'autre part, en supprimant les portions, le reste des solides forme un ensemble sans frottement, que nous savons par suite être en équilibre. Celui-ci ne sera donc pas troublé si on lie de nouveau les portions au reste des solides, en rétablissant ainsi l'état primitif.

Cette démonstration ne s'étend pas aux cas où les forces f seraient indéterminées, ou du moins à ceux où des points de contact seraient infiniment voisins. Alors toutefois le résultat peut être regardé comme encore exact. En général, en effet, en diminuant le nombre des points de contact de façon qu'ils deviennent isolés, on pourra de nouveau trouver des valeurs de h, h', etc., satisfaisant les conditions d'équilibre, comme nous le verrons par des exemples. La démonstration qui précède sera par suite applicable, et l'équilibre existant ne sera pas troublé si l'on rétablit les points de contact d'abord supprimés, c'est-à-dire de nouveaux obstacles.

Dans le cas où le contact est continu sur une surface finie, on désigne d'une façon générale par le mot de *pression* l'ensemble des petites forces de contact ; la somme des projections de ces forces sur un axe est la *pression suivant cet axe*. On la nomme *pression normale* si l'axe est normal à la surface, *pression tangentielle* s'il lui est tangent.

Valeur des forces de contact quand il n'y a pas de frottement. — Nous les déduirons des forces f en appliquant le principe des vitesses virtuelles au premier cas d'équilibre. Chaque force f doit faire un angle droit ou obtus avec toutes les directions de déplacement possibles du point A, afin que son travail soit nul ou négatif.

1° *S'il y a adhésion entre S et un solide S'*, comme s'ils faisaient partie d'un même corps, les déplacements possibles sont nuls, les forces f quelconques, et pour l'ensemble des contacts entre S et S' il en résulte un système de forces complètement arbitraire agissant sur S.

2° *Supposons S simplement appuyé contre S'*; pour qu'un déplacement de A en A" soit possible, il faut qu'il soit compatible avec un déplacement de S dans lequel aucun de ses points ne pénètre dans S', et cette pénétration d'ailleurs ne pourrait avoir lieu que dans le voisinage de A, ce point de contact étant unique.

On peut admettre que dans le déplacement de S tous ses points décrivent des droites égales et parallèles à AA", car s'il en était autrement ou si S éprouvait une rotation, ce ne pourrait être que d'un angle infiniment petit, et il est aisé de voir que pour les points infiniment voisins de A le déplacement ne serait altéré que d'un infiniment petit du second ordre.

Dans le cas où en AA' les surfaces de S, S' auraient des formes quelconques, pouvant présenter des angles ou des arêtes, on devrait déterminer de la sorte tous les déplacements possibles AA", et en déduire les forces f, puis les forces h, comme on l'a vu plus haut.

Nous mentionnons ces cas singuliers pour montrer comment le principe des vitesses virtuelles en fournit la solution; mais il est superflu de les passer en revue et nous nous bornerons aux *contacts ordinaires*, en désignant ainsi ceux où l'une au moins des surfaces de S, S' a en AA' un plan tangent unique. Nous pouvons admettre que ce soit celle de S', les forces f restant les mêmes quand on échange les deux surfaces.

Les déplacements AA" possibles sont alors évidemment tous ceux qui font avec la normale extérieure à S' un angle droit ou aigu. Par suite les forces f, pour faire avec tous un angle droit ou obtus ne peuvent être dirigées qu'en sens contraire de cette normale, et *les forces de contact admissibles consistent en une répulsion normale d'intensité quelconque entre A et A'.*

3° *Si un point A est fixe,* le solide S pouvant tourner en tous sens autour de lui, tout déplacement de A est nul, et les forces f peuvent être quelconques, de même que la force de contact h.

4° *Si le solide ne peut que tourner autour d'un axe fixe,* on peut assimiler l'axe à deux points fixes.

5° *Si le point A ne peut se mouvoir que sur une courbe ou une surface donnée*, on a vu au numéro 10 que la direction de la force *f* devait pour l'équilibre être une normale quelconque à la courbe, ou une normale à la surface dans l'un ou l'autre sens, et il en est par suite de même de la force de contact.

Remarque sur les trois cas précédents. — Fréquemment ces cas sont réalisés, non par un contact unique, mais par une liaison plus complexe. Pour fixer le point A, par exemple, on peut y supposer un anneau traversant un anneau fixe ou une sphère creuse dans laquelle est emboîtée une sphère fixe, etc. De même dans le cas où le point A reste sur une courbe, ce peut être un anneau entourant une tige fixe; la rotation autour d'un axe s'obtient par un collier embrassant un arbre, etc.

Dans tous ces cas, l'ensemble des déplacements possibles, dont dépendent les conditions d'équilibre, reste le même en supposant l'articulation, les anneaux, le collier, etc., infiniment petits; les forces de contact multiples qui s'y produisent ont alors des points d'application infiniment voisins du point ʼA et peuvent être assimilées à une force de contact unique agissant sur ce point. Celle-ci peut donc toujours remplacer la liaison, quelle que soit sa nature.

En outre si l'on réduit, comme on l'a vu au numéro 19, l'ensemble des déplacements à ceux qui sont *admissibles*, on peut être amené à considérer les liaisons ci-dessus comme absolues, tandis que matériellement elles restent incomplètes.

Cas où les points A, A' de S, S' seraient réunis par un fil tendu. — Ce cas rentre dans celui d'un contact, sauf que A, A' sont à distance et que la direction de la force de contact, ou de la tension du fil, est connue d'avance. Le premier cas d'équilibre est celui où A' est fixe. Il n'y a pas de frottement et le principe des vitesses virtuelles est applicable. En considérant les déplacements possibles de A on voit aisément que la force *f* produisant l'équilibre est dirigée suivant le prolongement du fil.

On démontrerait comme précédemment le second cas d'équilibre, f et f' étant égales et dirigées suivant les deux prolongements du fil, et quant à la démonstration des conditions générales d'équilibre d'un système de solides, il n'y aurait rien à y changer. Nous avons d'abord exclus ce cas pour ne pas en augmenter la complication.

Emploi pratique des conditions d'équilibre. — On remplacera par des lettres inconnues chaque force de contact, ou ses projections si sa direction est indéterminée, et l'on écrira pour chaque solide séparément ses conditions d'équilibre comme s'il était libre.

Il faut remarquer que si l'un d'eux a un point fixe on peut lui laisser le rôle de liaison au lieu de le remplacer par une force de contact, à moins que celle-ci soit elle-même l'inconnue de la question. Il en est de même pour un axe fixe.

En outre, s'il y a plusieurs solides A, B, C, etc., on peut employer les conditions d'équilibre de l'ensemble de A et B supposé solidifié, auquel cas les forces des contacts mutuels de A et B disparaissent comme forces intérieures. Les conditions d'équilibre de A seul et de A et B réunis, et celles de A seul et de B seul, forment en général deux systèmes d'équations équivalents. On peut de même supposer le système de A, B et C solidifié, etc.

23. Exemples d'équilibre d'un solide sans frottement. Cas où sa forme et sa position sont données.

— *Premier exemple.* — Condition d'équilibre d'un solide animé de

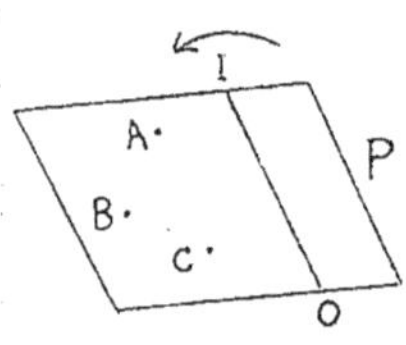

forces quelconques et ne pouvant que tourner autour d'une droite fixe OI située dans un plan P; on le suppose appuyé contre le plan en divers points A, B, C, etc., tous placés d'un même côté de OI.

Soit μ la somme des moments des forces par rapport à OI, en ne comptant que ceux qui sont positifs ou tendent à faire tourner dans le sens de la flèche, c'est-à-dire à appuyer le solide. Soit μ' la somme numérique des moments qui tendent à le faire tourner dans l'autre sens. Les forces normales qu'exerce le plan aux points A, B, C, etc., ont toutes cette tendance inverse; soit μ'' la somme numérique de leurs moments. Le corps ne pouvant que tourner autour d'un axe, il suffit pour l'équilibre qu'on ait $\mu - \mu' - \mu'' = o$. Cette relation est impossible si $\mu < \mu'$; si $\mu > \mu'$ le plan pourra exercer des forces dont le moment total soit $\mu'' = \mu - \mu'$, et il y aura équilibre. C'est d'ailleurs évident en remarquant que si le corps tournait en se détachant du plan les forces tendraient à l'y ramener. La condition d'équilibre est donc *que la somme des moments des forces tendant à appuyer le corps contre le plan dépasse la somme de ceux des forces qui tendent à le renverser.* L'emploi de ce principe est fréquent.

On peut remarquer que les forces exercées par le plan en A, B, etc., restent indéterminées s'il y a plus d'un point de contact.

Second exemple. — Équilibre d'un corps pesant posé sur un plan horizontal. — Quel que soit le nombre des points d'appui, en les joignant deux à deux on formera un réseau de lignes droites, limité par un contour polygonal convexe P; la condition nécessaire et suffisante pour l'équilibre est *que le point G',* *projection du centre de gravité G sur le plan, soit intérieur à P.* On peut le vérifier par le principe ci-dessus en remarquant que si G' est extérieur, l'une au moins des droites formant le contour de P est telle que le polygone soit en entier d'un côté de la droite et G' de l'autre. Le poids du corps, qui est la seule force extérieure, le ferait alors tourner autour de cette droite si elle était fixe, et par conséquent l'équilibre est impossible. Si au contraire G' est intérieur, le poids s'oppose au renversement du corps tournant autour d'un côté quelconque de P, et d'ailleurs le mouvement ne pourrait se produire que sous cette forme.

En employant les forces de contact, on voit qu'elles sont verticales et que le point d'application de leur résultante est intérieur à P ; celle-là ne pourra donc faire équilibre au poids si G′ est extérieur ; elle le pourra si G′ est intérieur à P, car il est alors aussi intérieur à l'un au moins des triangles formés par les points d'appui associés trois à trois, par exemple à ABC ; en ce cas le poids

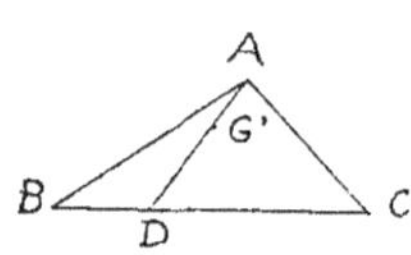

appliqué en G, ou ce qui revient au même, en G′, peut se décomposer en deux forces parallèles appliquées en A, et en D sur le côté BC ; la seconde se décompose encore en deux autres, appliquées en B et C. Leur sens étant celui de la pesanteur on pourra attribuer aux points A, B, C des forces de contact égales et opposées aux précédentes.

S'il y a plus de trois points d'appui les forces de contact sont indéterminées, et comme nous l'avons remarqué au numéro précédent, on voit qu'il est possible de satisfaire les conditions d'équilibre d'une façon déterminée en réduisant ces appuis à trois. On produirait même matériellement cette diminution en altérant infiniment peu les dimensions du corps, et c'est de là que provient l'indétermination quand on considère le solide comme rigoureusement indéformable. Il n'y aurait en général en ce cas que trois points réellement en contact, et ce serait par suite d'un ballottement imperceptible que d'autres pourraient les remplacer.

Dans les corps naturels, au contraire, des flexions insensibles peuvent multiplier les points d'appui, et en ces points eux-mêmes il s'en produit nécessairement, de sorte que *tout contact a une étendue finie*, quoiqu'on puisse, quand elle est très petite, l'assimiler, comme nous l'avons fait, à un point unique. Sans cela, en effet, une force de contact de grandeur finie s'exercerait sur une surface infiniment petite, et son rapport à la surface, ou la *pression rapportée à l'unité de surface* serait infiniment grande ; or aucun corps n'y pourrait résister sans subir une légère dépression.

Les résultats des deux exemples précédents restent les mêmes s'il y a des frottements aux contacts du plan.

Troisième exemple. — Un cylindre pesant AB que nous figurons par une simple droite est articulé en A de façon à ne pouvoir que tourner dans un plan vertical; en B il repose par sa surface convexe sur un appui. On demande les pressions sur les deux appuis.

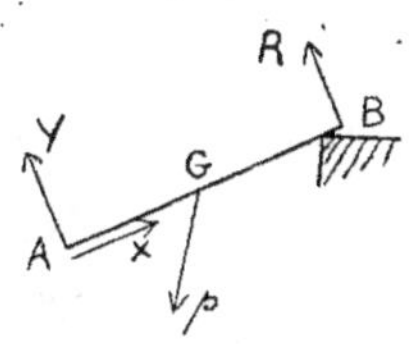

Nous chercherons les forces égales et opposées à celles-là, ou celles qui remplacent le contact; en B c'est une force R perpendiculaire à la surface convexe du cylindre, c'est-à-dire à la droite AB; en A c'est une force indéterminée que nous remplacerons par ses projections X, Y, X quand elle est positive étant dirigée de A vers B, et Y à angle droit comme dans la figure. En outre, le poids p du cylindre est appliqué en G au milieu de AB; on donne la longueur AB $= l$, et son inclinaison i sur l'horizon.

Le corps doit être regardé comme entièrement libre et les forces étant dans un même plan, les trois conditions d'équilibre ont été indiquées au numéro 13. Nous choisirons A pour centre des moments, parce qu'ainsi ceux des forces X, Y seront nuls; le bras de levier est évidemment l pour R et $\frac{1}{2} l \cos i$ pour p et il en résulte pour la condition relative aux moments

$$ Rl - \frac{1}{2} pl \cos i = o, \qquad R = \frac{1}{2} p \cos i $$

En annulant les sommes des projections des forces sur les directions de X et Y, on trouve en outre

$$ X - p \sin i = o, \qquad Y + R - p \cos i = o $$

d'où résulte

$$ X = p \sin i, \qquad Y = R = \frac{1}{2} p \cos i $$

Ces trois forces sont positives. En changeant leur sens, on a les pressions sur les appuis A et B.

Quatrième exemple. — Un solide ayant deux points fixes O, O', et étant animé de forces quelconques en équilibre, on demande les pressions sur les points d'appui.

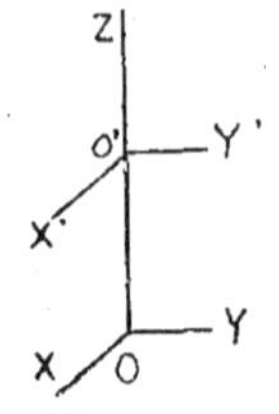

Le solide en réalité ne peut que tourner autour de l'axe OO', et ce qu'on demande est l'ensemble des pressions supportées par l'axe; mais pour que la question soit bien déterminée, il faut assimiler ainsi l'axe à deux points d'appui.

Prenons O pour origine et plaçons OZ sur OO'. On donne $OO' = h$ et de plus les sommes de projections et de moments des forces, qui seront L, M, N, P, Q; la dernière R est nulle, puisque c'est la condition d'équilibre.

On peut regarder le solide comme libre, en lui supposant appliquées, outre les forces précédentes, les réactions f, f' des points O, O'; ces forces prises en sens contraire seront les pressions cherchées. Soient X, Y, Z les projections de la force f sur les axes et X', Y', Z' celles de f'; ce sont les inconnues à déterminer. D'après le numéro 14, les moments d'une force par rapport à OX, OY, OZ sont

$$yZ - zY, \qquad zX - xZ, \qquad xY - yX$$

Ceux de la force f sont nuls; pour ceux de f' on doit remplacer X, Y, Z par X', Y', Z', et x, y, z par les coordonnées du point O' ou par o, o, h; ces moments sont ainsi $- hY', hX'$ et o. Les sommes L, M, etc., augmentées des projections ou moments de f, f', doivent être nulles pour l'équilibre, d'où

$$L + X + X' = o, \qquad M + Y + Y' = o, \qquad N + Z + Z' = o,$$
$$P - hY' = o, \qquad Q + hX' = o$$

La dernière relation serait identique. On en tire les valeurs de X, Y, X', Y', Z + Z'; Z et Z' ne se trouvent pas séparément, parce que ces composantes agissant suivant la même droite se confondent en une force unique.

On peut déduire de ces formules une règle pratique pour déterminer les pressions; mais nous allons la trouver par une autre méthode qui sera un exemple de l'emploi des couples.

Supposons d'abord toutes les forces perpendiculaires à l'axe. Par chacune d'elles, telle que AL, menons un plan perpendiculaire à l'axe qu'il coupe en A′; nous pourrons sans erreur transporter la force AL sur l'axe, c'est-à-dire la remplacer par une force A′L′ égale et parallèle.

En effet, nous savons que ce serait exact en y joignant le couple de déplacement formé par AL et une force opposée à A′L′; en transformant de même toutes les forces, elles seraient remplacées par les forces telles que A′L′, dont le moment est nul, et par le système S des couples, dont le moment total par rapport à OZ est par suite aussi nul, comme celui des forces AL. Pour ce système S, les sommes de projections sont nulles, et il en est de même des sommes des moments par rapport à OX, OY, les plans des couples étant parallèles à celui des xy. L'ensemble de ces couples resterait donc en équilibre si les points fixes O, O′ n'existaient pas, et par conséquent n'exerce sur eux aucune pression; celle-ci, comme nous l'avons dit, provient donc uniquement des forces telles que A′L′; or ces forces étant appliquées à l'axe se décomposent chacune en deux autres parallèles, appliquées en O, O′, et leur ensemble forme les pressions cherchées.

Dans le cas général, les forces données étant quelconques, on remplacera chacune d'elles par ses composantes perpendiculaire et parallèle à l'axe; la seconde ayant un moment nul, l'ensemble des composantes perpendiculaires à l'axe sera en équilibre et on trouvera comme ci-dessus les pressions qui en résultent.

Quant aux composantes parallèles à l'axe, on déterminera séparément comme il suit les pressions dues à chacune : Soit AL l'une d'elles, à la distance AA′ de l'axe. On peut la transporter parallèlement en l'appliquant en A′ le long de l'axe, pourvu qu'on lui joigne son couple de déplacement; celui-ci dont le moment est AL × AA′ peut être remplacé par tout autre couple situé dans le même plan, ayant le même sens et un moment égal; nous pouvons le supposer formé des forces OB, O'B', perpendiculaires à l'axe, égales et de sens contraire, pourvu qu'on ait

$$OB \times OO' = AL \times AA'$$

En faisant cette transformation pour toutes les forces données, on en aura d'autres agissant soit suivant l'axe, soit aux points O ou O'.

24. Équilibre d'un solide en négligeant le frottement. Cas où l'on demande sa position. — *Premier exemple.* — Équilibre d'un solide pesant dont trois points A, B, C reposent constamment sur la surface intérieure d'une sphère creuse.

Nous devons supposer le solide entièrement libre, en remplaçant la sphère par les forces normales du contact, exercées en A, B, C et dirigées vers le centre O. La question serait fort compliquée si nous devions, suivant la méthode générale, employer les six équations d'équilibre. Mais il convient, pour toute question de statique, d'examiner si elle ne se réduit pas à l'équilibre d'un point; or c'est ici le cas. Les trois forces concourant en O s'y composent en une seule R dirigée vers ce point, à l'intérieur du trièdre OABC; quelle que soit du reste cette force R, la surface l'exercera si cela peut assurer l'équilibre, c'est-à-dire si elle peut détruire le poids du solide appliqué à son centre de gravité G, ou s'il est possible qu'elle soit dirigée suivant GO ou OG et que cette droite soit verticale. Il faut donc pour qu'il existe une position d'équilibre que le point G soit intérieur au trièdre OABC, ou au trièdre opposé par le sommet à celui-là; s'il en est ainsi, les positions d'équilibre seront celles où la droite OG est verticale. Il est clair que si le point G est dans le trièdre opposé l'équilibre est en général instable.

Second exemple. — Position d'équilibre d'un cylindre pesant, appuyéd'une part en A sur la surface intérieure d'un hémisphère creux, d'autre part en B sur la circonférence horizontale ou l'arête qui limite cet hémisphère.

Représentons le cylindre par une simple droite ABC de longueur $2l$; son poids p est appliqué au centre de gravité G, au milieu de sa longueur. On peut regarder le cylindre comme un solide libre, en joignant au poids p la 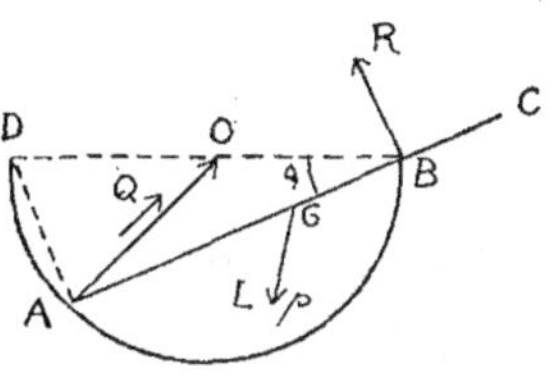
force Q du contact en A, perpendiculaire à la surface sphérique ou dirigée vers son centre O, et la force R du contact en B, perpendiculaire à la surface latérale du cylindre ou à AB. Soit r le rayon de la sphère.

Nous prendrons pour inconnue l'angle OBA $= \theta$, toujours aigu, inclinaison de la tige sur l'horizon ; mais on doit remarquer que la situation attribuée à la tige serait impossible pour certaines valeurs de θ, si sa longueur était moindre que AB. Dans le triangle DAB, rectangle en A, on a AB $= 2\,r\,\cos\theta$; il faut donc que $2\,r\,\cos\theta < 2\,l$; ainsi pour qu'il y ait équilibre, θ doit satisfaire les conditions mécaniques et, en outre, la condition géométrique $\cos\theta < \dfrac{l}{r}$.

Prenons A pour origine ou centre des moments, AX étant sur AC et AY sur AD. L'angle LGA de la verticale et de la tige est $\frac{1}{2}\pi - \theta$; l'angle OAB $=$ OBA $= \theta$ et on a vu que AB $= 2\,r\cos\theta$.

On en conclut aisément les conditions d'équilibre ou la nullité des sommes des projections des forces sur AX, AY et de leurs moments par rapport à A ; il n'y en a pas d'autres, les forces étant dans un même plan. On trouve ainsi

$$Q\cos\theta - p\sin\theta = o, \qquad Q\sin\theta + R - p\cos\theta = o,$$
$$R \times 2\,r\cos\theta - p \times l\cos\theta = o$$

Pour l'équilibre, il faut et il suffit que des valeurs positives de

Q, R, jointes à un angle aigu θ satisfassent ces trois équations, outre la condition $\cos \theta < \dfrac{l}{r}$. Or la première et la troisième sont équivalentes à

$$Q = p \tan \theta, \qquad R = p\dfrac{l}{2r};$$

il suffit donc que θ soit aigu pour que Q, R soient positives. Substituant leurs valeurs dans la seconde équation, elle devient

$$p \dfrac{\sin^2 \theta}{\cos \theta} + \dfrac{pl}{2\,r} - p \cos \theta = o$$

En posant pour abréger

$$\cos \theta = x, \qquad \dfrac{l}{r} = \rho,$$

elle se réduit à

$$4\,x^2 - \rho x - 2 = o$$

La *discussion* d'un problème consiste à chercher quelles conditions doivent remplir les données pour qu'il y ait une ou plusieurs solutions. Dans le cas actuel, x' et x'' étant les racines de l'équation, la plus grande, x' est positive, et x'' négative, puisque le troisième terme — 2 est négatif. On ne peut donc supposer que $\cos \theta = x'$, et cette valeur ne sera une solution que si $x' < 1$ et $x' < \dfrac{l}{r}$ ou $x' < \rho$. Cela revient à dire que 1 et ρ doivent être non compris entre x' et x'', ou que le premier membre $4\,x^2 - \rho x - 2$ de l'équation doit être positif quand on y substitue soit $x = 1$, soit $x = \rho$; il en résulte

$$\rho < 2 \qquad \rho^2 > \dfrac{2}{3}$$

Ainsi pour que l'équilibre soit possible, il faut et il suffit que le rapport ρ ou $\dfrac{2l}{2r}$, qui est celui de la longueur du cylindre au diamètre de la sphère, soit compris entre $\sqrt{\dfrac{2}{3}}$ et 2.

Si la longueur est inférieure au diamètre, il est clair qu'on aura aussi une position d'équilibre en faisant reposer les deux extrémités du cylindre sur la surface de l'hémisphère et il est aisé de vérifier qu'il doit être alors horizontal. Les deux positions d'équilibre sont possibles si ρ est compris entre $\sqrt{\dfrac{2}{3}}$ et 1.

Troisième exemple. — Positions d'équilibre d'une tige pesante OA dont l'extrémité O repose sur le plan OX incliné sur l'horizon d'un angle i, tandis que l'autre extrémité A est suspendue par un fil AB au point fixe B ; on donne le poids p de la tige, appliqué à son milieu G, les longueurs OA $= a$, AB $= b$, et la distance BC $= h$ du point B au plan.

Plaçons l'origine en O, l'axe OX sur le plan, OY comme dans la figure. Soient θ l'angle polaire de OA compté de OX, pouvant ainsi varier de o à π ; φ celui de la direction de A vers B, angle quelconque, pouvant varier de $-\pi$ à π. Les forces sont la réaction R du plan en O, dirigée suivant OY, la tension f du fil, qui agit sur la tige suivant AB, et le poids p dont la direction a pour angle polaire $-\left(i + \dfrac{\pi}{2}\right)$; ses projections sur OX, OY sont ainsi $-p \sin i$, $-p \cos i$. Toutes les forces sont dans un même plan. La nullité des sommes des projections donne les conditions

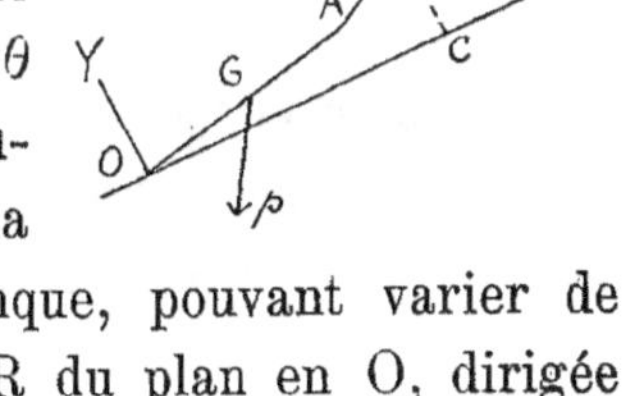

(A) $-p \sin i + f \cos \varphi = o,$ $R - p \cos i + f \sin \varphi = o,$

d'où

$$f = \frac{p \sin i}{\cos \varphi} \qquad R = p \cos i - p \sin i \tang \varphi = \frac{p \cos (\varphi + i)}{\cos \varphi}$$

Ces deux forces devant être positives, il en résulte $\cos \varphi > o$, de sorte que φ est compris entre $\pm \dfrac{\pi}{2}$, et en outre $\cos(\varphi + i) > o$, de sorte que si φ est positif, on doit avoir $\varphi < \dfrac{\pi}{2} - i$.

Les coordonnées x, y du point d'application B de la force f sont $a \cos \theta$, $a \sin \theta$. Celles du point d'application de p sont $\frac{1}{2} a \cos \theta$, $\frac{1}{2} a \sin \theta$. En les substituant dans la formule $x\mathrm{Y} - y\mathrm{X}$, de même que les projections X, Y de p ou f, le moment de p se réduit à $-\frac{1}{2} ap \cos (\theta + i)$, et celui de f à $af \sin (\varphi - \theta)$. En égalant leur somme à o et substituant la valeur de f, on trouve

$$\frac{\sin i \, \sin (\varphi - \theta)}{\cos \varphi} = \frac{1}{2} \cos (\theta + i)$$

ou, en divisant par $\frac{1}{2} \sin i \cos \theta$,

(B) $$2 \tang \varphi - \tang \theta = \cot i$$

En outre l'ordonnée du point B par rapport à l'origine A est $b \sin \varphi$; pour l'origine O elle est donc $b \sin \varphi + a \sin \theta$, d'où résulte la condition géométrique

(C) $$a \sin \theta + b \sin \varphi = h$$

Il existera donc une position d'équilibre correspondant à chaque système de valeurs de θ et φ satisfaisant les équations (B) et (C), θ étant compris entre o et π, et φ entre $-\frac{\pi}{2}$ et $\frac{\pi}{2} - i$.

Il est superflu de chercher une équation finale à une inconnue $\sin \varphi$, $\tang \varphi$, etc. ; elle serait du huitième degré et quand même on pourrait l'abaisser, la discussion, en laissant à a, b, h, i leur forme indéterminée, serait impraticable ; pour des valeurs particulières de ces lettres, leur substitution, suivie de la séparation des racines et de leur calcul, serait aussi plus longue que la résolution directe des équations (B) et (C). En ce sens, on peut dire que celles-ci sont la *solution*, car ce mot signifie le tableau des opérations à faire pour trouver les inconnues quand les données sont numériques.

D'après l'équation (C), nous devons supposer $h < a + b$ pour qu'il y ait des solutions. Nous nommerons celles-ci *directes* quand θ est aigu comme dans la figure, et *indirectes* quand θ est obtus. Dans tous les cas, nous regarderons θ comme une fonction de φ donnée par l'équation (B), et pour des valeurs croissantes de φ, ayant trouvé celle de θ, nous les substituerons dans l'expression

$$u = a \sin \theta + b \sin \varphi$$

pour voir si elle est supérieure ou inférieure à h.

Solutions directes. — Il faut, d'après l'équation (B), qu'on ait au moins $\tang \varphi = \frac{1}{2} \cot i$; ainsi en posant $\tang \alpha = \frac{1}{2} \cot i$, φ croît de α à $\frac{1}{2} \pi - i$; $\tang \theta$ augmente en même temps de o à $\cot i$, ou θ de o à $\frac{1}{2} \pi - i$, et par conséquent u croît constamment de $b \sin \alpha$ à $(a + b) \cos i$. Dans l'intervalle u deviendra égal à h pourvu qu'on ait à la fois

$$(\text{D}) \qquad\qquad h > b \sin \alpha, \qquad\qquad h < (a + b) \cos i$$

et la valeur de φ pour laquelle il en est ainsi se trouve aisément par des essais, u étant croissant.

Solutions indirectes. — Il est préférable pour celles-là de remplacer θ par $\pi - \theta'$, de sorte que θ' sera un angle aigu et positif; l'équation (B) devient alors

$$2 \tang \varphi + \tang \theta' = \cot i$$

Si pendant que φ croît entre deux nombres donnés u est constamment croissant ou constamment décroissant, on trouvera comme ci-dessus la valeur intermédiaire de φ pour laquelle $u = h$, si elle existe. Tout se réduit donc à déterminer les périodes de croissance et de décroissance de u. Pour cela posons

$$\frac{1}{2} \cot i = c, \qquad\qquad \tang \varphi = x$$

l'équation (B) donne $\tang \theta' = 2 (c - x)$; ainsi x varie seulement de $- \infty$ à $+ c$. Il en résulte

7

$$u = \frac{bx}{\sqrt{1 + x^2}} + \frac{2\,a\,(c - x)}{\sqrt{1 + 4\,(c - x)^2}}$$

on en tire

$$\frac{du}{dx} = \frac{b}{(1 + x^2)^{\frac{3}{2}}} - \frac{2\,a}{\left[1 + 4\,(c - x)^2\right]^{\frac{3}{2}}}$$

Les valeurs de x qui rendent u maximum ou minimum sont données par l'équation $\dfrac{du}{dx} = o$, qui se réduit à

$$1 + 4\,(c - x)^2 = (1 + x^2)\left(\frac{2a}{b}\right)^{\frac{2}{3}}$$

Si a, b, h, i sont connus en nombres, on trouvera en résolvant cette équation du second degré les périodes de croissance et de décroissance de u, et même dans le cas contraire on pourra exprimer, en fonction de a, b, h, i, les conditions nécessaires pour que le nombre de solutions de l'équation $u = h$, soit 1, 2, 3 ou o. Il est inutile de détailler ces formules qui sont d'une grande complication.

Complément de la solution. — Nous avons vu qu'on devait supposer $h < a + b$ et si cette condition est remplie, il semble qu'il doit toujours exister une solution directe ou une position d'équilibre telle que le point O soit le plus bas possible; cela n'a lieu cependant que si h satisfait les conditions (D). Il est donc nécessaire de compléter la discussion par l'examen des cas extrêmes, comme cela arrive fréquemment dans les questions de statique.

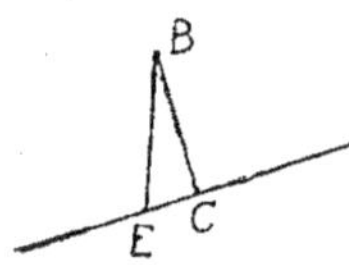

Remarquons d'abord qu'en menant la verticale BE jusqu'à la rencontre du plan on a

$$BE = \frac{BC}{\cos i} = \frac{h}{\cos i}$$

Si donc la seconde condition (D) n'est pas remplie, ou qu'on ait $\dfrac{h}{\cos i} > a + b$, cela signifie qu'on pourrait suspendre la tige verticalement au point B sans qu'elle atteignît le plan.

L'autre condition (D) est $h > b \sin \alpha$, de sorte que pour de petites valeurs de h la position d'équilibre n'existe plus; cela provient évidemment de ce que, pour être en équilibre, la tige doit alors être couchée sur le plan.

En effet, en la supposant ainsi, ses conditions d'équilibre se détermineront comme précédemment; R ne sera plus une force appliquée en O, mais la résultante des actions normales du plan le long de la tige. Les équations (A) resteront les mêmes, et l'on aura encore

$$f = \frac{p \sin i}{\cos \varphi}, \qquad R = \frac{p \cos (\varphi + i)}{\cos \varphi}$$

Comme dans la situation actuelle φ ne peut être négatif, cet angle devra être compris entre o et $\frac{1}{2}\pi - i$.

Le moment de R par rapport à O, au lieu d'être nul, deviendra Rl, l désignant la distance du point O au point d'application de la résultante R des forces du plan.

Pour les moments de f et p par rapport à O, nous avons trouvé

$$af \sin (\varphi - \theta), \qquad -\frac{1}{2} ap \cos (\theta + i);$$

nous devons y supposer $\theta = o$, et la condition relative aux moments sera ainsi

$$Rl - \frac{1}{2} ap \cos i + af \sin \varphi = o$$

Les forces de contact du plan se disposeront d'elles-mêmes pour produire l'équilibre si c'est possible, c'est-à-dire si l'équation précédente peut être satisfaite par une valeur de l comprise entre o et a, ou si le premier membre a pour $l = o$ et $l = a$ des valeurs de signe contraire.

Les conditions d'équilibre sont donc

$$R - \frac{1}{2} p \cos i + f \sin \varphi > o, \qquad f \sin \varphi - \frac{1}{2} p \cos i < o$$

Les valeurs de f et R satisfont la première, les équations (A) donnant

$$R + f \sin \varphi = p \cos i$$

La seconde, en y substituant la valeur de f, devient

$$\frac{p \sin i \sin \varphi}{\cos \varphi} - \frac{1}{2} p \cos i < o, \qquad \tang \varphi < \frac{1}{2} \cot i$$

c'est-à-dire $\varphi < \alpha$. D'autre part, la condition (C) se réduit à $h = b \sin \varphi$; la condition nécessaire pour que la tige couchée sur le plan puisse être en équilibre est donc $h < b \sin \alpha$, et elle est satisfaite quand la condition (D) ne l'est pas.

25. Exemple de l'équilibre d'un système de solides en négligeant le frottement. — *Équilibre d'une voûte.* — On nomme ainsi un assemblage de pierres taillées qui restent suspendues en s'appuyant mutuellement, de façon à recouvrir un espace vide. L'étude de leurs formes diverses rentre plutôt dans la *stéréotomie* que dans la mécanique. Elles se construisent d'après des règles pratiques, et entre autres les *joints* ou les surfaces communes à deux pierres contiguës doivent être autant que possible perpendiculaires à la surface visible, nommée la *douelle* ; sans cela quelques pierres présenteraient des arêtes aiguës, risquant de se briser.

On nomme *berceau* une voûte dont la douelle est une surface cylindrique ; c'est la forme en général employée pour les portes, passages et les arches de pont. Ici se présente encore une règle pratique évidente : si l'ouvrage est compris entre deux plans verticaux parallèles, les surfaces des joints doivent leur être perpendiculaires, sans quoi la pression mutuelle des pierres tendrait à en déjeter une partie hors de ces plans. Mais une théorie générale de ces constructions est fort difficile ; elle dépendrait de la distribution des poids qu'ils supportent ; pour les ponts, par exemple, cette distribution est variable, et il y entre la charge de corps en mouvement. D'ailleurs la disposition des joints est suffisamment indiquée par les deux règles pratiques déjà énoncées.

Dans ce qui suit nous nous occuperons uniquement des berceaux nommés *plate-bandes*, dont la douelle est un plan, et qu'on emploie fréquemment, surtout pour des arcades de magasins. Les joints ne peuvent plus être perpendiculaires à la douelle de sorte qu'on doit recourir à des considérations mécaniques pour trouver leur direction. D'autre part, cette recherche est facilitée par le fait que l'ouvrage étant noyé dans la maçonnerie, on peut regarder la charge qu'il supporte comme répartie d'une manière sensiblement uniforme.

A cause des faibles secousses du sol, auxquelles une construction est exposée, l'équilibre doit avoir lieu en négligeant le frottement; si celui-ci, agissant entre deux pierres, contribuait à maintenir leur position, ces secousses provoqueraient de petits glissements successifs, de même qu'un corps pesant retenu par le frottement sur un plan incliné descendrait un peu à chaque secousse.

Le nombre des pierres est toujours impair et elles sont symétriques de part et d'autre de la pierre du milieu; l'appareil est compris entre deux plans verticaux parallèles dont la distance sera désignée par l, et nous prendrons pour plan de la figure la coupe verticale équidistante de ces deux plans, contenant en général les forces qu'on aura à considérer.

Nous nommerons p la charge que supporte par mètre carré le plan supérieur de la voûte; p' le poids d'un mètre cube de la pierre. Nous prendrons pour le système en équilibre celui qui est compris entre un joint quelconque figuré par CD, et un plan vertical perpendiculaire à celui de la figure et parta-

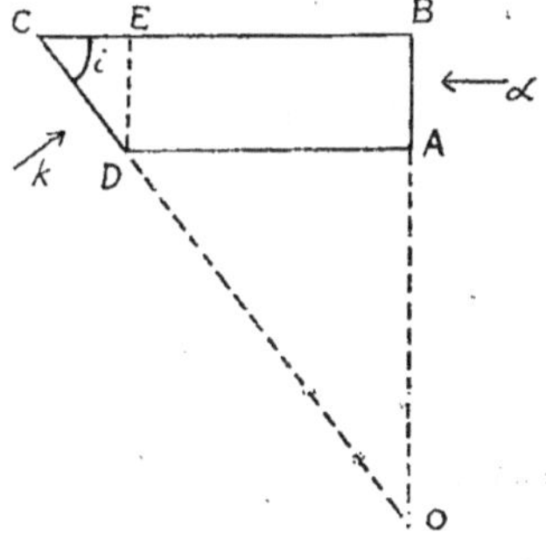

geant suivant AB en deux parties égales la pierre du milieu. Parmi les forces extérieures se trouvent ainsi les forces de contact exercées suivant AB; elles ne peuvent produire une pression tangentielle ni dans le sens vertical ni dans le sens perpendiculaire au plan de la figure, car il n'y a aucune raison pour que la moitié de l'ouvrage située à droite de AB pousse l'autre moitié à descendre plutôt qu'à monter, ni à se déplacer en avant plutôt qu'en arrière; toutes ces forces se réduisent donc à une pression normale α parallèle à BC. De même, puisqu'il n'y a pas de frottement, les forces de contact exercées sur le système suivant CD se réduisent à une pression normale k, et en désignant par i l'angle BCD, ses composantes horizontale et verticale seront $k \sin i$, $k \cos i$. En nommant P le poids total du système et de sa charge on aura ainsi pour l'équilibre

$$k \sin i = \alpha, \qquad k \cos i = P$$

et une équation entre les moments qui nous est inutile, parce qu'elle nous donnerait la position du point d'application de k; or nous cherchons seulement la direction des joints ou l'angle i; les pressions mutuelles inconnues doivent donc être éliminées. En substituant $k = \dfrac{\alpha}{\sin i}$ la seule relation à employer est $\alpha \cot i = P$.

Soit h la hauteur AB; le système a la forme d'un prisme de hauteur l dont la base est le trapèze ADCB; son volume est

$$\frac{1}{2} hl \, (AD + BC) \, ;$$

la surface supérieure est $l \times$ BC: la charge verticale totale est donc

$$P = \frac{1}{2} hl \, (AD + BC) \, p' + pl \times BC$$

Les quantités i, AD, BC, variables d'un joint à un autre, peuvent se ramener à deux, car en menant la verticale DE on a

$$CE = DE \cot DCE = h \cot i$$

d'où $AD = BC - h \cot i$; en faisant cette substitution dans l'équation $\alpha \cot i = P$, elle devient

$$\alpha \cot i = \frac{1}{2} p'hl\,(2\,BC - h \cot i) + pl\,BC;$$

en rassemblant les termes contenant BC et cot i, cette relation prend la forme $F \cot i = F' \times BC$, les coefficients F, F' contenant les lettres h, l, p, p', α qui sont des constantes ou les mêmes pour tous les joints. Il en résulte

$$\frac{F}{F'} = BC \tan g\, i = BC \tan g\, BCO = BO$$

le point O étant l'intersection de AB et CD; puisque BO est constante la condition d'équilibre est que tous les joints aillent couper au même point O la verticale BAO du milieu.

Après qu'on aura choisi à volonté le point O, la condition $BO = \dfrac{F}{F'}$ donnera $\dfrac{F}{F'}$: les valeurs de h, l, p' sont bien connues ; si l'on peut évaluer celle de la charge p on aura ainsi celle de α, et l'équation $k = \dfrac{\alpha}{\sin i}$ donnera la pression mutuelle k sur tous les joints.

26. Équilibre d'une chaîne et d'un système articulé. — Toute chaîne est formée d'une suite de solides pesants dont chacun touche le suivant et le précédent en un point autour duquel il peut tourner. Le premier et le dernier sont de même suspendus à des appuis fixes. Nous allons vérifier que dans l'état d'équilibre un même plan vertical contient tous les points de contact successifs A, B, C, etc., tous les centres de gravité des solides et toutes les forces qui agissent entre eux.

1° Soient A, B deux points de contact consécutifs ; le centre de gravité G du solide intermédiaire doit être dans le plan vertical mené par la droite AB, car dans le cas contraire, si l'on fixait la droite AB, le solide soumis alors à son seul poids tournerait autour d'elle. Par conséquent A′, B′, G′ étant les projections de A, B, G sur un plan horizontal, G′ est sur la droite A′B′ et nous pouvons évidemment laisser de côté le cas anormal où il se trouverait sur ses prolongements, bien que le principe reste alors exact.

2° Si C′, H′ sont les projections du point de contact suivant C et du centre de gravité H du solide BC,

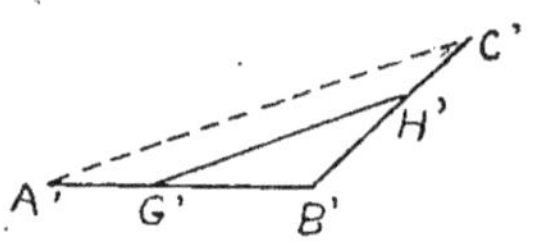

H′ est de même sur B′C′, et si comme dans la figure A′B′ et B′C′ n'étaient pas sur la même droite, le centre de gravité du système de AB et BC solidifié se trouverait sur G′H′ entre ces deux points et ne serait pas sur A′C′ ; par suite si l'on fixait la droite AC le système tournerait autour de cette droite. Il faut donc pour l'équilibre que A′B′ et B′C′ soient sur une même droite, ou que le plan vertical mené par AB contienne BC ; il contiendra de même CD et ainsi de suite, c'est-à-dire tous les points de contact et tous les centres de gravité.

3° Il contient aussi toutes les forces, par exemple la force f qui agit en B sur le solide AB ; en effet, supposons qu'on fixe une droite AL menée dans ce plan perpendiculairement à AB, de sorte que le solide AB ne puisse plus que tourner autour d'elle ; la somme des moments des forces par rapport à cette droite devra être nulle ; celui du poids l'étant déjà il devra en être de même pour celui de f ; il faut donc que cette force soit dans un même plan avec AL.

Conditions géométriques. — En prenant le plan pour celui des xy, l'origine étant au point de suspension S, on pourrait, connaissant la position d'équilibre, trouver les coordonnées des points A, B, C., etc., jusqu'au dernier S′ qui est l'autre point de suspension. Or pour celui-là elles sont données ; il en résulte deux égalités ou conditions géométriques.

Système articulé. — Nous ne pourrions trouver pour la forme de la chaîne un résultat simple en laissant aux solides leur généralité, d'autant plus que les points de contact peuvent être variables. Nous admettrons donc que ces solides sont des tiges articulées successivement entre elles et aux points de suspension S, S', et nous les assimilerons à des droites de longueur et de poids donnés. A chaque articulation agit une force de contact contenue dans le plan du système, pris pour celui des xy, et les projections de la force sur les axes sont deux inconnues ; les inclinaisons des tiges à l'horizon en sont d'autres. Si n est le nombre des tiges, on aura ainsi pour inconnues n inclinaisons et $2(n+1)$ projections de forces, ou en tout $3n+2$. D'autre part, à chaque tige correspondent trois équations d'équilibre, les forces étant dans un même plan : les conditions géométriques en fournissent deux ; il y en aura donc en tout $3n+2$ ou autant que d'inconnues.

Pour simplifier la question, admettons que S, S' soient au même niveau et que les tiges de même rang à partir de ces points aient le même poids et la même longueur, le centre de gravité de chacune étant au milieu. Entre autres positions d'équilibre il en existe évidemment une dont la forme est symétrique par rapport à la verticale HO menée par le milieu H de SS', les tiges descendant à partir de S et S' jusqu'au point le plus bas O. Nous nous bornerons à chercher celle-là ; O sera ainsi un point d'articulation si le nombre des tiges est pair, le milieu d'une tige horizontale s'il est impair.

1° Soient B, B' deux points d'articulation symétriques. Si nous supposons l'ensemble BOB' solidifié, son centre de gravité sera sur HO, et son poids sera équilibré par les forces qu'exercent en B, B' les tiges supérieures AB, A'B', ou les appuis S, S' si B, B' coïncident avec ces points.

Par conséquent, les composantes horizontales de ces forces sont égales en sens contraire ; leurs composantes verticales agissent de bas en haut, et pour faire équilibre au poids sont chacune égales à sa moitié ; en B ce sera donc le poids de la portion BO.

Il en résulte que les forces de contact sont symétriques par rapport à HO, et si les conditions d'équilibre sont satisfaites pour les tiges de la portion SO, elles le seront aussi pour la portion S'O.

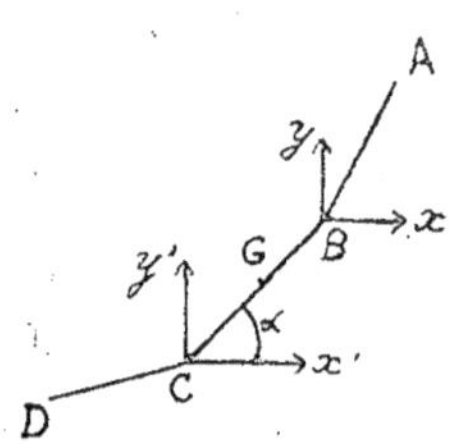

2° Considérons maintenant l'équilibre de la tige quelconque BC, de longueur l, de poids p. Soient x, y les composantes horizontale et verticale de la force exercée en B par AB sur BC, et x', y' leurs analogues pour la force exercée en C par BC sur CD; y, y' ont le sens indiqué sur la figure; si celui de x, x' était opposé, nous supposerions ces forces négatives. Celle qui agit de CD sur BC a pour projections $-x'$, $-y'$, et les deux premières conditions d'équilibre sont ainsi

$$x - x' = o, \qquad y - y' - \mathrm{p} = o.$$

La relation $x = x'$ montre que la composante horizontale est la même en chaque point d'articulation; la relation $y = y' + p$ est identiquement satisfaite par les valeurs de y, y' que nous connaissons déjà, y étant le poids de la portion BCDO et de même y' celui de CDO.

Soit ensuite α l'angle BCx'; la condition relative aux moments, en leur donnant C pour centre, est évidemment

$$yl \cos \alpha - xl \sin \alpha - \frac{1}{2} pl \cos \alpha = o$$

d'où

$$\tan \alpha = \frac{y - \frac{1}{2} p}{x}$$

De la sorte $\tan \alpha$ a partout le signe de x; or $\tan \alpha$ ne pourrait être négative ou α obtus pour toutes les tiges de la portion SO; par suite x est positif et l'angle α partout aigu. En outre y est le poids de la portion BCDO, $\frac{1}{2} p$ celui de BG, et par suite $y - \frac{1}{2} p$ celui de GCO.

Il ne reste d'autre inconnue que x; on la déterminera par la condition que les projections horizontales des tiges aient pour somme SS'.

Si toutes les tiges ont le même poids p, il est clair que les poids des portions GO, pour les milieux G des tiges successives à partir du point O, sont p, $2p$, $3p$, etc., si le nombre des tiges est impair, et $\frac{1}{2} p$, $\frac{3}{2} p$, $\frac{5}{2} p$, etc., s'il est pair. Les tangentes des inclinaisons sont proportionnelles à ces poids ; elles le seront donc à $1, 2, 3$, etc., dans le premier cas et à $1, 3, 5$, etc., dans le second. Si par exemple il y a quatre tiges, α étant l'inclinaison de OF, et β celle de FS, on aura $\tang \beta = 3 \tang \alpha$, et la condition géométrique

$$\text{OF} \cos \alpha + \text{FS} \cos \beta = \frac{1}{2} \text{SS'}$$

27. Lois du frottement à l'état de repos ou de mouvement.

— Nous admettrons que les corps frottants sont simplement appuyés l'un contre l'autre, sans adhésion, l'une au moins de leurs surfaces ayant un plan tangent unique. Le cas le plus simple est celui d'un corps pesant, de poids p, posé sur un plan horizontal, et qu'une force φ parallèle au plan, tend à faire glisser ; il reste alors en repos si la force est faible. Puisqu'il est en équilibre, le plan exerce sur lui une pression normale égale à p, et une pression tangentielle égale et opposée à φ ; celle-ci est le *frottement à l'état de tension*. Si l'on augmente progressivement la force φ, sa valeur φ' à l'instant où le corps commence à glisser mesure la pression tangentielle maxima que la surface soit capable d'exercer. On la nomme *frottement au départ* et son rapport $\frac{\varphi'}{p}$ à la pression normale est le *coefficient du frottement au départ*. Il est indépendant de la pression normale, de la forme et de la nature du corps, de l'étendue de la surface frottée et varie seulement avec la nature de cette surface dans les deux corps et son degré de poli.

Si le corps continue de glisser le plan exerce une pression tangentielle en sens contraire du mouvement et cette force retardatrice est le *frottement* ordinaire ; son rapport à la pression normale se nomme aussi le *coefficient du frottement*. Celui-là comme l'autre est indépendant de la pression normale et de l'étendue de la surface frottée et ne varie qu'avec sa nature. On le regarde même comme indépendant de la vitesse, bien que dans quelques cas particuliers ce fait ait été contesté. Nous avons pris comme exemple un corps pesant posé sur un plan, mais ce qui précède reste exact pour un corps frottant une surface quelconque, le poids du corps étant alors remplacé par sa pression normale.

On conçoit aisément pourquoi le frottement est indépendant de l'étendue de la surface frottée ; en effet, soit p la pression, k le coefficient du frottement qui sera ainsi kp. Si l'on partage le corps et la surface en deux parties égales, de sorte que le frottement soit le même pour chacune, sa valeur sera $\frac{1}{2} kp$, mais en même temps chacune ne supportera que la pression $\frac{1}{2} p$; le rapport des deux forces reste ainsi le même.

Le coefficient du frottement, dépendant des deux surfaces, est très variable quand on les laisse à l'état naturel. En voici quelques exemples :

	Frottement ordinaire	Frottement au départ
Chêne sur chêne les fibres étant parallèles	0,48	0,62
Chêne sur chêne les fibres étant perpendiculaires	0,34	0,54
Calcaire sur calcaire	0,64	0,74
Fonte sur fonte	0,15	0,16

Pour les corps mouillés d'eau, le coefficient du frottement au départ semble augmenter un peu, tandis que l'autre diminue. Dans les applications industrielles on atténue toujours le frottement par des enduits. Le coefficient du frottement ordinaire pour le bois et les métaux est alors en général réduit à 0,07 ou 0,08, et si l'enduit est constamment renouvelé, il s'abaisse à 0,05. Si les surfaces sont simplement onctueuses, il est en moyenne de 0,15.

Explication probable du frottement. — Quand deux surfaces A, B ont glissé l'une sur l'autre pendant un temps prolongé, l'usure a enlevé les saillies trop prononcées de chacune d'elles, et celles qui restent ont une courbure assez faible pour que le mouvement ne les fasse plus disparaître ; mais celles du corps A pénètrent dans les rentrants de la surface B, de sorte qu'il se produit une série de petits chocs, et en même temps, en supposant par exemple que A

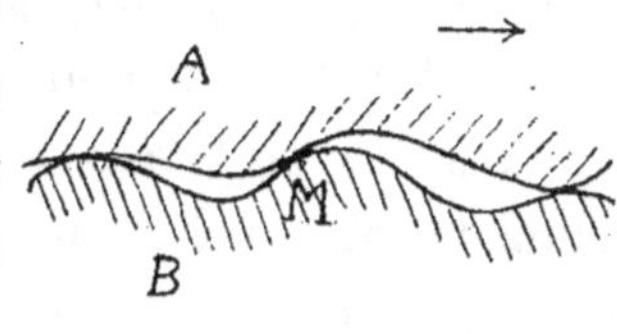

soit un corps pesant, se mouvant dans la direction de la flèche, et B un plan immobile, le point de contact M est contraint de remonter une sorte de petit plan incliné. Telle est sans doute une des causes pour lesquelles les forces des contacts prennent une direction oblique, produisant ainsi une force retardatrice. On conçoit même que si la vitesse augmente, la pénétration devient moins prononcée, et cette circonstance compense l'accroissement d'intensité des chocs, de sorte que le frottement reste sensiblement le même.

Le frottement au départ est évidemment dû à cette même disposition des surfaces, et son coefficient est toujours plus fort que pendant le mouvement parce que la pénétration est plus complète. Il s'y joint une autre circonstance : Nous avons vu au numéro 23 que tout contact a une certaine étendue, produite par une dépression des deux surfaces ; or des mesures micrométriques d'une grande délicatesse ont montré que même dans les corps les plus durs cette espèce de tassement s'accroît pendant une durée très variable, dépassant presque toujours une minute. Il est donc aussi plus prononcé quand les surfaces sont en repos relatif. Aussi observe-t-on que le coefficient du frottement au départ diminue si les surfaces ont été en mouvement peu de temps auparavant. Il faut pour qu'il reprenne sa valeur normale que le repos relatif ait duré un certain temps, en général de quelques minutes.

Frottement de roulement. — Lorsqu'une roue roule sans glisser sur un plan cela signifie que le point de contact A n'a pas de 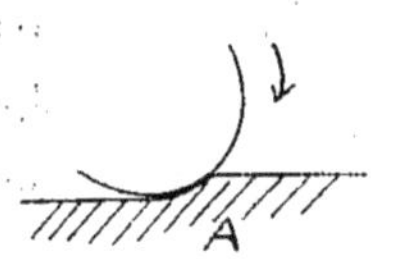 vitesse parallèle au plan; comme le contact a une faible étendue la dépression est plus prononcée, et en supposant que la roue tourne dans le sens de la flèche la pression du plan en A a constamment une direction légèrement oblique en arrière du mouvement; la force retardatrice qui en résulte est en général beaucoup plus faible que le frottement ordinaire. Voici pour le tirage des voitures quelques exemples du coefficient du frottement de roulement ou de son rapport à la charge :

Terrain ferme, battu et très uni	0,040
Chaussée à l'état d'empierrement ordinaire	0,080
Chemins de fer à ornières saillantes en bon état d'entretien	0,007
Les mêmes avec les essieux maintenus constamment huilés	0,005

Ce ne sont que des résultats moyens; ils contiennent, outre le frottement de roulement, le frottement ordinaire des essieux; la résistance diminue si les roues sont plus grandes; elle augmente si une voiture va au trot et non au pas. Le frottement de roulement n'a pas comme l'autre des lois simples, et comme nous n'aurons à en faire aucune application, il est superflu de détailler les théories diverses auxquelles il a donné lieu.

Forces de contact admissibles. — Il ne s'agit plus ici que du frottement statique. On nomme *angle du frottement* celui qui a pour tangente le coefficient c du frottement au départ.

Soient A, A′ deux points en contact appartenant à des solides S, S′, en admettant que S′ soit fixe. Nous pouvons assimiler ainsi 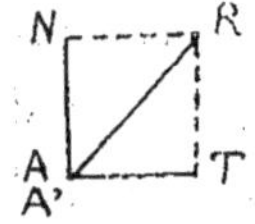 à des points une très petite étendue de surface frottante. Figurons par AR la force du contact, par AN, AT ses composantes normale et tangentielle. Nous avons vu que la surface S' n'est susceptible d'exercer que des frottements de tension AT pour lesquels on ait

$$\frac{A\,T}{A\,N} < c \qquad \text{ou} \qquad \text{tang NAR} < c$$

Or c est la tangente de l'angle du frottement. Par suite, *les forces de contact admissibles sont toutes celles qui font avec la normale un angle inférieur à celui du frottement*, leur intensité étant d'ailleurs quelconque.

28. Équilibre d'un solide en ayant égard au frottement. — *Premier exemple.* — Équilibre d'un corps pesant posé sur un plan incliné. Nous supposons sa forme telle qu'il ne soit pas renversé, ou ne puisse se déplacer qu'en glissant. Soit p son poids, c le coefficient du frottement et i l'inclinaison du plan sur l'horizon. La pression du corps contre le plan est $p \cos i$; $p \sin i$ est la force parallèle au plan qui tend à le faire descendre. La condition d'équilibre est donc

$$p \sin i < cp \cos i, \qquad \text{tang } i < c$$

Si l'on incline le plan jusqu'à ce que le corps glisse, on aura à cet instant tang $i = c$, de sorte qu'alors l'inclinaison mesure l'angle du frottement.

Second exemple. — Équilibre d'un solide formé de deux tiges ABC, BD, liées entre elles et à des colliers A, D, embrassant l'arbre vertical OZ, le long duquel ils peuvent glisser; un poids p est suspendu en C. On considère comme négligeable le poids du solide et les dimensions de l'arbre et des colliers.

Les forces de contact en A, D et le poids p sont trois forces agissant sur le solide comme s'il était libre. D'après le numéro 13, elles doivent pour l'équilibre être dans un même plan, ou dans celui de la figure. Soient x, y, x', y' les composantes des forces de contact en A et D, en les supposant négatives quand elles n'ont pas le sens indiqué dans la figure ; x, x' sont les pressions normales, et y, y' les frottements de tension.

En posant AD $= h$, AC $= l$, et prenant A pour centre des moments, les équations d'équilibre sont

$$x' = x, \qquad y + y' = p, \qquad x'h = lp$$

En outre, c étant le coefficient du frottement, il faut qu'on ait numériquement

$$y < cx, \qquad y' < cx'$$

En substituant

$$x = x' = \frac{lp}{h}$$

on voit qu'il y aura équilibre s'il existe des valeurs de y, y' satisfaisant à la fois

$$y + y' = p, \qquad y < \frac{clp}{h}, \qquad y' < \frac{clp}{h}$$

Ces dernières concernent les valeurs numériques de y, y', mais elles auraient encore lieu si on les prenait avec leur signe, d'où résulte

$$y + y' < \frac{2clp}{h}, \quad \text{ou} \quad p < \frac{2clp}{h}$$

. Si cette dernière relation est satisfaite, les autres le seront en prenant $y = y' = \frac{1}{2}p$. La seule condition d'équilibre est donc

$$h < 2cl, \quad \text{ou} \quad \frac{AD}{AC} < 2c$$

Elle est indépendante du poids et par suite, si elle a lieu, le solide ne pourra glisser quel que soit le poids p.

Troisième exemple. — Équilibre d'une planche dont les extrémités sont appuyées contre un mur vertical et le sol horizontal.

En la représentant par la droite OB on voit comme au numéro

précédent que les forces de contact en O, B et le poids doivent être dans le plan de la figure.

Désignons par l la longueur OB ; par c, c' les coefficients du frottement en O et B ; par $2p$ le poids du solide appliqué

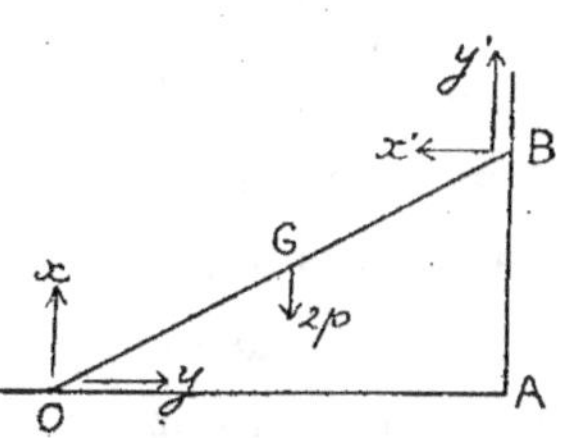

en G au milieu de OB ; par x, x' les pressions normales du sol et du mur en O et B ; par y, y' les frottements de tension aux mêmes points, supposés positifs quand ils ont le sens indiqué dans la figure, négatifs en sens contraire ; soit enfin i l'angle BOA, qui est en réalité l'inconnue, mais qu'on considère comme donné dans les équations d'équilibre.

Les forces sont dans un même plan et en prenant O pour centre des moments, ces équations seront

$$x + y' = 2p, \qquad y = x'$$
$$-2p \times \frac{1}{2}\, l \cos i + y' \, l \cos i + x' l \sin i = o ;$$

en posant $\cot i = \rho$, la troisième se réduit à

$$\rho\,(y' - p) + x' = o$$

En outre, on doit avoir $x > o$, $x' > o$, et, numériquement, $y < cx$, $y' < c'x'$, ou algébriquement,

$$cx + y > o, \qquad cx - y > o, \qquad c'x' + y' > o, \qquad c'x' - y' > o$$

La somme des deux premières entraînant comme conséquence $x > o$, et celle des autres $x' > o$, ces dernières conditions deviennent superflues. On devrait tirer des équations d'équilibre trois inconnues pour les substituer dans les inégalités ; le résultat sera plus simple en prenant pour inconnue auxiliaire $p - y' = z$, ce qui donne

$$y' = p - z, \qquad x = p + z, \qquad x' = y = \rho z .$$

Les inégalités deviennent ainsi

$$c\,(p + z) + \rho z > o, \qquad c\,(p + z) - \rho z > o$$
$$c'\rho z + p - z > o, \qquad c'\rho z - p + z > o$$

8

Pour qu'il y ait équilibre, il faut et il suffit qu'une valeur de z puisse les satisfaire toutes à la fois. En ajoutant les deux dernières on trouve $z > o$; la première en est une conséquence et peut être supprimée. Ensuite nous devrions tirer z de chacune d'elles; or plusieurs de ses coefficients sont des binômes de signe indécis, ce qui entraînerait des complications. Il est donc préférable de diviser les inégalités par z, puisque ce nombre est positif, et de prendre pour inconnue $\dfrac{p}{z} = u$, ce qui donne

$$ cu + c - \rho > o, \qquad u + c'\rho - 1 > o, \qquad -u + c'\rho + 1 > o $$

on doit y joindre $u > o$ qui n'est plus une conséquence des autres. On en tire

$$ u > o, \qquad u > \frac{\rho - c}{c}, \qquad u > 1 - c'\rho, \qquad u < 1 + c'\rho $$

Ces inégalités ayant la forme $u > A$, $u > B$, $u > C$, $u < A'$, il faut et il suffit, pour qu'une même valeur de u puisse les satisfaire toutes, qu'on ait $A' - A > o$, $A' - B > o$, $A' - C > o$, c'est-à-dire

$$ 1 + c'\rho > o, \qquad 1 + c'\rho - \frac{\rho - c}{c} > o \qquad 1 + c'\rho - (1 - c'\rho) > o $$

la première et la troisième sont identiques; dans la seconde, où $2c + cc'\rho - \rho > o$, dont ρ ou $\cot i$ est l'inconnue, son coefficient est de signe indécis; il est donc préférable de l'écrire

$$ \frac{2c}{\rho} + cc' - 1 > o \quad \text{ou} \quad \operatorname{tang} i > \frac{1 - cc'}{2c} $$

C'est donc l'unique condition d'équilibre. Il aura lieu pour toute inclinaison si $cc' > 1$; dans le cas contraire, en posant $\operatorname{tang} i' = \dfrac{1 - cc'}{2c}$ la condition sera $i > i'$.

Autre méthode. — La question peut être ramenée à l'équilibre de forces appliquées à un point; pour cela soient P, P' les pressions obliques des surfaces en O et B, qui doivent faire équilibre au poids $2p$ appliqué en G ; il faut que leur résultante soit dirigée suivant la verticale GC et par conséquent leur intersection doit se trouver sur cette droite, et il suffit pour l'équilibre que ce point M soit en outre au-dessus de G, afin que la résultante de P et P′ soit dirigée de bas en haut.

Menons la droite BD faisant avec l'horizontale BN′ l'angle du frottement en B. En posant $OC = CA = a$, $AB = b$, on aura

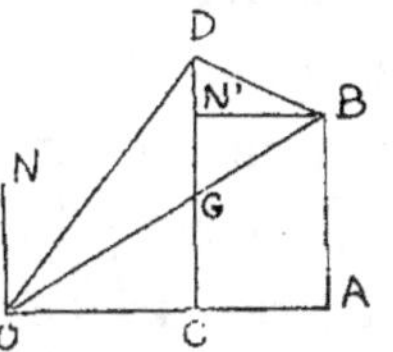

$$DN' = BN' \text{ tang } DBN' = c'a \qquad CD = b + c'a$$

Les points M où CD rencontre les forces P′ admissibles en B sont au-dessous de D ; pour qu'en même temps OM puisse être la direction d'une force P admissible en O, il faut et il suffit que OD en soit une, puisqu'elle fait un angle moindre avec la normale ON. La condition d'équilibre est donc

$$c > \text{tang } DON = \frac{OC}{CD} = \frac{a}{b + c'a}$$

En y substituant $b = 2a$ tang i, elle se réduit à

$$c > \frac{1}{c' + 2 \text{ tang } i} \quad \text{ou} \quad \text{tang } i > \frac{1 - cc'}{2c}$$

comme nous l'avons déjà trouvé.

29. Équilibre d'un système de solides, en ayant égard au frottement. — *Premier exemple. Arc-boutement des roues dentées.* — Deux roues dentées peuvent tourner autour de leurs centres O, O′ ; la première reçoit le mouvement d'une force dont le moment μ par rapport à O tend à la faire tourner dans le sens de la flèche ; une de ses dents touche en

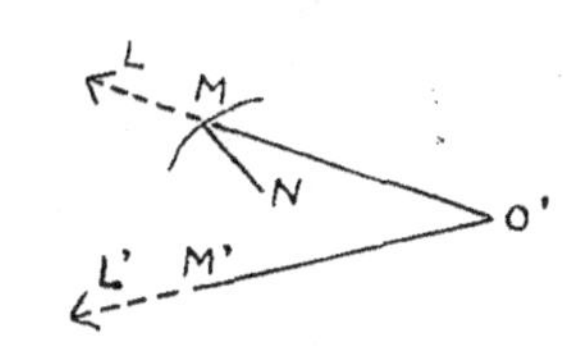

M une dent de la roue O′, exerçant sur elle une pression suivant la normale MN et un frottement ; aucune autre force n'agit sur la roue O′. Nous pouvons, comme on l'a vu au numéro 22, considérer les roues comme deux solides ayant un axe fixe et remplacer seulement le contact en M par une force q. Cette force, pour l'équilibre de la roue O', doit être dirigée suivant MO'; elle le pourra si l'angle O'MN est inférieur à l'angle du frottement, et en supposant cette condition satisfaite, son intensité q restera arbitraire. La roue O doit être aussi en équilibre ; outre le moment μ il agit sur elle une pression q égale et opposée à l'autre, dirigée suivant ML, prolongement de O'M ; celle-là dans la figure tend à la faire tourner dans le sens contraire à la flèche ; ainsi quel que soit μ on pourra attribuer à q une valeur telle que son moment soit égal à μ et de signe contraire. La seule condition d'équilibre des deux roues est donc que l'angle O'MN soit inférieur à celui du frottement.

Mais l'équilibre est impossible si M a la position M' de l'autre côté de la droite OO', car la pression suivant M'L' tendrait à faire tourner la roue O dans le sens de la flèche. L'état d'équilibre, nommé *arc-boutement des roues dentées*, ne peut donc se produire dès que le point de contact des dents a dépassé la ligne OO' des centres, et en général on dispose les roues de façon que le contact ait lieu dans cette situation.

Second exemple. Équilibre du coin. — Le coin est un prisme

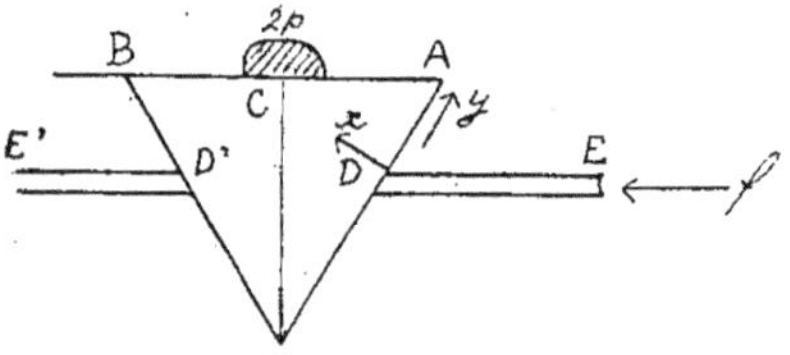

triangulaire dont la figure représente la coupe par un plan équidistant des bases. Le triangle OAB est isocèle ; AB est horizontal, chargé d'un poids $2p$ en son milieu C ; l'angle $AOC = i$; aux points symétriques D, D' des pressions sont exercées par des tiges horizontales DE, D'E', ayant leur axe dans le plan de la figure et ne pouvant que glisser sans frottement le long de cet axe.

Les pressions obliques exercées sur le coin en D, D' devant faire équilibre au poids, il faut qu'elles se coupent sur la verticale OC, et par suite qu'elles soient symétriques par rapport à cette droite ;

ensuite la seule condition d'équilibre sera que la projection de l'une d'elles sur OC soit égale à p. En désignant par x la pression normale en D, et par y le frottement de tension, pris positif dans le sens qu'il a sur la figure, la condition précédente revient à

$$x \sin i + y \cos i = p$$

En négligeant le frottement, on aurait simplement $x \sin i = p$, et en supposant x le même en D', ce seraient les forces produisant l'équilibre. Mais si l'on a égard au frottement, il faut admettre en D, D' le contact d'une surface; si elle était immobile, il y aurait toujours équilibre, la relation précédente n'indiquant alors que la répartition des forces sur les appuis. Ainsi l'équilibre du coin avec le frottement suppose mobiles les surfaces en contact, et s'étend ainsi à plusieurs solides.

Nous supposerons que des forces égales f agissent sur les tiges suivant ED, E'D', outre les forces x, y, changées de sens. La tige ne pouvant que glisser le long d'un axe sans frottement, il faut et il suffit pour son équilibre, comme on l'a vu au numéro 11, que les projections des forces sur l'axe aient une somme nulle, ou qu'on ait

$$x \cos i - y \sin i = f$$

Des deux équations trouvées on tire

$$x = p \sin i + f \cos i, \qquad y = p \cos i - f \sin i$$

La valeur de x est ainsi toujours positive. En outre en désignant par c le coefficient du frottement on doit avoir $cx + y > 0$, $cx - y > 0$, ou

$$p (c \sin i + \cos i) + f (c \cos i - \sin i) > 0$$
$$p (c \sin i - \cos i) + f (c \cos i + \sin i) > 0$$

en substituant $c = \tang \alpha$, α étant l'angle du frottement, ces relations deviennent

$$p \cos (\alpha - i) + f \sin (\alpha - i) > 0$$
$$-p \cos (\alpha + i) + f \sin (\alpha + i) > 0$$

Si $\alpha > i$, la première condition est identique; la seconde, ou $f > p \cot(\alpha + i)$ l'est aussi quand $\alpha > \frac{1}{2}\pi - i$; dans le cas de grandes valeurs de α ou de c, l'équilibre a donc lieu quelles que soient les forces f et p.

Si $\alpha < i$, les conditions sont

$$f < p \cot(i - \alpha), \qquad f > p \cot(i + \alpha)$$

et la seconde disparaît encore si $\alpha > \frac{1}{2}\pi - i$.

30. Équilibre d'un corps déformable par rupture. Solides de moindre résistance. Murs de soutènement. Massif de terrain. — *Solides de moindre résistance.* —On nomme ainsi des solides ayant les plus petites dimensions qui leur permettent de résister aux efforts qu'ils doivent supporter, de sorte qu'ils sont à la limite de rupture, et que leurs dimensions doivent toujours être dépassées dans la pratique.

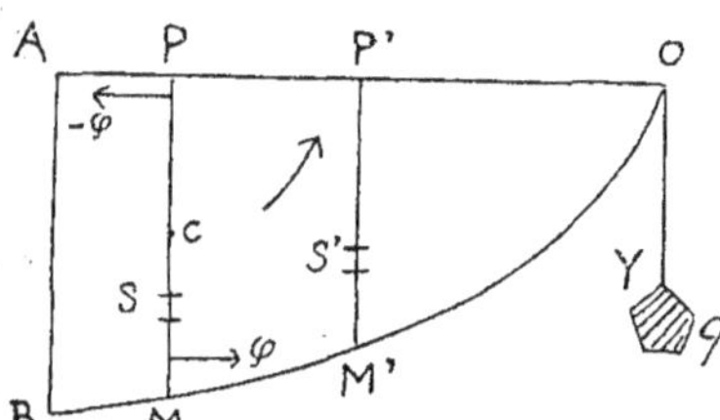

Prenons pour exemple un prisme de fonte ayant pour base l'aire ABO, l'épaisseur l étant perpendiculaire au plan de la figure; on le suppose fortement assujetti suivant la verticale AB, et supportant en O le poids q; le poids même du prisme est négligé. Plaçons l'origine en O, OX sur l'horizontale OA; BO est une courbe à déterminer par la condition de moindre résistance; M, M' sont deux de ses points, de coordonnées x, y, x', y'; leurs ordonnées MP, M'P' figurent aussi des sections perpendiculaires au plan de la figure. Voici les conditions d'équilibre du solide OMP:

1° Les forces de contact suivant MP doivent produire une pression tangentielle égale à q; mais l'influence de celle-là sur la rupture est négligeable et nous la laisserons de côté.

2° La pression normale totale doit être nulle ; or la pression f rapportée à l'unité de surface varie [d'une manière sensiblement uniforme d'un point à l'autre de MP ; elle doit donc être nulle au milieu C et avoir en M et P des valeurs $\pm \varphi$ égales et opposées.

3° La somme μ des moments de ces forces par rapport à P, pris dans le sens de la flèche, doit être égale à $q \times$ OP ou qx ; ainsi les forces φ ont le sens indiqué dans la figure, formant une *pression* en M, une *tension* en P, et c'est en P que la rupture peut se produire. Il faut donc que φ soit la *résistance à la rupture par extension*, c'est-à-dire la tension par unité de surface la plus grande que le solide puisse supporter sans se rompre.

Si pour la section M'P' μ' est le moment analogue à μ, on aura de même $\mu' = qx'$, et de P' à M' la pression par unité de surface variera encore de $-\varphi$ à φ ; si donc on partage MP, M'P' en un même nombre n très grand de parties égales, bandes horizontales perpendiculaires à la figure, les pressions rapportées à l'unité de surface seront les mêmes pour deux parties S, S' de même rang, mais pour les aires S, S' les forces auront le rapport

$$\frac{S}{S'} = \frac{MP}{M'P'} = \frac{y}{y'} \; ;$$

leurs bras de levier relatifs à P ou P' ont le même rapport, et par suite celui de leurs moments est $\dfrac{y^2}{y'^2}$; comme il en est de même pour toutes les parties, on en peut dire autant pour les sommes de moment μ, μ' ; on aura donc à la fois

$$\frac{\mu}{\mu'} = \frac{qx}{qx'} \qquad \frac{\mu}{\mu'} = \frac{y^2}{y'^2} \quad \text{ou} \quad \frac{y^2}{x} = \frac{y'^2}{x'}$$

ainsi la courbe BO est telle que $\dfrac{y^2}{x} = \text{const.}$; c'est une parabole ayant OA pour axe.

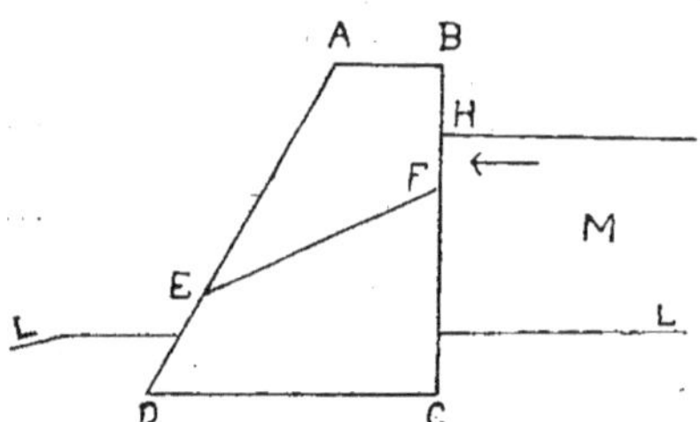

Murs de soutènement. — Soient ABCD la coupe transversale du mur ; M une masse d'eau qu'il doit soutenir ; LL le sol horizontal. Il faut pour la stabilité du mur qu'aucune sorte de déplacement ne soit possible. Une des principales est le renversement de tout ou partie de sa longueur ; le plan de rupture étant figuré par EF, il tournerait alors autour de l'axe mené par E perpendiculaire à la figure ; la force qui produit le renversement est la poussée de l'eau sur la portion FH, et il faut que son moment par rapport à l'axe E soit inférieur à celui de la force s'opposant au renversement, c'est-à-dire du poids du solide figuré par ABFE, appliqué à son centre de gravité ; on peut y joindre la cohésion suivant le plan EF ; toutefois on doit souvent la négliger comme incertaine. Les conditions précédentes doivent être satisfaites pour toutes les positions possibles des points E et F, et il en résulte un groupe d'inégalités auxquelles sont assujetties les dimensions du trapèze ABCD, désignées par des lettres.

Un autre mode de déplacement serait le glissement du solide ABFE ; mais la surface de rupture dans un mur présente des aspérités trop fortes pour le rendre à craindre.

On déterminerait de même les conditions nécessaires pour qu'il n'y ait pas de glissement de la base CD.

La rupture verticale suivant un plan parallèle à celui de la figure se produit aisément dans un mur de grande longueur, surtout si la cohésion est faible, et sa variété de forme rend le calcul plus difficile ; on la prévient en établissant de distance en distance des appuis nommés *éperons*.

Stabilité d'un massif de terrain. — Nous le supposons compris entre deux plans perpendiculaires à celui de la figure, qu'ils coupent suivant BL, AB ; le premier est horizontal ; la dimension perpendiculaire à la figure est indéfinie, mais il suffit pour trouver les conditions de stabilité de lui attribuer une longueur quelconque l.

Le déplacement à éviter n'est pas le renversement, mais plutôt le glissement d'une portion ABM sur un plan de rupture perpendiculaire à celui de la figure qu'il coupe suivant AM ; nous allons chercher la condition nécessaire pour qu'il n'ait pas lieu.

Soient AC $= h$ la hauteur du plan BL, α l'angle CAB du talus avec la verticale, β l'angle CAM, v le volume figuré par ABM, s la surface figurée par AM, p le poids de l'unité de volume, c le coefficient du frottement au départ pour deux parties du massif glissant l'une sur l'autre. Le poids pv du volume ABM se décompose en deux forces ; $pv \cos \beta$ parallèle à AM est celle qui tend à produire le glissement ; l'autre $pv \sin \beta$ est la pression totale contre la surface AM, et il en résulte $cpv \sin \beta$ pour le frottement au départ. Mais d'après les expériences de Coulomb on doit y joindre une résistance provenant de la cohésion, laquelle est indépendante de la pression, en désignant par k sa valeur pour l'unité de surface, la résistance totale ks jointe au frottement devra l'emporter sur la force $pv \cos \beta$; il faut donc qu'on ait

$$ ks + cpv \sin \beta - pv \cos \beta > o $$

en divisant par l, s se réduit à AM ou $\dfrac{h}{\cos \beta}$, et v à l'aire

$$ \text{ABM} = \frac{1}{2} h\text{BM} = \frac{1}{2} h (h \tang \beta - h \tang \alpha) ; $$

la relation précédente devient ainsi

$$ \frac{kh}{\cos \beta} = \frac{1}{2} ph^2 (c \sin \beta - \cos \beta)(\tang \beta - \tang \alpha) > o $$

En la divisant par $\frac{1}{2} ph^2 \cos \beta$, posant pour abréger

$$ \frac{2k}{ph} = a, \qquad \tang \alpha = t \qquad \tang \beta = x $$

et remplaçant $\dfrac{1}{\cos^2 \beta}$ par $1 + x'$, elle prend la forme

$$X > o \quad \text{où} \quad X = a\,(1 + x^2) + (cx - 1)\,(x - t)$$

Cette condition concernant le plan AM devra être satisfaite quelle que soit sa direction à l'intérieur du massif, ou quand $\beta > \alpha$, c'est-à-dire que X doit être toujours positif quand $x > t$; il en est déjà ainsi quand $x = t$, X se réduisant à $a\,(1 + t^2)$. Pour exprimer cette condition en fonction des données, posons

$$A = a + c, \qquad B = ct + 1, \qquad C = a + t, \qquad H = 4AC - B^2$$

de sorte qu'on a

$$X = Ax^2 - Bx + C = A\left(x - \frac{B}{2A}\right)^2 + \frac{H}{4A}$$

Comme A, B, C sont positifs, on voit que x croissant à partir de o, X décroît jusqu'à un minimum $\dfrac{H}{4A}$ correspondant à $x = \dfrac{B}{2A}$, puis croît ensuite à l'infini.

Pour que X soit positif il suffit que son minimum le soit ou qu'on ait $H > o$, et c'est nécessaire si la valeur $\dfrac{B}{2A}$ est une de celles que nous donnons à x, c'est-à-dire dépasse t; mais c'est une condition inutile si $\dfrac{B}{2A} < t$, car alors X qui est déjà positif pour $x = t$ se trouve toujours croissant à partir de cette valeur. La condition demandée revient donc à ce qu'on ait ou $H > o$ ou $t > \dfrac{B}{2A}$. Dans celles-là c'est t que nous prendrons pour inconnue; en y substituant les valeurs de A, B, C, la première devient

$$H > o, \qquad H = 4\,(a + c)\,(a + t) - (ct + 1)^2$$

et l'autre ou $2\,(a + c)\,t > ct + 1$ peut s'écrire

$$t > \theta, \qquad \theta = \frac{1}{2a + c}$$

On en tire

$$(c\theta + 1)^2 = \frac{4\,(a+c)^2}{(2a+c)^2} = \frac{4\,(a+c)^2}{2a+c}\,\theta < 4\,(a+c)\,\theta$$

par conséquent, en remplaçant t par θ dans l'expression H, le résultat est positif ou de signe contraire au coefficient de t^2 qui est $-c^2$; θ est donc comprise entre les racines t', t'' de l'équation $H = o$, et celles-ci sont réelles et inégales. La condition $H > o$ signifie que t est comprise entre t' et t'' ; ainsi t doit satisfaire ou celle-là ou $t > \theta$; mais θ étant comprise entre t' et t'', les deux solutions, en supposant $t' < t''$, se réduisent à la seule condition $t > t'$, ou $\tan g\,\alpha > t'$. On a

$$H = -c^2 t^2 + (4a + 2c)\,t + 4\,a\,(a+c) - 1$$

et t' étant la plus petite racine de $H = o$,

$$t' = \frac{1}{c} + \frac{2}{c^2}\left[a - \sqrt{a\,(a+c)\,(1+c^2)}\right]$$

d'où

$$\frac{c^2}{2} \cdot \frac{dt'}{da} = 1 - \sqrt{1+c^2} \cdot \frac{a + \frac{1}{2}c}{\sqrt{a^2 + ac}} ;$$

comme $(a + \frac{1}{2}c)^2 > a^2 + ac$, ou $a + \frac{1}{2}c > \sqrt{a^2 + ac}$, cette expression est négative ; ainsi t' diminue quand a ou $\dfrac{2k}{ph}$ augmente, ou quand h diminue.

On peut en conclure que la condition $\tan g\,\alpha > t'$ étant satisfaite pour le point A pied du talus suffit pour la stabilité du massif, ou qu'il ne pourra se produire de glissement suivant aucun plan coupant le talus en un autre point A' ; en effet, pour celui-ci les conditions seraient les mêmes, sauf que h serait diminué, et t' l'étant aussi on aurait encore $\tan g\,\alpha > t'$.

En posant $t' = o$, on a

$$(c + 2a)^2 = 4a\,(a+c)\,(1+c^2), \qquad \frac{1}{a^2} - \frac{4c}{a} - 4 = o$$

et en désignant par h' la valeur correspondante de h

$$h' = \frac{2k}{p} \cdot \frac{1}{a} = \frac{4k}{p}\left(c + \sqrt{1 + c^2}\right)$$

si $h = $ ou $< h'$, t étant nul ou négatif, la stabilité existe avec un talus vertical.

Cette stabilité dans la question actuelle signifie qu'il n'y a pas de rupture immédiate. S'il s'agissait de sa durée, il faudrait en pratique tenir compte des charges accidentelles, des dégradations à la surface, etc.

31. Équilibre du polygone funiculaire. — Nous devons examiner maintenant l'équilibre d'un corps déformable par flexibilité, c'est-à-dire d'un fil, et le cas le plus simple est celui où il ne forme pas une courbe, mais un polygone nommé *funiculaire*, des forces φ, f, f', etc., lui étant appliquées seulement en un nombre limité de points O, A, A', A'', etc. ; la force φ agit à l'extrémité O et forme ainsi la tension de la portion OA, que nous considérerons comme dirigée de A vers O. L'autre extrémité est

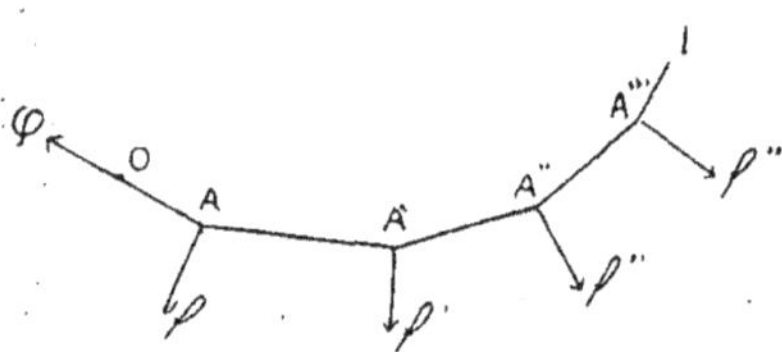

attachée en I à un point fixe. Nous supposons que A, A', etc., sont des points déterminés du fil. Si l'on imaginait en chacun d'eux une particule solide à laquelle seraient attachés les cordons voisins et appliquée la force, les conditions d'équilibre du polygone funiculaire seraient celles du système de ces particules. Elles consistent donc en ce qu'à chaque sommet du polygone les tensions des cordons adjacents et la force qui lui est appliquée se font équilibre. Soient t, t', t'', etc., les tensions dirigées de A' vers A, de A'' vers A', etc., et désignons par $-t$, $-t'$, etc., les tensions de sens contraire.

Les forces qui doivent se faire équilibre en A sont ainsi φ, f et $-t$; en A' elles sont t, f' et $-t'$ et ainsi de suite. Cela revient à dire que t est résultante de φ et f; t' l'est de même de t et f', etc.

Par suite t' *est résultante de φ, f et f'; t'' est celle de φ, f, f', f'' et ainsi de suite,* en considérant ses composantes comme appliquées en un même point; cette nouvelle forme des conditions d'équilibre est équivalente à la première.

En supposant données les forces f, f', etc., la direction et la tension des cordons successifs sont entièrement déterminées par cette règle; mais il faut y joindre des conditions géométriques qui seront les longueurs AA′, A′A″, etc., si elles sont données, ou d'autres équivalentes.

Deux côtés consécutifs AB, BC du polygone et la force BF sont toujours dans un même plan, d'où résultent les conséquences suivantes :

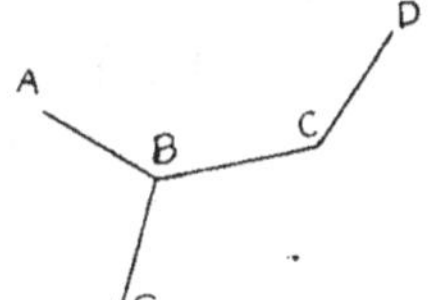

1° Si toutes les forces sont verticales, le plan vertical mené par AB contient BF et par suite BC; pour la même raison il contient le côté suivant CD et ainsi de suite, et en général si toutes les forces sont parallèles le polygone est une figure plane.

2° Si les points A, B, C, etc., sont infiniment rapprochés, le polygone devient une courbe; la position limite du plan passant par trois points de la courbe infiniment rapprochés se nomme le *plan osculateur;* ainsi ce plan contient toujours la force.

3° Si la force BF fait des angles égaux avec les côtés AB, BC, ceux-ci, pour l'équilibre, doivent avoir la même tension; si toutes les forces sont ainsi dirigées chacune suivant la bisectrice des côtés adjacents, la tension est partout la même. Quand le polygone devient une courbe, cette direction particulière des forces consiste à être perpendiculaire au fil; par conséquent, lorsqu'il en est ainsi, la tension est constante.

4° Si un fil est tendu sur une surface sans qu'aucune force lui soit directement appliquée, on peut, en négligeant le frottement, le regarder comme libre, en remplaçant la surface par la pression normale qu'elle exerce. Celle-ci étant perpendiculaire au fil, la tension est constante ; elle est ainsi la même sur les deux portions du fil qui se détachent de la surface. De plus la force étant dans le plan osculateur, celui-ci contient partout la normale à la surface ; or on démontre en géométrie que cette propriété caractérise la ligne la plus courte tracée sur la surface entre deux points donnés.

32. Équilibre d'un pont suspendu. — Le tablier LL du pont est suspendu, en des points A équidistants, par des câbles verticaux ou des tiges, que nous nommerons tiges, à un câble principal, formant un polygone funiculaire et attaché lui-même en deux points fixes S, S' de même niveau.

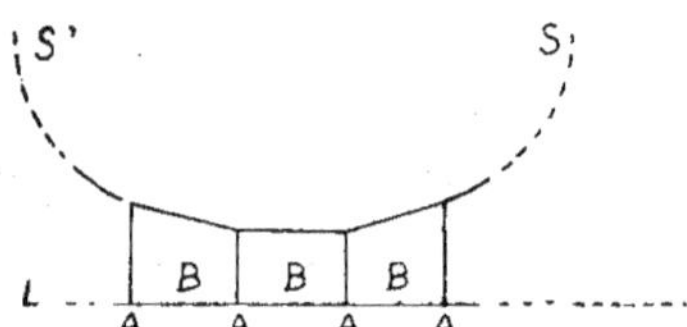

Le tablier est ainsi suspendu de chaque côté, de sorte qu'il existe deux systèmes de câbles et de tiges ayant la même projection sur le plan vertical de la figure ; la forme et la distribution des forces étant les mêmes pour tous deux nous pouvons les déterminer comme s'il n'en existait qu'un. Nous négligerons le poids du câble et des tiges.

Il faut que si l'on suppose le tablier coupé au milieu B de chaque intervalle AA et formé ainsi de portions disjointes identiques, elles conservent d'elles-mêmes leur position. Sans cela, en effet, ces parties étant liées ensemble dans le tablier et tendant à se placer à des niveaux différents, il en résulterait une déformation. En supposant les portions disjointes, chaque tige supporte un même poids p ; la forme du polygone doit donc être calculée dans cette hypothèse et achèvera d'être déterminée par la condition que deux tiges successives aient toujours la même distance h. Nous supposerons pair le nombre des tiges, de sorte qu'il existe dans le polygone un côté horizontal NM_0. Soient C son milieu, k sa tension, M_1, M_2, etc., les sommets successifs du polygone. Prenons l'origine O au-dessous de C et plaçons OY sur la verticale OC, OX étant dirigé à droite.

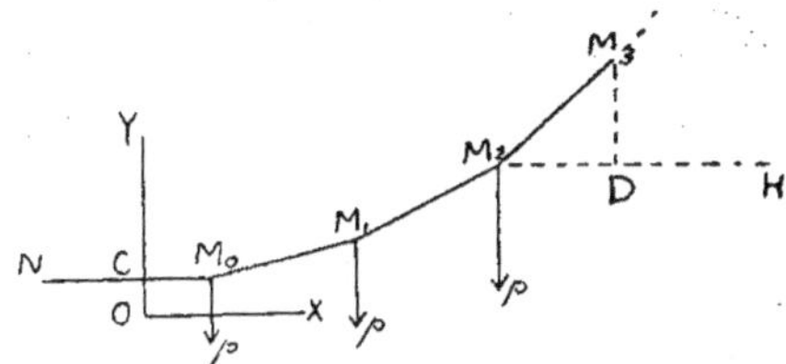

Soient x_0, y_0 les coordonnées de M_0 ; x_1, y_1 celles de M_1, et ainsi de suite. Le polygone étant symétrique des deux côtés de OY, il suffit de trouver la forme de la moitié $CM_0M_1M_2\ldots$

Pour cela, soit t la tension d'un côté quelconque, par exemple M_2M_3 ; d'après la condition d'équilibre du polygone funiculaire, en considérant C comme l'extrémité du fil, t sera la résultante de k et des forces p appliquées en M_0, M_1, M_2 comme si elles l'étaient toutes au même point. En désignant par i l'angle de M_2M_3 avec l'horizontale MH, l'égalité des projections des forces donnera

$$t \cos i = k, \qquad t \sin i = 3\,p.$$

d'où

$$\operatorname{tang} i = \frac{3p}{k}$$

En menant la verticale M_3D, on a

$$M_3D = y_3 - y_2. \qquad M_2D = h, \qquad \operatorname{tang} i = \frac{y_3 - y_2}{h}$$

en posant $\dfrac{hp}{k} = \alpha$, il en résulte

$$\frac{y_3 - y_2}{h} = \operatorname{tang} i = \frac{3p}{k}, \qquad y_3 - y_2 = 3\alpha$$

Il est clair qu'en considérant la tension de M_1M_2 ou de M_0M_1, on aurait de même $y_2 - y_1 = 2\alpha$, $y_1 - y_0 = \alpha$, et en ajoutant ces égalités

$$y_3 - y_0 = \alpha\,(1 + 2 + 3)$$

On trouverait de même $y_4 - y_0 = \alpha(1 + 2 + 3 + 4)$ et en général quel que soit l'entier n,

$$y_n - y_0 = \alpha\,(1 + 2 + 3 + \ldots + n) = \alpha\,\frac{n\,(n+1)}{2}$$

On a aussi évidemment

$$x_0 = \frac{1}{2}\,h, \quad x_1 = \frac{1}{2}\,h + h, \quad x_2 = \frac{1}{2}\,h + 2h, \quad \ldots x_n = \left(n + \frac{1}{2}\right)h$$

En écrivant x, y au lieu de x_n, y_n et substituant $n = \dfrac{x}{h} - \dfrac{1}{2}$ dans la valeur de y, elle devient

$$y = y_0 + \frac{\alpha}{2}\left(\frac{x}{h} - \frac{1}{2}\right)\left(\frac{x}{h} + \frac{1}{2}\right)$$

On peut choisir l'origine O de manière à avoir OC ou $y_0 = \dfrac{1}{8}\,\alpha$, d'où résulte

$$y = \frac{\alpha}{2\,h^2}\,x^2$$

Cette relation étant satisfaite par tous les sommets M_0, M_1 etc., ils se trouvent sur une même parabole de sommet O dont l'axe est OY.

En supposant qu'on ait choisi à volonté son paramètre q, on aura d'après la valeur de α

$$q = \frac{h^2}{\alpha} = \frac{hk}{p}, \qquad k = \frac{pq}{h}$$

h, p et par suite k étant connus, il en sera de même de l'inclinaison i de chaque côté et de sa tension $t = \dfrac{k}{\cos i}$, qui deviendra la plus grande près des points de suspension S, S'.

33. Équations générales d'équilibre d'un fil flexible. — Désignons par C un point matériel du fil, supposé toujours le même, servant d'origine à l'arc CM; celui-ci est compté dans un sens déterminé à partir de C jusqu'au point variable M. Soient t la tension du fil en M, et α, β, γ les angles que fait la tangente ML avec les axes, cette tangente étant menée dans le sens où l'arc s augmente. On peut regarder t, α, β, γ

comme des fonctions de s; désignons par t', α', β', γ' ce qu'elles deviennent pour un autre point M', et prenons pour le système en équilibre l'arc MM' dont la longueur sera l'accroissement ds de l'arc s, supposé d'abord de grandeur quelconque. Les forces, autres que les tensions, qui lui sont appliquées, sont très petites en même temps que ds, qu'il conviendra de leur mettre en facteur; de la sorte nous désignerons par Xds, Yds, Zds, les sommes de leurs projections sur les axes. La tension t' en M' s'exerce suivant la tangente M'L' et la tension t en M suivant la direction opposée à ML, de sorte que leurs projections sur l'axe des x sont $t'\cos\alpha'$, $-t\cos\alpha$; on a donc pour la première équation d'équilibre

$$t'\cos\alpha' - t\cos\alpha + X ds = o.$$

Si ensuite nous supposons ds infiniment petit nous pourrons remplacer $t'\cos\alpha' - t\cos\alpha$ par l'accroissement $d\,(t\cos\alpha)$ correspondant à ds; en y joignant les relations analogues pour les autres axes, les conditions d'équilibre deviendront

$$\frac{d\,.\,(t\cos\alpha)}{ds} + X = o,$$

$$\frac{d\,.\,(t\cos\beta)}{ds} + Y = o,$$

$$\frac{d\,.\,(t\cos\gamma)}{ds} + Z = o.$$

Nous verrons que ces équations suffisent pour déterminer la forme du fil, les conditions relatives aux moments étant superflues. Il en est ainsi en général quand on partage un corps en éléments ayant toutes leurs dimensions infiniment petites, et qu'on applique à chacun les conditions d'équilibre d'un solide.

Les forces agissent sur divers points de l'élément. Si on les applique au même point en les déplaçant parallèlement, le changement de leurs bras de levier est infiniment petit, et par suite celui de leurs moments est infiniment petit par rapport aux forces, ou négligeable.

On peut donc supposer toutes les forces appliquées au même point ; or dans ce cas les conditions d'équilibre relatives aux moments sont la conséquence des autres.

Si le fil est tendu sur une surface et qu'on néglige le frottement, on peut le regarder comme libre, en joignant aux forces la pression normale de la surface. En la désignant par Nds, et par a, b, c les cosinus de ces angles avec les axes, on aura pour les équations d'équilibre

$$\frac{d.(t \cos \alpha)}{ds} + X + Na = o,$$

$$\frac{d.(t \cos \beta)}{ds} + Y + Nb = o,$$

$$\frac{d.(t \cos \gamma)}{ds} + Z + Nc = o.$$

A cause de la relation $\cos^2 \alpha + \cos^2 \beta + \cos^2 \gamma = 1$, les fonctions inconnues t, α, β, γ n'en représentent que trois distinctes, pour lesquelles on a trois équations si le fil est libre ; quand il est sur une surface, a, b, c sont donnés, mais il y a une fonction inconnue N de plus, et aussi une équation de plus, qui est celle de la surface.

Cas où la courbe est plane. — En prenant son plan pour celui des xy il faut admettre que $Z = o$ pour qu'aucune force ne tende à faire sortir le fil du plan. La troisième équation d'équilibre deviendra alors identique en supposant $\gamma = \frac{1}{2} \pi$; le fil étant dans le plan nous savons que la direction de la tangente doit être déterminée par son angle polaire φ au lieu de α et β, en remplaçant $\cos \alpha$, $\cos \beta$ par $\cos \varphi$, $\sin \varphi$; les équations d'équilibre deviennent ainsi

$$\frac{d.(t \cos \varphi)}{ds} + X = o, \qquad \frac{d.(t \sin \varphi)}{ds} + Y = o.$$

34. Application de ce qui précède à l'équilibre d'un fil pesant et à la courbe des voiles. Équation

de la chaînette. — *Équilibre d'un fil pesant.* — Nous le supposons parfaitement flexible, homogène, de section constante. Toutes les forces étant verticales nous avons vu que la courbe était plane. Soit k le poids de l'unité de longueur du fil. Prenons OY vertical de bas en haut, OX dirigé à droite; la force appliquée à l'élément ds étant kds, on devra substituer dans les équations du numéro précédent $X = o$, $Y = -k$; elles deviennent ainsi

$$\frac{d.(t \cos \varphi)}{ds} = o, \qquad \frac{d.(t \sin \varphi)}{ds} = k ;$$

la première donne $t \cos \varphi = f$, f étant une constante, et en substituant dans la seconde $t = \dfrac{f}{\cos \varphi}$ on a

$$\frac{d.(\tan g \, \omega)}{ds} = \frac{k}{f} = \text{const.}$$

Ainsi tang φ varie proportionnellement à l'arc s. On peut supposer la constante positive. En effet, l'arc s restant toujours fini, il en est de même de tang φ, et la tangente à la courbe ne peut devenir verticale ; ainsi en comptant l'arc s de gauche à droite comme les x positives, la tangente fait toujours un angle aigu avec OX, de sorte que cos φ est positif, et il en est de même de $t \cos \varphi$ ou de la constante f.

Courbe des voiles. — Il s'agit en apparence d'une membrane flexible et non d'un fil ; mais nous ne pouvons considérer toutes les formes possibles d'une voile. Nous l'assimilons à un rectangle ABCD maintenu par des tiges rigides BC, AD ; nous supposons que le vent descende verticalement avec une vitesse constante v, et que sous son action le bord AB prenne la forme d'une courbe AMB contenue dans le plan vertical de la figure, auquel les tiges sont perpendiculaires. La voile est ainsi une surface cylindrique ayant AMB pour section droite.

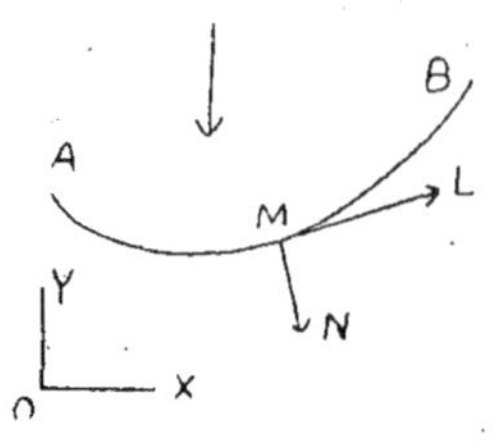

Si l'on coupe la surface par des plans parallèles à celui de la figure, équidistants et très rapprochés, la voile sera partagée en bandes étroites, de forme identique, soumises aux mêmes forces et qui seront séparément en équilibre. Il suffit pour trouver la courbe de considérer une de ces bandes, qu'on peut assimiler à un fil placé dans le plan de la figure.

Plaçons les axes comme dans la question précédente ; nous devons admettre que le vent arrive sur la voile partout du même côté, ou que la tangente ML n'est nulle part verticale ; par conséquent, si nous comptons encore l'arc s de gauche à droite, φ sera toujours aigu, positif ou négatif. La force exercée par le vent est une pression normale que nous désignerons par Pds pour un élément ds ; sa direction MN se déduit de celle de ML en tournant de $\frac{1}{2}\pi$ dans le sens rétrograde ; son angle polaire est donc $\varphi - \frac{1}{2}\pi$, et pour les projections de la force on a ainsi

$$X = P \cos\left(\varphi - \frac{1}{2}\pi\right), \qquad Y = P \sin\left(\varphi - \frac{1}{2}\pi\right).$$

Il en résulte pour les équations d'équilibre

$$\frac{d.(t\cos\varphi)}{ds} + P\sin\varphi = 0, \qquad \frac{d.(t\sin\varphi)}{ds} - P\cos\varphi = 0,$$

ou

$$\cos\varphi\, dt - t\sin\varphi\, d\varphi + Pds\sin\varphi = 0,$$
$$\sin\varphi\, dt + t\cos\varphi\, d\varphi - Pds\cos\varphi = 0.$$

En les ajoutant, multipliées par $\cos\varphi$, $\sin\varphi$, ou par $-\sin\varphi$, $\cos\varphi$, on trouve

$$\frac{dt}{ds} = 0, \qquad t\frac{d\varphi}{ds} = P.$$

Ainsi la tension est constante, comme cela devait être, la force étant normale. La pression exercée par le vent paraît être proportionnelle au carré de la composante normale de la vitesse. L'angle φ est au signe près celui que fait la normale avec la verticale, direction de la vitesse v. On a donc

$$P = av^2 \cos^2 \varphi$$

a étant une constante.

La relation trouvée $t\varkappa\varphi = P\,ds$ devient ainsi

$$\frac{d\varphi}{ds} = \frac{av^2}{t} \cos^2 \varphi \quad . \quad \text{ou} \quad \frac{d.(\tang \varphi)}{ds} = \frac{av^2}{t} ;$$

a, v et t étant constantes, cette équation est celle de la chaînette.

Équation de la chaînette sous forme finie. — L'équation trouvée est

$$\frac{d\varphi}{\cos^2 \varphi . ds} = n,$$

en désignant par n la constante ; celle-ci, comme on l'a vu, est positive.

Nous devons trouver y en fonction de x qui est ainsi employée comme variable au lieu de s; mais en considérant la chaînette comme la courbe d'un fil pesant sa longueur l est une des données ; nous avons donc aussi besoin de la valeur de s en fonction de x.

Quand s augmente de ds, x et y augmentent de dx, dy qui sont les projections de ds sur les axes ; φ étant l'angle polaire de ds, on a

$$dx = ds \cos \varphi, \qquad dy = ds \sin \varphi = dx.\tang \varphi.$$

En substituant $ds = \dfrac{dx}{\cos \varphi}$ l'équation devient

$$\frac{\cos \varphi . d\varphi}{\cos^2 \varphi} = n\,dx, \qquad \text{ou} \qquad \frac{d.\sin \varphi}{1 - \sin^2 \varphi} = n\,dx.$$

Pour l'intégrer on doit décomposer le premier membre en fractions simples, ou en multipliant par 2, écrire

$$\left[\frac{1}{1 + \sin \varphi} + \frac{1}{1 - \sin \varphi} \right] d.\sin \varphi = 2n\,dx.$$

Intégrant et désignant par a une constante arbitraire, on aura

$$l\left[\frac{1 + \sin \varphi}{1 - \sin \varphi}\right] = 2n\,(x - a).$$

Pour trouver les valeurs de dy, ds en fonction de x nous avons besoin de celles de $\sin \varphi$, $\cos \varphi$, $\tang \varphi$; dans ce calcul il est préférable de poser comme abréviation

$$z = e^{n\,(x - a)}$$

quantité toujours positive, où e est la base des logarithmes népériens. On a ainsi

$$l\left[\frac{1 + \sin \varphi}{1 - \sin \varphi}\right] = 2lz, \qquad \frac{1 + \sin \varphi}{1 - \sin \varphi} = z^2, \qquad \sin \varphi = \frac{z^2 - 1}{z^2 + 1},$$

$$\cos^2 \varphi = 1 - \sin^2 \varphi = \frac{4z^2}{(z^2 + 1)^2};$$

nous avons vu que $\cos \varphi$ est constamment positif de même que z; il en résulte, sans ambiguïté

$$\cos \varphi = \frac{2z}{z^2 + 1}, \qquad \tang \varphi = \frac{z^2 - 1}{2z},$$

$$dy = \tang \varphi.\,dx = \frac{1}{2}\left(z - \frac{1}{z}\right)dx, \qquad ds = \frac{dx}{\cos \varphi} = \frac{1}{2}\left(z + \frac{1}{z}\right)dx,$$

ou en remettant pour z sa valeur

$$2\,dy = \left[e^{n\,(x - a)} - e^{-n\,(x - a)}\right]dx,$$

$$2\,ds = \left[e^{n\,(x - a)} + e^{-n\,(x - a)}\right]dx\;;$$

en multipliant par n, intégrant, et désignant par b, c deux constantes arbitraires, on aura les formules cherchées

$$2n\,(y - b) = e^{n\,(x - a)} + e^{-n\,(x - a)},$$

$$2n\,(s - c) = e^{n\,(x - a)} - e^{-n\,(x - a)}.$$

Supposons qu'on donne les points de suspension A, B et la longueur l du fil; prenons A pour l'origine des coordonnées et

aussi pour celle de l'arc; au point A on aura
$x = y = o$, $s = o$; en B, $s = l$ et x, y sont données; en substituant ces valeurs dans les équations ci-dessus, appliquées aux deux points, on en
aura quatre pour déterminer les constantes inconnues a, b, c, n.

D'ordinaire on suppose l'origine, qui était arbitraire, transportée au point dont les coordonnées sont a, b, de sorte qu'elle devient
elle-même inconnue; les équations, où l'on doit remplacer x, y par
$x + a$, $y + b$, prennent alors la forme plus simple

$$2ny = e^{nx} + e^{-nx}, \qquad 2n(s - c) = e^{nx} - e^{-nx}.$$

Comme y reste le même en remplaçant x par $-x$, OY est un
axe de symétrie de la courbe complète correspondant à l'équation; $\dfrac{dy}{dx}$ est positif en même temps que x; les deux branches
montent donc indéfiniment à partir du point
D le plus bas en s'écartant de l'axe OY. En
employant cette forme de l'équation la détermination des constantes n'est point simple
eu général, mais elle le devient si les points
de suspension A, B sont au même niveau; en

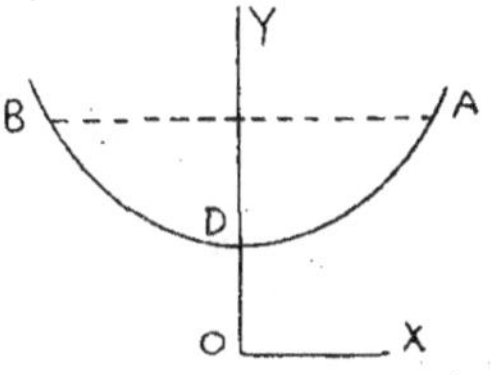

effet, y étant le même pour tous deux, OY est la verticale passant
au milieu de AB; on connaît ainsi pour le point A la valeur x' de x.
Prenant en outre D pour origine des arcs on aura en D $x = o$,
$s = o$, et en A $x = x'$, $s = \dfrac{1}{2} l$; l'équation en s pour ces points
donne

$$c = o, \qquad nl = e^{nx'} - e^{-nx'};$$

on tirera n de la seconde, et la valeur de y pour $x = x'$ fera ensuite
connaître la différence du niveau des points A et O, ou la position
de l'origine.

En supposant l'origine des arcs en D, ou $c = o$, les valeurs de
y, s donnent $y^2 - s^2 = \dfrac{1}{n^2}$, et l'on en déduit aussi d'autres pro-

priétés géométriques de la chaînette, que nous laisserons de côté comme étrangères à la mécanique. Il n'en est pas de même de la suivante qui fournit une solution graphique.

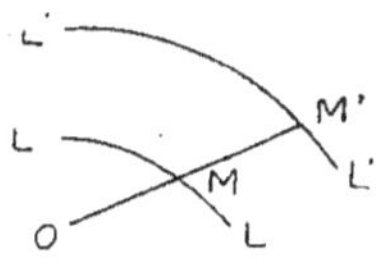

Nous savons qu'étant donné une courbe LML on en formera une autre semblable en portant sur chaque droite OM allant de l'origine à un point quelconque M, une distance OM′ ayant avec OM un rapport constant ρ; si x, y sont les coordonnées de M, et x', y' celles de son correspondant M′, on aura $x' = \rho x$, $y' = \rho y$, et en substituant $x = \dfrac{x'}{\rho}$, $y = \dfrac{y'}{\rho}$ dans l'équation de LL, on aura celle de la courbe semblable, lieu des points M′. Or en substituant $x = \dfrac{x'}{n}$, $y = \dfrac{y'}{n}$ dans l'équation de la chaînette on trouve

$$2y' = e^{x'} + e^{-x'},$$

qui ne contient aucun paramètre. Supposons qu'avec une unité de longueur quelconque on ait tracé la courbe L′L′ correspondant à cette équation; toutes les chaînettes lui sont semblables; ainsi pour trouver celle qui a les points de suspension A, B et la longueur donnée ANB, on déterminera les points correspondants A′, B′ par la condition que l'inclinaison de la corde A′B′ à l'horizon soit égale à celle de AB, et que son rapport à l'arc A′N′B′ soit égal à celui de AB à l'arc ANB. Après avoir trouvé A′B′ par quelques essais sur des cordes parallèles, on connaîtra le rapport de similitude n des arcs qui est aussi celui des cordes.

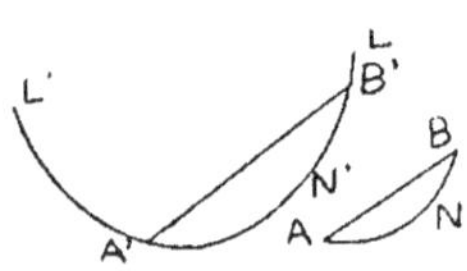

35. **Flexion d'une tige.** — La déformation des corps élastiques de forme quelconque, de même que la distribution des pressions à l'intérieur, suivent des lois très compliquées. Mais leur étude se simplifie si le corps est très petit dans une ou deux dimensions, comme c'est le cas pour la tige prismatique que nous allons prendre pour exemple.

Nous supposerons qu'avant l'action de toute force elle soit horizontale, encastrée à l'extrémité O, c'est-à-dire que sa sec-

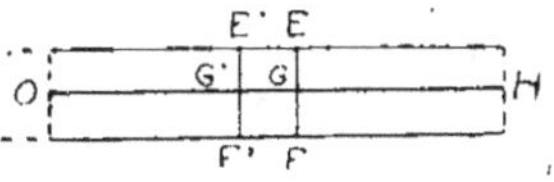

tion droite en ce point est maintenue fixe pendant la déformation de la tige. Le plan vertical de la figure la partage en deux parties symétriques. Le point O est le centre de gravité de l'aire de la section droite à l'extrémité encastrée, et l'horizontale OH contient par suite les centres de gravité de toutes les autres sections droites. On suppose que des forces, toutes comprises dans le plan de la figure, viennent à agir sur la tige; elle se déformera, et les particules situées sur OH formeront alors une courbe, nommée *filet moyen* et comprise dans le plan de la figure, car il n'y a pas de raison pour qu'elles s'en écartent d'un côté plutôt que de l'autre; pour la même cause d'indifférence, la tige après sa déformation sera encore symétrique de part et d'autre du plan de la figure.

Déformation normale. — Nous désignerons ainsi un mode de déformation tel que les particules matérielles formant une section droite dans la tige rectiligne en forment encore une identique dans la tige déformée, c'est-à-dire qu'elles soient dans un même plan perpendiculaire à la courbe du filet moyen ou à sa tangente; le centre de gravité G par suite reste le même, de sorte que la courbe du filet moyen renferme encore ceux de toutes les sections droites.

L'expérience montre que cette règle est presque rigoureusement exacte, et nous l'admettrons provisoirement dans ce qui suit, sauf à examiner plus tard quelles modifications doivent être faites au résultat.

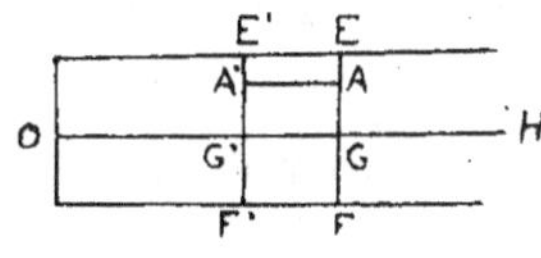

Forces de contact exercées sur une section droite. — Cette section, soit dans la tige rectiligne soit dans la tige déformée, a pour centre de gravité G et coupe le plan de la figure suivant EGF; nous la

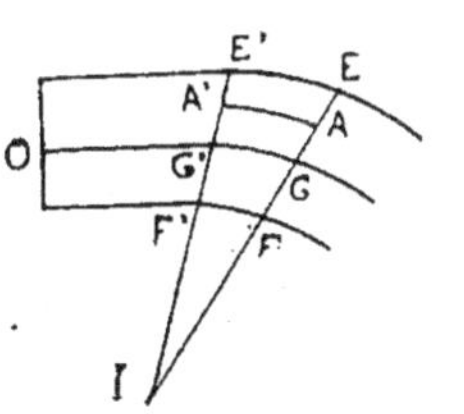

désignerons par ω et ω' sera une autre section droite figurée de même par E'G'F', qui dans la tige rectiligne se trouve à une très petite distance l de la première du côté de l'origine O. Imaginons dans cette dernière position un cylindre très fin parallèle à OH, allant d'une section à l'autre et les rencontrant en M, M'. Soient A, A' les projections de ces points sur le plan de la figure et par suite AA' celle du cylindre.

Après la déformation les points M, M' sont restés les mêmes sur les deux sections, et par suite la distance GA ou G'A' n'a pas changé. Mais la matière du cylindre a éprouvé une dilatation linéaire ε, de sorte que sa longueur primitive l est devenue $l(1 + \varepsilon)$; en même temps il s'est infléchi en une courbe évidemment perpendiculaire aux plans des deux sections; l'effet de l'allongement est d'exercer sur la section ω une force proportionnelle à ε, dirigée à gauche, et dont la valeur rapportée à l'unité de surface sera désignée par $k\varepsilon$; la constante k pour chaque substance se nomme son *coefficient d'élasticité*. Il est clair que si ε était négative la dilatation deviendrait une compression et la force changerait de sens.

La courbe MM' étant parallèle au plan de la figure, sa projection AA' lui est égale, perpendiculaire à EF, E'F', et peut être considérée comme un arc de cercle ayant pour centre l'intersection I de ces droites. Lorsqu'on prendra pour M, M' les points G, G', la dilatation linéaire, qui est alors celle du filet moyen, sera désignée par δ au lieu de ε. Posons aussi $\rho =$ GI qui est évidemment le rayon de courbure du filet moyen. Les arcs AA', GG' étant semblables, on a

$$\frac{AA'}{GG'} = \frac{AI}{GI} = \frac{\rho + v}{\rho},$$

en posant $v =$ GA si, comme dans la figure, A est au-dessus de G; s'il est au-dessous, il est clair qu'on doit prendre $v = -$ GA. D'ailleurs

$$AA' = l(1 + \varepsilon), \qquad GG' = l(1 + \delta),$$

et la relation précédente devient

$$(1 + \varepsilon) = (1 + \delta)\left(1 + \frac{v}{\rho}\right), \qquad \text{ou} \qquad \varepsilon = \delta + \frac{v}{\rho},$$

en remarquant que δ, $\dfrac{v}{\rho}$ sont de petites dilatations dont on peut négliger le produit.

Action mutuelle des deux parties de la tige. — Laissons maintenant de côté la section ω' et considérons l'action totale de la première partie de la tige, comprise entre l'origine et la section ω ou EF, sur la seconde partie, allant de la section à l'extrémité H.

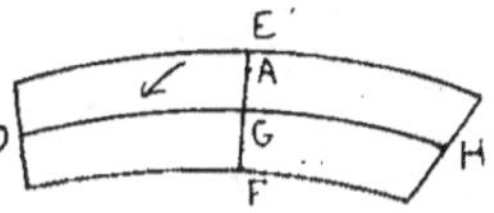

Cette action, comme on vient de le voir, résulte d'une force normale variable, appliquée en chaque point de l'aire ω, et dont la valeur f pour l'unité de surface est

$$f = k\varepsilon = k\left(\delta + \frac{v}{\rho}\right).$$

En partageant l'aire en petites parties s, la force sera fs pour l'une d'elles, et en désignant par P la force normale ou tension totale, dirigée à gauche si elle est positive, on aura

$$P = \Sigma fs = \Sigma ks\left(\delta + \frac{v}{\rho}\right) = k\delta\Sigma s + \frac{k}{\rho}\Sigma vs,$$

les sommes Σ s'étendant à tous les éléments s.

Soit μ la somme des moments des mêmes forces par rapport à un axe mené par le point G perpendiculairement au plan de la figure, en le prenant positif dans le sens de la flèche. Pour la force fs appliquée en M le bras de levier est évidemment AG, mais le moment est positif ou négatif suivant que le point A est au-dessus ou au-dessous de G, et comme v désigne AG pris avec ce même signe, le moment est en tout cas fsv, d'où résulte

$$\mu = \Sigma f s v = \Sigma k \left(\delta + \frac{v}{\rho} \right) v s = k \delta \Sigma v s + \frac{k}{\rho} \Sigma v^2 s.$$

Figurons à part la section ω que la droite EGF partage en deux parties symétriques et soient x, y les coordonnées de l'élément s situé en M par rapport aux axes GY placé sur GE et GX horizon-

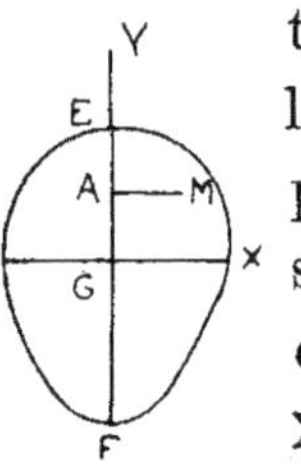

tal; en menant MA perpendiculaire à EF, on aura le point désigné par A dans l'autre figure ; on a sup-posé $v = $ GA si A est au-dessus de G, $v = -$ GA s'il est au-dessous; ainsi $v = y$. L'origine étant au centre de gravité de l'aire, il en résulte $\Sigma y s = o$ ou $\Sigma v s = o$; de plus $\Sigma s = \omega$. Quant à $\Sigma v^2 s$ ou $\Sigma y^2 s$ qui se nomme le *moment d'inertie* de l'aire par rapport à OX, nous l'évaluerons plus tard pour diverses formes de la section, mais pour se rendre compte de son ordre de grandeur, il est clair qu'on peut y remplacer v par une valeur moyenne constante λ convena-blement choisie de façon à avoir

$$\Sigma s v^2 = \Sigma s \lambda^2 = \lambda^2 \Sigma s = \lambda^2 \omega.$$

Les valeurs de P et μ d'après ce qui précède se réduisent à

$$P = k \delta \omega, \qquad\qquad \mu = \frac{k \omega \lambda^2}{\rho}.$$

Conditions d'équilibre. — Pour l'équilibre de la tige il est nécessaire d'admettre que sa première partie puisse exercer sur la seconde, outre les forces précédentes, une pression tangen-tielle P′ parallèle à EF, pour résister à une force tendant à faire glisser la seconde partie de E vers F, force qu'on nomme l'*effort tranchant*. Elle produit donc un léger glissement, en vertu duquel les fibres ou séries de particules qui, dans la tige horizontale, étaient perpendiculaires à la section font ensuite avec la normale une petit angle θ. Cette force rapportée à l'unité de surface peut être représentée par $k'\theta$, k' étant un coefficient propre à chaque substance, et pour la section entière on a ainsi

$$P' = k'\theta\omega.$$

La déformation que nous avons appelée *normale* excluant ce glissement ne peut être rigoureuse; mais si la tige est d'une matière rigide, bois, métal, etc., en excluant le caoutchouc et les corps analogues, la résistance à l'extension et au glissement est telle qu'à moins d'amener la rupture la dilatation δ reste très faible, et l'angle θ tout à fait insensible; ainsi dans les constructions géométriques dont nous avons tiré les valeurs de P et μ, on pouvait sans aucune erreur regarder les filets comme perpendiculaires aux sections. Les autres écarts de la déformation normale sont du même ordre; si les particules d'une section droite cessaient d'être dans un même plan il y aurait un glissement entre les fibres dans le sens longitudinal; si les sections se rétrécissaient leur contraction serait encore plus faible que la dilatation linéaire, etc., et par conséquent nous pouvons considérer les valeurs de P et μ comme presque rigoureuses. L'erreur provenant de la cause précédente est en pratique bien inférieure à celle qui résulte des défauts d'homogénéité de la tige et de la valeur plus ou moins variable et incertaine de la constante k.

Il est clair que pour l'équilibre de la seconde portion de la tige P, P', μ doivent être égales et opposées aux sommes analogues de projections et de moments des forces agissant sur elle, et par conséquent ces sommes, supposées connues, peuvent être désignées par les mêmes lettres; les conditions d'équilibre seront ainsi

$$k\delta\omega = \mathrm{P}, \qquad k'\theta\omega = \mathrm{P}', \qquad \frac{k\omega\lambda^2}{\rho} = \mu,$$

qui devront être satisfaites pour toutes les sections. La seconde donnerait θ si k' était connu; la première donne la dilatation δ du filet moyen, et la troisième détermine $\dfrac{1}{\rho}$ ou la forme de la courbe qui est ainsi indépendante des deux autres. Nous allons la trouver dans un cas particulier.

Forme de la courbe. — Nous supposerons le poids de la tige

négligeable et la flexion produite par un poids Q suspendu à
l'extrémité H ; la tangente au filet moyen

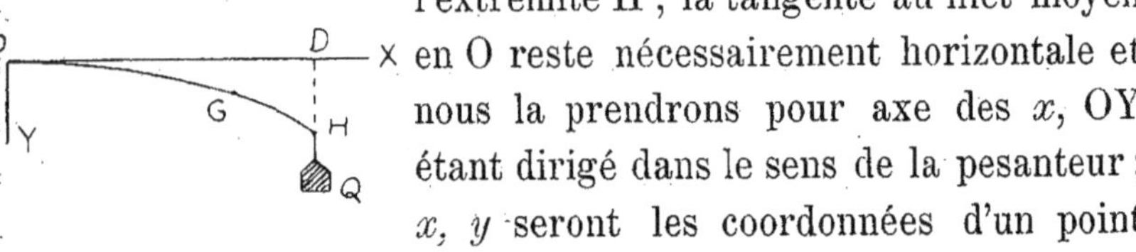

en O reste nécessairement horizontale et
nous la prendrons pour axe des x, OY
étant dirigé dans le sens de la pesanteur ;
x, y seront les coordonnées d'un point
quelconque G du filet, a et b celles de H, φ l'angle aigu de la tangente en G et de OX, évidemment croissant avec x.

Le moment μ du poids par rapport à G est $Q\,(a - x)$, et la
troisième équation d'équilibre

$$\frac{k\omega\lambda^2}{\rho} = \mu.$$

devient

$$\frac{1}{\rho} = c\,(a - x) \qquad \text{où} \qquad c = \frac{Q}{k\,\omega\lambda^2}.$$

On a

$$\frac{dy}{dx} = \tang\ \varphi, \qquad \frac{1}{\rho} = \frac{\dfrac{d^2y}{dx^2}}{\left[1 + \dfrac{dy^2}{dx^2}\right]^{\frac{3}{2}}} = \cos^3\ \varphi \cdot \frac{d.\tang\ \varphi}{dx},$$

ce qui réduit l'équation à

$$\frac{d.\sin\ \varphi}{dx} = c\,(a - x).$$

En intégrant et remarquant que $\varphi = o$ pour $x = o$ on trouve

$$\sin\ \varphi = c\left(ax - \frac{1}{2}\,x^2\right).$$

Ensuite

$$\frac{dy}{dx} = \tang\ \varphi = \frac{\sin\ \varphi}{\sqrt{1 - \sin^2\ \varphi}} = \sin\ \varphi + \frac{1}{2}\,\sin^3\ \varphi + \text{etc.}$$

Cette série, très convergente, étant une fonction entière de x,
on peut en tirer la valeur exacte de y et on trouverait de même
celle de l'arc s; en négligeant $\sin^3\ \varphi$ on a simplement

$$dy = dx \sin \varphi = c\left(ax - \frac{1}{2}\,x^2\right)dx, \qquad y = c\left(\frac{1}{2}\,ax^2 - \frac{1}{6}\,x^3\right).$$

en remarquant que y s'annulle avec x.

C'est l'équation de la courbe du filet moyen.

On nomme *flèche de flexion* l'ordonnée $DH = b$ du point H, ou la valeur de y correspondant à $x = a$; on a ainsi

$$b = \frac{1}{3}\,ca^3 = \frac{Qa^3}{3k\omega\lambda^2},$$

et au même degré d'approximation que ci-dessus on peut prendre pour a la longueur de la tige.

En rapportant la constante k au kilogramme et au centimètre comme unités on évalue k à 2,000,000 pour le fer; pour le bois de sapin ou de chêne ce coefficient, très variable, paraît être de 100,000 en moyenne. Quant à λ^2, sa valeur est $\dfrac{r^2}{4}$ pour une section circulaire de rayon r; si la section est un rectangle de hauteur α, on a $\lambda^2 = \dfrac{\alpha^2}{12}$. Par exemple, pour une tige de fer circulaire d'un centimètre de diamètre, longue d'un mètre, le poids étant un kilogramme, on trouve $b = \dfrac{32}{3\pi} = 34^{\mathrm{mm}}$. Si la tige était de longueur double, avec un poids Q à chaque extrémité H, H', soutenue au milieu O, les courbes OH, OH' seraient les mêmes que ci-dessus, car on ne dérangerait point l'équilibre en la supposant encastrée en O. La double courbe serait encore la même, mais renversée, si la tige reposait en H, H', au même niveau, sur deux appuis, et se trouvait chargée au milieu d'un poids 2Q, car chaque appui exercerait sur elle une force Q de bas en haut.

CHAPITRE III

CINÉMATIQUE

36. Mouvement d'un point. — La cinématique est la théorie du mouvement, abstraction faite des forces qui le produisent; il s'y rattache en outre des applications industrielles importantes. Quelquefois on y a fait rentrer aussi l'étude géométrique des courbes déduite de leur mode de génération. Toutefois dans la théorie générale des lignes et des surfaces ce genre de considération est fréquemment employé quand il en peut résulter quelque simplification; aussi ces questions ne se rattachent qu'indirectement à la cinématique et nous n'aurons pas à nous en occuper.

Représentation du mouvement d'un point. — C'est d'un point géométrique et non d'un point matériel que nous avons à considérer le mouvement. On peut le figurer en quelque sorte au moyen des positions successives A, B, C, etc., du point à des intervalles de temps égaux et très petits. Ce procédé est quelquefois utile pour des raisonnements généraux, mais pour une étude exacte, il faut exprimer la loi du mouvement d'une façon plus précise.

Premier mode de représentation. — Le mouvement sera connu si les coordonnées x, y, z, du point sont exprimées en fonction du temps t; il est clair que deux d'entre elles suffiraient si le mouvement s'effectuait dans un plan, et une seule s'il était rectiligne.

Second mode. — Le mouvement sera également connu si l'on donne la courbe parcourue par le point ou sa *trajectoire*, et la loi suivant laquelle elle est parcourue, c'est-à-dire l'arc s en fonction du temps t; l'arc est compté à partir d'une origine fixe jusqu'au point mobile M.

Un de ces modes d'expression du mouvement étant connu, on peut en déduire l'autre; toutefois à chacun d'eux se rattachent des propriétés distinctes.

Vitesse. — On nomme *uniforme* tout mouvement dans lequel l'espace e parcouru dans le temps t lui est proportionnel, de sorte qu'on a $e = vt$, v étant une constante nommée la *vitesse*; elle est ainsi le rapport de l'espace au temps. On nomme *varié* tout mouvement non uniforme; si le point va de M en M' dans le temps θ le rapport $\dfrac{\mathrm{MM'}}{\theta}$ est la vitesse moyenne et en supposant θ et par suite MM' infiniment petits elle devient ce qu'on nomme la vitesse v au point M; elle est ainsi la dérivée $\dfrac{ds}{dt}$ de l'arc par rapport au temps.

La vitesse est figurée par une tangente menée en M à la trajectoire, dans le sens du mouvement, sa longueur étant égale à v ou exprimée par le même nombre. Quand on parle de la composition des vitesses, de leurs projections, etc., ces mots s'appliquent aux droites qui les représentent; de la sorte les propriétés générales des résultantes et des projections restent exactes en remplaçant le mot de droites par celui de vitesses.

La vitesse en M est dirigée suivant la tangente ML ou du point M vers un autre M' très voisin; en nommant x, y, z, x', y', z' les coordonnées de M, M' et θ le temps employé à parcourir MM', les cosinus de cette direction sont $\dfrac{x' - x}{\mathrm{MM'}}$, etc. La projection de la vitesse sur OX est donc

$$\frac{x' - x}{\mathrm{MM'}} \cdot v = \frac{x' - x}{\mathrm{MM'}} \times \frac{\mathrm{MM'}}{\theta} = \frac{x' - x}{\theta} = \frac{dx}{dt}.$$

dx étant l'accroissement de x correspondant à θ ou dt; en raisonnant de même pour OY, OZ, on voit que $\dfrac{dx}{dt}$, $\dfrac{dy}{dt}$, $\dfrac{dz}{dt}$ sont les projections de la vitesse sur les axes ; c'est sous cette forme qu'elle est connue dans le premier mode ci-dessus de représentation du mouvement. Le carré d'une droite étant la somme de ceux de ses projections, on a

$$v^2 = \frac{dx^2 + dy^2 + dz^2}{dt^2} = \frac{ds^2}{dt^2}.$$

En général la vitesse est considérée comme une grandeur absolue, ou positive. Toutefois quand le mouvement s'effectue sur une droite prise pour axe des x, elle est égale sauf le signe à sa projection $\dfrac{dx}{dt}$, et pour simplifier on lui attribue également ce signe, de sorte que v désigne $\dfrac{dx}{dt}$; la vitesse devient alors négative si x diminue pendant le mouvement.

Mouvement uniformément varié. — On nomme ainsi celui dans lequel la vitesse varie proportionnellement au temps, de sorte qu'on a $v = u + at$, u et a étant des constantes, dont la première représente la vitesse initiale, correspondant à $t = o$. Il en résulte

$$\frac{ds}{dt} u + at, \qquad s = ut + \frac{1}{2} at^2 + b,$$

b étant la valeur de s correspondant à $t = o$.

D'ordinaire a se nomme l'*accélération*. Toutefois nous donnerons bientôt à ce mot un sens plus étendu, de sorte que dans le mouvement précédent a devrait s'appeler l'accélération tangentielle ; ce nombre deviendrait l'accélération elle-même dans le seul cas où il serait positif et le mouvement rectiligne ; lorsqu'il en sera ainsi et qu'en outre u et b seront nuls, nous dirons que le mouvement est *uniformément accéléré simple*. On aura alors

$$v = at, \qquad e = \frac{1}{2} at^2,$$

e étant l'espace parcouru dans le temps t, le point partant du repos. On sait par expérience que telle est la loi de la chute des corps dans le vide, a étant alors remplacé par le nombre $g = 9^{\mathrm{m}},809$.

37. Accélération. — On nomme ainsi une certaine quantité variable correspondant à chaque position d'un point mobile M et figurée comme la vitesse, en grandeur et en direction, par une droite MK menée à partir du point, ce qui permettra de parler de la composition des accélérations et de leurs projections. Son importance provient de ce que plus tard, en dynamique, elle représentera la force ; nous aurons à la définir et à démontrer les propriétés suivantes :

Première propriété. — x, y, z étant les coordonnées du point mobile, les projections de l'accélération sur les axes sont leurs dérivées secondes

$$\frac{d^2 x}{dt^2}, \quad \frac{d^2 y}{dt^2}, \quad \frac{d^2 z}{dt^2}.$$

Seconde propriété. — Elle se décompose en deux autres, savoir l'*accélération tangentielle* T suivant la tangente à la trajectoire, et l'*accélération normale* N, perpendiculaire à la tangente. Celle-ci est dirigée vers le centre de courbure, et l'on a

$$T = \frac{dv}{dt}, \qquad N = \frac{v^2}{\rho},$$

ρ étant le rayon de courbure et v la vitesse ; suivant que T est positive ou négative elle aura le sens de la vitesse ou le sens contraire.

Troisième propriété. — M étant une position quelconque du point mobile, supposons qu'un autre point, partant de M en même temps que le premier et avec la même vitesse, conserve un mouvement rectiligne et uniforme ; et soient M′, M″ les positions des deux points

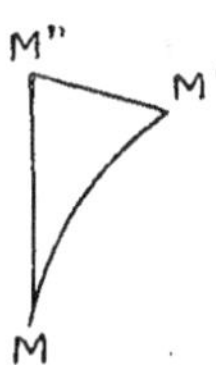

au bout d'un même temps θ; on nomme *déviation* la droite allant de M″ vers M′. La propriété consiste en ce que *si θ est infiniment petit l'accélération a pour valeur*

$$\frac{\mathrm{M}''\,\mathrm{M}'}{\tfrac{1}{2}\,\theta^2}$$

et sa direction est celle de la déviation.

Les deux premières propriétés correspondent évidemment aux deux modes de représentation du mouvement. Chacune des trois est une expression particulière de l'accélération et pourrait lui servir de définition, sauf à démontrer ensuite l'exactitude des deux autres. Mais il est préférable de la définir comme il suit, d'une façon purement géométrique, indépendante de toute notion de limites, de courbure, et du choix des axes.

Définition. — Soit O un point fixe choisi à volonté, que nous nommerons l'*origine des vitesses;* M étant le point mobile, nous ferons correspondre à chacune de ses positions un point V tel que

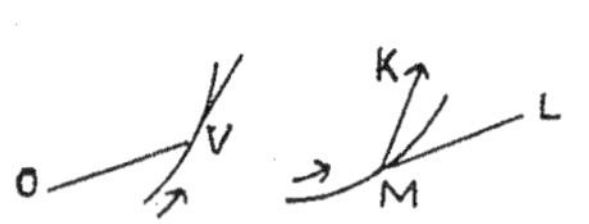

la droite OV soit égale et parallèle à la vitesse ML et de même sens. De la sorte V sera un second point mobile décrivant la *courbe représentative* des vitesses du premier. L'accélération du point M sera alors la vitesse du point V dans la position correspondante, c'est-à-dire la droite MK égale et parallèle à cette vitesse et de même sens.

De quelque manière qu'on ait choisi le point O, il est clair qu'on retrouvera toujours la même droite MK.

Démonstration de la première propriété. — Prenons pour le point O l'origine des axes auxquels se rapportent les coordonnées x, y, z du point M, et soient x', y', z' celles du point V correspondant à M; elles sont les projections de OV sur les axes, et puisque cette droite est en grandeur et en direction la vitesse de M, on a

$$x' = \frac{dx}{dt}, \qquad y' = \frac{dy}{dt}, \qquad z' = \frac{dz}{dt}.$$

De même $\dfrac{dx'}{dt}, \dfrac{dy'}{dt}, \dfrac{dz'}{dt}$ sont les projections de la vitesse de V, ou de l'accélération du point M, et en y substituant les valeurs précédentes elles deviennent $\dfrac{d^2x}{dt^2}, \dfrac{d^2y}{dt^2}, \dfrac{d^2z}{dt^2}$.

Démonstration de la seconde propriété. — Nous supposerons le temps θ pendant lequel le point va de M en M' assez petit pour que les propriétés géométriques de la figure soient sensiblement celles qui conviennent à la limite, où θ est infiniment petit. En menant par l'origine des vitesses OV, OV' qui figurent les vitesses v, v' en M, M', les points V, V' seront très voisins et la vitesse de V ou l'accélération sera la droite $VH = \dfrac{VV'}{\theta}$ 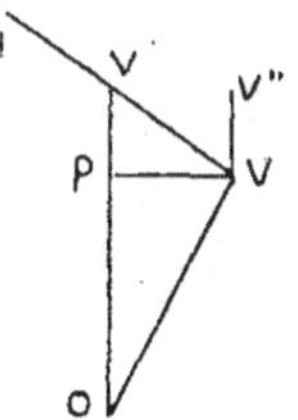 dirigée suivant VV'. En prenant OP = OV, et menant VV" égale et parallèle à PV', VV' est la résultante de VP, VV" ; en décomposant l'accélération VH suivant ces deux directions il est clair que le rapport des composantes aux droites VV", VP est celui de VH à VV'; leurs valeurs sont ainsi

$$T = \frac{VV''}{\theta}, \qquad N = \frac{VP}{\theta}.$$

Ce sont les composantes tangentielle et normale, car VV" est dirigée sensiblement suivant la vitesse OV du point M, et VP à angle droit. On a

$$VV'' = PV' = OV' - OV, \qquad T = \frac{VV''}{\theta} = \frac{v' - v}{\theta},$$

et à la limite, θ étant infiniment petit, $T = \dfrac{dv}{dt}$, ce qu'il fallait vérifier. Cette composante, dans la figure, a le sens de la vitesse, parce que OV' > OV ou $v' > v$; il est clair qu'elle serait dirigée en sens contraire si la vitesse était décroissante, et sa valeur $\dfrac{dv}{dt}$ serait alors négative.

La valeur de N s'obtient par la construction suivante : On

nomme d'ordinaire *plan osculateur* d'une courbe en un point M la position limite d'un plan Q mené par la tangente en M et par un point très voisin M_1 ; de la sorte M et M_1 ; sont dans le plan Q, mais non l'arc MM_1. Si le plan était horizontal et l'arc au-dessus, il est clair qu'en son point le plus élevé la tangente serait horizontale, et qu'en général entre M et M_1 il y a un point où la tangente est parallèle au plan Q. Nous définirons donc plutôt le plan osculateur comme position limite d'un plan Q mené par la tangente ML en M et parallèle à la tangente M'L' en M'. Prenons-le pour celui de la figure où M'L' se projette en une droite parallèle $m'l'$.

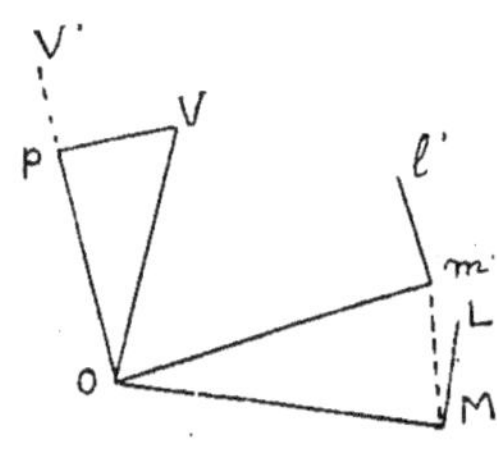

En menant MO, m'O, perpendiculaires à ML, $m'l'$, et par ces droites des plans perpendiculaires à celui de la figure, ce seront les plans *normaux* en M, M' ou perpendiculaires aux tangentes ; ainsi l'*intersection de deux plans normaux infiniment voisins est perpendiculaire au plan osculateur ;* le point O où elle le coupe est le *centre de courbure ;* le *rayon de courbure* est la distance OM $= \rho$.

En désignant par α l'angle MOm', on a dans le triangle MOm'.

$$\frac{Mm'}{\sin \alpha} = \frac{MO}{\sin Mm'O} \quad \text{ou} \quad \frac{Mm'}{\alpha} = MO = \rho,$$

l'angle $Mm'O$ étant sensiblement droit.

La corde MM' fait un très petit angle avec la tangente en M et par suite avec le plan Q et avec sa projection Mm' ; leur rapport étant sensiblement l'unité on aura aussi

$$\frac{MM'}{\alpha} = \rho.$$

Prenons maintenant pour MM' l'arc parcouru dans le temps θ par le point mobile. Nous pouvons choisir pour origine des vitesses le centre de courbure O ; les droites OV, OV', parallèles aux vitesses, ou aux tangentes en M, M', seront ainsi toutes deux dans le plan de la figure, perpendiculaires du même côté à OM, Om', et feront entre elles l'angle α. En prenant comme précédemment $OP = OV$, la direction VP de la composante N sera celle de M vers O, et comme on la suppose menée à partir du point M, elle est dirigée vers le centre de courbure. Dans le triangle OVP on a

$$\frac{VP}{\alpha} = OV = v ;$$

en outre

$$\frac{MM'}{\alpha} = \rho, \qquad N = \frac{VP}{\theta}, \qquad v = \frac{MM'}{\theta},$$

puisque l'arc MM' est parcouru dans le temps θ. Il en résulte

$$\frac{N}{v} = \frac{VP}{MM'} = \frac{\dfrac{VP}{\alpha}}{\dfrac{MM'}{\alpha}} = \frac{v}{\rho}, \qquad N = \frac{v^2}{\rho};$$

c'est la valeur de N qu'il fallait démontrer.

Dans le mouvement uniformément varié mentionné au numéro précédent, et dont la formule générale est $s = b + ut + \dfrac{1}{2} at^2$, on a

$$v = \frac{ds}{dt} = u + at, \qquad T = \frac{dv}{dt} = a,$$

de sorte que a désigne l'accélération tangentielle. Si le mouvement est rectiligne ρ est infini et $N = o$, de sorte que si en outre a est positive, ce nombre est l'accélération elle-même.

Démonstration de la troisième propriété. — Conservons les désignations indiquées dans l'énoncé. Nous regarderons x comme une fonction du temps t ; si sa valeur est a au point M, x' en M', l'accroissement correspondant de t étant θ, la série de Taylor donne pour celui de x

$$x' - a = a'\theta + \frac{1}{2} a''\theta^2 + \frac{1}{6} a'''\theta^3 + \text{etc},$$

a', a'', a''', etc., étant pour le point M les valeurs de $\dfrac{d\,x}{dt}$, $\dfrac{d^2x}{dt^2}$, $\dfrac{d^3x}{dt^3}$, etc.

Pour le second point mobile, la projection $\dfrac{d\,x}{dt}$ de la vitesse est constante et $\dfrac{d^2x}{dt^2} = o$; ainsi en employant la même formule on doit supposer $a'' = o$, $a''' = o$, etc., mais a', valeur de $\dfrac{dx}{dt}$ en M, est la même que pour le premier point; on aura donc $x'' - a = a'\theta$, x'' étant la valeur de x en M''. En soustrayant cette expression de la précédente on trouve

$$\frac{x' - x''}{\frac{1}{2}\,\theta^2} = a'' + \frac{1}{3}\,a'''\theta + \text{etc.}$$

Or $x' - x''$ est la projection de la déviation M''M' sur OX, et si on prend sur sa direction la longueur

$$\text{M''L} = \frac{\text{M''M'}}{\frac{1}{2}\,\theta^2}$$

la projection de M''L sera par suite $\dfrac{x' - x''}{\frac{1}{2}\,\theta^2}$; or quand θ est infiniment petit, sa valeur ci-dessus se réduit à a'' ou à $\dfrac{d^2x}{dt^2}$, projection de l'accélération. On verrait de même que les projections de M''L sur OY et OZ coïncident avec celles de l'accélération.

38. Extension de la définition des résultantes. Composition des mouvements. — Nous dirons que A''B'' est résultante de AB et A'B', lors même que les commencements A, A', A'' de ces droites ne coïncident pas, si en menant par un point O des droites égales et parallèles à chacune d'elles dans le même sens, la première est la diagonale du parallélogramme construit sur les deux autres. Il est clair que si cette propriété a lieu pour un certain point O, il en sera de même en le plaçant partout ailleurs.

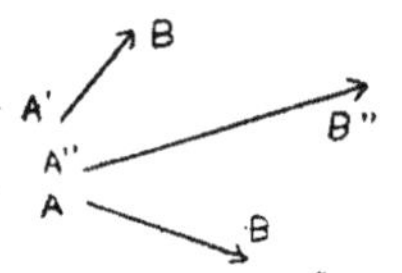

Le commencement de la résultante doit être en outre donné.
Par exemple dans tout triangle OAB, le côté OA est
la résultante de OB et BA en donnant à ces droites
le sens des flèches. De la sorte pour qu'une droite
soit la résultante de plusieurs autres, il faut et il suffit que sa projection sur un axe quelconque soit la somme de ceux
des composantes. Ce qui précède s'appliquera aux résultantes des
vitesses, des espaces parcourus, etc.

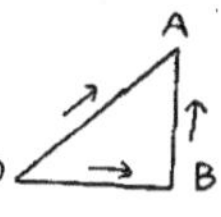

Composition des mouvements. — Supposons que trois points
partant simultanément de A, A′, A″
décrivent les trajectoires AM, A′M′,
A″M″ ; le troisième mouvement sera dit
résultant des deux autres, si en désignant par M, M′, M″ les positions atteintes au bout d'un même temps quelcon-
que, la corde A″M″ est constamment la résultante des cordes
AM, A′M′.

En désignant par a, a', a'' les abscisses de A, A′, A″, et par
x, x', x'' celles de M, M′, M″, la même condition consiste en ce
que la projection de A″M″ sur l'axe quelconque OX est la somme
de celles de AM, A′M′, ou qu'on a

$$x'' - a'' = x - a + x' - a'.$$

On en déduit les propriétés suivantes :

1° La vitesse du troisième mouvement est résultante de celles
des deux autres au même instant, car on tire de l'égalité précédente

$$\frac{dx''}{dt} = \frac{dx}{dt} + \frac{dx'}{dt} ;$$

ainsi la projection de la troisième vitesse sur un axe quelconque
est la somme de celles des deux autres.

2° L'accélération du troisième mouvement est aussi la résultante de celles des deux autres. On le conclurait de même de ce que leurs projections satisfont la relation

$$\frac{d^2x''}{dt^2} = \frac{d^2x}{dt^2} + \frac{d^2x'}{dt^2}.$$

3° La propriété suivante est la réciproque de la première : Si trois mouvements commencent à la fois en A, A', A″ et que la vitesse du troisième soit constamment la résultante de celles des deux autres, ce mouvement sera aussi résultant des deux autres. En effet, on a par hypothèse

$$\frac{dx''}{dt} = \frac{dx}{dt} + \frac{dx'}{dt}$$

d'où $x'' = x + x' + C$, C étant une constante; cette relation ayant lieu pour des positions simultanées quelconques, on a aussi $a'' = a + a' + C$, et par suite

$$x'' - a'' = x - a + x' - a',$$

ce qu'il fallait démontrer.

4° Si B, B', B″ sont des positions simultanées, et qu'on les prenne pour points de départ au lieu de A, A', A″, le troisième mouvement sera encore résultant des deux autres; en effet, ces points devant satisfaire les mêmes conditions que M, M', M″, on a à la fois

$$x'' - a'' = x - a + x' - a', \qquad b'' - a'' = b - a + b' - a',$$

d'où

$$x'' - b'' = x - b + x' - b',$$

ce qui exprime la propriété énoncée.

Cas particuliers. — Les deux suivants, dans lesquels nous supposons les positions initiales au même point O ont de fréquentes applications.

1° Si deux mouvements rectilignes et uniformes sont dirigés

suivant OA, OB et ont pour vitesse OA, OB, le mouvement résultant est rectiligne et uniforme, ayant pour vitesse OC résultante de OA, OB.

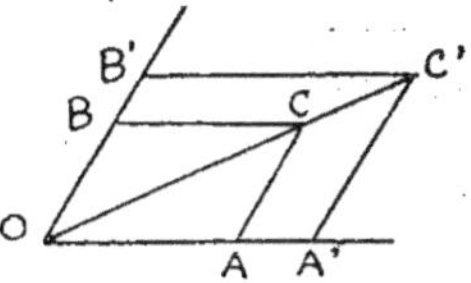

2° Si deux mouvements uniformément accélérés simples, par conséquent rectilignes, ont pour accélération OA, OB, le mouvement résultant sera aussi uniformément accéléré simple, ayant pour accélération OC, résultante de OA, OB.

Dans les deux cas nous comparerons les deux mouvements donnés avec celui qui correspond à la résultante OC des vitesses ou des accélérations, puis nous vérifierons que celui-ci est bien résultant des deux autres.

Pour cela soient A′, B′, C′, pour les trois mouvements, les positions simultanées du point mobile au bout d'un temps t quelconque ; dans le premier cas, e étant l'espace parcouru, on a $e = vt$, c'est-à-dire

$$OA′ = t \times OA, \qquad OB′ = t \times OB, \qquad OC′ = t \times OC.$$

Dans le second cas, a étant l'accélération, on a $e = \dfrac{1}{2} at^2$, ou

$$OA′ = \frac{1}{2} t^2 \times OA, \qquad OB′ = \frac{1}{2} t^2 \times OB, \qquad OC′ = \frac{1}{2} t^2 \times OC$$

Dans les deux cas OA′, OB′, OC′ sont proportionnels à OA, OB, OC, tombent dans la même direction et forment ainsi un parallélogramme, puisque A′C′ est parallèle à AC et B′C′ à BC ; l'espace parcouru OC′ est donc résultant de OA′ et OB′, ce qu'il fallait démontrer.

39. Mouvement de translation d'une figure. Mouvement relatif et absolu. — Désignons par φ une figure composée d'un nombre quelconque de points A, B, C, etc. Supposons-la d'abord liée à un système s d'axes, et déplaçons s et φ à la fois comme un solide unique, d'une façon quelconque telle que les axes restent parallèles et de même sens ; les positions φ' que φ prend ainsi seront dites *placées semblablement* à φ. Quelle que soit

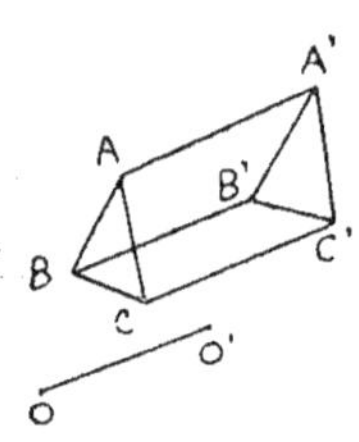

la direction des axes il est clair que si l'origine O est venue en O', et le point A en A', AA' est égale et parallèle à OO' ; ainsi en désignant par A', B', C', etc., les points homologues à A, B, etc., et laissant de côté le système d'axes, nous trouverons encore toutes les figures φ' placées semblablement à φ en menant par A, B, etc., des droites AA', BB', etc., égales, parallèles et de même sens.

Puisque AA' est égale et parallèle à BB', A'B' l'est aussi à AB, c'est-à-dire que les droites joignant deux points homologues dans les figures φ et φ' sont parallèles et de même sens ; réciproquement si cette condition est satisfaite la première le sera, c'est-à-dire que AA', BB', etc., seront égales et parallèles et φ' placée semblablement à φ.

Si deux figures φ', φ'' sont placées semblablement à φ, elles le sont aussi entre elles ; en effet, A et B étant deux points quelconques de φ, et A'', B'' leurs homologues dans φ'', les droites A'B', A''B'', toutes deux égales et parallèles à AB, le sont aussi entre elles.

Dans le cas fréquent où deux courbes sont semblablement placées, nous dirons pour abréger qu'elles sont *parallèles ;* les droites AA', BB', CC', etc., joignant leurs points homologues sont alors égales et parallèles.

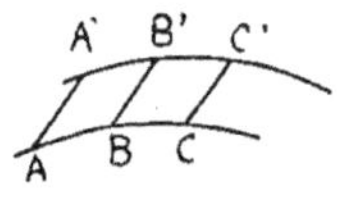

Mouvement de translation. — On nomme ainsi celui d'une figure φ si toutes les positions par lesquelles elle passe sont semblablement placées. En ce cas, en désignant par A' et B', A'' et B'', etc., diverses positions simultanées des points A et et B, les droites AB, A'B', A''B'', etc., sont égales et parallèles. Par conséquent les trajectoires de tous les points de la figure φ sont des lignes droites ou

courbes égales et parallèles, et il est clair que leurs vitesses au même instant le sont aussi.

Mouvement relatif d'un point. — On nomme ainsi le mouvement du point tel qu'il apparaît à un observateur lui-même en mouvement. Pour en avoir une notion plus précise il faut remplacer l'observateur par une figure de forme invariable à laquelle on puisse rapporter la position du point mobile. Telle serait par exemple une chambre, en mouvement dans l'espace, à l'intérieur de laquelle le point se déplacerait ; mais il est plus simple de remplacer la chambre par un système d'axes qui lui soit invariablement lié.

Figurons alors la trajectoire relative ABC par une tige rigide, fixe par rapport aux axes, et le long de laquelle chemine le point. Partageons le temps en très petits instants égaux θ, et soient A, B, C, etc., d'instant en instant, les positions du point sur la tige.

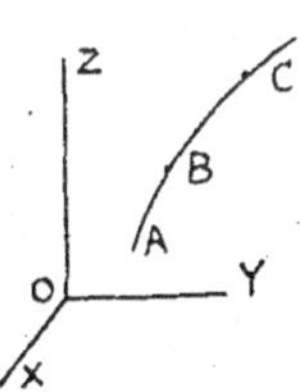

Les axes se déplaçant d'une façon quelconque dans l'espace, la tige qu'ils entraînent, placée en AB...E quand le point est en A, occupera d'instant en instant dans l'espace les positions A'B'...E', A"E", etc., et quand le point paraîtra arrivé en B, C, etc., sa position dans l'espace sera B', C", etc. ; de la sorte son vrai mouvement, nommé *mouvement absolu*, est figuré par AB'C"D'''E^{IV}...

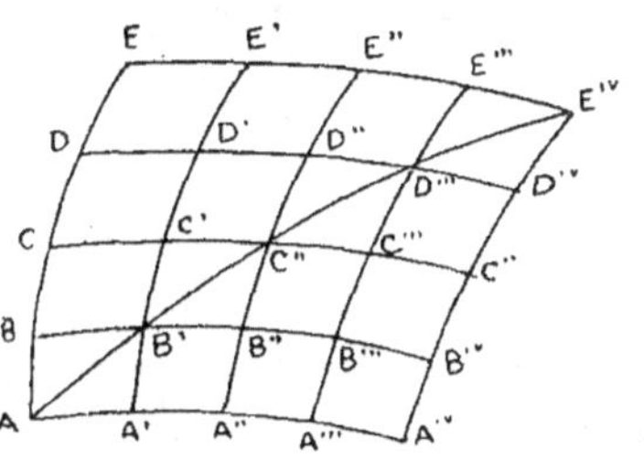

On nomme *mouvement d'entraînement* d'un point celui qu'il prendrait en étant lié invariablement au système ou aux axes. Celui du point A de la tige est ainsi figuré par AA'A"A'''A^{IV}, celui de B par B.., B^{IV}, etc. Quant au mouvement relatif, s'il s'agit de le comparer à d'autres, il n'a dans l'espace de sens précis qu'en supposant la tige et les axes immobilisés dans une de leurs positions.

Nous allons démontrer que *la vitesse absolue du point est la résultante de la vitesse d'entraînement et de la vitesse relative.* Dans la position B′ du point, par exemple, θ étant supposé très petit, la vitesse du mouvement absolu est $\dfrac{B'C''}{\theta}$ dans la direction de B′C″ ; la vitesse d'entraînement, ou celle du mouvement d'entraînement de B′ est de même $\dfrac{B'B''}{\theta}$ suivant B′B″ ; la vitesse relative est celle qu'aurait le point en B′ en supposant la tige immobile dans sa position actuelle : c'est donc $\dfrac{B'C'}{\theta}$ suivant B′C′ ; C″B″ et C′B′ sont égales comme figurant la même portion de la tige ; si de plus elles étaient parallèles, B′C′B″C″ serait un parallélogramme, la droite B′C″ serait résultante de B′B″ et B′C′, et la même relation existerait entre les vitesses. Cela n'a pas tout à fait lieu, et $\dfrac{B'C''}{\theta}$ est résultante de $\dfrac{B'B''}{\theta}$ et d'une autre égale et parallèle à $\dfrac{B''C''}{\theta}$; mais celle-ci est égale à la vitesse relative $\dfrac{B'C'}{\theta}$ et fait avec elle un angle infiniment petit, parce que dans le temps θ la direction de B′C′ change infiniment peu ; ainsi à la limite le principe à démontrer est tout à fait exact.

Si par exemple le point mobile est près de la surface de la terre, sa vitesse relative est celle que nous observons par rapport à nous, et dont la direction dans l'espace est bien déterminée à l'instant actuel ; sa vitesse d'entraînement est celle qu'il aurait en restant lié au sol et partageant les divers mouvements de la terre. En les composant, on aurait sa vitesse absolue.

Si le mouvement du système est une translation, le mouvement absolu du point est résultant du mouvement relatif et du mouvement d'entraînement, de sorte que le principe établi ci-dessus pour les vitesses s'étend aux mouvements eux-mêmes.

En effet, la tige n'ayant qu'un mouvement de translation les courbes AE, A^{iv}E^{iv} sont égales et parallèles, et la corde AE^{iv} du mouvement absolu est résultante des cordes AE, AA^{iv} ; or c'est ainsi que nous avons défini au numéro précédent le mouvement résultant de deux autres. Cette définition restait en outre la même en supposant les composantes déplacées parallèlement ; ainsi il est indifférent de remplacer AA^{IV} par BB^{IV}, CC^{IV}, ou par le mouvement d'entraînement d'un point quelconque lié aux axes, tous étant égaux et parallèles. Pour la même raison on peut remplacer AE par $A'E'$, $A''E''$, ou par le mouvement relatif que figure la tige immobilisée dans une quelconque de ses positions.

Supposons par exemple que le mobile soit un bateau traversant une eau tranquille d'un mouvement rectiligne et uniforme. En réalité, en vertu du mouvement de la terre, cette eau est un système animé d'un mouvement qu'on peut pendant un temps court considérer comme une translation rectiligne et uniforme. Les deux mouvements en se composant donneront celui du bateau qui sera aussi rectiligne et uniforme. Le résultat serait pareil si l'eau devenait celle d'une rivière à courant régulier, dont le mouvement remplacerait celui de la terre.

De même si la vitesse uniforme d'un bateau est représentée par OA en grandeur et en direction, et celle du vent par OC, nous pouvons, en regardant le bateau comme le système en mouvement, dé-composer la vitesse du vent en deux autres 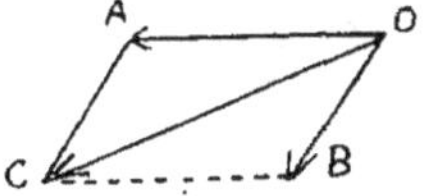
dont l'une OA sera la vitesse d'entraînement, et l'autre OB com-plètera le parallélogramme ; celle-ci sera donc la vitesse du mou-vement relatif du vent, ou celle qui agit réellement sur les voiles.

Mouvement relatif d'une figure quelconque par rapport à un point. En désignant ce point par O l'expression précédente signi-fiera *le mouvement relatif à des axes ayant O pour origine et restant constamment parallèles à eux-mêmes et de même sens* pen-dant que le point O se déplace ; celui-ci, considéré seul n'aurait pas suffi pour préciser le mouvement relatif ; mais il s'agit ici d'une simple locution abrégée, applicable à une disposition qui se présente très fréquemment.

Ce mouvement relatif est celui d'une figure quelconque pouvant même être de forme variable, et il va sans dire qu'il signifie l'ensemble des mouvements relatifs de ses divers points.

Pour l'un quelconque d'entre eux le mouvement absolu est résultant de son mouvement relatif et du mouvement du point O, car les axes n'ont qu'un mouvement de translation, et pour tout mouvement d'entraînement on peut prendre celui de l'origine. La vitesse absolue du point mobile est de même la résultante de sa vitesse relative et de celle du point O.

40. Distribution des vitesses dans un solide. — Il s'agit ici des vitesses dont peuvent être affectés les divers points à un même instant. Elles suivent des lois simples, ce qui n'aurait pas lieu pour les mouvements eux-mêmes de ces points si l'on voulait les comparer.

La loi des vitesses est immédiatement connue dans deux cas particuliers. Le premier est celui où le solide a un mouvement de translation; nous avons vu au numéro précédent que toutes les vitesses sont alors égales et parallèles. L'autre cas est le suivant :

Distribution des vitesses dans un solide tournant autour d'un axe fixe. — Dans ce mouvement tous les points décrivent simultanément des arcs de cercle semblables, ayant leurs plans perpendiculaires à l'axe et leurs centres snr l'axe. La longueur de l'arc pour chaque point est donc proportionnelle à son rayon ou à la distance r du point à l'axe.

Il en est ainsi pour un arc infiniment petit et par suite pour la vitesse v du point, de sorte qu'on a

$$v = ru,$$

le coefficient u, nommé *vitesse angulaire,* étant le même pour tous les points; u est la vitesse quand $r = 1$, ou celle d'un point situé à l'unité de distance de l'axe. Si θ exprime l'angle variable dont tourne le corps, ce point décrit l'arc $d\theta$ dans le temps dt, et la vitesse angulaire est par suite $u = \dfrac{d\theta}{dt}$.

En outre la vitesse en chaque point est dirigée suivant la tangente à l'arc qu'il décrit, ou perpendiculairement au plan mené par l'axe et le point.

La vitesse v a la même valeur ru dans le mouvement d'une figure plane tournant dans son plan autour d'un point fixe, car il s'effectue réellement autour d'un axe mené par ce point et perpendiculaire au plan.

Condition d'invariabilité. — Avant d'examiner les autres cas, cherchons quelles conditions doivent satisfaire les vitesses de deux points du corps pour que leur distance reste constante. Soient O un point fixe, M un point mobile venant en M′ dans l'instant très petit θ. Soient aussi OM $= r$, OM′ $= r'$, et l'angle MOM′ $= d\varphi$. Sa vitesse v dirigée suivant MM′ se décompose en deux autres, la première v' parallèle à OM′, l'autre v'' suivant MP en prenant OP $=$ OM. On a $v = \dfrac{\mathrm{MM'}}{\theta}$ et par suite

$$v' = \frac{\mathrm{PM'}}{\theta} = \frac{r' - r}{\theta}, \qquad v'' = \frac{\mathrm{MP}}{\theta}.$$

A la limite, en remplaçant la corde MP par l'arc,

$$v' = \frac{dr}{dt}, \qquad v'' = \frac{r\,d\varphi}{dt}.$$

En même temps v' est dirigée suivant le prolongement de OM si elle est positive, et v'' à angle droit. Si la trajectoire est plane $d\varphi$ est l'accroissement de l'angle polaire φ.

Soient maintenant v, v' les vitesses de deux points A, A′ d'un solide, et u la vitesse relative de A′ dans son mouvement relatif au point A, défini comme au numéro précédent. De la sorte v' est résultante de v et de u, et en projetant les vitesses sur AA′ dans un même sens, on a

$$\text{proj.}\ v' = \text{proj.}\ v + \text{proj.}\ u.$$

Dans le mouvement relatif A est un point immobile, et comme on l'a vu ci-dessus la projection de la vitesse u sur AA′ ou sur r est $\dfrac{dr}{dt}$. La condition que r soit constant, ou $\dfrac{dr}{dt} = o$, exprime donc que la projection de u est nulle, ou que l'on a

$$\text{proj.}\ v' = \text{proj.}\ v.$$

Il est donc nécessaire et suffisant *que les projections des vitesses de A et A′ sur la droite AA′, prises dans le même sens, soient égales.* C'est ce que nous nommerons la *condition d'invariabilité.* Si l'une des vitesses est perpendiculaire à la droite AA′, l'autre doit l'être aussi ; cela comprend le cas où la première serait nulle.

En appliquant ce qui précède à un solide tournant autour d'un axe, on peut vérifier que la loi des vitesses reste la même si l'axe, au lieu d'être fixe, est *instantané,* ou a une vitesse nulle à un certain instant, auquel cas on peut le considérer comme joignant deux points O, O′, dont la vitesse actuelle est nulle.

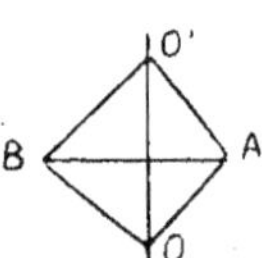

En effet, A et B étant deux points quelconques du corps, il résulte de la condition d'invariabilité que la vitesse du point A doit être perpendiculaire à la fois à AO et AO′ ou au plan AOO′, comme si l'axe était fixe. Celle de B l'est de même au plan BOO′. Les direction des vitesses v, v' étant ainsi déterminées, la condition d'invariabilité appliquée à la droite AB donnera nécessairement pour le rapport $\dfrac{v}{v'}$, la même valeur que si l'arc était fixe.

Distribution des vitesses dans un solide. — Premier cas : Le solide se réduit à une figure plane en mouvement dans son plan.

Supposons qu'aux points A et B les vitesses AA′, BB′
ne soient pas parallèles, et menons-leur des perpendiculaires AO, BO qui se couperont ainsi en un point
O ; d'après la condition d'invariabilité la vitesse de
ce point devrait être perpendiculaire à la fois à OA
et OB, ce qui est impossible, à moins de la supposer
nulle. Le point O est donc un centre instantané de rotation ; la
loi des vitesses est alors la même que s'il était fixe.

Il n'y a d'exception à ce qui précède que si A et B étant deux
points quelconques en mouvement leurs vitesses sont parallèles ;
dans ce cas elles font le même angle aigu avec AB, et pour que
leurs projections sur cette droite soient égales il faut qu'elles-
mêmes soient égales et de même sens. Ainsi tous les points ont
alors des vitesses égales et parallèles, comme cela arrive dans un
mouvement de translation. Le cas précédent rentre donc évidemment dans le cas général où il y a un centre instantané, en le
supposant éloigné à l'infini.

*Second cas : Le solide ne peut que tourner en tous sens autour
d'un point fixe O.* — La vitesse d'un point quelconque A doit être perpendiculaire à OA et par
suite on peut mener par OA un plan OAI perpendiculaire à cette vitesse. Il existe nécessairement hors de ce plan des points en mouvement.
B étant l'un d'eux menons de même le plan OBI
perpendiculaire à sa vitesse ; il sera distinct du premier, et soit I
un point quelconque de leur intersection.

La vitesse du point O étant nulle, et celle du point A perpendiculaire à AI, celle du point I doit être perpendiculaire à IO et à
IA et par suite au plan IOA. Elle doit être pour la même raison
perpendiculaire au plan IOB, et cette double condition est impossible à moins qu'elle ne soit nulle ; ainsi OI est un axe instantané
de rotation. Il en existe donc toujours un, dont la direction est en
général variable dans le corps et dans l'espace, et comme on l'a

vu la loi des vitesses est à chaque instant la même que s'il était fixe.

Troisième cas : Le solide est entièrement libre. — Nous avons vu au numéro précédent ce que signifiait le mouvement d'un solide relatif à un point O. Choisissons ce point à volonté, en le supposant lié au solide; soit v sa vitesse et v' celle d'un autre point quelconque; si v'' est sa vitesse relative nous avons vu que v' est résultante de v et v''. Le mouvement relatif du solide, dans lequel O est immobile, ne peut d'ailleurs être que sa rotation autour d'un axe instantané OI; v'' est donc la vitesse due à cette rotation en supposant OI immobile.

On peut remarquer que pour tous les points d'une droite O'I parallèle à OI v'' est la même, et en la composant avec v on trouve la même vitesse absolue v'; par conséquent si on rapporte le mouvement du solide à un point O' de cette droite au lieu de O, tous ses autres points auront une vitesse relative nulle; l'axe instantané sera donc O'I'. Soit alors v''' la vitesse relative de O due à sa rotation autour de O'I' immobile, et commune à tous les points de OI; v sera résultante de v''' et v' ou de v''', v et v'', de sorte que v'' et v''' auront une résultante nulle ou seront égales et opposées. Pour interpréter ce résultat menons un plan perpendiculaire aux axes et les coupant en A, A'. Dans le premier cas, où le mouvement est relatif à O, v'' est la vitesse A'L' de A' tournant autour de A immobile; quand on le rapporte à O', v''' est la vitesse AL de A tournant autour de A' immobile. Ces vitesses étant égales parallèles et de sens contraire, il est clair que les vitesses angulaires dans les deux cas sont égales et de même sens. Par conséquent *de quelque manière qu'on choisisse le point O l'axe instantané a toujours la même direction et la vitesse angulaire est la même.*

41. Relations entre deux positions quelconques S, S′ d'un même solide. — *Premier cas : Le solide ne peut que tourner en tous sens autour d'un point fixe O.* — Nous allons démontrer qu'une certaine droite OL est la même dans les positions S et S′, de sorte qu'*au moyen d'une seule rotation autour d'elle on peut amener le solide de l'une à l'autre position.*

Remarquons d'abord que si un solide tourne autour d'un axe, l'angle de rotation, que nous désignerons par r_α, peut être supposé de 180° au plus, en le comptant dans un sens ou dans l'autre. Par suite α est au plus de 90° et diffère de o, sans quoi il n'y aurait pas de rotation.

Cela posé, étant donné un plan quelconque M, passant par l'axe et fixe dans l'espace, il existe un plan R, passant aussi par l'axe, distinct de M et lié au solide, qui après la rotation ira occuper une position symétrique de R par rapport à M. Il suffit pour cela de prendre pour R un plan faisant avec M le dièdre α d'un côté convenable, de façon que pendant la rotation il se rapproche d'abord du plan M, car après l'avoir traversé il fera de nouveau avec lui le dièdre α de l'autre côté.

On peut faire passer le solide de la position S à S′ par deux rotations successives. En effet, D étant un point quelconque de S, venant en D′ dans la position S′, on peut, en faisant tourner le solide autour d'un axe perpendiculaire au plan DOD′, faire en sorte que D vienne en D′, et puisque la droite OD′ ne doit plus changer, une rotation autour d'elle produira la position S′.

Considérons la position du solide à l'instant où il vient de tourner autour du premier axe OA et va tourner autour du second OB, et prenons AOB pour le plan M ; il existe un plan R, passant par OB et distinct de M, qui après la seconde rotation ira occuper une position symétrique de R par rapport à M ; il existe de même un plan Q, passant par A, distinct de M et par suite de R, qui avant la première rotation occupait une position symétrique de Q par rapport à M. Soit OI l'intersection de Q et R, et OL la droite symétrique de OI par rapport à M ; OI appartenant à la fois aux deux plans Q et R ira après la seconde rotation se placer en OL et s'y trouvait déjà avant la première ; ainsi la droite OL du solide est placée de même dans les positions S et S', ce qu'il fallait démontrer.

On peut conclure de ce qui précède l'existence d'un axe instantané pendant le mouvement d'un solide. Toutefois cette démonstration est moins rigoureuse que celle du numéro précédent.

Remarque sur le déplacement d'un point quelconque d'un solide quand celui-ci a tourné autour d'un axe. — La droite λ joignant les deux positions du point est évidemment la même en grandeur et en direction pour tous les points d'une droite parallèle à l'axe.

Pour les points qui sont à la même distance r de l'axe il est clair que les droites λ sont égales, mais ont toutes les directions possibles perpendiculaires à l'axe, et en faisant varier r elles ont toutes les grandeurs possibles.

Second cas : Le solide est entièrement libre. — Soit O un de ses points, qui vient en O' dans la position S' ; nous pouvons déplacer le solide par une translation amenant O en O', après quoi, comme dans le premier cas, il prendra la position S' en tournant autour

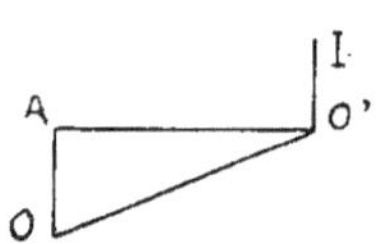

d'un axe O'I. En menant à l'axe une parallèle OA et une perpendiculaire O'A, nous pouvons supposer la translation formée d'un déplacement rectiligne suivant OA suivi d'un autre suivant AO'. Tout point du solide prendrait donc sa nouvelle position en suivant des droites égales et parallèles à OA, AO', puis la droite λ définie ci-dessus, ou le déplacement résultant de la rotation ; celle-ci ayant toutes les directions perpendiculaires à l'axe et les grandeurs possibles, il existe une droite D parallèle à l'axe, pour tous les points de laquelle λ est égale et parallèle à AO' en sens contraire ; le déplacement de chacun se réduit ainsi à une droite égale et parallèle à OA. La droite D ne fera donc que se déplacer suivant sa direction et si l'on opère d'abord ce déplacement par une translation il suffira d'une rotation autour de la droite pour amener la position S'. Ainsi *le solide peut passer de la position S à S' en glissant le long d'une droite et tournant ensuite en même temps autour d'elle.* Ce mouvement est celui d'un écrou autour d'une vis immobile. En supposant les positions S, S' infiniment voisines on pourrait en conclure que la loi des vitesses dans un solide est pareille à celle qui existe dans le mouvement de l'écrou, ce qu'on pourrait déduire aussi des résultats du numéro 40 ; mais il faut remarquer que l'axe jouissant de cette propriété change à tout instant pendant le mouvement sans passer par un même point, tandis qu'en employant comme on le fait constamment le mouvement d'un solide relatif à un point O on doit regarder celui-ci comme lui étant lié.

Troisième cas : Le solide se réduit à une figure plane glissant dans son plan. — Nous allons démontrer qu'elle peut passer de la position S à S' par une seule rotation autour d'un point O.

Remarquons d'abord que si a, b sont deux points de la figure S, et que par un déplacement de glissement quelconque on les amène à leurs positions correspondantes a', b' de la figure S', celle-ci sera obtenue, c'est-à-dire que la position nouvelle c' de tout autre point c sera entièrement déterminée, car les distances ac, bc devant rester constantes pendant le mouvement, c ne pourra se trouver qu'à deux places c', c''; or en c'' il formerait un triangle $a'b'c''$ symétrique de abc, et qui n'en pourrait résulter par un glissement sans retournement.

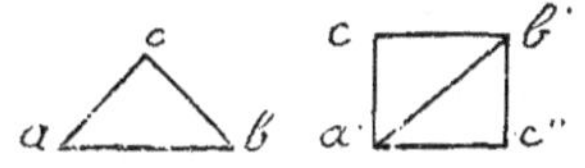

Supposons maintenant qu'une droite LL dans la position S vienne dans l'autre en L'L', coupant LL en un point b ; ce point appartenant à LL soit b' sa nouvelle position sur L'L' ; soit aussi a sur LL la position primitive du point a' de L'L' placé à la même intersection. En faisant passer par a, b' et $a'b$ une circonférence de centre O, ab et $a'b'$ en seront deux

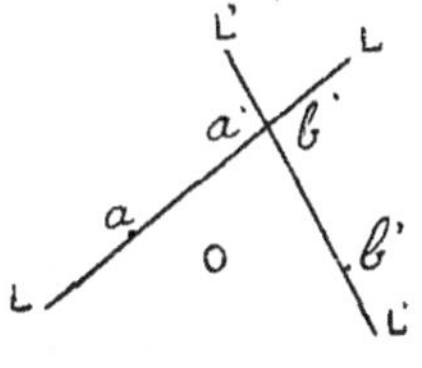

cordes égales où les points a et b, a' et b' se suivent dans le même ordre; de la sorte si l'on fait tourner la première autour du point O pour l'appliquer sur la seconde, a viendra sur a' et b sur b', ce qu'il fallait démontrer.

Le seul cas laissé de côté est celui où LL, L'L' seraient parallèles ou coïncideraient. Soient alors a, b, deux points quelconques

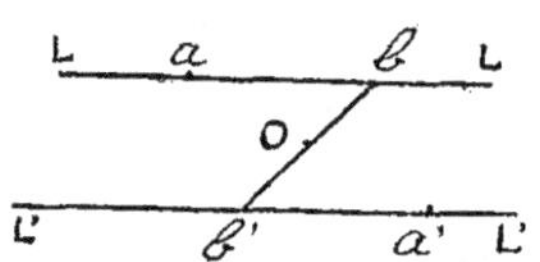

de LL et a' b' leurs correspondants sur L'L'; s'ils sont placés dans un ordre inverse on amènera a sur a' et b sur b' par une rotation de 180° autour du milieu O de bb'; s'ils sont dans le même ordre, aa' et bb' étant égales et parallèles, ce sera par une translation ou une rotation autour d'un point infiniment éloigné.

42. Projections de la vitesse de rotation d'un point. Composition des vitesses de rotation. — En supposant qu'un solide ait un point fixe O, pris pour origine, nous dirons que sa rotation est *figurée par une droite OI*, si la distribution des vitesses est celle qu'il aurait en tournant autour de OI dans le sens direct, et si en outre la longueur OI est égale à la vitesse angulaire u, ou exprimée par le même nombre. Cette droite suffit ainsi pour déterminer la loi des vitesses.

On nomme *composantes de la vitesse de rotation* les projections p, q, r de OI sur OX, OY, OZ, qui sont aussi les coordonnées du point I.

Projections de la vitesse d'un point quelconque M sur les axes.

— Soient x, y, z les coordonnées de M, v sa vitesse et α, β, γ ses projections sur les axes, que nous proposons d'exprimer en fonction de p, q, r, x, y, z.

Dans la formule générale $v = ru$ on a $u =$ OI, et r est la distance de M à OI; par suite v est l'aire du parallélogramme construit sur OI et OM. La vitesse est perpendiculaire au plan de la figure; nous pouvons la supposer dirigée en avant, en choisissant convenablement le côté du plan d'où la figure est vue. Si nous menons par O une droite ON égale et parallèle à la vitesse dans le même sens, ses projections seront aussi α, β, γ, et l'on voit de plus qu'elle est l'axe de l'aire du parallélogramme, cet axe étant défini comme au numéro 5. Pour que le sens de rotation de l'aire soit direct par rapport à ON, ou le même que celui de M tournant autour de OI, il faut supposer que ce sens aille de OI vers OM. C'est évident dans la figure, où M est à gauche de OI; il en est de même s'il se trouve à droite, le sens pris pour direct étant alors inversé.

D'autre part, les projections α, β, γ de l'axe de l'aire ou de la vitesse ont, comme on l'a vu au numéro 5, les valeurs

$$yz' - zy', \qquad zx' - xz', \qquad xy' - yx',$$

dans lesquelles x, y, z sont les coordonnées de l'extrémité I de la première droite et doivent par suite être remplacées par p, q, r, tandis que x', y', z' sont les coordonnées de M et doivent être remplacées par x, y, z. On trouve ainsi les formules cherchées

$$\alpha = qz - ry, \qquad \beta = rx - pz, \qquad \gamma = py - qx.$$

Tout ce qui précède reste exact si les axes OX, OY, OZ sont en mouvement, en admettant toujours que le solide tourne actuellement autour de OI avec la vitesse angulaire u ou OI. En ce cas les projections de la vitesse sont encore α, β, γ, mais ne sont plus égales à $\dfrac{dx}{dt}$, $\dfrac{dy}{dt}$, $\dfrac{dz}{dt}$.

Dans le cas où un point tourne autour de l'origine dans le plan des xy, on a $x = \rho \cos \varphi$, $y = \rho \sin \varphi$, ρ et φ étant ses coordonnées polaires; ρ étant constant, les projections de la vitesse, en supposant les axes immobiles, sont

$$\frac{dx}{dt} = - \rho \sin \varphi . \frac{d\varphi}{dt}, \qquad \frac{dy}{dt} = \rho \cos \varphi . \frac{d\varphi}{dt}$$

D'ailleurs $\dfrac{d\varphi}{dt}$ est la vitesse angulaire u, d'où

$$\alpha = -uy, \qquad \beta = ux, \qquad \gamma = 0.$$

La rotation a lieu réellement autour de OZ ; or pour tout point M du corps x, y et la vitesse sont les mêmes que pour sa projection sur le plan des xy ; aussi le résultat est compris dans les valeurs générales de α, β, γ en supposant $p = q = 0$, $r = u$; r n'étant que la projection de OI, on pourrait avoir $r = -u$, le sens de rotation étant alors rétrograde par rapport à OZ. La vitesse en ce cas est la même en sens contraire, et ses projectiens ne font que changer de signe. On vérifierait de même les valeurs générales de α, β, γ dans le cas où le corps tournerait autour de OY ou OX.

Composition des vitesses de rotation. — On désigne ainsi le principe suivant :

Si en laissant un solide dans la même position on suppose tour à tour qu'il ait une rotation figurée par la droite OA, ou par OB, ou par OC résultante des deux autres, la vitesse de chaque point dans la troisième hypothèse est résultante de celles qu'avait le même point dans les deux autres.

En effet, soient p, q, r les projections de OA sur les axes ; p', q', r' celles de OB, et p'', q'', r'' celles de OC. Soient ausssi α, α', α'' les projections de la vitesse d'un même point M sur OX dans les trois hypothèses. Les formules trouvées donnent

$$\alpha = qz - ry, \qquad \alpha' = q'z - r'y, \qquad \alpha'' = q''z - r''y.$$

D'ailleurs OC étant résultante de OA et OB, on a pour ses projections sur OY, OZ

$$q'' = q + q', \qquad r'' = r + r'$$

d'où $\alpha'' = \alpha + \alpha'$. La projection de la vitesse due à OC sur OX, c'est-à-dire sur un axe quelconque, est donc la somme de celle des vitesses dues à OA, OB, et par suite la première est la résultante des deux autres, ce qu'il fallait démontrer.

43. **Démonstration géométrique du principe de la composition. Applications.** — Désignons encore par v, v', v'' les vitesses d'un point quelconque M du corps dans les trois hypothèses où la rotation serait figurée par OA, OB, ou leur résultante OC, la position du solide étant la même dans les trois cas.

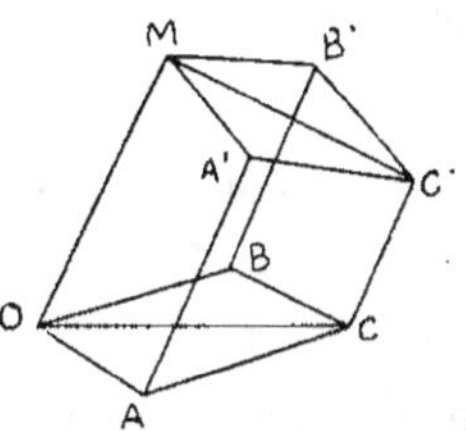

Menons par A, B, C des parallèles à OM, coupant en A', B', C' un plan P passant par M et perpendiculaire à OM. La section MA'C'B' d'un prisme dont la base est un parallélogramme en est également un. On a $v = ru$, u étant OA et r la distance de M à OA ; v est donc l'aire du parallélogramme construit sur OA et OM, et peut aussi s'exprimer par le produit $OM \times MA'$. On trouverait de même

$$v' = OM \times MB', \qquad v'' = OM \times MC'.$$

La vitesse v étant perpendiculaire au plan AOM, sa direction se déduirait de celle de MA' en faisant tourner cette droite de 90° autour de M dans le plan P ; les directions de v', v'' se déduiraient de même de celles de MB', MC' ; mais il faut remarquer que ces trois rotations de 90° doivent s'effectuer dans un même sens, afin que les vitesses x, v', v'' aient un même sens direct par rapport à OA, OB, OC.

De la sorte si nous faisons tourner l'ensemble de la figure MA'C'B' de 90° autour de M dans le plan P, les vitesses v, v', v'' seront dirigées suivant MA', MB', MC', et en outre, comme on vient de le voir, elles seront proportionnelles à ces droites. Elles formeront donc aussi un parallélogramme. Par conséquent v'' est la résultante de v et v', ce qu'il fallait démontrer.

Il est clair qu'on pourra de même composer un nombre quelconque de rotations figurées par OA, OB, OC, etc. La vitesse de tout point M due à leur résultante sera elle-même résultante des vitesses dues aux composantes.

Démonstration indirecte des formules du numéro 42. — On peut la tirer de ce qui précède en décomposant OI suivant les axes et regardant chaque composante comme figurant une rotation; la vitesse v du point M due à OI sera alors résultante de celles qui sont dues aux composantes.

Suivant l'axe des z, r est cette composante, en la dirigeant suivant OZ si r est positif, en sens opposé s'il est négatif. Dans les deux cas nous avons trouvé directement au numéro précédent

$$\alpha = -ry, \qquad \beta = rx, \qquad \gamma = 0,$$

pour les projections de la vitesse qui lui est due. Elles seraient de même

$$\alpha = qz, \qquad \beta = 0, \qquad \gamma = -qx,$$

pour la composante suivant OY, et

$$\alpha = 0, \qquad \beta = pz, \qquad \gamma = py,$$

pour la troisième. La vitesse v étant la résultante des trois autres, ses projections α, β, γ sur les axes sont les sommes de celles qui leur correspondent, ce qui donne

$$\alpha = qz - ry, \qquad \beta = rx - pz, \qquad \gamma = py - qx$$

ou les formules à démontrer.

Axes parallèles. — Les rotations figurées par des axes AA′, BB′ parallèles et de même sens se composent en une seule

$$CC' = AA' + BB'$$

parallèle aux deux autres et placée de façon qu'on ait

$$\frac{AC}{BC} = \frac{BB'}{AA'}$$

En effet, en supposant que les axes se rencontrent en un point très éloigné la figure est la même que le parallélogramme des forces ou celui des rotations; il est indifférent que la droite figu-

rant uue rotation parte ou non du point de concours. La rotation
OA conserve la même signification si l'on dé-
place les points O et A sur sa direction sans
changer leur distance. Dans le cas où les axes AA', BB' seraient
de sens contraire et inégaux, la construction serait encore la
même que pour des forces. S'ils sont égaux ou figurent des rotations de même vitesse et de sens contraire, la résultante des forces
s'éloigne à l'infini, et par conséquent il en est de même pour l'axe
résultant. De la sorte la rotation devient alors une translation, et
tous les points du solide ont des vitesses égales et parallèles.

Premier exemple. — Les étoiles dans le mouvement diurne présentent la même apparence que si elles étaient fixées à une surface sphérique ayant pour centre l'observateur O et tournant dans
le sens de la flèche autour de l'axe OP allant au pôle céleste avec
une vitesse angulaire constante n. Cette rota-
tion peut se décomposer en deux autres autour 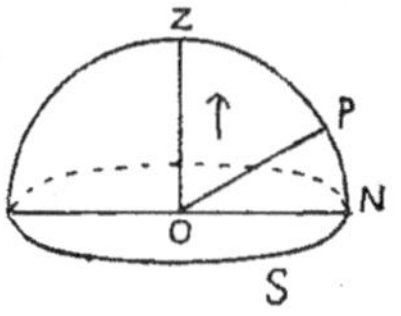
de la verticale OZ et de la méridienne ON ;
celles-ci étant à angle droit leurs vitesses angulaires seront les projections de la vitesse n
portée sur la direction OP, c'est-à-dire $n \cos l$ pour ON, et $n \sin l$
pour OZ, l désignant l'angle PON ou la latitude. En tout point du
ciel la vitesse d'une étoile est résultante de celles qui sont dues
aux rotations composantes. En particulier si l'étoile est à l'horizon
en S, la vitesse composante due à ON est verticale, l'autre horizontale ; celle-ci est donc la projection horizontale de la vitesse de
l'étoile ; elle provient de la rotation autour de OZ et par suite
reste la même en tout point de l'horizon. Par conséquent la projection horizontale de la vitesse apparente d'une étoile qui se lève
ou se couche est la même pour toutes et résulte d'une vitesse angulaire $n \sin l$ autour de la verticale.

Second exemple. — La terre, en laissant de côté son mouvement de translation, tourne en un jour autour de l'axe OP, fixe à
son intérieur, O étant le centre supposé immobile, et P le pôle

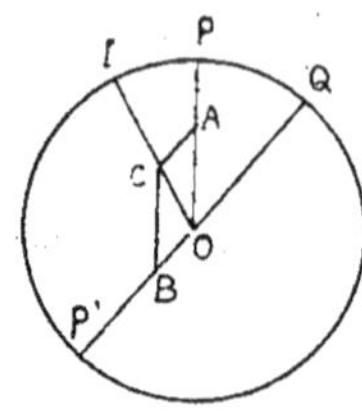

nord. En même temps OP tourne en 26,000 ans autour d'une droite fixe OQ faisant avec OP l'angle $\varepsilon = 23°, 28'$; ce sens de rotation est inverse du précédent ou rétrograde; ainsi OP tourne dans le sens direct autour de OP′ prolongement de OQ.

Rapportons le mouvement de la terre à un système tournant autour de OP′ en même temps que OP. De la sorte, dans le mouvement relatif, OP est immobile, et la vitesse d'un point de la terre provient seulement de la première rotation ; sa vitesse d'entraînement est celle qu'il aurait en étant lié au système et provient seulement de la seconde rotation; sa vitesse absolue étant résultante des deux précédentes sera due à la rotation composée des deux autres. Nous la trouverons en portant sur les droites OP, OP′ des longueurs OA, OB, égales aux vitesses angulaires des rotations autour de ces axes. Leur résultante OC sera la vitesse angulaire réelle de la terre et la direction de son axe instantané. On a

$$\sin AOC = \frac{AC}{OC} \sin CAO.$$

Mais le rapport $\frac{OB}{OA}$ des vitesses angulaires, inverse de celui des durées de révolution, est extrêmement petit. On peut donc remplacer OC par OA, et le sinus par l'angle, d'où

$$AOC = \frac{OB}{OA} \sin \varepsilon.$$

En désignant par I le point où OC rencontre la surface de la terre et par r son rayon, l'arc PI est

$$PI = r \times AOC = \frac{OB}{OA} r \sin (23°, 28').$$

On a à peu près

$$r = 6{,}400{,}000^{\mathrm{m}}, \qquad \frac{OB}{OA} = \frac{1 \text{ jour}}{26{,}000 \text{ ans}} = \frac{1}{26{,}000 \times 365}$$

d'où résulte $PI = 0^{\mathrm{m}}{,}27$.

L'axe instantané OI reste dans le plan POP′ et n'a pas d'autre mouvement que la rotation autour de OP′; il est donc presque immobile dans l'espace; mais par rapport à la terre le point I auquel il aboutit décrit en un jour sur le sol une circonférence ayant le pôle P pour centre et un rayon de 27 centimètres.

44. Angles déterminant la position d'un solide par rapport à un point O. Expressions de p, q, r au moyen de leurs dérivées. — Nous considérons le solide comme ne pouvant que tourner autour du point O ; pour exprimer sa position au moyen d'angles, il faut la définir par celle d'un système S d'axes OX, OY, OZ, fixes à son intérieur et partageant son mouvement ; les coordonnées x, y, z d'un de ses points restent ainsi invariables. Le sens de rotation de OX vers OY par rapport à OZ sera considéré comme direct.

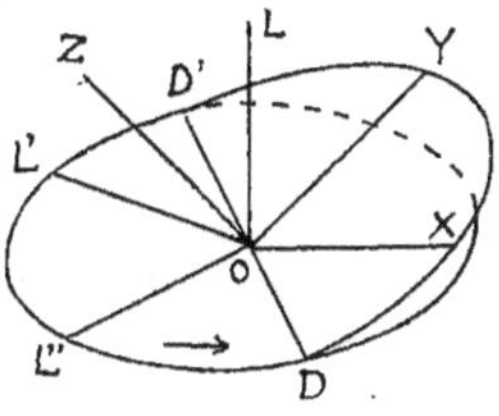

Rapportons la position à un axe principal OL et un axe polaire OL′, perpendiculaires entre eux et fixes dans l'espace. Soit DOD′ l'intersection du plan L′OD perpendiculaire à OL et de celui des xy ; nous choisirons à volonté OD ou OD′ pour définir les angles, par exemple OD. Les angles seront :

1° L'angle polaire ψ compté de OL′ à OD, dans le sens direct par rapport à OL;

2° L'angle polaire θ compté de OL à OZ, dans le sens direct par rapport à OD;

3° L'angle polaire φ compté de OD à OX, dans le sens direct par rapport à OZ.

Ces angles déterminent la position des axes S ; mais pour

l'exprimer complètement, il convient d'en déduire les coordonnées x', y', z' de tout point du solide par rapport à un système S' d'axes fixes, en plaçant OZ' sur OL, OX' sur OL' et OY' sur OL" de façon que le sens de rotation de OX' à OY' par rapport à OZ' soit direct. Soit ensuite S" le système d'axes déduit de S' en le faisant tourner de l'angle ψ autour de OL, OX' venant de la sorte sur OD; soit aussi S'" celui qu'on déduit de S" tournant de l'angle θ autour de OD, de façon que OL ou OZ" vienne sur OZ; en faisant tourner le système S'" de l'angle φ autour de OZ, il viendra coïncider avec le système S. En désignant par des accents les coordonnées relatives à S", S'", leurs formules de transformations successives sont

$$x' = x'' \cos \psi - y'' \sin \psi, \qquad y' = x'' \sin \psi + y'' \cos \psi, \qquad z' = z'' ;$$
$$x'' = x''', \qquad y'' = y''' \cos \theta - z''' \sin \theta, \qquad z'' = y''' \sin \theta + z''' \cos \theta ;$$
$$x''' = x \cos \varphi - y \sin \varphi, \qquad y''' = x \sin \varphi + y \cos \varphi, \qquad z'' = z .$$

Par une série de substitutions on en déduira des valeurs de la forme
$$x' = ax + by + cz, \qquad y' = a'x + b'y + c'z,$$
$$z' = a''x + b''y + c''z ;$$
en particulier
$$a'' = \sin \theta \sin \varphi, \qquad b'' = \sin \theta \cos \varphi, \qquad c'' = \cos \theta.$$

D'après les théorèmes du numéro 4 il est clair que a'', b'', c" sont les cosinus de la droite OZ' par rapport à OX, OY, OZ, et les coefficients a, b, etc., ont une signification analogue.

Pour un point M du solide, x, y, z étant constants, les projections $\dfrac{dx'}{dt}$, $\dfrac{dy'}{dt}$, $\dfrac{dz'}{dt}$ de la vitesse contiennent trois groupes de termes ayant en facteur les dérivées $\dfrac{d\psi}{dt}$, $\dfrac{d\theta}{dt}$, $\dfrac{d\varphi}{dt}$ que nous désignerons par ψ', θ', φ'. Le premier groupe représente la vitesse dans l'hypothèse où θ et φ resteraient constants et il est clair qu'alors le solide tourne autour de OL ou OZ' avec la vitesse angulaire ψ',

la rotation est alors figurée par une longueur ψ' portée sur OZ'.
De même si θ varie seul les vitesses sont dues à une rotation
figurée par une longueur θ' sur OD, et si φ varie seul c'est une
longueur φ' suivant OZ.

Les projections de la vitesse sont la somme des trois groupes
de termes, et par conséquent la vitesse est résultante de celles qui
correspondent aux trois rotations ; ainsi elle provient de la rotaton OI obtenue en les composant.

Désignons comme au numéro 42 par p, q, r les projections de
OI sur OX, OY, OZ : elles seront les sommes des projections des
composantes ψ', θ', φ'. La première étant dirigée suivant OZ', ses
cosinus, comme on l'a vu, sont a'', b'', c'' et ses projections

$$\psi' \sin \theta \sin \varphi, \qquad \psi' \sin \theta \cos \varphi, \qquad \psi' \cos \theta \;;$$

θ' est dirigée suivant OD qui fait avec les axes les angles φ,
$\varphi + \dfrac{1}{2} \pi$ et $\dfrac{1}{2} \pi$; ses projections sont ainsi

$$\theta' \cos \varphi, \qquad - \theta' \sin \varphi, \qquad 0 \;;$$

φ' étant dirigée suivant OZ a de même pour projections o, o, φ'.

En ajoutant les projections homologues et remplaçant ψ', θ', φ'
par leurs valeurs, on trouve

$$p = \sin \theta \sin \varphi \, \frac{d\psi}{dt} + \cos \varphi \, \frac{d\theta}{dt}$$

$$q = \sin \theta \cos \varphi \, \frac{d\psi}{dt} - \sin \varphi \, \frac{d\theta}{dt}$$

$$r = \cos \theta \, \frac{d\psi}{dt} + \frac{d\varphi}{dt}$$

Remarque sur les formules précédentes. — Les valeurs de
x', y', z' en fonction de x, y, z sont des relations purement géométriques, d'où l'on peut déduire par l'analyse les principaux résultats des numéros précédents. Les projections $\dfrac{d x'}{dt}$, $\dfrac{d y'}{dt}$, $\dfrac{dz'}{dt}$ de la vitesse d'un point en fonction de $\dfrac{d\psi}{dt}$, $\dfrac{d\theta}{dt}$, $\dfrac{d\varphi}{dt}$ s'en déduisent, en re

gardant x, y, z comme constants, et la projection de cette vitesse sur OX est

$$a\frac{dx'}{dt} + a'\frac{dy'}{dt} + a''\frac{dz'}{dt}$$

puisque a, a', a'' sont les cosinus de OX par rapport à OX', OY', OZ'; c'est la même projection qui a été désignée par α au numéro 42, et on calculerait de même β, γ; ces expressions seront nécessairement identiques aux formules trouvées $\alpha = qz - ry$, etc., p, q, r ayant les valeurs ci-dessus, que nous avons déduites d'un calcul beaucoup plus court; α, β, γ s'annulent pour un point M tel qu'on ait $qz - ry = o$, etc., ou

$$\frac{x}{p} = \frac{y}{q} = \frac{z}{r}$$

c'est-à-dire pour tous les points d'une droite OI dont les cosinus sont proportionnels à p, q, r, et on en conclut l'existence d'un axe instantané. On pourrait alors démontrer que p, q, r sont les projections de la droite OI figurant la rotation et déduire de là, comme on l'a vu, le principe de la composition des vitesses de rotation. Au lieu de ce procédé analytique assez compliqué, il est évidemment préférable de démontrer les mêmes principes par des relations géométriques plus simples.

45. Mouvement de roulement et son application au déplacement d'une figure invariable. — On dit qu'une surface mobile S roule sur une surface fixe S' si elle se déplace de façon à lui rester toujours tangente. Dans ce cas, nous allons démontrer que la projection de la vitesse du point de contact sur la normale est nulle. Soit M le point de la surface S qui viendra plus tard au contact en A.

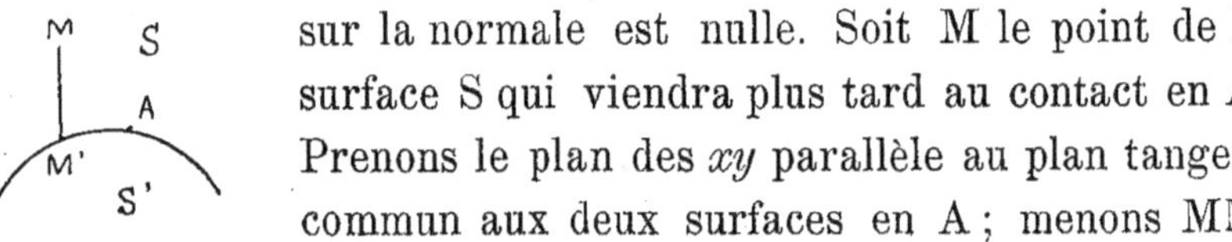

Prenons le plan des xy parallèle au plan tangent commun aux deux surfaces en A; menons MM' parallèle à l'axe des z jusqu'à la rencontre de la surface S' en

M' et soient x, y, z les coordonnées de M; x, y, z' celles de M';
nous supposons OZ dirigé de sorte que $z > z'$ d'où MM' $= z - z'$.
Les coordonnées x, y sont toujours les mêmes pour M et M', et z'
en est une fonction donnée par l'équation de la surface S', de sorte
qu'on aura pendant le mouvement

$$\frac{dz'}{dt} = \left(\frac{dz'}{dx}\right)\frac{dx}{dt} + \left(\frac{dz'}{dy}\right)\frac{dy}{dt}$$

$\left(\frac{dz'}{dx}\right)$, $\left(\frac{dz'}{dy}\right)$ étant les dérivées partielles de z'.

Si l'on coupe en A la surface S' par un plan parallèle à celui
des xz, la tangente en A à la courbe de section est parallèle à
OX; on a donc en ce point $\left(\frac{dz'}{dx}\right) = o$, et l'on verrait de même que
$\left(\frac{dz'}{dy}\right) = o$; en outre $\frac{dx}{dt}$, $\frac{dy}{dt}$ projections de la vitesse de M, restent
toujours finies; par conséquent $\frac{dz'}{dt}$ devient nulle quand M arrive
au point A. Ensuite pendant le mouvement M reste au-dessus de
M', et MM' ou $z - z'$ est constamment positive sauf au point A
où elle devient nulle, après quoi elle redevient positive. Par conséquent en ce point, $z - z'$ passe par un minimum et sa dérivée
$\frac{dz}{dt} - \frac{dz'}{dt}$, restant finie, doit être nulle. Comme on a vu que $\frac{dz'}{dt}$
l'est aussi, il en est de même de $\frac{dz}{dt}$ projection de la vitesse du
point M sur la normale, ce qu'il fallait prouver.

On dit que la surface S *roule sans glisser* si non seulement la
projection de la vitesse, mais cette vitesse elle-même est nulle au
point de contact. De même une courbe plane roule sur une autre
située dans le même plan si elle se meut de façon à lui rester tangente. Dans ce cas on prouverait comme ci-dessus que la projection de la vitesse du point de contact sur la normale est nulle, et
s'il en est de même de la vitesse la courbe roule sans glisser.

Déplacement d'une figure plane dans son plan. — Partageons le temps en petits instants θ et soient A, B, C..., au commencement de chacun d'eux la position du centre instantané de rotation par

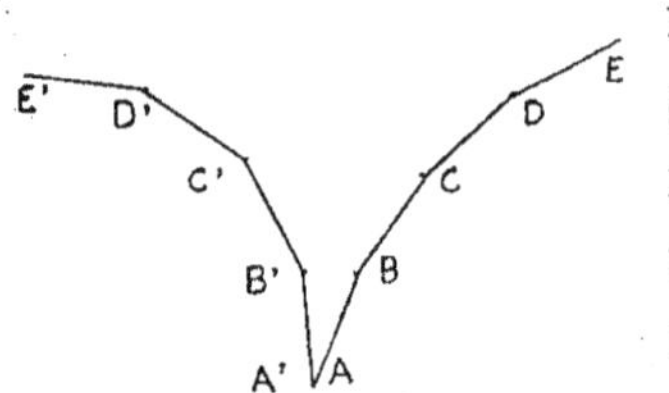

rapport à la figure de sorte que le polygone ABCD... soit considéré comme en faisant partie. Soient aussi sur le plan fixe A', B', C', etc., les positions de ces mêmes points à l'instant où chacun devient centre instantané.

Nous aurons une représentation approchée du mouvement en supposant que pendant l'instant tout entier la figure tourne autour du point A ou B ou C, etc. De la sorte A étant en A' elle tournera autour de ce point jusqu'à ce que B soit arrivé au point B' qui est sa position quand il devient centre ; elle tournera ensuite autour de B jusqu'à ce que C soit arrivé en C' position où il doit être le centre, et ainsi de suite.

Le polygone ABCD... étant entraîné par le mouvement roulera sur le polygone fixe, de sorte que AB viendra s'appliquer sur son égal A'B', puis s'en écartera tandis que BC viendra se placer sur B'C', et à l'instant suivant CD sur C'D', etc.

A la limite où θ est infiniment petit le mouvement approché devient le mouvement réel ; les polygones sont des courbes tangentes, et le point de contact étant un centre instantané a une vitesse nulle. Par conséquent *en désignant par S le lieu des centres instantanés sur la figure mobile, et par S' celui de ces centres sur le plan fixe, le mouvement de la figure consiste toujours à accompagner la courbe S roulant sans glisser sur la courbe S'.*

Il faut remarquer que la loi du mouvement est en général fort compliquée, et si l'énoncé précédent semble la ramener à la connaissance de deux courbes, c'est qu'il indique seulement la forme du mouvement, abstraction faite de toute notion de temps et de vitesse, celle-ci pouvant varier d'une façon quelconque.

Quand une courbe S roule sur une autre S' sans glisser, le point de contact ayant une vitesse nulle est le centre instantané de rota-

tion de la figure S, et par conséquent dans ce mouvement S et S′
sont les mêmes courbes que nous venons de considérer ou les limites des deux polygones; or dans ceux-ci les portions telles que
AD, A′D′, comprises entre deux points de contact correspondants,
sont égales. Par conséquent *si une courbe roule sur une autre sans
glisser, les arcs compris sur les deux courbes entre les points de
contact à deux instants différents sont égaux.*

Réciproquement si S roule sur S′ de façon que cette condition
soit satisfaite, elle roule sans glisser. En effet, si on la faisait rouler sans glisser, le point de contact satisferait la condition ci-
dessus, et par suite serait toujours le même que dans le mouvement donné. Les deux mouvements sont donc identiques.

Ce que nous avons dit des courbes planes S, S′ est applicable à
deux surfaces cylindriques dont elles seraient les bases, leurs
génératrices étant perpendiculaires au plan. Si S roule sur S′ sans
glisser, la première surface, accompagnant ce mouvement, roulera
aussi sans glisser sur la seconde, puisque la génératrice de contact
a une vitesse nulle en tous ses points; elle sera par suite un axe
instantané. Si par exemple le roulement est celui d'une roue sur
un plan, ses points à chaque instant tournent autour de la ligne
de contact comme axe.

Roulement conique. — Si un solide tourne en tous sens autour
d'un point fixe O, imaginons qu'une surface sphérique σ de centre O
et de rayon arbitraire, accompagne son mouvement. Partageons le
temps en instants θ et soient OA, OB, OC, etc., les axes instantanés
au commencement de chacun d'eux, A, B, C, etc., désignant les
points où chacun rencontre la surface σ, de sorte que la figure
ABC... partage le mouvement de σ ou du solide. Soient aussi A′,
B′, C′... les points où aux mêmes instants ces axes rencontrent
une surface sphérique σ' de même centre et de même rayon que
la première, mais immobile.

Supposons d'abord que le solide tourne pendant l'instant tout
entier autour de OA ou OB, etc. Les points étant joints par des
arcs de grands cercle formeront un polygone sphérique mobile

ABC... et un polygone fixe A'B'C'..., et on verra comme pour les polygones plans que le premier roule sur le second et que leurs côtés correspondants sont égaux.

Le mouvement réel résulte de celui-là en supposant θ infiniment petit; les polygones deviennent alors des courbes S, S' tracées sur une surface sphérique. La première roule sur l'autre sans glisser, et si on joint tous leurs points au centre de manière à former une surface conique C mobile et une autre C' immobile, C roulera aussi sur C' sans glisser, leur génératrice de contact étant un axe instantané et ayant partout une vitesse nulle. Par conséquent *tout mouvement d'un solide autour d'un point fixe O consiste à accompagner le mouvement d'une surface conique de sommet O roulant sans glisser sur une autre surface conique immobile et de même sommet.* La première est le lieu des axes instantanés dans le solide; la seconde est le lieu de ces axes dans l'espace. Si par exemple on fait rouler un cône posé latéralement sur un plan, le sommet reste immobile et la ligne de contact est l'axe instantané.

Roulement de deux surfaces mobiles S, S'. — On nomme ainsi tout mouvement dans lequel elles restent tangentes. En ce cas, si A, A' sont des points en contact, et v, v' leurs vitesses, les projections de celles-ci sur la normale commune sont égales et de même sens.

En effet, si l'on considère le mouvement relatif de S par rapport au système formé par S', le mouvement d'entraînement du point A de S est celui qu'il aurait en restant lié à S', c'est-à-dire celui de A'; si donc u est sa vitesse relative v est résultante de u et de v' vitesse de A', et en les projetant sur la normale on a

$$\text{proj. } v = \text{proj. } u + \text{proj. } v'$$

Or dans le mouvement relatif, S' étant immobile, et u la vitesse du point de contact, on a vu que la projection de u sur la normale était nulle, d'où résulte

$$\text{proj. } v = \text{proj. } v'$$

On dit que les surfaces roulent sans glisser si la vitesse relative u est nulle, auquel cas les deux points en contact ont une vitesse commune.

Ce qui précède s'applique sans changement au cas où S, S' sont deux courbes planes se mouvant dans un même plan et roulant l'une sur l'autre, ou restant tangentes. Les projections des vitesses des deux points en contact sur la normale sont égales et de même sens ; si ces deux points ont une vitesse commune les courbes roulent sans glisser, et dans ce cas, en considérant le mouvement de S relatif à S', on voit que sur les deux courbes les arcs compris entre les points de contact à deux instants différents ont la même longueur.

Cas où il y a déformation. — Si une surface S roule en se déformant sur une surface fixe S', on démontre, comme dans le cas où elle est invariable, que la projection de la vitesse sur la normale est nulle au point de contact. Toutefois la vitesse de ce point n'a de sens précis que s'il est matériel, ou que la déformation soit physiquement réalisable ; elle est alors celle d'un plan formant une surface développable.

46. Transmissions de mouvements. — On nomme ainsi dans les machines les dispositions au moyen desquelles une pièce ayant un mouvement déterminé en *conduit* une autre ou lui imprime un mouvement également déterminé. Les mouvements rentrent d'ordinaire dans l'une des espèces suivantes : *rectiligne continu, rectiligne alternatif, circulaire continu, circulaire alternatif.* La pièce conductrice peut avoir un de ces quatre mouvements, de même que la pièce conduite, ce qui présente seize combinaisons.

Les principales de ces transmissions se répètent dans toutes les machines et leur description serait superflue ; quelques-unes, quoique très ingénieuses, sont rarement employées ; telles sont par exemple des engrenages de roues carrées, ou d'autres dont les dents sont remplacées par des tiges formant les génératrices d'un hyperboloïde, la transmission du mouvement d'un arbre à un autre par l'intermédiaire d'un ressort en hélice contourné d'une manière quelconque, etc.

Nous nous bornerons à décrire quelques dispositions qui, sans être fort simples, sont d'un usage continuel. Outre les engrenages, dont nous verrons la théorie au numéro suivant, ce seront le joint universel et le parallélogramme de Watt.

Joint de Cardan ou joint universel. — Désignons par H un arbre ne pouvant que tourner sur lui-même, terminé par une fourche à laquelle est articulée en A et B une tige AB pouvant tourner sur son axe, tout en étant entraînée par la rotation de l'arbre; le mouvement est transmis à une seconde pièce identique, un arbre H' avec une tige A'B', et les deux tiges sont fixées de façon à ne faire qu'un seul solide en forme de croix.

En menant par le centre O des plans P, P' perpendiculaires aux arbres H, H', la tige OA est contrainte de se mouvoir dans le plan P et OA' dans le plan P' de façon à rester perpendiculaire à OA; l'angle HOH' des axes est obtus, et nous nommerons i son supplément, dièdre aigu de P et P'.

Prenons P pour le plan de la figure, coupant P' suivant LOL' et menons NON' perpendiculaire à LOL'.

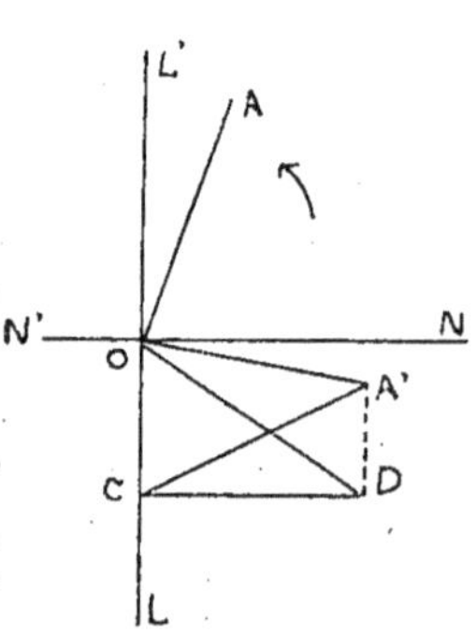

Supposons la rotation de H uniforme, de sorte que OA tourne aussi uniformément dans le sens de la flèche; OA' lui restant perpendiculaire, il en est de même de sa projection OD sur le plan de la figure, et par suite OD tourne uniformément. Il est clair que si OD tourne de OL à ON, OA' décrit aussi un angle droit, et il en est de même quand OD va de ON à OL$'$, etc. ; mais dans l'intervalle le mouvement de OA$'$ n'est pas uniforme. Posons

$$\mathrm{DOL} = \varphi, \qquad \mathrm{A'OL} = \varphi'$$

de sorte que ce soient les angles de rotation de OD et OA$'$; menons DC perpendiculaire à OL; A$'$C le sera aussi et l'on aura

$$\mathrm{tang}\ \varphi = \frac{\mathrm{CD}}{\mathrm{OC}}, \qquad \mathrm{tang}\ \varphi' = \frac{\mathrm{CA'}}{\mathrm{OC}}, \qquad \frac{\mathrm{tang}\ \varphi}{\mathrm{tang}\ \varphi'} = \frac{\mathrm{CD}}{\mathrm{CA'}} = \cos i$$

puisque OCA$'$ est dans le plan P$'$. Soient n, n' les vitesses angulaires de OA, OA$'$, ou $\dfrac{d\varphi}{dt}$, $\dfrac{d\varphi'}{dt}$, dont la première est constante. L'équation $\mathrm{tang}\ \varphi' = \dfrac{\mathrm{tang}\ \varphi}{\cos i}$ donne

$$\frac{d\varphi'}{\cos^2 \varphi'} = \frac{d\varphi}{\cos i\ \cos^2 \varphi}, \qquad \frac{n'}{n} = \frac{\cos^2 \varphi'}{\cos i\ \cos^2 \varphi}$$

On a

$$\mathrm{tang}\ \varphi' = \frac{\sin \varphi}{\cos i\ \cos \varphi}, \qquad \cos^2 \varphi' = \frac{\cos^2 i\ \cos^2 \varphi}{\cos^2 i\ \cos^2 \varphi + \sin^2 \varphi}$$

d'où

$$\frac{n'}{n} = \frac{\cos i}{\cos^2 i\ \cos^2 \varphi + \sin^2 \varphi}$$

Le dénominateur varie entre 1 et $\cos^2 i$, et par suite $\dfrac{n'}{n}$ entre $\cos i$ et $\dfrac{1}{\cos i}$.

Le défaut d'uniformité du mouvement est toujours un inconvénient dans une machine ; ainsi, n étant constant, on doit supposer i assez petit pour que les changements de valeur de n' soient peu marqués.

Parallélogramme de Watt. — On sait que cet appareil a pour but, étant donné le balancier d'une machine à vapeur que nous figurons par son centre

O et son axe OA, de lui transmettre le mouvement de la tige DE d'un piston que nous supposons verticale.

Le point D étant contraint de se mouvoir verticalement, il est clair qu'il suffirait de la tige DA, articulée en D et en A, pour imprimer au point A et au balancier son mouvement circulaire alternatif; mais AD ne restant pas verticale, la résistance qu'elle exerce sur DE aurait une composante horizontale tendant à courber la tige DE. Pour y remédier, Watt a imaginé de placer d'autres tringles BC, CD, articulées en B, C et D, de façon à compléter un parallélogramme ABCD. En outre une tige CO′ est articulée d'une part aux autres en C, et d'autre part en un point fixe O′ convenablement choisi, autour duquel elle ne peut que tourner. De la sorte, même en supprimant la tige DE, le mouvement du point C et de tout le parallélogramme, quand le balancier oscille, est complètement déterminé, et l'effet nuisible dont nous avons parlé ne peut plus se produire si le point D est lui-même contraint à un mouvement vertical; mais il faut examiner s'il en est ainsi. Pour cela supposons menée OF égale et parallèle à AD, complétant le parallélogramme OFCB qui fait suite à l'autre. De la sorte F décrit un arc de cercle de centre O, d'où résulte la nature du mouve-

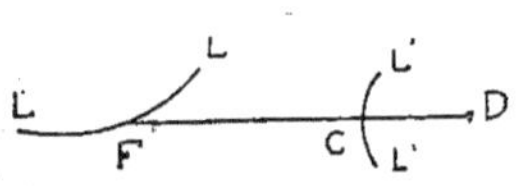

ment du point D ; c'est un point du prolongement d'une droite FC de longueur constante, dont les extrémités F et C sont assujetties à rester sur deux circonférences données. Toutefois dans le mouvement du balancier ces points ne sortent pas des arcs LL, L′L′ assez courts, et le point D ne décrit qu'une très petite portion de la courbe complète déterminée par ces conditions. Celle-ci a la forme d'un 8 très allongé et se nomme la *courbe à longue inflexion*. Ainsi le point D ne parcourt pas une verticale exacte, et la tige du piston est forcément courbée pendant le mouvement; mais c'est d'une quantité imperceptible, et il n'en résulte aucun inconvénient.

Voici comment on choisit le point O′ une fois que la position de la verticale DE est connue et le parallélogramme construit. Cela détermine les positions D', D″, D‴ que doit avoir le point D sur une même verticale, quand le balancier est soit horizontal, soit au point le plus haut et le plus bas de son excursion. On en déduit les positions correspondantes C', C″, C‴ du point C ; on fait passer une circonférence par ces trois points, et c'est son centre qu'on prend pour le point O'.

Si la droite OD coupe CB en G on a $\dfrac{OG}{OD} = \dfrac{OB}{OA}$ ce rapport étant constant, le point G décrit une courbe semblable à celle du point D, réduite dans le rapport $\dfrac{OB}{OA}$. On a aussi

$$\frac{BG}{BC} = \frac{BG}{AD} = \frac{OB}{OA}$$

Par conséquent la position du point G sur la tringle BC est invariable et on en profite pour y articuler la tige verticale d'une pompe.

47. **Engrenages.** — Dans un engrenage plan, deux roues ayant des axes fixes et parallèles, la première transmet à la seconde son mouvement de rotation au moyen de dents équidistantes placées sur la circonférence de chacune d'elles. Nous pouvons assimiler l'appareil à une figure plane, où les dents se réduisent à des courbes. Cette figure est la section des roues par un plan perpendiculaire aux axes. Soient O', O les centres des roues, qui désigneront aussi les roues elles-mêmes, et n', n le nombre des dents de chacune. Dans un même temps, le nombre de celles qui traversent la ligne des centres est égal pour les deux roues ; si ce nombre est nn', celui des tours qu'a faits la roue O' est $\dfrac{nn'}{n'}$ ou n, et l'autre en a fait n'. Le rapport $\dfrac{n}{n'}$ des nombres de dents est donc inverse de

celui des vitesses angulaires ; or celui-ci est assigné d'avance ; on devra donc le mettre sous la forme d'une fraction rationnelle $\frac{n}{n'}$, et s'il est irrationnel ou trop compliqué, le remplacer par une valeur approchée, qu'on trouvera par les propriétés des fractions continues.

Circonférences primitives. — Le but n'est pas seulement de transmettre le mouvement ; il faut encore que la rotation de la roue O' étant uniforme celle de O le soit aussi ; pour cela partageons la ligne OO' des centres au point I de manière qu'on ait $\frac{OI}{O'I} = \frac{n}{n'}$, puis

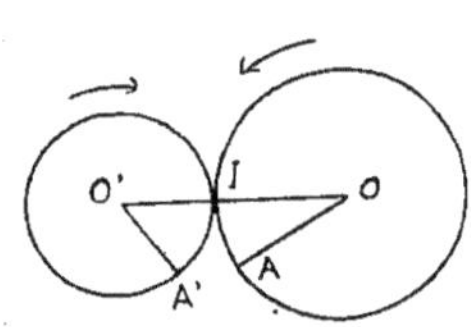

traçons des circonférences dites *primitives*, de centres O, O' et passant en I ; la condition sera que ces circonférences, accompagnant le mouvement des roues, roulent l'une sur l'autre sans glisser. En effet, en leur attribuant ce mouvement, soient A, A' les points qui un instant auparavant étaient en contact. Comme on l'a vu au numéro 42, les arcs AI, A'I sont égaux ; ils sont le produit des rayons par les angles AOI, $A'O'$I dont les roues ont tourné, d'où

$$\frac{A'O'I}{AOI} = \frac{OI}{O'I} = \frac{n}{n'}$$

en supposant AI très petit ce rapport des angles est celui des vitesses angulaires, qui par conséquent est le même à tout instant. Si donc celle de la roue O' est constante, l'autre le sera aussi ; d'ailleurs le rapport a la valeur $\frac{n}{n'}$, assignée d'avance.

Solution générale. — Pendant le mouvement une dent D' de la roue O' reste tangente à une dent D de la roue O, et c'est de la forme de ces dents que doit résulter l'uniformité ; mais on peut choisir à volonté l'une d'elles, et nous supposerons que ce soit celle de D, de sorte qu'il reste à en déduire la forme de D'.

Dans le mouvement relatif de O par rapport à O′, celle-ci reste immobile ; la circonférence O roule sur l'autre sans glisser et la dent D en mouvement doit rester tangente à D′ immobile. Il faut pour cela que D′ soit l'*enveloppe* de D, c'est-à-dire le lieu des intersections des positions infiniment voisines de la courbe D, telles que A,

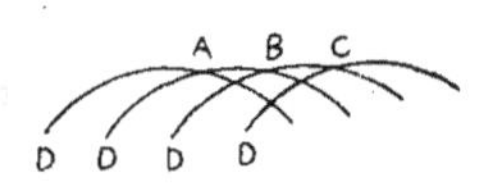

B, C, car de la sorte la droite AB joint deux points voisins de l'enveloppe, et aussi deux d'une même courbe D, et à la limite devient tangente à toutes deux. L'enveloppe est donc tangente à la fois à toutes les positions de D et doit être prise pour D′ ; en outre la vitesse au point de contact étant dirigée suivant la tangente, la perpendiculaire à celle-ci va passer au centre instantané de rotation, ce qui permet de construire par points la courbe dont la dent D′ forme un arc de faible étendue. Si I est le point de contact de O et O′, ou le centre instantané, on mènera IA normale à la position correspondante de D, et A sera un point de D′ ; on en trouvera de même d'autres A′, A″,… correspondant aux contacts en I′, I″, etc.

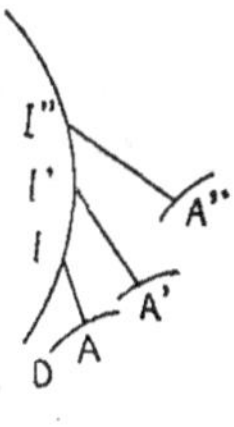

Il reste à appliquer cette construction à quelques exemples.

Cas où la roue O est une lanterne. — On la nomme ainsi quand elle est formée de deux disques, ayant leurs plans parallèles, réunis par des chevilles cylindriques nommées *fuseaux*. Dans la figure plane les dents sont de petits cercles, ayant leurs centres sur la circonférence primitive. On nomme *épicycloïde* la courbe décrite par un point d'une circonférence roulant sans glisser sur une circonférence immobile ; c'est donc la ligne LL que décrit le centre C d'une des dents circulaires D, quand O roule sur O′ ; le centre instantané étant le point de contact I, IC est perpendiculaire à LL et l'est aussi à la dent D en A, qui est un point de D′ ; on en trouvera plusieurs A, A′, etc., en traçant l'épicycloïde LL et lui me-

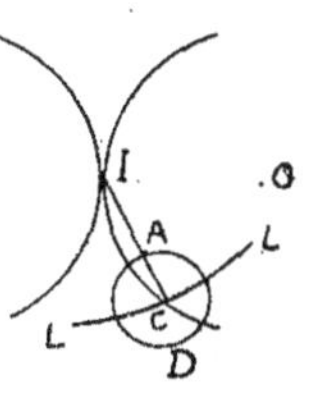

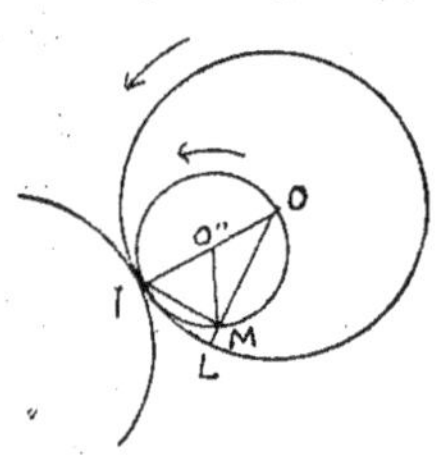

nant diverses normales CA, C′A′, C″A″,... égales au rayon du fuseau. La courbe D′ se nomme une *développante d'épicycloïde.*

Engrenage à flancs. — On le désigne ainsi quand la courbe d'une dent D se réduit à une portion d'un rayon de la circonférence O. Soit OML ce rayon, et I le point de contact de O et O′ à un instant quelconque. Imaginons qu'une circonférence de centre O″ ayant pour diamètre un rayon de O roule intérieurement sur celle-ci sans glisser, de façon à avoir toujours son contact au point I ; sa vitesse en ce point sera la même que pour le point I de la circonférence O, c'est-à-dire nulle ; par conséquent elle roulera en même temps sans glisser sur O′. Si elle coupe OL en M, l'angle IO″M est double de IOL ; ce sont les angles au centre des arcs IM, IL, et le second ayant un rayon double ces arcs sont égaux.

Par conséquent quand le contact était en L au lieu de I, le point M de la circonférence O″ était aussi en L. Il en résulte que dans le mouvement de O″ relatif à O, un point M de la circonférence O″ décrit un rayon OL ; en même temps O″ roulant sur O′ ce point M, dans le plan fixe de O′ décrit une épicycloïde, à laquelle IM est toujours normale ; elle l'est aussi à la dent D ou à OL, l'angle OMI étant droit ; l'épicycloïde est donc constamment tangente à D et doit être prise pour la dent D′.

On peut remarquer que si un engrenage existait entre la roue O fixe et une roue O″ mobile, un point quelconque M de la circonférence O″ aurait un mouvement rectiligne alternatif.

Cas où la roue O devient une crémaillère ou une barre rectiligne dentée. — Dans le mouvement réel, pendant que O′ tourne, la barre se meut d'une vitesse uniforme suivant sa longueur. Ce cas rentre dans le précédent en supposant infini le rayon de O ; la circonférence primitive est alors remplacée par une droite primitive BB′ qui roule sans glisser sur O′. En supposant encore l'engrenage à flancs la dent D dans la portion tangente à D′ est une droite perpendiculaire à BB′. La circonférence O″ se réduisant aussi à BB′, l'épicycloïde qui était décrite par un point M de O″ devient une *développante de cercle,* courbe décrite par un point d'une droite roulant sans glisser sur une circonférence O′. Il est clair que C étant l'origine de la courbe et M,

M′, M″, etc., plusieurs de ses points, correspon-dant aux contacts en I, I′, I″, etc., on a

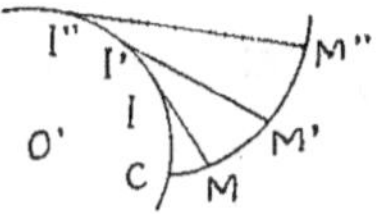

$$IM = \text{arc } IC, \qquad I'M' = I'C, \text{ etc.}$$

de sorte qu'en supposant un fil enroulé sur O′ et qu'on déroule en tenant tendu le bout libre, le point C de celui-ci décrit la courbe.

Engrenage de deux développantes. — Supposons que deux circonférences O, O′, autres que les primitives tournent ensem-ble dans le sens des flèches, de façon

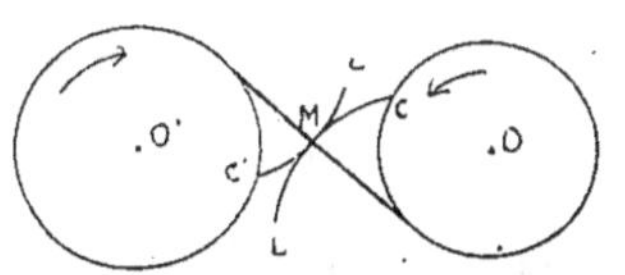

qu'un fil se déroule sur O′ et s'enroule sur O, en restant tendu entre elles. Un point M du fil décrira sur le plan mobile de O′ une déve-loppante de cette circonférence, car en considérant le mouvement du fil relatif à O′ on retomberait sur le cas ci-dessus ; le point M décrit de même une développante de la circonférence O sur son plan ; le fil est d'ailleurs perpendiculaire en M à ces deux courbes CL, C′L′ ; si donc on les remplace par des dents en supprimant le fil elles resteront tangentes et la première transmettra à la seconde le mouvement de O′ suivant la même loi qu'auparavant ; par con-séquent si la rotation de O′ est uniforme, l'autre le sera aussi et le rapport des vitesses angulaires sera inverse de celui des rayons.

La propriété précédente subsistera si l'on fait varier légèrement la distance des centres, sans changer les dents, ce qui est un avan-tage de cette disposition.

Engrenages coniques. — Dans cet appareil les axes des deux roues, au lieu d'être parallèles, se rencontrent en un point C. Les dents de l'une et l'autre ont la forme de surfaces coniques ayant leur sommet C commun. En traçant une surface sphérique de centre C elle coupera les roues et les dents suivant une figure sphérique dont la forme détermine complètement celle des roues. C'est sur cette surface, au lieu d'un plan, qu'on devra décrire les circonférences primitives, roulant sans glisser l'une sur l'autre, et l'on trouvera la forme des dents par un tracé analogue à celui qui a été employé dans les engrenages plans.

CHAPITRE IV

PREMIÈRE PARTIE DE LA DYNAMIQUE
MOUVEMENT D'UN POINT MATÉRIEL

48. Principes fondamentaux. — *Définition d'un point matériel.* — On nomme ainsi un corps ayant toutes ses dimensions imperceptibles, de sorte que dans son mouvement les trajectoires décrites par ses divers points se confondent sensiblement en une courbe unique, et que la vitesse du point ait ainsi une signification précise.

Nous avons plusieurs fois employé la décomposition d'un corps en très petites parties nommées *éléments*. Ceux-ci sont des points matériels ; mais on donne spécialement ce nom à l'un d'eux s'il est isolé et en mouvement.

Dans ce qui précède nous faisons abstraction du fait que la matière à un degré d'extrême subdivision se résout en molécules. Ce fait constitue un défaut d'homogénéité, ou des irrégularités de structure dont les dimensions sont en général imperceptibles en comparaison de celles d'un corps, et dont l'influence par suite peut être négligée en mécanique.

Il en est de même s'il s'agit d'un élément ou d'un point matériel. En réalité, on pourrait sans erreur sensible le considérer comme infiniment petit tout en lui attribuant des dimensions immenses en comparaison de l'intervalle moyen des molécules. Mais il n'est pas même nécessaire de s'arrêter à cette sorte d'approximation; en effet, les lois de la mécanique ne peuvent dépendre de cet intervalle, dont la valeur nous est inconnue; si donc nous lui supposons une petitesse indéfinie, ces lois ne seront pas changées. Cela revient à regarder la matière comme continue, conformément du reste à sa nature apparente.

C'est à cette condition qu'on pourra, comme on l'a vu au numéro 21 pour un corps déformable, appliquer les conditions d'équilibre à un de ses éléments *solidifié,* par exemple à un élément ds d'un fil comme au numéro 33. De même un point matériel solide aura toutes les propriétés d'un solide théorique.

Loi d'inertie. — Nous avons admis en statique comme évident qu'un solide en repos sur lequel n'agit aucune force reste en repos. Il en est donc ainsi quand il se réduit à un point matériel.

En outre, si aucune force n'agit sur un point pendant le mouvement, celui-ci est rectiligne et uniforme. Cela résulte de la loi expérimentale qui va suivre et s'étend plus ou moins à un corps quelconque. On nomme *inertie* de la matière les deux propriétés précédentes.

Principe du mouvement relatif. — Le mouvement relatif d'un ensemble matériel quelconque produit par des forces, étant rapporté à un système invariable animé d'une translation rectiligne et uniforme, est le même que si cette translation n'existait pas.

Supposons par exemple que le système soit une chambre dans un navire ayant une vitesse rectiligne et uniforme, sans aucun balancement ni secousse. Tous les mouvements et les phénomènes mécaniques observés dans la chambre sont alors les mêmes que si le bateau était immobile; un corps lancé en l'air décrit la même trajectoire, en outre si l'on immobilise une boule sur un plan horizontal, elle reste immobile, conservant ainsi d'elle-même la vitesse commune de translation, conformément à la seconde partie de la loi d'inertie; d'après cette loi également, si la vitesse du bateau s'accélère, on voit la boule reculer; elle se déplace à droite si le bateau tourne à gauche, etc.

Par suite du déplacement de la terre autour du soleil, combiné avec celui du système solaire, la terre est affectée d'un mouvement qui dans un temps très court est sensiblement rectiligne et uniforme, tandis qu'à diverses époques de l'année sa vitesse et sa direction sont très différentes; mais il ne résulte de cette diversité aucun changement dans les phénomènes mécaniques observés à la surface terrestre.

Il faut conclure de ces divers exemples que les phénomènes relatifs sont en général indépendants de la translation rectiligne et uniforme du système et par suite les mêmes que si elle était nulle ou si le système était en repos. On peut remarquer que si ce repos existait rien ne nous en ferait apercevoir, ce qui ne nous empêche point de le considérer comme un état possible, servant de terme de comparaison.

Ce que nous avons dit des effets mécaniques est vrai aussi pour les forces, en ce sens que les mêmes forces, attractions à distance, actions au contact, etc., se produisent dans les mêmes circonstances, indépendamment de la translation.

Remarques sur le mouvement d'un point matériel. — 1° Désignons par *translation* ce mouvement, pour le distinguer de la rotation qui affecte en général tout corps entièrement libre, et des déformations s'il n'est pas solide.

Quand des particules de nature quelconque tombent dans le vide, elles se meuvent verticalement ou dans la direction de la force, et toutes suivant la même loi; or elles ont en général des mouvements de rotation différents; elles peuvent aussi éprouver des déformations diverses provenant des circonstances initiales de leur mouvement. Par conséquent, ces rotations ou déformations n'ont aucune influence sur la translation.

Or on ne peut supposer que ce soit une propriété spéciale du mouvement de chute verticale; nous devons donc admettre que cette influence est nulle dans le mouvement quelconque dû à une ou plusieurs forces.

2° Si A et B sont deux points d'une particule très petite, la rotation et la déformation différeront suivant qu'une même force sera appliquée parallèlement en A ou B, mais la translation ne changera pas; c'est évident si on suppose la force exercée par un fil tirant A ou B, leurs trajectoires se confondant sensiblement.

On peut aussi s'en rendre compte, du moins quand la particule est solide, en supposant d'abord que le point B, lié à la particule, en soit à une distance finie. Le mouvement de A sera alors changé si la force agit sur B au lieu de A; mais il restera du même ordre, c'est-à-dire ne sera pas infiniment plus rapide ou plus lent. Il sera moins changé à mesure qu'on placera B plus près de A, et si la distance AB devient imperceptible, il sera sensiblement le même.

Si plusieurs forces agissent, le point d'application de chacune est par suite indifférent pour la translation.

3° Le point matériel est une particule d'une petitesse indéfinie. Il résulte donc de ce qui précède qu'en considérant seulement son déplacement ou sa translation on peut, s'il est de nature déformable, le supposer *solidifié*, et qu'en outre *on peut regarder toutes les forces qui agissent sur lui comme appliquées au même de ses divers points.*

Il en est ainsi à chaque instant, et comme il a déjà une vitesse acquise, *son mouvement à partir d'une époque quelconque dépend uniquement de l'intensité et de la direction des forces agissant sur lui, et de sa vitesse initiale.*

En outre, d'après l'expérience citée plus haut, *s'il n'agit qu'une seule force de direction constante et que le point parte du repos, il se meut suivant la force.*

4° Si une particule appartient à une masse gazeuse ou en est un élément, les pressions exercées par les particules voisines sont un obstacle à son expansion indéfinie. Si ensuite nous supposons la particule isolée, mais animée de ces mêmes forces à sa surface, l'obstacle subsistera, de sorte qu'on pourra l'assimiler à un point matériel, et lui appliquer les remarques précédentes, comme à toute particule comprimée par des forces. Son mouvement sera ainsi le même que si elle était solidifiée.

49. Mouvement d'un point matériel produit par des forces. — Voici, quand il s'agit d'un point, à quoi se réduit le principe du mouvement relatif :

Si un point matériel est animé d'une vitesse initiale et qu'en même temps une force agisse sur lui, sa vitesse au bout d'un temps quelconque est résultante de la vitesse initiale et de celle que lui aurait donnée la force (c'est-à-dire le mouvement produit par la force) s'il était parti du repos.

En effet, rapportons le mouvement à celui d'un système ayant pour vitesse de translation rectiligne et uniforme la vitesse initiale du point. Dans le mouvement relatif, la vitesse sera due à la force seule, le corps partant du repos ; la vitesse absolue du point est résultante de cette vitesse relative et de celle d'entraînement ; or celle-ci est la vitesse du système ou la vitesse initiale du point.

Partageons maintenant le temps en très petits instants θ, et supposons qu'une force constante ou variable agisse sur un point matériel partant du repos. A la fin du premier instant soit α la vitesse que lui a donnée la force ; nous pouvons la regarder comme initiale pour le second instant. Si à ce moment le point partait du repos, la force lui donnerait à la fin du même instant une certaine vitesse β, et d'après le principe précédent la vitesse sera en réalité la résultante de α et β ; on peut la regarder comme vitesse initiale pour le troisième instant ; si le point partait alors du repos, la force à la fin de l'instant lui donnerait une vitesse γ ; mais elle sera en réalité résultante de γ et de la vitesse initiale, ou de α, β, γ et ainsi de suite.

Par conséquent, *au bout d'un temps t quelconque la vitesse est résultante de* α, β, γ, etc., que nous nommerons les *vitesses élémentaires* dues à la force ; chacune d'elles signifie la vitesse que la force donnerait au point à la fin d'un des instants, s'il était parti du repos au commencement du même instant.

D'après le numéro précédent, si la force est constante de grandeur et de direction, le point se meut suivant la force ; en supposant les instants θ égaux et infiniment petits, toutes les vitesses α, β, etc., sont égales, placées sur une même droite et se composent en s'ajoutant. Leurs résultantes, d'instant en instant, sont $\alpha, 2\alpha$, 3α, etc., et la vitesse croît comme le temps.

Ainsi *quand un point n'a pas de vitesse initiale, une force constante de grandeur et de direction produit un mouvement uniformément accéléré simple.* C'est celui qui a été ainsi désigné au numéro 36, et pour lequel on a $v = at$, a étant l'accélération.

Examinons ensuite un second mode d'action de la force, celui où elle se compose d'une série de chocs. Il ne faut pas entendre par là des forces tout à fait instantanées, car il n'en existe pas ; dans un choc la force agit avec une grande intensité, mais seulement pendant un temps très court. Non seulement ce mode d'action d'une force est admissible comme tout autre, mais il se rencontre dans la nature ; la pression des gaz entre autres paraît être dans ce cas. Sous l'expression de choc, nous devons, du reste, comprendre plus généralement les périodes d'action de la force, si elle est intermittente ou cesse de temps en temps.

Or en supposant les chocs indéfiniment rapprochés, la force à la limite équivaut complètement à une force continue qui fournirait les mêmes vitesses élémentaires, de sorte que l'une et l'autre produiraient sur un point matériel un mouvement identique.

Rien n'empêche de supposer que les vitesses élémentaires α, β, etc., correspondent à des instants θ inégaux, de sorte que dans chacun d'eux il y ait au plus un seul choc; la vitesse au bout d'un temps quelconque sera encore la résultante de α, β, γ, etc.

Supposons maintenant que deux forces f, f' agissent à la fois sur un point M partant du repos; considérons-les d'abord comme intermittentes, α, β, γ..... correspondant à f, et de même α', β'..... à f'. On peut supposer que l'action des deux forces ne soit jamais simultanée; de la sorte le point n'est jamais soumis qu'à une seule, et toutes les vitesses α, β, γ....., α', β', γ'..... se succèdent en alternant irrégulièrement. Leur résultante totale sera ainsi la vitesse du point au bout du temps t; or cette résultante est la même que celle de v et v', en désignant par v celle de α, β, etc., et par v' celle de α', β', etc.

Par conséquent, *la vitesse du point à tout instant est la résultante des vitesses v, v' qu'il aurait acquises en étant animé de la force f seule ou de f' seule.*

A la limite où les chocs deviennent très rapprochés, les deux forces sont équivalentes à des forces continues qui peuvent être quelconques. Le principe précédent, nommé l'*indépendance de l'action des forces*, reste ainsi exact, quelles que soient les forces f, f' agissant à la fois sur le point.

Mais nous n'avons à l'employer qu'en supposant f et f' toutes deux constantes de grandeur et de direction, de sorte qu'en désignant par a, a' les accélérations correspondantes, on a $v = at$, $v' = a't$, et la vitesse v'' du point est résultante de v et v'.

Premier cas. — Si f et f' agissent suivant la même droite, v et v' se composent en s'ajoutant, de sorte que

$$v'' = v + v' = (a + a')\, t,$$

et en même temps f et f' ne font qu'un seule force $f + f'$, à laquelle correspond par suite l'accélération $a + a'$. Il en résulte que l'accélération correspondant à $2f$, $3f$..., nf est $2a$, $3a$..., na; pour la force $n'f'$, c'est de même $n'a'$, de sorte que si $nf = n'f'$, on a aussi

$$na = n'a', \qquad \frac{a'}{a} = \frac{n}{n'} = \frac{f'}{f};$$

par conséquent, *pour un même point l'accélération due à une force constante lui est proportionnelle.* Leur rapport $\dfrac{f}{a}$ est donc pour chaque point matériel un nombre invariable m qu'on nomme sa *masse.*

Second cas. — Si f, f' ne sont pas dirigées suivant la même droite, figurons-les par OA, OB, le mobile partant du point O; soient OC $= f''$ leur résultante, et OA' $= a$, OB' $= a'$, OC' $= a''$ les accélérations qui leur correspondent; étant proportionnelles aux forces, elles forment un parallélogramme, et a'' est résultante de a et a'; la vitesse v'' du point est résultante de celles qui seraient dues à f, f' séparément ou aux accélérations a, a', et d'après le numéro 38 cette vitesse résultante est celle que produirait l'accélération a'', résultante des deux autres; or c'est aussi celle que produirait la force f'' agissant seule. L'effet de celle-ci équivaut donc à celui de f et f' réunies.

La règle du parallélogramme des forces est ainsi démontrée dans le cas où le point est en mouvement. Le résultat s'étend à des forces variables, car on peut les supposer constantes de grandeur et de direction pendant un temps très court.

Si plusieurs forces agissent, on les remplacera par leur résultante, et l'on n'a par suite à chercher que l'effet d'une seule force f. Nous pouvons admettre pour cela qu'elle reste constante de grandeur et de direction pendant chaque instant θ, pourvu qu'ensuite on le suppose infiniment petit. La formule $v = at$ donne alors la vitesse due à la force seule, le point partant du repos, et l'on a $\dfrac{f}{a} = m$, m étant la masse du point; il en résulte $a = \dfrac{f}{m}$, et quand $t = \theta$ ou à la fin de l'instant la vitesse est $\dfrac{f\theta}{m}$; c'est donc la valeur des vitesses élémentaires α, β, γ, etc., f pouvant différer pour chacune d'elles. En outre chacune est parallèle à la force et de même sens.

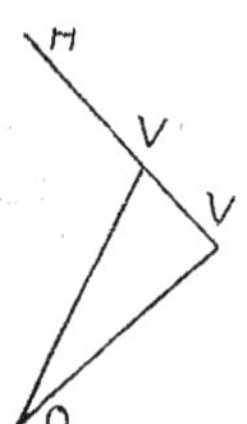

Menons par un point quelconque O la droite OV égale et parallèle à la vitesse du point au commencement de l'instant, ou à sa vitesse initiale, et VV′ parallèle à la force et égale à la vitesse élémentaire $\dfrac{f\theta}{m}$; leur résultante OV′ sera la vitesse à la fin de l'instant. Or au numéro 37, nous avons vu qu'en supposant θ très petit l'accélération était une droite VH dirigée suivant VV′ et égale à $\dfrac{VV'}{\theta}$ ou $\dfrac{f}{m}$. Par conséquent, en passant à la limite, *l'accélération du point est constamment dirigée suivant la force f, et a pour valeur* $\dfrac{f}{m}$. Cette règle ramène la recherche du mouvement dû à une force, à une question de calcul et tient lieu de tous les résultats de ce numéro et du précédent, sauf le parallélogramme des forces et le principe des mouvements relatifs.

50. Équations du mouvement d'un point matériel. — 1° Les projections de la force f sur les axes sont désignées d'ordinaire par X, Y, Z. L'accélération est dirigée suivant la force et s'en déduit en la multipliant par $\dfrac{1}{m}$; ses projections se déduisent donc de même de celles de la force, et sont $\dfrac{X}{m}$, etc. D'autre part, on a vu au numéro 37 que leurs valeurs étaient $\dfrac{d^2x}{dt^2}$, $\dfrac{d^2y}{dt^2}$, $\dfrac{d^2z}{dt^2}$, d'où résulte $\dfrac{d^2x}{dt^2} = \dfrac{X}{m}$, etc., ou

$$m\,\frac{d^2x}{dt^2} = X, \qquad m\,\frac{d^2y}{dt^2} = Y, \qquad m\,\frac{d^2z}{dt^2} = Z;$$

c'est la forme usuelle des équations du mouvement. Elles se réduisent à deux si le mouvement a lieu dans un plan pris pour celui des xy ; elles se réduisent de même à la première si le mouvement est rectiligne sur l'axe des x.

2° Nous avons vu aussi que l'accélération résultait de deux composantes tangentielle et normale

$$T = \frac{dv}{dt}, \qquad N = \frac{v^2}{\rho} ;$$

la force s'en déduit en la multipliant par m et sera de même résultante de deux autres

$$T' = mT = m\frac{dv}{dt}, \qquad N' = mN = \frac{mv^2}{\rho} ;$$

T' est dirigée suivant la tangente à la trajectoire, dans le sens du mouvement si elle est positive, en sens contraire si elle est négative ; N' toujours positive est dirigée vers le centre de courbure, et ρ est le rayon de courbure.

Ces formules ne sont pas propres comme les précédentes à donner par l'intégration la loi du mouvement, puisqu'on ne connaît pas d'avance la trajectoire, ni par suite T' et N' ; toutefois elles sont d'un emploi fréquent.

3° *Équations du mouvement d'un point assujetti à rester sur une surface donnée.* — En supposant qu'il n'y ait pas de frottement, nous pourrons considérer le point comme libre, en joignant à la force f donnée ou directement appliquée la pression normale P de la surface sur le point. Ses projections sont $P\cos\alpha$, $P\cos\beta$, $P\cos\gamma$, en désignant par α, β, γ les angles que fait la normale avec les axes ; en les joignant aux projections de la force f on aura pour équations

$$m\frac{d^2x}{dt^2} = X + P\cos\alpha, \qquad m\frac{d^2y}{dt^2} = Y + P\cos\beta,$$

$$m\frac{d^2z}{dt^2} = Z + P\cos\gamma.$$

Elles ne suffisent pas pour déterminer les quatre fonctions inconnues x, y, z, P; mais on doit leur joindre l'équation de la surface, toujours satisfaite par x, y, z.

4° *Équations du mouvement d'un point assujetti à rester sur une courbe donnée.* — On pourrait trouver pour ce cas des équations analogues aux précédentes, mais il est beaucoup plus simple d'employer la seconde forme des équations du mouvement. La trajectoire est donnée et par suite on connaît les composantes tangentielle et normale T' et H de la force f. En supposant le frottement nul, on peut regarder le point comme libre, en joignant aux forces T', H, la pression normale P de la courbe sur le point. En remplaçant les forces normales P, H, par leur résultante N', on aura, comme on l'a vu,

$$T' = m \frac{dv}{dt}, \qquad N' = \frac{mv^2}{\rho}.$$

La première équation, en l'intégrant, donnera la valeur de v, ou la loi du mouvement, après quoi la seconde donnera la force inconnue P; mais on l'emploie sous une forme un peu différente : Le point étant en M, figurons dans un plan normal à la courbe les forces P, H, N' par MP, MH et leur résultante MN'. La force MF égale et opposée à MN' ferait équilibre à MP, MH; par conséquent MP' égale et opposée à MP est résultante de MF et MH; on a

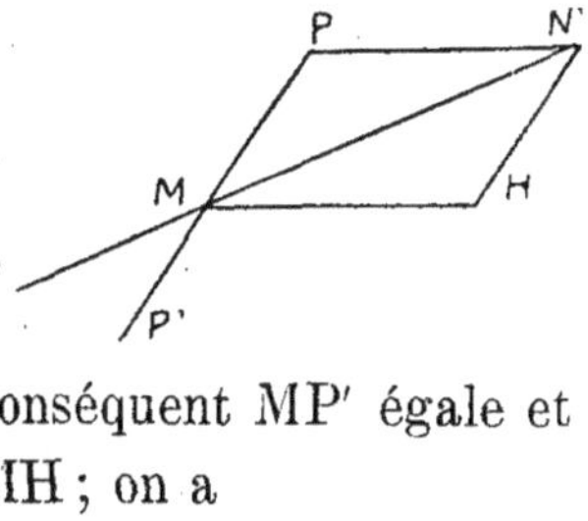

$$MF = MN' = \frac{mv^2}{\rho};$$

On nomme *force centrifuge* cette force $\frac{mv^2}{\rho}$ dirigée en sens contraire de MN' ou suivant le prolongement du rayon de courbure; MP étant la pression de la courbe sur le point, MP' est celle du point sur la courbe. Celle-ci est donc *la résultante de la force centrifuge et de la composante normale de la force directement appliquée au point.*

Supposons par exemple qu'un point pesant M soit suspendu à un point fixe I par un fil de longueur l, et assujetti ainsi à décrire un arc de cercle dans un plan vertical; de la sorte il n'y a pas de frottement. La force f est le poids p du point, et en désignant par φ l'angle de IM avec la verticale, ses composantes sont

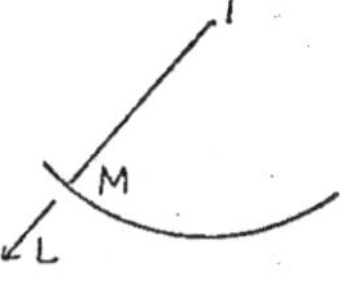

$$F' = p \sin \varphi, \qquad H = p \cos \varphi;$$

la première produit la vitesse du point; l'autre agit suivant ML prolongement de IM: il en est de même de la force centrifuge; leur résultante est donc leur somme

$$p \cos \varphi + \frac{mv^2}{l}.$$

C'est la pression de point sur la courbe qui devient ici la tension du fil.

5° *Mouvement d'un point sur une courbe ou une surface en ayant égard au frottement.* Le frottement est égal à kP, k étant son coefficient, et P la pression du point sur la courbe ou la surface; il est directement opposé à la vitesse du point. Ce n'est donc plus, comme en statique, une force de direction et de valeur indéterminées, ce qui permet d'en tenir toujours compte.

Le mouvement ne serait point changé si on supposait le frottement dû, non à la surface ou à la courbe, mais à une force extérieure; on devra donc le comprendre parmi les forces dont f est la résultante et déterminer ensuite le mouvement comme si la surface ou la courbe ne frottait pas; seulement le point exercera sur celle-ci, outre sa pression normale, une force égale et opposée au frottement.

51. Loi du mouvement du centre de gravité. — Au numéro 17 nous avons trouvé pour les coordonnées x_1, y_1, z_1 du centre de gravité d'un corps les valeurs

$$x_1 = \frac{px + p'x' + p''x'' + \dots}{p + p' + p'' + \dots}, \text{ etc.,}$$

p, p' etc., étant les poids des particules ou points matériels qui composent le corps, et x, y, z, x', etc., leurs coordonnées. Ce résultat suppose le corps de dimensions imperceptibles par rapport à celles de la terre, de sorte que p, p', p'', etc., puissent être considérées comme des forces parallèles. Or ces forces, dans un même lieu, si les particules tombent dans le vide, leur donnent la même accélération g ; de la sorte, en désignant par m, m', etc., leurs masses, rapport de la force à l'accélération, on a $\dfrac{p}{g} = m$, $\dfrac{p'}{g} = m'$, etc. En substituant $p = mg$. $p' = m'g$, etc., dans les valeurs de x_1, y_1, z_1, et supprimant le facteur commun g, on trouve

$$x_1 = \frac{mx + m'x' + \ldots}{m + m' + \ldots}, \qquad y_1 = \frac{my + m'y' + \ldots}{m + m' + \ldots},$$

$$z' = \frac{mz + m'z' + \ldots}{m + m' + \ldots}$$

Nous prendrons ces formules comme définition nouvelle du centre de gravité d'un système ou assemblage quelconque de points matériels. S'ils forment un solide pesant, ce centre sera le même que nous connaissons déjà ; dans le cas général ce sera un certain point bien déterminé par ses coordonnées x_1, y_1, z_1, car tout point matériel a une masse qui lui est propre.

Le centre de gravité primitif pouvait s'obtenir par une construction géométrique, donnant le même point que les formules ; il le pourra donc encore dans le cas général, en substituant les masses aux poids ; pour des masses m, m', ... placées en A, A', ..., on composera m et m' en une seule $m + m'$ placée en B, de sorte que $\dfrac{AB}{A'B} = \dfrac{m'}{m}$; on composera ensuite $m + m'$ et m'' en une seule $m + m' + m''$ en B', et ainsi de suite, ce qui revient à chercher le centre de gravité de A et A', puis celui de A, A', A'', etc. On pourra de même remplacer plusieurs masses par leur résultante prise à part. S'il s'agit, par exemple, du centre de gravité de la terre et de la lune réunies, on emploiera leurs masses totales M, M', au lieu de celles des particules ; elles sont placées aux deux centres T, L, et on partagera la droite TL en raison inverse de M, M'. Le centre de gravité est ainsi défini indépendamment de la pesanteur, mais ne représente plus le point d'application de la résultante de forces parallèles.

Mouvement du centre de gravité. — Chacun des éléments ou points matériels du système peut d'après le numéro 21 être regardé comme libre, en remplaçant les obstacles à son mouvement par les forces qu'ils exercent. De la sorte, en désignant par X, X', etc., pour chacun la somme des projections des forces qui l'animent sur l'axe des x, c'est-à-dire celle de leur résultante, la première équation du mouvement sera

$$m \frac{d^2 x}{dt^2} = X, \qquad m' \frac{d^2 x'}{dt^2} = X', \text{etc.},$$

d'où résulte en les ajoutant

$$\frac{d^2}{dt^2} (mx + m'x' + m''x'' + ...) = X + X' + X'' + ...$$

Or en désignant par M la masse totale $m + m' +$ etc., la valeur de x_1 donne $mx + m'x' +$ etc., $= Mx_1$; par suite

$$M \frac{d^2 x_1}{dt^2} = X_1, \quad \text{où} \quad X_1 = X + X' + X'' + \text{etc.} ;$$

X_1 est ainsi la somme des projections de toutes les forces agissant sur tous les éléments. Elles comprennent les forces extérieures au système total ; les autres sont toutes celles qui agissent entre deux éléments, y compris les forces de contact. Il y entre séparément celles qu'exerce soit le premier sur le second, soit le second sur le premier. Or d'après le principe d'égalité de l'action et de la réaction la somme des projections est pour ces deux groupes de forces la même en signe contraire, de sorte qu'elles se détruisent dans la somme totale X_1, où n'entreront plus que les forces extérieures. De la sorte, en les supposant déplacées parallèlement et appliquées au centre de gravité, X_1 sera la somme de leurs projections ou celle de leur résultante.

Les équations du mouvement du centre de gravité sont

$$M \frac{d^2 x_1}{dt^2} = X_1$$

et deux autres analogues, semblables à celles d'un point matériel. Par suite *il se meut comme un point matériel ayant pour masse la masse totale du système et auquel seraient appliquées toutes les forces extérieures qui agissent sur le système, déplacées parallèlement.*

Si par exemple plusieurs corps pesants sont lancés dans le vide, pouvant se rencontrer, se déformer, etc., leur centre de gravité commun décrit une parabole comme le ferait un point pesant isolé ; il en est de même s'il s'agit d'êtres animés, tout organisme étant soumis à la même loi.

Si un système n'est animé d'aucune force extérieure, aucune n'agit sur son centre de gravité, qui se meut alors en ligne droite d'un mouvement uniforme. Il en est ainsi pour celui du système solaire si on néglige l'attraction des étoiles.

Remarques sur ce qui précède. — 1° Quand nous avons trouvé que les forces intérieures se détruisaient, c'était en supposant la loi d'égalité de l'action et de la réaction exacte dans l'état de mouvement. On pourrait le regarder comme évident ; en tout cas cette exactitude se trouve démontrée par celle de la loi du mouvement du centre de gravité qui en dépend ; celle-ci, en effet, est vérifiée par l'expérience avec la dernière précision, en particulier en astronomie.

2° Les mouvements qui peuvent être pris pour exemples affectent toujours un corps et non un point infiniment petit ; aussi dans toutes les applications qui seront faites des équations du numéro précédent, nous devrons considérer le point comme le centre de gravité d'un corps de masse m, et X, Y, Z seront les projections de la force extérieure; de même quand nous parlerons dans ce chapitre du mouvement d'un corps, il s'agira de celui du centre, qu'on nomme aussi son mouvement de translation. C'est en vue de ces applications qu'il convenait d'établir dès à présent la loi du mouvement du centre de gravité.

3° On a vu que pour les particules d'un corps pesant on a

$$\frac{p}{g} = m, \qquad \frac{p'}{g} = m', \text{ etc.}, \ (p + p' + p'' + ...) = g\,(m + m' + ...),$$

de sorte que la relation $m = \dfrac{p}{g}$ reste exacte en prenant pour p et m le poids total et la masse totale; elle donne la valeur numérique de m.

La masse mesure la résistance qu'oppose l'inertie d'un corps à la force f qui tend à le mouvoir; on peut conclure, en effet, de la relation $\dfrac{f}{m} = a$ que si la masse devient trois fois plus grande, il faut une force triple pour donner au corps la même vitesse dans le même temps, ou qu'une même force lui donne une vitesse trois fois moindre.

On dit aussi quelquefois que la masse mesure la *quantité de matière* d'un corps; c'est exact pourvu qu'on regarde cette quantité comme mesurée par le poids; mais cette comparaison n'a de sens précis que s'il s'agit de corps formés d'une même substance.

Le mouvement d'un corps ne dépend que du rapport $\dfrac{f}{m}$ qu'on nomme la *force rapportée à l'unité de masse*, ou la *force accélératrice;* quelquefois par opposition on nomme f la *force motrice.*

52. Méthodes d'intégration de l'équation du mouvement rectiligne. — Pour que le mouvement d'un point soit déterminé, on doit connaître sa vitesse initiale et sa position initiale, ou celles qui correspondent à $t = o$.

Le point restera toujours sur une même droite si la vitesse

initiale u est placée sur cette droite et qu'elle soit aussi la direction de la force. En la prenant pour axe des x, l'équation sera

$$\frac{d^2x}{dt^2} = \frac{X}{m},$$

où X désigne la projection de la force ; mais on peut regarder X comme la force elle-même en lui attribuant le signe $+$ ou $-$ suivant qu'elle agit ou non dans le sens des x positives ; le signe de la vitesse initiale u est déterminé de la même manière.

Les seules quantités variables dont la force peut dépendre sont x, t et v, et on ne peut point donner pour l'intégration des règles propres à tous les cas, nous nous bornerons à ceux où la force ne dépend que de l'une de ces trois quantités.

Sous cette forme générale on ne peut que ramener la solution aux *quadratures*, c'est-à-dire à des intégrales indéfinies ordinaires ; on peut en général les évaluer, et en tout cas la difficulté est ainsi abaissée.

Dans ce qui suit, nous conviendrons de désigner par le signe $f(t)$, $f(x)$, etc., non, suivant l'usage, une fonction déterminée de t, x, mais l'équivalent du mot *fonction,* de sorte qu'elle pourra changer de forme chaque fois que nous emploierons ce signe f.

Dans les trois cas que nous allons examiner se présentent deux intégrations successives ; la constante arbitraire est déterminée pour la première par la condition qu'on ait v ou $\dfrac{dx}{dt} = u$ pour $t = o$, et pour la seconde par celle que x ait pour $t = o$ sa valeur initiale donnée.

Premier cas. — X est fonction de t ; on a alors

$$\frac{d^2x}{dt^2} = f(t), \qquad d.\left(\frac{dx}{dt}\right) = f(t)\,dt;$$

on en tire en intégrant

$$\frac{dx}{dt} = f(t), \qquad dx = f(t)\,dt;$$

en intégrant de nouveau on a la solution sous la forme $x = f(t)$, qui est pour les trois cas la forme demandée.

Second cas. — X *est fonction de v.* L'équation est $\dfrac{d^2x}{dt^2} = f(v)$; on l'écrit

$$\frac{dv}{dt} = f(v), \quad \text{d'où } dt = \frac{dv}{f(v)} ;$$

en l'intégrant, le résultat a la forme $t = f(v)$, d'où l'on devra tirer v en résolvant l'équation ; on trouvera un résultat tel que

$$v = f(t) \quad \text{d'où} \quad dx = f(t)\, dt,$$

et en l'intégrant comme ci-dessus on aura la solution $x = f(t)$.

Troisième cas. — X *est fonction de x.* Il faut remarquer qu'on a

$$d.\left(\frac{dx}{dt}\right)^2 = 2\frac{dx}{dt}\, d.\left(\frac{dx}{dt}\right) = 2\frac{dx}{dt} \cdot \frac{d^2x}{dt^2}\, dt = 2\, dx \frac{d^2x}{dt^2}.$$

Ainsi l'équation ayant la forme $\dfrac{d^2x}{dt^2} = f(x)$ devient en la multipliant par $2dx$.

$$d.\left(\frac{dx}{dt}\right)^2 = 2f(x)\, dx.$$

On en tire en intégrant

$$\left(\frac{dx}{dt}\right)^2 = f(x), \qquad dt = \pm\, \frac{dx}{\sqrt{f(x)}},$$

et en intégrant, à part l'ambiguïté de signe que nous allons examiner, on trouvera $t = f(x)$, équation qu'on devra résoudre pour en tirer la forme demandée $x = f(t)$.

Complément du troisième cas. — On nomme intégrale première le résultat de la première intégration qui fournit déjà l'expression de la vitesse. Dans le troisième cas, elle a la forme

$$(E) \qquad\qquad \left(\frac{dx}{dt}\right)^2 = F(x) ,$$

où $F(x)$ est une fonction de forme déterminée ayant pour dérivée

$F'(x)$. Il en résulte les propriétés suivantes, auxquelles on ne peut guère se dispenser d'avoir égard avant de pousser plus loin l'intégration. Elles s'étendent à toute équation de la forme (E) autre que celle du mouvement.

1° Soient a, a', a'', a''' ... les valeurs de x satisfaisant l'équation $F(x) = o$, et rangées pas ordre de grandeur croissante ; nous laisserons de côté le cas où l'une d'elles satisferait en même temps la condition $F'(x) = o$; supposons pour simplifier qu'il y ait quatre racines, le résultat ne dépendant pas de leur nombre.

Si l'on fait croître x de $-\infty$ à $+\infty$, $F(x)$ change de signe quand $x = a, a'$, etc., puisqu'alors $F(x)$ s'annule et non $F'(x)$; par conséquent le signe de $F(x)$ est tour à tour $+$ et $-$ dans les intervalles successifs des nombres

$$-\infty, \quad a, \quad a' \quad a'', \quad a''', \quad +\infty.$$

D'ailleurs d'après l'équation (E), $F(x)$ doit rester toujours positif ; par conséquent la variable *x reste toujours comprise dans le même des intervalles précédents*, puisque étant continue elle ne peut en franchir les limites ; cet intervalle est celui qui contient sa valeur initiale.

2° L'équation (E) donne

$$d.\left(\frac{dx}{dt}\right)^{2} = 2dx.\frac{d^{2}x}{dt^{2}} = F'(x)dx, \qquad \frac{d^{2}x}{dt^{2}} = \frac{1}{2}F'(x) ;$$

Il en résulte qu'on ne peut supposer x constant, car alors on devrait avoir $\frac{dx}{dt} = o, \frac{d^{2}x}{dt^{2}} = o$, ou à la fois $F(x) = o$, $F'(x) = o$.

D'autre part, pour que x cesse de croître ou cesse de décroître, il faut que $\frac{dx}{dt}$ change de signe et par suite s'annule, ou qu'on ait $x = a$ ou $x = a'$, etc., et alors x ne pouvant rester constant doit varier en sens contraire. Par conséquent, si par exemple x est compris entre a et a' *sa valeur croît sans cesse jusqu'à a', puis décroît sans cesse jusqu'à a,* et ainsi de suite *alternativement.* On verrait de même, dans le cas où x est compris entre a'' et $+\infty$, que si sa valeur croît c'est jusqu'à l'infini, et si elle décroît c'est jusqu'à a''', après quoi elle augmente ; le résultat est analogue si x est compris entre a et $-\infty$.

Par conséquent, l'intégrale première suffit pour faire connaître la forme générale du mouvement.

3° Quand la fonction x ne fait qu'osciller comme ci-dessus entre deux limites, il est toujours avantageux, soit pour faciliter l'intégration, soit pour faire disparaître l'ambiguïté du signe $\pm$ mentionnée plus haut, d'employer la transformation suivante : *Si x oscille entre A et B on posera*

$$\text{ou} \quad x = \frac{A+B}{2} + \frac{A-B}{2} \cos u , \quad \text{ou} \quad x = A \cos^2 u + B \sin^2 u ,$$

u étant un angle toujours croissant avec le temps.

En effet, u croissant toujours $\cos u$ oscille entre ± 1 ; s'il en était de même de $\dfrac{x}{h}$, h étant une constante, on pourrait faire croître u de manière à avoir constamment $\cos u \dfrac{x}{h}$; ainsi *dans le cas simple où x oscille entre $\pm h$, il convient de poser* $x = h \cos u$. Le cas général où x oscille entre A et B se ramène au précédent en remarquant qu'alors $x - \dfrac{A+B}{2}$ oscille entre $\pm \left(\dfrac{A-B}{2}\right)$; on devra donc l'égaler à $\left(\dfrac{A-B}{2}\right) \cos u$, ce qui donne la première des formules ci-dessus ; l'autre s'en déduit en remplaçant u par $2u$, de sorte que u est encore un angle toujours croissant.

La transformation précédente introduit dans le calcul les constantes A et B qui sont les mieux adaptées à la forme du mouvement ; $\dfrac{du}{dt}$ étant toujours positif, le signe $\pm$ du troisième cas disparaît.

En outre, elle généralise des procédés qui sous une apparence très diverse servent à intégrer les équations du mouvement des planètes, du pendule simple, du pendule conique, etc.

53. Mouvement rectiligne dû à une force constante. — Le premier cas du numéro précédent, où la force est fonction du temps, se présente rarement, et nous en prendrons seulement pour exemple le cas où elle est constante. L'équation du mouvement est alors

$$\frac{d^2 x}{dt^2} = \frac{X}{m} = a,$$

a étant l'accélération constante. On en déduit

$$\frac{dx}{dt} = u + at, \qquad x = b + ut + \frac{1}{2}\, at^2,$$

u et b étant les valeurs initiales de v et x; mais dans les applications nous supposerons b nulle, de sorte que le point partira de l'origine; de plus u sera positive en prenant OX dans le sens de la vitesse initiale, et si a est négative, nous la remplacerons par $-a$; en outre nous substituerons $t = \dfrac{v-u}{a}$, tiré de la première formule, dans la valeur de x, afin d'avoir des relations entre les trois variables x, t, v, prises deux à deux. Le résultat aura ainsi les trois formes suivantes, dont la seconde se déduit de la première en remplaçant a par $-a$, et la troisième en posant $u = o$.

(I) Mouvement uniformément accéléré, la force ayant le sens de la vitesse initiale :

$$x = ut + \tfrac{1}{2}\, at^2, \qquad v = u + at, \qquad v^2 = u^2 + 2ax.$$

(II) Mouvement uniformément retardé, la force ayant le sens contraire à celui de la vitesse initiale :

$$x = ut - \tfrac{1}{2}\, at^2, \qquad v = u - at, \qquad v^2 = u^2 - 2ax.$$

(III) Mouvement uniformément accéléré simple, la vitesse initiale étant nulle.

$$x = \tfrac{1}{2}\, at^2, \qquad v = at, \qquad v^2 = 2ax.$$

Premier exemple. — Mouvement vertical d'un corps pesant. On a dans ce cas $a = g$.

Si le corps est lancé de bas en haut et qu'on demande sa hauteur ascensionnelle h, on doit employer les formules (II) et dans l'équation $v^2 = u^2 - 2gx$ supposer pour la position la plus élevée du point $v = o$, $x = h$, d'où $h = \dfrac{u^2}{2g}$.

Si le corps retombe ensuite partant ainsi sans vitesse, les formules (III) donnent pour sa vitesse quand il est revenu au point de départ

$$v^2 = 2gx = 2gh = u^2, \qquad v = u ,$$

c'est donc la même vitesse qui le ferait élever à la hauteur h; aussi la relation $u^2 = 2gh$ s'exprime en disant, soit que la hauteur h est *due à la vitesse u*, soit que la vitesse u est *due à la hauteur h*.

Les formules (II) s'appliquent à toute la durée du mouvement montant et descendant; si par exemple un second mobile est lancé n secondes après le premier avec une vitesse u', et qu'on demande le point où ils se rencontrent, x sera le même pour les deux mouvements, et en comptant t à partir du départ du second point on aura

$$x = u(t + n) - \frac{1}{2} a(t + n)^2 = u't - \frac{1}{2} at^2,$$

d'où l'on tirera t par une équation du premier degré.

Second exemple. — Mouvement d'un corps pesant sur un plan incliné en ayant égard au frottement.

Soient i l'inclinaison du plan, c le coefficient du frottement, p le poids du corps; ce poids se décompose en deux forces, $p \cos i$ normale au plan, ou pression du corps contre le plan, et $p \sin i$ qui seule fait mouvoir le corps; en même temps le frottement est $cp \cos i$; ces forces s'ajoutent ou se retranchent, le frottement étant toujours en sens contraire du mouvement, et il en est de même des portions correspondantes de l'accélération, qui sont

$$\frac{p \sin i}{m} = g \sin i, \qquad \frac{cp \cos i}{m} = cg \cos i .$$

Si le corps monte toutes deux sont négatives, et dans les formules (II) on a

$$a = -\, g\, (\sin i + c \cos i)\,.$$

Si le corps descend l'accélération est

$$a = g\, (\sin i - c \cos i)$$

si elle est positive, et correspond alors aux formules (I) ou (III) ; si elle est négative ou si $c > \tang i$ on emploiera

$$a = g\, (c \cos i - \sin i)$$

dans les formules (II).

Du reste l'usage de ces formules est le même que dans le premier exemple, sauf que les formules (II) ne correspondent qu'à la première partie du mouvement, jusqu'à l'instant où la vitesse est nulle.

Troisième exemple, contenant les divers emplois des formules ; on doit faire parcourir l'espace $AB = 20^m$ à un wagon pesant 6000^{kil} ; le coefficient du frottement, qui est ici un roulement, est $\dfrac{1}{200}$. Deux hommes poussent le wagon en A avec une force de 25^{kil} chacun, jusqu'en un point C où il ait acquis la vitesse de $0^m,4$ par seconde; ils se bornent ensuite à entretenir sa vitesse uniforme jusqu'à un point D où ils l'abandonnent; ce point doit être tel que le wagon aille de lui-même s'arrêter en B. On demande la position de C et D et le temps total employé.

Pour faire usage de la valeur $g = 9{,}809$ on doit prendre pour unité le mètre et la seconde ; en supposant pour simplifier $g = 10$, on a

$$m = \frac{p}{g} = \frac{6000}{10} = 600\,.$$

La pression est le poids du corps ; le frottement est ainsi $\dfrac{1}{200}\, p = 30^{kil}$.

De D en B il n'y a pas d'autre force, et le mouvement est retardé ; $a = \dfrac{f}{m} = \dfrac{30}{600} = \dfrac{1}{20}$. Comme en B c'est la vitesse qui est donnée ou $v = o$, on doit employer les relations où entre v, c'est-à-dire

$$v = u - at, \qquad v^2 = u^2 - 2ax,$$

et en substituant $u = 0,4$, $a = \dfrac{1}{20}$, $v = o$, on en tire $t = 8$, $x = \mathrm{DB} = 1,6$.

De A en C la force exercée par les hommes est $50^{\mathrm{kil.}}$; en soustrayant le frottement ou $30^{\mathrm{kil.}}$ on a pour la force réelle $f = 20^{\mathrm{kil.}}$, d'où $a = \dfrac{f}{m} = \dfrac{20}{600} = \dfrac{1}{30}$; en C c'est la vitesse $0,4$ qui est donnée, et il n'y a pas de vitesse initiale ; on doit donc employer dans les formules (III)

$$v = at, \qquad v^2 = 2ax,$$

et en substituant $a = \dfrac{1}{30}$, $v = 0,4$, on en tire $t = 12$, $x = \mathrm{AC} = 2,4$.

On a ensuite

$$\mathrm{CD} = \mathrm{AB} - \mathrm{AC} - \mathrm{DB} = 20 - 2,4 - 1,6 = 16^{\mathrm{m}}.$$

Cette distance est parcourue avec la vitesse uniforme $0,4$, d'où $t = \dfrac{\mathrm{CD}}{v} = \dfrac{16}{0,4} = 40$. La durée totale est ainsi $40^{\mathrm{s}} + 12^{\mathrm{s}} + 8^{\mathrm{s}} = 1^{\mathrm{min}}$.

54. Mouvement vertical d'un corps pesant dans un milieu résistant. — Parmi les forces dont on a à étudier l'effet, la résistance d'un milieu est à peu près la seule qui dépende de la vitesse. Dans le cas actuel nous la supposerons proportionnelle au carré de la vitesse ; c'est la loi en général admise pour l'air, du moins dans les cas ordinaires. Elle a donc pour valeur kv^2, k étant une constante ; toutefois le poids du corps étant p, c'est surtout du rapport des deux forces que dépendra le résultat, de sorte qu'il sera préférable de prendre $\dfrac{k}{p}$ pour constante, et la meilleure forme à lui donner est $\dfrac{k}{p} = \dfrac{1}{a^2}$ car alors $p = ka^2$, et

a représente la valeur de la vitesse pour laquelle les deux forces

sont égales; on a ainsi $k = \dfrac{p}{a^2}$ et la résistance devient $\dfrac{pv^2}{a^2}$; les

forces rapportées à l'unité de masse ou les deux parties de $\dfrac{X}{m}$, en

remplaçant p par mg, sont alors g et $\dfrac{gv^2}{a^2}$.

Nous supposerons que le point part de l'origine O avec une vitesse initiale verticale u, et nous prendrons l'axe OZ vertical dans le sens de la vitesse; la résistance est toujours en sens contraire du mouvement. En employant z au lieu de x nous aurons pour l'équation du mouvement

$$\frac{d^2z}{dt^2} = - g - g\frac{v^2}{a^2} \text{ si le corps monte,}$$

$$\frac{d^2z}{dt^2} = \quad g - g\frac{v^2}{a^2} \text{ s'il descend.}$$

Premier cas. — Le corps monte. C'est le plus simple des deux parce que ce mouvement n'est pas indéfini; on n'a à le déterminer que jusqu'à l'instant où la vitesse est nulle, l'équation changeant ensuite de forme.

D'après le second cas du numéro 52 l'équation doit s'écrire

$$\frac{dv}{dt} = - g - g\frac{v^2}{a^2} \quad \text{ou} \quad - gdt = \frac{a^2dv}{a^2 + v^2}$$

Pour intégrer le second membre on doit diviser haut et bas par a^2, afin de prendre $\dfrac{v}{a}$ pour variable, en substituant $dv = ad.\dfrac{v}{a}$ ce qui donne en intégrant

$$- gdt = a\frac{d.\dfrac{v}{a}}{1 + \left(\dfrac{v}{a}\right)^2}, \qquad c - \frac{gt}{a} = \text{arc tang}\left(\frac{v}{a}\right)$$

c étant une constante arbitraire, et l'arc étant supposé compris entre $\pm \dfrac{1}{2}\pi$. On a $v = u$ pour $t = o$, d'où

$$c = \text{arc tang } \frac{u}{a} \; .$$

On doit ensuite tirer de l'équation précédente

$$v = a \tan\left(c - \frac{gt}{a}\right) ;$$

quand t croît, v diminue, et l'emploi de la formule cesse quand on a $c - \dfrac{gt}{a} = o$ ou $v = o$; ainsi en désignant par t' le temps de la montée du corps, on a

$$c - \frac{gt'}{a} = o, \qquad t' = \frac{a}{g}\, c = \frac{a}{g}\, \text{arc tang}\left(\frac{u}{a}\right).$$

On aura ensuite

$$dz = vdt = a\,\frac{\sin\left(c - \dfrac{gt}{a}\right)}{\cos\left(c - \dfrac{gt}{a}\right)}\, dt = \frac{a^2}{g}\,\frac{d.\cos\left(c - \dfrac{gt}{a}\right)}{\cos\left(c - \dfrac{gt}{a}\right)},$$

d'où en intégrant

$$z = \frac{a^2}{g}\, l\left[\cos\left(c - \frac{gt}{a}\right)\right] + b ;$$

b est une constante qu'on détermine par la condition $z = o$ pour $t = o$, ce qui donne

$$b = -\frac{a^2}{g}\, l\left(\cos c\right), \qquad z = \frac{a^2}{g}\, l\left[\cos\left(c - \frac{gt}{a}\right)\right] + \frac{a^2}{g} l\left(\frac{1}{\cos c}\right)$$

Désignons par h la hauteur à laquelle s'élève le point; c'est la valeur de z correspondant à $t = t'$, et comme $c - \dfrac{gt'}{a} = o$, elle se réduit à

$$h = \frac{a^2}{g}\, l\left(\frac{1}{\cos c}\right).$$

D'ailleurs on a

$$c = \text{arc tang } \frac{u}{a}, \qquad \frac{u}{a} = \text{tang } c, \qquad \cos c = \frac{a}{\sqrt{a^2 + u^2}}.$$

d'où

$$h = \frac{a^2}{g} \, l\left[\frac{\sqrt{u^2 + a^2}}{a}\right].$$

Second cas. — *Le corps descend.* Comme dans le premier cas, on met l'équation sous la forme

$$\frac{dv}{dt} = g - g\frac{v^2}{a^2} \quad \text{ou} \quad gdt = \frac{a^2 dv}{a^2 - v^2}.$$

On doit décomposer le second membre en fractions simples, ou en multipliant par 2, écrire

$$2gdt = a\left[\frac{dv}{a + v} + \frac{dv}{a - v}\right].$$

Il faut remarquer qu'on ne peut employer le logarithme d'une quantité négative ; de la sorte on doit prendre

$$\int \frac{dv}{a - v} = - l\,(a - v) \quad \text{ou} \quad - l\,(v - a)$$

suivant que $v < a$ ou $> a$; les deux cas ne peuvent se rencontrer dans un même mouvement, sans quoi v passant par la valeur a, le résultat deviendrait infini dans l'intervalle. Nous devons donc prendre l'une ou l'autre forme suivant qu'au commencement $v <$ ou $> a$, ou suivant que $u <$ ou $> a$.

En divisant par a, désignant par c une constante arbitraire, l'intégrale sera

$$\frac{2gt}{a} + c = l\left(\frac{a + v}{a - v}\right) \text{ si } u < a\,;$$

$$\frac{2gt}{a} + c = l\left(\frac{v + a}{v - a}\right) \text{ si } u > a\,,$$

d'où l'on déduit, en posant $v = u$, $t = o$.

$$\text{ou } c = l\left(\frac{a + u}{a - u}\right), \quad \text{ou } c = l\left(\frac{u + a}{u - a}\right)\,;$$

ces valeurs sont positives, et $c = o$ si $u = o$.

On doit tirer v de l'intégrale. En posant pour abréger

$$\theta = e^{\frac{2gt}{a} + c},$$

valeur de $\pm \dfrac{a + v}{a - v}$, on aura pour les deux cas

$$1^{\circ}\; \frac{v}{a} = \frac{\theta - 1}{\theta + 1}, \qquad 2^{\circ}\; \frac{v}{a} = \frac{\theta + 1}{\theta - 1};$$

θ croît constamment jusqu'à l'infini, et pour connaître le mode de variation de v il faut diviser haut et bas par θ, ou écrire dans le premier cas

$$\frac{v}{a} = \frac{1 - \dfrac{1}{\theta}}{1 + \dfrac{1}{\theta}};$$

$\dfrac{1}{\theta}$ décroissant, le numérateur augmente, le dénominateur diminue,

et $\dfrac{v}{a}$ augmente convergeant vers 1 ou v vers a; on voit de même

que dans le second cas v diminue convergeant vers a; ainsi dans les deux cas le mouvement au bout d'un certain temps est sensiblement uniforme. Il le serait dès le commencement dans le cas, laissé de côté, où l'on aurait $u = a$; alors en effet le poids et la résistance se détruisant aucune force n'agit sur le corps; d'ailleurs l'équation

$$\frac{dv}{dt} = g - g\,\frac{v^2}{a^2}$$

est identiquement satisfaite en supposant $v = a = $ const, d'où $\dfrac{dv}{dt} = o.$

Bornons-nous maintenant au premier cas où l'on a $u < a$; remarquons en outre que celui où l'on a $u = o$ comprend tous les autres; en effet soit alors z' la valeur de z à l'instant où le mobile a acquis une vitesse u; le mouvement compté de cet instant est celui dont la vitesse initiale est u, et l'espace qui lui correspond, au lieu d'être désigné par z, sera exprimé par $z - z'$. En supposant donc $u = o$, on a $c = o$ comme on l'a vu, d'où

$$\theta = e^{\frac{2gt}{a}}, \qquad dz = vdt = a \frac{\theta - 1}{\theta + 1} \, dt \, .$$

Pour intégrer cette expression par les règles usuelles on devrait prendre θ pour variable, afin de la ramener à une fonction rationnelle. On aurait

$$\frac{2gt}{a} = l(\theta), \qquad dt = \frac{a}{2g} \cdot \frac{d\theta}{\theta}, \qquad dz = \frac{a^2}{2g} \cdot \frac{(\theta - 1)d\theta}{\theta(\theta + 1)}$$

dont on devrait décomposer le second membre en fractions simples.

Mais on trouve de suite le résultat en divisant haut et bas par $e^{\frac{gt}{a}}$; on aura ainsi

$$\frac{dz}{a} = \frac{e^{\frac{2gt}{a}} - 1}{e^{\frac{2gt}{a}} + 1} \, dt = \frac{e^{\frac{gt}{a}} - e^{-\frac{gt}{a}}}{e^{\frac{gt}{a}} + e^{-\frac{gt}{a}}} \, dt = \frac{a}{g} \cdot \frac{d.\left(e^{\frac{gt}{a}} + e^{-\frac{gt}{a}}\right)}{e^{\frac{gt}{a}} + e^{-\frac{gt}{a}}}$$

d'où

$$z = \frac{a^2}{g} \, l \left[e^{\frac{gt}{a}} + e^{-\frac{gt}{a}} \right] + b \, ,$$

b étant une constante qu'on détermine en posant $z = o$, $t = o$, ce qui donne

$$b = - \frac{a^2}{g} \, l \, (2).$$

On a une forme préférable de z en mettant en évidence la portion qui croît avec le temps, ou en substituant

$$l \left[e^{\frac{gt}{a}} + e^{-\frac{gt}{a}} \right] = l. \left[e^{\frac{gt}{a}} \left(1 + e^{-\frac{2gt}{a}} \right) \right] = \frac{gt}{a} + l \left(1 + e^{-\frac{2gt}{a}} \right)$$

En remplaçant ce logarithme par sa valeur, de même que b, ou trouvera

$$z = at - \delta, \text{ où } \delta = \frac{a^2}{g}\left[l(2) - l\left(1 + e^{-\frac{2gt}{a}}\right)\right]$$

Comme $e^{-\frac{2gt}{a}}$ est décroissant, δ augmente ayant pour valeur o quand $t = o$, et $\frac{a^2}{g}\,l(2)$ quand t est infini. Par conséquent si, en même temps que le mobile il en part un second avec la vitesse a, conservant par suite cette vitesse et parcourant l'espace at, le premier sera en arrière du second à la distance δ et finira par se mouvoir d'une vitesse sensiblement uniforme à la distance $\frac{a^2}{g}\,l(2)$ du second.

55. Mouvement rectiligne d'un point attiré vers un point fixe O proportionnellement à la distance. — En prenant O pour origine et la droite pour OX, la force $\frac{X}{m}$ pourra être représentée par $-\alpha^2 x$, α étant une constante; de la sorte si le point est en M ou x positif la force étant négative sera dirigée vers O, et il en sera de même si le point est en M' et x négatif. L'équation est ainsi

$$\frac{d^2x}{dt^2} = -\alpha^2 x,$$

et rentre dans le troisième cas du numéro 52, la force étant fonction de x; ainsi en multipliant par $2dx$ et intégrant, on aura

$$d.\left(\frac{dx}{dt}\right)^2 = -2\alpha^2 x dx, \qquad \left(\frac{dx}{dt}\right)^2 = -\alpha^2 x^2 + \alpha^2 h^2;$$

le second membre devant rester toujours positif, la constante doit l'être, et on peut la représenter par $\alpha^2 h^2$, h étant une ligne positive quelconque.

Le second membre s'annule quand $x = \pm\, h$, et pour qu'il soit positif, x doit être compris entre ces limites ; par suite, comme on l'a vu au numéro 52, x ne fait qu'osciller entre $+\, h$ et $-\, h$ et doit être représenté par $h\cos u$, u étant toujours croissant ; en substituant $x = h\cos u$, l'équation devient

$$\left(-\, h\sin u\,\frac{du}{dt}\right)^2 = \alpha^2 h^2 \sin^2 u \quad\text{ou}\quad \left(\frac{du}{dt}\right)^2 = \alpha^2$$

et puisque u est croissant et $\dfrac{du}{dt}$ positif comme α, on en tire sans ambiguïté de signe

$$\frac{du}{dt} = \alpha, \qquad u = \alpha t + l \; ;$$

l étant une constante arbitraire. Il en résulte

$$x = h\cos u = h\cos(\alpha t + l) \, ;$$

les constantes h, l se déterminent dans chaque cas par les valeurs initiales de x et $\dfrac{dx}{dt}$. En prenant $OC = OC' = h$, le point oscille entre C et C' ; si à un certain instant il est en C ou qu'on ait $x = h$, il arrivera en C' quand αt aura augmenté de π, ou t de $\dfrac{\pi}{\alpha}$; on a donc $T = \dfrac{\pi}{\alpha}$ pour la durée d'une oscillation ou le temps que met le point à parcourir CC'.

En posant $h\cos l = A$, $-\,h\sin l = B$, la valeur de x prend la forme

$$x = A\cos\alpha t + B\sin\alpha t.$$

qu'on emploie plus fréquemment comme intégrale complète de l'équation $\dfrac{d^2x}{dt^2} + \alpha^2 x = o$; A et B sont des constantes quelconques, car on peut vérifier que cette valeur de x satisfait identiquement l'équation,

La loi d'attraction qui précède se rencontre fréquemment dans la nature sous la forme suivante :

Supposons qu'un point M ne puisse se déplacer que sur la droite IX, et que des forces agissant sur lui soient fonctions de sa position ou de la distance $IM = z$; s'il est en équilibre au point O et qu'on le déplace de la longueur $OM = dz$, la projection de la résultante des forces sur IX, qui seule fait mouvoir le corps augmentera d'une quantité $k\,dz$ et puisqu'elle était nulle pour le point O, $k\,dz$ sera la force elle-même ; en prenant O pour origine des x on aura $x = OM = dz$; la force, si x est très petit, est donc égale à kx ; si k était positif elle tendrait à éloigner M du point O qui serait une position d'équilibre instable ; si k est négatif elle tend à l'en rapprocher et équivaut à une attraction proportionnelle à la distance. Le résultat sera évidemment le même si le point M est libre, mais que toutes les forces soient dirigées suivant IX.

Premier exemple. — Prenons pour le mobile M un point pesant suspendu verticalement au point I par un ressort en hélice, dont la longueur à l'état naturel est $AI = a$. Si le point est en M à la distance $IM = z$, le ressort est allongé de $AM = z - a$ et il tend à ramener le point en A avec une force $k(z - a)$ proportionnelle à l'allongement, de sorte que k est une constante ; si M était au-dessus de A et le ressort comprimé la force serait de même $k(a - z)$, et celle-là convient aux deux positions en la supposant dirigée de haut en bas ; la force totale est donc $X = p + ka - kz$, p étant le poids du corps ; elle devient nulle au point O pour lequel $z = z'$ en supposant $p + ka - kz' = o$; pour toute autre position, en substituant $p + ka = kz'$, X se réduit à $k(z' - z)$. Si ensuite on prend O pour origine des x, on a constamment

$$x = z - z'. \qquad X = - kx \, ;$$

c'est la forme mentionnée ci-dessus.

Second exemple. — Un point M est attiré vers un point fixe A avec une force my ; en même temps il est lié à un point fixe I par

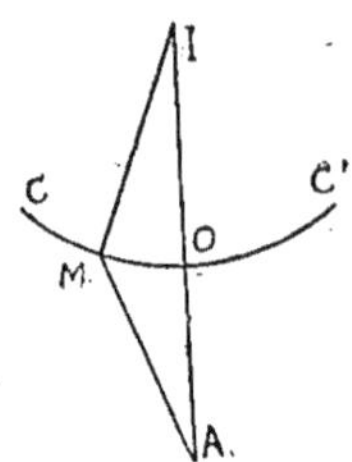

un fil $IM = l$, de manière à ne pouvoir que parcourir l'arc de cercle COC'. Nous avons vu au numéro 50 que l'équation du mouvement pour ce cas est

$$m\frac{dv}{dt} = T' \quad \text{ou} \quad \frac{d^2s}{dt^2} = \frac{T'}{m},$$

T' étant la projection de la force sur la tangente et s l'arc de courbe compté d'une origine fixe, pour laquelle nous prendrons le point O sur la droite AI. L'équation est ainsi pareille à celle du mouvement rectiligne en remplaçant x par s. Si l'on désigne par θ, θ' les angles MIA, MAI, on aura

$$AMI = \pi - \theta - \theta',$$

et l'angle aigu de MA avec la tangente en M sera $\frac{1}{2}\pi - \theta - \theta'$; comme T' agit dans le sens contraire à celui où augmente s, on aura

$$T' = m\gamma \cos\left(\frac{1}{2}\pi - \theta - \theta'\right), \qquad \frac{d^2s}{dt^2} = \frac{T'}{m} = -\gamma \sin(\theta + \theta').$$

Le mobile serait en équilibre au point O; nous supposerons très petit son écart OM ou s de cette position; il en sera de même de θ, θ' et l'on pourra remplacer $\sin(\theta + \theta')$ par $\theta + \theta'$; or $\theta = \dfrac{OM}{OI} = \dfrac{s}{l}$; avec le même degré d'approximation on peut prendre l'arc OM pour sa corde, la supposer perpendiculaire à OA, d'où $\tan\theta' = \dfrac{OM}{OA}$, et en désignant OA par l' on aura $\theta' = \dfrac{s}{l'}$.

L'équation devient ainsi

$$\frac{d^2s}{dt^2} = -\gamma\left(\frac{s}{l} + \frac{s}{l'}\right) = -\frac{\gamma}{\lambda}s,$$

en désignant par λ une ligne telle qu'on ait

$$\frac{1}{\lambda} = \frac{1}{l} + \frac{1}{l'}.$$

Nous pouvons aussi sans erreur sensible attribuer à la force γ la même valeur que si le mobile était en O ; de la sorte en remplaçant par x^2 la constante $\dfrac{\gamma}{\lambda}$ l'équation devient la même qui dans le mouvement rectiligne correspond à une attraction proportionnelle à la distance. Le point M abandonné sans vitesse en C très près de O, oscille donc entre C et C', en supposant OC' $=$ OC, et la durée d'oscillation est $T = \dfrac{\pi}{\alpha} = \pi \sqrt{\dfrac{\lambda}{\gamma}}$.

L'observation de la durée T s'emploie souvent en physique pour trouver l'intensité γ d'une attraction. Si le point attirant devient le centre de la terre, le mouvement est celui d'un point pesant, snspendu à un fil, et oscillant dans un plan vertical ; il se nomme alors le *pendule simple* ; $\dfrac{1}{l'}$ est nul ou $\lambda = l$; de plus γ devient le nombre g ; on a ainsi $T = \pi \sqrt{\dfrac{l}{g}}$ pour la durée des oscillations infiniment petites d'un pendule de longueur l.

56. Mouvement d'un point attiré vers un point fixe O en raison inverse du carré de la distance. Remarques générales sur les cas où la vitesse devient infinie. — En prenant O pour origine, supposant le point en M ou x positif, x sera la distance, et la force étant négative $\dfrac{X}{m}$ aura la forme $-\dfrac{\alpha^2}{x^2}$, où α^2 est une constante positive ; l'équation est ainsi

$$\frac{d^2x}{dt^2} = -\frac{\alpha^2}{x^2}$$

et rentre dans le troisième cas du numéro 52. On aura donc, en multipliant par $2dx$ et intégrant,

$$d \cdot \left(\frac{dx}{dt}\right)^2 = -\frac{2\alpha^2 dx}{x^2}, \qquad \left(\frac{dx}{dt}\right)^2 = \frac{2\alpha^2}{x} + c,$$

c étant une constante.

Bornons-nous au cas où le point serait placé d'abord en A à la distance $OA = h$, et tomberait sur O sans vitesse initiale; on aurait alors à la fois $\dfrac{dx}{dt} = o$ et $x = h$, d'où $o = \dfrac{2\alpha^2}{h} + c$; l'équation devient ainsi

$$\left(\frac{dx}{dt}\right)^2 = \frac{2\alpha^2}{x} - \frac{2\alpha^2}{h},$$

Le second membre devant être toujours positif, il faut que x le soit aussi et en outre soit $< h$; comme on l'a vu au numéro 52, x étant compris entre o et h est toujours croissant ou décroissant dans cet intervalle et en employant la formule de transformation $x = A\cos^2 u + B\sin^2 u$, on aura dans le cas actuel

$$x = h\cos^2 u + o.\sin^2 u,$$

u étant toujours croissant. En substituant cette valeur dans l'équation, on trouve

$$\left(-2h\sin u\cos u\,\frac{du}{dt}\right)^2 = 2\alpha^2\frac{h-x}{hx} = 2\alpha^2\frac{h\sin^2 u}{h^2\cos^2 u},$$

ou

$$\left(\frac{du}{dt}\right)^2 = \frac{\alpha^2}{2h^3\cos^4 u}, \qquad \frac{du}{dt} = \frac{\alpha}{\sqrt{2h^3}}\cdot\frac{1}{\cos^2 u},$$

d'où

$$\frac{\alpha}{\sqrt{2h^3}}\,dt = \cos^2 u\,du = \left(\frac{1}{2} + \frac{1}{2}\cos 2u\right)du,$$

et en intégrant

$$\frac{\alpha}{\sqrt{2h^3}}\,t + c = \frac{1}{2}u + \frac{1}{2}\sin 2u,$$

c étant une constante. On a pris pour instant initial celui où l'on avait $x = h$, ou $h\cos^2 u = h$, ou $u = o$, qui correspond ainsi à $t = o$; il en résulte $c = o$.

Désignons par T la durée de la chute; c'est la valeur de t correspondant à $x = h\cos^2 u = o$, ou à $u = \dfrac{1}{2}\pi$; on a ainsi

$$\frac{\alpha}{\sqrt{2h^3}}\,T = \frac{\pi}{4}, \qquad T = \pi\frac{\sqrt{h^3}}{8\alpha^2}$$

Si l'on voulait chercher d'après les formules précédentes quelle est la suite du mouvement, d'une part la valeur $x = h\cos^2 u$ indiquerait que le point revient en A et oscille entre A et O, ce qui paraît absurde ; d'autre part s'il passe de l'autre côté du point O, l'équation du mouvement change de forme, devenant

$$\frac{d^2x}{dt^2} = \frac{\alpha^2}{x^2}.$$

En réalité, si l'on s'en tient au point de vue purement analytique l'emploi des formules cesse dès que le mobile a atteint le point O, parce que la vitesse est devenue infinie ; cette vitesse sert d'initiale pour la suite du mouvement ; étant infinie elle est indéterminée, et rien ne distingue celle qui serait propre à faire revenir le mobile en A plutôt qu'en tout autre point A', ou en tout point B de l'autre côté si le mobile dépasse O. En général on en peut dire autant pour toute question où la vitesse devient infinie, tandis que si c'est seulement la force, les formules indiquent presque toujours une suite au mouvement.

Ce qui précède concerne seulement les formules, ou l'intégrale de l'équation donnée ; mais s'il s'agit du problème mécanique à résoudre, le point de vue est différent.

Si la force ou la vitesse devient infinie en un point non situé à l'infini, cela indique évidemment que les données ne répondent plus exactement à un mouvement physiquement réalisable. Cela peut provenir des deux causes suivantes bien distinctes :

1° Fréquemment on laisse de côté pour simplifier certaines complications de la question, ou des circonstances secondaires dont l'influence paraît négligeable. Dans le cas actuel, par exemple, M et O figurent des corps d'une certaine étendue et les points M et O ne peuvent réellement arriver à coïncider.

Si à un certain instant la force est infinie dans les formules, mais non la vitesse, les formules représentent bien le mouvement ultérieur, car en réalité la force est seulement très grande, et la vitesse peu différente de celle de la formule. Mais si c'est la vitesse qui devient infinie, la formule ne nous apprend rien sur sa valeur ; nous savons seulement qu'elle est très grande et le mouvement ultérieur ne peut être connu qu'en tenant compte des circonstances d'abord négligées.

2° Fort souvent aussi le calcul représente un cas extrême ou un cas limite d'un mouvement dont les formules ne présentent en général rien d'anormal, et il devra s'y trouver une indétermination, s'il sert à la fois de cas limite à plusieurs mouvements de forme très différente.

Dans la question actuelle, par exemple, si le mobile partant du point A recevait une très faible vitesse perpendiculaire à AO, il décrirait une ellipse allongée, passant tout près du point O et revenant en A ; à la limite où cette vitesse est infiniment petite, ce mouvement devient oscillatoire entre O et A sur la droite OA.

Supposons ensuite le point attiré par un anneau ayant son centre en O, et son plan perpendiculaire à OA ; le point mobile partant de A sans vitesse, oscillera comme nous allons le voir entre les points A et B situés sur la droite BOX aux distances $OB = OA = h$; en supposant l'anneau infiniment petit, il se réduira à un point attirant, et pour ce cas limite, le même que ci-dessus, le mouvement sera oscillatoire entre A et B, ou très différent du premier.

Pour trouver le mouvement dû à l'attraction de l'anneau supposons-le infiniment mince ; soient a son rayon, P un point matériel de son contour, $PM = r$ sa distance au mobile M, θ l'angle PMO, $\dfrac{\mu}{r^2}$ l'attraction de P sur M ; elle se décompose en deux autres, $\dfrac{\mu \cos \theta}{r^2}$ suivant MO, et $\dfrac{\mu \sin \theta}{r^2}$ à angle droit ; celle-ci et ses homologues pour tous les points P se détruisent évidemment pour raison de symétrie ; en substituant dans l'autre $\cos \theta = \dfrac{OM}{PM} = \dfrac{x}{r}$,

elle devient $\dfrac{\mu x}{r^3}$; on devra l'ajouter pour tous les points P de l'anneau, et $\dfrac{x}{r^3}$ étant le même pour chacun on aura en tout $\dfrac{x}{r^3} \Sigma\mu$. La force est d'ailleurs dirigée vers O ou négative ; l'équation est par suite

$$\frac{d^2x}{dt^2} = - \frac{\alpha^2 x}{r^3}$$

α^2 étant une constante ; elle reste exacte si x est négatif, car si pour deux points x est le même en signe contraire, il en est de même de la force ; le triangle OMP donne en outre $r = \sqrt{x^2 + a^2}$; multiplant par $2dx$ et intégrant on trouve

$$d.\left(\frac{dx}{dt}\right)^2 = - 2\alpha^2 \frac{x\,dx}{(x^2 + a^2)^{\frac{3}{2}}}, \qquad \left(\frac{dx}{dt}\right)^2 = \frac{2\alpha^2}{\sqrt{x^2 + a^2}} + c\ ;$$

au point A, pour $t = 0$, on a $\dfrac{dx}{dt} = 0$, $x = h$, d'où

$$c = - \frac{2\alpha^2}{\sqrt{h^2 + a^2}}, \qquad \left(\frac{dx}{dt}\right)^2 = \frac{2\alpha^2}{\sqrt{x^2 + a^2}} = \frac{2\alpha^2}{\sqrt{h^2 + a^2}}.$$

Pour que le second membre reste positif, il faut et il suffit qu'on ait $x^2 < h^2$, ou que x soit compris entre $\pm h$, et par suite, comme on l'a vu au numéro 52, x oscille constamment entre $\pm h$, ou le mobile entre les points A et B.

57. Méthodes d'intégration des équations du mouvement curviligne. — Nous supposons maintenant que les équations du mouvement soient

$$m\frac{d^2x}{dt^2} = X, \qquad m\frac{d^2y}{dt^2} = Y, \qquad m\frac{d^2z}{dt^2} = Z ;$$

quand le mouvement a lieu dans un plan, nous conviendrons toujours de le prendre pour celui des xy, et les équations se réduiront aux deux premières.

L'équation du mouvement rectiligne n'est pas en général inté-grable, et la difficulté est plus grande s'il y en a plusieurs ; mais elle est abaissée, ou se réduit à la précédente dans ce que nous appellerons *le premier cas d'intégration.*

C'est celui où l'une des équations peut s'intégrer indépendam-ment des autres ; cela aurait lieu par exemple pour la première si X était indépendant de y, z, $\dfrac{dy}{dt}$, $\dfrac{dz}{dt}$; elle rentrerait alors dans la forme d'équation du mouvement rectiligne.

Un *second cas d'intégration* est celui où X, Y, Z ne contiennent pas x, y, z, t et ne dépendent que de $\dfrac{dx}{dt}$, $\dfrac{dy}{dt}$, $\dfrac{dz}{dt}$; en désignant alors celles-ci par x'. y', z', les équations prendront la forme $m\dfrac{dx'}{dt} = X$, etc., et ne seront plus que du premier ordre, ou plus aisées à intégrer, après quoi on aura $x = \displaystyle\int x'dt$, etc.

Dans les cas suivants, nous nous bornerons à indiquer trois combinaisons qu'on doit essayer pour trouver une intégrale pre-mière ; ce sont les seules que nous aurons à employer, et dans les principales applications de la dynamique il est rare que d'autres réussissent. Dans les numéros suivants, nous verrons pour divers exemples la manière d'en déduire la solution complète. Mais lors même qu'on ne trouverait pas cette solution, la connaissance des intégrales premières, comme nous l'avons vu pour le mouvement rectiligne, indique en général la forme du mouvement, le mode de variation des fonctions inconnues, et c'est quelquefois tout ce qu'on a besoin de savoir ; il en était ainsi, par exemple, au numéro pré-cédent, pour le mouvement dû à l'attraction d'un anneau.

Troisième cas. — On a identiquement

$$\frac{d}{dt}\cdot\left(\frac{xdy - ydx}{dt}\right) = x\,\frac{d^2y}{dt^2} - y\,\frac{d^2x}{dt^2} ,$$

transformation d'un emploi très fréquent ; par conséquent en ajou-tant les deux premières équations du mouvement multipliées par $-y$ et $+x$, le résultat peut s'écrire

$$m \frac{d.}{dt}\left(\frac{xdy - ydx}{dt}\right) = x\mathrm{Y} - y\mathrm{X} ,$$

et dans le cas où l'on a $x\mathrm{Y} - y\mathrm{X} = o$, il en résulte l'intégrale

$$\frac{xdy - ydx}{dt} = \text{const.}$$

Si l'on avait $x\mathrm{Z} - z\mathrm{X} = o$ ou $y\mathrm{Z} - z\mathrm{Y} = o$, on en conclurait une relation analogue entre x et z, ou entre y et z.

Il faut remarqner que si $x\mathrm{Y} - y\mathrm{X}$, sans être nulle, était fonction de t seul, l'intégration serait également possible; mais ce cas ne se présentant jamais dans les applications est inutile à considérer.

On nomme *intégrale des aires* la précédente, parce que $xdy - ydx$ est double de l'aire élémentaire que décrit dans le temps dt autour de l'origine la projection M du mobile sur le plan des xy ; en effet, x et y pour M sont les mêmes que pour le mobile, et en substituant

$$x = r \cos \varphi, \qquad y = r \sin \varphi,$$

r et φ étant ses coordonnées polaires, on trouve pour $xdy - ydx$ l'expression

$$r \cos \varphi \,(\sin \varphi \, dr + r \cos \varphi \, d\varphi) - r \sin \varphi \,(\cos \varphi \, dr - r \sin \varphi \, d\varphi),$$

d'où en réduisant

$$\frac{xdy - ydx}{dt} = r^2 \frac{d\varphi}{dt}.$$

C'est une formule fort usitée, indépendamment de toute application mécanique.

Si le point M vient en M′ dans le temps dt, l'angle $\mathrm{MOM'} = d\varphi$, et l'aire du triangle $\mathrm{OMM'}$ est $\frac{1}{2}\,\mathrm{OM}.\mathrm{OM'}d\varphi$, où l'on peut prendre r pour OM et OM′.

En comptant l'aire variable OCM à partir d'un rayon fixe OC, sa dérivée est ainsi

$$\frac{1}{2}\,r^2 \frac{d\varphi}{dt} \quad \text{ou} \quad \frac{xdy - ydx}{2dt}.$$

Elle est constante quand l'intégrale des aires a lieu, et par suite alors l'aire croît proportionnellement au temps.

Quatrième cas. — On a

$$\frac{dy}{dt} \cdot \frac{d^2x}{dt^2} + \frac{dx}{dt} \cdot \frac{d^2y}{dt^2} = \frac{d}{dt} \cdot \left(\frac{dx}{dt} \cdot \frac{dy}{dt} \right) ;$$

ainsi en ajoutant les deux premières équations multipliées par dy, dx, le résultat peut s'écrire

$$md \cdot \left(\frac{dx}{dt} \cdot \frac{dy}{dt} \right) = \mathrm{X}dy + \mathrm{Y}dx ;$$

si X, Y ne contiennent pas d'autre quantité variable que x, y, il peut arriver que $\mathrm{X}dy + \mathrm{Y}dx$ soit la différentielle exacte d'une fonction V de x, y, auquel cas il en résulte l'intégrale

$$m \frac{dx}{dt} \cdot \frac{dy}{dt} = \mathrm{V} + \text{const.}$$

On verra au cinquième cas comment on peut trouver cette fonction V quand elle existe.

Il est clair qu'une combinaison analogue peut se présenter entre x et z ou y et z.

Cinquième cas. — On trouve souvent une intégrale en ajoutant les équations multipliées por $2dx$, $2dy$, $2dz$, ce qui donne

$$md \cdot \left[\left(\frac{dx}{dt} \right)^2 + \left(\frac{dy}{dt} \right)^2 + \left(\frac{dz}{dt} \right)^2 \right] = 2(\mathrm{X}dx + \mathrm{Y}dy + \mathrm{Z}dz),$$

et si $\mathrm{X}dx + \mathrm{Y}dy + \mathrm{Z}dz$ est la différentielle totale d'une expression P on en déduit l'intégrale

$$m \left[\left(\frac{dx}{dt} \right)^2 + \left(\frac{dy}{dt} \right)^2 + \left(\frac{dz}{dt} \right)^2 \right] = 2\mathrm{P} + \text{const.}$$

Nous savons que $\dfrac{dx^2 + dy^2 + dz^2}{dt^2} = v^2$; le premier membre est ainsi mv^2 ; ce produit de la masse par le carré de sa vitesse d'un point se nomme sa *force vive* et on nomme *intégrale des forces vives* la précédente quand elle existe. Une force vive et une force sont des grandeurs d'espèce différente, qu'il ne faut pas confondre.

Pour obtenir le résultat précédent, il faut et il suffit que X, Y, Z soient les dérivées partielles

$$\left(\frac{d\mathrm{P}}{dx}\right), \qquad \left(\frac{d\mathrm{P}}{dy}\right), \qquad \left(\frac{d\mathrm{P}}{dz}\right),$$

d'une même fonction P de x, y, z, et d'après la forme attribuée à $d\mathrm{P}$ elle ne doit pas contenir d'autre quantité variable ; nous dirons que la force *a la forme potentielle* quand elle satisfait ces conditions.

On aurait également

$$md.\left[\frac{dx^2 + dy^2}{dt^2}\right] = 2(\mathrm{X}dx + \mathrm{Y}dy),$$

et on en tirerait de même une intégrale, si $\mathrm{X}dx + \mathrm{Y}dy$ était une différentielle exacte ; il faut pour cela que X et Y soient indépendants de z ; ce cas correspond au mouvement dans un plan, et cela même s'il était en réalité dans l'espace ; en effet, les deux premières équations ne contenant pas la lettre z devraient être intégrées indépendamment de la troisième.

Fort souvent la fonction P quand elle existe se voit immédiatement ; voici du reste la manière exacte de la trouver :

1° Pour que $\mathrm{X}dx + \mathrm{Y}dy$ soit une différentielle exacte, ou qu'on ait

$$\mathrm{X} = \left(\frac{d\mathrm{P}}{dx}\right), \qquad \mathrm{Y} = \left(\frac{d\mathrm{P}}{dy}\right),$$

il faut la condition $\left(\frac{d\mathrm{X}}{dy}\right) = \left(\frac{d\mathrm{Y}}{dx}\right)$, car cela revient à la relation $\left(\frac{d^2\mathrm{P}}{dxdy}\right) = \left(\frac{d^2\mathrm{P}}{dydx}\right)$.

Supposons cette condition satisfaite ; on cherchera une fonction U telle qu'on ait $\mathrm{X} = \left(\frac{d\mathrm{U}}{dx}\right)$ c'est-à-dire une valeur de $\int \mathrm{X}dx$

prise comme si x variait seule. On formera ensuite l'expression

$$Y - \left(\frac{dU}{dy}\right),$$

laquelle sera indépendante de x; en effet

$$\frac{d.}{dx}\left[Y - \left(\frac{dU}{dy}\right)\right] = \left(\frac{dY}{dx}\right) - \left(\frac{d^2U}{dxdy}\right) = \left(\frac{dY}{dx}\right) - \left(\frac{dX}{dy}\right) = o.$$

On pourra donc trouver une fonction U' indépendante de x, telle que

$$Y - \left(\frac{dU}{dy}\right) = \left(\frac{dU'}{dy}\right),$$

et en posant alors $P = U + U'$ on aura $Y = \left(\frac{dP}{dy}\right)$, et en outre $X = \left(\frac{dP}{dx}\right)$; en effet cela revient à

$$\left(\frac{dU}{dx}\right) = \left(\frac{dU + dU'}{dx}\right),$$

et U' étant indépendante de x on a $\left(\frac{dU'}{dx}\right) = o$.

2° Pour qu'on ait $Xdx + Ydy + Zdz = dP$, ou

$$X = \left(\frac{dP}{dx}\right), \qquad Y = \left(\frac{dP}{dy}\right), \qquad Z = \left(\frac{dP}{dz}\right),$$

il faut de même supposer

$$\left(\frac{dX}{dy}\right) = \left(\frac{dY}{dx}\right), \qquad \left(\frac{dZ}{dx}\right) = \left(\frac{dX}{dz}\right), \qquad \left(\frac{dY}{dz}\right) = \left(\frac{dZ}{dy}\right);$$

si ces conditions sont satisfaites, on cherchera comme ci-dessus une fonction V telle qu'on ait

$$X = \left(\frac{dV}{dx}\right), \qquad Y = \left(\frac{dV}{dy}\right),$$

z étant regardé dans ce calcul comme une constante; on formera alors l'expression

$$Z - \left(\frac{dV}{dz}\right),$$

qui sera indépendante de x, car on a

$$\frac{d.}{dx}\left[Z - \left(\frac{dV}{dz}\right)\right] = \left(\frac{dZ}{dx}\right) - \left(\frac{d^2V}{dzdx}\right) = \left(\frac{dZ}{dx}\right) - \left(\frac{dX}{dz}\right) = o \; ;$$

on verrait de même que cette expression est indépendante de y. On pourra donc trouver une fonction U'' de z seul, telle qu'on ait

$$Z - \left(\frac{dV}{dz}\right) = \left(\frac{dU''}{dz}\right) ,$$

et en posant $V + U'' = P$, on aura $Z = \left(\frac{dP}{dz}\right)$; il en résulte en outre

$$X = \left(\frac{dP}{dx}\right), \qquad Y = \left(\frac{dP}{dy}\right) ,$$

eu effet, la première de ces relations revient à

$$\left(\frac{'dV}{dx}\right) = \left(\frac{dV + dU''}{dx}\right) ,$$

et U'' étant indépendant de x on a $\left(\frac{dU''}{dx}\right) = o$; la valeur de Y se vérifierait de même.

58. **Mouvement dû à une force constante de grandeur et de direction**. — La première équation

$$\frac{d^2x}{dt^2} = \frac{X}{m} ,$$

où $\dfrac{X}{m}$ est une constante, donne en l'intégrant

$$x = c + c't + \frac{X}{2m} t^2$$

c et c' étant les valeurs initiales de x et $\dfrac{dx}{dt}$, et l'on trouverait de même y et z; mais la loi du mouvement s'exprime mieux en choisissant les axes.

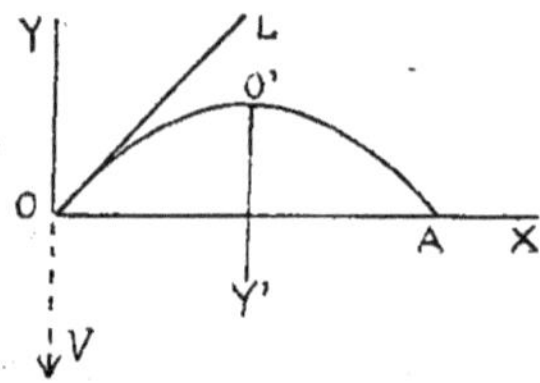

Soient : O le point de départ du mobile ; u sa vitesse initiale, dirigée suivant OL ; OV la direction de la force ; g son intensité rapportée à l'unité de masse, pour laquelle on prendra 9,809 si c'est la pesanteur. Prenons le plan VOL pour celui de la figure, OY en sens contraire de OV, OX du côté de OL, de sorte que l'angle LOX $= i$ soit aigu. Nous savons que le mouvement est résultant de ceux qui seraient dus à la vitesse initiale seule, et à la force seule, et par suite il s'effectue dans le plan de la figure.

Nous pouvons supposer que la force soit la pesanteur, car il suffirait de changer la valeur de g pour en déduire le cas général ; de la sorte le mouvement est celui d'un corps pesant soumis à la résistance de l'air, ou lancé dans le vide. La force étant mg, les équations deviennent

$$\frac{d^2x}{dt^2} = 0, \qquad \frac{d^2y}{dt^2} = -g,$$

qui rentrent dans le premier cas du numéro précédent. Les valeurs initiales de $\dfrac{dx}{dt}, \dfrac{dy}{dt}$ sont les projections de la vitesse initiale, ou $u \cos i,\ u \sin i$; on a donc en intégrant,

$$\frac{dx}{dt} = u \cos i. \qquad \frac{dy}{dt} = u \sin i - gt.$$

Les valeurs initiales de $x,\ y$ sont nulles, d'où résulte en intégrant de nouveau

$$x = ut \cos i, \qquad y = ut \sin i - \frac{1}{2} gt^2.$$

On en conclut

$$v^2 = \frac{dx^2 + dy^2}{dt^2} = u^2 \cos^2 i + (u \sin i - gt)^2 = u^2 + g^2 t^2 - 2gt\, u \sin i,$$

ou d'après la valeur de y,

$$v^2 = u^2 - 2gy ;$$

cette relation est la même que si le corps avait été lancé verticalement.

L'équation de la trajectoire se trouve en éliminant t entre les valeurs de x et de y.

La première donne $t = \dfrac{x}{u \cos i}$; d'où

$$y = ut \sin i - \frac{1}{2} gt^2 = x \tang i - \frac{gx^2}{2u^2 \cos^2 i}.$$

On nomme *amplitude du jet* la distance OA du point A où le mobile revient à son niveau primitif; on la trouve en posant $y = o$ dans l'équation de la trajectoire, ce qui donne

$$x \left(\tang i - \frac{gx}{2u^2 \cos^2 i} \right) = o \,;$$

en laissant de côté la solution $x = o$ qui correspond au point O, on aura

$$OA = x = \frac{2u^2 \sin i \cos i}{g} = \frac{u^2 \sin 2i}{g}.$$

Ainsi pour une même vitesse u, l'amplitude sera la plus grande quand $\sin 2i = 1$ ou $i = 45'$; en outre si $i = 45° \pm \alpha$, α étant un angle quelconque, on a

$$\sin 2i = \sin (90° \pm 2\alpha) = \cos 2\alpha,$$

et par suite le point A reste le même pour les angles $i = 45° + \alpha$, $i = 45° - \alpha$.

L'équation de la trajectoire, ou

$$\frac{gx^2}{2u^2 \cos^2 i} - x \tang i + y = o,$$

étant du second degré se réduit par les règles usuelles, on trouve, en la divisant par le coefficient de x^2,

$$x^2 - \frac{2u^2 \sin i \cos i}{g} x + \frac{2u^2 \cos^2 i}{g} y = o,$$

qui peut s'écrire

$$\left(x - \frac{u^2 \sin i \cos i}{g}\right)^2 - \frac{u^4 \sin^2 i \cos^2 i}{g^2} + \frac{2u^2 \cos^2 i}{g}\, y = 0$$

et en posant

$$a = \frac{2u^2 \sin i \cos i}{g}, \qquad h = \frac{u^2 \sin^2 i}{2g}, \qquad p = \frac{u^2 \cos^2 i}{g},$$

elle a la forme

$$\left(x - \frac{1}{2}\, a\right)^2 + 2p\,(y - h) = 0.$$

En transportant l'origine au point O' dont les coordonnées sont $\frac{1}{2}\, a$ et h, on doit remplacer x et y par $x + \frac{1}{2}\, a$, $y + h$, et l'équation se réduit à $x^2 = -2py$; c'est celle d'une parabole dont l'axe $O'Y'$ est parallèle à OY et de sens contraire.

Le point O' est le plus élevé de la trajectoire. La valeur de a est celle de l'amplitude, et la figure rend évident que $\frac{1}{2}\, a$ doit être l'abscisse de O'; quant à son ordonnée h, c'est la hauteur due à la vitesse $u \sin i$.

59. Équations du mouvement dû à une force centrale. Cas où la force est proportionnelle à la distance. — On dit que le mobile m est animé d'une *force centrale*, quand elle est toujours dirigée vers un même point M, fixe ou mobile, et que sa valeur est fonction seulement de la distance r des deux points. Nous la désignerons par Rm, R étant positive si cette force est une attraction, négative si c'est une répulsion.

Supposons d'abord M mobile, et soient M sa masse; x', y', z' ses coordonnées; x, y, z celles de m. La force agissant sur m est dirigée, quand c'est une attraction, de m vers M; ses cosinus sont donc $\dfrac{x' - x}{r}$, etc., et la première équation du mouvement de m est ainsi

$$m\frac{d^2x}{dt}\, dt^2 \;=\; X \;=\; \frac{x' - x}{r}\, Rm.$$

Elle reste exacte si la force est une répulsion, car le cosinus $\dfrac{x' - x}{r}$ devrait alors changer de signe, et il revient au même de changer celui de R comme nous l'avons supposé.

La première équation du mouvement de M est de même

$$M\frac{d^2x'}{dt^2} \;=\; \frac{x - x'}{r}\, Rm,$$

la force étant la même en sens contraire ; on a donc

$$\frac{d^2r}{dt^2} = \frac{x' - x}{r}\, R, \qquad \frac{d^2x'}{dt^2} = \frac{x - x'}{r}\, R\,\frac{m}{M}\,,$$

et en les soustrayant

$$\frac{d^2(x - x')}{dt^2} = -\frac{x - x'}{r}\, R\left(1 + \frac{m}{M}\right).$$

Or $x - x'$, $y - y'$, $z - z'$ sont les coordonnées de m par rapport au point M pris pour origine ; si on les remplace pour simplifier par x, y, z, l'équation précédente se réduit à

$$\frac{d^2x}{dt^2} = -\left(\frac{M + m}{M}\right)\frac{Rx}{r}.$$

Supposons maintenant que M soit un point fixe et prenons-le pour origine ; la force étant dirigée de m vers M, ses cosinus sont $-\dfrac{x}{r},\, -\dfrac{y}{r},\, -\dfrac{z}{r}$, et la première équation du mouvement est

$$m\frac{d^2x}{dt^2} = X = -\frac{x}{r}\, Rm, \quad \text{ou} \quad \frac{d^2x}{dt^2} = -\frac{Rx}{r}.$$

Tout ce qui précède reste exact en remplaçant la lettre x par y ou z.

En comparant les équations du mouvement de m relatif à M dans l'hypothèse où M est mobile et dans celle où il est fixe, on voit que les premières se déduisent des autres en remplaçant R par $R\left(\dfrac{M+m}{M}\right)$, et comme R dans toute son application contient un facteur constant indéterminé, la loi du mouvement est la même dans les deux cas, sauf que si M est mobile, ce facteur doit être multiplié par la constante $\dfrac{M+m}{M}$.

Il suffit donc d'intégrer les équations quand M est fixe, et nous remplacerons cette lettre par l'origine O. Si A est la position initiale de m et AL sa vitesse, il n'y a pas de raison pour qu'il sorte du plan OAL d'un côté plutôt que de l'autre, la force étant toujours dirigée vers O ; le mouvement s'effectue donc dans un plan, et en le prenant pour celui des xy les équations du mouvement sont

$$\frac{d^2x}{dt^2} + - R\,\frac{x}{r}, \qquad \frac{d^2y}{dt^2} = - R\,\frac{y}{r}.$$

Avant de nous accuper de ce cas général, nous considérerons d'abord celui où la force est proportionnelle à r, parce que l'intégration est alors immédiate. En désignant par α une constante, nous aurons $R = \alpha^2 r$ si c'est une attraction $R = -\alpha^2 r$ si c'est une répulsion.

Premier cas. — La force est attractive. Les équations sont alors

$$\frac{d^2x}{dt^2} = - \alpha^2 r \cdot \frac{x}{r} = - \alpha^2 x, \qquad \frac{d^2y}{dt^2} = - \alpha^2 y ;$$

elles rentrent dans le premier cas du numéro 57, ou s'intègrent séparément, et les intégrales complètes, comme on l'a vu au numéro 55, sont

$$x = A \cos \alpha t + B \sin \alpha t, \qquad y = A' \cos \alpha t + B' \sin \alpha t,$$

A, B, A′, B′ étant des constantes. On en tire

$$\frac{dx}{\alpha\,dt} = -\,\text{A} \sin \alpha t + \text{B} \cos \alpha t, \qquad \frac{dy}{\alpha\,dt} = -\,\text{A}' \sin \alpha t + \text{B}' \cos \alpha t\,;$$

en posant $t = o$ dans ces relations, elles deviennent

$$\text{A} = x, \qquad \text{A}' = y, \qquad \text{B} = \frac{dx}{\alpha\,dt}, \qquad \text{B}' = \frac{dy}{\alpha\,dt},$$

qui donnent les constantes au moyen des valeurs initiales de x, y, $\dfrac{dx}{dt}$, $\dfrac{dy}{dt}$.

Remarquons, pour simplifier la solution, que x et y restent limitées, cos αt et sin αt étant compris entre $\pm\, 1$; elles varient en outre périodiquement : il existe donc des positions où r passe par un maximum ; soit C l'une d'elles, de sorte qu'on ait alors $\dfrac{dr}{dt} = o$; on a vu au numéro 40 que $\dfrac{dr}{dt}$ était la projection de la vitesse sur le rayon ; si elle est nulle, la vitesse CL est perpendiculaire à OC. Quel que soit le mouvement on peut le regarder à partir de cet instant comme dû à la position C et à la vitesse CL prises comme initiales. Plaçons OX sur OC et OY dans le même sens que CL ; soient OC $= h$, et la vitesse CL $= u$; les valeurs initiales seront

$$x = h, \qquad y = o, \qquad \frac{dx}{dt} = o, \qquad \frac{dy}{dt} = u\,,$$

et en les substituant dans les valeurs ci-dessus de A, B, etc., on aura

$$\text{A} = h, \qquad \text{B} = o, \qquad \text{A}' = o, \qquad \text{B}' = \frac{u}{\alpha}.$$

La solution générale se réduit ainsi à

$$x = h \cos \alpha t, \qquad y = \frac{u}{\alpha} \sin \alpha t.$$

On en déduit, en éliminant t

$$\cos \alpha t = \frac{x}{h}, \qquad \sin \alpha t = \frac{\alpha y}{u}, \qquad \frac{x^2}{h^2} + \frac{\alpha^2}{u^2} y^2 = 1.$$

C'est l'équation de la trajectoire qui est ainsi une ellipse ayant O pour centre.

Second cas. — *La force est répulsive.* En remplaçant α^2 par $-\alpha^2$ les équations du mouvement sont

$$\frac{d^2x}{dt^2} = \alpha^2 x, \qquad \frac{d^2y}{dt^2} = \alpha^2 y.$$

Leurs intégrales complètes sont

$$x = ae^{\alpha t} + be^{-\alpha t}, \qquad y = a'e^{\alpha t} + b'e^{-\alpha t},$$

qui satisfont les équations quelles que soient les constantes a, b, a', b' ; celles-ci se déterminent comme précédemment par les données initiales. On trouvera l'équation de la trajectoire en éliminant t entre les valeurs de x, y ; mais nous laisserons de côté les cas où le mouvement serait rectiligne. On a

$$b'x - by = (ab' - a'b)\, e^{\alpha t}, \qquad ay - a'x = (ab' - a'b)\, e^{-\alpha t},$$

d'où

$$(b'x - by)\,(ay - a'x) = (ab' - a'b)^2.$$

c'est l'équation de la trajectoire.

Nous laisserons de côté la réduction de cette équation, qui représente une hyperbole, et dans quelques cas particuliers une droite.

60. Mouvement dû à une force centrale. — Nous avons trouvé au numéro 59 pour les équations de ce mouvement

$$\frac{d^2x}{dt^2} = - R\, \frac{x}{r}, \qquad \frac{d^2y}{dt^2} = - R\, \frac{y}{r},$$

R étant une fonction donnée de r.

Elles rentrent dans le troisième cas du numéro 57, car on en déduit

$$x \frac{'d^2y}{dt^2} - y \frac{d^2 x}{dt^2} = o, \qquad x \frac{dy}{dt} - y \frac{dx}{dt} = c,$$

c étant une constante ; en coordonnées polaires, en substituant $x = r \cos \varphi$, $y = r \sin \varphi$, la même relation se réduit, comme on l'a vu, à

$$r^2 \frac{d\varphi}{dt} = c.$$

Ainsi l'aire décrite par le rayon r varie proportionnellement au temps.

Nous pouvons exclure le cas où l'on aurait $c = o$, car r ne pouvant être constamment nul, il en résulterait $\frac{d\varphi}{dt} = o$, ou $\varphi = \mathrm{const.}$, et le mouvement serait rectiligne ; on retomberait ainsi sur un cas déjà examiné. Ainsi $\frac{d\varphi}{dt}$ ou $\frac{c}{r^2}$ n'est pas nul et a un signe constant ; φ est toujours croissant ou toujours décroissant, ou le rayon tourne toujours dans le même sens ; on peut supposer que c'est le sens direct, ou de OX vers OY, sauf à échanger ces axes entre eux si cela n'avait pas lieu ; on peut donc regarder c comme positif.

Les équations rentrent aussi dans le cinquième cas du numéro 57, car en les ajoutant, multipliées par $2\, dx$, $2dy$, on trouve

$$d . \left[\frac{dx^2 + dy^2}{dt^2} \right] = d . v^2 = -\,\mathrm{R}\, \frac{2xdx + 2ydy}{r},$$

et en remarquant que

$$x^2 + y^2 = r^2, \qquad 2xdx + 2ydy = 2rdr,$$

et intégrant, il en résulte

$$d . v^2 = -\,2\mathrm{R}dr, \qquad v^2 = -\,2\mathrm{R}', \qquad \text{où } \mathrm{R}' = \int \mathrm{R}dr,$$

l'expression R' contenant une constante arbitraire. Comme on l'a vu au numéro 40, les composantes de la vitesse en coordonnées polaires sont $\dfrac{dr}{dt}$, $\dfrac{rd\varphi}{dt}$, d'où

$$\frac{dr^2}{dt^2} + \frac{r^2 d\varphi^2}{dt^2} = v^2 = -\,2R',$$

et en substituant $\dfrac{d\varphi^2}{dt^2} = \dfrac{c^2}{r^4}$, tirée de la première intégrale, le résultat pourra s'écrire

$$(1) \qquad\qquad \frac{dr^2}{dt^2} = f(r), \ \text{où } f(r) = -\,2R' - \frac{c^2}{r^2}.$$

Cette équation a déjà été examinée au numéro 52, où la lettre r était remplacée par x, et nous avons vu la série d'intervalles dans l'un desquels r reste toujours compris ; mais r étant nécessairement positif, on doit supprimer dans cette série toute la portion où r serait négatif. Voici donc les diverses formes de la variation de r, dont chacune est accompagnée de la rotation du rayon.

Première forme, que nous nommerons la *forme circulante*. — r reste compris entre deux racines positives r', r'', de l'équation $f(r) = o$, oscillant entre elles ; de la sorte chaque fois que r part de l'une d'elles r', les valeurs de r suivent la même loi en fonction du temps ; il en est de même de celles de $\dfrac{d\varphi}{dt}$ ou $\dfrac{c}{r^2}$, et, à une constante près, de celles de φ ; le mouvement se compose donc d'une suite de révolutions égales, dont les trajectoires coïncident si pendant la durée de l'une d'elles, r revenant à la valeur r', φ a augmenté de 2π ; en ce cas la courbe est *rentrante*.

Seconde forme : r est compris entre la plus grande racine positive r' de l'équation $f(r) = o$ et l'infini ; alors, ou r croît à l'infini, ou il décroît jusqu'à r', puis augmente.

Troisième forme : r reste inférieur à la plus petite racine positive r' ; alors il diminue jusqu'à o, ou croît jusqu'à r' puis diminue.

Quatrième forme. — Si l'équation $f(r) = o$ n'a pas de racine positive, r croît jusqu'à l'infini ou décroît jusqu'à o.

Remarque sur la forme circulante. — Elle se réalise comme on verra, en supposant $R = \dfrac{k^2}{r^2}$, k étant une constante; nous l'avons trouvée aussi quand R était proportionnel à r; ces deux cas rentrent dans la forme plus générale $R = \dfrac{k^2}{r^n}$, n étant quelconque, positif ou négatif, entier ou fractionnaire. Nous allons chercher pour quelles valeurs de n la forme circulante peut exister.

Il faut pour cela que $f(r)$ reste positive entre deux racines positives de l'équation $f(r) = o$, et par suite que $f(r)$ ait une période de croissance suivie d'une de décroissance, ou que sa dérivée $f'(r)$ change une fois de signe en passant du $+$ au $-$. Or comme $\dfrac{dR'}{dr} = R$, la valeur (1) de $f(r)$ donne

$$f'(r) = -2R + \frac{2c^2}{r^3}, \quad \text{ou} \quad \frac{1}{2} f'(r) = -\frac{k^2}{r^n} + \frac{c^2}{r^3}.$$

Si $n = 3$ la condition n'est pas satisfaite, car les deux termes n'en font qu'un et $f'(r)$ a un signe constant.

Pour toute autre valeur de n on a $f'(r) = o$ ou $r^{n-3} = \dfrac{k^2}{c^2}$ pour une seule valeur de r ; mais si $n > 3$ le terme $-\dfrac{k^2}{r^n}$ l'emporte sur l'autre pour de petites valeurs de r, et par suite $f'(r)$ en s'annulant passe du $-$ au $+$, et non du $+$ au $-$; c'est l'inverse quand $n < 3$ et c'est alors seulement que $f(r)$ a une période de croissance suivie d'une de décroissance. Les circonstances initiales sont nécessairement telles que $f(r)$ ne soit pas toujours négatif, ou que son maximum soit positif. Ainsi pour que la forme circulante existe, il faut et il suffit que $f(r)$ s'annule dans chacune de ses deux périodes, c'est-à-dire soit négative à la fois quand r est infini et infiniment petit.

Or on a

$$R = \frac{k^2}{r^n} \qquad R' = \int R\, dr = -\frac{k^2}{(n-1)r^{n-1}} + k^2 h,$$

h étant une constante, et le premier terme devant être remplacé par $+ k^2 l(r)$ si $n = 1$. La formule (1) donne

$$(2) \qquad \frac{f(r)}{k^2} = \frac{2}{(n-1)\, r^{n-1}} - 2h - \frac{c^2}{k^2 r^2},$$

et comme nous supposons $n - 1 < 2$, le troisième terme l'emporte sur les autres quand r est infiniment petit; il en est ainsi même quand le premier terme est $-2l(r)$, le produit $rl(r)$ convergeant vers o; $f(r)$ étant alors négative, il suffit qu'il en soit de même quand r est infini, auquel cas $\dfrac{c^2}{r^2} = o$.

Quand $n < 1$ cela a toujours lieu, le premier terme ayant la forme

$$-2 \frac{r^{1-n}}{1-n}$$

où $1 - n$ est positif; il en est de même quand $[n = 1$, ce terme étant $- 2l(r)$.

Quand $n > 1$ et < 3, le premier terme s'annulant pour $r = \infty$, il suffit que h soit positif; mais il faut vérifier que c'est compatible avec les conditions initiales, ou que $f(r)$ peut en même temps avoir des valeurs positives.

Or puisque $n - 1 < 2$, le terme $\dfrac{2}{(n-1)r^{n-1}}$ de la valeur (2) dépasse $\dfrac{c^2}{k^2 r^2}$ pour des valeurs de r suffisamment grandes, et par suite on pourra donner à h une valeur positive sans que $f(r)$ soit toujours négatif.

En résumé : Si $n > 1$ et < 3 la forme circulante existera seulement pour certaines conditions initiales ; si $n =$ ou < 1, elle existera pour toutes ; si $n =$ ou > 3, elle n'existera pour aucune.

Il semble au premier abord que ces lois d'attraction, sauf celle qui est inverse du carré de la distance, ne se réalisent jamais. Toutefois nous avons vu au numéro 55 que la force proportionnelle à la distance correspondait au mouvement rectiligne d'un corps écarté d'une position d'équilibre, il en serait même ainsi pour le mouvement curviligne dans des cas très particuliers. Dans la théorie de l'électricité il s'en présente un autre exemple : si un corps électrisé C a des dimensions suffisamment faibles par rapport à sa distance à une petite sphère conductrice S, et que celle-ci soit électrisée seulement par l'influence de C, elle est attirée sensiblement en raison inverse de la cinquième puissance de la distance. .

Dans le cas d'une force quelconque R, on aura l'équation de la trajectoire en éliminant dt entre l'équation $\dfrac{dr^2}{dt^2} = f(r)$ et $r^2\dfrac{d\varphi}{dt} = c$, ou la divisant par $r^4\dfrac{d\varphi^2}{dt^2} = c^2$. La question est ainsi réduite à intégrer à la fois

$$(3) \qquad \left(\frac{dr}{dt}\right)^2 = f(r), \qquad \frac{dr^2}{r^4 d\varphi^2} = \frac{f(r)}{c^2}.$$

Elle est ramenée aux quadratures si l'on en tire les valeurs de dt, $d\varphi$ en fonction de r, et après l'intégration, il ne restera qu'à substituer la valeur de r en fonction de t dans celle de φ en fonction de r.

61. Application de ce qui précède à l'attraction universelle. — Nous savons que cette force est proportionnelle aux masses et inverse du carré des distances, et nous pouvons supposer que les masses M, m soient celles du soleil et d'une planète. On peut, comme nous le verrons plus tard, les assimiler à des points. Leur attraction est ainsi $f.\dfrac{Mm}{r^2}$, f étant un coefficient constant ; mais le soleil étant mobile, on aura le mouvement relatif de la planète, comme on l'a vu au numéro 59, en multipliant la force par $\dfrac{M + m}{M}$; en posant

$$(4) \qquad f(M + m) = k^2,$$

elle devient ainsi $\dfrac{k^2m}{r^2}$. Nous avons pris Rm pour l'expression générale des forces centrales ; dans la question actuelle on a donc $R = \dfrac{k^2}{r^2}$. En supposant $R = \dfrac{k^2}{r^n}$ nous avons trouvé au numéro précédent les formules (3) du mouvement, et la valeur (2) ou

$$\frac{f(r)}{k^2} = \frac{2}{(n-1)\,r^{n-1}} - 2h - \frac{c^2}{k^2 r^2} \, ;$$

en posant pour simplifier $c^2 = k^2 p$, p sera une constante positive quelconque, et en remplaçant n par 2, nous aurons

$$\frac{f(r)}{k^2} = \frac{2}{r} - 2h - \frac{p}{r^2} \, ;$$

cette valeur est négative quand r est très petit, et pour que $f(r)$ puisse avoir des valeurs positives il faut que les racines de $f(r) = o$ soient réelles ; cette condition est $1 - 2hp > o$; ainsi h n'a point une valeur complètement arbitraire, et il vaut mieux lui substituer une autre constante ne présentant pas le même inconvénient. Pour cela nous poserons $1 - 2hp = e^2$ qui sera ainsi toujours positif, d'où résulte $h = \dfrac{1 - e^2}{2p}$, et

$$(5) \qquad \frac{f(r)}{k^2} = \frac{2}{r} + \frac{e^2 - 1}{p} - \frac{p}{r^2}, \qquad c^2 = k^2 p.$$

On peut supposer e positif comme p, et d'ailleurs quelles que soient ces nouvelles constantes, il leur correspond certaines valeurs initiales de $r, \dfrac{dr}{dt}, \dfrac{d\varphi}{dt}$; en effet, en posant $f(r) = o$, la somme des valeurs de $\dfrac{1}{r}$ est $\dfrac{2}{p}$ ou positive ; l'une d'elles au moins est donc positive, et il existe des valeurs de r rendant $f(r)$ positive. On peut prendre l'une d'elles comme initiale, et l'équation $\dfrac{dr^2}{dt^2} = f(r)$ donnera la valeur initiale correspondante de $\dfrac{dr}{dt}$, tandis qu'on tirera celle de $\dfrac{d\varphi}{dt}$ de la relation $r^2 \dfrac{d\varphi}{dt} = c = k\sqrt{p}$.

L'équation différentielle de la trajectoire est d'après les formules (3) du numéro précédent, et (5),

$$\frac{dr^2}{r^4 d\varphi^2} = \frac{f(r)}{c^2} = \frac{f(r)}{k^2 p}.$$

On peut remarquer que

$$\frac{dr^2}{r^4} = \left(d.\frac{1}{r}\right)^2,$$

tandis que $f(r)$ est une fonction de $\frac{1}{r}$; l'intégration deviendra donc plus simple en prenant pour variable $\frac{1}{r} = \rho$, d'où, d'après la valeur (5)

$$\frac{f(r)}{k^2} = \frac{e^2 - 1}{p} + 2\rho - p\rho^2.$$

et l'équation prend la forme

$$\left(\frac{d\rho}{d\varphi}\right)^2 = \frac{e^2 - 1}{p^2} + \frac{2\rho}{p} - \rho^2 = \frac{e^2}{p^2} - \left(\rho - \frac{1}{p}\right)^2.$$

L'expression $\rho - \frac{1}{p}$ est donc toujours comprise entre $\pm \frac{e}{p}$ bien qu'elle ne puisse pas toujours atteindre ces deux limites, ρ restant positive. Toutefois on voit comme au numéro 52 qu'elle est toujours croissante ou toujours décroissante tant qu'elle n'a pas atteint une d'elles, et par suite on peut poser

$$\rho - \frac{1}{p} = \frac{e}{p}\cos\theta,$$

θ étant un angle toujours croissant avec le temps et par suite avec φ ; l'équation devient ainsi

$$\left(-\frac{e}{p}\sin\theta.\frac{d\theta}{d\varphi}\right)^2 = \frac{e^2}{p^2}\sin^2\theta, \quad \text{ou} \quad \frac{d\theta^2}{d\varphi^2} = 1,$$

et $\frac{d\theta}{d\varphi}$ étant positif, il en résulte $d\theta = d\varphi$, $\theta = \varphi - g$, g étant une

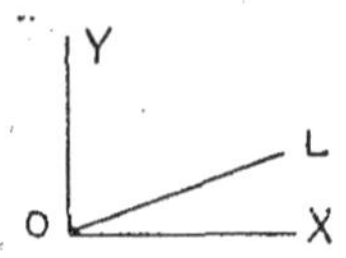

constante arbitraire. Soit OL la droite ayant g pour angle polaire ; φ est celui du rayon r compté de OX ; $\varphi - g$ sera donc cet angle compté de OL, et comme il est indifférent de changer les axes en prenant OL pour axe des x, on aura alors $\theta = \varphi$; en substituant $\rho = \dfrac{1}{r}$, l'équation $\rho - \dfrac{1}{p} = \dfrac{e}{p} \cos \theta$ deviendra

$$\frac{1}{r} - \frac{1}{p} = \frac{e \cos \varphi}{p}, \quad \text{ou} \quad r = \frac{p}{1 + e \cos \varphi},$$

p et e étant des constantes positives quelconques.

On nomme *coniques* les courbes que cette équation représente. L'origine est le foyer ; p est le *paramètre* ou l'ordonnée du foyer, valeur de r quand $\varphi = \dfrac{1}{2} \pi$; e est l'*excentricité*. La courbe se nomme une ellipse si $e < 1$, une parabole si $e = 1$, une hyperbole si $e > 1$; dans ce dernier cas, φ ne peut varier qu'entre $\pm \varphi'$, φ' étant un angle obtus tel qu'on ait $\cos \varphi' = - \dfrac{1}{e}$; en effet r devient infini quand $\varphi = \varphi'$.

Nous nous bornerons au cas de l'ellipse dans la recherche de r en fonction de t ; e étant < 1, $1 + e \cos \varphi$ est toujours positif ; φ croît indéfiniment, et pour ses valeurs $o, \pi, 2\pi, 3\pi$, etc. r devient égal tour à tour à son minimum $r' = \dfrac{p}{1 + e}$, et à son maximum $r'' = \dfrac{p}{1 - e}$; on les nomme le *périhélie* et l'*aphélie* s'il s'agit d'une planète ; mais comme r oscille alors réellement entre r' et r'', il convient de les exprimer plus simplement ; le dénominateur $1 \pm e$ disparaîtra en employant au lieu de p la constante $a = \dfrac{p}{1 - e^2}$ nommée la *moyenne distance*. On aura ainsi

$$r' = \frac{a\,(1 - e^2)}{1 + e} = a\,(1 - e), \qquad r'' = a\,(1 + e) ;$$

en fonction des constantes e et p, on a, d'après (5),

$$\frac{f(r)}{k^2} = \frac{e^2 - 1}{p} + \frac{2}{r} - \frac{p}{r^2} ;$$

en substituant $p = a(1 - e^2)$ il en résulte, pour déterminer r l'équation (3), ou

$$r^2 \left(\frac{dr}{dt}\right)^2 = r^2 f(r) = k^2 r^2 \left[\frac{2}{r} - \frac{1}{a} - \frac{a(1 - e^2)}{r^2}\right] = \frac{k^2}{a}\left[2ar - r^2 - a^2(1 - e^2)\right],$$

ou

$$r^2 \left(\frac{dr}{dt}\right)^2 = \frac{k^2}{a}\left[a^2 e^2 - (r - a)^2\right].$$

Puisque r oscille entre r' et r'', nous devons employer la formule de transformation du numéro 52, où u est un angle toujours croissant; il est préférable que $u = o$ corresponde au périhélie ou à r'. En remplaçant A, B par r', r'', et celles-ci par leur valeur, on aura

$$r = \frac{r' + r''}{2} + \frac{r' - r''}{2} \cos u = a(1 - e \cos u),$$

et l'équation devient par cette substitution

$$a^2(1 - e \cos u)^2 \left(ae \sin u \, \frac{du}{dt}\right)^2 = \frac{k^2}{a} . a^2 e^2 \sin^2 u, \text{ ou } (1 - e \cos u)^2 \frac{du^2}{dt^2} = \frac{k^2}{a^3} ;$$

en remarquant que $1 - e \cos u$ et $\dfrac{du}{dt}$ sont positifs, et posant

$$\sqrt{\frac{k^2}{a^3}} = n ,$$

il en résulte

$$(1 - e \cos u)du = ndt, \qquad u - e \sin u = n(t - l) ;$$

l est une constante arbitraire exprimant la valeur de t à l'instant d'un certain passage au périhélie, puisqu'on a $t = l$ quand $u = o$; si $n(t - l)$ en croissant devient égale à o, π, 2π, 3π, etc., u croissant toujours avec t prend ces mêmes valeurs, et r ou $a(1 - e \cos u)$ devient tour à tour $a(1 - e)$, $a(1 + e)$, $a(1 - e)$, etc. En même temps on a vu que φ prenait les valeurs o, π, 2π, 3π, etc., et par suite φ et u contiennent le même multiple de π. La valeur de u donne celle de r ou de $\dfrac{p}{1 + e \cos \varphi}$ et par suite celle de $\cos \varphi$; on en déduit celle de φ en ayant égard à la remarque précédente. Il ne reste donc qu'à déterminer celle de u en fonction de t ou de $n(t - l)$; quand e est un petit nombre, on emploie pour cela la série de Maclaurin, ordonnée suivant les puissances de e, et dont Lagrange a trouvé le terme général. Mais nous laisserons de côté sa démonstration, de même que d'autres formules auxiliaires usitées en astronomie.

Une planète a terminé sa révolution quand φ a augmenté de 2π; il en est alors de même de u et de $n(t - l)$; en désignant par T sa durée, on aura donc

$$n\mathrm{T} = 2\pi, \qquad \mathrm{T} = \frac{2\pi}{n} = 2\pi \sqrt{\frac{a^3}{k^2}}, \qquad \frac{\mathrm{T}^2}{a^3} = \frac{4\pi^2}{k^2} \,.$$

D'après (4) on a $k^2 = f(\mathrm{M} + m)$, et comme la masse m d'une planète est imperceptible en comparaison de celle du soleil, k^2 est sensiblement le même pour toutes les planètes; par conséquent on en peut dire autant de $\dfrac{\mathrm{T}^2}{a^3}$. C'est en cela que consiste la troisième des lois de Kepler. La première est que chaque planète décrit une ellipse dont le soleil occupe un foyer, et suivant la seconde les aires décrites sont proportionnelles au temps.

D'après ce que nous avons vu, celle-ci exprime que la force est dirigée vers le soleil, et la première que cette force est inverse au carré des distances; en vertu de la troisième, le coefficient f de l'attraction est le même pour toutes les planètes. Toutes ces notions de mécanique étaient étrangères à Kepler, et il est fort remarquable que ses lois leur correspondent aussi exactement. Elles étaient expérimentales, et bien que Kepler eût imaginé l'attraction du soleil pour expliquer le mouvement des planètes, il en a inutilement cherché la loi.

62. **Autre méthode d'intégration du même mouvement. Loi des vitesses.** — Les trois méthodes indiquées au numéro 57 pour trouver une intégrale première consistaient à ajouter les équations multipliées par des facteurs tels que les premiers membres devinssent des dérivées exactes.

Mais outre ces méthodes générales, il peut arriver qu'à l'aide d'une intégrale première déjà trouvée, on transforme en dérivées exactes les seconds membres des équations, de façon à permettre l'intégration. Ce n'est point une méthode, mais un artifice de calcul, ne pouvant réussir que pour une forme particulière des seconds membres, et qui le plus souvent serait difficile à trouver d'avance; il arrive alors, comme dans beaucoup de questions, qu'après en avoir obtenu la solution complète on découvre de nouvelles relations simples qui auraient pu également conduire à l'intégration.

Dans le cas du mouvement planétaire, les valeurs de $\dfrac{dx}{dt}$, $\dfrac{dy}{dt}$, nécessaires en particulier pour le calcul de l'aberration, se trouvent d'une simplicité remarquable ; elles forment de la sorte des intégrales premières à certains égards préférables aux autres. Voici comment on peut les déduire directement des équations du mouvement.

Celles-ci, en substituant $R = \dfrac{k^2}{r^2}$, sont

$$\frac{d^2x}{dt^2} = -\frac{k^2x}{r^3}, \qquad \frac{d^2y}{dt^2} = -\frac{k^2y}{r^3},$$

et l'on en tire l'intégrale des aires

$$\frac{xdy - ydx}{dt} = c.$$

On a

$$d.\frac{x}{r} = \frac{r^2dx - xrdr}{r^3} = \frac{(x^2 + y^2)\,dx - x\,(xdx + ydy)}{r^3} = \frac{-y\,(xdy - ydx)}{r^3} = \frac{-ycdt}{r^3},$$

et on trouverait de même

$$d \cdot \left(\frac{y}{r} \right) = \frac{xcdt}{r^3} \, .$$

En substituant

$$\frac{x}{r^3} = \frac{d \cdot}{cdt} \left(\frac{y}{r} \right), \qquad \frac{y}{r^3} = - \frac{d \cdot}{cdt} \left(\frac{x}{r} \right)$$

dans les équations du mouvement, elles deviennent

$$\frac{d^2x}{dt^2} = - \frac{k^2}{c} \frac{\{d \cdot}{dt} \left(\frac{y}{r} \right), \qquad \frac{d^2y}{dt^2} = \frac{k^2}{c} \frac{d \cdot}{dt} \left(\frac{x}{r} \right),$$

d'où en intégrant,

$$(6) \qquad \frac{dx}{dt} = - \frac{k^2}{c} \left(\frac{y}{r} + \alpha \right), \qquad \frac{dy}{dt} = \frac{k^2}{c} \left(\frac{x}{r} + \alpha' \right),$$

α et α' étant deux constantes arbitraires. En ajoutant ces équations multipliées par $- y$ et $+ x$, on a

$$\frac{xdy - ydx}{dt} \text{ ou } c = \frac{k^2}{c} \left(\frac{x^2 + y^2}{r} + \alpha y + \alpha' x \right);$$

comme $x^2 + y^2 = r^2$ on en tire

$$r + \alpha y + \alpha' x = \frac{c^2}{k^2} \, ,$$

relation entre x et y seuls, qui est par suite l'équation de la trajectoire.

En faisant tourner les axes OX, OY d'un angle g, et rapportant le mouvement à leur nouvelle position, c qui est double de la dérivée de l'aire, ne change pas de valeur; x et y doivent être remplacés par

$$x \cos g - y \sin g, \qquad x \sin g + y \cos g,$$

et $\alpha y + \alpha' x$ se change en

$$(\alpha \sin g + \alpha' \cos g) x + (\alpha \cos g - \alpha' \sin g) y \, ;$$

on peut disposer de g de façon que $\alpha \cos g - \alpha' \sin g$ soit nul et l'autre coefficient positif; en le désignant par e et posant comme précédemment $c^2 = k^2 p$, l'équation de la trajectoire devient

$$r + ex = p.$$

Le mouvement étant rapporté aux nouveaux axes, on trouvera nécessairement pour valeur des constantes $\alpha = 0$, $\alpha' = e$, sans quoi l'équation de la trajectoire serait incompatible avec la précédente. Les intégrales premières (6) auront donc, en substituant $c = k \sqrt{p}$, la forme plus simple

$$(7) \qquad \frac{dx}{dt} = - \frac{k}{\sqrt{p}} \cdot \frac{y}{r}, \qquad \frac{dy}{dt} = \frac{k}{\sqrt{p}} \left(\frac{x}{r} + e \right).$$

En substituant $x = \cos \varphi$ dans l'équation de la trajectoire, elle donne la formule déjà trouvée

$$r = \frac{p}{1 + e \cos \varphi}.$$

En ajoutant les équations précédentes, multipliées par x, y, on a

$$\frac{x\,dx + y\,dy}{dt} = \frac{r\,dr}{dt} = \frac{k}{\sqrt{p}}\, ey = \frac{k}{\sqrt{p}} \sqrt{e^2 r^2 - e^2 x^2},$$

et en substituant $ex = p - r$,

$$\frac{r^2 dr^2}{k^2 dt^2} = \frac{1}{p} \left[e^2 r^2 - (p - r)^2 \right], \qquad \frac{dr^2}{k^2 dt^2} = \frac{e^2 - 1}{p} + \frac{2}{r} - \frac{p}{r^2};$$

cette relation est la même que nous avons trouvée au numéro précédent, ou la valeur (5) jointe à

$$\frac{dr^2}{dt^2} = f(r).$$

Son intégration, comme on l'a vu, introduit une constante l; les trois autres sont p, e et l'angle g dont on a fait tourner les axes, qui est l'angle polaire de la droite allant au périhélie et se nomme la longitude du périhélie.

On peut remarquer que deux intégrales premières suffisaient

pour la solution ; or outre celle des aires nous en avons trouvé deux autres. Toutes trois étaient distinctes, puisque elles contenaient les constantes indépendantes g, e, p ; c'est pour cela qu'en les combinant sans nouvelle intégration nous en avons tiré l'équation de la trajectoire.

Loi des vitesses. — Nous trouverons comme au numéro 37 la courbe représentative des vitesses en menant à chaque instant

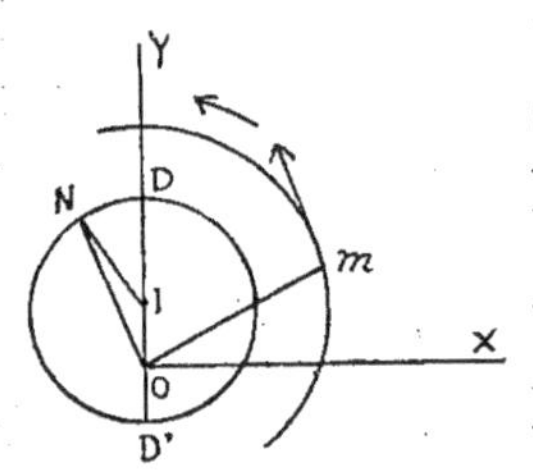

une droite ON égale et parallèle à la vitesse du mobile m et de même sens. Soient x', y' les coordonnées du point N ou les valeurs de $\dfrac{dx}{dt}$, $\dfrac{dy}{dt}$; en posant $\dfrac{k}{\sqrt{p}} = \beta$ on aura d'après les formules (7)

$$x' = -\beta\,\frac{y}{r}, \qquad y' = \beta\,\frac{x}{r} + \beta e,$$

et en remplaçant x, y par $r\cos\varphi$, $r\sin\varphi$,

$$x' = -\beta\sin\varphi = \beta\cos\left(\varphi + \frac{\pi}{2}\right), \qquad y' = \beta\sin\left(\varphi + \frac{\pi}{2}\right) + \beta e.$$

En prenant sur l'axe des y la distance $OI = \beta e$, les coordonnées de N pour l'origine I seraient x', $y' - \beta e$ ou

$$\beta\cos\left(\varphi + \frac{\pi}{2}\right), \qquad \beta\sin\left(\varphi + \frac{\pi}{2}\right),$$

de sorte que pour cette origine le rayon vecteur est $IN = \beta$, et l'angle polaire $\varphi + \dfrac{\pi}{2}$. Comme φ est celui de Om le point N se construira en menant IN perpendiculaire a Om et de longueur β. La courbe des vitesses, ou le lieu des points N, est donc une circonférence de centre I et de rayon β.

Il faut remarquer que $e < 1$ ou $OI = \beta e < \beta$; ainsi le point O est intérieur au cercle ; les vitesses maxima et minima sont OD, OD', perpendiculaires à OX, et leur moyenne est $\dfrac{1}{2}$ DD' ou β. Ce nombre β est la vitesse uniforme qu'aurait une planète décrivant autour du soleil une circonférence de rayon p. En effet, la force étant rapportée à l'unité de masse, nous savons que sa composante normale est $\dfrac{v^2}{\rho}$ ou $\dfrac{v^2}{p}$; d'autre part elle doit être égale à l'attraction du soleil, d'où résulte

$$\frac{v^2}{p} = \frac{k^2}{p^2}, \qquad v = \frac{k}{\sqrt{p}} \, ;$$

cette valeur de v est celle de β.

63. **Mouvement d'un corps pesant dans l'air.** — Il

ne s'agit ici que de celui du centre de gravité; mais si le corps a une forme quelconque, la résistance de l'air dépend de la disposition de la surface sur laquelle elle s'exerce ou de la rotation du corps. Nous devons donc supposer que cette surface est toujours la même; c'est ce qui a lieu pour un corps sphérique ou pour un projectile conique ayant la pointe toujours en avant.

Nous rapporterons le mouvement aux axes OX horizontal, OY vertical de bas en haut et nous supposerons le corps lancé du point O avec une vitesse u dans la direction OL faisant avec OY l'angle aigu α. Les forces rapportées à l'unité de masse seront la pesanteur g et la résistance de l'air que nous supposerons proportionnelle au carré de la vitesse ou de la forme kv^2, k étant une constante positive. Il est clair que le mouvement s'effectue dans le plan de la figure, car il n'y

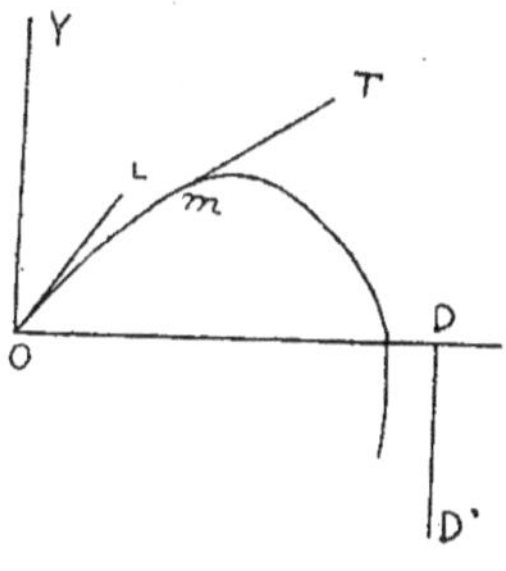

pas de raison pour que le mobile en sorte d'un côté plutôt que de l'autre.

Nous désignerons par θ l'angle polaire de la tangente mT à la trajectoire, menée dans le sens du mouvement, l'angle polaire étant compté de OY en marchant vers OX. Les projections de la vitesse sont donc

$$v \sin \theta = \frac{dx}{dt}, \qquad v \cos \theta = \frac{dy}{dt},$$

et celles de la résistance

$$- kv^2 \sin \theta = - kv \frac{dx}{dt}, \qquad - kv \frac{dy}{dt},$$

cette force étant opposée à la vitesse.

Les équations du mouvement sont ainsi

$$\frac{d^2 x}{dt^2} = - kv \frac{dx}{dt}, \qquad \frac{d^2 y}{dt^2} = - kv \frac{dy}{dt} - g.$$

Elles rentrent dans le second cas du numéro 57, ne contenant pas x et y, mais seulement $\frac{dx}{dt}, \frac{dy}{dt}$; en désignant celles-ci par $x'\, y'$, on n'a de la sorte à intégrer que les équations du premier ordre

$$\frac{dx'}{dt} = - kvx' \qquad \frac{dy'}{dt} = - kvy' - g,$$

où $v = \sqrt{x'^2 + y'^2}$. Les valeurs initiales de v, θ, x', y' sont u, α, $u \sin \alpha$, $u \cos \alpha$.

On peut remarquer que si l'on substituait $v = \frac{ds}{dt}$, s étant l'arc de la trajectoire compté du point O, la première équation serait intégrable, ayant la forme

$$\frac{dx'}{x'} = - kds, \quad \text{d'où} \quad l(x') = - ks + c ;$$

on a $x' = u \sin \alpha$ quand $s = o$, d'où

$$c = l(u \sin \alpha), \qquad l\left(\frac{x'}{u \sin \alpha}\right) = - ks, \quad \text{ou} \quad x' = u \sin \alpha \, e^{- ks}.$$

Nous n'emploierons pas cette intégrale, parce qu'il est inutile d'introduire la variable s dans la question. Toutefois, celle-ci étant toujours croissante, nous voyons déjà que x' est constamment positive et décroissante, ayant o pour limite.

Des équations du mouvement on déduit

$$y' \frac{dx'}{dt} - x' \frac{dy'}{dt} = gx' \, ,$$

dont la forme est analogue à celle de l'intégrale des aires. En y substituant

$$x' = \frac{dx}{dt} = v \sin \theta, \qquad y' = v \cos \theta,$$

elle se réduit à $v^2 \frac{d\theta}{dt} = gx'$, qui remplacera la seconde équation du mouvement comme étant plus simple. Au lieu de x', y', on aura ainsi à tirer x' et θ des équations

$$\frac{dx'}{dt} = - kvx', \qquad v^2 \frac{d\theta}{dt} = gx' \, ;$$

mais elles contiennent les variables θ, x', v, entre lesquelles existe la relation $x' = v \sin \theta$; celle-ci doit servir à en éliminer une, et le plus simple est évidemment de substituer $v = \frac{x'}{\sin \theta}$, ce qui donne

$$\frac{dx'}{dt} = - \frac{kx'^2}{\sin \theta} \, , \qquad \frac{d\theta}{dt} = \frac{g \sin^2 \theta}{x'} \, .$$

Nous avons vu que x' était toujours positive et décroissante, ou $\frac{dx'}{dt}$ négative ; ainsi $\frac{d\theta}{dt}$ et $\sin \theta$ sont positifs, c'est-à-dire que θ croît constamment sans dépasser π ; on pouvait du reste le regarder d'avance comme évident.

Les équations contenant toutes deux dt, il faut diviser la première par la seconde pour en avoir une entre deux variables, et comme elle donnera x' en fonction de θ, c'est plutôt à la première équation qu'on doit la substituer. Le système à intégrer devient ainsi

$$(\text{A}) \qquad \frac{dx'}{d\theta} = - \frac{k}{g} \cdot \frac{x'^3}{\sin^3 \theta} \, , \qquad \frac{d\theta}{dt} = \frac{g \sin^2 \theta}{x'} \, .$$

La première s'intègre en la mettant sous la forme

$$-\frac{g}{k},\frac{2dx'}{x'^3}=\frac{2d\theta}{\sin^3\theta}, \quad \text{d'où} \quad \frac{g}{kx'^2}=2\int\frac{d\theta}{\sin^3\theta}+c\,,$$

c étant une constante. En supposant l'intégrale prise à partir de $\theta=\alpha$, le second membre se réduit à c quand $t=o$, et comme on a alors $x'=u\sin\alpha$, il en résulte

$$c=\frac{g}{ku^2\sin^2\alpha}.$$

En posant

$$\text{(B)} \qquad P=2\int_\alpha^\theta\frac{d\theta}{\sin^3\theta}+\frac{g}{ku^2\sin^2\alpha}\,; \qquad R=P\sin^2\theta,$$

on aura

$$\text{(C)} \qquad \frac{g}{kx'^2}=P=\frac{R}{\sin^2\theta}, \qquad x'=\sqrt{\frac{g}{kR}}\sin\theta.$$

Pour éviter d'interrompre la recherche de la solution, nous évaluerons plus loin P sous forme finie, et en même temps nous démontrerons que R est toujours comprise entre un maximum μ et un minimum μ', tous deux positifs et différents de o.

La vitesse est $\dfrac{x'}{\sin\theta}$ ou $\sqrt{\dfrac{g}{kR}}$ et on verra que R converge vers 1 ; le mouvement finit donc par être sensiblement uniforme, de vitesse $\sqrt{\dfrac{g}{k}}$. Les valeurs $x'=v\sin\theta$, $y'=v\cos\theta$ donnent $y'=x'\cot\theta$. On a en outre $dx=x'dt$, $dy=y'dt$, ou $dy=\cot\theta dx$. En substituant dans ces formules la valeur de dt tirée de la seconde équation (A) on trouve

$$dt=\frac{x'd\theta}{g\sin^2\theta}, \qquad dx=\frac{x'^2d\theta}{g\sin^2\theta}, \qquad dy=\cot\theta dx.$$

En remplaçant x' par sa valeur (C) et intégrant, il en résulte.

$$t=\int_\alpha^\theta\frac{1}{\sqrt{gkR}}\cdot\frac{d\theta}{\sin\theta}, \qquad x=\int_\alpha^\theta\frac{d\theta}{kR}, \qquad y=\int_\alpha^\theta\frac{\cos\theta}{kR}\cdot\frac{d\theta}{\sin\theta}.$$

en remarquant qu'on a $t = x = y = o$ quand $\theta = \alpha$. La solution est ainsi ramenée aux quadratures.

On verra plus loin que $\int_{\alpha}^{\theta} \dfrac{d\theta}{\sin\theta}$ croît à l'infini quand θ approche de π; il en sera donc de même de t, car on l'évaluerait trop faible en remplaçant R par son maximum μ. On en peut dire autant pour y, en ne considérant dans sa valeur que la portion de l'intégrale où θ croît de $\dfrac{1}{2}\pi$ à π; la limite de y est donc l'infini négatif. Au contraire x converge vers une limite finie λ, car on l'évaluerait trop fort en remplaçant R par son minimum μ'.

Ainsi en prenant sur OX la distance OD $= \lambda$, la trajectoire a une asymptote verticale DD'.

Valeur de I et de R. — Posons

$$I = \int_{\alpha}^{\theta} \frac{d\theta}{\sin\theta}\,.$$

On a

$$\frac{d\theta}{\sin\theta} = \frac{d\theta}{2\sin\frac{1}{2}\theta\cos\frac{1}{2}\theta} = \frac{d.\tan\frac{1}{2}\theta}{\tan\frac{1}{2}\theta}\,,$$

$$\int \frac{d\theta}{\sin\theta} = l\left(\tan\frac{1}{2}\theta\right) + \text{const.}, \quad \text{d'où } I = l\left(\frac{\tan\frac{1}{2}\theta}{\tan\frac{1}{2}\alpha}\right),$$

qui devient infinie pour $\theta = \pi$. On a ensuite

$$d.\frac{\cos\theta}{\sin^2\theta} = \frac{-\sin\theta\, d\theta}{\sin^2\theta} - \frac{2\cos^2\theta\, d\theta}{\sin^3\theta} = \left[-\frac{1}{\sin\theta} - \frac{2 - 2\sin^2\theta}{\sin^3\theta}\right] d\theta,$$

ou

$$d.\frac{\cos\theta}{\sin^2\theta} = \frac{d\theta}{\sin\theta} - \frac{2\, d\theta}{\sin^3\theta}\,,$$

et en intégrant les deux membres de cette égalité de α à θ,

$$2\int_{\alpha}^{\theta} \frac{d\theta}{\sin^3\theta} = I - \frac{\cos\theta}{\sin^2\theta} + \frac{\cos\alpha}{\sin^2\alpha}\,.$$

En substituant cette intégrale, de même que la valeur de I dans l'expression (B) de P, on trouve

17*

$$\text{(D)} \qquad P = l\left(\frac{\tang \frac{1}{2}\theta}{\tang \frac{1}{2}\alpha}\right) - \frac{\cos\theta}{\sin^2\theta} + \frac{\cos\alpha}{\sin^2\alpha} + \frac{g}{ku^2\sin^2\alpha} \, .$$

Il faut remarquer que l'expression

$$-\frac{\cos\theta}{\sin^2\theta} + \frac{\cos\alpha}{\sin^2\alpha}$$

est toujours positive, car même si son premier terme est négatif, ou $\theta < \frac{1}{2}\pi$, on a $\theta > \alpha$, $\cos\theta < \cos\alpha$, $\sin^2\theta > \sin^2\alpha$. Les autres termes de P sont positifs.

Il en résulte que R ou $P\sin^2\theta$ a une limite inférieure; en effet si θ est compris entre α et $\pi - \alpha$, on a $\sin\theta > \sin\alpha$, et son quatrième terme

$$\frac{g\sin^2\theta}{ku^2\sin^2\alpha} > \frac{g}{ku^2} \, ;$$

si θ est compris entre $\pi - \alpha$ et π, son second terme $-\cos\theta$ dépasse $\cos\alpha$.

En outre, en laissant de côté le premier terme de R, qui est $I\sin^2\theta$, il est clair que l'ensemble des autres est limité et se réduit à 1 quand $\theta = \pi$. Il suffit donc de vérifier que $I\sin\theta$ est limité, car alors $I\sin^2\theta$ le sera aussi, et en outre quand $\theta = \pi$ on aura $I\sin^2\theta = o$, $R = 1$, comme nous l'avions supposé.

Or en désignant par θ' au lieu de θ la variable d'intégration, on a

$$I = \int_\alpha^\theta \frac{d\theta'}{\sin\theta'} \, , \qquad I\sin\theta = \int_\alpha^\theta \frac{\sin\theta}{\sin\theta'} \, d\theta \, .$$

Quand θ' est compris entre α et $\pi - \alpha$ on a $\sin\theta' > \sin\alpha$; quand $\theta' > \pi - \alpha$, on a $\theta > \theta'$, $\frac{\sin\theta}{\sin\theta'} < 1$. On en déduirait aisément une limite supérieure de $I\sin\theta$.

64. Mouvement d'un corps pesant attiré vers un point fixe O en raison inverse du carré des distances. — Plaçons l'origine en O, OZ étant verticale inférieure.

Les forces rapportées à l'unité de masse seront la pesanteur g, et l'attraction $\dfrac{k^2}{r^2}$ dirigée vers l'origine, et ayant pour projections $-\dfrac{k^2}{r^2} \cdot \dfrac{x}{r}$, etc., k étant une constante. Les équations du mouvement sont ainsi

$$(1) \qquad \frac{d^2x}{dt^2} = -\frac{k^2x}{r^3}, \qquad \frac{d^2y}{dt^2} = -\frac{k^2y}{r^3}, \qquad \frac{d^2z}{dt^2} = -\frac{k^2z}{r^3} + g.$$

Si la vitesse initiale du mobile m est dirigée dans le plan mené par m et OZ, le mouvement s'effectue dans ce plan, car il n'y a pas de raison pour que le mobile s'en écarte d'un côté plutôt que de l'autre. Nous laisserons de côté ce cas, dont l'intégration rentrerait d'ailleurs dans nos formules. Nous aurons de la sorte un exemple de mouvement où la trajectoire est à double courbure.

1° *Intégrales premières.* — En ajoutant les équations (1) multipliées par $2dx$, $2dy$, $2dz$, on trouve

$$d \cdot \left(\frac{dx^2 + dy^2 + dz^2}{dt^2}\right) = -\frac{k^2\,(2xdx + 2ydy + 2zdz)}{r^3} + 2gdz =$$

$$= -\frac{2k^2dr}{r^2} + 2gdz,$$

d'où

$$(2) \qquad \frac{dx^2 + dy^2 + dz^2}{dt^2} = \frac{2k^2}{r} + 2gz + h,$$

h étant une constante.

Soient r', φ les coordonnées polaires de la projection du point m sur le plan des xy, de sorte qu'on ait

$$x = r' \cos \varphi, \qquad y = r' \sin \varphi.$$

On tire des équations (1)

$$\frac{xd^2y - yd^2x}{dt^2} = 0, \qquad \frac{xdy - ydx}{dt} = c,$$

c étant la constante des aires, ou

$$(3) \qquad r'^2 \frac{d\varphi}{dt} = c, \qquad r'^2 = x^2 + y^2 = r^2 - z^2.$$

On peut supposer c positif et différent de o, car si l'on avait $c = o$, ou r' serait constamment nul, et le mouvement rectiligne, ou l'on aurait $\frac{d\varphi}{dt} = o$, $\varphi = $ const., et dans les deux cas le mouvement s'effectuerait dans un plan, cas que nous avons exclu. Si c était négatif, il suffirait d'échanger OX et OY entre eux pour le rendre positif.

Une autre intégrale première est nécessaire ; pour la trouver, remarquons d'abord qu'en employant les variables r', φ au lieu de x, y, et substituant $\frac{d\varphi}{dt} = \frac{c}{r'^2}$, l'équation (2) ne contiendra plus x, y, φ, mais seulement z, r' et r ; la troisième équation (1) ne contient non plus que ces lettres, entre lesquelles existe la relation $r'^2 = r^2 - z^2$, qui doit servir à en éliminer une, et de la sorte, on n'aura plus que deux fonctions inconnues du temps. Il ne convient évidemment pas de substituer $z = \sqrt{r^2 - r'^2}$, ni même $r = \sqrt{r'^2 + z'^2}$, ce qui introduirait un radical dans la troisième équation (1) ; mais il n'y en aura aucun, comme on verra, en substituant $r' = \sqrt{r^2 - z^2}$; nous devons donc prendre pour variables r et z.

Pour trouver une intégrale entre r et z, en suivant les règles du numéro 57, il est nécessaire d'avoir l'équation donnant $\frac{d^2r}{dt^2}$, elle doit se tirer de la valeur $rdr = xdx + ydy + zdz$, qui donne

$$\frac{d.(rdr)}{dt^2} = \frac{xd^2x + yd^2y + zd^2z}{dt^2} + \frac{dx^2 + dy^2 + dz^2}{dt^2},$$

On déduit des équations (1)

$$\frac{xd^2x + yd^2y + zd^2z}{dt^2} = -\frac{k^2}{r} + gz,$$

et en ajoutant l'équation (2)

$$\frac{d.}{dt}\left(r\frac{dr}{dt}\right) = \frac{k^2}{r} + 3gz + h,$$

à laquelle il faut joindre

$$\frac{d^2z}{dt^2} = -\frac{k^2z}{r^3} + g.$$

Or ce système de deux équations rentre dans le quatrième cas d'intégration du numéro 57, en y remplaçant $\frac{dx}{dt}$, $\frac{dy}{dt}$ par $\frac{rdr}{dt}$, $\frac{dz}{dt}$; en effet, en ajoutant les deux équations multipliées par dz et rdr, on trouve

$$d.\left(r\frac{dr}{dt}\cdot\frac{dz}{dt}\right) = k^2\left(\frac{dz}{r} - \frac{zdr}{r^2}\right) + g\,(3zdz + rdr) + hdz\,,$$

et en intégrant

$$(4) \qquad r\frac{dr}{dt}\cdot\frac{dz}{dt} = \frac{k^2z}{r} + \frac{1}{2}\,g\,(r^2\,3z^2) + hz + h'.$$

h' étant une constante arbitraire.

2° *Réduction des intégrales premières.* — Nous devons d'abord transformer l'équation (2) en fonction de r et z ; les valeurs $x = r'\cos\varphi$, $y = r'\sin\varphi$ donnent

$$\frac{dx^2 + dy^2}{dt^2} = \frac{dr'^2}{dt^2} + r'^2\frac{d\varphi^2}{dt^2}\,,$$

et en substituant $\frac{d\varphi^2}{dt^2} = \frac{c^2}{r'^4}$ tirée de la formule (3), on aura

$$\frac{dx^2 + dy^2 + dz^2}{dt^2} = \frac{dr'^2}{dt^2} + \frac{dz^2}{dt^2} + \frac{c^2}{r'^2}.$$

D'ailleurs $r'^2 = r^2 - z^2$, $r'dr' = rdr - zdz$; ainsi l'équation (2) multipliée par r'^2 devient

$$\frac{(rdr - zdz)^2}{dt^2} + \frac{(r^2 - z^2)dz^2}{dt^2} + c^2 = (r^2 - z^2)\left(\frac{2k^2}{r} + 2gz + h\right).$$

On la simplifie en éliminant son second terme $-\dfrac{2rzdrdz}{dt^2}$, au moyen de l'équation (4) multipliée par $2z$, ou de

$$\frac{2rzdrdz}{dt^2} = \frac{2k^2z^2}{r} + gz\,(r^2 + 3z^2) + 2hz^2 + 2h'z\,;$$

en ajoutant celle-ci à la précédente, on trouve pour l'intégrale (2) transformée

$$r^2 \frac{dr^2 + dz^2}{dt^2} = 2k^2 r + gz(z^2 + 3r^2) + h(r^2 z^2) + 2h'z - c^2.$$

On aura évidemment des relations plus simples en ajoutant à cette équation ou retranchant l'équation (4) multipliée par $2r$, ou

$$r^2 \frac{2\,dr\,dz}{dt^2} = 2k^2 z + gr(r^2 + 3z^2) + 2hzr + 2h'r\,;$$

en effet, le premier membre deviendra ainsi $\left[\dfrac{rd(r \pm z)}{dt}\right]^2$; or il se trouve que les seconds membres deviennent en même temps des fonctions de $r - z$ seul ou de $r + z$ seul. De la sorte en posant

$$(5) \qquad\qquad r - z = u, \qquad r + z = v,$$

on aura

$$(6) \qquad \frac{r^2 du^2}{dt^2} = U \qquad U = -\,gu^3 + hu^2 + 2(k^2 - h')\,u - c^2,$$

$$(7) \qquad \frac{r^2 dv^2}{dt^2} = V \qquad V = \quad gv^3 + hv^2 + 2(k^2 + h')\,v - c^2.$$

3° *Mode de variation de u, v, et transformées des équations (6) et (7).* — Pour éviter des cas singuliers dont la discussion nous mènerait trop loin, nous admettrons que les équations $U = o$, $V = o$ n'ont pas de racines multiples.

Si a est une racine de $U = o$, on satisferait l'équation (6) en supposant $u = a = $ const., $\dfrac{du}{dt} = o$; mais cette solution n'est qu'apparente. En effet, en différentiant l'équation (6), u étant quelconque, on a

$$\frac{d \cdot r^2}{dt} \cdot \frac{du^2}{dt^2} + 2r^2 \frac{du}{dt} \cdot \frac{d^2 u}{dt^2} = \frac{dU}{du} \cdot \frac{du}{dt}$$

ou

$$\frac{d \cdot r^2}{dt} \cdot \frac{du}{dt} + 2r^2 \frac{d^2 u}{dt^2} = \frac{dU}{du}\,;$$

si donc on supposait $u = $ const., $\dfrac{du}{dt} = o$, $\dfrac{d^2u}{dt^2} = o$, il faudrait qu'on eût à la fois

$$U = o, \qquad \frac{dU}{du} = o, \text{ pour } u = a \,,$$

et a serait une racine multiple contrairement à l'hypothèse.

Les remarques faites au numéro 52 sur la valeur de x satisfaisant l'équation $\dfrac{dx^2}{dt^2} = f(x)$ sont applicables à l'équation (6); on démontrerait de même que la quantité u peut prendre seulement des valeurs rendant U positive, et qu'elle ne peut cesser de croître ni cesser de décroître avant d'avoir atteint une valeur a qui soit racine de $U = o$; quand elle l'a atteinte, elle ne peut continuer de varier dans le même sens, ce qui rendrait U négative, ni rester constante, comme on vient de le voir; elle varie donc ensuite en sens contraire. Tout ce que nous venons de dire pour u reste exact pour v.

Puisque $r^2 - z^2 = x^2 + y^2$, u et v ou $r \pm z$ ne peuvent devenir négatives; elle ne peuvent non plus devenir nulles, puisque alors U et V se réduiraient à $-c^2$.

Le polynome U est négatif soit si $u = o$, soit si u est positif très grand, il est positif si u est négatif très grand. Ainsi l'équation $U = o$ a une racine négative $-f$, et doit en avoir deux positives a, b, sans quoi, u étant positif, U serait toujours négatif; U sera ainsi positif seulement si la variable u est comprise entre a et b; elle ne fera donc qu'osciller entre ces deux valeurs. On pourra alors poser

$$u = a \cos^2 \theta + b \sin^2 \theta \,,$$

θ étant un angle toujours croissant.

Les racines étant a, b, $-f$, on a

$$U = -g(u - a)(u - b)(u + f) = -R^2(u - a)(u - b) \,,$$

en posant

$$R = \sqrt{g(u + f)};$$

il est clair que R conserve une valeur finie quand u varie entre a et b, ou quel que soit θ, de sorte qu'on peut lui assigner un maximum μ et un minimum μ', tous deux positifs et différents de o; d'ailleurs R peut évidemment être mis sous la forme

$$R = \sqrt{A + B \cos^2 \theta},$$

A et B étant des constantes.

On aura ainsi, en substituant la valeur de u

$$\frac{U}{R^2} = (a - u)(u - b) = (a - b) \sin^2 \theta \times (a - b) \cos^2 \theta,$$

$$du = 2(b - a) \sin \theta \cos \theta d\theta, \qquad \frac{du^2}{U} = \frac{4d\theta^2}{R^2}$$

et l'équation (6) deviendra

$$(8) \qquad dt^2 = \frac{r^2 du^2}{U} = \frac{4r^2 d\theta^2}{R^2}, \qquad dt = \frac{2rd\theta}{R},$$

puisque $\dfrac{d\theta}{dt}$ est positive.

Le polynome V est négatif pour $v = o$, et positif quand v est très grand; l'équation $V = o$ a donc un nombre impair de racines positives; V est positif quand $v > e$, e étant la plus grande racine; il change de signe si v décroît au-dessous de e, mais s'il y a deux autres racines positives a', b', et que v soit compris entre elles, V redevient positif. Dans ce cas v restera compris dans le même de ces deux intervalles que sa valeur initiale.

Si c'est entre a' et b', il ne fera qu'osciller entre elles, et l'on pourra poser

$$v = a' \cos^2 \theta' + b' \sin^2 \theta',$$

θ' étant toujours croissant. On trouverait alors comme ci-dessus que l'équation (7) se réduirait à

$$(9) \qquad dt = \frac{2rd\theta'}{R'},$$

R$'$ restant supérieur à un minimum positif et ayant la forme $\sqrt{\mathrm{A}' + \mathrm{B}' \cos^2 \theta'}$, où A$'$ B$'$ sont des constantes.

Si v reste compris entre e et l'infini, ou il croît à l'infini, ou il décroît jusqu'à e, puis augmente, et on peut poser

$$v = \frac{e}{\cos^2 \theta'},$$

θ' étant un angle compris entre $\pm \frac{1}{2} \pi$ et toujours croissant. En effet, si v est d'abord croissant, on donnera à θ' une valeur initiale positive, et en le faisant augmenter jusqu'à $\frac{1}{2} \pi$, v croîtra à l'infini ; si v était d'abord décroissant, on donnera à θ' une valeur initiale négative, et pendant que cet angle croît jusqu'à o et au delà, v diminuera jusqu'à e et augmentera ensuite à l'infini.

Puisque e est racine de $\mathrm{V} = o$, $\dfrac{\mathrm{V}}{v - e}$ est un polynome entier, et l'on peut poser

$$\mathrm{V} = e\,(v - e)\,\mathrm{Q} \quad \text{où} \quad \mathrm{Q} = lv^2 + l'v + l'',$$

l, l', l'' étant des constantes dont la première l n'est pas nulle ; en outre Q reste positif et différant de o pour toute valeur de v supérieure à e ; en substituant $v = \dfrac{e}{\cos^2 \theta'}$, on aura

$$\mathrm{Q} = \frac{\mathrm{R}'^2}{\cos^4 \theta'}, \quad \text{où} \quad \mathrm{R}'^2 = \mathrm{A}' + \mathrm{B}' \cos^2 \theta' + \mathrm{C}' \cos^4 \theta',$$

A$'$, B$'$, C$'$ étant des constantes dont la première A$'$ est la même que $l\,e^2$ et par suite n'est pas nulle ; R$'$ comme Q reste positif quel que soit θ', et ne peut s'annuler ni si $\theta' = \frac{1}{2} \pi$ puisqu'il se réduit à A$'$, ni si $\theta' < \frac{\pi}{2}$, sans quoi l'équation $\mathrm{Q} = o$ aurait une racine égale ou supérieure à e.

En substituant la valeur de v on a

$$e(v - e) = e^2 \tan^2 \theta', \qquad V = \frac{e^2 \sin^2 \theta' R'^2}{\cos^6 \theta'},$$

$$dv = \frac{2e \sin \theta'}{\cos^3 \theta'} d\theta', \qquad \frac{dv^2}{V} = \frac{4d\theta^2}{R'^2},$$

et l'on en conclurait encore $dt = \dfrac{2r d\theta'}{R'}$ ou l'équation (9).

4° *Forme de la solution.* — On a $u = r - z$, $v = r + z$, d'où $2r = u + v$, $r'^2 = r^2 - z^2 = uv$; les équations (8), (9), (3), deviennent ainsi

$$dt = \frac{(u + v) d\theta}{R}, \qquad dt = \frac{(u + v) d\theta'}{R'}, \text{ d'où } \frac{d\theta}{R} = \frac{d\theta'}{R'},$$

$$uv d\varphi = c dt = \frac{c(u + v) d\theta}{R}, \qquad d\varphi = c\left(\frac{1}{u} + \frac{1}{v}\right)\frac{d\theta}{R};$$

il en résulte

$$dt = \frac{u d\theta}{R} + \frac{v d\theta}{R} = \frac{u d\theta}{R} + \frac{v d\theta'}{R'}, \qquad d\varphi = \frac{c d\theta}{uR} + \frac{c d\theta'}{vR'}.$$

Soient φ_0 la valeur initiale de φ, et θ_0, θ'_0 celles de θ, θ' qui se déduisent de celles de u, v, ou de $r \pm z$; on aura, en intégrant, à partir de $t = o$,

$$(10) \qquad t = \int_{\theta_0}^{\theta} \frac{u d\theta}{R} + \int_{\theta'_0}^{\theta'} \frac{v d\theta'}{R'},$$

$$(11) \qquad \varphi - \varphi_0 = \int_{\theta_0}^{\theta} \frac{c d\theta}{uR} + \int_{\theta'_0}^{\theta'} \frac{c d\theta'}{vR'},$$

et la relation entre les angles croissants θ, θ' sera exprimée par

$$(12) \qquad \int_{\theta_0}^{\theta} \frac{d\theta}{R} = \int_{\theta_0'}^{\theta'} \frac{d\theta'}{R'}.$$

La solution est ainsi ramenée aux quadratures, car u et R sont fonctions de θ seul, v et R' de θ' seul.

Toutes ces formules sont réductibles aux fonctions elliptiques, dont Legendre a donné des tables, de sorte qu''on pourrait les calculer numériquement si les données étaient numériques. Même sans cela on pourrait en général les exprimer en séries, en distinguant un grand nombre de cas, suivant la grandeur respective de k, h, h', etc.

Mais sans nous arrêter à ces évaluations, nous allons nous rendre compte de la forme générale du mouvement, et comme v peut avoir deux formes différentes, nous distinguerons le *mouvement de circulation,* pour lequel on a

$$u = a \cos^2\theta + b \sin^2\theta. \qquad v = a' \cos^2\theta' + b' \sin^2\theta',$$

et le *mouvement de chute,* pour lequel

$$u = a \cos^2\theta + b \sin^2\theta, \qquad v = \frac{e}{\cos^2\theta'},$$

a, b, a', b', e étant des constantes positives et différentes de o, de même que μ et μ', qui seront des limites supérieure et inférieure des valeurs de R et R' à la fois. Il résulte évidemment de cette limitation que dans l'équation (12) un des angles θ, θ' ne peut croître à l'infini sans qu'il en soit de même de l'autre.

5° *Mouvement de circulation.* — Comme u est comprise entre a et b, et v entre a' et b', l'équation (10) où t croît à l'infini, montre qu'il en est de même de θ et θ', et d'après l'équation (11) on en peut dire autant de φ.

Menons un plan mobile par l'axe OZ et le point m, du seul côté de l'axe où se trouve le point, et prenons-le pour celui de la figure.

Comme on l'a vu au numéro 61, $r + ex = p$ est l'équation des coniques, et $r + x = p$ celle d'une parabole, l'origine étant au foyer, et l'axe des x dirigé vers le sommet. Ainsi, p et q étant des constantes, $r + z = q$ ou $v = q$ est l'équation d'une parabole $C'm$ ayant O pour foyer et C' pour sommet, au-dessous de O ; de même $r - z = p$ ou $u = p$ est celle d'une parabole Cm, ayant O pour foyer, C pour sommet, au-dessus de O. Nous appellerons celles-ci les courbes (u), les autres les courbes (v). En tout point m non situé sur l'axe, il en passe une de chaque espèce, ayant pour équation $u = p$, $v = q$, p et q étant les valeurs de u et v en m. Ces valeurs équivalent à des *coordonnées paraboliques*.

Les deux courbes se coupent à angle droit, car en menant LmL' parallèle à l'axe, on sait que les tangentes à Cm, $C'm$ sont les bissectrices des angles OmL, OmL'.

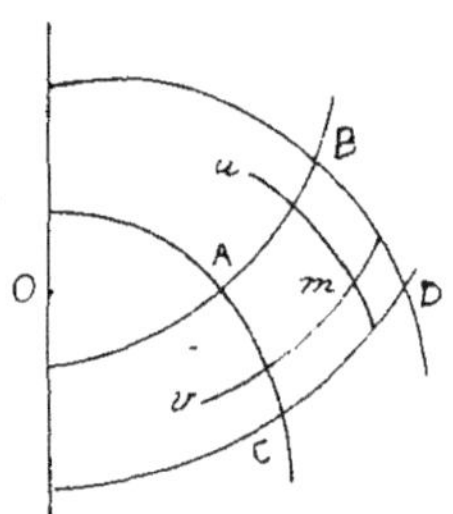

Soient $u = a$, $u = b$ les équations de AC, BD, et $v = a'$, $v = b'$ celles de AB, CD; mu, mv les courbes (u) et (v) du point mobile m. Puisque u oscille entre a et b, et v entre a' et b', mu oscillera entre les positions AC, BD, et mv entre AB, CD; leur intersection ou le point m reste ainsi enfermé dans le quadrilatère ABDC. Mais en même temps le plan tourne autour de l'axe, toujours dans le même sens. Ainsi dans l'espace le point m fait autour de l'axe un nombre infini de révolutions, en restant enfermé dans le solide de révolution S décrit par le quadrilatère. On peut même démontrer que s'il n'existe pas une certaine relation commensurable entre les intégrales

$$\int_0^{2\pi} \frac{d\theta}{R}, \qquad \int_0^{2\pi} \frac{d\theta'}{R'}, \qquad \int_0^{2\pi} \frac{d\theta}{uR}, \qquad \int_0^{2\pi} \frac{d\theta'}{vR'},$$

le point m épuise le volume S dans son mouvement, c'est-à-dire finit par passer à une distance aussi petite qu'on voudra de tout point intérieur au volume S.

6° *Mouvement de chute.* — On a dans ce cas $v = \dfrac{e}{\cos^2 \theta'}$ et comme $R' < \mu$, le second terme de la valeur (10) de t dépasse

$$\frac{e}{\mu} \int_{\theta'_0}^{\theta'} \frac{d\theta'}{\cos^2 \theta'},$$

et croît à l'infini quand θ' approche de $\dfrac{1}{2}\,\pi$; c'est par suite la limite de θ', comme nous le savions déjà; ainsi θ ne croît pas non plus à l'infini, et d'après l'équation (11), il en est de même de φ; θ et φ convergent donc vers des limites finies θ_1, φ_1. On pourrait en déduire la position de l'asymptote parabolique de la trajectoire, le point dans sa chute finale n'étant plus animé que de la pesanteur.

65. Travail des forces. Principe des forces vives dans le mouvement d'un point matériel. — 1° *Définitions.* — Comme on l'a vu au numéro 6, si une force f est appliquée suivant AF à un point A qui parcourt l'espace très petit AB, le travail de la force correspondant à ce déplacement signifie le produit $f \times$ AB cos BAF, en sorte qu'il est positif, nul ou négatif, suivant que BAF est aigu, droit ou obtus.

Le travail précédent se nomme *élémentaire*, le déplacement étant supposé infiniment petit. Si le point parcourt une ligne finie AH, on la partage en parties AB, BC, etc., assez petites pour qu'on puisse considérer la force comme constante de grandeur et de direction pendant que le point parcourt l'une d'elles; on nomme alors *travail total* la somme des travaux élémentaires correspondant aux déplacements AB, BC, etc.

Il faut remarquer que le mouvement du point ne doit pas être considéré en général comme produit par la force.

L'expression de *travail* provient de ce que l'emploi industriel des forces consiste en général à faire parcourir à un point A un certain espace malgré la résistance d'une force f, opposée au mouvement, et dont le travail négatif représente l'effet utile. Nous examinerons plus tard cette propriété du travail. Mais pour le moment nous devons le considérer simplement comme une quantité mathématique.

2° *Expressions diverses du travail élémentaire.* — Le travail f.AB cos BAF est le produit de l'espace AB par la projection de la force sur l'espace. Par conséquent, si f est résultante de φ, φ', φ'', *le travail de la résultante est la somme de ceux descomposantes.*

En effet, en projetant ces forces sur AB, on a

$$\text{proj. } f = \text{proj. } \varphi + \text{proj. } \varphi + \text{proj. } \varphi'',$$

et en multipliant cette égalité par AB,

$$\text{trav. } f = \text{trav. } \varphi + \text{trav. } \varphi' + \text{trav. } \varphi''.$$

Le même produit est celui de la force f par la projection AB.cos BAF de l'espace sur la force. Soient X, Y, Z les projections de la force, et par suite $\dfrac{X}{f}, \dfrac{Y}{f}, \dfrac{Z}{f}$ ses cosinus. Si les coordonnées du point ont augmenté de dx, dy, dz, ce sont les projections du déplacement sur les axes, et d'après le théorème VI du numéro 3, sa projection sur la force est

$$\frac{X}{f}\, dx + \frac{Y}{f}\, dy + \frac{Z}{f}\, dz.$$

En la multipliant par f et désignant par dT le travail, il en résulte la formule très usuelle

$$d\text{T} = \text{X}dx + \text{Y}dy + \text{Z}dz.$$

3º *Cas où la force a la forme potentielle.* — Comme on l'a vu au numéro 57, ce cas est celui où l'on a

$$\text{X} = \left(\frac{d\text{P}}{dx}\right), \qquad \text{Y} = \left(\frac{d\text{P}}{dy}\right), \qquad \text{Z} = \left(\frac{d\text{P}}{dz}\right),$$

la fonction P ne contenant pas d'autres quantités variables que x, y, z ; il en résulte

$$d\text{T} = \left(\frac{d\text{P}}{dx}\right)dx + \left(\frac{d\text{P}}{dy}\right)dy + \left(\frac{d\text{P}}{dz}\right)dz = d\text{P},$$

différentielle totale, ou accroissement de P quand le point va de A en B. Si l'on y ajoute les travaux analogues correspondant au trajet de B en C, de C en D, etc., pour en déduire le travail total de A en H, la somme des petits accroissements de P sera son accroissement total, et le travail total deviendra

$$T = P_{H} - P_{A},$$

en désignant ainsi la valeur de la fonction P en A et en H. Il est donc indépendant de la ligne que d'autres forces ont fait suivre au point de A en H, et cette propriété n'a lieu que pour la forme potentielle.

En particulier, si la force est le poids p d'un corps, on a $X = o$, $Y = o$, $Z = p$, en prenant pour axe des z la verticale inférieure ; il en résulte $dT = pdz = d.(pz)$, $P = pz$; si z correspond à H et z_0 à A, le travail de A en H est

$$T = P_{H} - P_{A} = p(z - z_0).$$

Il en est de même pour le travail de toute force de grandeur et de direction constantes ; on voit en la prenant pour p, que son travail total est le produit de la force par la projection $z - z_0$ de l'espace parcouru sur la force, soit que cet espace soit la droite AH, ou une ligne quelconque.

4° *Principe des forces vives*. — Nous allons maintenant supposer que le travail soit celui de la force f produisant le mouvement du point, cas tout différent du précédent. Nous avons trouvé au numéro 57

$$d.\frac{1}{2}mv^2 = Xdx + Ydy + Zdz,$$

dont le second nombre est la valeur ci-dessus de dT. En ajoutant cette égalité pour tous les petits déplacements du point, dT sera remplacé par le travail total, et $d.\frac{1}{2}mv^2$, où l'accroissement élémentaire de la demi-force vive, par son accroissement total. De là résulte le principe des forces vives, savoir : *l'accroissement de la demi-force vive d'un point pendant un temps quelconque est égal au travail total de la force pendant ce temps*, ou, s'il y a plusieurs forces, à la somme de leurs travaux, cette somme étant le travail de leur résultante.

Si la force a la forme potentielle, $dT = dP$, et il en résulte l'intégrale des forces vives.

$$\frac{1}{2}\, mv^2 = P + \text{const.}$$

Si la force n'a pas cette forme, le principe reste vrai, mais ne constitue pas une intégrale.

Un point est pour nous le centre de gravité d'un corps, en y supposant sa masse réunie ; ce corps peut avoir une seconde force vive provenant de sa rotation ; celle dont nous parlons est celle du centre et se nomme aussi la *force vive de translation*.

5° *Cas où le point est assujetti à rester sur une surface ou une courbe donnée,* sans frottement. — On peut le supposer libre en joignant à la force f directement appliquée la pression de la surface ou de la courbe sur le point. Or celle-là est normale, ou perpendiculaire au déplacement du point, et son travail élémentaire constamment nul ; ainsi il en est de même du travail total, et l'on peut employer le principe des forces vives comme si le point était libre, la force f agissant seule, sans tenir compte de la courbe ou de la surface.

Quand le frottement existe on doit le considérer comme une force extérieure ou directement appliquée ; mais il est proportionnel à la pression du point contre la courbe ou la surface. Pour une courbe, comme on l'a vu au numéro 50, la pression dépend de $\frac{v^2}{\rho}$; pour une surface elle dépend aussi en général du mouvement et de la vitesse. Le frottement n'a donc pas la forme potentielle, et l'intégrale des forces vives n'existe pas.

Si la pesanteur est la seule force extérieure, en prenant pour OZ la verticale inférieure, on a, comme on l'a vu, $P = pz = mgz$, et l'intégrale des forces vives est $\frac{1}{2}\, mv^2 = mgz + \text{const.}$, ou

$$v^2 = 2gz + \text{const.,}$$

soit que le point soit libre ou assujetti à rester sur une surface ou une courbe. S'il est, par exemple, sur une courbe A*m*B, supposons qu'on l'abandonne sans vitesse initiale en A, en comptant les z à partir de ce point; on aura alors $v = o$ pour $z = o$ ou $v^2 = 2gz$, z étant à chaque intant la distance verticale du mobile m au-dessous du point A ; v diminue quand le point remonte et s'annule quand il arrive en B au niveau primitif, de sorte qu'alors il revient en A, et oscille ainsi entre A et B. Physiquement ce mouvement régulier n'est pas réalisable; il s'amortit peu à peu par suite du frottement, de la résistance de l'air, etc.

66. Pendule simple. Pendule cycloïdal. — Le second n'a pas l'importance pratique du premier, mais par la simplicité des résultats, il est un exemple remarquable du mouvement sur une courbe. Nous examinons les deux mouvements à la fois, parce que la méthode et les calculs sont semblables.

La cycloïde est décrite par un point M d'une circonférence de centre C, de rayon a, roulant sans glisser sur une droite AD; nous la supposerons dans un plan vertical, AD étant horizontale, et nous prendrons pour origine O le point de contact à l'instant où le point décrivant M est au bas du cercle sur la verticale OZ; OX est placé sur OD.

Dans une autre position du cercle, le point de contact primitif étant en N, M sera sur le diamètre MCN; soit alors θ l'angle de CM et de la verticale O'Z' du point de contact actuel O'.

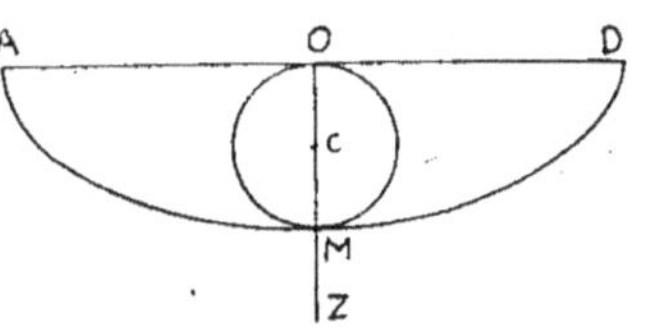

On a $OO' = \text{arc } O'N = a\theta$; pour l'origine C les coordonnées polaires de M sont a et θ; ses coordonnées x et z sont ainsi

$a \sin \theta$, $a \cos \theta$; pour l'origine O elles deviennent par conséquent

$$x = a\,(\theta + \sin \theta), \qquad z = a\,(1 + \cos \theta).$$

En éliminant θ entre elles on aurait l'équation de la courbe entre x et z, mais il vaut mieux les conserver sous la forme précédente en fonction de la variable auxiliaire θ. Au point D où la courbe se termine on a $\theta = \pi$, $z = o$, et par suite OD = OA = πa ; en remplaçant θ par $-\theta$, x change de signe, et z reste le même ; ainsi en faisant varier θ de o à $-\pi$, les mêmes formules donnent tous les points de l'autre moitié de la cycloïde, symétrique de la première par rapport à OZ.

Les valeurs de x, z donnent

$$\left(\frac{dx}{d\theta}\right)^2 + \left(\frac{dz}{d\theta}\right)^2 = a^2\,(1 + \cos\theta)^2 + a^2 \sin^2\theta, \quad dx^2 + dz^2 = 2a^2(1 + \cos\theta)\,d\theta^2.$$

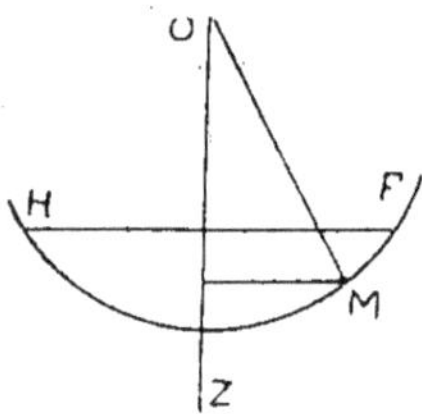

Supposons maintenant, comme au numéro précédent, qu'un point mobile M soit assujetti à rester sur une courbe FMH dans un plan vertical, partant de F sans vitesse initiale, et par suite oscillant entre F et le point H situé à la même hauteur. Ce mouvement est celui du *pendule cycloïdal* si la courbe est une cycloïde, du *pendule simple* si c'est un arc de cercle. Dans ce dernier cas, O étant le centre pris pour origine, on peut supposer que le point y soit suspendu par un fil OM de longueur l, et la courbe sera ainsi décrite sans frottement.

Nous désignerons par θ l'angle ZOM, écart de la verticale OZ, pris négatif à gauche, et par α sa valeur initiale en F, nommée l'*amplitude*. Pour la cycloïde l'origine O et l'angle θ seront définis comme précédemment, et α sera encore la valeur de θ en F.

L'équation du mouvement est

$$\text{(A)} \qquad\qquad v^2 = 2g(z - z_0),$$

z correspondant à la position M et z_0 à F.

Pour le cercle z est la projection $l \cos \theta$ de OM sur OZ, d'où $z - z_0 = l(\cos \theta - \cos \alpha)$. En outre l'arc décrit dans le temps dt est $ld\theta$ au signe près, θ pouvant décroître. Il en résulte

$$v = \pm \frac{ld\theta}{dt} \,,$$

et l'équation (A) devient

$$l^2 \frac{d\theta^2}{dt^2} = 2gl(\cos \theta - \cos \alpha).$$

Pour la cycloïde $z = a(1 + \cos \theta)$, $z_0 = a(1 + \cos \alpha)$; de plus on a vu que $dx^2 + dz^2 = 2a^2(1 + \cos \theta)d\theta^2$, d'où

$$v^2 = \frac{dx^2 + dz^2}{dt^2} = 2a^2(1 + \cos \theta) \frac{d\theta^2}{dt^2} \,,$$

et l'équation (A) prend la forme

$$a^2 \frac{d\theta^2}{dt^2} = ga \frac{\cos \theta - \cos \alpha}{1 + \cos \theta} \cdot$$

Les équations dans les deux cas contiennent l'arc θ et $\cos \theta$; pour qu'il y entre une seule inconnue $\cos \theta$ on doit les multiplier par $\sin^2 \theta = (1 + \cos \theta)(1 - \cos \theta)$, d'où

$$\left(\frac{d \cdot \cos \theta}{dt} \right)^2 = \frac{2g}{l} (\cos \theta - \cos \alpha)(1 - \cos \theta)(1 + \cos \theta) \text{ pour le cercle.}$$

$$\left(\frac{d \cdot \cos \theta}{dt} \right)^2 = \frac{g}{a} (\cos \theta - \cos \alpha)(1 - \cos \theta) \text{ pour la cycloïde.}$$

Comme $\cos \theta$ oscille entre les valeurs 1 et $\cos \alpha$, on doit, en prenant celle-ci pour initiale, substituer

$$\cos \theta = \cos \alpha \cos^2 u + \sin^2 u \,,$$

u étant toujours croissant, ce qui donne pour la cycloïde

$$\left[2(1 - \cos \alpha) \sin u \cos u \frac{du}{dt} \right]^2 = \frac{g}{a} (1 - \cos \alpha) \sin^2 u \times (1 - \cos \alpha) \cos^2 u,$$

ou

$$\left(\frac{du}{dt} \right)^2 = \frac{g}{4a} \cdot$$

18*

et pour le cercle

$$(\text{B}) \qquad \left(\frac{du}{dt}\right)^2 = \frac{g}{2l}\,(1 + \cos\theta)\,,$$

Ainsi pour la cycloïde, u étant croissant, on a

$$\frac{du}{dt} = \sqrt{\frac{g}{4a}}\,.$$

Or les valeurs o, $\frac{1}{2}\,\pi$, π de u correspondent à $\cos\theta = \cos\alpha$, 1, $\cos\alpha$, c'est-à-dire à F, au point le plus bas, et à H, de sorte que $u = o$ quand $t = o$. Il en résulte

$$u = t\,\sqrt{\frac{g}{4a}}\,,$$

sans addition de constante; si T est la durée de l'oscillation ou du trajet FH, on a

$$\pi = \text{T}\,\sqrt{\frac{g}{4a}}\,, \qquad \text{T} = \pi\,\sqrt{\frac{4a}{g}}\,.$$

Ainsi les oscillations sont rigoureusement isochrones, leur durée étant indépendante de l'amplitude. Pour le cercle, en substituant la valeur de $\cos\theta$ dans l'équation (B), on a

$$\sqrt{g}\;dt = \frac{\sqrt{2l}\;du}{\sqrt{1 + \cos\alpha\,\cos^2 u + \sin^2 u}}\,,$$

expression qui ne peut s'intégrer sous forme finie, mais seulement en série, et celle-ci doit être ordonnée suivant les puissances d'une petite quantité. Or en nous bornant d'abord au cas où les oscillations sont très petites, $\cos\alpha$ diffère peu de l'unité; la petite quantité est donc $1 - \cos\alpha$. et nous devons substituer $\cos\alpha = 1 - (1 - \cos\alpha)$; on trouve ainsi en divisant haut et bas par $\sqrt{2}$,

$$\sqrt{g}\,dt = \frac{\sqrt{l}\;du}{\sqrt{1 - \left(\dfrac{1 - \cos\alpha}{2}\right)\cos^2 u}}\,;$$

en posant $\beta = \dfrac{1 - \cos \alpha}{2} = \sin^2 \dfrac{1}{2} \alpha$, on aura en série

$$\sqrt{\frac{g}{l}}\, dt = \frac{du}{\sqrt{1 - \beta \cos^2 u}} = du\left[h_0 + h_1\beta \cos^2 u + h_2\beta^2 \cos^4 u + \text{etc.} \right],$$

h_0, h_1, etc., étant les coefficients du binôme pour $\dfrac{1}{\sqrt{1-x}}$ ou $(1-x)^{-\frac{1}{2}}$, c'est-à-dire

$$h_0 = 1, \qquad h_1 = \frac{1}{2}, \qquad h_2 = \frac{1.3}{2.4}, \qquad h_3 = \frac{1.3.5}{2.4.6}, \text{ etc.}$$

En intégrant et remarquant que $u = o$ pour $t = o$, on trouve

$$t\sqrt{\frac{g}{l}} = h_0 u + h_1\beta \int_0^u \cos^2 u\, du + \text{etc.}$$

où l'on substituera

$$\int_0^u \cos^2 u\, du = \int_0^u \left(\frac{1}{2} + \frac{1}{2}\cos 2u \right) du = \frac{1}{2} u + \frac{1}{4}\sin 2u, \text{ etc.}$$

La durée T de l'oscillation se trouve en remplaçant u par π, ou en intégrant de o à π. Pour cela, posons

$$\int_0^\pi \cos^{2n} u\, du = \pi\, \mathrm{I}_n\,,$$

n étant un entier quelconque positif ou nul; la série intégrée sera

$$\sqrt{\frac{g}{l}}\, \mathrm{T} = \pi\left(h_0 \mathrm{I}_0 + h_1\beta \mathrm{I}_1 + h_2\beta^2 \mathrm{I}_2 + \text{etc.} \right).$$

Pour trouver I_n on a

$$\frac{d.}{du}\left(\sin u \cos^{2n+1} u \right) = \cos^{2n+2} u - (2n+1)\cos^{2n} u(1 - \cos^2 u) =$$

$$= (2n+2)\cos^{2n+2} u - (2n+1)\cos^{2n} u.$$

En multipliant par du, intégrant de o à π, $\sin u \cos^{2n+1} u$ s'annule aux deux limites, et en divisant par π, il en résulte

$$(2n + 2)\,\mathrm{I}_{n+1} = (2n + 1)\,\mathrm{I}_n,$$

En posant $n = o$, 1, 2, etc., on en tire

$$\mathrm{I}_1 = \frac{1}{2}\,\mathrm{I}_0, \qquad \mathrm{I}_2 = \frac{3}{4}\,\mathrm{I}_1 = \frac{1.3}{2.4}\,\mathrm{I}_0, \qquad \mathrm{I}_3 = \frac{5}{6}\,\mathrm{I}_2 = \frac{1.3.5}{2.4.6}\,\mathrm{I}_0,\ \text{etc.}$$

Or $\mathrm{I}_0 = \dfrac{1}{\pi}\displaystyle\int_0^{\pi} du = 1$; de la sorte I_0, I_1, I_2, etc., sont les mêmes que h_0, h_1, h_2, etc., et l'on a

$$\sqrt{\frac{g}{l}}\ \mathrm{T} = \pi(h_0{}^2 + h_1{}^2\beta + h_2{}^2\beta^2 + \text{etc.})$$

et en y remettant les valeurs de β, h_0, h_1, etc.,

$$\mathrm{T} = \pi\sqrt{\frac{l}{g}}\left[1 + \left(\frac{1}{2}\right)^2 \sin^2 \frac{1}{2}\,\alpha + \left(\frac{1.3}{2.4}\right)^2 \sin^4 \frac{1}{2}\,\alpha + \text{etc.}\right].$$

On voit maintenant que la série est convergente quel que soit α; d'ailleurs non seulement la suspension par un fil ne permet pas de prendre $\alpha > 90°$, mais α est très petit dans toutes les applications de cette formule, de sorte qu'on peut négliger α^4; comme

$$\sin \frac{1}{2}\,\alpha = \frac{1}{2}\,\alpha - \frac{1}{6}\left(\frac{1}{2}\,\alpha\right)^3 + \text{etc.},\ \text{on doit alors remplacer}$$

$\sin^2 \dfrac{1}{2}\,\alpha$ par $\left(\dfrac{1}{2}\,\alpha\right)^2$ d'où résulte

$$\mathrm{T} = \pi\sqrt{\frac{l}{g}}\left(1 + \frac{\alpha^2}{16}\right);$$

le terme $\dfrac{\alpha^2}{16}$ se nomme la *correction d'amplitude*.

Si les oscillations sont assez petites pour qu'elle soit négligeable, la durée est indépendante de l'amplitude. Il ne faut pas confondre cet isochronisme avec celui des oscillations d'une pendule; celles-ci ne sont isochrones que parce que l'amplitude est constante; c'est la répétition d'un mouvement identique. Si elle varie un peu, comme elle n'est pas très petite, la durée change. Mais la marche de la pendule ne dépend que de la durée moyenne.

67. Recherche de la brachystochrone. — On nomme ainsi la courbe joignant deux points donnés A, B, et telle qu'un point pesant, partant de A sans vitesse initiale, et contraint de suivre la courbe, arrive en B dans dans le temps T le plus court. Nous supposons la courbe dans un plan vertical; B est moins élevé que A, sans quoi il ne pourrait être atteint.

Prenons A pour origine, AZ étant la verticale inférieure, et AX dirigée du côté où se trouve B. La valeur de T se tirera de l'équation $v^2 = 2gz$; parmi toutes les lignes allant de A en B, il y en a certainement une pour laquelle T est minimum; mais pour cette comparaison, ne sachant rien de la courbe cherchée, nous devrions admettre comme possibles toutes les formes, même celles qui présenteraient des angles ou pour lesqnelles x tantôt croîtrait tantôt décroîtrait entre A et B, etc. Comme ces singularités de forme rendraient le calcul moins simple, il convient de les exclure comme il suit :

Partageons un arc CMD quelconque de la courbe en éléments MN ; chacun est plus grand que sa projection M′N′ sur la corde CD; si en même temps il est plus élevé comme dans la figure, z est plus petit, et il serait parcouru avec une vitesse moindre que M′N′; par suite la durée totale serait diminuée si le point suivait la corde au lieu de l'arc, ou parcourait LCM′L′. Il en serait de même si la corde était verticale, la vitesse étant alors la même en MN et en M′N′. Ces deux dispositions sont donc impossibles pour la courbe cherchée. La seconde nous indique que x ne pourra nulle part être décroissante entre A et B, et la première que la courbe est partout concave en dessus.

Si la courbe présentait un angle en E, soit $2x$ celui des tangentes; en prenant des cordes EC = ED = h, et supposant h très petit, le rapport de la corde CD à l'arc CED convergerait vers sin α, et la vitesse serait sensiblement la même sur la corde et sur l'arc; ainsi pour une valeur finie de h la durée du trajet serait abrégée si le point suivait la corde et non l'arc.

La courbe cherchée n'a donc pas d'angle; en outre z ne peut passer par un minimum, ce qui produirait une convexité au-dessus; ainsi ou z croît sans cesse de A en B, ou z croît de A en E, puis décroît de E en B. Ce dernier cas étant moins simple, nous supposerons que ce soit celui de la courbe cherchée; le calcul qui suit s'appliquera aisément au premier cas, en supprimant les particularités relatives au point E.

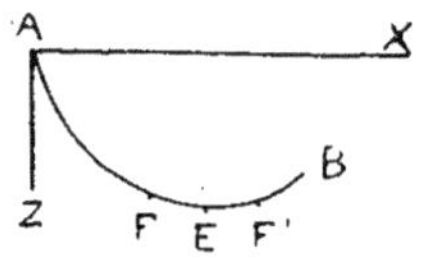

Considérons x comme fonction de z et soit $\dfrac{dx}{dz} = x'$; on a

$$2gz = v^2 = \frac{dx^2 + dz^2}{dt^2} = (1 + x'^2)\frac{dz^2}{dt^2} ;$$

dz signifie l'accroissement de z d'un point à un autre dans le sens du mouvement; ainsi

$$\sqrt{2g}\ dt = \frac{\sqrt{1 + x'^2}\ dz}{\sqrt{z}},$$

pourvu que dans la portion EB où dz est négatif, on prenne $\sqrt{1 + x'^2}$ avec le signe $-$, l'accroissement dt étant toujours positif. Il en résulte pour la durée totale T

$$\sqrt{2g}\ \mathrm{T} = \int_0^h \mathrm{P}dz, \text{ où } \mathrm{P} = \frac{\sqrt{1 + x'^2}}{\sqrt{z}} ,$$

h est la valeur de z en B ou la valeur finale de z, qui peut dans l'intervalle croître au delà.

Nous supposons que la courbe rend T minimum; cette durée ne peut donc qu'augmenter si l'on altère un peu la courbe en remplaçant pour chaque point la valeur de x par $x + \alpha u$, α étant une constante très petite, et u une fonction de z choisie à volonté;

mais nous supposerons $u = o$, soit en A et B où x a une valeur déterminée, soit dans l'intervalle FF' de deux points très rapprochés de part et d'autre du point E où x' devient infinie. Alors en posant $\dfrac{du}{dz} = u'$ et négligeant α^2, x' se change en $x' + \alpha u'$ et P en

$$P + Q\alpha u', \text{ où } Q = \left(\frac{dP}{dx'}\right) = \frac{x'}{\sqrt{z(1 + x'^2)}} \, .$$

L'accroissement de $\sqrt{2g}$ T est ainsi

$$\alpha \int_0^h Qu'dz \, .$$

Si cette expression n'était pas nulle, α étant très petit, elle l'emporterait sur les termes négligés en α^2, α^3, etc., et en prenant α positif ou négatif, T serait tantôt augmenté, tantôt diminué, contrairement à l'hypothèse. La courbe cherchée doit donc satisfaire la condition

$$o = \int_0^h Qu'dz = \int Qdu = \int (d.Qu - udQ).$$

Or $u = o$ de F en F', et en intégrant de A à F, de F' à B on a

$$\int d.Qu = o \, ,$$

u étant nulle à ces limites. Il en résulte

$$\int_0^h u\, \frac{dQ}{dz}\, dz = o.$$

Si en un point de la courbe $\dfrac{dQ}{dz}$ n'était pas nulle, on pourrait prendre $u = o$ partout excepté dans le voisinage de ce point, où u et $\dfrac{dQ}{dz}$ auraient un signe constant, et la condition précédente ne serait pas satisfaite. On a donc en tout point de AF, BF′, x' restant finie,

$$\frac{dQ}{dz} = 0, \quad Q = \text{const.}, \quad \text{ou} \quad \frac{x'}{\sqrt{z(1 + x'^2)}} = \text{const.}, \quad \frac{x'^2}{z(1 + x'^2)} = \text{const.}$$

La constante est la même sur les portions AF, BF′ ; car en faisant converger F et F′ vers E, x' pour ces points croîtra à l'infini, et $\frac{x'^2}{z(1 + x'^2)}$ approchera de la même limite $\frac{1}{z}$.

L'équation de la courbe cherchée est donc l'intégrale de

$$\frac{z(1 + x'^2)}{x'^2} = 2a, \quad \text{ou} \quad \frac{z(dx^2 + dz^2)}{dx^2} = 2a,$$

a étant une constante. Or pour la cycloïde nous avons trouvé

$$z = a(1 + \cos\theta), \quad dx = a(1 + \cos\theta)d\theta, \quad dx^2 + dz^2 = 2a^2(1 + \cos\theta)d\theta^2.$$

valeurs qui satisfont l'équation, et il en serait de même en supposant

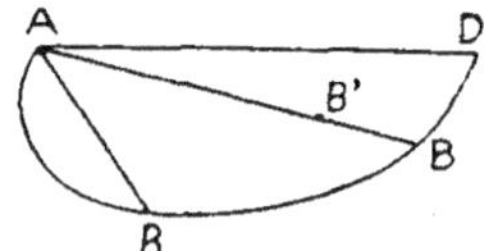

$$x = a(\theta + \sin\theta) + b,$$

b étant une constante arbitraire. L'intégrale complète de l'équation représente donc une cycloïde, l'origine des coordonnées étant en un point arbitraire de la droite AD. Mais nous avons supposé l'origine en A et en ce point on a $\theta = -\pi$. La durée est ainsi

$$T = \frac{1}{\sqrt{2g}} \int \frac{\sqrt{1 + x'^2}}{\sqrt{z}} dz = \frac{1}{\sqrt{2g}} \int \sqrt{\frac{dx^2 + dz^2}{z}} =$$

$$= \frac{1}{\sqrt{2g}} \int_{-\pi}^{\theta} \sqrt{2a}\, d\theta = \sqrt{\frac{a}{g}}(\pi + \theta),$$

où $\theta + \pi$ est l'angle de rotation du cercle générateur depuis le point A jusqu'à la position correspondant à B. Les points A et B étant donnés, il leur correspond toujours une cycloïde ; en effet, menons-en une quelconque partant de A et coupant AB en B′ ; il suffira de changer son rayon dans le rapport de AB′ à AB pour que le point B′ vienne en B.

68. Pendule conique. — Plus généralement considérons d'abord le mouvement d'un point pesant sur une surface de révolution ayant son axe vertical ; en le prenant pour l'axe OZ dirigé de haut en bas, on a par le principe des forces vives

$$v^2 = 2gz + c,$$

c étant une constante. En outre on peut regarder le mobile comme libre en joignant à son poids la pression de la surface. Or ces deux forces sont dans un même plan avec l'axe ; leur moment par rapport à OZ est donc nul et en désignant par X, Y la somme de leurs projections sur OX, OY, il en résulte $xY - yX = o$. On a vu au numéro 57 que cette relation a pour conséquence l'intégrale des aires, et que celle-ci peut s'écrire

$$r^2 \frac{d\varphi}{dt} = c',$$

c' étant une constante, et r, φ les coordonnées polaires de la projection du mobile sur le plan des xy.

Nous laisserons de côté le cas où l'on aurait $c' = o$; si r était constamment nul le point se mouvrait sur OZ, et tant que cela n'aurait pas lieu, il faudrait supposer $\frac{d\varphi}{dt} = o$, $\varphi = $ const. ; le mouvement s'effectuerait alors dans un plan vertical invariable, deviendrait celui du pendule ordinaire sur une courbe donnée quelconque.

En permutant OX, OY entre eux, on change le signe de c', que nous pourrons par suite supposer dans tous les cas positif et différent de o.

Les relations $x = r \cos \varphi$, $y = r \sin \varphi$ donnent

$$v^2 = \frac{dx^2 + dy^2 + dz^2}{dt^2} = \frac{dr^2}{dt^2} + r^2 \frac{d\varphi^2}{dt^2} + \frac{dz^2}{dt^2},$$

et en substituant dans l'intégrale des forces vives la valeur de $\left(\dfrac{d\varphi}{dt}\right)^2$ tirée de celle des aires, on aura pour les équations du mouvement

$$r^2 \frac{d\varphi}{dt} = c', \qquad \frac{dr^2}{dt^2} + \frac{dz^2}{dt^2} = 2gz - \frac{c'^2}{r^2} + c,$$

auxquelles on devra joindre l'équation de la surface. La seconde équation montre que r ne s'annulera jamais, ou du moins il faudrait pour cela que z fût infini.

Le mouvement devient celui du *pendule conique* quand la surface est sphérique ; on peut alors supposer le mobile suspendu au centre O par un fil de longueur l, rayon de la sphère ; en prenant le centre pour origine, désignant par θ l'angle du fil et de la verticale, on a $r = l \sin\theta$, $z = l \cos\theta$, et en substituant ces valeurs, les équations deviennent

$$l^2 \sin^2\theta \frac{d\varphi}{dt} = c' \qquad l^2 \frac{d\theta^2}{dt^2} = 2gl \cos\theta - \frac{c'^2}{l^2 \sin^2\theta} + c.$$

Dans la seconde il est préférable de mettre $2gl$ en facteur commun au second membre, en remplaçant c, c'^2 par les nouvelles constantes

$$h = \frac{c}{2gl}, \qquad k^2 = \frac{c'^2}{2gl^3},$$

k étant positif comme c'. On trouve ainsi

$$(1) \qquad \sin^2\theta \frac{d\varphi}{dt} = k \sqrt{\frac{2g}{l}},$$

$$\frac{d\theta^2}{dt^2} = \frac{2g}{l}\left[\cos\theta + h - \frac{k^2}{\sin^2\theta}\right],$$

Il entre dans la seconde les quantités variables θ, $\cos\theta$, $\sin\theta$, qu'on doit évidemment réduire à une seule, en posant $\cos\theta = x$; l'équation multipliée par $\dfrac{l}{2g} \sin^2\theta$ prend alors la forme

$$(2) \qquad \frac{l}{2g}\left(\frac{dx}{dt}\right)^2 = f(x), \quad \text{où} \quad f(x) = (1 - x^2)(x + h) - k^2.$$

L'expression $f(x)$ doit être positive pendant le mouvement; elle l'est certainement pour les conditions initiales correspondant à h, k; d'autre part elle est négative pour $x = \pm 1$, valeurs extrêmes de x ou $\cos \theta$. L'équation $f(x) = o$ doit donc avoir un nombre pair de racines comprises entre ces limites; par suite il y en aura nécessairement deux a et b, et x doit rester dans leur intervalle pour que $f(x)$ soit positif. Comme on l'a vu au numéro 52, en supposant $b > a$, x ne fait tour à tour que croître sans discontinuer de a à b, ou décroître de même de b à a.

On a $f(x) > o$ quand x est négatif très grand, $f(x) < o$ quand $x = -1$; ainsi l'équation $f(x) = o$ a une troisième racine négative $- c$, c étant positif.

D'après ce qui précède, h, k ne sont pas quelconques, mais telles que les racines a, b existent, et celles-ci étant les constantes naturelles de la question, il convient de les employer au lieu de h et k. On pourrait exprimer ces dernières en fonction de a, b, au moyen des conditions $f(a) = o$, $f(b) = o$; mais on le fera plus simplement en remarquant que $f(x)$ est divisible par $x - a$, et le quotient par $x - b$, $x + c$; de la sorte, le premier terme de $f(x)$ étant $- x^3$, on a à la fois

$$- f(x) = (x - a)(x - b)(x + c) = (x^2 - 1)(x + h) + k^2,$$

et dans cette identité par rapport à x, on peut égaler les coefficients des puissances semblables; pour la première on trouve

$$ab - ac - bc = -1 ,$$

qui donne c; quant aux autres la valeur de h est inutile, et celle de k s'obtient plus simplement en posant $x = 1$ dans l'identité. On trouve ainsi

$$(3) \qquad c = \frac{1 + ab}{a + b}, \qquad k = \sqrt{(1 - a)(1 - b)(1 + c)}.$$

Comme a et b sont compris entre ± 1, $1 + ab$ est positif; il en est de même de c et par suite de $a + b$, de sorte que a et b ne sont pas complètement arbitraires.

D'après le numéro 52, x oscillant entre a et b, on doit pour l'intégration substituer

$$x = a \cos^2 u + b \sin^2 u,$$

u étant toujours croissant avec le temps, et $u = o$ correspondant à $x = a$. Il en résulte

$$f(x) = (b - x)(x - a)(x + c) = (b - a)\cos^2 u(b - a)\sin^2 u\,(x + c)\,;$$

en substituant les valeurs de $f(x)$ et x dans l'équation (2), et divisant par $(b - a)^2 \sin^2 u \cos^2 u$ on trouve

$$\frac{2l}{g} \cdot \frac{du^2}{dt^2} = (x + c) = c + a \cos^2 u + b \sin^2 u\,,$$

On ne peut intégrer cette équation sous forme finie, mais bien en série. En posant $a = \cos \theta'$, $b = \cos \theta''$, on a $\theta' > \theta''$, puisque $a < b$; ainsi θ' est le maximum de l'angle θ et θ'' son minimum. Si d'abord nous supposons faible l'étendue de l'oscillation, θ' et θ'' seront de petits angles, et a, b différeront peu de l'unité. En posant

$$(4) \qquad \sin \frac{1}{2} \theta' = \alpha, \qquad \sin \frac{1}{2} \theta'' = \beta,$$

on a $a = 1 - 2\alpha^2$, $b = 1 - 2\beta^2$, et c'est suivant les puissances de α et β qu'il convient d'ordonner la série. Les valeurs de a, b donnent

$$x = a \cos^2 u + b \sin^2 u = 1 - 2s, \quad \text{où} \quad s = \alpha^2 \cos^2 u + \beta^2 \sin^2 u,$$

de sorte que s est très petit. Nous avons donc à intégrer

$$\frac{2l}{g} \frac{du^2}{dt^2} = x + c \quad \text{ou} \quad dt = \sqrt{\frac{2l}{g}} \cdot \frac{du}{\sqrt{1 + c - 2s}} \cdot$$

en remarquant que u est croissant et $\dfrac{du}{dt}$ positif. On a ensuite d'après les valeurs de a, b,

$$c = \frac{1 + ab}{a + b} = \frac{2 - 2\alpha^2 - 2\beta^2 + 4\alpha^2\beta^2}{2 - 2\alpha^2 - 2\beta^2},$$

et comme c'est $1 + c$ qui entre dans l'équation précédente et dans la valeur (3) de k, il est plus simple de poser $1 + c = 2f$, de sorte que

$$(5) \qquad f = 1 + \frac{\alpha^2\beta^2}{1 - \alpha^2 - \beta^2},$$

quantité peu supérieure à l'unité. L'équation ci-dessus se réduit ainsi à

$$(6) \qquad \sqrt{\frac{g}{l}}\, dt = \frac{du}{\sqrt{f - s}} \qquad \text{où} \quad s = \alpha^2 \cos^2 u + \beta^2 \sin^2 u.$$

D'après les valeurs de a, b, $c + 1$, la formule (3) devient de même

$$k = \sqrt{2f(1 - a)(1 - b)} = \alpha\beta\sqrt{8f},$$

et en substituant les valeurs précédentes de dt et de k dans la formule (1) on aura

$$\sin^2 \theta\, d\varphi = \frac{k\sqrt{2}\, du}{\sqrt{f - s}} = \frac{4\alpha\beta\sqrt{f}\cdot du}{\sqrt{f - s}}.$$

En outre, on a remplacé $\cos\theta$ ou x par $1 - 2s$, d'où $\sin^2\theta = 1 - (1 - 2s)^2$, et par suite

$$(7) \qquad d\varphi = \frac{\alpha\beta\sqrt{f}\cdot du}{s(1 - s)\sqrt{f - s}}.$$

Supposons maintenant θ', θ'' de grandeur quelconque, mais satisfaisant la condition $a + b > o$ ou $\cos\theta' + \cos\theta'' > o$, que nous

292

avons vu être nécessaire; elle signifie que θ'' est aigu et $\theta' < \pi - \theta''$;
d'ailleurs

$$\frac{a + b}{2} = 1 - \alpha^2 - \beta^2 ;$$

cette quantité étant positive la valeur (5) de f dépasse l'unité;
celle de s étant comprise entre α^2 et β^2, on a toujours $\dfrac{s}{f} < 1$; or
cette condition est suffisante pour que $\dfrac{1}{\sqrt{f - s}}$ ou $(f - s)^{-\frac{1}{2}}$ soit
exprimable en série convergente, et il en sera par suite de même
des intégrales des formules (6) et (7); toutefois nous continuerons
de supposer que α et β sont de petits nombres, de façon à pouvoir
négliger les termes qui les contiennent au quatrième degré.

En substituant dans les formules (7) et (6) les développements
de $\dfrac{1}{\sqrt{f - s}}$ et $\dfrac{1}{1 - s}$ en série, on a

$$d\varphi = \frac{\alpha\beta}{s} (1 + s + s^2 + \ldots)\left(1 + \frac{s}{2f} + \ldots\right) du =$$

$$= \frac{\alpha\beta\,du}{s}\left[1 + s\left(1 + \frac{1}{2f}\right) + \ldots\right],$$

ou

$$d\varphi = \frac{\alpha\beta\,du}{s} + \alpha\beta\left(1 + \frac{1}{2f}\,du + \ldots,\right. \qquad \sqrt{\frac{g}{l}}\,dt = \frac{du}{\sqrt{f}}\left(1 + \frac{s}{2f} + \ldots\right)$$

En négligeant les termes du quatrième degré par rapport à α, β,
on a $f = 1$ d'après la valeur (5), et en remarquant que s est du
second degré, les équations précédentes se réduisent à

$$d\varphi = \frac{\alpha\beta\,du}{s} + \frac{3}{2}\,\alpha\beta\,du, \qquad \sqrt{\frac{g}{l}}\,dt = \left(1 + \frac{s}{2}\right) du .$$

Nous avons vu que la valeur $u = o$ correspond à $x = a$ ou
$\theta = \theta'$; supposons qu'on ait alors $t = o$, $\varphi = o$; l'instant d'un
maximum d'écart de la verticale sera ainsi l'époque initiale, et en
substituant la valeur de s les équations ci-dessus donneront

$$\varphi = y + \frac{3}{2}\,\alpha\beta u, \quad \text{où} \quad y = \int_0^u \frac{\alpha\beta du}{\alpha^2 \cos^2 u + \beta^2 \sin^2 u},$$

$$t\sqrt{\frac{g}{l}} = u + \frac{1}{2}\int \left[\frac{\alpha^2 + \beta^2}{2} + \frac{\alpha^2 - \beta^2}{2}\cos 2u\right] du =$$

$$= u\left(1 + \frac{\alpha^2 + \beta^2}{4}\right) + \frac{\alpha^2 - \beta^2}{4}\sin u \cos u .$$

La durée d'oscillation T est le temps au bout duquel le mobile est revenu au point le plus élevé, ou θ à son maximum θ'; il correspond à $u = \pi$; au degré d'approximation auquel nous nous arrêtons on a

$$\alpha^2 = \sin^2 \frac{\theta'}{2} = \frac{\theta'^2}{4}, \qquad \beta^2 = \frac{\theta''^2}{4},$$

d'où résulte

$$T = \pi\sqrt{\frac{l}{g}}\left(1 + \frac{\theta'^2 + \theta''^2}{16}\right);$$

en supposant $\theta'' = 0$, le mouvement devient celui du pendule simple, et la valeur de T coïncide avec celle que nous avons trouvée au numéro 66.

La valeur de l'expression y, en divisant haut et bas par $\alpha^2 \cos^2 u$, peut s'écrire

$$y = \int_0^u \frac{d.\left(\frac{\beta}{\alpha}\,\text{tang } u\right)}{1 + \left(\frac{\beta}{\alpha}\,\text{tang } u\right)^2} \mid \text{arc tang}\left(\frac{\beta}{\alpha}\,\text{tang } u\right),$$

de sorte que tang $y = \dfrac{\beta}{\alpha}$ tang u. Il faut remarquer que $u = 0$ correspond à $y = 0$, et que y croît constamment avec u; ainsi pour $u = \dfrac{\pi}{2}$ on a $y = \dfrac{\pi}{2}$, et quand u croît au delà, y augmente de même. Par conséquent y et u sont toujours compris dans le même quadrant, et toutes les fois que u devient un multiple de $\dfrac{\pi}{2}$, y lui est égal.

En négligeant le quatrième degré, on peut dans le terme $\dfrac{3}{2}\,\alpha\beta u$

remplacer u par la valeur au second degré près, ou par $t\sqrt{\dfrac{g}{l}}$,

et celle de φ devient ainsi

$$\varphi = \frac{3}{2}\,\alpha\beta\,\sqrt{\frac{g}{l}}\,t + y.$$

Si l'on néglige le terme en $\alpha\beta$ ou que l'on pose $\varphi = y$, on aura $\varphi = u$ quand $u = o,\ \dfrac{1}{2}\,\pi,\ \pi,\ \dfrac{3}{2}\,\pi$, etc., de sorte qu'au bout d'une double oscillation le mobile sera revenu au point de départ ; la trajectoire est alors rentrante, et sa projection sur le plan des xy est de forme ovale, ayant pour centre l'origine O. En supposant que A soit la position initiale et que M corresponde à u, on aura $\overline{OM}^{\,2} = l^2 \sin^2\theta$; on a vu que $\sin^2\theta = 1 - (1 - 2s)^2$; en négligeant le quatrième degré il en résulte $OM = 2l\sqrt{s}$; l'angle polaire $AOM = y$; d'ailleurs

$$\operatorname{tang} y = \frac{\beta}{\alpha}\,\operatorname{tang} u, \qquad \cos y = \frac{\alpha\cos u}{\sqrt{s}}, \qquad \sin y = \frac{\beta\sin u}{\sqrt{s}}\,.$$

d'où résulte

$$OM \cos y = 2l\alpha\cos u, \qquad OM \sin y = 2l\beta\sin u.$$

Ce sont les coordonnées rectangulaires du point M, rapportées à des axes OA, OB ; on en conclut aisément que le lieu des points M, ou l'ovale, est une ellipse ayant pour demi-axes $OA = 2l\alpha$, $OB = 2l\beta$.

On passe de l'hypothèse précédente au mouvement exact en supposant l'angle polaire φ constamment augmenté de $\dfrac{3}{2}\alpha\beta\sqrt{\dfrac{g}{l}}\,t$; ainsi pendant qu'en projection le mobile circule comme ci-dessus sur l'ellipse, l'axe OA tourne en même temps autour du point O, dans le sens du mouvement, avec une vitesse angulaire constante

$$\frac{3}{2}\alpha\beta\sqrt{\frac{g}{l}}\,.$$

69. Théorie du choc. — *Propriétés des quantités de mouvement.* — On nomme *quantité de mouvement* d'un point matériel le produit mv de sa masse par sa vitesse ; s'il s'agit d'un corps ce terme doit s'entendre de son centre de gravité et de la vitesse de ce centre. En tous cas on peut figurer la quantité de mouvement comme la vitesse par une droite tangente à la trajectoire, et dont les projections sont par suite $m\,\dfrac{dx}{dt}$, $m\,\dfrac{dy}{dt}$, $m\,\dfrac{dz}{dt}$.

Si l'on désigne par $m, m', m''\dots$ les masses de plusieurs points, par $x, y, z, x'\,y'$, etc., leurs coordonnées, par x_1, y_1, z_1, celles de leur centre de gravité, par M sa masse $m + m' + m'' + \dots$, on a

$$\mathrm{M}x_1 = mx + m'x' + \text{etc.,} \qquad \mathrm{M}\,\frac{dx_1}{dt} = m\,\frac{dx}{dt} + m'\,\frac{dx'}{dt} + \text{etc.} ;$$

ainsi *la projection de la quantité de mouvement du centre de gravité sur un axe est la somme de celles des quantités de mouvement des divers points.* Cette somme reste constante si aucune force extérieure n'agit sur le système, le mouvement du centre de gravité étant alors rectiligne et uniforme.

Application au choc. — Le choc est supposé ici entre deux solides entièrement libres. Lorsqu'ils viennent à se rencontrer il se développe entre eux une répulsion énergique f perpendiculaire au plan tangent commun aux deux surfaces au point de contact, nommé *plan du choc ;* elle est accompagnée d'une déformation en général très faible en ce point. Les vitesses changent alors notablement, et d'une façon tellement rapide que pendant ce temps il n'y aucun déplacement sensible des corps, et en outre que l'effet des forces extérieures, de la pesanteur. etc., est négligeable. Ces deux circonstances sont les caractères essentiels du choc. La question à résoudre consiste à trouver autant que possible pour chaque corps sa vitesse après le choc, connaissant sa vitesse antérieure.

Pendant le choc, dont la durée est en général une fraction imperceptible de seconde, le plan du choc reste invariable, de même que sa normale, direction de la force f. Supposons l'axe des x parallèle à celle-ci ; ses projections sur OY et OZ étant nulles, on aura pour le centre de gravité C du premier corps $\frac{d^2y}{dt^2} = 0$, $\frac{dy}{dt} = $ const., et de même $\frac{dz}{dt} = $ const. ; ainsi les projections de la vitesse sur OY et OZ sont les mêmes avant et après le choc. Par conséquent *si l'on décompose la vitesse du centre de gravité du premier corps en deux autres, parallèles l'une à la normale l'autre au plan du choc, la seconde reste invariable, et il en est de même pour le second corps.*

Soient ensuite C, C' les centres de gravité des deux corps ; m, m' leurs masses ; v, v' les projections des vitesses de C, C' sur l'axe des x à un instant quelconque ; u celle de la vitesse constante du centre de gravité total ; a, a' les valeurs de v, v' avant le choc ; A, A' leurs valeurs après. On aura constamment, d'après les propriétés des quantités de mouvement, les relations

$$(1) \qquad mv + m'v' = (m + m')u = ma + m'a', \qquad u = \frac{ma + m'a'}{m + m'},$$

dont la dernière donne la valeur de u. En remplaçant v, v' par A, A', il en résulte

$$m(A - u) + m'(A' - u) = 0, \qquad m(u - a) + m'(u - a') = 0,$$

$$\frac{A - u}{u - a} = \frac{A' - u}{u - a'} \, .$$

En désignant par e la valeur commune de ces deux rapports, on aura

$$(2) \qquad A - u = e(u - a), \qquad A' - u = e(u - a'),$$

u ayant la valeur (1). Ainsi la recherche de A, A' se trouve ramenée à celle du nombre e ; or celui-ci dépend à la fois de la forme des deux solides, et de leur degré d'élasticité. Nous allons examiner le cas où ils sont sphériques.

Choc central de deux sphères. — On désigne ainsi le cas où les

centres C, C' de m, m' restent sur une même
droite, que nous prendrons pour OX ; les
lettres v, v', u, a, etc., désigneront alors les 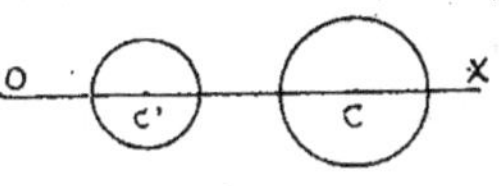
vitesses elles-mêmes, prises avec le signe $+$ ou $-$ suivant qu'elles
ont ou non le sens OX ; nous supposerons m en avant de m', et
pour qu'il y ait un choc, il faut que $a' - a$ soit positif.

La distance r des centres est $x - x'$, x correspondant à C, et
x' à C' ; il en résulte

$$\frac{dr}{dt} = \frac{dx}{dt} - \frac{dx'}{dt} = v - v'.$$

A l'instant où commence le contact $\frac{dr}{dt}$ ou $a - a'$ est négatif et
les centres se rapprochent ; tant que r diminue la compression
des sphères s'accroît et la force répulsive agit, augmentant v et
diminuant v' ; il en est ainsi jusqu'à l'instant où $\frac{dr}{dt} = o$, $v = v'$,
et d'après la formule (1), $v = v' = u$; c'est la fin de la première
période du choc.

Si les deux corps n'ont point d'élasticité, ou sont *parfaitement
mous*, toute répulsion cesse à cet instant, parce qu'ils ne tendent
point à reprendre leur forme primitive. Ils continuent donc de se
mouvoir réunis, avec la vitesse commune u, en conservant leur
déformation ; tel est le cas de deux balles de plomb.

Si les sphères sont au contraire parfaitement élastiques, la
répulsion a la même valeur quand le degré d'aplatissement est le
même, soit que celui-ci se trouve dans sa période d'augmentation
ou de diminution, et voici ce qui en résulte.

Si dans un même temps dt les centres parcourent des espaces
dx, dx', le travail de la force répulsive f, qu'on peut supposer
appliquée à C, C' est fdx pour C, et $- fdx'$ pour C' ; leur somme
est $f(dx - dx') = fdr$.

Ce travail, dans la première période du choc, quand r éprouve
une diminution infiniment petite de r' à r'', est donc $- f(r' - r'')$;

dans la seconde période, il viendra un instant où r croîtra de r'' à r', et comme alors f a la même intensité, le travail sera $f(r' - r'')$; les deux ont une somme nulle, et en comparant ainsi les travaux élémentaires correspondant à tous les changements de r, on voit qu'ils sont les mêmes en signe contraire dans les deux périodes, Ainsi pendant la durée entière du choc le travail total de la force f sur le point C et son travail sur C' ont une somme nulle ; or ils représentent l'accroissement total de la demi-force vive de C ou C' ; leur somme étant nulle *la force vive totale de deux sphères parfaitement élastiques est la même avant et après le choc.* Si l'élasticité est imparfaite, la répulsion a dans la seconde période une intensité moindre que dans la première, le travail négatif l'emporte, et par suite la somme des forces vives des deux sphères est moindre après qu'avant le choc.

Posons maintenant

$$mA^2 + m'A'^2 = P, \qquad ma^2 + m'a'^2 = p, \qquad (m + m')u^2 = p',$$

$$m(A - u)^2 + m'(A' - u)^2 = Q, \qquad m(a - u)^2 + m'(a' - u)^2 = q,$$

de sorte que p, P, p' soient la somme des forces vives des sphères avant et après le choc et à l'instant de la vitesse commune. On a d'après les formules (1)

$$q = (ma^2 + m'a'^2) + (m + m')u^2 - 2u(ma + m'a') = p + p' - 2p',$$

ou $q = p - p'$, et de même $Q = P - p'$; or d'après les formules (2), $Q = e^2 q$, d'où

$$P - p' = e^2(p - p').$$

La vitesse du point C a successivement les valeurs a, u, A, et ses accroissements $u - a$, $A - u$ sont de même signe, la force agissant toujours dans le même sens ; leur rapport $\dfrac{A - u}{u - a}$ ou e est donc positif ; il est nul dans le cas des corps parfaitement mous, puisque $A = u$. S'ils sont parfaitement élastiques on a vu que $P = p$, et la relation ci-dessus donne alors $e^2 = 1$, $e = 1$; elle donne $e^2 < 1$ si l'élasticité est imparfaite, puisque $P - p' < p - p$; dans ce cas e est compris entre o et 1; aussi pour le choc on regarde le nombre e comme une mesure du degré d'élasticité.

Choc quelconque de deux sphères. Extension à des corps non sphériques. — Dans le cas de deux sphères, en prenant toujours pour axe des x la normale au plan du choc, désignant par b, b' les projections des vitesses sur ce plan, la force vive de la première sphère est $m(a^2 + b^2)$ avant le choc, $m(A^2 + b^2)$ après; son accroissement est donc $mA^2 - ma^2$, comme dans le cas du choc central; on a de même $r = x - x'$ pour la distance des centres et dès lors tout ce que nous avons dit soit des changements successifs des vitesses normales v, v', soit de la valeur de e, reste exact pour le choc quelconque.

En outre pour obtenir ces résultats, la forme sphérique n'est pas nécessaire; il suffit que les centres de gravité C, C' des deux solides se trouvent sur la normale menée par le point de contact au plan du choc. Il en est ainsi entre autres pour deux solides de révolution dont les axes de figure resteraient constamment placés sur la droite OX.

Dans ce cas, où rentre le choc central de deux sphères, il faut remarquer en outre que les deux solides, même élastiques, peuvent par une cause quelconque rester adhérents après le choc; il en résulte $e = o$ et les formules sont alors les mêmes que pour des corps mous. La diminution de force vive, comme on l'a vu, est dans ce cas

$$p - p' = q = m(a - u)^2 + m'(a' - u)^2,$$

c'est-à-dire la *force vive qui serait due aux vitesses perdues,* ou aux changements de vitesse $a - u$, $a' - u$.

Si C ou C' n'est pas sur la normale au plan du choc, les formules (1) et (2) sont toujours exactes, mais la valeur de e ne peut se conclure du degré d'élasticité; en effet, les diverses phases de la déformation ne dépendent pas alors seulement des changements de v et v' mais aussi de ceux des vitesses de rotation, lesquels sont également brusques.

Choc de deux sphères parfaitement élastiques. — Les formules (2) où $e = 1$ donnent

$$(3) \qquad A = 2u - a, \qquad A' = 2u - a'.$$

Premier cas. — La sphère C est la terre ou le sol. Dans la valeur (1) de u, $\dfrac{m'}{m}$ est infiniment petit; elle se réduit ainsi à $u = a$, ou $u = o$, le sol étant supposé immobile ; les formules (3) donnent

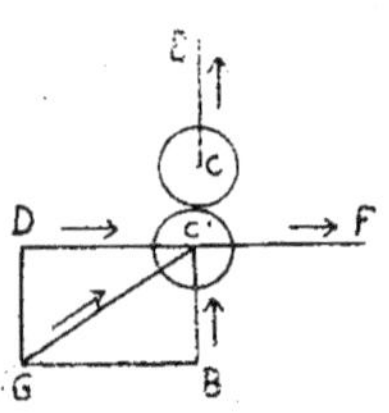

ensuite $A = o$, $A' = -a'$. Figurons la vitesse horizontale ou parallèle au plan du choc, avant et après le choc, par $D'C' = C'D$, la vitesse normale par $a' = BC'$ avant le choc; elle sera l'opposée C'B après, et les vitesses absolues deviennent ainsi E'C' avant le choc, C'E après ; elles sont égales, de même que les angles d'incidence et de réflexion BC'E', BC'E. Si la vitesse BC' existait seule, le corps tombant d'une certaine hauteur, il devrait, en faisant abstraction de la résistance de l'air, remonter à la même hauteur.

Second cas. — Supposons les masses égales. Les équations (1) et (3) donnent alors $u = \dfrac{a + a'}{2}$, $A = 2u - a = a'$, $A' = a$; ainsi les vitesses normales s'échangent entre elles. Si par exemple m était immobile, soient GC' la vitesse de C' avant le choc, DC' et BC' ses composantes parallèle et normale au plan du choc ; la seconde sera transmise à C qui prendra la vitesse CE = BC', tandis que C' conservera seulement la vitesse C'F = DC'.

Si DC' était nulle, ou le choc central, C' deviendrait immobile. Si la sphère m était remplacée par une série de sphères égales en repos et se touchant toutes, chacune communiquerait sa vitesse à la suivante, et la dernière partirait seule avec la vitesse de C', les autres restant en repos. L'expérience dans ce cas est plus conforme à la théorie que dans celui d'une sphère tombant sur le sol, sans doute à cause de l'influence des mouvements vibratoires qui accompagnent toujours le phénomène, et dans ce dernier cas se dispersent au loin.

70. Équilibre mobile de rotation. — On observe souvent qu'un système matériel déformable, tournant d'un mouvement uniforme autour d'un axe fixe OZ, prend de lui-même une forme déterminée qui reste ensuite invariable. Il tourne alors autour de l'axe comme s'il lui était lié d'une manière fixe. Tel est le cas d'une lame élastique RR formant une circonférence, quand on la place en R'R' de façon que l'axe OZ lui soit soudé en B, et passe librement en A par une ouverture de la lame. Celle-ci, entraînée par la rotation de l'axe, s'aplatit d'autant plus que la rotation est plus rapide.

C'est cette position stable de la lame ou de tout autre système qui se nomme une position *d'équilibre mobile,* et dont la recherche peut se ramener comme il suit à une question de statique. D'après le numéro 50, en écrivant T, N au lieu de T', N', on a

$$ T = m\,\frac{dv}{dt}, \qquad N = m\,\frac{v^2}{\rho}, $$

pour les composantes tangente et normale de la force f agissant sur un point ; ces équations font connaître la force produisant un mouvement donné. Si le point doit parcourir d'une vitesse uniforme v une circonférence de rayon r, on a pour le rayon de courbure $\rho = r$, et de plus $\frac{dv}{dt} = o$, d'où $T = o$; la force f se réduit à N ; elle est donc égale à $\frac{mv^2}{r}$ et dirigée vers le centre du cercle. Si le point fait partie d'un système dont la vitesse angulaire uniforme soit n, on a

$$v = nr, \qquad F = n^2 mr.$$

Tout système peut être regardé comme un assemblage de particules ou de points libres, entre lesquels agissent des forces mutuelles. Pour le point A de masse m, soient φ, φ', φ'', ... les forces qui agissent sur lui, soit extérieures, soit provenant des points voisins. Puisqu'il tourne uniformément, il arrive nécessairement que φ, φ', φ'', etc., ont pour résultante la force N ci-dessus; ainsi quand le système prend en tournant une forme invariable, elle est telle que cette condition soit satisfaite pour chacun de ses points.

On peut exprimer la même condition en disant que les forces φ, φ', φ'', ... seraient équilibrées par une force N' égale et opposée à N.

Si au contraire le système est en repos, il prend une forme d'équilibre telle que pour chaque point les forces agissant sur lui se détruisent. Supposons maintenant qu'en le laissant ainsi en repos, on fasse agir réellement sur tous ses points la force N', outre les autres; il prendra de lui-même une forme telle que les forces N', φ, φ', φ'', etc., se fassent partout équilibre; cette forme sera donc la même qu'il avait en tournant.

La force additionnelle N' ou $mn^2 r$ agit suivant le prolongement du rayon du cercle décrit par le point, et se nomme la *force centrifuge*. Par conséquent, *pour trouver la forme du système à l'état d'équilibre mobile, on doit chercher celle qu'il prendrait à l'état d'équilibre immobile, en supposant tous ses points animés de la force centrifuge, outre les forces réelles.* Pour le ressort ci-dessus par exemple, les forces centrifuges tendent à éloigner les divers points de l'axe et produisent l'aplatissement observé.

La force centrifuge qui a été mentionnée au numéro 50 était une force réelle, exercée par le point sur la courbe qu'il devait suivre, ou en général sur l'obstacle qui le contraint à tourner.

Toutes les fois qu'on considère cette force comme exercée non *par le mobile*, mais *sur lui*, c'est une force fictive. Dans le cas actuel on suppose que cette force agit; c'est une hypothèse inexacte, corrigeant l'erreur que l'on commet en regardant le système comme immobile pour calculer sa forme d'équilibre.

Prenons pour exemple une masse d'eau contenue dans un vase tournant avec une vitesse angulaire uniforme n autour d'un axe vertical OX; la forme du vase est supposée de révolution autour de OX; l'eau partagera son mouvement, et sa surface libre prendra aussi la 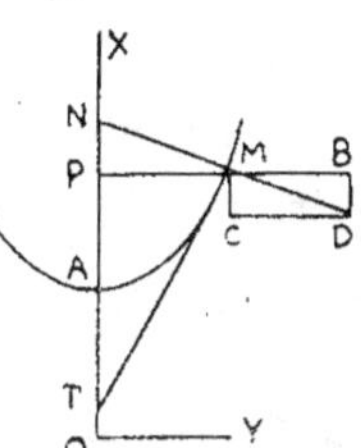 forme d'une surface de révolution; soit AM sa courbe méridienne. Elle devra, d'après la théorie des fluides, être telle que la résultante des forces agissant sur une particule m placée en M soit dirigée suivant la normale MN. Les forces sont le poids mg de la particule, figuré par la verticale MC, et sa force centrifuge $mn^2r =$ MB, suivant le prolongement de MP perpendiculaire à l'axe. La résultante MD des deux forces étant le prolongement de MN, les triangles MNP, MCD sont semblables, et en posant PN $= p$, on a

$$\frac{NP}{MP} = \frac{MC}{CD}, \quad \text{ou} \quad \frac{p}{r} = \frac{mg}{mn^2r}, \qquad p = \frac{g}{n^2},$$

Ainsi p est constant; pour en déduire l'équation de la courbe, x et y étant les coordonnées de M, et MT la tangente, on a

$$MP = y, \qquad \frac{dy}{dx} \text{ tang MTX} = \text{tang NMP} = \frac{p}{y},$$

d'où

$$2ydy = 2pdx, \qquad y^2 = 2p(x - a),$$

a étant une constante. En transportant l'origine au point A pour lequel $x = a$, l'équation devient $y^2 = 2px$; la courbe est donc une parabole de sommet A, et la surface un paraboloïde de révolution.

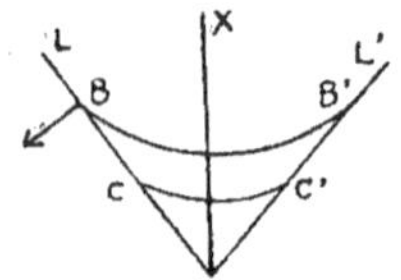

Examinons en particulier le cas où la forme du vase est conique, i étant l'angle LOX d'une génératrice avec la verticale. Si l'on augmente la vitesse n, l'équilibre s'établissant de nouveau, p ou $\dfrac{g}{n^2}$ diminue, et la courbure au sommet augmente. Il vient donc un instant où la courbe BB′ est tangente à OL, OL′; la résrltante des forces mg, mn^2r en B est alors perpendiculaire à OB, d'où tang $i = \dfrac{mg}{mn^2r}$; si donc on diminue le volume V de l'eau, il faudra pour obtenir cette forme tangente CC′, que n^2r en C soit le même, et r étant plus petit qu'en B, la vitesse n devra être plus grande.

Si la forme BB′ existe, et qu'au lieu d'enlever de l'eau on augmente la vitesse, la résultante de la pesanteur et de la force centrifuge en B ne sera plus perpendiculaire à OL comme auparavant, mais telle que sa projection sur cette droite ait le sens OL; cela aura lieu de même en tout point de BL, la force centrifuge étant plus grande. L'eau coulera donc le long de la paroi en remontant, et sortira du vase, jusqu'à ce que le volume V ainsi réduit corresponde à la nouvelle vitesse n, et que la courbe reprenne la forme tangente CC′.

71. Forces apparentes et leur application aux mouvements terrestres. — Désignons les coordonnées d'un point matériel M par x, y, z relativement à des axes fixes dans l'espace, et par x', y', z' relativement à des axes parallèles aux premiers et de même sens, ayant pour origine le centre O de la terre, OZ′ étant dirigé vers le pôle boréal; α, β, γ seront les coordonnées du centre par rapport aux axes fixes. Nous supposerons toutes les forces rapportées à l'unité de masse, F étant la force réelle agissant sur M, et X, Y, Z ses projections. On aura ainsi $x = x' + \alpha$, etc. Les équations du mouvement du point seront

$$\frac{d^2(x' + \alpha)}{dt^2} = \frac{d^2x}{dt^2} = X, \qquad \frac{d^2x'}{dt^2} = X - \frac{d^2\alpha}{dt^2},$$

et deux autres analogues. Soit F' une force ayant pour projections $-\dfrac{d^2\alpha}{dt^2}, -\dfrac{d^2\beta}{dt^2}, -\dfrac{d^2\gamma}{dt^2}$, de sorte que F' soit l'accélération de l'origine en sens contraire; soient aussi X', Y', Z' les sommes des projections de F et F' sur les axes. Les équations du mouvement deviendront

$$\frac{d^2x'}{dt^2} = X', \qquad \frac{d^2y'}{dt^2} = Y', \qquad \frac{d^2z'}{dt^2} = Z'.$$

On pourra donc employer pour le mouvement du point les formules usuelles, en considérant le centre de la terre comme immobile, mais en prenant X', Y', Z' comme projections de la force, c'est-à-dire en supposant que la force fictive F' agisse, outre la force réelle F.

Nous pouvons admettre que le sens de la rotation terrestre soit de OX' vers OY'; imaginons ensuite qu'un nouveau système d'axes OX, OY, OZ coïncide avec les précédents quand $t = o$, mais accompagne la rotation; de la sorte, au bout d'un temps t, ils auront tourné de nt, n étant la vitesse angulaire terrestre; x, y, z étant les nouvelles coordonnées de M, on aura

$$x' = x \cos nt - y \sin nt, \qquad y' = x \sin nt + y \cos nt, \qquad z' = z.$$

Ces coordonnées sont les projections anciennes et nouvelles de de OM, et les mêmes relations existent entre celles de F ou de F', d'où résulte

$$X' = X \cos nt - Y \sin nt, \qquad Y' = X \sin nt + Y \cos nt, \qquad Z' - Z,$$

X, Y, Z étant les sommes des projections de F et F' sur les nouveaux axes. La valeur de y' donne

$$\frac{dy'}{dt} = \left(\frac{dx}{dt} - ny\right) \sin nt + \left(\frac{dy}{dt} + nx\right) \cos nt, \quad \frac{d^2y'}{dt^2} = P \sin nt + Q \cos nt,$$

en posant

$$P = \frac{d^2x}{dt^2} - n^2x - 2n\frac{dy}{dt}, \qquad Q = \frac{d^2y}{dt^2} - n^2y + 2n\frac{dx}{dt}.$$

La valeur de x' se déduit de celle de y' en remplaçant nt par $nt + \frac{\pi}{2}$, et il est clair que $\frac{d^2x'}{dt^2}$ se déduirait de même de $\frac{d^2y'}{dt^2}$, d'où résulte

$$\frac{d^2x'}{dt^2} = P \cos nt - Q \sin nt.$$

En substituant les valeurs de $\frac{d^2x'}{dt^2}$, $\frac{d^2y'}{dt^2}$, X', Y' dans les équations du mouvement, elles deviennent

$$P \cos nt - Q \sin nt = X \cos nt - Y \sin nt,$$

$$P \sin nt + Q \cos nt = X \sin nt + Y \cos nt, \qquad \frac{d^2z}{dt^2} = Z.$$

Les deux premières donnent P = X, Q = Y, et d'après les valeurs de P et Q, il en résulte pour les équations du mouvement rapportées aux nouveaux axes,

$$\frac{d^2x}{dt^2} = X + 2n\frac{dy}{dt} + n^2x,$$

$$\frac{d^2y}{dt^2} = Y - 2n\frac{dx}{dt} + n^2y, \qquad \frac{d^2z}{dt^2} = Z.$$

Soient f, f' deux forces telles que

$$2n\frac{dy}{dt}, \qquad -2n\frac{dx}{dt} \quad \text{et} \quad o$$

soient les projections de f, et

$$n^2x, \qquad n^2y, \qquad o,$$

celles de f'. Comme X, Y, Z sont déjà celles de F, F′ réunies, les seconds membres des équations précédentes sont les sommes des projections de F, F′, f, f'. On pourra donc en supposant la terre immobile calculer le mouvement de M par les équations ordinaires de la dynamique, pourvu qu'on regarde le point comme animé des trois forces fictives ou apparentes F′, f, f', outre la force réelle F ; f se nomme la *force centrifuge composée*.

Forces relatives dans le cas général. — Désignons par S un système d'axes fixes ; par S′ un système d'axes, d'origine O′, ayant un mouvement quelconque ; par x, y, z, x', y' z' les coordonnées d'un point matériel M par rapport à S et S′ ; par α, β, γ les coordonnées de O′ relatives à S. Les formules de transformation seront

$$x = \alpha + ax' + a'y' + a''z',$$

et deux autres analogues, les cosinus a, a' etc., correspondant aux axes S′, comme on l'a vu au numéro 4. On en déduit

$$\frac{d^2x}{dt^2} = A + A' + A'', \qquad \frac{d^2y}{dt^2} = B + B' + B'', \qquad \frac{d^2z}{dt^2} = C + C' + C'',$$

expressions dans lesquelles A, B, C sont les termes contenant $\frac{d^2x'}{dt^2}$, $\frac{d^2y'}{dt^2}$, $\frac{d^2z'}{dt^2}$; A′, B′, C′ ceux où entrent $\frac{dx'}{dt}$, $\frac{dy'}{dt}$, $\frac{dz'}{dt}$, et A″, B″, C″ tous les autres.

1° Dans ces formules $\frac{d^2x}{dt^2}$, $\frac{d^2y}{dt^2}$, $\frac{d^2z}{dt^2}$ sont les projections de la force réelle F agissant sur le mobile, en supposant comme dans le cas de la terre toutes les forces rapportées à l'unité de masse.

2° On a

$$A = a\,\frac{d^2x'}{dt^2} + a'\,\frac{d^2y'}{dt^2} + a''\,\frac{d^2z'}{dt^2} ;$$

or $\frac{d^2x'}{dt^2}$, $\frac{d^2y'}{dt^2}$, $\frac{d^2z'}{dt^2}$ sont les projections sur les axes S′ de la *force relative* F_r, ou de celle qu'il faudrait supposer agir si l'on considérait S′ comme immobile ; ainsi d'après le théorème VI du numéro 3,

A est la projection de F_r sur OX; B et C sont de même ses projections sur OY, OZ.

3° Si le point reste fixe par rapport au système S', ou que $x'\ y'\ z'$ soient constantes, les valeurs de $\dfrac{d^2x}{dt^2}, \dfrac{d^2y}{dt^2}, \dfrac{d^2z}{dt^2}$ se réduisent à A'', B'', C'', qui sont par suite les projections de la *force d'entraînement* F_e, ou de celle qui est propre à donner au point ce mouvement.

4° On peut regarder A', B', C' comme les projections d'une certaine force φ.

Par conséquent, F est résultante de F_r, F_e et φ, ses projections étant les sommes de celles des autres, et en désignant par $-F_e$, $-\varphi$ des forces égales et directement opposées à F_e et φ, F_r est *résultante de F,* $-F_e$ *et* $-\varphi$.

Signification de la force φ. — Dans le cas de la terre nous avons trouvé que l'ensemble des forces à attribuer au point pour produire son mouvement relatif, c'est-à-dire la force relative F_r, était la résultante de F, F', f et f'; par suite en ce cas $-F_e$ et $-\varphi$ équivalent à F', f et f'.

Or les projections A', B', C' de φ contiennent $\dfrac{dx'}{dt}, \dfrac{dy'}{dt}, \dfrac{dz'}{dt}$, de sorte que φ dépend seulement de la vitesse relative du point, et F_e seulement de sa position relative. On voit de même, d'après les projections de F', f, f' trouvées précédemment, que f dépend seulement de cette vitesse, et qu F', f' n'en dépendent pas. Par conséquent $-\varphi$ dans ce cas est la même que la force f; du reste f', comme on le verra, est la force centrifuge de la rotation terrestre, et on pourrait vérifier d'après cela que F' et f' équivalent à $-F_e$.

En outre, A', B', C'. ne contenaient ni α, β, γ, ni les dérivées secondes de a, $a'\ b$, etc., et par suite φ ne dépend que de la position et de la vitesse actuelles du système S'; de la sorte φ ne change pas si l'on suppose que l'axe instantané et la vitesse angulaire restent toujours les mêmes qu'à l'instant actuel, la translation étant d'ailleurs quelconque. Or le cas de la terre est celui-là dans toute sa généralité.

Par suite — φ est la même que f non seulement dans le cas de la terre, mais dans le cas général. Il en résulte le principe suivant : *La force relative est résultante de la force d'entraînement prise en sens contraire, de la force reelle, et de la force centrifuge composée.*

Cette dernière pour la terre était rapportée à des axes dont l'un était parallèle à l'axe de rotation ; mais nous verrons bientôt la règle qui la détermine indépendamment du choix des axes.

Toute force rapportée à l'unité de masse est la même que l'accélération correspondante ou est figurée par la même droite ; par suite le principe ci-dessus reste exact en remplaçant le mot de force par celui d'accélération.

72. **Force apparente provenant de la translation terrestre. Force centrifuge.** — *Signification de la force F″.*

— En figurant l'accélération du centre par la droite OA, la la force F′ est MB, égale et parallèle à OA en sens contraire. C'est une sorte d'effet de recul par lequel si la vitesse du centre s'accélère, le point M tend à rester en arrière. Les forces extérieures agissant sur tous les points de la terre sont les attractions des astres ; le centre de gravité O en est animé comme si elles lui étaient directement appliquées, et c'est leur résultante, rapportée à l'unité de masse, que représente l'accélération OA. En supposant le soleil S agissant seul, OA est dirigé vers S. Cette force ou son égale MB n'est point négligeable ; mais le point M lui-même est attiré vers le soleil avec une force MC dans la direction MS. Cette attraction est une force réelle ; toutefois on n'en tient jamais compte quand on calcule le mouvement des corps à la surface de la terre ; il convient de la réunir à la force fictive MB, à laquelle elle est presque égale et presque exactement opposée. Toutes deux seront alors remplacées par leur résultante qui est imperceptible.

Il y faut joindre des résultantes analogues, correspondant aux attractions des autres astres ; mais sauf celle de la lune, leur effet est négligeable. Ces forces très faibles provenant du soleil et de la lune produisent les marées ; le changement qu'elles apportent à la direction de la pesanteur, quelque petit qu'il soit, entraîne des effets mécaniques sensibles en s'effectuant sur une vaste étendue telle qu'un océan. Sur terre l'effet de ces forces est négligeable. Sans doute la composante verticale de la force produit des variations périodiques dans le poids des corps ; mais cet effet serait surtout sensible dans l'altération de la marche d'une pendule et l'écart qui en résulte ne dépasse pas $\frac{1}{200}$ de seconde.

De même la composante horizontale de la force fait bien décrire au fil à plomb une courbe journalière, mais même pour le pendule de 67^m que Foucault avait installé au Panthéon, il aurait fallu un puissant grossissement pour apercevoir cette déviation au microscope.

En résumé, nous devons négliger à la fois la force fictive F′ et l'attraction directe des astres sur le mobile M.

Effets de la force centrifuge terrestre. — C'est cette force que

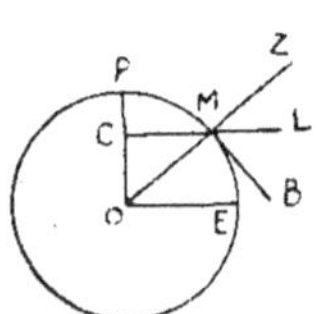

f' représente. En effet, en désignant par $MC = r$ la distance du point M à l'axe OP de la terre, la force centrifuge est $n^2 r$ dirigée suivant le prolongement ML de PM ; r pris avec ce sens a pour projections x, y et o ; ses cosinus sont donc $\frac{x}{r}$, $\frac{y}{r}$, o ; les projections de la force sont ainsi $n^2 r \times \frac{x}{r}$ ou $n^2 x$, $n^2 y$ et o, c'est-à-dire les mêmes que celles de la force f', trouvées au numéro précédent.

En regardant la terre comme sphérique, soient a son rayon OM dont le prolongement MZ est la verticale ; MB perpendiculaire à MZ ou tangente au méridien. La latitude du point M est l'angle

MOE, E étant sur l'équateur. La force f' dirigée suivant ML se décompose en deux autres, $f' \sin l$ suivant MB, $f' \cos l$ suivant MZ ; la première dévie vers le sud la direction que l'attraction terrestre donnerait au fil à plomb ; ce serait vers le nord dans l'hémisphère austral. Comme $r = \mathrm{CM} = a \cos l$, l'autre composante est

$$n^2 r \cos l = n^2 a \cos^2 l ,$$

et diminue cette attraction d'une très faible fraction, proportionnelle au carré du cosinus de la latitude, et qui est de $\dfrac{1}{290}$ à l'équateur.

La pesanteur est la résultante de l'attraction et de la force centrifuge, toutes deux proportionnelles aux masses, et qu'aucun procédé expérimental ne peut isoler l'une de l'autre.

La force centrifuge agit de la même façon sur les corps en repos et en mouvement. Nous avons déjà vu dans l'équilibre mobile de rotation, au point de vue purement statique, la raison de sa nature fictive. Pour des corps en mouvement on peut s'en rendre compte comme il suit :

Supposons le corps M immobile par rapport au sol, et tout près d'un observateur placé en A sur l'équateur. Si tout à coup le corps était soustrait à l'attraction terrestre, n'étant animé d'aucune force réelle, il parcourrait la droite MM' avec sa vitesse initiale, qui est aussi celle du point A. En même temps l'observateur tournant avec la terre viendrait en A', et le point lui paraîtrait s'être élevé verticalement au-dessus de lui en M', comme animé par une force l'éloignant du centre.

73. **Effets de la force centrifuge composée.** — D'après le numéro 71, en désignant par X', Y', Z' les projections de la force f, on a

$$\mathrm{X}' = 2n \frac{dy}{dt}, \qquad \mathrm{Y}' = -2n \frac{dx}{dt}, \qquad \mathrm{Z}' = 0 .$$

20*

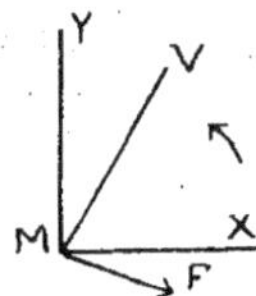

Prenons M pour origine, les axes MX, MY étant parallèles aux autres ; le plan des xy sera ainsi celui du parallèle du point M, et le sens de rotation terrestre celui de la flèche, allant de MX vers MY.

Soit $MV = u$ la projection de la vitesse du point M sur le plan des xy ; de la sorte $\dfrac{dx}{dt}$, $\dfrac{dy}{dt}$ sont les projections de MV sur MX, MY, et en désignant par φ son angle polaire, on aura

$$\frac{dx}{dt} = u\cos\varphi, \qquad \frac{dy}{dt} = u\sin\varphi, \qquad X' = 2nu\sin\varphi, \qquad Y' = -2nu\cos\varphi,$$

ou

$$X' = 2nu\cos\left(\varphi - \frac{\pi}{2}\right), \qquad Y' = 2nu\sin\left(\varphi - \frac{\pi}{2}\right).$$

Comme ce sont les projections de la force f on voit qu'elle a pour valeur $2nu$ et que son angle polaire est $\varphi - \dfrac{\pi}{2}$. Sa direction MF se déduit donc de MV en faisant tourner celle-ci de 90° autour du point M dans un sens opposé à celui de la rotation terrestre.

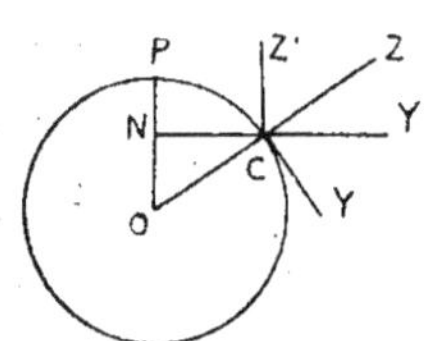

Pour nous rendre compte des autres effets de la force centrifuge composée, il vaut mieux la rapporter à l'horizon. Supposons le point mobile M dans le voisinage d'un point C de la surface terrestre. En prenant C pour origine, les coordonnées x', y', z' ne différeront de x, y, z que d'une constante ; on aura donc encore

$$\text{(A)} \qquad X' = 2n\frac{dy'}{dt}, \qquad Y' = -2n\frac{dx'}{dt}, \qquad Z' = 0.$$

D'ailleurs la construction géométrique de f est indépendante du choix des axes CX', CY' dans le plan du parallèle ; nous prendrons donc CY' suivant le prolongement de CN perpendiculaire à l'axe OP de la terre ; CZ' étant parallèle à OP, CX' est en avant de la figure ou à l'ouest du point C.

Changeons de nouveau les axes, en plaçant CX sur CX′, CZ sur le prolongement de OC, et par suite CY comme dans la figure.

Nous pouvons supposer la terre sphérique; par suite la latitude l est $+$ ZCY′ dans l'hémisphère nord, $-$ ZCY′ dans l'autre, et en tous cas l'angle de rotation des axes autour de OX′ est $90° - l$, de CZ′ vers CZ, d'où résulte, en désignant par X, Y, Z les nouvelles projections de la force f,

$$Z' = Z \sin l - Y \cos l, \qquad Y' = Z \cos l + Y \sin l,$$

ou

$$X = X', \qquad Y = Y' \sin l - Z' \cos l, \qquad Z = Y' \cos l + Z' \sin l.$$

On a de même $x' = x$, $y' = z \cos l + y \sin l$, et en désignant par α, β, γ les projections de la vitesse sur les nouveaux axes, et ayant égard aux valeurs (A),

$$\frac{dx'}{dt} = \alpha, \qquad \frac{dy'}{dt} = \beta \sin l + \gamma \cos l, \qquad X' = 2n(\beta \sin l + \gamma \cos l),$$

$$Y' = -2n\alpha, \qquad Z' = o;$$

en substituant ces valeurs dans celles de X, Y, Z, on trouve

$$X = 2n(\beta \sin l + \gamma \cos l), \qquad Y = -2n\alpha \sin l, \qquad Z = -2n\alpha \cos l.$$

Voici des exemples de l'effet de la force f, en supposant tour à tour la vitesse verticale ou horizontale.

Cas où la vitesse est verticale. — Si le mobile tombe avec une vitesse v on a $\alpha = \beta = o$, $\gamma = -v$, d'où

$$X = -2nv \cos l, \qquad Y = o, \qquad Z = o;$$

la force unique $2nv \cos l$ est dirigée en sens contraire de CX ou à l'est. Elle est toujours très faible, et la déviation de la chute à l'est qui en résulte peut se calculer. De nombreuses expériences faites dans des puits de mine donnent des résultats d'accord avec la théorie.

Cas où la vitesse est horizontale. — On a $\gamma = o$, d'où

$$X = 2n\beta \sin l, \qquad Y = -2n\alpha \sin l, \qquad Z = -2n\alpha \cos l.$$

1° *Effets de la composante verticale* Z. — Supposons que le mobile accompagne un train de chemin de fer marchant à l'est à raison de 90^{kil} à l'heure, ou avec la vitesse $\alpha = -25$ en prenant le mètre et la seconde pour unités. On aura $Z = 50n \cos l$, et le poids du mobile sera diminué d'une fraction $\dfrac{Z}{g}$ de sa valeur, Z et g étant les deux forces rapportées à l'unité de masse. La rotation de la terre s'effectue en un jour sidéral, ou 86164^s, d'où résulte $n = \dfrac{2\pi}{86164}$; $g = 9{,}809$, et pour la latitude de Paris, ou $l = 48° 51'$, il en résulte $\dfrac{Z}{g} = \dfrac{1}{4088}$ pour la diminution relative du poids.

Si le mobile est un baromètre, la pression de l'air étant supposée de 760^{mm}, le poids de la colonne mercurielle se trouvant diminué d'une fraction $\dfrac{Z}{g}$, sa hauteur augmentera d'autant, ou en tout de $\dfrac{760}{4088} = 0^{mm}{,}186$. Si le train marche à l'ouest la hauteur éprouvera une diminution égale. La différence $0^{mm}{,}37$ des indications du baromètre dans les deux cas est sensible.

2° *Effets de la composante horizontale de f.* — Cette force que nous désignerons par f' est la résultante de X et Y. Soit φ l'angle polaire de la vitesse v ; on aura $\alpha = v \cos \varphi$, $\beta = v \sin \varphi$, d'où

$$X = 2nv \sin \varphi \sin l = 2nv \sin l \cos (\varphi - 90°),$$
$$Y = -2nv \cos \varphi \sin l = 2nv \sin l \sin (\varphi - 90°).$$

Il en résulte que la force $f' = 2nv \sin l$ et que son angle polaire est $\varphi - 90°$. Ainsi le plan horizontal contenant le mobile étant celui de la figure, pris pour celui des xy, on voit que la direction de la force f' se déduit de celle de la vitesse MV en la faisant tourner de 90° autour du point M dans le sens rétrograde, ou à droite de MV ; ce serait à sa gauche dans l'hémisphère austral, sin l étant négatif. La force f' dévie ainsi toujours le mouvement d'un même côté, avec une intensité indépendante de sa direction.

Si par exemple une boule roulait sans frottement sur un plàn horizontal avec une vitesse v, la force lui ferait décrire une circonférence d'un rayon r tel qu'on eût $f' = \dfrac{v^2}{r}$. Pour la latitude de Paris $f' = 2nv \sin l = \dfrac{v}{9106}$; il en résulterait $r = 9106v$.

En remplaçant le plan horizontal par la surface courbe de la terre, le résultat changerait à peine. C'est la force horizontale f' qui produit la rotation du plan du pendule simple découverte par Foucault, la déviation des projectiles, etc. Mais ses effets sont plus importants là où ils s'accumulent soit pendant un temps prolongé, soit sur un long trajet.

Le premier cas se présente pour les fleuves, qui en pays de plaine, surtout en Russie, rongent constamment leur rive à droite. C'est le second cas pour les courants marins, qui dans l'hémisphère nord tournent toujours à droite et quelquefois achèvent presque le circuit complet. Enfin la même force joue un rôle analogue dans les mouvements généraux de l'atmosphère.

CHAPITRE V

ÉVALUATION DES SOMMES GÉOMÉTRIQUES

74. Préliminaires. — Dans un grand nombre de questions, après avoir partagé un corps en éléments de masse m, on est amené à évaluer des sommes de la forme ΣPm, c'est-à-dire à ajouter les produits Pm de chaque élément par une fonction P de sa position. Pour les coordonnées x_1, y_1, z_1 du centre de gravité d'un corps, par exemple, on a $x_1 = \dfrac{\Sigma xm}{\Sigma m}$, etc., et l'on doit évaluer la somme Σ en supposant $P = x,\ y,\ z$, ou 1.

Dans ce chapitre nous nous occuperons soit de cette évaluation en général, soit de ses principales applications, savoir la recherche des centres de gravité, des attractions et des moments d'inertie qui seront définis plus tard. Ces questions se rattachent soit à la dynamique, la notion de masse étant employée, soit à la statique; mais elles forment un sujet d'étude à part, et se résolvent par les mêmes méthodes.

Le rapport d'une petite masse à son volume se nomme en mécanique la *densité,* qu'il ne faut pas confondre avec la densité physique ou le poids spécifique. En la désignant par D on aura

$$\Sigma Pm = \Sigma PDv.$$

Si le corps est hétérogène, D est une fonction de la position de l'élément v, et on peut la faire rentrer dans le facteur P. Si le corps est homogène D est constant; dans tous les cas on est ramené à évaluer des sommes telles que

$$S = \Sigma Pv,$$

étendues à tous les éléments de volume d'un corps, et que nous nommerons des *sommes géométriques.* Dans le cas où $P = 1$ la somme devient le volume lui-même et rentre dans les applications du calcul intégral. Dans le cas général, la méthode est analogue avec quelques complications de plus. La question doit toujours être ramenée à évaluer la somme des produits $f(t)dt$ des petits accroissements successifs d'une variable t par la valeur correspondante d'une fonction $f(t)$; alors si t croît de β à α, en supposant $\alpha > \beta$, cette somme a pour valeur l'intégrale définie

$$I = \int_{\beta}^{\alpha} f(t)dt = F(\alpha) - F(\beta),$$

$F(t)$ étant une fonction dont $f(t)$ est la dérivée.

Nous chercherons en premier lieu pour les divers cas les expressions de là somme S en intégrales, en numérotant ces formules pour les employer dans les applications qui suivront.

En désignant l'ensemble du corps ou Σv par V, il pourra être un volume, une surface ou une ligne ; mais dans ce dernier cas la transformation est immédiate. En désignant par s l'arc de courbe compté d'une origine fixe, les petites portions v sont les accroissements ds, et l'on a

$$S = \int P ds,$$

P pouvant être considéré comme une fonction de s. Dans ce cas, et dans le cas général, les différentielles de la variable dans les intégrales définies sont des quantités absolues, essentiellement positives.

Il faut les distinguer de celles qu'introduisent parfois les procédés d'intégration et où la variable est décroissante ; ainsi en supposant $\alpha > \beta$ comme dans l'exemple ci-dessus, soit

$$I' = \int_{\alpha}^{\beta} f(t)dt = F(\beta) - F(\alpha).$$

On a $I' = - I$, et l'on peut encore regarder I' comme une somme, toutes les valeurs de dt étant des diminutions négatives ; tel est le cas où l'on substituerait $\sin\theta\, d\theta = - d.\cos\theta$, $\cos\theta$ étant une nouvelle variable. On peut alors changer le signe en renversant les limites.

Il se présente aussi des cas où la variable est tantôt croissante tantôt décroissante ; cela suppose la fonction $f(t)$ multiforme, sans quoi dans l'intégrale les périodes de croissance et de décroissance se détruiraient. Ces périodes, et la forme de la fonction qui correspond à chacune, doivent alors être indiquées à part.

Cette indication peut d'ailleurs être géométrique. Soit par exemple y l'ordonnée d'un contour convexe AMBN, compris entre les ordonnées extrêmes AA′, BB′, et posons

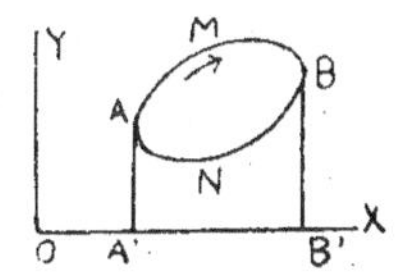

$$I'' = \int x dx,$$

la somme s'étendant au contour en tournant dans le sens de la flèche. Sous forme de somme ordinaire, cela signifie que

$$I'' = \int y \left(\frac{dx}{ds} \right) ds,$$

mais la forme précédente est plus simple ; elle est est la différence des intégrales $\int y\,dx$ étendues aux arcs AMB, ANB, dx étant positif dans chacune ; celles-là représentent les aires AMBB'A', ANBB'A', et leur différence I'' est par suite l'aire intérieure au contour.

75. Expression des sommes étendues à une aire plane. — *Première forme, en coordonnées linéaires :* on désigne ainsi les coordonnées x, y, z. Supposons l'aire 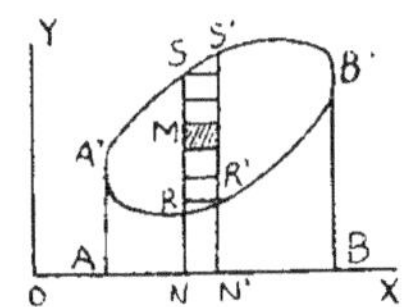 dans le plan des xy, comprise à l'intérieur du contour A'RB'S ; AB est sa projection sur l'axe des x, déterminée par les tangentes extrêmes A'A, B'B, parallèles à OY, et pour lesquelles $x = \alpha$ ou β. On partagera d'abord l'aire en tranches minces par des ordonnées très voisines telles que SRN, S'R'N', correspondant à x, $x + dx$; on partagera encore la tranche en petits rectangles par des parallèles à OX ; si l'un d'eux, en M, est compris entre les parallèles correspondant à y, $y + dy$, sa surface qu'on prendra pour v sera $v = dvdy$, Désignons par P'dx la somme partielle des produits Pv pour la tranche ; dx étant facteur commun, on aura

$$P'dx = \Sigma P dx dy, \qquad P' = \Sigma P dy ;$$

dans cette somme x est constant ; dy est l'accroissement de la variable y augmentant de y' à y'', ordonnées de R, S ; P étant une fonction de y, on aura

$$P' = \int_{y'}^{y''} P dy ;$$

y' et y'' sont des fonctions de x données par l'équation du contour; P' est donc aussi une fonction de x.

Pour trouver S ou $\Sigma \mathrm{P}v$. il reste à ajouter les valeurs de P'dx pour chaque tranche; x est une variable croissant de α à β; P' en est une fonction, et dx étant son petit accroissement, on aura

$$\mathrm{S} = \Sigma \mathrm{P}'dx = \int_{\alpha}^{\beta} \mathrm{P}'dx\,;$$

en substituant la valeur de P'dx, S devient

(1)
$$\mathrm{S} = \int_{\alpha}^{\beta} \int_{y'}^{y''} \mathrm{P}\,dy\,dx\,,$$

en remarquant que dans toute intégrale multiple, l'intégration doit commencer par la variable pour laquelle la différentielle est écrite la première et le signe $\int$ le dernier; dans l'intégration relative à y, on considère x comme constant.

Si le contour est non convexe, il se peut qu'une tranche ait plusieurs portions séparées, par exemple ST et LR; au lieu d'intégrer de y' à y'' on devra alors le faire de y' à y'', puis de y''' à y^{IV}, et ajouter les résultats, y', y'', y''', y^{IV} étant les ordonnées des points R, L, T, S.

Il est clair qu'on pourrait échanger le rôle de x et y, en intégrant d'abord par rapport à x considéré sur le contour comme une fonction de y. Les limites seraient les mêmes dans les deux cas si y' et y'' étaient indépendantes de x, ou si le contour était un rectangle ayant ses côtés parallèles aux axes.

Seconde forme, en coordonnées polaires. — Nous supposons encore l'aire dans le plan des xy, et nous la partagerons en tranches minces par des rayons partant de l'origine O, tels que ONL, ON'L', ayant pour angles polaires φ, $\varphi + d\varphi$; nous partagerons encore cette tranche par des arcs de cercle de centre O très rapprochés et nous prendrons pour v la petite portion M comprise entre les arcs de rayons r et $r + dr$; on peut l'assimiler à un rectangle de hauteur dr, de base $rd\varphi$, d'où $v = rdrd\varphi$; P est une fonction des coordonnées polaires r, φ de l'élément M, en y substituant $x = r \cos \varphi$, $y = r \sin \varphi$.

Soit $P'd\varphi$ la somme partielle des produits Pv ou $Prdrd\varphi$ pour tous les éléments d'une tranche; on aura

$$P' = \Sigma Prdr\,;$$

dr est un petit accroissement d'une variable r qui augmente de $ON = R'$ à $OL = R$; P en est une fonction, φ restant constante. Il en résulte

$$P' = \int_{R'}^{R} Prdr\,;$$

R et R' sont des fonctions de φ données par l'équation du contour; P' est donc aussi une fonction de φ. La somme S est celle des valeurs de $P'd\varphi$ pour toutes les tranches; pour celle-là $d\varphi$ est un petit accroissement d'une variable dont P' est fonction; par conséquent

$$S = \Sigma P'd\varphi = \int_{\varphi'}^{\varphi''} P'd\varphi,$$

φ' et φ'' étant les valeurs de φ limitant celles pour lesquelles il existe des tranches. En substituant la valeur de $P'd\varphi$, on trouve

$$S = \int_{\varphi'}^{\varphi''} \int_{R'}^{R} Prdrd\varphi.$$

Il est clair que si le contour était non convexe on pourrait avoir à intégrer par rapport à r entre des limites R' et R'', puis R''' et R^{IV}, etc., en ajoutant les résultats; mais ce cas n'a aucune importance pratique.

Si l'origine est intérieure à l'aire, les tranches ont toutes les directions possibles, et les limites φ', φ'' sont o et 2π. Dans la figure, où l'origine est extérieure à l'aire, il est clair que φ', φ'' sont les angles polaires des tangentes OA, OB; mais l'emploi des coordonnées polaires est fort compliqué dans ce cas, et nous le restreindrons à celui où l'origine est sur le contour; on a alors $R' = o$ de même que si elle est intérieure. Il en résulte

$$(2) \qquad S = \int_0^{2\pi} \int_0^R P r\, dr\, d\varphi.$$

dans le cas général où l'origine est intérieure; si elle est sur le contour, on remplacera o et 2π par φ', φ'' angles polaires des tangentes OA, OB limitant le contour ; elles peuvent être quelconques, entre autres si l'aire est un secteur.

Si l'aire est un cercle ou un secteur, l'origine étant au centre, R est indépendant de φ, et l'ordre des intégrations est indifférent. Sauf dans ce cas, il n'y a jamais d'avantage à intégrer {d'abord par rapport à φ.

76. Sommes étendues à un volume ou une surface courbe, en coordonnées linéaires ou semipolaires. — *Premier cas. Volumes.* — Soit C le contour dont l'aire intérieure est la projection totale du volume sur le plan des xy. Nous partagerons cette aire en éléments v', et sur l'un quelconque d'entre eux M', pris pour base, nous élèverons un prisme très mince, parallèle à OZ. La portion AB du volume

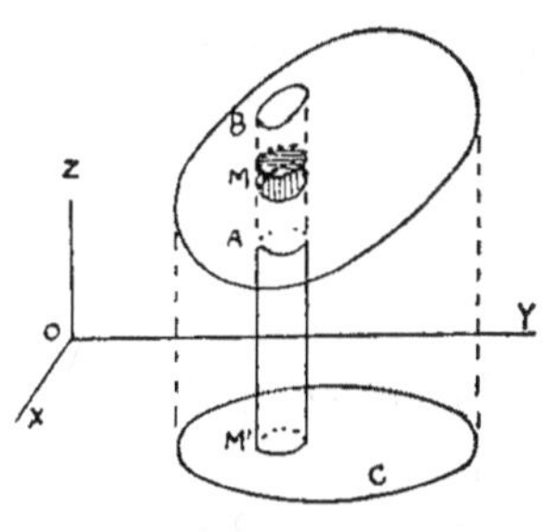

qu'il intercepte sera encore partagée par des plans parallèles à celui des xy, et nous prendrons pour v une quelconque de ces parties, telles que M, comprise entre les plans ayant pour ordonnée z et $z + dz$; ce sera un petit prisme de base v', de hauteur dz; on aura donc $Pv = Pv'dz$. En désignant par $P'v'$ la somme des produits Pv correspondant au prisme AB, il en résulte

$$P' = \Sigma P dz.$$

Dans cette somme x et y sont constants, P fonction de z seul, dont dz est un petit accroissement ; il en résulte

$$P' = \int_{z'}^{z''} P dz \,,$$

z' et z'' étant les ordonnées de A et B, ou des fonctions de x, y, données par l'équation de la surface ; P' est donc aussi une fonction de x, y. Si le volume est non convexe P' pourra être la somme de plusieurs intégrales analogues à la précédente.

En réunissant les sommes partielles $P'v'$ on aura ensuite $S = \Sigma \bar{P}'v'$, et cette nouvelle somme s'étend aux éléments v' de l'aire plane intérieure à C ; il restera à l'évaluer par les formules (1) ou (2), en y remplaçant P par la valeur ci-dessus de P'. On aura ainsi en coordonnées linéaires, en employant x, y, z, $v = v'dz = dxdydz$, et

$$(3) \qquad S = \int_{\alpha}^{\beta} \int_{y'}^{y''} \int_{z'}^{z''} P dz dy dz \,;$$

en employant les coordonnées r, φ, z, dites semi-polaires, on aura $v = v'dz = r dr d\varphi dz$,

$$(4) \qquad S = \int_{0}^{2\pi} \int_{0}^{R} \int_{z'}^{z''} P r dz dr d\varphi \,.$$

Second cas : Surfaces courbes. — Soit encore l'aire C dans la même figure la projection de la surface sur le plan des xy ; si plusieurs portions de la surface avaient une projection commune nous les regarderions comme des surfaces distinctes ; de la sorte toute parallèle à OZ ne coupera la surface qu'en un point. De quelque façon qu'on la partage en éléments v, la projection de l'un d'eux sur le plan des xy est $v' = v \cos i$, i étant l'inclinaison du plan tangent sur celui des xy ; en substituant $v = \dfrac{v'}{\cos i}$, on a ainsi

$$S = \Sigma P v = \Sigma \frac{P}{\cos i} v' .$$

Cette somme s'étend maintenant aux éléments v' de l'aire plane intérieure à C, et s'évaluera par les formules (1) et (2); P et $\cos i$ sont comme z des fonctions connues des coordonnées x, y de v ou de v'; il en résulte pour une surface courbe

$$(5) \qquad S = \Sigma \frac{P}{\cos i} v' = \int \int \frac{P}{\cos i} \, dxdy = \int \int \frac{P}{\cos i} \, rdrd\varphi \,,$$

les limites étant les mêmes que dans les formules (1) et (2).

Il est clair que dans les relations (3), (4) et (5) on pourrait échanger le rôle des divers axes, c'est-à-dire employer les projections du volume ou de la surface sur les plans des yz ou des xz; cela reviendrait pour les formules (3) à intégrer en premier lieu par rapport à x ou y. Mais il n'y a jamais d'avantage, en coordonnées semi-polaires, à chercher une forme de S où l'on intégrerait d'abord par rapport à φ, à moins que les limites ne soient que des constantes indépendantes de r et z; or ce cas est celui d'un corps de révolution ou d'un secteur de ce corps.

Troisième cas : Solides de révolution autour de l'axe des z. — Il est plus simple de les partager en tranches par des plans parallèles à celui des xy; soient z, $z + dz$ les ordonnées des bases pour l'une d'elles. Partageons l'aire de la base inférieure en éléments v' sur chacun desquels nous élèverons un prisme de hauteur dz; en le prenant pour v on aura $v = v'dz$, et en désignant par P$'dz$ la somme des produits Pv pour la tranche, il en résulte P$' = \Sigma Pv'$, étendue aux éléments v' d'une aire circulaire. Les coordonnées r, φ de v', en prenant pour origine le point O$'$ où la base coupe OZ, sont les mêmes que celles de la projection de v' sur le plan des xy par rapport à l'origine O, et par suite P est une fonction de z, r, φ; on pourra donc poser

$$v' = rdrd\varphi, \qquad P' = \int_0^R \int_0^{2\pi} Prd\varphi dr \,,$$

R étant le rayon de la base. En ajoutant les valeurs de $P'dz$ pour toutes les tranches, on aura celle de S ou ΣPv, d'où

$$(6) \qquad S = \int_{z'}^{z''} \int_{0}^{R} \int_{0}^{2\pi} Pr\,d\varphi\,dr\,dz,$$

R étant une fonction de z donnée par l'équation de la courbe méridienne, indépendante de φ, et z' et z'' étant des constantes, ordonnées des bases du volume total.

Quatrième cas : Surfaces de révolution autour de l'axe des z. — Deux plans très rapprochés, parallèles à celui des xy interceptent sur la courbe méridienne un petit arc ds, et sur la surface une zone qu'on partagera encore en éléments v par des plans passant par l'axe. L'élément compris entre les plans ayant pour angles polaires φ et $\varphi + d\varphi$ peut s'assimiler à un rectangle de hauteur ds, de base $Rd\varphi$, R étant le rayon de la section. La somme des produits Pv ou $PdsRd\varphi$ pour une zone entière sera donc $P'ds$, en posant

$$P' = \Sigma PRd\varphi = R \int_{0}^{2\pi} Pd\varphi,$$

où R est indépendant de φ et l'on a dû substituer $x = R \cos \varphi$, $y = R \sin \varphi$ dans P. On aura ensuite $S = \Sigma P'ds$, somme étendue à toutes les zones ou à tous les éléments ds de la courbe méridienne. On pourra y regarder R comme une fonction de S donnée par l'équation de la courbe. Il en résulte

$$(7 \qquad S = \int_{s'}^{s''} \int_{0}^{2\pi} PRd\varphi\,ds,$$

où R est une fonction de S indépendante de φ, et s', s'' les valeurs de S aux extrémités de la courbe méridienne.

Cinquième cas. — S'il s'agit d'un secteur d'un solide ou d'une surface de révolution, limité par deux plans passant par l'axe et ayant pour angles polaires φ', φ'', on devra évidemment dans les formules (6) et (7) remplacer les limites o et 2π par φ', φ''.

77. Sommes étendues à un volume ou une sur-face courbe en coordonnées polaires. — Pour celles-ci nous emploierons les définitions et les notations du numéro 4.

Surface sphérique. — On doit la considérer comme une surface de révolution. Supposons l'origine au centre, et soit a le rayon. Dans la fonction P on doit substituer

$$x = a \sin \theta \cos \varphi, \qquad y = a \sin \theta \sin \varphi, \qquad z = a \cos \theta .$$

La courbe méridienne est une demi-circonférence, et en comptant l'arc s à partir de A, on a $s = a\theta$, $ds = ad\theta$. Le rayon MN ou R d'une section est $a \sin \theta$, et par suite pour la surface totale, θ variant de o à π, la formule (7) deviendra

$$(8) \qquad S = a^2 \int_0^\pi \int_0^{2\pi} P \sin \theta d\varphi d\theta .$$

Pour une zone on doit remplacer o et π par θ', θ'', valeurs de θ pour ses deux bases. Pour un secteur de la zone, limité comme ci-dessus par deux plans méridiens, on devra en outre remplacer les limites o et 2π par les angles polaires φ' et φ'' des deux plans.

Somme étendue à une surface courbe. — Supposons tracée une surface sphérique σ ayant pour centre l'origine et pour rayon l'unité. Partageons-la en éléments ω de forme arbitraire. Circon-scrivons à l'un quelconque d'entre eux une surface conique de sommet O, formée ainsi de droites passant par tous les points du contour de ω. Nous la nommerons un *pinceau conique,* et il inter-ceptera sur la surface courbe un ou plusieurs éléments ω'.

Pour l'un d'eux soit M le point de son contour le plus rapproché de O; par ce point menons une surface sphérique de centre O; ρ étant son rayon OM, l'aire ω'' de sa section dans le pinceau sera proportionnelle à ρ^2, et par suite $\omega'' = \omega\rho^2$. On peut la regarder comme plane, de même que ω'; de plus la direction des génératrices du cône diffère infiniment peu de celle d'une perpendiculaire à la section ω''; celle-ci peut donc être considérée comme la projection de ω', d'où résulte

$$\omega' \cos i = \omega'' = \omega\rho^2,$$

i étant l'angle aigu de leurs plans; c'est aussi celui des normales aux plans. Ainsi i est l'angle aigu de ML, prolongement de OM, et MN normale à la surface courbe. En remarquant que ω' représente v, on a

$$(9) \qquad v = \frac{\rho^2\omega}{\cos i}, \qquad S = \Sigma P v = \Sigma \frac{P\rho^2}{\cos i}\, \omega,$$

la somme s'étendant aux éléments ω de la surface sphérique σ, limités à la portion pour laquelle les pinceaux rencontrent la surface courbe. On pourrait substituer $\omega = \sin\theta d\theta d\varphi$, P, ρ, i étant des fonctions connues de θ, φ, et exprimer S par une intégrale; toutefois la forme précédente est d'un emploi plus fréquent.

Somme étendue à un volume. — Nous supposerons encore qu'on ait tracé la surface σ et les pinceaux coniques correspondant à ses éléments. La portion que l'un d'eux intercepte dans le volume se partagera par des surfaces sphériques de centre O, et nous prendrons pour v la partie comprise entre les surfaces de rayon ρ et $\rho + d\rho$; elle a la forme d'un tronc de cône dont les génératrices sont sensiblement parallèles; il peut donc être assimilé à un prisme dont la hauteur est $d\rho$ et la base est la section faite dans le pinceau par la surface sphérique de rayon ρ; cette section, comme on l'a vu, est égale à $\omega\rho^2$, d'où $v = \omega\rho^2 d\rho$. En désignant par $P'\omega$ la somme des produits Pv correspondant à un pinceau, on aura

$$P'\omega = \Sigma P\omega\rho^2 d\rho, \qquad P' = \int_{\rho'}^{R} P\rho^2 d\rho,$$

ρ' et R étant les valeurs de ρ aux points où le pinceau partant de l'origine entre dans le volume et en sort. En ajoutant les valeurs de P'ω on aura en tout

$$(10) \qquad S = \Sigma\omega \int_{\rho'}^{R} P\rho^2 d\rho,$$

la somme Σ s'étendant aux éléments de la surface sphérique σ, limités à ceux pour lesquels le pinceau rencontre le volume. Communément l'origine est intérieure au volume, de sorte que tous les pinceaux le rencontrent, et en outre $\rho' = o$. La somme Σ s'étend à toute la surface sphérique, et en substituant $\omega = \sin\theta d\theta d\varphi$, on trouve

$$(11) \qquad S = \int_0^\pi . \int_0^{2\pi} \int_0^R P\rho^2 d\rho \sin\theta d\varphi d\theta;$$

R est une fonction de θ, φ donnée par l'équation de la surface extérieure.

78. Centres de gravité. — Nous supposerons le corps homogène ; les masses m, m' ... étant proportionnelles aux volumes v, v', etc., les valeurs générales $x_1 = \dfrac{\Sigma mx}{\Sigma m}$, etc., se réduiront à $x_1 = \dfrac{\Sigma xv}{\Sigma v}$, etc., ou en désignant par V le volume total, pouvant être une surface ou une ligne, à

$$V = \Sigma v, \qquad Vx_1 = \Sigma xv, \qquad Vy_1 = \Sigma yv, \qquad Vz_1 = \Sigma zv.$$

Premier exemple. Le corps est l'arc de cercle AB, ou le secteur AOB, ou le segment $ADBC$. — Prenons le centre O pour origine, l'axe des x étant OCD qui coupe au milieu l'arc et la corde, et partage le corps en deux parties symétriques. Cette droite contient les centres de gravité G de l'arc, G' du secteur, et G" du segment, et nous avons à chercher les distances $x_1 = OG$, $x_2 = OG'$ et $x_3 = OG''$. On suppose donnés le rayon α et l'angle $AOC = BOC = \alpha$.

Pour l'arc on a $v = ds$ et en désignant par φ son angle polaire, $v = ad\varphi$, d'où

$$V x_1 = \Sigma v x = \Sigma a d\varphi . a \cos \varphi = a^2 \int_{-\alpha}^{\alpha} \cos \varphi d\varphi = 2a^2 \sin \alpha ;$$

en outre $V = \text{arc } AB = 2a\alpha$, d'où

$$x_1 = \frac{2a^2 \sin \alpha}{2a\alpha} = \frac{a \sin \alpha}{\alpha} .$$

On peut remarquer que la corde $AB = 2AC = 2a \sin \alpha$, et la valeur de x_1 donne

$$\frac{x_1}{a} = \frac{2 a \sin \alpha}{2a\alpha} , \qquad \frac{x_1}{\text{rayon}} = \frac{\text{corde } AB}{\text{arc } AB} .$$

Pour le secteur, posons $P = x = r \cos \varphi$, dans la formule (2) ; les limites o et 2π pour un secteur doivent être remplacées par $\mp \alpha$. On trouve ainsi

$$V x_2 = \int_{-\alpha}^{\alpha} \int_{0}^{a} r^2 dr \cos \varphi d\varphi = \frac{a^3}{3} \int_{-\alpha}^{\alpha} \cos \varphi d\varphi = \frac{2}{3} a^3 \sin \alpha ;$$

d'ailleurs $V = \text{secteur } OAB = a^2\alpha$, d'où $x_2 = \frac{2}{3}, \frac{a \sin \alpha}{\alpha} = \frac{2}{3} x_1$. On aurait pu le conclure en partageant OAB en très petits secteurs égaux ; chacun est assimilable à un triangle et son centre de gravité est aux $\frac{2}{3}$ de sa hauteur ou du rayon ; ces centres sont tous sur un arc A'B' semblable à AB et d'un rayon $\frac{2}{3} a$; ils sont équidistants et de même masse ; par suite en les composant on trouvera pour leur centre de gravité total celui de l'arc A'B'.

Pour le segment les valeurs de Σv, $\Sigma x v$ sont la différence de celles qui correspondent au secteur et au triangle OAB. La surface Σv du triangle est $\frac{1}{2} a^2 \sin AOB = a^2 \sin \alpha \cos \alpha$; la distance de son centre de gravité à l'origine est $\dfrac{2}{3}$ AC $= \dfrac{2}{3} a \cos \alpha$; leur produit $\dfrac{2}{3} a^3 \sin \alpha \cos^2 \alpha$ est la valeur de Σxv.

Pour le secteur on a vu que $\Sigma v = a^2 \alpha$, $\Sigma xv = \dfrac{2}{3} a^3 \sin \alpha$; il en résulte pour le segment

$$V = a^2(\alpha - \sin \alpha \cos \alpha),$$

$$Vx_3 = \Sigma xv = \frac{2}{3} a^3 \sin \alpha - \frac{2}{3} a^3 \sin \alpha \cos^2 \alpha = \frac{2}{3} a^3 \sin^3 \alpha,$$

d'où

$$x_3 = \frac{2}{3} a \cdot \frac{\sin^3 \alpha}{\alpha - \sin \alpha \cos \alpha}.$$

Second exemple. Centre de gravité d'un segment de parabole compris entre la courbe, son axe OPX, et une ordonnée MP. — On donne OP $= a$, MP $= b$. Soit $y^2 = qx$ l'équation de la courbe; on aura dans la formule (1) pour limites de y, $y' = 0$, $y'' = \sqrt{qx}$, et en remplaçant P par 1, x, y.

$$V = \int_0^a \int_0^{\sqrt{qx}} dy\,dx = \int_0^a \sqrt{q}\; x^{\frac{1}{2}}\, dx = \frac{2}{3}\sqrt{q}\; a^{\frac{3}{2}},$$

$$Vx_1 = \int_0^a \int_0^{\sqrt{qx}} x\,dy\,dx = \int_0^a \sqrt{q}\; x^{\frac{3}{2}}\, dx = \frac{2}{5}\sqrt{q}\; a^{\frac{5}{2}},$$

$$Vy_1 = \int_0^a \int_0^{\sqrt{qx}} y\,dy\,dx = \int_0^a \frac{1}{2} qx\,dx = \frac{q}{4} a^2.$$

Le nombre q n'est pas donné, mais bien a et b entre lesquels on a la relation $b^2 = qa$; en substituant $\sqrt{q} = \dfrac{b}{\sqrt{a}}$ on trouve

$$V = \frac{2}{3} ab, \quad Vx_1 = \frac{2}{5} a^2 b, \quad Vy_1 = \frac{1}{4} ab^2, \quad x_1 = \frac{3}{5} a, \quad y_1 = \frac{3}{8} b.$$

Troisième exemple. Centre de gravité d'un segment de sphère à une base, et d'un segment de paraboloïde de révolution. — Soient

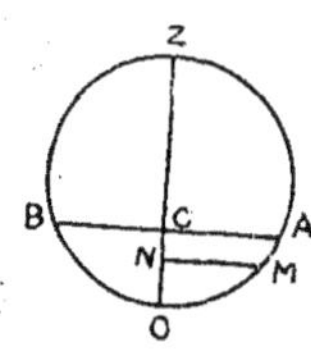

AB la base du segment, O son sommet pris pour origine, $OC = f$ sa hauteur ou sa *flèche*, OZ l'axe de révolution. Dans la formule (6) relative aux solides de révolution, on aura $z' = o$, $z'' = f$; le centre de gravité est sur l'axe, et en prenant $P = 1$, $P = z$, on a à calculer

$$V = \int_0^f \int_0^R \int_0^{2\pi} r d\varphi dr dz = \pi \int_0^f R^2 dz,$$

$$Vz_1 = \int_0^f \int_0^R \int_0^{2\pi} rz d\varphi dr dz = \pi \int_0^f R^2 z dz.$$

Pour le paraboloïde, l'équation de la courbe méridienne ayant la forme $R^2 = qz$, on aura

$$V = \pi q \int_0^f z dz = \frac{\pi q f^2}{2}, \qquad Vz_1 = \pi q \int_0^f z^2 dz = \frac{\pi q f^3}{3}, \qquad z_1 = \frac{2}{3} f.$$

Pour le segment de sphère, a étant le rayon et M un point quelconque, on a $MN = R$, $ON = z$, et

$$\overline{MN}^2 = ON \times NZ, \qquad R^2 = z(2a - z),$$

$$V = \pi \int_0^f (2az - z^2) dz = \pi f^2 \left(a - \frac{1}{3} f \right),$$

$$Vz_1 = \pi \int_0^f (2az^2 - z^3) dz = \pi f^3 \left(\frac{2}{3} a - \frac{1}{4} f \right).$$

La valeur de V est la formule usuelle du volume d'un segment; il en résulte

$$z_1 = f \frac{\frac{2}{3} a - \frac{1}{4} f}{a - \frac{1}{3} f} = \frac{2}{3} f \left(\frac{a - \frac{3f}{8}}{a - \frac{f}{3}} \right).$$

Si le segment devient un hémisphère, $f = a$, $z_1 = \frac{5a}{8}$; le centre de gravité est aux $\frac{3}{8}$ du rayon à partir du centre de la sphère.

Soit G le centre de gravité de la pyramide sphérique ayant pour base un triangle trirectangle; de la sorte, en plaçant l'origine au centre, ce volume serait intercepté par le trièdre des axes positifs. En réunissant quatre volumes semblables au-dessus du plan des xy ils forment un hémisphère, et z_1 étant le même pour les quatre points G, on a $z_1 = \dfrac{3}{8}\,a$. D'autre part, pour raison de symétrie la droite OG doit faire des angles i égaux avec les axes; les carrés de leurs cosinus ayant pour somme l'unité, il en résulte

$$\cos^2 i = \frac{1}{3}\,, \qquad z_1 = \text{OG}\cos i,\ \text{ou}\ \frac{3}{8}\,a = \frac{\text{OG}}{\sqrt 3}\,, \qquad \text{OG} = \left(\frac{\sqrt 3}{2}\right)^{3} a\,.$$

Quatrième exemple. Centre de gravité de la surface d'un demi-ellipsoïde de révolution. — Plaçons l'origine au centre, OZ étant l'axe de révolution, sur lequel se trouve le centre de gravité. La formule (7), en remarquant que R et z sont indépendants de φ, donne

$$V = \int_{s'}^{s''}\!\!\int_{0}^{2\pi} \text{R}\,d\varphi\,ds = 2\pi \int_{s'}^{s''} \text{R}\,ds\,,$$

$$Vz_1 = \int_{s'}^{s''}\!\!\int_{0}^{2\pi} z\text{R}\,d\varphi\,ds = 2\pi \int_{s'}^{s''} z\text{R}\,ds\,.$$

En désignant par c le demi-axe de révolution, l'autre par a, l'équation de la courbe méridienne est

$$\frac{\text{R}^2}{a^2} + \frac{z^2}{c^2} = 1\,,$$

mais il est préférable de la remplacer, au moyen d'une variable auxiliaire u, par les relations

$$\text{R} = a\cos u, \qquad z = c\sin u\,,$$

d'où

$$ds = \sqrt{d\text{R}^2 + dz^2} = \sqrt{a^2 \sin^2 u + c^2 \cos^2 u}\,du = c\rho\,du\,,$$

en posant

$$\rho^2 = \frac{a^2 \sin^2 u + c^2 \cos^2 u}{c^2}\,.$$

Il en résulte

$$V = 2\pi ac \int_{0}^{\frac{\pi}{2}} \rho \cos u\, du, \qquad V z_1 = 2\pi ac^2 \int_{0}^{\frac{\pi}{2}} \rho \sin u \cos u\, du,$$

u croissant de o à $\frac{\pi}{2}$ dans le demi-ellipsoïde.

Bornons-nous au cas où $c > a$ et désignons par e l'excentricité. De la sorte

$$\frac{c^2 - a^2}{c^2} = e^2, \qquad \rho^2 = 1 - e^2 \sin^2 u, \qquad \rho d\rho = - e^2 \sin u \cos u\, du$$

d'où

$$\int \rho \sin u \cos u\, du = - \frac{1}{e^2} \int \rho^2 d\rho = - \frac{\rho^3}{3e^2},$$

et entre les limites,

$$V z_1 = \frac{2\pi ac^2}{3e^2} \left[1 - (1 - e^2)^{\frac{3}{2}} \right]$$

Soit ensuite $\alpha = \operatorname{arc\,sin} e$, et θ une nouvelle variable telle que $e \sin u = \sin \theta$; θ croîtra ainsi de o à α, et en substituant $\rho = \cos \theta$, $\cos u\, du = \frac{1}{e} \cos \theta d\theta$, on aura

$$V = \frac{2\pi ac}{e} \int_{0}^{\alpha} \cos^2 \theta d\theta = \frac{\pi ac}{e} \int_{0}^{\alpha} (1 + \cos 2\theta) d\theta = \frac{\pi ac}{e} (\alpha + \sin \alpha \cos \alpha).$$

En remarquant que $e = \sin \alpha$, $1 - e^2 = \cos^2 \alpha$, on en tire

$$x_1 = \frac{2c}{3e} \left[\frac{1 - (1 - e^2)^{\frac{3}{2}}}{\alpha + \sin \alpha \cos \alpha} \right] = \frac{2}{3} c \left[\frac{1 - \cos^3 \alpha}{\sin \alpha (\alpha + \sin \alpha \cos \alpha)} \right].$$

En supposant e et α très petits, on peut substituer $\sin \alpha = \alpha$, $\cos \alpha = 1 - \frac{1}{2} \alpha^2$, $\cos^3 \alpha = 1 - \frac{3}{2} \alpha^2$, ce qui donne

$$x_1 = \frac{2c}{3} \cdot \frac{\frac{3}{2} \alpha^2}{2 \alpha^2} = \frac{c}{2}.$$

Le centre de gravité d'une surface hémisphérique est donc au milieu de la hauteur, résultat déjà trouvé au numéro 17 pour une zone quelconque.

Cinquième exemple. Centre de gravité de la surface convexe d'un cône de révolution tronqué. — Un plan parallèle à la base d'une pyramide quelconque, mené au tiers de la hauteur à partir de la base, contient le centre de gravité de chaque face latérale et par suite celui de toute la surface convexe. Il en est donc de même pour une surface conique quelconque. Celle que nous considérons est de révolution autour de OZ, mais tronquée par un plan incliné AB ; le plan de la figure est perpendiculaire à celui-là, coupant le cône suivant OAB, contenant le sommet O pris pour origine, les axes OZ et OX. C'est un plan de symétrie et par suite il contient le centre

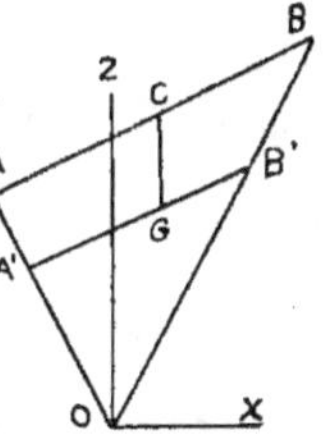

de gravité cherché G, qui se trouve en outre sur la droite A'B', en prenant $OA' = \dfrac{2}{3}\,OA$, $OB' = \dfrac{2}{3}\,OB$. Il suffira donc de chercher x_1. D'après les formules (5) on aura

$$V = \Sigma\,\frac{1}{\cos i}\,v', \qquad Vx_1 = \Sigma\,\frac{x}{\cos i}\,v'.$$

les sommes s'étendant à tous les éléments v' de l'aire plane E', projection de la surface convexe du cone ou de sa base supérieure E sur le plan des xy ; i est l'angle de ce plan et du plan tangent ; comme il est le même pour tous les points, il en résulte

$$V = \frac{1}{\cos i}\,\Sigma v' = \frac{E'}{\cos i}, \qquad x_1 = \frac{\Sigma x v'}{\Sigma v'}\,.$$

La première donne la surface totale ; l'autre est la même que s'il s'agissait dn centre de gravité de l'aire E' ; or celle-là est une ellipse, et les projections A'', B'' de A, B sur le plan des xy en sont deux sommets ; le milieu de A''B'' en est le centre de gravité ; il est la projection du milieu C de AB ; puisqu'il est aussi celle de

G, ce point sera déterminé par l'intersection de CG parallèle à OZ, et de A'B'.

Sixième exemple. Centre de gravité de la surface et du volume d'un cylindre tronqué à base circulaire. — Menons le plan de la figure par l'axe OZ du cylindre, perpendiculairement au plan de la base supérieure ; il coupe le cylindre suivant ACBB'A'. C'est un plan de symétrie, contenant les centres de gravité G, G' ; nous emploierons les lettres G, V, x_1, z_1, pour le volume, et G', V', x_2, z_2 pour la surface. La base inférieure est un cercle de rayon a, ayant pour centre l'origine O. On donne la hauteur $OC = h$, et l'inclinaison α de AB sur le plan des xy. De la sorte en posant pour abréger tang $\alpha = t$, l'équation du plan de la base supérieure, en plaçant OX sur OB' est $z = h + tx$.

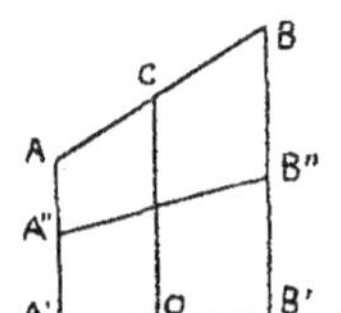

Pour la surface nos formules sont en défaut, car dans l'équation (5) il faudrait supposer $\cos i = o$. On pourrait trouver des formules spéciales fort simples pour les surfaces cylindriques ; mais dans le cas actuel il suffit de prendre pour v l'intervalle de deux génératrices très voisines ; c'est un rectangle ayant pour côté un élément ds de la circonférence inférieure, et la hauteur $h + tx$ d'après l'équation ci-dessus ; on aura de la sorte $v = (h + tx)ds$, et en substituant $ds = ad\varphi$,

$$V'x_2 = \Sigma xv = \Sigma x(h + tx)ds = \int_0^{2\pi} x(h + tx)ad\varphi \,.$$

la somme s'étendant à toute la circonférence de rayon a.

Pour le volume on devra dans la formule (4) prendre $z' = o$, $z'' = h + tx$, d'où

$$Vx_1 = \int_0^{2\pi} \int_0^a \int_0^{z''} xr\,dz\,dr\,d\varphi = \int_0^{2\pi} \int_0^a x(h + tx)r\,dr\,d\varphi \,.$$

La limite a étant constante on peut intégrer d'abord par rapport à φ; la seule lettre qui en dépende est x ou $r\cos\varphi$; il en résulte

$$\int_0^{2\pi} x\,d\varphi = 0, \qquad \int_0^{2\pi} x^2 d\varphi = \frac{1}{2}\,r^2 \int_0^{2\pi} (1 + \cos 2\varphi)d\varphi = \pi r^2 ;$$

de même dans $\mathrm{V}'x_2$ on aura $x = a\cos\varphi$,

$$\int_0^{2\pi} x\,d\varphi = 0, \qquad \int_0^{2\pi} x^2 d\varphi = \pi a^2.$$

On trouve ainsi

$$\mathrm{V}x_1 = \int_0^a t\pi r^2 \times r\,dr = t\pi\,\frac{a^4}{4}, \qquad \mathrm{V}'x_2 = t\pi a^3.$$

Il est superflu de calculer de même V, V', $\mathrm{V}z_1$, $\mathrm{V}'z_2$. En effet, si l'on prenait pour base supérieure une section droite menée par C, la portion du cylindre enlevée du côté de B et celle qui serait ajoutée du côté de A auraient la même surface et le même volume; V et V' ne seraient donc pas changés; ainsi

$$\mathrm{V} = \pi a^2 h, \qquad \mathrm{V}' = 2\pi a h, \qquad x_1 = \frac{a^2}{4h}\,\text{tang}\,\alpha, \qquad x_2 = \frac{a^2}{2h}\,\text{tang}\,\alpha = 2x_1.$$

Remarquons ensuite qu'un plan $A''B''$ ayant pour équation $z = \frac{1}{2}(h + tx)$ couperait au milieu toutes les ordonnées de la base supérieure, et les génératrices de la surface. Il contiendrait ainsi le centre de gravité des éléments v de la surface et en outre ceux de tous les petits prismes parallèles à OZ dans lesquels on peut décomposer le volume. Par suite G et G' sont dans ce plan, et l'on a

$$z_1 = \frac{1}{2}\,h + \frac{1}{2}\,tx_1 = \frac{1}{2}\,h + \frac{a^2}{8h}\,\text{tang}^2\,\alpha, \qquad z_2 = \frac{1}{2}\,h + \frac{a^2}{4h}\,\text{tang}^2\,\alpha.$$

Extension de la valeur de V au cas où la base du cylindre tronqué aurait une forme quelconque. — En prenant pour l'origine O son centre de gravité, désignant encore par $z = h + tx$ l'équation du plan sécant, le volume V est évidemment

$$V = \Sigma v'z = \Sigma v'(h + tx),$$

la somme s'étendant aux éléments v' de la base; O étant son centre de gravité, on a

$$\Sigma xv' = o, \qquad V = h\Sigma v' = OC\Sigma v',$$

Par suite *le volume est le produit de la base par la hauteur, celle-ci étant mesurée au-dessus du centre de gravité de la base.* Ce résultat, de même que l'exemple suivant, ne constituent pas la recherche d'un centre de gravité, mais son emploi dans une mesure géométrique.

Septième exemple. Théorème de Guldin. Si l'on fait tourner autour d'un axe OZ un arc de courbe AB, situé avec lui dans un même plan et ne le coupant pas, la surface de révolution décrite a pour mesure le produit de l'arc AB par la circonférence que décrit son centre de gravité G.

De même si l'on fait tourner autour de l'axe l'aire plane comprise dans un contour C, ne coupant pas l'axe et situé avec lui dans un même plan, le solide de révolution ainsi engendré est égal au produit de l'aire par la circonférence que décrit son centre de gravité G.

Pour le démontrer partageons soit l'arc AB soit l'aire en éléments v, et pour chacun désignons par x sa distance à OZ; soit aussi x_1 cette distance pour le point G. On aura de la sorte dans les deux cas

$$\Sigma vx = Vx_1.$$

V étant l'arc AB ou l'aire.

Dans le premier cas, chaque élément v de ligne engendre un cône tronqué dont la surface est le produit de son côté v par la circonférence que décrit son milieu, et dont le rayon est x; cette petite surface est donc $2\pi xv$.

Dans le second cas, chaque élément v de l'aire engendre un solide qu'on peut assimiler à un fil très fin, de section v, et dont la longueur est $2\pi x$; son volume est donc $2\pi xv$.

Par conséquent dans les deux cas la surface ou le volume décrits ont pour mesure

$$\Sigma 2\pi xv = 2\pi\Sigma xv = 2\pi V x_1 \,,$$

conformément à l'énoncé.

Prenons pour exemple le *tore*, surface décrite par une circonférence tournant autour d'un axe situé dans son plan et qu'elle ne rencontre pas. Désignons par r son rayon, et par h la distance de son centre à l'axe. Soit qu'il s'agisse de la surface ou du volume du tore, on a $x_1 = h$; il en résulte que la surface est égale à $2\pi h \times 2\pi r$, et le volume à $2\pi h \times \pi r^2$.

79. Moments d'inertie et axes principaux. — Pour un système quelconque on nomme *moment d'inertie* par rapport à un axe la somme des produits de chaque élément m de masse par le carré de sa distance à l'axe. On a besoin de cette somme pour trouver la loi du mouvement d'un corps autour de l'axe, de sorte qu'on peut avoir à la chercher par rapport à une droite quelconque. Nous devons d'abord trouver les relations entre ces divers moments d'inertie d'un même corps.

$1°$ *Relation entre les moments d'inertie par rapport à des droites parallèles.* — Si μ, μ' sont ces moments pour deux droites parallèles DL, D'L', et h, h' leurs distances au centre de gravité G, on a

$$\mu - Mh^2 = \mu' - Mh'^2 \,,$$

M étant la masse totale.

En effet, prenons pour origine le centre de gravité G, GZ étant parallèle à DL, et GX placé sur GD. La distance mR de l'élément m à GZ a pour projections

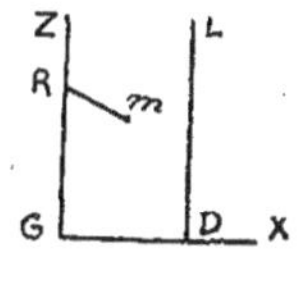

sur les axes x, y et o, d'où $\overline{m\mathrm{R}}^2 = x^2 + y^2$; il en résulte pour le moment d'inertie μ'' par rapport à GZ,

$$\mu'' = \Sigma m(x^2 + y^2)\,.$$

Comme GD $= h$, les coordonnées relatives à l'origine D sont $x - h$, y, z, d'où

$$\mu = \Sigma m \left[(x - h)^2 + y^2\right], \qquad \mu - \mu'' = -2h\Sigma mx + h^2\Sigma m\,.$$

Or $\Sigma m = \mathrm{M}$, masse totale, et en outre $\Sigma mx = o$, l'origine étant au centre de gravité. Par conséquent $\mu'' = \mu - \mathrm{M}h^2$; pour la seconde droite on trouverait de même $\mu'' = \mu' - \mathrm{M}h'^2$, d'où résulte la relation à démontrer.

2° *Relation entre les moments d'inertie relatifs à des droites partant d'une même origine O.* — Soient A, B, C les moments par rapport aux axes; nous avons trouvé ci-dessus la valeur de C; celles de A, B sont analogues, de sorte qu'on a

$$\mathrm{A} = \Sigma m(y^2 + z^2), \qquad \mathrm{B} = \Sigma m(z^2 + x^2), \qquad \mathrm{C} = \Sigma m(x^2 + y^2)\,.$$

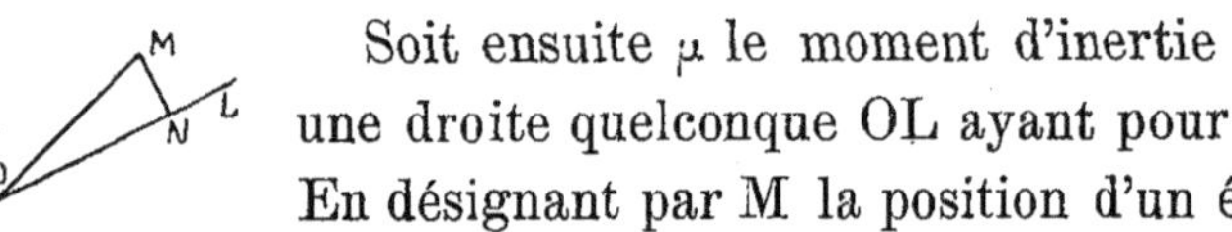

Soit ensuite μ le moment d'inertie par rapport à une droite quelconque OL ayant pour cosinus α, β, γ. En désignant par M la position d'un élément m, par x, y, z ses coordonnées, la projection ON de OM sur OL est $\alpha x + \beta y + \gamma z$, et comme $\alpha^2 + \beta^2 + \gamma^2 = 1$, on a pour la distance MN à l'axe

$$\overline{\mathrm{MN}}^2 = \overline{\mathrm{OM}}^2 - \overline{\mathrm{ON}}^2 = (\alpha^2 + \beta^2 + \gamma^2)(x^2 + y^2 + z^2) - (\alpha x + \beta y + \gamma z)^2,$$

ou

$$\overline{\mathrm{MN}}^2 = (y^2 + z^2)\alpha^2 + (z^2 + x^2)\beta^2 + (x^2 + y^2)\gamma^2 - 2yz\beta\gamma - 2zx\alpha\gamma - 2xy\alpha\beta.$$

Or le moment $\mu = \Sigma m \times \overline{\mathrm{MN}}^2$, et par suite, d'après les valeurs ci-dessus de A, B, C,

$$\mathrm{A)} \qquad \mu = \mathrm{A}\alpha^2 + \mathrm{B}\beta^2 + \mathrm{C}\gamma^2 - 2\mathrm{A}'\beta\gamma - 2\mathrm{B}'\alpha\gamma - 2\mathrm{C}'\alpha\beta\,.$$

en posant

$$A' = \Sigma myz, \qquad B' = \Sigma mzx, \qquad C' = \Sigma mxy .$$

Pour trouver le moment d'inertie μ' par rapport à une droite quelconque, il suffit donc, pour des axes choisis à volonté, de calculer les sommes A, B, C, A', B', C' ; ensuite en prenant OL parallèle à la droite donnée on aura μ par la formule précédente et on en déduira μ' par la relation entre les axes parallèles. Mais nous allons voir qu'on peut simplifier la formule (A). Pour abréger, dans ce qui suit, convenons de nommer *direction d'un moment extrême* celle d'une droite menée par l'origine, et telle que le moment d'inertie par rapport à elle soit maximum ou minimum.

3° On nomme *axes principaux* tout système d'axes par rapport auxquels on a $A' = o$, $B' = o$, $C' = o$. Par tout point pris pour origine on peut mener un semblable système. Il suffit pour cela *de prendre pour OZ la direction d'un moment extrême parmi toutes les droites partant de l'origine, et ensuite de prendre pour OX la direction d'un moment extrême parmi toutes les droites menées dans le plan des xy.*

En effet, si l'on emploie ces axes, et que OL soit dans le plan des xy, ayant φ pour angle polaire, on a $\alpha = \cos \varphi$, $\beta \sin = \varphi$, $\gamma = o$. La formule (A) donne alors

$$\mu = A \cos^2 \varphi + B \sin^2 \varphi - 2C' \sin \varphi \cos \varphi ,$$

d'où

$$\mu - A = (B - A) \sin^2 \varphi - 2C' \sin \varphi \cos \varphi = \sin^2 \varphi \left[B - A - 2C' \cot \varphi \right] .$$

Si C' n'était pas nul on aurait numériquement $2C' \cot \varphi > B - A$ en prenant φ assez petit, et en le supposant positif ou négatif, $\mu - A$ aurait des signes contraires. C'est impossible puisque A est le plus grand ou le plus petit des moments μ pour toutes les droites du plan des xy ; on a donc $C' = o$. De même parmi toutes les droites tracées dans le plan des zx ou celui des zy, OZ est une direction de moment extrême, d'où résulte $B' = o$, $A' = o$.

4° *Cas où il existe plusieurs systèmes d'axes principaux pour la même origine.* — Pour un de ces systèmes, soit celui que donne la règle précédente ou tout autre, on a d'après la formule (A)

$$(\text{B}) \qquad \mu = A\alpha^2 + B\beta^2 + C\gamma^2.$$

En outre $C = C(\alpha^2 + \beta^2 + \gamma^2)$, d'où

$$\mu - C = (A - C)\alpha^2 + (B - C)\beta^2;$$

$A - C$ et $B - C$ ne peuvent être négatifs si C est le plus petit des nombres A, B, C; on a donc alors $\mu =$ ou $> C$. De même si C est le plus grand $\mu =$ ou $< C$. On en peut dire autant pour A et B; par suite le maximum et le minimum des moments μ sont le plus grand et le plus petit des nombres A, B, C.

Si C est le plus grand et en outre différent des autres, $(A - C)$, $(B - C)$ ne sont pas nuls, et on ne peut avoir $\mu = C$ qu'en supposant $\alpha^2 = \beta^2 = 0$, $\gamma^2 = 1$, c'est-à-dire que la direction de OZ correspond seule au moment maximum C. Par suite, s'il existe un autre système S d'axes principaux, il faudra que l'un d'eux coïncide avec OZ.

Si A, B, C sont différents et $A < B < C$, on verrait de même que l'un des axes S doit coïncider avec OX, pour lequel seul le moment est minimum, et par suite le système S est le même que le premier, c'est-à-dire qu'il n'y en a pas d'autre.

Si $A = B$, C étant différent, l'un des axes S doit tomber sur OZ, mais dans le plan des xy les autres sont quelcouques. En effet, pour toute droite de ce plan la formule (B) donne $\mu = (\alpha^2 + \beta^2)A = A$; le moment étant le même pour toutes, une quelconque d'entre elles est une direction du moment extrême, et si on la prend pour un des axes, le système sera principal, d'après la règle indiquée plus haut.

Enfin si $A = B = C$, la formule (B) se réduit à $\mu = A$; tous les moments d'inertie étant égaux, tout système d'axes est principal, car OZ aura toujours une direction de moment extrême, et il en sera de même pour OX.

On voit que s'il y a plusieurs systèmes d'axes principaux les valeurs A, B, C des moments qui leur correspondent restent les mêmes. On les nomme *moments d'inertie principaux* dans tous les cas.

5° *Recherche des axes principaux.* — Outre que leur emploi facilite le calcul des moments d'inertie, ces axes jouent un rôle important dans la théorie de la rotation. Leur direction pour une origine quelconque pourrait toujours s'obtenir par la formule (A) en cherchant le maximum ou le minimum de μ. Mais dans le cas général c'est surtout l'existence de ces axes qu'il importait de démontrer comme nous l'avons fait, et quant à leur détermination nous nous bornerons au cas très fréquent où le corps a un plan de symétrie. S'il n'y en a qu'un prenons-le pour celui des xy, l'origine étant quelconque dans le plan. La masse peut se répartir en groupes de deux éléments égaux et symétriques par rapport au plan, de sorte que x et y sont les mêmes pour tous deux, et z le même en signe contraire; les termes correspondants se détruisent dans les sommes $\Sigma m z x$, $\Sigma m z y$, de sorte qu'on a $B' = o$, $A' = o$. Ensuite par rapport à toute droite menée par l'origine dans le plan des xy, le moment d'inertie est

$$\mu = A \cos^2 \varphi + B \sin^2 \varphi - 2C' \sin \varphi \cos \varphi,$$

φ étant l'angle polaire de la droite. Si C' n'est pas nul on devra changer OX en lui donnant pour angle polaire la valeur de φ qui rend μ maximum ou minimum; la condition est $\dfrac{d\mu}{d\varphi} = o$, ou

$$(B - A) \sin 2\varphi - 2C' \cos 2\varphi = o, \qquad \tang 2\varphi = \frac{2C'}{B - A}.$$

Cas où il existe deux plans de symétrie. — Ils déterminent un système d'axes principaux, en plaçant OZ sur leur intersection, l'origine étant quelconque.

S'ils sont rectangulaires on les prendra pour les plans des zx et des zy. En effet, de même que si un plan de symétrie est celui des xy on a $A' = o$, $B' = o$, on aura $A' = o$, $C' = o$ si c'est celui des zx, et $B' = o$, $C' = o$ si c'est celui des zy ; s'il en est ainsi pour tous deux il en résulte $A' = B' = C' = o$, et les axes sont principaux.

Si les deux plans de symétrie ne sont pas rectangulaires on aura un système principal en dirigeant OX comme on voudra dans le plan des xy ; en effet, en prenant les plans pour ceux des zx et des zx' correspondant à deux systèmes d'axes différents, on aurait à la fois pour chacun $A' = o$, $C' = o$, ou

$$\Sigma myz = o, \qquad \Sigma mxy = o, \qquad \Sigma my'z = o, \qquad \Sigma mx'y' = o ;$$

d'ailleurs φ étant leur angle on peut substituer

$$x' = x \cos \varphi - y \sin \varphi, \qquad y' = x \sin \varphi + y \cos \varphi ,$$

ce qui donne

$$\sin \varphi \Sigma mzx + \cos \varphi \Sigma mzy = o, \quad \sin \varphi \cos \varphi \Sigma m(x^2 - y^2) + \cos 2\varphi \Sigma mxy = o.$$

Comme par hypothèse φ n'est pas multiple de $\dfrac{\pi}{2}$, $\sin \varphi$ et $\cos \varphi$ ne sont pas nuls, et en ayant égard aux autres relations, celles-ci se réduisent à

$$\Sigma mzx = o, \qquad \Sigma m(x^2 - y^2) = o .$$

D'après la première on a à la fois $A' = B' = C' = o$ pour le premier système, qui par suite est principal. Il résulte ensuite de la seconde

$$\Sigma m(x^2 + z^2) = \Sigma m(y^2 + z^2) \quad \text{ou} \quad B = A ,$$

auquel cas la direction de OX correspondant à un système principal est arbitraire. Tel est le cas pour un prisme droit homogène ayant pour base un polygone régulier, en plaçant OZ sur son axe.

De même pour un solide de révolution homogène on a un système d'axes principaux en plaçant OZ sur l'axe de figure, les autres étant arbitraires.

80. Moments d'inertie de divers corps. — Nous les supposerons homogènes; D sera la densité; V le volume total; M ou DV la masse totale. Les axes employés pourront ne pas être principaux; mais en ce cas le plan des xy étant un plan de symétrie, on aura $A' = B' = o$. En substituant $m = Dv$, v étant l'élément de volume, on tirera A, B, C, A', coefficients de la formule (A), des relations suivantes :

$$(C) \begin{cases} A = D(Y + Z), & B = D(Z + X), & C = D(X + Y), & C' = DZ', \\ X = \Sigma vx^2, & Y = \Sigma vy^2, & Z = \Sigma vz^2, & Z' = \Sigma vxy. \end{cases}$$

1° *Parallélipipède rectangle*, les arêtes étant a, b, c; plaçons l'origine au centre, les axes parallèles aux arêtes, et par suite principaux. Pour Z la formule (3), où $P = z^2$, donne

$$Z = \int_{-\frac{a}{2}}^{\frac{a}{2}} \int_{-\frac{b}{2}}^{\frac{b}{2}} \int_{-\frac{c}{2}}^{\frac{c}{2}} z^2 dz dy dx = \frac{c^3}{12} \int_{-\frac{a}{2}}^{\frac{a}{2}} \int_{-\frac{b}{2}}^{\frac{b}{2}} dy dx = \frac{abc^3}{12},$$

ou

$$Z = \frac{c^2}{12} abc = \frac{c^2}{12} V, \qquad DZ = \frac{c^2}{12} M.$$

On trouve de même X et Y, et d'après les formules (C),

$$A = \frac{b^2 + c^2}{12} M, \qquad B = \frac{c^2 + a^2}{12}, M \qquad C = \frac{a^2 + b^2}{12} M.$$

2° *Cylindre à base circulaire :* soient h la hauteur, a le rayon. Plaçons l'origine au milieu de l'axe, OZ sur l'axe. De la sorte les axes sont principaux. On a pour raison de symétrie,

$$X = Y = \frac{1}{2} (X + Y) = \frac{1}{2} \Sigma(x^2 + y^2)v = \frac{1}{2} \Sigma r^2 v.$$

et la formule (4), P étant $\frac{1}{2} r^2$ ou z^2, donne

$$X = \frac{1}{2} \int_0^{2\pi} \int_0^a \int_{-\frac{h}{2}}^{\frac{h}{2}} r^3 dz dr d\varphi = \frac{h}{2} \int_0^{2\pi} \int_0^a r^3 dr d\varphi = \frac{h}{4} \pi a^4,$$

$$Z = \int_0^{2\pi} \int_0^a \int_{-\frac{h}{2}}^{\frac{h}{2}} z^2 r\, dz\, dr\, d\varphi = \frac{h^3}{12} \int_0^{2\pi} \int_0^a r\, dr\, d\varphi = \frac{h^3}{12}\, \pi a^2.$$

Si le cylindre est creux, le rayon de la cavité étant b,

$$X = \frac{\pi h(a^4 - b^4)}{4} = \frac{a^2 + b^2}{4} \times \pi h(a^2 - b^2) = \frac{a^2 + b^2}{4}\, V,$$

$$Z = \frac{\pi h^3(a^2 - b^2)}{12} = \frac{h^2}{12}\, V,$$

et les formules (C) donnent ensuite

$$A = B = \left(\frac{h^2}{12} + \frac{a^2 + b^2}{4} \right) M, \qquad C = \frac{a^2 + b^2}{2}\, M.$$

3° *Segment de sphère à une base.* — Plaçons l'origine au centre, OZ sur l'axe du segment ; les axes sont ainsi principaux. Soient a le rayon de la sphère, et b l'ordonnée de la base du segment. On a

$$X = Y = \frac{1}{2}\,(X + Y) = \frac{1}{2}\, \Sigma v(x^2 + y^2) = \frac{1}{2}\, \Sigma v r^2.$$

Le solide étant de révolution, la formule (6), dans laquelle $P = \frac{1}{2}\, r^2$ ou z^2, donne

$$Z = \int_b^a \int_0^R \int_0^{2\pi} z^2 d\varphi r\, dr\, dz = \pi \int_b^a R^2 z^2 dz ,$$

$$X = Y \frac{1}{2} \int_b^a \int_0^R \int_0^{2\pi} d\varphi r^3 dr\, dz = \frac{\pi}{4} \int_b^a R^4 dz ;$$

R est le rayon d'une section quelconque. En substituant $R^2 = a^2 - z^2$ on trouve

$$Z = \pi \left(\frac{2a^5}{15} - \frac{a^2 b^3}{3} + \frac{b^5}{5} \right), \quad X = Y = \frac{\pi}{4} \left(\frac{8a^5}{15} - a^4 b + \frac{2a^2 b^3}{3} - \frac{b^5}{5} \right).$$

Si le segment est la sphère entière $b = -a$, d'où

$$X = Y = Z = \frac{4\pi}{15}\, a^5 = \frac{a^2}{5}\, V, \qquad A = B = C = \frac{2a^2}{5}\, M .$$

$4°$ *Cas général d'un prisme ou d'un cylindre droit de hauteur h à base quelconque.* — Menons le plan des xy parallèle aux bases, par le milieu de la hauteur. C'est un plan de symétrie et par suite $A' = o$, $B' = o$. En désignant par ω l'aire de sa section dans le prisme et par v' un quelconque de ses éléments, la formule (3) pour le prisme est la même que

$$S = \Sigma v' \int_{-\frac{h}{2}}^{\frac{h}{2}} P dz$$

la somme s'étendant à tous les éléments de l'aire. Il en résulte

$$Z = \Sigma v' \int_{-\frac{h}{2}}^{\frac{h}{2}} z^2 dz = \frac{h^3}{12} \Sigma v' = \frac{h^3}{12} \omega = \frac{h^2}{12} V,$$

$$X = \Sigma v' \int_{-\frac{h}{2}}^{\frac{h}{2}} X^2 dz = h\Sigma v' x^2, \text{ etc.,}$$

ou

$$X = hp, \qquad Y = hq, \qquad Z' = hn,$$

en posant

$$\Sigma v' x^2 = p, \qquad \Sigma v' y^2 = q, \qquad \Sigma v' xy = n;$$

p et q se nomment les *moments d'inertie de l'aire ω* par rapport à OY, OY; ce moment par rapport à une droite du plan est la somme des produits de chaque élément de surface par le carré de sa distance à la droite.

Pour un cercle de rayon a, l'origine étant au centre, la formule (2) donne

$$q = \frac{1}{2}(p + q) = \frac{1}{2}\Sigma v' r^2 = \frac{1}{2}\int_0^{2\pi}\int_0^a r^3 dr d\varphi = \frac{\pi a^4}{4} = \frac{a^2}{4}\omega,$$

ou $q = \dfrac{r^2}{4}\omega$ si le rayon est désigné par r.

Pour un rectangle de côtés α, β, l'origine étant au centre et OY parallèle à α, la formule (1) donne

$$q = \int_{-\frac{\beta}{2}}^{\frac{\beta}{2}} \int_{-\frac{\alpha}{2}}^{\frac{\alpha}{2}} y^2 dy dx = \frac{\beta \alpha^3}{12} = \frac{\alpha^2}{12}\,\omega\,.$$

Dans les exemples suivants nous nous bornerons à calculer p, q, n, d'où l'on déduirait aisément A, B, C, C'.

5° *Cas où la section est un secteur OEF*, l'origine étant au centre, et OX passant au milieu de l'arc. On donne le rayon a et l'angle EOX $=$ FOX $= \alpha$; OX étant un axe de symétrie on a $n = o$. En substituant $x = r\cos\varphi$, $y = r\sin\varphi$, la formule (2) modifiée pour un secteur, donne

$$p = \int_{-\alpha}^{\alpha} \int_{0}^{a} r^3 dr \cos^2\varphi d\varphi = \frac{a^4}{8} \int_{-\alpha}^{\alpha} (1 + \cos 2\varphi) d\varphi =$$

$$= \frac{a^4}{4}(\alpha + \sin\alpha\cos\alpha),$$

$$q = \int_{-\alpha}^{\alpha} \int_{0}^{a} r^3 dr \sin^2\varphi d\varphi = \frac{a^4}{4}(\alpha - \sin\alpha\cos\alpha)\,.$$

6° *La section est un triangle rectangle OEF*, OX étant sur OE, OY parallèle à EF; on donne OE $= a$, EF $= b$; α désigne l'angle EOF. La formule (2) modifiée donne

$$p = \int_{0}^{\alpha} \int_{0}^{R} r^3 dr \cos^2\varphi d\varphi, \qquad q = \int_{0}^{\alpha} \int_{0}^{R} r^3 dr \sin^2\varphi d\varphi\,,$$

$$n = \int_{0}^{\alpha} \int_{0}^{R} r^3 dr \sin\varphi\cos\varphi d\varphi\,.$$

D'ailleurs R correspondant aux points de EF, on a R $= \dfrac{a}{\cos\varphi}$; en substituant tang $\alpha = \dfrac{b}{a}$, $ab = 2\omega$, il en résulte

$$p = \frac{a^4}{4} \int_0^\alpha \frac{d\varphi}{\cos^2 \varphi} = \frac{a^4}{4} \tang \alpha = \frac{a^3 b}{4} = \frac{a^2}{2} \omega,$$

$$q = \frac{a^4}{4} \int_0^\alpha \frac{d\varphi}{\cos^2 \varphi} \tang^2 \varphi = \frac{a^4}{12} \tang^3 \alpha = \frac{ab^3}{12} = \frac{b^2}{6} \omega,$$

$$n = \frac{a^4}{4} \int_0^\alpha \frac{d\varphi}{\cos^2 \varphi} \tang \varphi = \frac{a^4}{8} \tang^2 \alpha = \frac{a^2 b^2}{8} = \frac{ab}{4} \omega,$$

On aurait un système principal, comme on l'a vu, en faisant tourner l'axe des x d'un angle φ déterminé par la relation

$$\tang 2\varphi = \frac{2C'}{B - A}.$$

Les formules précédentes permettent de trouver, par rapport à toute droite donnée, le moment d'inertie d'un prisme ayant pour base un triangle rectangle ou un secteur; il en sera de même par suite si c'est un polygone quelconque ou un segment de cercle.

81. **Évaluation générale de l'attraction d'une masse quelconque sur un point.** — Il ne s'agit ici que de l'attraction en raison directe des masses et inverse du carré des distances. Si H est le point attiré, m' sa masse, ρ sa distance à un élément m de la masse attirante, la force est $f\,\dfrac{mm'}{\rho^2}$, f étant un coefficient constant. On doit composer les forces ainsi exercées par tous les éléments de la masse; mais on peut laisser de côté la constante fm', et prendre $\dfrac{m}{\rho^2}$ pour la force. Ce serait exact en attribuant à m' la valeur $\dfrac{1}{f}$; d'ailleurs après avoir trouvé comment varie l'attraction de la masse fixe pour chaque position du point H, on pourra rétablir la constante qui multiplie tous les résultats.

Si x, y, z sont les coordonnées du point attiré H, et x', y', z' celles de m, les cosinus de la force, qui est dirigée de H vers m, sont $\dfrac{x' - x}{\rho}$, etc., et ses projections $\dfrac{m(x' - x)}{\rho^3}$, etc. On a par suite

$$X = \Sigma \, \frac{x' - x}{\rho^3} \, m, \qquad Y = \Sigma \, \frac{y' - y}{\rho^3} \, m, \qquad Z = \Sigma \, \frac{z' - z}{\rho^3} \, m,$$

pour les projections X, Y, Z de l'attraction totale de la masse sur le point, les sommes s'étendant à tous ses éléments m.

Mesure approximative de l'attraction. — En prenant l'origine O quelconque dans le corps, et supposant toutes ses dimensions inférieures à OH, on pourra exprimer l'attraction en série ; en effet, plaçons H sur l'axe des z négatifs, et soit OH $= h$; on aura ainsi

$$x = 0, \qquad y = 0, \qquad z = -h, \qquad \rho^2 = x'^2 + y'^2 + (z' + h)^2,$$

$$X = \Sigma \, \frac{mx'}{\rho^3}, \qquad Y = \Sigma \frac{my'}{\rho^3}, \qquad Z = \Sigma \frac{m(z' + h)}{\rho^3} \, .$$

Si l'on pose $\dfrac{x'}{h} = \alpha$, $\dfrac{y'}{h} = \beta$, $\dfrac{z'}{h} = \gamma$, les nombres α, β, γ seront partout inférieurs à l'unité. Il en résulte

$$\rho^2 = h^2 \rho'^2 \quad \text{où} \quad \rho'^2 = (1 + \gamma)^2 + \alpha^2 + \beta^2,$$

$$h^2 X = \Sigma \, \frac{\alpha}{\rho'^3} \, m, \qquad h^2 Y = \Sigma \, \frac{\beta}{\rho'^3} \, m, \qquad h^2 Z = \Sigma \frac{1 + \gamma}{\rho'^3} \, m.$$

En supposant α, β, γ assez petits et substituant

$$\frac{1}{\rho'^3} = (1 + 2\gamma + \alpha^2 + \beta^2 + \gamma^2)^{-\frac{3}{2}} = 1 - 3\gamma + \text{etc.} \, ,$$

puis négligeant les termes de degré supérieur au premier, on aura

$$h^2 X = \Sigma m\alpha, \quad h^2 Y = \Sigma m\beta, \quad h^2 Z = \Sigma m(1 - 3\gamma)(1 + \gamma) = \Sigma m(1 - 2\gamma).$$

Si on négligeait aussi le premier degré, on trouverait $X = 0$, $Y = 0$, $Z = \dfrac{\Sigma m}{h^2} = \dfrac{M}{h^2}$, M étant la masse totale ; cela reviendrait à la supposer concentrée à l'origine. Les termes du premier degré, en substituant $\alpha = \dfrac{x'}{h}$, etc, sont

$$\frac{1}{h}\,\Sigma mx', \qquad \frac{1}{h}\,\Sigma my', \qquad -\frac{2}{h}\,\Sigma mz',$$

et ils seront nuls si l'on place l'origine au centre de gravité du corps. *On a donc une valeur approchée de l'attraction en supposant la masse concentrée au centre de gravité.*

Forme potentielle de l'attraction. — La première projection de l'attraction d'un élément m est

$$\frac{m(x' - x)}{\rho^3} \quad \text{où} \quad \rho^2 = (x - x')^2 + (y - y')^2 + (z - z')^2.$$

elle peut s'exprimer par la dérivée partielle

$$m\left[\frac{d.\left(\frac{1}{\rho}\right)}{dx}\right];$$

pour d'autres particules attirantes m', m'', ..., situées à la distance ρ', ρ'', ... du point H, elle est de même la dérivée partielle de $\dfrac{m'}{\rho'}$, $\dfrac{m''}{\rho''}$, etc. La même remarque s'étendant aux autres projections on aura pour le corps entier

$$X = \left(\frac{dV}{dx}\right), \qquad Y = \left(\frac{dV}{dy}\right), \qquad Z = \left(\frac{dV}{dz}\right),$$

V étant la somme $\dfrac{m}{\rho} + \dfrac{m'}{\rho'} + \dfrac{m''}{\rho''} + \dots$ *étendue aux particules attirantes* supposées fixes, tandis que les coordonnées x, y, z de H sont seules variables; V se nomme le *potentiel* des masses m, m', etc. ; il suffit de le trouver pour connaître les composantes de l'attraction.

Pour une seule particule on a

$$\frac{X}{m} = \frac{x' - x}{\rho^3}, \qquad \frac{1}{m}\left(\frac{dX}{dx}\right) = \frac{1}{m}\left(\frac{d^2V}{dx^2}\right) = -\frac{1}{\rho^3} + \frac{3(x' - x)^2}{\rho^5};$$

les valeurs de $\frac{1}{m}\left(\frac{dY}{dy}\right)$, $\frac{1}{m}\left(\frac{dZ}{dz}\right)$ ont une forme analogue et la somme

des trois est nulle ; il en est de même pour les termes $\frac{m'}{\rho'}$, etc.; ainsi

tout potentiel satisfait identiquement l'équation

$$(\mathrm{D}) \qquad \left(\frac{d^2V}{dx^2}\right) + \left(\frac{d^2V}{dy^2}\right) + \left(\frac{d^2V}{dz^2}\right) = 0,$$

en supposant comme nous le faisons que H ne soit pas intérieur à la masse attirante.

82. **Applications diverses.** — *Premier exemple. Attraction normale d'une aire plane.* — Supposons d'abord H attiré par l'aire intérieure à un contour C de forme quelconque, et soit h sa distance HA au plan de l'aire. Nous ne chercherons que la composante Z de l'attraction suivant HA ; nous supposerons une masse formant sur l'aire une couche uniforme infiniment mince, de sorte qu'elle devient une surface attirante, la masse étant μ par unité de surface. Traçons une sphère σ de centre H, de rayon 1, et décomposons l'aire en éléments v par des pinceaux coniques. Pour l'un d'eux placé en M à la distance HM $= \rho$, on aura, comme on l'a vu au numéro 77, $v = \dfrac{\rho^2\omega}{\cos i}$, ω étant l'élément correspondant de σ, et i l'angle AHM de HM et de la normale à la surface. L'attraction de v, sa masse étant μv, sera $\dfrac{\mu.v}{\rho^2}$ et sa projection sur HA, ou $\dfrac{\mu.v}{\rho^2}\cos i$, sé réduit à $\mu\omega$. Pour l'aire entière il en résulte

$$Z = \Sigma\mu.\omega = \mu.\Sigma\omega = \mu s,$$

s étant la somme des éléments ω correspondant à tous les pinceaux. Si l'on trace une surface conique ayant pour sommet H et pour base le contour C, s est la portion qu'elle intercepte dans la sphère σ et se nomme *l'amplitude sphérique* du cône. Si par exemple C est un polygone de n côtés, s est un polygone sphérique; sa valeur est l'*excès sphérique* ou celui de la somme de ses angles sur $2n - 4$ angles droits, chacun étant mesuré par $\frac{\pi}{2}$.

Si C est un cercle de rayon a, de centre A, on a pour tout point du contour $\cos i = \dfrac{h}{\sqrt{h^2 + a^2}}$; s est une zone de hauteur $1 - \cos i$, ou $s = 2\pi(1 - \cos i)$. Il est clair que dans ce cas Z est l'attraction totale.

Si sans changer h on fait croître a à l'infini, on a

$$\cos i = 0, \qquad s = 2\pi, \qquad Z = 2\pi\mu .$$

C'est l'attraction d'un plan indéfini.

Une surface attirante étant une fiction, attribuons à la précédente une petite épaisseur ε; pour l'unité de surface le volume sera ε, la masse μ, et par suite la densité $D = \dfrac{\mu}{\varepsilon}$; en substituant $\mu = D\varepsilon$, on aura pour la couche indéfinie $Z = 2\pi D\varepsilon$; si l'on imagine d'autres couches superposées, d'épaisseurs ε', ε'', etc., leurs attractions qui se réduisent, comme on l'a vu, à la composante normale, seront $2\pi D\varepsilon'$, $2\pi D\varepsilon''$, etc., et en tout on aura $Z = 2\pi De$, e étant l'épaisseur totale de la couche indéfinie ainsi comprise entre deux plans parallèles. Cette force est donc indépendante de la position du point H.

Second exemple. Attraction d'une surface sphérique. — Supposons une masse m répartie sur une surface sphérique de centre O et de rayon a; nous admettrons qu'elle y forme une couche d'épaisseur constante très petite, équivalant à une surface attirante.

Soit H le point attiré, extérieur ou intérieur, $OH = R$, et μ un élément de masse superficiel, recouvrant un élément v de surface. On a ainsi

$$\frac{\mu}{v} = \frac{m}{4\pi a^2}, \qquad \mu = \frac{mv}{4\pi a^2} ;$$

d'ailleurs la surface étant partagée comme au numéro 77,

$$v = a^2 \sin \theta d\theta d\varphi, \qquad \mu = \frac{\sin \theta d\theta d\varphi}{4\pi} m \; .$$

Nous compterons les angles θ à partir de OH, et en désignant par ρ la distance μH, par V le potentiel, nous aurons

$$V = \Sigma \frac{\mu}{\rho} = \frac{m}{4\pi} \int_0^\pi \int_0^{2\pi} \frac{\sin \theta d\varphi d\theta}{\rho}, \qquad \rho^2 = R^2 + a^2 - 2aR \cos \theta \; .$$

L'expression qui multiplie $d\varphi$ étant indépendante de φ, il en résulte

$$V = \frac{m}{2} \int_0^\pi \frac{\sin \theta d\theta}{\rho} \; .$$

Prenons ensuite ρ pour variable au lieu de θ; de la sorte, d'après la valeur de ρ^2, on a $\rho d\rho = aR \sin \theta d\theta$; en substituant $\sin \theta d\theta = \dfrac{\rho d\rho}{aR}$, on trouve

$$V = \frac{m}{2} \int \frac{\rho d\rho}{aR\rho} = \frac{m}{2aR}(\rho' - \rho'') \; ,$$

ρ' correspondant à $\theta = \pi$, et ρ'' à $\theta = o$. De la sorte

$$\rho''^2 = R^2 + a^2 - 2aR, \qquad \rho'^2 = R^2 + a^2 + 2aR, \qquad \rho' = R + a \; .$$

On doit prendre ρ'' positif, c'est-à-dire $\rho'' = R - a$, $\rho' - \rho'' = 2a$, si H est extérieur à la surface, et $\rho'' = a - R$, $\rho' - \rho'' = 2R$, s'il est intérieur. Le potentiel est donc

$$V = \frac{m}{R} \text{ si le point H est extérieur,}$$

$$V = \frac{m}{a} \text{ s'il est intérieur.}$$

Dans ce dernier cas V est constant ou indépendant de la position de H; ses dérivées ou les projections de la force sont donc nulles, et il en est de même de la force. Si le point est extérieur le potentiel $\dfrac{m}{R}$ est le même que si la masse m était condensée en

O, à la distance R du point attiré; ses dérivées et la force sont donc aussi les mêmes.

Troisième exemple. Attraction d'une tige rectiligne supposée infiniment mince. — En l'assimilant à une droite AA' soient h sa distance OH au point attiré, et μ la masse de l'unité de longueur. Nous supposerons OA = OA' = l. Il est clair qu'en décomposant les attractions suivant HO et à angle droit, celles de OA et OA' suivant cette seconde direction seraient égales et opposées; l'attraction totale F est donc dirigée de H vers O, et $\dfrac{1}{2}$ F est celle de la portion OA seule.

Pour la trouver plaçons l'origine en O et OX sur OA. Soient M la position d'un élément dx et ρ la distance

$$\rho = MH = \sqrt{h^2 + x^2}\,.$$

La masse de l'élément est μdx et son attraction $\dfrac{\mu.dx}{\rho^2}$; comme $\cos OHM = \dfrac{OH}{MH} = \dfrac{h}{\rho}$, la projection de la force sur HO est $\dfrac{\mu h dx}{\rho^3}$. En l'ajoutant pour tous les éléments de OA on aura

$$\frac{1}{2}\,F = \mu h \int_0^l \frac{dx}{\rho^3}\,.$$

L'intégrale indéfinie

$$\int \frac{dx}{\rho^3} = \int \frac{dx}{(h^2 + x^2)^{\frac{3}{2}}} = \frac{x}{h^2\sqrt{h^2 + x^2}} + \text{const.}$$

d'où résulte

$$F = \frac{2\mu.l}{h\sqrt{h^2 + l^2}}\,.$$

Si on suppose la tige indéfinie dans les deux sens, $\dfrac{l}{\sqrt{h^2+l^2}}$ se réduit à l'unité, ce qui donne $F = \dfrac{2\mu}{h}$.

L'attraction d'une droite est une fiction, mais si nous lui attribuons une petite section ω, de sorte qu'elle devienne un corps homogène de densité D, on aura pour la masse de l'unité de longueur $\mu = D\omega$, et l'attraction d'une tige mince à la distance h sera

$$F = \frac{2D\omega}{h}.$$

Quatrième exemple. Attraction d'un tube ou d'un cylindre creux indéfini. — Soient a, b ses rayons extérieur et intérieur. Menons le plan de la figure par le point attiré H, per- 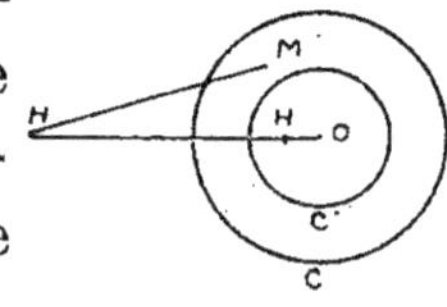
pendiculaire à l'axe du cylindre qu'il coupe
en O. La section du cylindre est l'espace annulaire compris entre les circonférences C, C' de
rayons a et b. Partageons cet espace en éléments v, et élevons sur chacun comme base un prisme indéfini dans les deux sens ; M étant la position de v, l'attraction de ce prisme mince sur H sera d'après l'exemple précédent $\frac{2D\omega}{h}$, où la section ω doit être remplacée par v, et h par ρ, qui désignera MH. Elle est dirigée suivant HM, et sa projection sur HO est par suite

$$\frac{2Dv}{\rho}\cos \mathrm{MHO}.$$

L'attraction totale Q du cylindre est la résultante de celles des prismes ; d'ailleurs les projections de celles-ci sur une direction perpendiculaire à OH se détruisent évidemment, et par suite la force Q sera dirigée de H vers O, ayant pour valeur la somme des projections précédentes ; de la sorte

$$Q = 2D\Sigma \frac{\cos \mathrm{MHO}}{\rho} v,$$

la somme s'étendant aux éléments v de l'aire comprise entre C et C'. Cette force est dirigée suivant la distance du point à l'axe.

Elle est fonction uniquement de cette distance HO que nous désignerons par r. On a

$$rQ = 2D\Sigma \; \frac{r}{\rho} \; \cos MHO . v \; ,$$

et il est clair que si H est très éloigné ou r très grand, $\dfrac{r}{\rho}$ ou $\dfrac{HO}{HM}$ est sensiblement l'unité, de même que cos MHO. On a ainsi

$$\text{limite } (rQ) = 2D\Sigma v \; .$$

Cette valeur est la même que si tous les prismes attirants étaient placés sur l'axe du cylindre, où toute la masse serait ainsi condensée, car alors on aurait constamment $r = \rho$, cos MOH $= 1$.

On pourrait trouver Q par l'intégration directe de l'expression ci-dessus; mais nous prendrons cette question comme exemple de l'emploi d'une autre méthode, applicable seulement quand la force, comme dans le cas actuel, est fonction d'une seule variable r, et que sa direction est connue.

Les projections X, Y, Z de la force ayant pour valeurs $\left(\dfrac{dV}{dx}\right)$, etc., l'équation (D) du numéro précédent, ou

$$\left(\frac{d^2V}{dx^2}\right) + \left(\frac{d^2V}{dy^2}\right) + \left(\frac{d^2V}{dz^2}\right) = o$$

peut s'écrire

$$(D) \qquad \left(\frac{dX}{dx}\right) + \left(\frac{dY}{dy}\right) + \left(\frac{dZ}{dz}\right) = o \; ,$$

dans laquelle x, y, z sont les coordonnées du point H. En plaçant OZ sur l'axe on a $r = \sqrt{x^2 + y^2}$, et la force Q étant dirigée vers l'axe, ses cosinus sont $-\dfrac{x}{r}$, $-\dfrac{y}{r}$ et o ; il en résulte

$$X = -\frac{x}{r} Q, \qquad Y = -\frac{y}{r} Q, \qquad Z = o \; ,$$

et en remarquant que Q est fonction de r seul,

$$-\left(\frac{dX}{dx}\right) = \frac{Q}{r} + x\,\frac{d.}{dr}\left(\frac{Q}{r}\right)\frac{x}{r}\,, \qquad -\left(\frac{dY}{dy}\right) = \frac{Q}{r} + \frac{d.}{dr}\left(\frac{Q}{r}\right)\frac{y^2}{r}\,.$$

En substituant ces valeurs dans l'équation (D) et la multipliant par r, on trouve

$$2Q + r^2\,\frac{d.}{dr}\left(\frac{Q}{r}\right) = o, \quad \text{ou} \quad \frac{d.}{dr}\left(r^2 \times \frac{Q}{r}\right) = o\,,$$

d'où

$$2Q = A, \qquad Q = \frac{A}{r}\,,$$

A étant une constante. Le même calcul s'applique aux cas où le point H est à l'extérieur ou à l'intérieur du cylindre creux ; mais ces cas sont distincts. Il n'y a pas de continuité entre eux, et la constante peut différer.

Si le point est intérieur on doit supposer $A = o$, sans quoi la force Q croîtrait à l'infini quand il serait très voisin de l'axe, ce qui n'a point lieu pour la valeur de Q sous forme d'intégrale ; par conséquent *l'attraction du cylindre est nulle sur tout point intérieur*.

Si le point est extérieur la valeur de rQ étant la constante A est égale à la limite de cette expression trouvée ci-dessus quand r croît à l'infini. Par suite *l'attraction du cylindre sur un point extérieur est la même que si toute sa masse était condensée sur l'axe*.

En supposant l'axe vertical, et prenant pour H un point matériel pesant, on aurait pour son mouvement vertical $\frac{d^2z}{dt^2} = g$, la force Q étant horizontale, en même temps la projection de H sur le plan des xy circulerait autour de l'origine comme si celle-ci l'attirait en raison inverse de la distance. Nous avons vu, en effet, au numéro 60 que pour cette loi d'attraction le mouvement a toujours la forme circulante.

83. Théorème de Green. Application à l'attraction d'une surface sphérique. — Désignons par C une surface fermée de forme arbitraire, et par S la somme

$$S = \Sigma N v .$$

étendue à tous les éléments v de la surface, N étant pour chacun la projection de la force sur la normale extérieure. La force est ici l'attraction d'un ensemble quelconque de masses continues ou isolées ; pour simplifier nous admettrons qu'aucune particule attirante ne se trouve sur la surface même.

Le théorème de Green consiste en ce qu'on a

$$S = - 4\pi M ,$$

M étant la somme des masses intérieures à la surface C.

Supposons les masses formées de la réunion de deux groupes, auxquels correspondront les lettres S', M', N' pour le premier, S'', M'', N'' pour le second. Nous allons vérifier que si le théorème est vrai pour chaque groupe il l'est aussi pour leur ensemble. En effet, la force pour l'ensemble est résultante de celles qui proviennent de chaque groupe ; sa projection N sur la normale est la somme de celles des deux autres, ou de N', N'' ; par suite

$$S = \Sigma N v = \Sigma(N' + N'') v = S' + S''.$$

D'autre part, la masse intérieure M est la réunion de M', M'' qui correspondent à chaque groupe. Ainsi en ajoutant les relations

$$S' = - 4\pi M' \qquad S'' = - 4\pi M'',$$

supposées exactes, on aura $S = - 4\pi M$, ce qu'il fallait prouver. Le raisonnement précédent s'étend évidemment au cas où l'on partagerait les masses en un nombre quelconque de groupes. Il ne reste donc qu'à vérifier le théorème en réduisant ces masses à une seule particule m.

Traçons une surface sphérique σ de centre m, de rayon 1, et décomposons C en éléments par des pinceaux coniques; on a d'après le numéro 77 $v = \dfrac{\rho^2}{\cos i}\,\omega$, ω étant un élément de σ, ρ la distance vm, et i l'angle aigu de cette droite et de la normale à C; en même temps la force pour cet élément est $\dfrac{m}{\rho^2}$ et sa projection sur la normale $N = \dfrac{m}{\rho^2}\cos i'$, i' étant l'angle de la force et de la normale extérieure; il en résulte

$$N v = \frac{\cos i'}{\cos i}\, m\omega \ .$$

Or i' est compris entre les mêmes droites que i, et l'on a $\dfrac{\cos i'}{\cos i} = \pm\,1$ suivant que i' est aigu ou obtus. Dans la figure la direction de v vers m, qui est celle de la force, fait un angle obtus avec N, d'où $Nv = -\,m\omega$; il en est ainsi en tout point où le pinceau partant de m traverse la surface C en sortant; on a $Nv = +\,m\omega$ là où il traverse C en entrant. Si m est extérieur comme dans la figure, le pinceau rencontre la surface deux fois si elle est convexe, et en tout cas un nombre pair de fois, sur lequel il y a autant d'entrées que de sorties; pour les éléments v correspondant à un même pinceau, ω ne changeant pas, les produits Nv ont une somme nulle, et par suite $S = o$. Si m est intérieur chaque pinceau rencontre la surface C un nombre impair de fois, et le nombre des sorties dépasse d'une unité celui des entrées; les produits Nv pour un seul pinceau ont donc la somme $-\,m\omega$, d'où résulte

$$S = -\,\Sigma m\omega = -\,4\pi m\ ,$$

la somme s'étendant aux éléments ω d'une sphère σ complète. Nous avions trouvé $S = o$ quand m était extérieure. Le théorème de Green est donc exact pour une particule et par suite pour des masses quelconques. Il constitue un principe important dont les applications sont nombreuses dans la théorie de l'électricité. Nous l'emploierons dans la question suivante.

Attraction d'une surface sphérique sur un point H intérieur. —

La force f, si elle existe, est dirigée suivant le rayon OH pour cause de symétrie, car nous supposons la masse répartie uniformément sur la surface. Pour la même raison, si l'on trace une surface sphérique con-

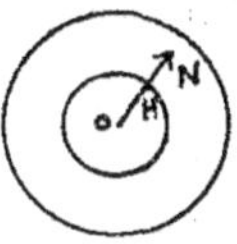

centrique et passant par H, la force en tout point de cette surface aura la même valeur f, et sera dirigée sur le rayon dans le même sens. Si donc N est sa projection sur la normale extérieure, on aura partout $N = f$, ou partout $N = -f$. En appliquant à cette surface prise pour C le théorème de Green, il en résulte

$$- 4\pi M = \Sigma N v = \pm f \Sigma v .$$

Or il n'y a pas de masse intérieure ; M est donc nul, Σv ne l'est pas ; par suite $f = o$, comme nous l'avions trouvé par l'intégration directe.

Attraction d'une couche sphérique sur un point extérieur H. — Soient O le centre, a le rayon, R la distance OH, et H′ sur OH le *conjugué* du point H, de sorte qu'on ait $\dfrac{OH'}{a} = \dfrac{a}{OH}$. Désignons par V, V′ les potentiels de la couche sphérique pour les points H, H′ ; par μ un élément de masse superficiel ; par ρ, ρ' les distances μH, $\mu H'$. Les triangles OH′μ, OHμ étant semblables par renversement on a

$$\frac{\rho'}{\rho} = \frac{O\mu}{OH} = \frac{a}{R} , \qquad V = \Sigma \frac{\mu}{\rho} = \frac{a}{R} \Sigma \frac{\mu}{\rho'} = \frac{a}{R} V',$$

relation qui subsisterait même si la couche n'était pas uniforme ; mais si elle l'est, la force étant nulle à l'intérieur, le potentiel est constant. Sa valeur au centre est

$$V' = \Sigma \frac{\mu}{a} = \frac{1}{a} \Sigma \mu = \frac{m}{a} ,$$

m étant la masse totale. Puisqu'il est le même en H' il en résulte

$$V = \frac{a}{R} V' = \frac{m}{R},$$

comme nous l'avions trouvé précédemment.

84. Attraction d'une sphère et ses applications. — Pour abréger nous dirons qu'une sphère a une *densité régulière* si la densité est la même en des points situés à égale distance du centre. Nous emploierons la même expression pour une couche comprise entre deux surfaces sphériques concentriques. La sphère et la couche, en menant des surfaces sphériques infiniment rapprochées, sont décomposées en couches élémentaires infiniment minces, dont chacune séparément est homogène et peut être assimilée à une surface attirante. Par conséquent :

1° *L'attraction d'une couche à densité régulière sur un point qui lui est intérieur est nulle*, car il en est ainsi pour chacune des couches élémentaires dont elle se compose.

2° *L'attraction d'une couche, ou d'une sphère à densité régulière sur un point extérieur est la même que si sa masse était condensée au centre*, car cela ne change pas l'attraction des couches élémentaires.

Attraction de masses quelconques sur une sphère à densité régulière. — On peut conclure de ce qui précède que *le mouvement du centre de gravité de la sphère*, c'est-à-dire de son centre O, *produit par cette attraction, est le même que si sa masse m était concentrée en O.*

En effet, pour calculer ce mouvement on suppose que toutes les forces agissant sur chaque élément de la sphère sont déplacées parallèlement et appliquées en O. Considérons en particulier celles qui proviennent d'une seule particule v ; celles-là sont égales et opposées aux attractions des éléments sur v. Or ces dernières ont pour résultante l'attraction qu'exercerait sur v la masse m placée en O ; les premières auront donc une résultante égale et opposée à la précédente, ou l'attraction de v sur la masse m placée en O. Il en est ainsi pour chaque particule v dont les masses se composent, et par suite pour l'effet de leur ensemble on peut supposer la masse de la sphère ainsi condensée.

La plupart des astres paraissent être à très peu près des sphères à densité régulière et par suite on peut sans erreur sensible assimiler chacun d'eux à un point matériel, soit qu'il s'agisse de ses attractions sur les autres, ou de son propre mouvement produit par celles des autres.

Cas où le point attiré H est à l'intérieur du corps attirant. — Si ce point est extérieur mais devient infiniment voisin d'un point A de la surface, l'attraction $\dfrac{m}{\rho^2}$ de la masse m placée en A croîtrait à l'infini si réellement une masse finie m s'y trouvait concentrée : mais il n'en est plus ainsi quand elle est répartie dans le corps d'une façon continue. L'attraction totale reste alors finie même si H coïncide avec A. Il en est ainsi pour celle d'une couche plane indéfinie, car on a vu au numéro 82 qu'elle est indépendante de la position du point H.

De même s'il s'agit d'une sphère de rayon r, dont la masse est

$$m = D \times \frac{4\pi r^3}{3},$$

l'attraction et le potentiel sont $\dfrac{m}{R^2}$, $\dfrac{m}{R}$, quand H est extérieur, à la distance R du centre, et se réduisent à

$$\frac{4\pi r}{3}\,D, \qquad \frac{4\pi r^2}{3}\,D,$$

s'il est à la surface.

Tous deux auront donc aussi une valeur finie et déterminée si H est intérieur à la masse attirante. Supposons par exemple que celle-ci soit une sphère S homogène, de rayon a, le point H étant intérieur, à la distance R du centre. Soit S′ une sphère concentrique de rayon R, et S″ le reste de la sphère S, c'est-à-dire une couche sphérique dont les rayons extérieur et intérieur sont a et R; on aura pour le potentiel total $V = V' + V''$, V′ étant celui de S′ et V″ celui de S″. Comme H est à la surface de S′ on trouve comme ci-dessus

$$V' = \frac{4\pi DR^2}{3}.$$

Ensuite partageons S″ en couches infiniment minces par des surfaces sphériques concentriques. Pour la couche dont les rayons sont r et $r + dr$ la surface est $4\pi r^2$, le volume $4\pi r^2 dr$ et la masse $m = 4\pi D r^2 dr$; on a vu au numéro 82 que le potentiel à l'intérieur était $\frac{m}{a}$, a étant le rayon désigné ici par r; H étant intérieur à la couche son potentiel sera $4\pi D r dr$. En y faisant croître r de R à a et ajoutant les résultats, nous aurons pour le potentiel de S″

$$V'' = 4\pi D \int_{R}^{a} r dr = 2\pi D(a^2 - R^2),$$

d'où

$$V = V' + V'' = \frac{2\pi D}{3}(3a^2 - R^2) = \frac{2\pi D}{3}(3a^2 - x^2 - y^2 - z^2).$$

En outre l'attraction totale Q se réduira à celle de S′, H étant intérieur par rapport à la couche S″; le point étant à la surface de S′ on aura donc comme on l'a vu

$$Q = \frac{4\pi DR}{3}.$$

Quand le point H est intérieur au volume attirant les projections X, Y, Z de la force sont encore les dérivées du potentiel, mais l'équation (D) *du numéro 81 est remplacée par*

$$\frac{d^2V}{dx^2} + \frac{d^2V}{dy^2} + \frac{d^2V}{dz^2} = -4\pi D.$$

Bien que ce soit en général exact quand la densité D varie

d'une manière continue, nous nous bornerons à le vérifier en la supposant constante.

Si le corps est la sphère S, la valeur ci-dessus de V satisfait identiquement l'équation précédente. En outre la force Q étant dirigée vers le centre, ses cosinus sont $-\dfrac{x}{R}$, etc., et ses projections

$$X = - Q\,\frac{x}{R} = - \frac{4\pi D x}{3} \text{ etc.}$$

Elles sont ainsi les mêmes que $\left(\dfrac{dV}{dx}\right)$, etc.

Supposons ensuite le corps quelconque, et soit S une sphère en faisant partie et contenant le point H. On aura pour le potentiel et les projections de la force

$$V = V' + V'', \qquad X = X' + X'', \qquad Y = Y' + Y'', \text{ etc.} ,$$

V', X', etc., correspondant à la seule sphère S, et V'', X'', etc., au reste du corps. Comme H ne fait pas partie de celui-ci nous savons déjà que

$$\frac{d^2V''}{dx^2} + \frac{d^2V''}{dy^2} + \frac{d^2V''}{dz^2} = 0, \qquad X'' = \left(\frac{dV''}{dx}\right), \text{ etc.}$$

On vient de voir que pour la sphère

$$\frac{d^2V'}{dx^2} + \frac{d^2V'}{dy^2} + \frac{d^2V'}{dz^2} = - 4\pi D, \quad X' = \left(\frac{dV'}{dx}\right), \text{ etc.}$$

En ajoutant ces relations on trouve celles qu'il fallait démontrer, ou

$$\frac{d^2V}{dx^2} + \frac{d^2V}{dy^2} + \frac{d^2V}{dz^2} = - 4\pi D, \qquad X = \left(\frac{dV}{dx}\right), \text{ etc.}$$

Évaluation numérique de l'attraction. — Il ne s'agit ici que de l'attraction universelle, dont la pesanteur est un cas particulier. Prenons pour unité de longueur le mètre, et pour unité de force celle du poids. L'attraction d'une particule sur un point ou un petit corps H est proportionnelle à leurs masses ou à leurs poids, c'est-à-dire au poids p du corps, au volume v de la particule et à son poids spécifique δ; elle peut donc être représentée par

$$\frac{kv\delta p}{\rho^2}.$$

ρ étant leur distance et k une constante absolue. L'attraction de la terre, regardée comme une sphère à densité régulière, est la même que si toutes ses particules étaient placées au centre, ou

$$\frac{kp\Sigma v\delta}{\rho^2},$$

ρ étant la distance de H au centre.

Si H est à sa surface, ρ est le rayon terrestre r, et cette force est sensiblement le poids p du corps, d'où

$$\frac{k}{r^2}\,\Sigma v\delta = 1.$$

On nomme *densité moyenne* de la terre son poids spécifique moyen, c'est-à-dire un nombre Δ tel que

$$\Delta = \frac{\Sigma v\delta}{\Sigma v},$$

$\overline{\Sigma v}$ désignant ainsi le volume T de la terre. Il en résulte

$$\Sigma v\delta = T\Delta, \qquad \frac{kT\Delta}{r^2} = 1.$$

En mesurant directement dans l'expérience de Cavendish, l'attraction Q' d'une masse connue sur un petit corps H de poids p, on a

$$\frac{kv'\delta'p}{\rho'^2} = Q',$$

où v', δ', ρ' correspondent à cette masse. Tout est connu dans cette relation sauf k; en la divisant par la précédente k disparaît, et l'on peut tirer Δ du résultat. Sa valeur, déduite de plusieurs séries d'expériences, est environ $5\frac{1}{2}$. En substituant $\Delta = 5\frac{1}{2}$, $T = \dfrac{4\pi r^3}{3}$ dans l'équation

$$\frac{kT\Delta}{r^2} = 1,$$

on trouve

$$\frac{k}{r^2} \times \frac{22\pi r^3}{3} = 1 \qquad k = \frac{3}{22\pi r};$$

πr ou la demi-circonférence terrestre est 20,000,000, d'où résulte en nombres ronds

$$k = \frac{1}{150,000,000},$$

valeur ainsi indépendante de l'unité de poids.

Dans les numéros précédents la force élémentaire était supposée $\dfrac{m}{\rho^2}$ ou $\dfrac{Dv}{\rho^2}$. On voit qu'en remplaçant D par $k\delta$ l'attraction d'une masse sera rapportée à l'unité de poids du corps attiré.

Par exemple si un observateur est placé en M sur un plateau d'une grande étendue, d'épaisseur e, son attraction Z pourra être assimilée à celle d'un plateau indéfini ; sa valeur trouvée $2\pi De$ sera remplacée par $Z = 2\pi k\delta e$. Pour le terrain on a en général $\delta = 2\frac{1}{2}$, et d'après la valeur ci-dessus de k, en supposant $e = 1000^{\mathrm{m}}$, on trouve environ $Z = 0,0001$. C'est la fraction dont la pesanteur sera augmentée ; elle est d'autre part diminuée par suite de l'accroissement d'altitude.

Les résultats d'ailleurs s'accordent mal avec l'expérience ; il faudrait supposer l'attraction Z beaucoup plus faible, et il en est de même pour celle des montagnes. L'erreur provient sans doute de ce que les densités intérieures du sol ne sont pas réparties au-dessous des montagnes comme au-dessous des plaines.

Attraction mutuelle de deux hémisphères. — Pour nous rendre compte du rôle que joue l'attraction dans la constitution des corps solides, cherchons l'attraction mutuelle des deux moitiés d'une sphère de rayon a, de poids spécifique δ, le plan de séparation étant horizontal. Nous pouvons pour cela évaluer l'attrac-

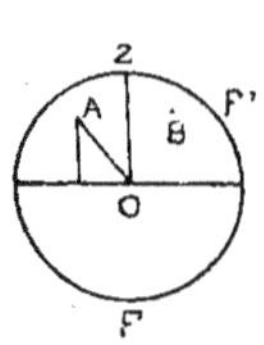

tion de l'hémisphère inférieur F sur chaque élément v du supérieur F', puis composer toutes ces forces entre elles, car elles sont évidemment réductibles à une seule, verticale et passant au centre O. Mais il est plus simple de chercher d'abord pour tout point A de F' l'attraction de la sphère entière et non de F seul ; de cette façon nous comptons de trop l'attraction exercée sur A par les autres points B de F', mais ensuite en évaluant l'attraction totale sur B nous comptons aussi de trop celle de A sur B qui détruit la première.

Pour l'élément A, en posant $OA = r$, l'attraction de la sphère se réduit à celle d'une sphère concentrique de rayon r, le reste étant une couche à laquelle A est intérieur. On doit supposer la masse attirante transportée en O, et son volume étant $V = \dfrac{4\pi r^3}{3}$, l'attraction a pour valeur $\dfrac{k\delta V}{r^2} = \dfrac{4\pi k\delta}{3}\, r$. Nous devons la remplacer par sa composante verticale ; en prenant O pour origine, OZ vertical, le cosinus de son angle avec OA est $\dfrac{z}{r}$, ce qui donne pour la composante $\dfrac{4\pi k\delta}{3}\, z$.

Elle agit en A sur l'élément v, et en désignant par P le poids de l'unité de volume du corps, celui de v est Pv. La force absolue agissant sur v est donc

$$\frac{4\pi k\delta z}{3} \times Pv\,,$$

et pour l'attraction totale des deux hémisphères il en résulte

$$Z = \frac{4\pi k\delta P}{3} \Sigma zv\,,$$

la somme s'étendant à tous les éléments v de F'.

Or $\Sigma zv = z_1\,V$, où V est le volume $\dfrac{2\pi a^3}{3}$ de l'hémisphère, et z_1 l'ordonnée $\dfrac{3a}{8}$ de son centre de gravité, d'où $\Sigma zv = \dfrac{\pi a^4}{4}$; en outre $P = \delta P'$, P' étant le poids d'un mètre cube d'eau; il en résulte

$$Z = \frac{k\pi^2\delta^2 P'}{3}\,a^4.$$

Si l'on évalue Z en grammes, $P' = 10^6$, $k = \dfrac{1}{15 \times 10^{11}}$, $P'k = \dfrac{1}{150}$. Si par exemple la matière est du fer, $\delta = 7,2$, $Z = 1,137 a^4$; de la sorte pour un rayon d'un décimètre l'attraction est d'environ $\dfrac{1}{9}$ de milligramme.

On voit que la force énorme s'opposant à la séparation des hémisphères provient uniquement de leur cohésion, et que l'attraction universelle ne joue aucun rôle dans la constitution des corps. En outre elle est négligeable pour les corps de petites dimensions.

85. Attraction d'un ellipsoïde homogène sur un point intérieur. — Soient H le point; x, y, z ses coordonnées par rapport aux axes de l'ellipsoïde; a, b, c les demi-axes. En posant

$$l = \frac{1}{a^2}, \qquad m = \frac{1}{b^2}, \qquad n = \frac{1}{c^2},$$

son équation sera

$$lx'^2 + my'^2 + nz'^2 = 1\,.$$

Cherchons d'abord la droite $HH' = R$ allant du point H à la surface, en fonction de ses cosinus α, β, γ. On a $\dfrac{x' - x}{R} = \alpha$, etc., x', y', z' étant les coordonnées du point H'. En substituant

$$x' = x + \alpha R, \qquad y' = y + \beta R, \qquad z' = z + \gamma R$$

dans l'équation de la surface elle donne

$$GR^2 + 2G'R + G'' = o.$$

où

$$G = l\alpha^2 + m\beta^2 + n\gamma^2, \qquad G' = l\alpha x + m\beta y + n\gamma z,$$
$$G'' = lx^2 + my^2 + nz^2 - 1.$$

Il faut remarquer que la valeur de G'' augmenterait si l'on faisait croître x, y, z dans un même rapport, ou si l'on déplaçait H sur la droite OH en l'éloignant du centre ; or quand H serait à la surface, G'' serait nulle ; quand H est intérieur, G'' est donc négatif, G positif, et des deux valeurs de R que donne l'équation ci-dessus, l'une est positive, l'autre étant négative doit être exclue. On a donc

$$R = \frac{-G' + \sqrt{G'^2 - GG''}}{G}.$$

Pour l'attraction élémentaire du volume v nous prendrons $\dfrac{v}{\rho^2}$ à la distance ρ, ce qui revient à laisser de côté un facteur constant. Traçons une sphère σ de centre H, de rayon 1, et partageons le volume en pinceaux coniques de sommet H. Celui qui correspond à l'élément ω de σ est encore partagé en volumes $v = \omega\rho^2 d\rho$ dont l'attraction sur H se réduit à $\omega d\rho$. Pour tous les éléments d'un même pinceau ces forces ont la même direction et ne font que s'ajouter, ce qui donne

$$\omega \int_0^R d\rho = \omega R.$$

La projection de la force sur OZ est $\gamma\omega R$. En désignant par X, Y, Z les projections de l'attraction de l'ellipsoïde entier sur les axes, prises en signe contraire ou dirigées vers O, et remplaçant R par sa valeur, on aura

$$-Z = \Sigma\gamma R\omega, \qquad Z = \Sigma \frac{\gamma G' - \gamma\sqrt{G'^2 - GG''}}{G}\omega,$$

la somme Σ s'étendant à tous les éléments ω de σ.

On peut toujours supposer les éléments ω répartis en groupes de deux égaux et diamétralement opposés, pour lesquels α, β, γ seront les mêmes en signe contraire. Pour ceux-là G, G'', G'² et par suite le radical sont les mêmes, mais son produit par γ est le même en signe contraire. Par conséquent, ce produit disparaît et d'après la valeur de G' on aura

$$ X = lx\Sigma \frac{\alpha\gamma}{G} \omega + my\Sigma \frac{\beta\gamma}{G} \omega + nz\Sigma \frac{\gamma^2}{G} \omega. $$

Il est clair qu'on peut aussi supposer les éléments symétriques par rapport au plan mené par H parallèlement à celui des xy. Ils seront répartis en groupes de deux éléments égaux pour lesquels α et β sont les mêmes, γ le même en signe contraire, et G le même ; ainsi les deux premiers termes de Z se détruisent. On calculerait de même X, Y, et l'on aura ainsi

$$ X = Ax, \qquad Y = By, \qquad Z = Cz, $$

en posant

$$ A = \Sigma \frac{l\alpha^2}{G} \omega, \qquad B = \Sigma \frac{m\beta^2}{G} \omega, \qquad C = \Sigma \frac{n\gamma^2}{G} \omega, \qquad G = l\alpha^2 + m\beta^2 + n\gamma^2. $$

Il en résulte $A + B + C = \Sigma\omega = 4\pi$. Comme A, B, C sont indépendants de x, y, z, cette relation coïncide avec l'équation générale

$$ \left(\frac{dX}{dx}\right) + \left(\frac{dY}{dy}\right) + \left(\frac{dZ}{dz}\right) = -4\pi D , $$

en remarquant qu'on a supposé $D = 1$, et changé le signe de X, Y, Z.

Supposons menés par H des plans parallèles à ceux des xy, des xz et des yz; nous avons déjà admis que les éléments ω étaient symétriques par rapport au premier, et comme G est indépendant du signe de α, β, γ, il suffit d'étendre les sommes aux éléments pour lesquels γ est positif en doublant le résultat. Mais on peut supposer la même symétrie par rapport aux deux autres plans, et par suite

$$C = 8\Sigma \frac{n\gamma^2}{G}\, \omega,$$

en n'étendant la somme qu'aux éléments pour lesquels α, β, γ sont tous trois positifs.

D'après le numéro 77, on a en coordonnées polaires

$$\alpha = \sin\theta\cos\varphi, \qquad \beta = \sin\theta\sin\varphi, \qquad \gamma = \cos\theta,$$

$$G = l\sin^2\theta\cos^2\varphi + m\sin^2\theta\sin^2\varphi + n\cos^2\theta, \qquad \omega = \sin\theta\, d\theta\, d\varphi,$$

et θ et φ ne varient que de o à $\dfrac{\pi}{2}$. De la sorte

$$C = 8\int_0^{\frac{\pi}{2}} n\mathrm{I}\cos^2\theta\sin\theta\, d\theta, \quad \text{où} \quad \mathrm{I} = \int_0^{\frac{\pi}{2}} \frac{d\varphi}{G}.$$

Or en posant

$$P = \sqrt{l\sin^2\theta + n\cos^2\theta}, \qquad Q = \sqrt{m\sin^2\theta + n\cos^2\theta},$$

on peut écrire $G = P^2\cos^2\varphi + Q^2\sin^2\varphi$, où P et Q sont indépendants de φ. On en déduit, en divisant haut et bas par $P^2\cos^2\varphi$,

$$\mathrm{I} = \int_0^{\frac{\pi}{2}} \frac{d\varphi}{P^2\cos^2\varphi + Q^2\sin^2\varphi} = \frac{1}{PQ}\int_0^{\frac{\pi}{2}} \frac{d.\left(\frac{Q}{P}\tan\varphi\right)}{1 + \frac{Q^2}{P^2}\tan^2\varphi};$$

l'intégrale indéfinie étant $\dfrac{1}{PQ}\,\text{arc tang}\left(\dfrac{Q}{P}\tan\varphi\right)$, il en résulte

$$\mathrm{I} = \frac{\pi}{2PQ}, \qquad C = 4\pi n\int_0^{\frac{\pi}{2}} \frac{\cos^2\theta\sin\theta\, d\theta}{PQ},$$

ou, en remplaçant l, m, n par $\dfrac{1}{a^2}$, $\dfrac{1}{b^2}$, $\dfrac{1}{c^2}$ dans P et Q,

$$C = 4\pi\int_0^{\frac{\pi}{2}} \frac{ab\cos^2\theta\sin\theta\, d\theta}{\sqrt{(a^2\cos^2\theta + c^2\sin^2\theta)(b^2\cos^2\theta + c^2\sin^2\theta)}}.$$

On en déduirait A et B par des échanges de lettres. Ces expressions se simplifient en posant $\cos \theta = u$, $\sin^2 \theta = 1 - u^2$, $\sin \theta d\theta = - du$, et renversant les limites. On trouve ainsi

$$\frac{A}{4\pi} = \int_0^1 \frac{bc\, u^2 du}{\sqrt{[(b^2 - a^2)\, u^2 + a^2]\, [(c^2 - a^2)\, u^2 + a^2]}},$$

$$\frac{B}{4\pi} = \int_0^1 \frac{ca\, u^2 du}{\sqrt{[(a^2 - b^2)\, u^2 + b^2]\, [(c^2 - b^2)\, u^2 + b^2]}},$$

$$\frac{C}{4\pi} = \int_0^1 \frac{ab\, u^2 du}{\sqrt{[(a^2 - c^2)\, u^2 + c^2]\, [(b^2 - c^2)\, u^2 + c^2]}}.$$

On peut effectuer l'intégration si deux demi-axes sont égaux; supposons par exemple $a = b$, et en outre $c < a$, de sorte que l'ellipsoïde soit de révolution et aplati. En posant

$$\frac{a^2 - c^2}{c^2} = \lambda^2, \qquad a^2 = c^2(1 + \lambda^2)$$

on aura

$$\frac{C}{4\pi} = \int_0^1 \frac{a^2 u^2 du}{(a^2 - c^2)u^2 + c^2} = \int_0^1 \frac{(1 + \lambda^2)u^2 du}{\lambda^2 u^2 + 1} =$$

$$= \int_0^1 \left(\frac{1 + \lambda^2}{\lambda^2}\right) \left(1 - \frac{1}{\lambda^2 u^2 + 1}\right) du,$$

et en remarquant que la formule $A + B + C = 4\pi$ donne $A = B = \dfrac{4\pi - C}{2}$

$$C = 4\pi \left(1 + \frac{1}{\lambda^2}\right) \left[1 - \frac{1}{\lambda} \text{ arc tang } \lambda\right],$$

$$A = 2\pi \left[\frac{1}{\lambda} \left(1 + \frac{1}{\lambda^2}\right) \text{ arc tang } \lambda - \frac{1}{\lambda^2}\right].$$

Les valeurs générales de A, B, C restent les mêmes quand on fait varier a, b, c dans un même rapport, et par suite l'attraction sur un même point ne change pas quand on remplace l'ellipsoïde par un autre semblable et semblablement placé, les axes homologues coïncidant. Par conséquent, la couche comprise entre les surfaces des deux ellipsoïdes n'exerce aucune attraction sur un point intérieur à toutes deux.

Cette propriété trouve une application dans la théorie de l'électricité; celle-ci se répartit à la surface d'un conducteur de telle façon que l'attraction de la couche sur tout point intérieur soit nulle. Si la surface est un ellipsoïde la masse électrique recouvrant les divers éléments de surface sera donc la même que dans une couche comprise entre celle-là et celle d'un ellipsoïde semblable très voisin. Or en ce cas l'épaisseur est beaucoup plus grande aux extrémités d'un axe si son rapport aux autres est très grand; c'est ainsi qu'on explique l'accumulation de l'électricité aux pointes.

Remarque sur la grandeur respective des expressions A, B, C. — Nous avons trouvé

$$A = \Sigma \frac{l\alpha^2}{G}, \qquad B = \Sigma \frac{m\beta^2}{G},$$

où

$$l = \frac{1}{a^2}, \qquad m = \frac{1}{b^2}, \qquad G = l\alpha^2 + m\beta^2 + n\gamma^2.$$

Il en résulte

$$Aa^2 - Bb^2 = \Sigma \frac{\alpha^2 - \beta^2}{G}\, \omega\, .$$

On peut supposer les éléments ω distribués en groupes de deux symétriques par rapport au plan bissecteur des plans des zx et des zy; pour ces deux-là γ est le même et les valeurs de α et β sont échangées entre elles, de sorte que les deux termes correspondants de la somme Σ sont

$$\left(\frac{\alpha^2 - \beta^2}{G} + \frac{\beta^2 - \alpha^2}{G_1}\right)\omega,$$

en posant $G_1 = l\beta^2 + m\alpha^2 + n\gamma^2$.

Cette expression se réduit à

$$\frac{\omega(\alpha^2 - \beta^2)(G_1 - G)}{GG_1} = \frac{\omega(\alpha^2 - \beta^2)^2(m - l)}{GG_1},$$

et comme $m - l = \dfrac{a^2 - b^2}{a^2b^2}$, on voit que $Aa^2 - Bb^2$ a toujours le même signe que $a^2 - b^2$; de même $Aa^2 - Cc^2$ a celui de $a^2 - c^2$. Cette remarque est nécessaire pour ce qui suit.

Tout ellipsoïde de révolution aplati est une forme d'équilibre mobile pour une masse liquide homogène sur laquelle n'agit pas d'autre force que l'attraction mutuelle de ses parties, quand elle tourne d'un mouvement uniforme autour de l'axe de figure, en donnant à la vitesse angulaire une valeur convenable.

On a vu au numéro 70 la condition que cette forme d'équilibre doit remplir; la résultante de la force centrifuge et de la force réelle agissant sur toute particule placée à la surface doit être dirigée suivant la normale.

La forme étant de révolution, il suffira de vérifier que la condition est satisfaite pour les particules situées dans la section du plan des zx, en se bornant à celles pour lesquelles z et x sont positifs.

La force centrifuge apportée à l'unité de masse est en général n^2r, n étant la vitesse angulaire et r la distance à l'axe; pour ces points elle sera donc n^2x. L'attraction doit aussi être supposée agir sur l'unité de masse. Nous avons pris $\dfrac{v}{\rho^2}$ pour celle d'un petit volume v. Sa valeur réelle, si elle agit sur une particule de poids p, est, comme on l'a vu, $\dfrac{k\delta vp}{\rho^2}$, δ étant le poids spécifique du liquide et k le coefficient $\dfrac{1}{15 \times 10^7}$.

Si p correspoud à l'unité de masse on a $\dfrac{p}{g} = 1$, et par suite le valeurs Ax, Cz, trouvées pour les composantes de l'attraction doivent être multipliées par le coefficient $f = k\delta g$. Elles sont dirigées dans le sens des coordonnées négatives, et $n^2 x$ dans celui des x positifs. Par suite en tout point M de la surface les composantes de la force totale sont

$$fAx - n^2 x, \qquad fCz .$$

En les représentant par MD, ME la condition que leur résultante soit normale signifie que

$$\tan g\ i = \frac{ME}{MD} = \frac{fCz}{(fA - n^2)x} ,$$

i étant l'angle aigu de la normale et de l'axe des x. Or l'équation de la section faite par le plan des xz étant

$$\frac{x^2}{a^2} + \frac{z^2}{c^2} = 1 ,$$

on a

$$\tan g\ i = - \frac{dx}{dz} = \frac{a^2 z}{c^2 x} .$$

En substituant cette valeur dans la condition ci-dessus elle devient

$$\frac{fC}{fA - n^2} = \frac{a^2}{c^2} ;$$

elle est ainsi indépendante de x et z, et sera satisfaite en tout point de la surface si la vitesse angulaire n est telle qu'on ait

$$fc^2 C = (fA - n^2)a^2, \quad \text{ou} \quad \frac{n^2}{f} = \frac{Aa^2 - Cc^2}{a^2} .$$

Or ce sera toujours possible quand l'ellipsoïde est aplati, car on a alors $a^2 > c^2$, et comme on l'a vu $Aa^2 - Cc^2$ est positif.

86. Attraction d'un polygone ou d'un polyèdre sur un point H. — 1° *Attraction d'une aire plane quelconque C.* — Prenons son plan pour celui des xy; soit $HO = h$ la distance du point H à ce plan et plaçons l'origine à son pied O. Désignons par X, Y, Z les projections de l'attraction totale, prises dans le sens des axes positifs. Nous admettrons que l'attraction d'un élément v de l'aire soit représentée par $\dfrac{v}{\rho^2}$, ρ étant sa distance à H.

Au numéro 82 nous avons pris $\dfrac{\mu v}{\rho^2}$ pour cette force, et nous avons trouvé μs pour la composante normale, dirigée de H vers O. En remplaçant μ par 1 nous aurons donc $Z = -s$, s étant, sur une surface sphérique σ de centre H et de rayon 1, la portion interceptée par un cône de sommet H, ayant l'aire C pour base ; nous la nommerons *l'amplitude sphérique de l'aire vue du point H.*

On a x, y pour les projections de ρ sur OX, OY, et par suite $\dfrac{x}{\rho}$, $\dfrac{y}{\rho}$ pour les cosinus de la force $\dfrac{v}{\rho^2}$. En remplaçant v par $dxdy$ il en résulte

$$X = \Sigma\,\frac{xdxdy}{\rho^3}, \qquad Y = \Sigma\,\frac{ydxdy}{\rho^3},$$

les sommes s'étendant à l'aire.

Pour trouver Y intégrons d'abord par rapport à y, en remarquant que

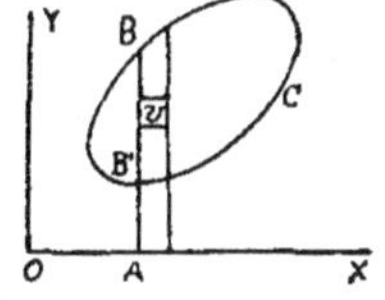

$$\rho^2 = \overline{OH}^2 + \overline{Ov}^2 = h^2 + x^2 + y^2, \qquad \rho d\rho = ydy;$$

nous aurons ainsi, x restant constant,

$$\int \frac{ydy}{\rho^3} = \int \frac{\rho d\rho}{\rho^3} = -\frac{1}{\rho'} + \frac{1}{\rho''}.$$

ρ' et ρ'' étant les distances de H aux points B, B' où l'ordonnée y correspondant à la valeur de x coupe le contour. Nommons ds, ds' les deux petits arcs interceptés en B, B' entre cette ordonnée et celle qui correspond à $x + dx$; tous deux se projetant sur dx on a $dx = ds \cos i = ds' \cos i'$, i et i' étant les angles aigus de la tangente en B, B' avec l'axe des x, ou de la normale avec l'axe des y. Mais si nous convenons de mener la normale du côté intérieur au contour, et de prendre pour i ou i' son angle avec l'axe des y positifs, i sera obtus, i' aigu, de sorte que $dx = -\cos i\, ds$, et la portion de Y qu'exprime $dx \int \frac{y\,dy}{\rho^3}$ pourra s'écrire

$$\frac{ds}{\rho'}\cos i + \frac{ds'}{\rho''}\cos i' .$$

Si le contour n'est pas convexe l'ordonnée AB pourra le rencontrer en plus de deux points, leur nombre étant pair ; si c'est par exemple en quatre points, il est clair que le résultat précédent serait augmenté de deux termes analogues

$$\frac{ds''}{\rho'''}\cos i'' + \frac{ds'''}{\rho^{\mathrm{IV}}}\cos i''' .$$

Soit que le contour soit ou non convexe, en ajoutant ces termes pour tous les éléments dx, le résultat sera le même que si l'on ajoutait pour tout le contour les valeurs de $\frac{ds}{\rho}\cos \beta$, ds étant un de ses éléments, ρ sa distance au point H, et β l'angle de la normale intérieure avec l'axe des y positifs ; cet axe d'ailleurs est quelconque et la projection X se trouverait de la même manière. Il en résulte

$$X = \Sigma\, \frac{ds}{\rho}\cos \alpha, \qquad Y = \Sigma\, \frac{ds}{\rho}\cos \beta,$$

α étant l'angle de la normale intérieure avec l'axe des x positifs.

2° *Attraction d'un polygone.* — Si l'aire C est un polygone, les sommes qui expriment X, Y se composeront d'un nombre fini de portions correspondant à chaque côté. Pour l'une d'elles α et β étant constants, les termes correspondants de X, Y seront $f\cos \alpha$, $f\cos \beta$, en désignant par f la somme $\Sigma \frac{ds}{\rho}$ étendue au côté. Ce sont les projections d'une force f dirigée suivant la normale intérieure, et que nous nommerons pour abréger la *force due au côté.* De la sorte X, Y sont les sommes des projections des forces f dues à chaque côté. Par conséquent, en supposant toutes ces forces appliquées au point H parallèlement aux normales intérieúres, et leur joignant la composante normale s, nous aurons un ensemble de forces constituant l'attraction totale et que nous nommerons les *forces dues au polygone.*

3° *Valeur de f.* — Menons le plan de la figure par un côté AB et le point H ; soient $p =$ HD sa distance au côté, et A, B les angles HAB, HBA. Cherchons d'abord la somme $\Sigma \dfrac{ds}{\rho}$ étendue à la portion DA ; soit DHM $= \varphi$, M étant la position de ds ; en comptant s du point D on a

$$s = \mathrm{DM} = p \ \text{tang} \ \varphi, \qquad \rho = \mathrm{HM} = \frac{p}{\cos \varphi}$$

d'où

$$\frac{ds}{\rho} = \frac{d\varphi}{\cos \varphi} = \frac{d . \sin \varphi}{1 - \sin^2 \varphi} = \left(\frac{\frac{1}{2}}{1 + \sin \varphi} + \frac{\frac{1}{2}}{1 - \sin \varphi} \right) d . \sin \varphi ,$$

$$\int \frac{ds}{\rho} = \frac{1}{2} l . \left(\frac{1 + \sin \varphi}{1 - \sin \varphi} \right) ,$$

et comme φ croît de o à $\dfrac{\pi}{2} - $ A, cette expression entre les limites, devient

$$\frac{1}{2} l \left(\frac{1 + \cos A}{1 - \cos A} \right) = \frac{1}{2} l . \left(\frac{2 \cos^2 \frac{A}{2}}{2 \sin^2 \frac{A}{2}} \right) = l \left(\cot \frac{A}{2} \right) .$$

Ensuite pour avoir f dans le cas où D tombe entre A et B, il faudrait ajouter la somme analogue $\int \dfrac{ds}{\rho}$ ou $l \left(\cot \dfrac{B}{2} \right)$ qui correspond à DB. Si D tombait sur AB prolongé du côté de B, il faudrait retrancher la somme relative à DB, qui serait

$$l \left(\cot \frac{\mathrm{HBD}}{2} \right) = l \left(\cot . \frac{\pi - \mathrm{B}}{2} \right) = l . \frac{1}{\cot . \frac{\mathrm{B}}{2}}$$

ce qui revient encore à ajouter $l \left(\cot \dfrac{B}{2} \right)$. Ainsi on a dans tous les cas

$$f = l . \left(\cot \frac{A}{2} \cot \frac{B}{2} \right) .$$

On peut aussi l'exprimer au moyen des côtés $HA = b$, $HB = a$, $AB = c$. Pour cela on a

$$a^2 = b^2 + c^2 - 2bc \cos A, \qquad \cos A = \frac{b^2 + c^2 - a^2}{2bc} \,,$$

d'où

$$1 + \cos A = \frac{(b + c)^2 - a^2}{2bc} = \frac{(b + c + a)(b + c - a)}{2bc} \,,$$

$$1 - \cos B = \frac{b^2 - (a - c)^2}{2ac} = \frac{(b + a - c)(b + c - a)}{2ac} \,;$$

$$\frac{1 + \cos A}{\sin A} \times \frac{\sin B}{1 - \cos \beta} = \cot \frac{A}{2} \cot \frac{B}{2} = \frac{\sin B}{\sin A} \times \frac{(a + b + c)a}{(a + b - c)b} \,,$$

d'où

$$f = l \left(\frac{a + b + c}{a + b - c} \right) .$$

4° *Attraction d'un polyèdre sur un point H.* — Cherchons d'abord l'attraction d'un volume conique ayant pour sommet H et pour base l'aire plane C, considérée précédemment. Partageons-le en cônes élémentaires ayant pour sommet H et pour base chaque élément v' de l'aire ; partageons encore l'un de ces cônes par des plans parallèles à celui des xy et prenons pour l'élément v de volume la portion comprise entre les sections ayant pour ordonnées z et $z + dz$; on peut l'assimiler à un prisme oblique de sorte que $v = \omega dz$, ω étant sa base ou une section du petit cône ; celle-ci est proportionnelle au carré de la distance au sommet, de sorte que

$$\frac{\omega}{r^2} = \frac{v'}{\rho^2} \,,$$

r et ρ étant les distances de H à ω et v'.

Nous admettrons que l'attraction du volume v à la distance r est $\frac{v}{r^2}$; cette force est donc $\frac{\omega dz}{r^2}$ ou $\frac{v'}{\rho^2} dz$; pour tous les éléments v d'un même cône ces attractions élémentaires ont la même direction et ne font que s'ajouter, ce qui donne en tout

$$\frac{v'}{\rho^2}\, \Sigma dz = \frac{v'}{\rho^2}\, h \,.$$

Si donc on compare l'attraction du petit cône et celle de l'élément v' telle que nous l'avons employée précédemment, elles ont la même direction et le rapport constant h. Par conséquent l'attraction du cône total s'obtiendra en multipliant par h celle de l'aire, ou toutes les forces dues au polygone, si l'aire en est un.

Pour en déduire l'attraction d'un polyèdre, supposons-le d'abord convexe. Si le point H est intérieur l'attraction est la réunion de celles des pyramides de sommet H ayant pour bases les faces, et par suite des forces dues à chaque polygone, multipliées par la distance h du point H à son plan. Si le point est extérieur, il en sera de même, sauf que les attractions dues aux faces visibles depuis le point H, au lieu d'être ajoutées, devront être retranchées.

Il est aisé d'étendre cet énoncé aux polyèdres convexes ou non, soit que H soit intérieur ou extérieur. L'attraction totale est la réunion des forces dues à chaque face ou chaque polygone, multipliées par la distance h du point H à son plan, celle-ci étant prise avec le signe $+$ si elle tombe dans le sens de la normale intérieure au polyèdre, avec le signe $-$ dans le cas contraire.

CHAPITRE VI

SECONDE PARTIE DE LA DYNAMIQUE
MOUVEMENT D'UN SOLIDE OU D'UN SYSTÈME
DE SOLIDES

87. Loi des aires. — Bien que nous ayons à nous occuper spécialement des solides, nous devons commencer par une loi qui s'étend à un système physique ou un assemblage de matière quelconque. Partageons-le en portions de masse m, m', m'', etc. Soient x, y, z, x', y', etc., les coordonnées de leurs centres de gravité, et X, Y, Z, X', Y', etc., la somme des projections des forces agissant sur chacune d'elles. Les équations du mouvement du centre de gravité de la première sont

$$m \frac{d^2x}{dt^2} = X, \qquad m \frac{d^2y}{dt^2} = Y, \quad \text{d'où} \quad mx \frac{d^2y}{dt^2} - my \frac{d^2x}{dt^2} = xY - yX .$$

En ajoutant cette équation et ses analogues pour les autres masses, on aura

$$\Sigma m \left(\frac{xd^2y - yd^2x}{dt^2} \right) = \sigma, \quad \text{où} \quad \sigma = \Sigma(xY - yX) ,$$

de sorte que σ est la somme des moments par rapport à l'axe des z des forces agissant sur les centres de gravité. Considérons spécialement l'action mutuelle des masses m, m', faisant toutes deux partie du système. D'après le principe d'égalité de l'action et de la réaction les sommes de moments pour les forces exercées par m sur m', et par m' sur m sont les mêmes en signe contraire. Les moments qui entrent dans σ ne sont pas ceux-là, puisqu'on y suppose toutes les forces transportées au centre de gravité; mais comme on l'a vu au numéro 48, on peut prendre pour m, m' des éléments de masse, considérés comme formés d'une matière continue, et en même temps assez petits pour que toute force agissant sur l'un d'eux puisse sans erreur être supposée appliquée au centre de gravité. Les moments auxquels s'étend la somme σ deviendront alors les mêmes que les autres et se détruiront. Toutes les forces intérieures disparaissant ainsi, on ne devra compter dans σ que les moments des forces extérieures.

On trouverait des relations analogues entre x et z, y et z, et leur ensemble constitue la *loi des aires*. Celle-là et la loi du mouvement du centre de gravité d'un système sont les seules où les forces intérieures disparaissent, et qui s'appliquent par suite à un système de nature quelconque.

La loi des aires reste la même par rapport à des axes mobiles, ayant pour origine le centre de gravité du système, et parallèles aux axes fixes. En effet, par rapport à ceux-ci soient x_1, y_1 les coordonnées du centre de gravité, tandis que x, y sont celles de l'élément m relatives aux axes mobiles. En remplaçant x, y par $x + x_1$, $y + y_1$ dans l'équation des aires, $\Sigma m x \dfrac{d^2 y}{dt^2}$ se changera en

$$\Sigma m (x + x_1) \frac{d^2(y + y_1)}{dt^2} = \Sigma m x \frac{d^2 y}{dt^2} + x_1 \Sigma m \frac{d^2 y}{dt^2} + \frac{d^2 y_1}{dt^2} \Sigma m x + x_1 \frac{d^2 y_1}{dt^2} \Sigma m.$$

Or l'origine étant au centre de gravité, on a

$$\Sigma m x = 0, \qquad \Sigma m y = 0, \qquad \Sigma m \frac{d^2 y}{dt^2} = 0 .$$

En outre $\Sigma m = M$, masse totale du système. En transformant de de même $\Sigma m y \dfrac{d^2 x}{dt^2}$, l'équation devient

$$\Sigma m \left(\frac{x d^2 y - y d^2 x}{dt^2} \right) + M \left(\frac{x_1 d^2 y_1 - y_1 d^2 x_1}{dt^2} \right) = \Sigma (x Y - y X) + x_1 \Sigma Y - y_1 \Sigma X .$$

Le centre de gravité se meut comme un point matériel de

masse M, auquel serait appliquée une force $f_{,,}$ résultante de toutes les forces extérieures agissant sur le système, transportées
parallèlement. Ses projections seraient par suite ΣX, ΣY et les
équations du mouvement du centre donnent ainsi

$$M \frac{d^2 y_1}{dt^2} = \Sigma Y, \qquad M \frac{d^2 x_1}{dt^2} = \Sigma X .$$

De la sorte les termes contenant $x_{,}$, $y_{,}$ se détruisent et l'équation
ci-dessus prend la même forme que par rapport à des axes fixes.

S'il n'y a pas de force extérieure, l'équation s'intègre et donne

$$\Sigma m \left(\frac{x dy - y dx}{dt} \right) = \text{const.}$$

Or, comme on l'a vu au numéro 57, $\frac{1}{2} \left(\frac{x dy - y dx}{dt} \right)$ est la dérivée
$\frac{du}{dt}$ de l'aire u décrite par la projection du point sur le plan des
xy. L'équation prend ainsi la forme

$$\frac{d.}{dt} \Sigma m u = \text{const.}$$

Par conséquent, *si aucune force extérieure n'agit sur le système,
la somme des produits de chaque élément de masse par l'aire que
décrit sa projection sur un plan fixe, varie proportionnellement au
temps*. Le même résultat aura encore lieu si, le plan étant celui
des xy, on a $\Sigma(x Y - y X) = o$, ou si les forces extérieures ont un
moment nul par rapport à l'axe des z.

Supposons par exemple que le système soit un plateau de
balance contenant des corps pesants et suspendu à un point fixe
par un fil lui permettant de tourner sans résistance. En prenant le
plan des xy horizontal les forces extérieures, qui sont la pesanteur
et la tension du fil, auront un moment nul par rapport à l'axe des
z vertical. Ainsi le mouvement de rotation du plateau ne pourra
être modifié à moins que l'un des corps qu'il contient ne tourne sur
lui.

Le système solaire, en négligeant l'attraction des étoiles, n'est animé d'aucune force extérieure, de sorte qu'on a pour lui

$$\Sigma m \left(\frac{xdy - ydx}{dt} \right) = \text{const.}$$

en prenant pour origine le centre de gravité total. En outre, la portion de la somme relative à l'un quelconque des astres du système peut comme ci-dessus être transformée en

$$\sigma + M \left(\frac{x_1 dy_1 - y_1 dx_1}{dt} \right),$$

M étant la masse totale de l'astre, x_1, y_1 les coordonnées de son centre de gravité, et σ la somme

$$\sigma = \Sigma m \left(\frac{xdy - ydx}{dt} \right),$$

étendue aux éléments m de l'astre, x, y pour chacun étant relatifs à son centre.

Le moment des forces extérieures agissant sur chaque astre est nul par rapport à son axe de figure, imperceptible par rapport à un axe mené par son centre et perpendiculaire au plan de l'écliptique. Si donc on prend ce dernier pour celui des xy, σ en appliquant à l'astre la loi des aires sera constant pour chacun séparément, et pourra être supprimé dans la somme totale, où n'entreront plus pour chaque astre que x_1, y_1. C'est la forme sous laquelle se présente la loi des aires quand on assimile chaque astre à un point matériel.

88. Principe de d'Alembert. — Ce principe a pour but de trouver les équations du mouvement d'un système, connaissant ses conditions d'équilibre. Le système se compose de solides théoriques ou indéformables, liés entre eux d'une manière quelconque. En outre, on reconnaît qu'un ensemble de forces extérieures est en équilibre, ou qu'elles se détruisent mutuellement, à ce que leur àction simultanée ne modifie pas le mouvement. Les relations qu'elles doivent avoir entre elles pour cela sont en général les mêmes qui produisent l'équilibre en statique, et pour abréger nous les nommerons les conditions (E). Ce sont des relations entre les projections X, Y, Z, X', etc., des forces extérieures appliquées aux éléments de masse m, m', m'', etc.

Admettons que le mouvement soit produit par un système F de forces extérieures f, f', f'', agissant sur m, m', m'', etc. Nommons φ pour l'élément m une force qui aurait pour projections

$$m \frac{d^2x}{dt^2}, \qquad m \frac{d^2y}{dt^2}, \qquad m \frac{d^2z}{dt^2},$$

ces quantités étant calculées d'après le mouvement qu'il a réellement ; cette force, si le point était libre, lni donnerait ce même mouvement ; soient φ', φ'' ... pour m', m'' ... les forces analogues qui leur donneraient, s'ils étaient libres, le mouvement réel. S'il n'y a pas d'autre force, mais que les points soient liés entre eux, ces liaisons ne gêneront point le mouvement, et ils le prendront encore. Mais elles n'agissent pas, et à la place du système G des forces φ, φ' ..., c'est le système F qui agit, produisant le même mouvement que G. Soit G' le système des forces $-\varphi$, $-\varphi'$, $-\varphi''$ ... appliquées aux mêmes points que φ, φ', φ'' ... auxquelles elles sont égales et opposées. Le mouvement dû au système F n'est pas altéré en lui joignant les systèmes G et G' dout les forces se détruisent deux à deux. D'autre part, le système G seul produirait ce même mouvement ; donc l'ensemble des forces F et G' qui lui sont adjointes a un effet nul, et par suite elles ont entre elles les relations propres à l'équilibre. Elles se composent de f et $-\varphi$ appliquées à m, de f' et $-\varphi'$ appliquées à m', etc. Pour $-\varphi$, $-\varphi'$, les projections sont $-m \frac{d^2x}{dt^2}$, etc. ; pour f, f' ... désignons-les par A, B, C, A', etc. Pour f et $-\varphi$ réunies elles seront

$$A - m \frac{d^2x}{dt^2}. \qquad B - m \frac{d^2y}{dt^2}, \qquad C - m \frac{d^2z}{dt^2},$$

et pour les autres points leur valeurs sont analogues. Puisque ce sont les projections de forces en équilibre, les conditions que nous avons appelées (E) seront satisfaites en y remplaçant X, Y, Z par les expressions précédentes, et X′, Y′, Z′, X″ ... par leurs analogues. Ces équations deviendront ainsi celles du mouvement. Il est plus simple d'employer ensuite les lettres X, Y, etc., au lieu de A, B, etc., ce qui revient à remplacer de suite

$$X \text{ par } X - m\,\frac{d^2x}{dt^2}, \qquad Y \text{ par } Y - m\,\frac{d^2y}{dt^2}, \text{ etc.}$$

Il faut remarquer que la signification nouvelle de X, Y ... n'est plus alors la même ; au lieu de forces indéterminées appliquées à tous les éléments, ce sont les projections des seules forces extérieures qui agissent réellement.

La règle pratique précédente constitue le principe de d'Alembert. On en déduit aisément entre autres les équations du mouvement d'un solide, et nous verrons en outre qu'elles sont une conséquence immédiate de la loi des aires.

Premier cas. Le solide ne peut que tourner autour d'un axe. — La seule condition d'équilibre est que la somme des moments des forces par rapport à l'axe soit nulle, ou qu'en le prenant pour OZ on ait $\Sigma(x\text{Y} - y\text{X}) = o$. Par le principe de d'Alembert il en résulte l'équation du mouvement.

$$\Sigma\left[x\left(Y - m\,\frac{d^2y}{dt^2}\right) - y\left(X - m\,\frac{d^2x}{dt^2}\right)\right] = o,$$

ou

$$\Sigma m\left(\frac{x\,d^2y - y\,d^2x}{dt^2}\right) = \Sigma(x\text{Y} - y\text{X}).$$

Second cas. Le solide ne peut que tourner autour d'un point fixe O. — Le point étant pris pour origine, il faut et il suffit alors pour l'équilibre que la somme des moments des forces soit nulle par rapport à OZ, et qu'il en soit de même par rapport à OX, OY ; la première condition donnera le résultat ci-dessus, et les deux autres sont analogues. Les équations du mouvement sont ainsi

$$\Sigma m \left(\frac{y d^2 z - z d^2 y}{dt^2} \right) = \Sigma(yZ - zY) ,$$

$$\Sigma m \left(\frac{z d^2 x - x d^2 z}{dt^2} \right) = \Sigma(zX - xZ) ,$$

$$\Sigma m \left(\frac{x d^2 y - y d^2 x}{dt^2} \right) = \Sigma(xY - yX) .$$

Troisième cas. Le solide est entièrement libre. — En prenant à volonté l'origine O, l'équilibre exige d'abord les trois mêmes conditions, qui donneront pour le mouvement les trois équations précédentes. Il faut en outre pour l'équilibre que les sommes des projections des forces soient nulles, ou qu'on ait $\Sigma X = o$, etc., ce qui donne pour le mouvement

$$\Sigma \left(X - m \frac{d^2 x}{dt^2} \right) = o, \text{ etc.}$$

ou

$$\Sigma m \frac{d^2 x}{dt^2} = \Sigma X, \qquad \Sigma m \frac{d^2 y}{dt^2} = \Sigma Y, \qquad \Sigma m \frac{d^2 z}{dt^2} = \Sigma Z .$$

Autre démonstration. — En désignant par M la masse totale par x_1, y_1, z_1 les coordonnées du centre de gravité, on a

$$\Sigma m x = M x_1, \qquad \Sigma m \frac{d^2 x}{dt^2} = M \frac{d^2 x_1}{dt^2}, \text{ etc.}$$

et les trois équations précédentes expriment la loi connue du mouvement du centre de gravité. Les trois autres équations pour un solide libre sont celles de la loi des aires, sans changement.

Il en est de même pour le second cas où le point O est fixe; la loi des aires est applicable pourvu qu'on regarde le corps comme libre, en substituant au point O la force qu'il exerce; mais les moments de cette force appliquée à l'origine étant nuls, ceux qui forment le second membre restent les mêmes.

Dans le premier cas, où il y a un axe fixe, on peut lui substituer deux points fixes O, O', et à ceux-ci les forces qu'ils exercent ; le corps sera alors libre et la loi des aires applicable, ce qui donnera l'équation trouvée en prenant OO' pour axe des z ; les forces appliquées en O, O' disparaissent du résultat, leurs moments par rapport à OZ étant nuls.

Nous avons vu que la loi des aires restait exacte en prenant pour origine le centre de gravité du système. Il en sera donc ainsi pour un solide ; les équations des aires étant celles du mouvement de rotation autour d'un point fixe, on voit qu'un *solide libre tourne autour de son centre de gravité comme si celui-ci était fixe, les forces extérieures restant les mêmes.*

Les six équations du mouvement d'un solide libre ne dépendent que des sommes des projections des forces sur les axes, et de celles de leurs moments par rapport aux axes. Par conséquent, l'effet de deux systèmes de forces équivalents, tels que nous les avons définis en statique, est aussi le même quand il s'agit du mouvement, les six sommes précédentes étant égales pour chacun d'eux.

Remarques sur le principe de d'Alembert. — 1º On l'exprime quelquefois en disant que les forces extérieures font équilibre aux *forces d'inertie;* on désigne ainsi celles dont les projections sont $- m \dfrac{d^2 x}{dt^2}$, etc.

2º Il semble résulter de ce principe que *les conditions d'équilibre du système sont satisfaites par les forces extérieures seules si les masses de chaque solide sont négligeables,* car il en est alors de même des forces d'inertie.

Ce résultat peut se démontrer directement en remarquant que chaque solide peut être supposé libre en remplaçant les obstacles à son mouvement par des forces. Or l'équation

$$\mathrm{M} \frac{d^2 x_1}{dt^2} = \Sigma \mathrm{X}$$

du mouvement du centre de gravité se réduit à $\Sigma X = o$ si la masse M est négligeable. On déduirait de même des autres équations du mouvement que les sommes des moments des forces extérieures sont nulles, en comprenant parmi elles les forces des contacts. Or les conditions précédentes, satisfaites pour chaque solide séparément, sont celles de l'équilibre de leur ensemble.

Cet équilibre existe seulement entre les forces extérieures ayant une grandeur finie, celles qui seraient proportionnelles aux masses comme la pesanteur étant négligeables.

Ce qui précède est applicable à des solides formant une chaîne infiniment mince et légère, et s'étend par suite à un fil de masse négligeable. La tension y restera donc constante d'un point à un autre comme cela a lieu dans l'état de repos.

3º Nous avons admis que des forces ayant un effet nul pendant le mouvement se feraient équilibre en agissant seules sur le système en repos. Or ce n'est pas exact sans exception. Si par exemple deux forces f, f' égales et directement opposées tendent à séparer deux corps appuyés l'un contre l'autre, il se peut que d'autres forces agissant outre f et f', les corps restent appuyés pendant le mouvement. L'effet de f et f' est alors nul, sans l'être à l'état de repos quand ces forces agissent seules.

Ces exceptions n'ont pas d'importance, car nous avons démontré les équations du mouvement d'un solide sans employer le principe de d'Alembert, et il en sera de même plus tard pour celles d'un système, qui se trouveront d'ailleurs conformes à ce principe.

89. **Mouvement d'un solide autour d'un axe fixe. Pendule composé.** — En prenant l'axe pour OZ, nous avons trouvé pour ce mouvement l'équation

$$\Sigma m \left(\frac{xd^2y - yd^2x}{dt^2} \right) = \Sigma(xY - yX).$$

Pour un point quelconque M, soient r sa distance MN à l'axe,

projetée en OM' sur le plan des xy, et φ l'angle polaire de OM';
les coordonnées x, y sont les mêmes pour M et M', savoir

$$x = r \cos \varphi, \qquad y = r \sin \varphi.$$

Comme r reste constant pendant le mouvement on a

$$\frac{dx}{dt} = - r \sin \varphi \, \frac{d\varphi}{dt}, \qquad \frac{dy}{dt} = r \cos \varphi \, \frac{d\varphi}{dt}.$$

Or $\dfrac{d\varphi}{dt}$ est la vitesse angulaire u pourvu qu'on la regarde comme
positive quand la rotation a lieu dans le sens direct, ou celui dans
lequel φ augmente, et comme négative pour l'autre sens. On a
a donc

$$\frac{dx}{dt} = - uy, \qquad \frac{dy}{dt} = ux,$$

d'où

$$\Sigma m \left(\frac{xdy - ydx}{dt} \right) = \Sigma m(ux^2 + uy^2) = u\Sigma m(x^2 + y^2) = uC,$$

C étant le moment d'inertie du corps par rapport à l'axe. L'équation du mouvement peut s'écrire

$$\frac{d.}{dt} \Sigma m \left(\frac{xdy - ydx}{dt} \right) = \Sigma(xY - yZ) = \mu,$$

μ étant la somme des moments des forces extérieures par rapport
à l'axe. Elle se réduit ainsi à

$$\frac{d.}{dt} (Cu) = \mu, \quad \text{ou} \quad \frac{du}{dt} = \frac{\mu}{C}.$$

On nomme $\dfrac{du}{dt}$ *l'accélération angulaire;* elle est égale au rapport du moment des forces au moment d'inertie.

Dans le mouvement rectiligne d'un point, v étant la vitesse,
f la force, m la masse, on a $\dfrac{dv}{dt} = \dfrac{f}{m}$; $\dfrac{dv}{dt}$ est l'accélération analogue à $\dfrac{du}{dt}$. L'effet de la force dépend alors de son intensité f;

pour la rotation c'est de son moment μ ; de même dans ce cas c'est le moment d'inertie C qui remplace la masse. S'il devient deux fois plus grand il faut un moment double pour donner au corps la même vitesse angulaire.

Pendule composé. — On nomme ainsi un corps pesant assujetti à tourner autour d'un axe horizontal.

Menons le plan de la figure par le centre de gravité G, perpendiculairement à l'axe, qu'il rencontre en O ; on le nomme *plan d'oscillation.*

Soient h la distance GO ; C le moment d'inertie du corps par rapport à l'axe ; OO' la verticale sur laquelle se trouve G dans la position d'équilibre ; G' la position de G à un instant quelconque ; θ l'angle GOG' ou l'écart de la verticale, pris positif à droite, négatif à gauche ; m la masse du corps. Son poids mg appliqué en G' est la seule force extérieure ; il a pour bras de levier

$$\text{G'N} = \text{G'O} \sin \text{GOG'} = h \sin \theta.$$

Son moment est $\mu = -\, mgh \sin \theta$, parce qu'on doit le prendre positif quand il tend à augmenter θ, c'est-à-dire à gauche de OO', où θ est négatif, tandis qu'à droite il tend à diminuer θ. En même temps $u = \dfrac{d\theta}{dt}$; l'équation du mouvement est

$$\frac{du}{dt} = \frac{\mu}{C}, \quad \text{ou} \quad \frac{d^2\theta}{dt^2} = -\, \frac{mgh \sin \theta}{C}.$$

Comparons ce mouvement à celui d'un pendule simple ; il en est un cas particulier pour lequel le corps se réduit à une seule particule de masse m' ; on a $C = m'l^2$, l étant sa distance à l'axe, ou la longueur du pendule, et $h = l$. L'équation devient ainsi

$$\frac{d^2\theta}{dt^2} = -\, \frac{m'gl \sin \theta}{m'l^2} = -\, \frac{g \sin \theta}{l}.$$

Par conséquent, les deux équations seront les mêmes, et le mouvement aussi, en choisissant l de manière qu'on ait

$$\frac{g}{l} = \frac{mgh}{C}, \quad \text{ou} \quad l = \frac{C}{mh}.$$

Cette valeur de l se nomme la *longueur réduite* d'un pendule composé. La loi de son mouvement étant celle du pendule simple de longueur l, il en est de même de la durée T d'oscillation, et l'on a

$$T = \pi \sqrt{\frac{l}{g}} \left(1 + \frac{\alpha^2}{16} \right),$$

α étant l'amplitude.

Comparaison des axes de suspension parallèles. — La quantité $\sqrt{\frac{C}{m}}$ pour tout axe se nomme le *rayon de giration* du corps. D'après les exemples du numéro 80 $\frac{C}{m}$ est une expression du second degré par rapport à l'unité de longueur, et par suite ce rayon est une ligne. Désignons-le par k pour un axe parallèle au premier et passant par le centre de gravité G, et soit C_1 le moment d'inertie correspondant ; h étant la distance de G au premier axe, on a comme on l'a vu au numéro 79, $C = C_1 + mh^2$; en outre $k = \sqrt{\frac{C_1}{m}}$, d'où résulte

$$C_1 = mk^2, \qquad l = \frac{C}{mh} = \frac{C_1}{mh} + h = \frac{k^2}{h} + h.$$

Cette formule est propre à indiquer comment varie l quand pour un même corps on emploie divers axes de suspension parallèles, car k^2 est le même pour tous.

Le mouvement sera très lent si l'axe est très près ou très loin du centre de gravité, car la distance h sera alors très petite ou très grande, et dans les deux cas la valeur précédente de l et par suite celle de T sont très grandes, pouvant croître sans limite.

Leur plus petite valeur correspond à $\frac{dl}{dh} = 0$, ou $1 - \frac{k^2}{h^2} = 0$, ou à $h = k$, et l'on a alors $l = 2k$.

Supposons qu'un second axe soit mené par O'; on dit que O et O' sont des *centres d'oscillation conjugués*, lorsqu'ils se trouvent en droite ligne de part et d'autre de G, à des distances $OG = h$, $O'G = h'$, telles que $hh' = k^2$. On aura alors pour la suspension en O

$$l = h + \frac{k^2}{h} = h + \frac{hh'}{h} = h + h' = OO',$$

et pour la suspension en O', la longueur réduite serait aussi la même, ou la distance des deux points.

Mesure de la pesanteur. — La valeur de g se tire de la formule

$$T = \pi \sqrt{\frac{l}{g}\left(1 + \frac{\alpha^2}{16}\right)}.$$

Elle suppose, dans l'emploi d'un pendule composé, la connaissance très exacte de T et l; la précision est moins nécessaire pour α, les observations ne se faisant qu'avec des amplitudes de 3° au plus; mais il existe de nombreuses causes d'erreur. L'effet de la résistance de l'air ne peut s'évaluer en l'exprimant par une fonction de la vitesse; cette résistance est compliquée par des remous qui la rendent plus intense pendant le mouvement de descente du pendule que pendant sa montée; ils sont d'ailleurs modifiés par les objets voisins. Les valeurs de h, C, et par suite de l ne peuvent s'obtenir directement avec le degré de précision nécessaire; les supports et les corps auxquels ils sont fixés ont un balancement imperceptible, etc.

On est parvenu toutefois, non à évaluer ces erreurs, mais à les éliminer, ou à en neutraliser l'influence au moyen d'observations combinées. Quant au frottement, non compris dans ce qui précède, nous allons voir comment on peut en calculer l'effet.

Le pendule est suspendu au moyen d'un couteau reposant sur une gouttière formée de deux plans peu inclinés. Comme on l'a vu au numéro 19, le tranchant doit être assimilé à un *rouleau de friction*, cylindre de très petit rayon, dont l'axe forme l'axe réel de rotation.

L'amplitude étant très petite, de même que la vitesse du pendule, la pression totale du couteau est toujours sensiblement la même qu'à l'état d'équilibre. Par suite la somme des frottements aux divers points de contact reste constante, de même que la somme de leurs produits par le rayon du cylindre, qui est pour chacun le bras de levier par rapport à l'axe.

Nous désignerons par μC le moment total du frottement par rapport à l'axe, C étant le moment d'inertie, et le petit nombre μ restant constant d'après ce qui précède. En ajoutant μC au moment $- mgh \sin \theta$ du poids, l'équation du mouvement devient

$$C \frac{d^2\theta}{dt^2} = -\ mgh \sin \theta + \mu C .$$

En nous bornant au cas de très petites oscillations nous pouvons négliger θ^3, ou remplacer $\sin \theta$ par θ. Soit l la longueur réduite, $n = \sqrt{\dfrac{g}{l}}$; en substituant

$$\frac{mgh}{C} = \frac{g}{l} = n^2 ,$$

nous aurons

$$\frac{d^2\theta}{dt^2} = -\ n^2\theta + \mu .$$

Le moment du frottement agit toujours en sens contraire du mouvement. Si nous supposons que pour $t = o$ on ait $\theta = \alpha$, θ diminue pendant toute l'oscillation, le frottement tend à l'augmenter, et par suite μ est positif. En posant $\dfrac{\mu}{n^2} = \varepsilon$, l'équation peut s'écrire

$$\frac{d^2(\theta - \varepsilon)}{dt^2} = -\ n^2(\theta - \varepsilon) .$$

En l'intégrant et désignant par A et B des constantes, on trouve

$$\theta - \varepsilon = A \cos nt + B \sin nt, \qquad \frac{d\theta}{dt} = - A\, n \sin nt + B\, n \cos nt .$$

Pour $t = o$ on a $\theta = \alpha$, $\dfrac{d\theta}{dt} = o$, d'où

$$B = o, \qquad A = \alpha - \varepsilon, \qquad \theta - \varepsilon = (\alpha - \varepsilon) \cos nt .$$

L'oscillation se termine quand on a de nouveau $\dfrac{d\theta}{dt} = o$, ou quand

$\sin nt = o$, $nt = \pi$, $t = \pi \sqrt{\dfrac{l}{g}}$; en même temps $\theta - \varepsilon = - (\alpha - \varepsilon)$, $\theta = - (\alpha - 2\varepsilon)$.

Sans le frottement on trouverait $\theta = - \alpha$, mais l'amplitude est diminuée de 2ε, ou d'un très petit angle indépendant de α ; la diminution est la même dans les oscillations suivantes. Par conséquent, le frottement n'altère pas la durée des oscillations, mais fait décroître leur amplitude en progression arithmétique.

90. Mouvement d'un solide autour d'un point fixe. — Nous avons trouvé pour ce cas l'équation

$$\Sigma m \left(\frac{x d^2 y - y d^2 x}{dt^2} \right) = \Sigma(xY - yX)$$

et deux autres analogues, l'origine étant au point fixe O. Leur forme est pareille à celle du mouvement autour d'un axe. Ce sont aussi, comme on l'a vu, les équations dn mouvement d'un solide libre autour de son centre de gravité. L'équation précédente peut s'écrire

$$\frac{dS}{dt} = \mu, \qquad \text{où } S = \Sigma m \left(\frac{x dy - y dx}{dt} \right), \qquad \mu = \Sigma(xY - yX) ;$$

ainsi μ est la somme des moments des forces extérieures par rapport à OZ ; S a une forme pareille ; c'est par rapport à OZ la somme des moments des quantités de mouvement mv des divers points, assimilées à des forces, leurs projections étant $m\,\dfrac{dx}{dt}$, $m\dfrac{dy}{dt}$, $\dfrac{mdz}{dt}$.

Soient OX', OY', OZ' les axes principaux du solide de même origine O, et mobiles avec lui; A, B, C, les moments d'inertie principaux; X', Y', Z' les projections de la quantité de mouvement d'un point quelconque sur ces axes; X' n'est point exprimé par $m\dfrac{dx'}{dt}$, x' restant constant; mais d'après les projections α, β, γ de la vitesse du point trouvées au numéro 42, on aura en remplaçant x, y, z par x', y', z',

$$X' = m(qz' - ry'), \qquad Y' = m(rx' - pz'), \qquad Z' = m(py' - qx').$$

Par suite la somme des moments des quantités de mouvement par rapport à OX' sera

$$\Sigma(y\,Z' - z'Y') = \Sigma m\Big[y'(py' - qx') - z'(rx' - pz')\Big] =$$
$$= p\Sigma m(y'^2 + z'^2) - q\Sigma m x'y' - r\Sigma m x'z' = Ap,$$

puisque les axes étant principaux on a

$$\Sigma m x'y' = 0, \qquad \Sigma m x'z' = 0 .$$

Par rapport à OY', OZ' cette somme serait de même Bq, Cr. Par rapport à l'axe OZ la même somme de moments a été désignée par S; comme on l'a vu au numéro 14, il en résulte

$$S = aAp + bBq + cCr,$$

a, b, c étant les cosinus des angles des axes mobiles avec OZ. L'équation du mouvement, ou $\dfrac{dS}{dt} = \mu$ devient ainsi

$$Aa\,\frac{dp}{dt} + Bb\,\frac{dq}{dt} + Cc\,\frac{dr}{dt} + Ap\,\frac{da}{dt} + Bq\,\frac{db}{dt} + Cr\,\frac{dc}{dt} = \mu.$$

Les cosinus a, b, c sont par rapport aux axes mobiles les coordonnées d'un point L situé sur OZ à la distance OL = 1. Il est fixe dans l'espace, mais variable par rapport aux axes principaux qui tournent autour de l'axe instantané OI ; $\frac{da}{dt}$, $\frac{db}{dt}$, $\frac{dc}{dt}$ sont les projections de la vitesse de L relative à ces axes ; elles ne changeront pas si l'on suppose ceux-ci immobiles, OL tournant autour de OI avec la même vitesse, mais en sens contraire. Les projections de la vitesse du point L seront ainsi données par les expressions α, β, γ du numéro 42, en y remplaçant x, y, z par a, b, c et changeant le sens de la rotation ou le signe de p, q, r ; il en résulte

$$\frac{da}{dt} = br - cq, \qquad \frac{db}{dt} = cp - ar, \qquad \frac{dc}{dt} = aq - bp ,$$

et l'on devra substituer ces valeurs dans l'équation du mouvement ci-dessus. Celle-ci d'ailleurs représente à la fois les trois équations du mouvement, en admettant que μ, a, b, c correspondent tour à tour à OX, OY, OZ au lieu de OZ seul. En outre, quelque direction qu'on choisisse pour les axes fixes, les équations forment un système équivalent ; aussi est-il plus simple de prendre pour ces axes la position des axes mobiles à un instant donné. Pour la première équation, relative à OX, on aura alors $a = 1$, $b = o$, $c = o$; les valeurs de $\frac{da}{dt}$, etc., se réduiront à

$$\frac{da}{dt} = o, \qquad \frac{db}{dt} = -r, \qquad \frac{dc}{dt} = q ,$$

et l'équation du mouvement deviendra

$$A \frac{dp}{dt} - Bqr + Crq = \mu .$$

La somme de moments μ correspond ainsi à OX' comme à OX. Les deux autres équations se déduisent de la précédente par des changements de lettres, et il en résulte les suivantes nommées les *formules d'Euler* :

$$A \frac{dp}{dt} + (C - B)qr = \mu,$$

$$B \frac{dq}{dt} + (A - C)pr = \mu',$$

$$C \frac{dr}{dt} + (B - A)pq = \mu'',$$

où μ, μ', μ'' sont les sommes des moments des forces extérieures par rapport aux axes principaux.

Au numéro 44, nous avons défini les angles ψ, θ, φ qui déterminent la position du mobile par rapport à des axes fixes quelconques, et nous avons trouvé pour les valeurs correspondantes de p, q, r,

$$p = \sin \theta \sin \varphi \frac{d\psi}{dt} + \cos \varphi \frac{d\theta}{dt} ,$$

$$q = \sin \theta \cos \varphi \frac{d\psi}{dt} - \sin \varphi \frac{d\theta}{dt} ,$$

$$r = \frac{d\varphi}{dt} + \cos \theta \frac{d\psi}{dt} .$$

Ainsi les équations d'Euler sont en réalité du second ordre entre θ, φ, ψ, et p, q, r sont des variables auxiliaires.

Désignons par F la force vive de rotation, c'est-à-dire la somme Σmv^2 étendue à tous les éléments de masse ; on a pour chacun $v = u\rho$, ρ étant sa distance à l'axe instantané et u la vitesse angulaire. En outre, en désignant par α, β, γ les cosinus de l'axe instantané par rapport aux axes principaux, nous avons vu au numéro 79 que le moment d'inertie par rapport à cet axe est

$$\Sigma m\rho^2 = A\alpha^2 + B\beta^2 + C\gamma^2.$$

D'après la définition de p, q, r, on a $\alpha = \dfrac{p}{u}$, $\beta = \dfrac{q}{u}$, $\gamma = \dfrac{r}{u}$, d'où

$$F = \Sigma m\rho^2 u^2 = u^2 \Sigma m\rho^2 = Ap^2 + Bq^2 + Cr^2.$$

91. Cas où les moments μ, μ', μ'' **sont nuls.** — Il en est ainsi quand les forces extérieures sont nulles ou se réduisent à une seule appliquée au point fixe. Il en est de même quand le solide est libre et que la force est appliquée au centre de gravité, en particulier s'il n'y en a pas d'autre que la pesanteur. Les formules se réduisent à

$$A \frac{dp}{dt} + (C - B)qr = o, \qquad B \frac{dq}{dt} + (A - C)pr = o,$$

$$C \frac{dr}{dt} + (B - A)pq = o.$$

En les ajoutant multipliées soit par p, q, r, soit par Ap, Bq, Cr, on trouve

$$Apdp + Bqdq + Crdr = o, \qquad A^2pdp + B^2qdq + C^2rdr = o,$$

d'où

$$Ap^2 + Bq^2 + Cr^2 = F, \qquad A^2p^2 + B^2q^2 + C^2r^2 = G^2,$$

F et G étant deux constantes positives ; F comme on l'a vu est la force vive. On peut tirer de ces intégrales deux des inconnues, par exemple p, q, et en les substituant dans l'une des équations, elle prendra la forme $dt = f(r)dr$, de sorte que la solution sera ramenée aux quadratures.

Mais il existe d'autres données simplifiant la solution. Soit H le point ayant pour coordonnées Ap, Bq, Cr par rapport aux axes principaux, d'où résulte évidemment OH $=$ G. Nous avons assimilé les quantités de mouvement à des forces ; à ce point de vue OH est le moment principal de leur système, puisque ses projections Ap, etc., sont les sommes des moments par rapport aux axes.

Les équations primitives du mouvement rentrent dans la forme $\frac{dS}{dt} = \mu$, ou S $=$ const., puisque $\mu = o$. Or nous avons trouvé S $= aAp + bBq + cCr$; S est donc la projection de OH sur un des axes fixes ; puisqu'elle est constante pour chacun d'eux le

point H est immobile dans l'espace. De là résultent deux conséquences, l'une géométrique, l'autre analytique.

Conséquence géométrique. — Figurons la rotation par la droite
OI de sorte que p, q, r soient les coordonnées du point I, et soit
par rapport aux axes principaux

$$A x^2 + B y^2 + C z^2 = F$$

l'équation d'un ellipsoïde accompagnant le mouvement du solide.
Elle est constamment satisfaite en remplaçant x, y, z par p, q, r,
et par suite le point I est toujours sur la surface. Menons à tout
instant le plan tangent en ce point; les cosinus de la normale en
tout point de la surface sont proportionnels à Ax, By, Cz; en I ils
le sont à Ap, Bq, Cr ou à ceux de OH; par suite le plan tangent
est constamment perpendiculaire à OH, et comme en outre le
point de contact est sur l'axe instantané et a une vitesse nulle, ce
plan est immobile dans l'espace. Par conséquent, *le mouvement du
solide est défini par celui de l'ellipsoïde, qui roule sans glisser sur
un plan fixe.* La droite OI allant au point de contact est l'axe instantané, et sa longueur est la vitesse angulaire.

Soient a, b, c les demi-axes et $a > b > c$; OI est toujours
compris entre a et c. Si à un certain instant le solide tourne
autour de OX', OI coïncide avec a, et par suite avec la normale
OH, et cela ne peut cesser d'avoir lieu. Si l'axe instantané est
très près de OX' la distance du plan tangent à l'origine diffère
peu de a et par suite OI restera toujours rapproché de OX' et de
OH. Ainsi la rotation autour de OX' est *stable;* si une cause
faible change peu les constantes du mouvement, il continuera
d'avoir lieu à peu près autour de OX'. La même démonstration
s'appliquerait évidemment à OZ'; ces deux axes sont ceux auxquels correspondent le plus petit et le plus grand moment
d'inertie.

Si l'on avait $A = B = C$, l'ellipsoïde deviendrait une sphère, le point de tangence serait toujours sur la normale OH, et l'axe instantané serait immobile dans le corps et dans l'espace.

Si A $=$ B, C étant différent, il est clair que pendant le roulement l'axe OI décrira un cône de révolution autour de OH; il en décrira un autre à l'intérieur du solide autour de l'axe de figure OZ′ de l'ellipsoïde. Au reste, dans le cas général où A, B, C sont inégaux, ce dernier cône est encore du second degré, car les relations

$$Ap^2 + Bq^2 + Cr^2 = F, \qquad A^2p^2 + B^2q^2 + C^2r^2 = G^2$$

donnent

$$(G^2 - AF)Ap^2 + (G^2 - BF)Bq^2 + (G^2 - CF)Cr^2 = o,$$

où p, q, r sont proportionnels aux cosinus de l'axe instantané.

Conséquence analytique. — Nous avons vu au numéro 44 que les cosinus de l'axe fixe OZ qui était alors OZ′ par rapport aux axes mobiles, désignés par a'', b'', c'', avaient pour valeur

$$a'' = \sin \theta \sin \varphi, \qquad b'' = \sin \theta \cos \varphi, \qquad c'' = \cos \theta .$$

Si nous prenons OH pour OZ ils sont les mêmes que $\dfrac{Ap}{G}, \dfrac{Bq}{G}, \dfrac{Cr}{G}$, d'où résulte

$$Ap = G \sin \theta \sin \varphi, \qquad Bq = G \sin \theta \cos \varphi, \qquad Cr = G \cos \theta .$$

Supposons les équations d'Euler intégrées; p, q, r seront des fonctions du temps contenant trois constantes arbitraires, y compris F et G. Les équations précédentes détermineront θ, φ en fonction du temps ; elles n'équivalent qu'à deux formules distinctes, la somme de leurs carrés ou

$$A^2p^2 + B^2q^2 + C^2r^2 = G^2$$

étant identiquement satisfaite. Ensuite on tirera $\dfrac{d\psi}{dt}$ de la relation $\dfrac{d\varphi}{dt} + \cos \theta \dfrac{d\psi}{dt} = r$, et ψ contiendra une quatrième constante. Il doit y en avoir six en tout et les deux autres sont celles qui déterminent la direction absolue de OZ ou OH. Celles-là sont données par les conditions initiales comme les autres, car on connait pour $t = o$ les valeurs de φ, ψ, θ et leurs dérivées, et par suite p, q, r et la position des axes.

Application au cas où $A = B$. — La troisième équation du mouvement se réduit alors à $\frac{dr}{dt} = o$, d'où $r = $ const. Pour ne pas multiplier les cas, remarquons qu'on peut toujours rendre r positif s'il ne l'est pas en échangeant OX′ et OY′, et par suite aussi OX et OY.

La relation $Cr = G \cos \theta$ montre que $\cos \theta$ est positif et θ constant. Nous avons dû au numéro 44 le considérer comme un angle polaire, puisque dans certains mouvements, il peut varier constamment dans le même sens ; mais il faut remarquer qu'on pouvait choisir à volonté les deux sens OD, OD′ de l'intersection des plans des xy et des $x'y'$; or on peut le faire de façon que θ soit compris entre o et π. Par conséquent, θ sera aigu et positif.

Puisque θ est constant, les valeurs générales de p, q du numéro précédent se réduisent à

$$p = \sin \theta \sin \varphi \, \frac{d\psi}{dt}, \qquad q = \sin \theta \cos \varphi \, \frac{d\psi}{dt} .$$

En les comparant aux relations

$$Ap = G \sin \theta \sin \varphi, \qquad Aq = G \sin \theta \cos \varphi ,$$

on voit que $\frac{d\psi}{dt} = \frac{G}{A}$. La relation

$$\frac{d\varphi}{dt} + \cos \theta \, \frac{d\psi}{dt} = r = \frac{G \cos \theta}{C}$$

donne ensuite

$$\frac{d\varphi}{dt} = \left(\frac{1}{C} - \frac{1}{A} \right) G \cos \theta .$$

On voit que nous n'avons pas employé les deux premières équations d'Euler, qui auraient d'ailleurs donné le même résultat. Les vitesses angulaires $\dfrac{d\psi}{dt}, \dfrac{d\varphi}{dt}$ sont constantes; la première est positive comme r, ou le solide tourne autour de OH dans le même sens qu'autour de OZ'; mais $\dfrac{d\varphi}{dt}$ sera négatif si $C > A$ ou si l'ellipsoïde de révolution est aplati.

92. Mouvement d'un corps pesant autour d'un point fixe. — Nous nous bornerons au cas où l'on a $A = B$, et où le centre de gravité G est sur l'axe OZ' à la distance positive $OG = h$. L'axe fixe OZ sera supposé vertical de bas en haut.

Menons le plan de la figure par OZ et OZ' de façon que OZ' soit à gauche de l'autre; l'intersection OD des plans des xy et des $x'y'$ est perpendiculaire à celui de la figure. Supposons-la dirigée en avant et considérons comme direct par rapport à OD le sens de rotation indiqué par la flèche; de la sorte l'angle $ZOZ' = \theta$ restera compris entre o et π.

Toutefois si l'on fait à tout instant cette convention, et que OZ' vienne à coïncider avec OZ et passer de l'autre côté, il est clair que la direction OD ainsi définie serait brusquement remplacée par son prolongement; mais nous verrons que cela n'arrivera jamais pendant le mouvement, $\sin\theta$ ne pouvant s'annuler.

La force extérieure est le poids P appliqué en G; il tend à faire tourner dans le sens direct par rapport à OD qui est par suite la direction de son moment principal. Son bras de levier est évidemment $OG \sin\theta$, ce qui donne $b \sin\theta$ pour le moment principal, b étant le produit positif Ph. Toutefois si d'autres poids étaient appliqués en divers points de l'axe positif OZ', il est clair que OD serait encore pour eux la direction de leurs moments principaux, et qu'on pourrait les comprendre dans la même valeur $b \sin\theta$. Les moments μ, μ', μ'' se déduisent du principal $b \sin \theta$ en le multipliant par les cosinus des angles de OD avec les axes. Ces angles sont φ, $\varphi + \dfrac{\pi}{2}$, $\dfrac{\pi}{2}$; il en résulte

$$\mu = b \sin \theta \cos \varphi, \qquad \mu' = - b \sin \theta \sin \varphi, \qquad \mu'' = o.$$

La troisième équation d'Euler, où $A = B$, se réduit ainsi à $\dfrac{dr}{dt} = o$, d'où $r = $ const. Les deux autres sont

$$(1) \quad \begin{cases} A \dfrac{dp}{dt} + (C - A)qr = b \sin \theta \cos \varphi , \\[2ex] A \dfrac{dq}{dt} - (C - A)pr = - b \sin \theta \sin \varphi . \end{cases}$$

Ajoutons-les multipliées par $\sin \varphi$, $\cos \varphi$, en substituant

$$\sin \varphi \, \frac{dp}{dt} = \frac{d . p \sin \varphi}{dt} - p \cos \varphi \frac{d\varphi}{dt} .$$

$$\cos \varphi \, \frac{dq}{dt} = \frac{d . q \cos \varphi}{dt} + q \sin \varphi \frac{d\varphi}{dt} ,$$

Nous aurons

$$A \frac{d .}{dt} (p \sin \varphi + q \cos \varphi) - A(p \cos \varphi - q \sin \varphi)\frac{d\varphi}{dt} + (A - C)r(p \cos \varphi - q \sin \varphi) = o .$$

En ajoutant les équations (1) multipliées par $2p$, $2q$, on trouve aussi

$$2A \frac{pdp + qdq}{dt} = 2b \sin \theta(p \cos \varphi - q \sin \varphi).$$

On a

$$p = \sin \theta \sin \varphi \frac{d\psi}{dt} + \cos \varphi \frac{d\theta}{dt}, \qquad q = \sin \theta \cos \varphi \frac{d\psi}{dt} - \sin \varphi \frac{d\theta}{dt}$$

d'où

$$p \sin \varphi + q \cos \varphi = \sin \theta \frac{d\psi}{dt}, \qquad p \cos \varphi - q \sin \varphi = \frac{d\theta}{dt} ,$$

et les deux équations trouvées deviennent

404

$$(2) \quad \begin{cases} A\dfrac{d}{dt}\left(\sin\theta\,\dfrac{d\psi}{dt}\right) + \dfrac{d\theta}{dt}\left(Ar - Cr - A\,\dfrac{d\varphi}{dt}\right) = 0, \\[2ex] 2\dfrac{pdp + qdq}{dt} = \dfrac{2b}{A}\sin\theta\,\dfrac{d\theta}{dt}. \end{cases}$$

La seconde, intégrée, donne

$$p^2 + q^2 = -\frac{2b}{A}\cos\theta + \text{const.}$$

Nommons α la valeur initiale de θ et pour abréger posons $\cos\alpha - \cos\theta = z$. En remplaçant p, q par les expressions ci-dessus dans $p^2 + q^2$, le résultat prend la forme

$$(3) \qquad \sin^2\theta\left(\frac{d\psi}{dt}\right)^2 + \left(\frac{d\theta}{dt}\right)^2 = \frac{2b}{A}z + k,$$

où k est la valeur initiale du premier membre.

Dans la première des équations (2) on peut substituer

$$Ar = A\left(\frac{d\varphi}{dt} + \cos\theta\,\frac{d\psi}{dt}\right),$$

et en la multipliant ensuite par $\sin\theta$ elle devient

$$A\sin\theta\,\frac{d}{dt}\left(\sin\theta\,\frac{d\psi}{dt}\right) + A\,\frac{d\theta}{dt}\sin\theta\cos\theta\,\frac{d\psi}{dt} = Cr\sin\theta\,\frac{d\theta}{dt};$$

le premier membre est la dérivée exacte du produit $A\sin\theta \times {}$ $\times \sin\theta\,\dfrac{d\psi}{dt}$; le second est celle de $-Cr\cos\theta$ ou de Crz. Il en résulte

$$(4) \qquad \sin^2\theta\,\frac{d\psi}{dt} = \frac{Cr}{A}z + k',$$

où k' est la valeur initiale du premier membre.

En multipliant l'équation (3) par $\sin^2\theta$ et substituant $\dfrac{d\psi}{dt}$ tiré de la précédente, on trouvera

$$\sin^2\theta\left(\frac{d\theta}{dt}\right)^2 = \sin^2\theta\left(\frac{2b}{A}z + k\right) - \left(\frac{Cr}{A}z + k'\right)^2.$$

Si l'on pose $\cos \theta = x$ l'équation a la forme

$$(5) \quad \left(\frac{dx}{dt}\right)^2 = (1 - x^2)\left[\frac{2b}{A}(\cos \alpha - x) + k\right] - \left[\frac{C}{A}r(\cos \alpha - x) + k'\right]^2.$$

Désignons par $f(x)$ le second membre qui doit rester positif pendant le mouvement. Il est négatif quand $x = \pm 1$ et par suite, comme nous l'avons dit, $\sin \theta$ ne s'annulera jamais. En outre, il doit être positif pour des valeurs de x comprises entre ± 1, et par suite l'équation $f(x) = o$ doit avoir entre ces limites un nombre pair de racines ; ce ne peut être que deux x', x'', entre lesquelles x ou $\cos \theta$ ne fera qu'osciller.

L'intégration de la formule (5) fera connaître la loi et la durée T de ces oscillations pendant l'une desquelles θ part de sa valeur maxima et y revient. Après ce temps, θ recommence à varier suivant la même loi ; il en est de même de $\frac{d\psi}{dt}$ d'après la formule (4), et de $\frac{d\varphi}{dt}$ d'après la relation

$$\frac{d\varphi}{dt} = r - \cos \theta \frac{d\psi}{dt}.$$

Le mouvement précédent est entre autres celui d'une toupie, en supposant sa pointe immobile. C'est aussi celui du gyroscope, c'est-à-dire d'un solide de révolution animé d'une excessive vitesse de rotation autour de son axe, et restant appuyé sur un point fixe, placé sur le prolongement de l'axe, de sorte que sa rotation, comme celle de la toupie, empêche le mouvement de chute.

Dans ce cas et d'autres analogues la vitesse angulaire $\frac{d\varphi}{dt}$ est très grande de même que r, tandis que les valeurs initiales de $\frac{d\psi}{dt}$, $\frac{d\theta}{dt}$ sont faibles ou nulles, et par suite on peut en dire autant de k et k'. Pour trouver en ce cas les caractères du mouvement, prenons z ou $\cos \alpha - x$ pour variable au lieu de x ; de la sorte z oscille entre $z' = \cos \alpha - x'$, et $z'' = \cos \alpha - x''$. On a $dx = - dz$.

Substituant $x = \cos \alpha - z$, et désignant par $f(z)$ la nouvelle forme de la valeur (5) de $f(x)$, on trouve

$$f(z) = \left[1 - (\cos \alpha - z)^2 \right] \left(\frac{2b}{A} z + k \right) - \left(\frac{C}{A} rz + k' \right)^2.$$

Or nous supposons r extrêmement grand, les nombres b, A, C, k, k', qui n'en dépendent pas, restant les mêmes. Si donc z avait une valeur un peu grande, le dernier terme, où z est multiplié par r, l'emporterait sur le reste, et $f(z)$ serait négatif, ce qui est impossible ; par suite z est toujours très petit, et il en est de même de z', z''. On voit en outre que rz conserve une valeur limitée. On a

$$f(z) = - \frac{2b}{A} z^3 + \left(\frac{4b}{A} \cos \alpha - k - \frac{C^2 r^2}{A^2} \right) z^2 + \text{etc.}$$

Par conséquent, en désignant par z', z'', $- a$ les racines de l'équation $f(z) = o$, elles satisfont la relation

$$\frac{2b}{A} (z' + z'' - a) = \frac{4b}{A} \cos \alpha - k - \frac{C^2 r^2}{A^2}, \qquad \frac{2b}{A} a = \frac{C^2 r^2}{A^2} + \text{etc.},$$

les autres termes étant indépendants de r et par suite très petits par rapport à $\dfrac{C^2 r^2}{A^2}$.

On a ensuite identiquement par rapport à z,

$$f(z) = - \frac{2b}{A} (z - z')(z - z'')(z + a) .$$

Substituons

$$z = z'' \cos^2 u + z' \sin^2 u,$$

u étant un angle toujours croissant avec le temps.

L'équation (5) ou $\dfrac{dz^2}{dt^2} = f(z)$, divisée par $(z' - z'')^2 \sin^2 u \cos^2 u$, deviendra, d'après la valeur de a,

$$4 \frac{du^2}{dt^2} = \frac{2b}{A} (z + a) = \frac{C^2 r^2}{A^2} (1 + \varepsilon),$$

ε étant un petit nombre variable, ayant partout $\dfrac{1}{r^2}$ en facteur. Il en résulte, avec une erreur imperceptible,

$$2\,\frac{du}{dt} = \frac{Cr}{A}, \qquad 2u = \frac{Cr}{A}\,t + \text{const.}$$

La durée désignée par T est celle qui ramène θ ou z à une même valeur extrême, et d'après la relation

$$z = z'' \cos^2 u + z' \sin^2 u,$$

il est clair qu'en même temps u augmente de π. On a donc

$$2\pi = \frac{Cr}{A}\,T, \qquad T = \frac{2\pi A}{Cr}.$$

Cette durée ayant r en diviseur est imperceptible; il en est de même de z', z'' et par suite de $\cos \alpha - \cos \theta$, de sorte que θ différera toujours très peu de sa valeur initiale. D'après la formule (4) $\dfrac{d\psi}{dt}$ aura une valeur moyenne constante affectée d'inégalités toutes pareilles entre elles, de durée T, pendant lesquelles cette dérivée variera entre un maximum et un minimum pouvant être très différents. En laissant de côté ces inégalités, l'axe de figure décrira autour de la verticale un cône d'un mouvement uniforme.

93. Mouvement d'une toupie dont la pointe repose sans frottement sur un plan horizontal. — Nous emploierons les mêmes dénominations qu'au numéro précédent sauf que l'origine O sera le centre de gravité du solide et h la distance OL, L étant la pointe; l'angle ZOZ' ou θ sera toujours aigu et positif.

Mouvement de translation. — Nous devons regarder le corps comme libre, en remplaçant le plan horizontal par la pression normale Q qu'il exerce en L de bas en haut. Soient x_1, y_1, z_1 les coordonnées du point O par rapport à d'autres axes fixes, le plan horizontal étant celui des x_1, y_1 et z_1 la hauteur du point au-dessus de lui. Les seules forces extérieures sont le poids P et la pression Q toutes deux verticales, d'où résulte pour le mouvement du centre de gravité

$$M \frac{d^2x_1}{dt^2} = o, \qquad M \frac{d^2y_1}{dt^2} = o, \qquad M \frac{d^2z_1}{dt^2} = Q - P ,$$

M étant la masse totale. Ainsi la projection horizontale du point O se meut en ligne droite avec une vitesse uniforme. On a en outre évidemment $z_1 = h \cos \theta$, d'où

$$Q = P + Mh \frac{d^2 . \cos \theta}{dt^2} ,$$

et les lois du mouvement de rotation une fois trouvées, z_1 sera connu.

Mouvement de rotation. — Le corps tourne autour du point O comme s'il était fixe ; le moment du poids est nul et l'on n'a à tenir compte que de celui de la force extérieure Q ; son moment principal est dirigé encore suivant OD perpendiculaire au plan de la figure en avant ; son bras de levier est $h \sin \theta$, et par suite les deux équations différentielles du mouvement de rotation seront les formules (1) du numéro précédent, avant toute intégration, en admettant que b désigne Qh au lieu de Ph, ou, ce qui revient au même, d'après la valeur de Q, en désignant encore Ph par b, mais remplaçant cette lettre dans les formules (1) par

$$b + Mh^2 \frac{d^2 . \cos \theta}{dt^2} .$$

Dans la première équation différentielle (2), b était éliminé, de sorte qu'il en résulte la même intégrale (4) ou

$$(4) \qquad \sin^2 \theta \frac{d\psi}{dt} = \frac{Cr}{A} z + k', \quad \text{où } z = \cos \alpha - \cos \theta .$$

L'autre était

$$2(pdp + qdq) = \frac{2b}{A} \sin \theta d\theta .$$

et se change en

$$d.(p^2 + q^2) = -\frac{2}{A} d.\cos\theta\left(b + Mh^2\frac{d^2.\cos\theta}{dt^2}\right).$$

En intégrant et remplaçant $p^2 + q^2$ par sa valeur on trouve

$$\sin^2\theta\frac{d\psi^2}{dt^2} + \frac{d\theta^2}{dt^2} + \frac{Mh^2}{A}\left(\frac{d.\cos\theta}{dt}\right)^2 = \frac{2b}{A}\,z + k\,,$$

k étant la valeur initiale du premier membre. En multipliant par $\sin^2\theta$ et substituant la valeur de $\frac{d\psi^2}{dt^2}$ tirée de l'autre intégrale, on a

$$\left(1 + \frac{M}{A}\,h^2\sin^2\theta\right)\left(\frac{d.\cos\theta}{dt}\right)^2 = \sin^2\theta\left(\frac{2bz}{A} + k\right) - \left(\frac{Crz}{A} + k'\right)^2,$$

Le second membre est la même fonction $f(x)$ ou $f(z)$ qu'au numéro précédent; ainsi en supposant r très grand on verra de même que z reste constamment très petit, ou que les variations de θ sont très faibles, et comme le coefficient $1 + \frac{M}{A}\,h^2\sin^2\theta$ est alors sensiblement constant, la nature du mouvement sera exactement la même. L'axe de figure semble décrire autour de la verticale un cône de révolution avec une vitesse uniforme, bien qu'il éprouve une suite d'oscillations très petites, qui nous échappent par leur rapidité, et pendant chacune desquelles la vitesse angulaire $\frac{d\psi}{dt}$ varie entre un maximum et un minimum.

De même si le déplacement horizontal du point O est nul, OL décrit aussi un cône et la pointe L trace une circonférence sur le plan horizontal. Celle-ci en réalité est affectée de sinuosités imperceptibles, et en outre si le point O avait un mouvement horizontal, il se composerait avec celui de la pointe.

94. Mouvements de l'axe de la terre. — Soient x, y, z les coordonnées d'un élément de masse m de la terre, rapportées aux axes principaux passant à son centre de gravité O; x', y', z', par rapport aux mêmes axes, les coordonnées d'un point attirant H, représentant le centre de gravité d'un astre, et M l'intensité de son attraction sur l'unité de masse à l'unité de distance. Elle sera $\frac{Mm}{\rho^2}$ pour l'élément m, ρ étant sa distance ; les cosinus de cette attraction élémentaire sont $\frac{x' - x}{\rho}$, etc., et ses projections $\frac{Mm(x' - x)}{\rho^3}$ etc. On aura par suite pour les moments de la force extérieure par rapport à OX, en supposant l'attraction d'un seul astre,

$$\mu = \Sigma \left[y \frac{Mm(z' - z)}{\rho^3} - z \frac{Mm(y' - y)}{\rho^3} \right] = M\Sigma \frac{m(yz' - zy')}{\rho^3},$$

la somme s'étendant à tous les éléments m.

En désignant par R la distance OH, on a

$$R^2 = x'^2 + y'^2 + z'^2, \qquad \rho^2 = R^2 - 2(xx' + yy' + zz') + (x^2 + y^2 + z^2)$$

Nous supposons la distance R fort grande par rapport aux dimensions de la terre. Par suite $\frac{x'}{R}$, $\frac{y'}{R}$, $\frac{z'}{R}$ sont au plus l'unité, et $\frac{x}{R}$, $\frac{y}{R}$, $\frac{z}{R}$ de très petits nombres. Il en résulte

$$\frac{R^3}{\rho^3} = 1 + \frac{3(xx' + yy' + zz')}{R^2} + \text{etc.},$$

les termes suivants étant au moins du second degré de petitesse, et

$$\mu = \frac{M}{R} \Sigma m \left[\frac{yz' - zy'}{R^2} + \frac{3(xx' + yy' + zz')(yz' - zy')}{R^4} \right],$$

en négligeant dans la série les termes du troisième degré. Ceux du premier sont

$$\frac{M}{R^3} \left[z' \Sigma my - y' \Sigma mz \right],$$

et disparaissent, parce que l'origine étant au centre de gravité on a $\Sigma my = o$, $\Sigma mz = o$. Les axes sont principaux ; par suite

$$\Sigma mxy = o, \qquad \Sigma mxz = o, \qquad \Sigma myz = o,$$

et μ se réduit ainsi à

$$\mu = \frac{3M}{R^5}\left[z'y'\Sigma my^2 - y'z'\Sigma mz^2\right] = \frac{3My'z'}{R^5}\left[\Sigma m(x^2 + y^2) - \Sigma m(x^2 + z^2)\right]$$

ou

$$\mu = \frac{3My'z'}{R^5}(C - B),$$

A, B, C étant les moments d'inertie principaux.

Pour les sommes μ' μ'' des moments relatifs à OY, OZ, on trouverait de même

$$\mu' = \frac{3Mx'z'}{R^5}(A - C), \qquad \mu'' = \frac{3Mx'y'}{R^5}(B - A).$$

Si la terre était ce que nous avons appelé une sphère à densité régulière, on aurait évidemment $A = B = C$; les moments μ, μ', μ'' seraient nuls, et la rotation suivrait les mêmes lois que s'il n'y avait pas de force extérieure. Mais sa forme est celle d'un solide de révolution légèrement aplati, de sorte qu'en prenant pour OZ son axe de figure, A et B seront égaux, C en différant très peu. En outre, on peut la regarder comme symétrique par rapport aux plans coordonnés, et il est évident que dans toute somme telle que $\Sigma mx^i y^{i'} z^{i''}$, où les entiers i, i', i'' ne seraient pas tous trois pairs, les termes se détruiraient. Il en est ainsi pour les termes du troisième degré que nous avons négligés; les valeurs de μ, μ', μ'', sont donc exactes au quatrième degré près.

En remplaçant B par A on a $\mu'' = o$, et en substituant les valeurs de μ, μ', μ'' dans les équations d'Euler, la troisième se réduit à $\frac{dr}{dt} = o$, d'où $r = $ const. Les deux autres deviennent

$$A\frac{dp}{dt} + (C - A)\,qr = \frac{3My'z'}{R^5}(C - A),$$

$$A\frac{dq}{dt} - (C - A)pr = -\frac{3Mx'z'}{R^5}(C - A).$$

En posant

$$(1) \quad \frac{C - A}{A} = \lambda, \qquad r\lambda = f, \qquad \frac{3My'z'\lambda}{R^5} = Y' \qquad \frac{3Mx'z'\lambda}{R^5} = X',$$

elles prennent la forme

$$\frac{dp}{dt} + fq = Y', \qquad \frac{dq}{dt} - fp = - X'.$$

En négligeant les seconds membres leurs intégrales complètes seraient

(2) $\qquad p = F \cos ft - G \sin ft, \qquad q = F \sin ft + G \cos ft,$

F et G étant des constantes arbitraires. Ces valeurs satisferont encore les équations avec leurs seconds membres en supposant F et G variables et tels qu'on ait

$$\frac{dF}{dt} \cos ft - \frac{dG}{dt} \sin ft = Y', \qquad \frac{dF}{dt} \sin ft + \frac{dG}{dt} \cos ft = - X',$$

d'où

(3) $\qquad F = \int (Y' \cos ft - X' \sin ft)dt, \qquad G = \int (- X' \cos ft - Y' \sin ft)dt.$

Ensuite des relations

$$p = \sin \theta \, \sin \varphi \, \frac{d\psi}{dt} + \cos \varphi \, \frac{d\theta}{dt} ,$$

$$q = \sin \theta \, \cos \varphi \, \frac{d\psi}{dt} - \sin \varphi \, \frac{d\theta}{dt} ,$$

on tire

$$\sin \theta \, \frac{d\psi}{dt} = p \sin \varphi + q \cos \varphi, \qquad \frac{d\theta}{dt} = p \cos \varphi - q \sin \varphi .$$

En y substituant les valeurs (2) de p, q, et posant

(4) $\qquad\qquad\qquad \varphi + ft = \varphi'$

on trouve

(5) $\qquad \sin \theta \, \frac{d\psi}{dt} = F \sin \varphi' + G \cos \varphi', \qquad \frac{d\theta}{dt} = F \cos \varphi' - G \sin \varphi'.$

Il est clair que r est sensiblement la vitesse angulaire du mouvement diurne; les coordonnées x', y', z' sont donc rapportées â des axes entraînés par une rotation rapide. Soient x, y, z les coordonnées du point H par rapport à de nouveaux axes ne partageant pas ce mouvement ; ils se déduiront des autres en les faisant tourner autour de OZ′ de l'angle φ dans le sens rétrograde, OX venant de la sorte se placer sur l'intersection du plan des xy et du plan fixe. On aura ainsi $z' = z,\; x' = x\cos\varphi + y\sin\varphi$, etc., et, d'après les formules (1),

$$ X' = X\cos\varphi + Y\sin\varphi, \qquad Y' = -X\sin\varphi + Y\cos\varphi, $$

en posant

$$ (6) \qquad X = \frac{3M\lambda xz}{R^5}, \qquad Y = \frac{3M\lambda zy}{R^5}. $$

En substituant ces valeurs de X', Y' dans les équations (3) on trouve

$$ (7) \quad F = \int (Y\cos\varphi' - X\sin\varphi')dt, \qquad G = \int (-X\cos\varphi' - Y\sin\varphi')dt. $$

Les expressions X, Y sont d'une extrême petitesse, et il en est de même de $\dfrac{d\psi}{dt}, \dfrac{d\theta}{dt}$; en négligeant le second ordre par rapport à ces quantités, on pourra dans leurs valeurs, d'après la relation

$$ \frac{d\varphi}{dt} + \cos\theta\,\frac{d\psi}{dt} = r, $$

supposer

$$ \frac{d\varphi}{dt} = r, \qquad \varphi = rt + l, $$

l étant une constante. Il en résulte, d'après (1) et (4),

$$ (8) \qquad \varphi' \text{ ou } \varphi + ft = r't + l, \qquad r' = r + f = \frac{C}{A}\,r. $$

quantité très peu supérieure à r. En outre les axes actuels doivent être considérés comme fixes.

Il faut remarquer qu'aux intégrales (7) seraient ajoutées des constantes quelconques F′, G′. Les termes qui leur correspondraient dans les valeurs (5) de $\sin\theta\,\dfrac{d\psi}{dt}$, $\dfrac{d\theta}{dt}$ seraient ce que deviennent ces expressions dans l'hypothèse où F, G resteraient constants, c'est-à-dire où $M = o$, $X = Y = o$, de sorte qu'il n'y aurait pas de force extérieure.

Or en ce cas nous avons vu à la fin du numéro 92 qu'en choisissant convenablement les axes fixes, l'axe de la terre ferait avec l'un d'eux OZ un angle θ constant, et décrirait autour de lui un cône avec une vitesse angulaire $\dfrac{d\psi}{dt} = \dfrac{C}{A\cos\theta}\,r$, qui serait ainsi un peu plus grande que la vitesse angulaire r du mouvement diurne.

Cette inégalité se joindrait de la sorte à celles que produisent les attractions ; mais l'observation a montré qu'elle est absolument nulle, et par suite il en est de même des constantes F′, G′.

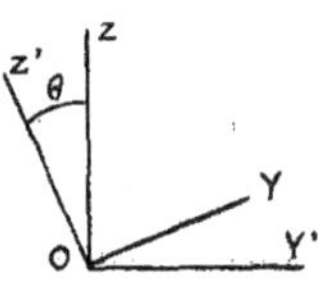

Évaluation approchée de l'effet du soleil. — Prenons pour le plan de la figure celui des yz, de sorte que OX, dirigé en avant, soit l'intersection du plan des xy, c'est-à-dire de l'équateur et du plan fixe qui sera l'écliptique.

Soient x', y', z' les coordonnées de l'astre attirant relatives à de nouveaux axes, ceux-ci étant déduits des autres en les faisant tourner de l'angle θ autour de OX dans le sens rétrograde, de façon que OY′ soit sur l'écliptique. Nous aurons

$$x = x', \qquad y = y'\cos\theta + z'\sin\theta, \qquad z = -y'\sin\theta + z'\cos\theta .$$

Si l'astre est le soleil $z' = o$; nous supposerons en outre, ce qui diffère peu de la réalité, qu'il décrit autour de la terre une circonférence de rayon a d'un mouvement uniforme. De la sorte

$$x' = a\,\cos(nt + g), \qquad y' = a\,\sin(nt + g),$$

n et g étant des constantes. On aura alors dans les formules (6) $\mathrm{R} = a$, et on doit y substituer

$$x = a \cos (nt + g), \quad y = a \cos \theta \sin (nt + g), \quad z = - a \sin \theta \sin (nt + g).$$

En posant

$$(9) \qquad \frac{3\mathrm{M}\lambda}{2a^3} = \mu, \qquad \mu \sin \theta \cos \theta = \alpha,$$

on trouve ainsi

$$\mathrm{X} = - 2\mu \sin \theta \sin (nt + g) \cos (nt + g), \qquad \mathrm{Y} = -2\alpha \sin^2 (nt + g),$$

ou

$$\mathrm{X} = - \mu \sin \theta \sin (2nt + 2g), \qquad \mathrm{Y} = \alpha \cos (2nt + 2g) - \alpha,$$

Si l'on substitue le seul terme $\mathrm{Y} = - \alpha$, en remarquant que $\varphi' = r't + l$, les formules (7) et (5) donneront

$$\mathrm{F} = - \frac{\alpha \sin \varphi'}{r'}, \qquad \mathrm{G} = - \frac{\alpha \cos \varphi'}{r'}, \qquad \frac{d\theta}{dt} = o, \qquad \sin \theta \frac{d\psi}{dt} = - \frac{\alpha}{r'},$$

ou

$$\frac{d\psi}{dt} = - \frac{\mu \cos \theta}{r'},$$

et θ pouvant être supposé constant dans cette expression, l'angle ψ, en vertu de ce seul terme, varierait proportionnellement au temps, dans le sens rétrograde, puisque $\frac{d\psi}{dt}$ est négatif.

Si l'on substitue le reste des expressions X, Y, où entre $2nt + 2g$ sous les signes sinus et cosinus, il est clair que cet angle y entrera encore dans les intégrales et dans les expressions (5); on pourrait même vérifier que dans celles-ci il entrera seul, φ' ayant disparu. En intégrant de nouveau pour trouver θ et ψ, il en résultera des termes variant périodiquement avec le temps en restant toujours très petits. Ainsi la ligne des nœuds, dont ψ est l'angle polaire, se déplacera d'une vitesse sensiblement uniforme, avec de légères inégalités, et celles-ci existeront seules pour θ qui restera presque constant.

Le mouvement du nœud se nomme la *précession*. On pourrait l'évaluer numériquement pour l'effet du soleil seul, en remarquant que le nombre M dans la formule (9) a la même signification que la quantité fM ou $k^2 = f(\text{M} + m)$ employée au commencement du numéro 61, de sorte que

$$\mu = \frac{3\lambda}{2} \cdot \frac{k^2}{a^3} \, .$$

En outre à la fin du même numéro on a trouvé $\dfrac{k^2}{a^3} = \dfrac{4\pi^2}{\text{T}^2}$, T étant l'année. En substituant $\mu = \dfrac{6\lambda\pi^2}{\text{T}^2}$, et en outre r' ou $r = \dfrac{2\pi}{\text{T}'}$, T' étant la durée d'un jour, on a

$$- \text{T}\, \frac{d\psi}{dt} = \frac{\mu \cos\theta}{r'}\, \text{T} = 3\pi\lambda \cos\theta \cdot \frac{\text{T}'}{\text{T}} = \frac{3\pi\lambda \cos\theta}{365\frac{1}{4}} \, ,$$

pour l'angle $\text{T}\,\dfrac{d\psi}{dt}$ décrit en un an par la ligne des nœuds.

Indication de la solution exacte. — L'effet de la lune s'ajoute à celui du soleil, et en employant les valeurs exactes de X, Y, que nous ne pouvons développer ici, on arrive aux mêmes conclusions : ψ varie d'une manière uniforme, et θ reste constant, avec de légères inégalités périodiques pour chacun.

Il n'en serait pas ainsi et θ varierait également d'une façon continue si le plan de l'orbite lunaire était immobile ; mais il tourne en dix-huit ans autour de la normale à l'écliptique, ce qui convertit le changement continu de θ en une inégalité périodique de même durée, nommée *nutation*.

La précession annuelle observée est d'environ $50''$; c'est la valeur de $\text{T}\,\dfrac{d\psi}{dt}$, et par un calcul analogue à celui que nous avons fait ci-dessus pour le soleil, on en déduit

$$\lambda \ \text{ou} \ \frac{\text{C} - \text{A}}{\text{A}} = 0{,}00329 \, ,$$

ce qui détermine le rapport des moments d'inertie principaux de la terre.

95. Première forme des équations du mouvement d'un système de solides. Application à la machine d'Atwood. — Tout solide en repos ou en mouvement, comme on l'a vu au numéro 21, peut être considéré comme libre en remplaçant les obstacles à son mouvement par des forces.

La première forme des équations du mouvement se composera ainsi de celles de chaque solide séparément, en représentant par des lettres inconnues les forces dues à leurs contacts entre eux ou leurs liaisons, comme nous l'avons fait au chapitre II, pour trouver les conditions d'équilibre. Dans le cas actuel également, il n'est pas nécessaire de remplacer ainsi les contacts avec des obstacles fixes.

Mouvement de la machine d'Atwood en ayant égard au frotte-ment. — L'appareil se compose d'un fil enroulé sur une poulie fixe D, et dont les extrémités supportent en B un poids p, et en A un poids $p + p'$: le poids de la poulie est p'', son rayon a. L'appareil partant sans vitesse initiale, v est la vitesse du point A au bout du temps t, et z la hauteur verticale dont il est descendu ; T est la tension du cordon AA', T' celle de BB'.

Frottement de la poulie. — Considérons-la comme un solide libre ; les forces extérieures qui agissent sur elle, outre celles des contacts avec ses appuis, sont T, T' et p'', qui se réduisent à une seule force verticale

$$(1) \qquad f = T + T' + p'',$$

dirigée de haut en bas.

Quant aux appuis nous admettrons que la poulie D embrasse comme un collier un cylindre horizontal fixe, désigné par H, et pour simplifier nous regarde-

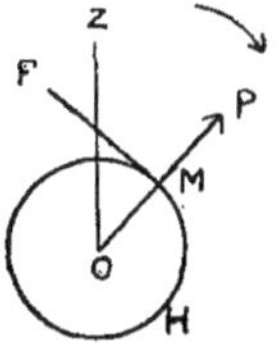

rons les forces comme toutes situées dans le plan de la section droite OMH, de centre O. En un point M de contact elles sont la pression P suivant OMP, et le frottement cP, c étant son coefficient ; il est dirigé suivant la tangente MF, en sens contraire de celui de la rotation, indiqué par la flèche. Quant à la distribution des points frottant sur la circonférence H, on peut la concevoir de plusieurs manières :

1° Supposons d'abord que ce soit deux points donnés MM', la pression en M' étant P'. Ces deux points, en laissant de côté le reste de la circonférence, suffisent pour déterminer la position du collier ou du solide D. Celui-ci est supposé libre, et son centre de gravité restant immobile, les équations de son mouvement exigent que les projections horizontales et verticales des forces aient une somme nulle. Il en résultera deux équations entre P, P' et f d'où l'on tirerait P, P' de même que les frottements. Ces forces dépendraient de la position de M, M', et pourraient devenir très considérables. Dans le cas où il y aurait sur H plus de deux points de contact donnés les pressions seraient indéterminées, parce que deux suffisent pour fixer la position du solide. Le cas serait analogue à celui d'un corps pesant reposant sur un plan horizontal en plus de trois points. Si l'on supposait égales les circonférences de H et du collier, elles ne pourraient évidemment coïncider dans toute leur étendue ; les saillies les plus imperceptibles suffiraient pour réduire les contacts à un nombre limité de points, et dans cette disposition le frottement serait en général considérable. Aussi pour que la rotation s'opère aisément doit-on supposer que les deux circonférences sont légèrement inégales, ou qu'il y a un peu de *jeu*. Il en est nécessairement ainsi quand les surfaces ont des enduits, et cet état de choses s'établit de lui-même par l'usure si une machine marche pendant longtemps.

2° S'il en est ainsi pour la poulie, les deux circonférences ne se touchent qu'en un seul point M, ou un arc extrêmement court, dont la position d'ailleurs n'est pas donnée, mais résulte du mouvement. En désignant par OZ la verticale, et par x l'angle MOZ, on a pour l'égalité des projections horizontales et verticales des forces,

$$P \sin \alpha - cP \cos \alpha = o, \qquad P \cos \alpha + cP \sin \alpha = f,$$

d'où $c = \tang \alpha$, de sorte que α est l'angle du frottement, ou une constante, et en outre

$$P = f \cos \alpha, \qquad cP = f \sin \alpha,$$

OM est le bras de levier du frottement, et en posant

$$\frac{OM}{a} \sin \alpha = \gamma ,$$

son moment par rapport à l'axe sera $\gamma a f$, où γ est un rapport abstrait en général fort petit.

Équations du mouvement. — Une fois le frottement connu, on peut le regarder comme une force extérieure appliquée à la poulie, qui redeviendra un solide tournant autour d'un axe fixe. Soit C son moment d'inertie par rapport à l'axe. Il faut remarquer que dans sa valeur $\Sigma m r^2$ la distance r de l'élément m à l'axe est au plus a ; on a donc

$$C < a^2 \Sigma m, \qquad \Sigma m = \frac{p''}{g} .$$

Il en résulte

$$(2) \qquad C = \beta^2 a^2 \frac{p''}{g} ,$$

β^2 étant une constante positive inférieure à l'unité. L'équation du mouvement de la poulie est

$$C \frac{du}{dt} = \mu ,$$

μ étant la somme des moments des forces par rapport à l'axe, et u la vitesse angulaire, c'est-à-dire $\frac{v}{a}$, la vitesse v du point A étant aussi celle des points de la circonférence.

Les moments de P et p'' sont nuls ; on ne devrait du reste plus comprendre P parmi les forces. Ceux de T et T' sont $a\,(\mathrm{T} - \mathrm{T}')$; en y joignant celui du frottement, ou γaf, on a d'après la valeur (1) de f,

$$\mu = a\,(\mathrm{T} - \mathrm{T}') - \gamma a\,(\mathrm{T} + \mathrm{T}' + p'')\,.$$

En substituant la valeur (2) de C, celle de μ, et $u = \dfrac{v}{a}$, l'équation $\mathrm{C}\,\dfrac{du}{dt} = \mu$, devient

$$(3) \qquad \beta^2\,\frac{p''}{g}\,\frac{dv}{dt} = \mathrm{T} - \mathrm{T}' - \gamma(\mathrm{T} + \mathrm{T}' + p'')\,.$$

Quant aux poids on peut admettre que les directions des forces T et T' passent au centre de gravité de chacun. Il n'est ainsi soumis qu'à deux forces verticales directement opposées. et les poids partant du repos n'auront qu'une translation verticale sans rotation. Les équations du mouvement se réduisent ainsi pour chacun à une seule $m\,\dfrac{dv}{dt} = \mathrm{Z}$, m étant la masse, et Z la force verticale, prise positive dans le sens de la vitesse v du poids. Il est clair qu'on aura ainsi

$$\frac{p + p'}{g} \cdot \frac{dv}{dt} = p + p' - \mathrm{T}, \qquad \frac{p}{g} \cdot \frac{dv}{dt} = \mathrm{T}' - p\,.$$

Il ne reste qu'à éliminer les forces de contact T et T' entre l'équation (3) et les précédentes. Celles-ci donnent

$$\mathrm{T} = p + p' - \frac{p + p'}{g} \cdot \frac{dv}{dt}, \qquad \mathrm{T}' = p + \frac{p}{g} \cdot \frac{dv}{dt}\,,$$

et l'équation (3) devient ainsi

$$\beta^2\,\frac{p''}{\,} \cdot \frac{dv}{dt} = p' - \frac{2p + p'}{g} \cdot \frac{dv}{dt} - \gamma\left[2p + p' - \frac{p'}{g} \cdot \frac{dv}{dt} + p''\right],$$

ou

$$\frac{\mathrm{Q}}{g} \cdot \frac{dv}{dt} = \mathrm{Q}'\,,$$

en posant

$$Q = \beta^2 p'' + 2p + p' - \gamma p', \qquad Q' = p' - \gamma(2p + p' + p'').$$

Il faut supposer

$$p' > \gamma(2p + p' + p''),$$

ou Q' positif, sans quoi $\dfrac{dv}{dt}$ serait négatif, c'est-à-dire que le frottement semblerait déterminer le mouvement en sens contraire, ou ce qui revient au même, il l'empêcherait de commencer. Il est même évident que l'inégalité précédente doit être satisfaite en calculant γ d'après la valeur du coefficient du frottement au départ.

Ensuite, Q et Q' étant positifs, et v s'annulant avec t, on aura

$$v = g't, \quad \text{où} \quad g' = \frac{Q'}{Q}\, g.$$

L'accélération g de la chute est ainsi réduite dans le rapport $\dfrac{Q'}{Q}$.

96. Nature du système. — Nous avons à préciser ce qu'on entend par les liaisons, les forces extérieures, etc., et à chercher une seconde forme des équations du mouvement, pour laquelle on ne soit pas obligé, comme au numéro précédent, d'éliminer les forces de contact, de façon que cette élimination soit en quelque sorte faite d'avance. Il est nécessaire, comme on l'a vu, de connaître ces forces, ou les pressions, si l'on veut avoir égard au frottement; aussi nous supposerons que celui-ci n'existe pas. Nous verrons plus tard comment on peut en tenir compte.

Nous désignerons par S les divers solides du système, choisis à volonté et bien définis.

Les corps *extérieurs* sont ceux qui ne font pas partie du système. Parmi ceux qui ont quelque influence sur son mouvement, nous nommerons P ceux qui sont des solides fixes, tels que des appuis.

La position d'un solide S est définie par les trois angles qui la déterminent par rapport à son centre de gravité, et par les coordonnées de ce centre ; c'est ce que nous nommerons les six variables du solide.

Tous les obstacles au mouvement peuvent être regardés comme des contacts, même s'ils proviennent de fils, et nous savons qu'on peut les assimiler à des forces extérieures. Mais en les remplaçant tous ainsi on serait ramené à la première forme des équations du mouvement. Pour qu'il en soit autrement nous ferons une distinction entre eux.

Liaisons. — Nous nommerons spécialement *forces des contacts* une catégorie particulière de ces forces dues aux obstacles, et *liaisons* l'ensemble des contacts correspondants, tandis que les autres seront assimilés à des forces extérieures. Voici comment se détermine ce choix :

L'existence des contacts entraine en général des conditions géométriques que les solides S doivent satisfaire, et par suite des relations entre leurs variables.

Nous nommerons *liaisons* l'ensemble des contacts tels que *les relations correspondantes soient bien définies, et ne contiennent pas d'autres variables que celles des solides S.* — Moyennant ces conditions les forces des contacts définies ci-dessus disparaîtront, comme on le verra, des équations du mouvement.

Il nous reste à chercher quelles sortes de contact on peut prendre pour des liaisons.

Les conditions précédentes sont évidemment satisfaites par les contacts proprement dits entre deux solides S, ou entre un solide S et un P.

Considérons maintenant le contact entre un solide S et un corps extérieur Q quelconque.

1° Si celui-ci est un solide mobile ses variables entrent dans les relations provenant du contact, contrairement aux conditions ci-dessus, et par suite le contact ne peut être pris pour une liaison.

On le pourrait toutefois si la masse de Q était nulle et dans un autre cas. Nous examinerons plus tard l'effet de ces complications qui doivent être exclues pour le moment.

2° Nous devons exclure également les cas où Q serait un corps déformable autre qu'un fil, puisqu'il présenterait des variétés de forme en nombre infini. Quant aux fils on doit pour la même raison les supposer d'épaisseur négligeable, parfaitement flexibles et inextensibles. De la sorte tout fil a une masse nulle.

Désignons maintenant par P′ les divers corps extérieurs différents des solides P et des fils, de sorte qu'aucun de leurs effets comme obstacles ne puisse être pris pour une liaison.

Il nous reste à supposer l'existence de fils quelconques ayant des contacts avec les corps S, et à faire parmi ces contacts les mêmes distinctions.

Remarques sur le rôle attribué aux fils. — Toute portion de fil non tendue peut être supposée ne pas exister, sans que l'effet de l'ensemble soit changé.

1° L'existence d'un fil entraîne des relations entre les positions des corps avec lesquels il est en contact, et l'un d'eux au moins est un solide S ; si un autre était un corps P′ la relation serait comme on l'a vu inadmissible comme liaison, de sorte que les fils venant de ce corps devraient être considérés comme exerçant une force extérieure. Il est alors plus simple de les assimiler au cas suivant d'un fil auquel est appliquée une force extérieure suivant sa direction.

2° On doit en général exclure le cas où une force extérieure agirait sur un corps servant de liaison, sans quoi il faudrait tenir compte du mouvement de son point d'application, ce qui reviendrait à comprendre le corps dans le système. Si donc une force agissait sur le fil, on emploierait les modifications suivantes :

Supposons d'abord qu'un fil ait une extrémité libre A, auquel cas une force le tend suivant AB ; c'est ce qu'on suppose entre autres s'il vient d'un corps P′.

Si cette portion rectiligne va s'attacher à un solide S en B, elle est ainsi disjointe du reste des fils, ne constitue aucune liaison, et doit être considérée comme une force extérieure appliquée au point B.

Si le contact du fil AB avec le système ne rentre pas dans ce cas simple on supposera en un point O de la droite un très petit solide, faisant partie du système, sur lequel une force extérieure agit suivant OA, tandis que d'autre part le fil OB lui est attaché.

Si une force agissait en O sur un fil ailleurs qu'à son extrémité, il faudrait de même supposer en ce point un petit solide du système, auquel la force serait appliquée et les cordons OA, OB attachés de part et d'autre. Il est clair que l'introduction de ces solides infiniment petits dans le système ne changent pas les lois de son mouvement.

3° Après ce qui précède les fils n'ont de contacts qu'avec les solides S ou P ; ils agissent soit par leurs extrémités, soit en étant enroulés sur une surface. Cet enroulement peut être de deux espèces.

La première est celle où le fil peut glisser sur une surface sans frottement ; mais d'après les conditions qu'une liaison doit remplir, nous devons exclure les cas où il formerait une courbe d'étendue finie, variant suivant les positions du système. Nous supposerons donc que l'arc d'enroulement est infiniment court. Nous dirons alors que le fil passe sur une arête pouvant la traverser sans frottement. Il pourra aussi ou glisser le long de l'arête ou être retenu comme dans un anneau.

Le second mode d'enroulement est celui dans lequel une sorte d'adhérence empêche le fil de glisser sur la surface d'un solide Q, disposition qui se présente dans les poulies, etc. Cette adhérence est analogue à celle d'une chaîne qui serait retenue à la surface par un engrenage ; le fil CA peut avoir une extrémité fixée en un point de la surface, ou s'en détacher suivant BD, avec une tension en général différente de celle de CA.

Il n'y a aucune raison d'exclure cette disposition, que nous nommerons l'*enroulement*; mais on doit supposer donnée la courbe AB.

Liaisons, forces des contacts et forces extérieures. — En résumant ce qui précède, *les contacts proprement dits entre deux solides S ou entre l'un d'eux et un solide P sont des liaisons, et les forces qui peuvent les remplacer sont des forces de contact.*

Quant aux fils, en supposant d'abord qu'ils forment un assemblage arbitraire, les deux premières remarques ci-dessus ont pour conséquence d'en isoler certaines portions qui constituent simplement l'application d'une force extérieure à un solide S.

Tout l'ensemble du reste, pourvu qu'il ne rentre pas dans le cas exclu par la troisième remarque, pourra être considéré comme liaison, et sa disposition la plus générale sera par conséquent la suivante :

Il peut s'y trouver des portions de fil enroulées avec adhérence sur un solide S ou P. Le reste des fils se compose de portions rectilignes. Toute extrémité de l'une d'elles peut être :

1º Le commencement d'un arc d'enroulement ;

2º Un point d'un solide S ou P auquel le fil est attaché ;

3º Un point d'une arête appartenant à un solide S ou P, sur laquelle le fil passe, pouvant ou non glisser le long de l'arête ;

4º Enfin un point de bifurcation ou de croisement de divers fils.

En effet, les trois premiers cas contiennent tous les modes de contact entre un fil rectiligne et un solide, et le quatrième ceux des contacts entre plusieurs fils.

L'ensemble des forces remplaçant les fils, c'est-à-dire leurs tensions, rentre dans les forces de contact.

Toutes les forces agissant sur les solides S, sauf celles qui viennent d'être indiquées comme forces des contacts, seront des *forces extérieures*, en y comprenant entre autres celles qu'exercent les corps P', et en outre s'il en existe les attractions ou répulsions sensibles à des distances finies, même si elles agissent entre deux corps du système.

Les liaisons seront considérées dans ce qui suit comme les seuls obstacles au mouvement du système, les autres étant remplacés par des forces extérieures.

Équations des contacts. — Nous avons déjà remarqué que les liaisons entrainent des relations entre les variables des solides S.

Elles peuvent être des égalités, par exemple si un point de l'un d'eux est fixé à un autre solide du système.

Elles peuvent être aussi des inégalités. Par exemple si un fil joint deux solides S, sa longueur totale quand il reste tendu est une fonction des variables, qui ne peut augmenter, mais peut diminuer si le fil se détend. Si deux solides sont appuyés l'un contre l'autre et peuvent se séparer, il en résulte une conséquence analogue.

En tout cas ces relations sont telles qu'à partir de la position actuelle du système il peut prendre toutes les positions voisines pour lesquelles les variables des solides satisfont toutes les équations et toutes les inégalités, et n'en peut pas prendre d'autres.

Nous nommerons *systèmes stricts* ceux pour lesquels les relations ne sont que des équations. Les autres, auxquels correspondent aussi des inégalités

$$E > o, \qquad E' > o, \text{ etc.}$$

seront des systèmes *non stricts*.

Nous nommerons *équations des contacts* toutes les équations dues aux liaisons, en leur joignant si le système n'est pas strict

$$E = o, \qquad E' = o, \text{ etc.,}$$

ou les inégalités changées en égalités.

Nous nommerons *mouvements réguliers* du système ceux dans lesquels toutes les équations des contacts sont constamment satisfaites ; pour un système non strict ils forment seulement une partie des mouvements possibles.

Un déplacement sera dit *régulier* s'il est compatible avec le mouvement régulier.

On peut tirer des équations des contacts les valeurs de toutes les variables des solides en fonction d'un certain nombre d'entre elles, ou plus généralement de variables auxiliaires u_1, u_2, u_3, etc., et celles-ci seront complètement indépendantes, pouvant à la fois croître ou décroître à partir de leur valeur actuelle. En effet, si u_2, par exemple, ne pouvait que croître, cela constituerait outre les équations une inégalité, contrairement à l'hypothèse.

Par conséquent, à tout déplacement élémentaire régulier en correspond un autre, également régulier, que nous nommerons comme au numéro 9 son *opposé*, dans lequel les espaces parcourus par chaque point du système sont les mêmes en sens contraire. En effet, si le premier est caractérisé par les valeurs de du_1, du_2, du_3, etc., le second le sera par les mêmes valeurs en signe contraire. Pour tout point du système les coordonnées x, y, z sont des fonctions de u_1, u_2, etc., et dx, dy, dz dans les deux cas sont les mêmes en signe contraire.

Par suite les systèmes stricts, pour lesquels le mouvement régulier est le seul possible, sont en même temps des systèmes *normaux*, tels que nous les avons définis au numéro 9.

Il faut remarquer que si dans un système non strict le mouvement cesse d'être régulier, une des inégalités $E > o$ n'est plus remplacée par $E = o$; E étant devenu positif le sera encore dans les positions voisines, et la condition qui lui correspond n'existera plus. Il y a donc en ce cas une *cessation partielle des liaisons*.

Il peut arriver aussi qu'il naisse de nouvelles liaisons, ou que de nouvelles relations deviennent uécessaires. C'est en particulier ce qui résulte d'un choc, et en général il se produit alors un changement brusque des vitesses.

L'altération d'un mouvement régulier est un fait accidentel et instantané, de sorte que tout mouvement d'un système non strict, s'il n'est pas toujours régulier, est une succession de mouvements réguliers ayant chacun une durée finie.

97. Si le système est en repos ou a un mouvement régulier, les travaux des forces de contact correspondant à un déplacement régulier infiniment petit quelconque ont une somme nulle. — En évaluant ces travaux on doit prendre pour les forces de contact celles qui existent pendant le mouvement que peut avoir le système.

Quant au petit déplacement, il suppose que le système part du repos dans sa position actuelle. Ce déplacement est régulier quelconque et distinct du mouvement réel; c'est ce qu'on exprime en disant qu'il est *virtuel*.

Il faut remarquer que le déplacement peut modifier la force; les points en contact peuvent changer, etc., mais dans le travail dont il s'agit la force est supposée celle qui existe avant tout déplacement.

Cas où la force est due à un contact proprement dit. — La démonstration se réduit à vérifier que si f est une action mutuelle ou pression agissant en un point de contact entre deux solides S, S' du système, ses travaux sur l'un et l'autre ont une somme nulle, et en outre que si le contact a lieu entre S et un corps P, le travail de f sur S est nul. Mais le travail sur le corps fixe P l'étant déjà, cela revient à ce que les deux travaux aient une somme nulle, et l'on peut faire rentrer ce cas dans le premier où le contact était entre S et S'.

Soient alors I, I' les points de S, S' en contact. La somme des travaux de f sera nulle pourvu que les espaces décrits par I, I' aient des projections égales sur sa direction, la force f étant dans chaque travail la même en sens contraire.

Si l'on considère le mouvement du solide S′ par rapport à S supposé immobile, la vitesse du point I′ est résultante des vitesses relative et d'entraînement, et il en est de même des espaces infiniment petits correspondants. En comparant leurs projections sur la direction de f, celle de l'espace décrit par I′ est la somme de celles des espaces relatif et d'entraînement; celui-ci d'ailleurs est l'espace décrit par I. Par conséquent, la condition ci-dessus revient à ce que la projection de l'espace décrit par I′ dans le mouvement relatif seul soit nulle.

Voici parmi les formes diverses d'un contact les deux principales :

La première est celle où le point I′ est fixé au point I; la force f est alors quelconque, et le déplacement relatif de I′ nul, de même que sa projection sur la force.

La seconde forme est celle où l'une au moins des surfaces en contact a un plan tangent déterminé. — L'absence de frottement consiste en ce que cette surface ne peut exercer de pression tangentielle. Par suite la force lui est normale, et le déplacement relatif de I′ a une projection nulle sur la force; sans cela, en effet, dans un déplacement régulier opposé au premier, que nous savons être également possible, cette projection serait la même en sens contraire, et le point I′ pénétrerait dans le corps S.

Après ces deux formes il reste celle où aucune des surfaces n'a de plan tangent déterminé dans le voisinage de I, I′, par exemple le cas où la surface du corps S présente une arête ou se réduit à une courbe. La force f lui est alors normale par suite de l'absence de frottement, et soit que l'autre surface se réduise à une courbe se déplaçant sur la première ou à un point I′ qui la parcourt, il est aisé de voir que le déplacement relatif de I′ est perpendiculaire à la force; mais l'examen détaillé soit de ce cas, soit des diverses dispositions des surfaces énumérées au numéro 22 est superflu.

En effet, si les deux solides sont adhérents suivant une surface, de façon à n'en plus former qu'un seul, la nature du contact en chaque point rentre dans la première forme principale.

S'il en est autrement, les deux solides sont mobiles l'un par rapport à l'autre. Or nous n'avons point à tenir compte, comme au numéro 22, de contacts fictifs, provenant de dispositions plus complexes, mais seulement de ceux qui existent physiquement, et pour ceux-là on a vu au numéro 23 que le contact a toujours une certaine étendue en tous sens, rentrant ainsi dans la seconde forme principale.

Propriété d'un fil tendu sur des arêtes le long desquelles il peut glisser. — Nous supposerons qu'il n'y ait que deux arêtes, le résultat s'étendant aisément à un plus grand nombre.

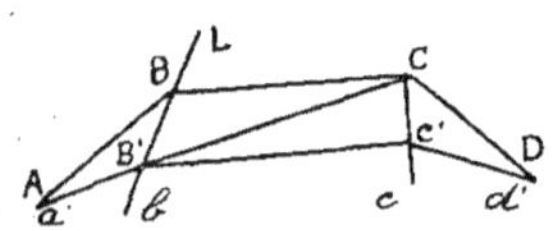

Soient sur la première B, B', b trois points infiniment voisins, C, C', c l'étant de même sur la seconde. Supposons le point a infiniment près de A, et d de D.

Nous allons démontrer que *si la ligne brisée abcd est une position d'équilibre d'un fil passant sur les arêtes, les lignes ABCD, AB'C'D ne diffèrent que d'un infiniment petit du second ordre.*

Soient BB' $= h$, et les angles ABB' $= \gamma$, CBL $= \gamma'$, BL étant le prolongement de B'B. Comme on l'a vu au numéro 2, en négligeant les infiniment petits du second ordre, on a

$$AB - AB' = h \cos \gamma, \qquad CB - CB' = h \cos (B'BC) = - h \cos \gamma',$$

d'où

$$(AB + BC) - (AB' + B'C) = h (\cos \gamma - \cos \gamma').$$

Si ABC était la figure d'équilibre d'un fil, les tensions T égales de AB et CB devraient faire équilibre à la pression de l'arête, perpendiculaire à sa tangente ou à BB'; par suite les projections des deux tensions sur cette tangente devraient être égales en sens contraire, de sorte qu'on aurait T cos γ = T cos γ'. Par conséquent, si la ligne ABC est comme on l'a supposé infiniment voisine de la figure d'équilibre abc, $\cos \gamma - \cos \gamma'$ est un infiniment petit, de même que h, et par suite

$$(AB + BC) - (AB' + B'C)$$

en est un du second ordre. Pour une raison semblable, il en est de même de

$$(B'C + CD) - (B C' + C'D),$$

et par suite de leur somme

$$(AB + BC + CD) - (AB' + B'C' + C'D),$$

ce qu'il fallait démontrer.

Nullité du travail total de la tension des fils. — Il s'agit ici de l'ensemble de fils trouvé au numéro précédent comme la disposition la plus générale que puisse avoir une liaison. A ce point de vue nous devons, en vérifiant la nullité des travaux, avoir égard à toutes les complications que cette disposition présente, bien qn'elles aient peu d'importance pour les applications.

Les fils restent tendus pendant le déplacement infiniment petit, celui-ci étant supposé régulier.

Premier cas. Travail des tensions d'un fil attaché à des solides en A et K, et passant sur des arêtes en B, C, D, etc. — Il suffit d'en placer deux sur la figure. La masse du fil étant nulle, la tension T pendant le mouvement du système est comme dans l'état d'équilibre cons-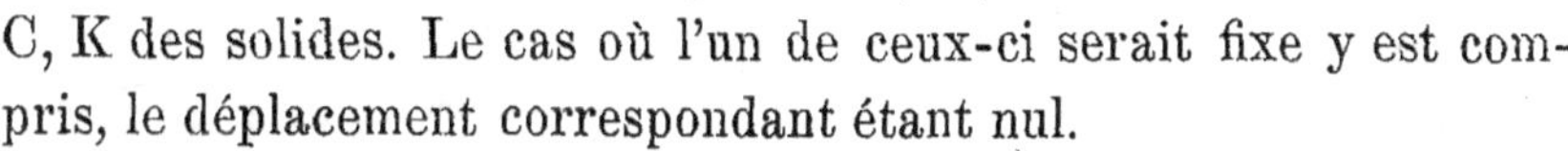tante de A jusqu'à K.

Soient AA', BB', CC', KK' les déplacements infiniment petits des points A, B, C, K des solides. Le cas où l'un de ceux-ci serait fixe y est compris, le déplacement correspondant étant nul.

Comme on l'a vu au numéro 6 le travail de la tension T de BA sur A peut s'exprimer par

$$T(AB - A'B).$$

Quant au travail de la tension de AB sur B, il est infiniment petit comme BB′; si donc nous attribuons à la force la direction BA′ qui fait avec BA un angle infiniment petit, l'erreur sera infiniment petite du second ordre ou négligeable. Le travail, évalué comme ci-dessus est alors T(A′B — A′B′); il en résulte

$$T(AB — A'B')$$

pour les deux réunis. Les travaux de la tension de BC sur B et sur C ont de même pour somme T(BC — B′C′), et pour CK c'est T(CK — C′K′). Il en est ainsi quel que soit le nombre des arêtes B, C, D, et par suite le travail total des forces exercées par le fil sur les solides est

$$T(ABC\ldots K) — T(A'B'C'\ldots K'),$$

en désignant de la sorte les longueurs des lignes brisées.

1° Si le fil peut glisser le long des arêtes, il les traversera après le déplacement en des points B″, C″, D″, etc., infiniment voisins de B′, C′, etc.

Or malgré le mouvement du système, ABCD...K est une position d'équilibre du fil, et comme les lignes A′B′C′D′...K′, A′B″C″...K′ en sont infiniment rapprochées, on aura d'après la propriété ci-desssus, en négligeant le second ordre de petitesse,

$$A'B'C'\ldots K' = A'\ B''C''\ldots K'.$$

2° S'il se trouve des arêtes le long desquelles le fil ne peut glisser, supposons par exemple qu'il en soit ainsi en C et F, tandis qu'il peut glisser le long des arêtes intermédiaires D, E. En ce cas C″ coïncide avec C′, et F″ avec F′; d'après la même propriété, les lignes brisées C′D′E′F′, C′D″E″F′, infiniment voisines de la position d'équilibre CDEF sont égales au second ordre près. Il en est de même pour toutes les portions de la ligne totale A′K′ comprises entre deux arêtes où le fil ne peut glisser, et par suite on aura en tout la même relation

$$A'B'C'\ldots K' = A'B''C''D''\ldots K'.$$

En outre, la longueur du fil n'ayant pas changé,

$$A'B''C''\ldots K' = ABC\ldots K\,;$$

par suite la différence

$$ABC\ldots K - A'B'C'\ldots K',$$

et son produit par T ou le travail total sont du second ordre de petitesse.

Second cas. — Supposons que l'une des extrémités A, K, par exemple A, soit le commencement d'un arc d'enroulement AR, et non un point d'attache du fil, le reste de la figure et de la disposition étant le même qu'au premier cas.

Dans un petit déplacement du fil seul, en sup-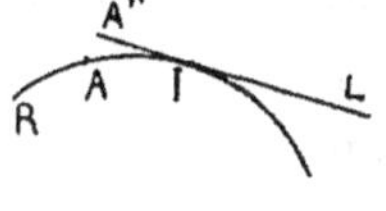 posant qu'il se déroule, son point A vient en A'' et il est tangent au solide en I, de sorte que AI est infiniment petit et par suite AA'' infiniment petit du second ordre.

Si le solide se déplace aussi, que son point A vienne en A' et celui du fil en A'', c'est la distance $A'A''$ qui est du second ordre, comme on le voit en considérant le mouvement relatif du fil.

Par suite en évaluant le travail de la tension de AB sur le point A du solide on pourra prendre pour son déplacement AA'' au lieu de AA', comme si le point A du solide n'avait pas quitté celui du fil, le second cas se réduit ainsi au premier, où le fil était attaché en A.

Si le fil s'enroulait, devenant tangent suivant IL, on placerait A'' sur son prolongement à la distance $A''I$ égale à l'arc AI, et le résultat serait le même.

Troisième cas. — Dans le cas général désignons par θ la somme des travaux des tensions pour un déplacement déterminé. Elle serait nulle s'il n'y avait aucun point O de bifurcation ou de croisement des fils, car ils se décomposeraient en portions telles que celles du premier et du second cas. Si ces points O existent, imaginons qu'on place en chacun d'eux un solide infiniment petit du système, auquel tous les fils concourants seraient séparément attachés si c'est une bifurcation; si c'est un croisement le point O porterait un double anneau que les deux fils traverseraient librement. De la sorte les tensions, les effets du fil comme liaison et les petits déplacements réguliers du système ne seraient pas changés, non plus que la valeur de θ pour le même déplacement et les mêmes travaux que ci-dessus; mais pour le système entier la somme des travaux serait $\theta + \theta'$, θ' étant celle des travaux des tensions sur les solides en O. Or comme il n'y aurait plus de bifurcation ni de croisement, il en résulterait $\theta + \theta' = o$; d'autre part les solides O ayant une masse nulle, les tensions qui agissent sur eux auraient entre elles les relations d'équilibre, de sorte que pour chacun séparément la somme de leurs travaux serait nulle; il en résulterait donc à la fois $\theta + \theta' = o$, $\theta' = o$, d'où $\theta = o$, ce qu'il fallait démontrer.

98. Principe des vitesses virtuelles. Seconde forme des équations du mouvement d'un système. — Comme nous l'avons dit au numéro 19, il convient d'examiner de nouveau le principe des vitesses virtuelles. Toutefois pour trouver les équations du mouvement, ce qui est actuellement notre but, nous n'avons pas besoin de ce principe appliqué à un système, mais seulement à un solide libre. Nous allons le vérifier pour ce cas, en faisant abstraction de la démonstration du numéro 8, et nous supposerons seulement que les conditions d'équilibre d'un solide libre aient été trouvées par une méthode quelconque. Voici l'énoncé du principe.

Pour l'équilibre des forces agissant sur un solide libre il faut et il suffit que leurs travaux correspondant à tout déplacement infiniment petit du solide aient une somme nulle.

Nous avons employé au numéro 12 deux transformations élémentaires des forces agissant sur un solide. La première est le déplacement du point d'application d'une force sur sa direction; la seconde consiste à remplacer plusieurs forces appliquées à un même point par leur résultante ou l'inverse. Nous allons vérifier que la somme des travaux des forces correspondant à un même déplacement infiniment petit du solide n'est pas changée par ces deux transformations.

1° Si l'on déplace le point d'application A de la force f en A', ces points ont une distance constante, de sorte que pendant tout mouvement les projections de leurs vitesses sur AA' sont égales; il en est de même des projections des petits déplacements et de leurs produits par f, ou des travaux de cette force dans les deux cas.

2° Si l'on remplace plusieurs forces par leur résultante, on a vu au numéro 10 que le travail de la résultante est la somme de ceux des composantes; la somme totale des travaux n'est donc pas changée.

Si des forces agissant sur un solide libre satisfont les six conditions d'équilibre, nous avons vu au numéro 13 que leur ensemble, en répétant les deux transformations précédentes, se réduit à une force nulle; la somme des travaux des forces est donc nulle pour tout petit déplacement. C'est la première partie du principe à démontrer.

Réciproquement si cette condition est satisfaite, les forces se font équilibre. En effet, en supposant que le solide ne fasse que glisser suivant l'axe OX sans tourner, ou que tourner autour de lui sans glisser, la nullité de la somme des travaux entraîne comme conséquence, d'après le numéro 11, que la somme des projections des forces sur OX, et celle de leurs moments par rapport à OX sont nulles; comme il en est de même pour OY et OZ on retrouve ainsi les six conditions d'équilibre. La condition énoncée est par suite suffisante.

Forme nouvelle des conditions d'équilibre d'un solide libre et des équations de son mouvement. — La condition d'équilibre précédente peut s'exprimer par

$$\text{(A)} \qquad \Sigma(X\delta x + Y\delta y + Z\delta z) = 0 \,,$$

la somme Σ s'étendant à toutes les forces qui agissent sur le solide ; X, Y, Z étant les projections de chacune d'elles, et δx, δy, δz les variations des coordonnées de son point d'application, correspondant à un déplacement élémentaire quelconque du solide, de sorte que $X\delta x + Y\delta y + Z\delta z$ soit son travail.

Nous avons vu au numéro 88 que les équations du mouvement du solide coïncident avec celles que fournit le principe de d'Alembert, c'est-à-dire consistent en ce que des forces appliquées à chaque élément m de masse, et ayant pour projections

$$X - m\,\frac{d^2x}{dt^2} \qquad Y - m\,\frac{d^2y}{dt^2}, \qquad Z - m\,\frac{d^2z}{dt^2} \,,$$

satisfont les six conditions d'équilibre.

Toutes ces équations sont donc comprises dans l'unique formule

$$\text{(B)} \quad \Sigma\left[\left(X - m\,\frac{d^2x}{dt^2}\right)\delta x + \left(Y - m\,\frac{d^2y}{dt^2}\right)\delta y + \left(Z - m\,\frac{d^2z}{dt^2}\right)\delta z\right] = 0 \,,$$

qui doit être satisfaite pour tout déplacement. Il ne faut point confondre le déplacement réel avec celui-là, auquel correspondent δx, δy, δz. Il est virtuel et suppose le corps partant du repos dans sa position actuelle. D'ailleurs δx, δy, δz ne sont que des coefficients ayant des valeurs multiples, et tels qu'en les remplaçant par ces divers systèmes de valeurs, les formules (A) et (B) deviennent les six conditions d'équilibre et les six équations du mouvement.

Extension des formules (A) *et* (B) *à un système.* — La relation (B) est satisfaite par chaque solide séparément, pourvu qu'on le considère comme libre, en remplaçant les obstacles au mouvement par des forces. Parmi celles-ci se trouvent les forces de contact, définies comme au numéro 96, les autres étant classées avec les forces extérieures.

Admettons maintenant qu'on prenne un déplacement régulier quelconque du système pour celui auquel correspondent δx, δy, δz, et ajoutons les relations (B) pour tous les solides. Cette somme a encore la forme (B) ; mais les termes $X\delta x + Y\delta y + Z\delta z$ correspondant aux forces de contact se détruisent, et ces forces sont ainsi éliminées, car nous avons vu au numéro précédent que le déplacement étant régulier, leurs travaux avaient une somme nulle. De là résulte le principe suivant :

Tout système ayant un mouvement régulier satisfait la relation (B) *quel que soit le déplacement virtuel régulier auquel correspondent* δx, δy, δz, *les sommes* Σ *s'étendant soit aux éléments m de masse, soit aux projections* X, Y, Z *de toutes les forces extérieures.*

Il est clair que la formule (A) s'étendrait au système comme la formule (B), moyennant les mêmes conventions. Elle signifie alors que *si le système est en équilibre, les travaux des forces extérieures correspondant à tout déplacement régulier infiniment petit ont une somme nulle.*

Il reste à examiner si cette condition est suffisante, ce que nous ferons au numéro suivant.

L'énoncé qui précède est celui du principe général des vitesses virtuelles sous une forme peu différente de celle que nous avons employée en statique.

99. Principe des forces vives. Réciproque du principe des vitesses virtuelles. — Dans la formule (B) appliquée à un système nous avons supposé que le mouvement réel était régulier. Elle doit donc être satisfaite en prenant celui-là pour le déplacement virtuel auquel correspondent δx, δy, δz ; en les remplaçant alors par dx, dy, dz, projections du déplacement réel, on aura

$$\Sigma\left[\left(\mathrm{X} - m\,\frac{d^2x}{dt^2}\right)dx + \left(\mathrm{Y} - m\,\frac{d^2y}{dt^2}\right)dy + \left(\mathrm{Z} - m\,\frac{d^2z}{dt^2}\right)dz\right] = o$$

La force vive d'un système est la somme Σmv^2 de celles de tous ses éléments de masse, la vitesse v dans chacun d'eux étant supposée commune à tous ses points. En substituant

$$\frac{d^2x}{dt^2}\,dx + \frac{d^2y}{dt^2}\,dy + \frac{d^2z}{dt^2}\,dz = \frac{1}{2}\,d\,.\left(\frac{dx}{dt}\right)^2 + \text{etc.} = \frac{1}{2}\,d\,.(v^2)\ .$$

l'équation précédente prend la forme

$$d\,.\frac{1}{2}\,\Sigma mv^2 = \Sigma(\mathrm{X}dx + \mathrm{Y}dy + \mathrm{Z}dz),$$

où la somme Σ du second membre s'étend aux forces extérieures, et signifie la somme de leurs travaux élémentaires pendant le temps dt. On voit qu'elle est égale à l'accroissement de la demi-force vive pendant ce temps.

Si l'on ajoute ce résultat pour les instants dt consécutifs on en conclut que *l'accroissement de la demi-force vive d'un système pendant un temps quelconque est égal à la somme des travaux des forces extérieures pendant ce temps.*

C'est ce qu'on nomme le *principe des forces vives.* Si les forces ont la forme potentielle on obtient ainsi une intégrale du mouvement du système.

Réciproque du principe des vitesses virtuelles. — Nous supposons que la somme des travaux des forces extérieures est nulle pour tout déplacement régulier, et il reste à chercher si ces forces se font équilibre.

Si le système n'est pas strict il faut évidemment une condition additionnelle, savoir que les forces ne soient point capables de produire une cessation de contact; il faut même admettre que cette cessation n'est pas sur le point de se produire, ou ne résulterait pas d'une modification infiniment petite des forces.

Si les forces extérieures f, f', f'', etc., ne se faisaient pas équilibre, soit A un des points en mouvement, et AA' l'espace qu'il décrirait pendant un instant très court. Supposons qu'on fasse agir outre f, f', etc., une force additionnelle φ appliquée en A et directement opposée à AA'. Si elle est suffisamment petite, non seulement d'après la condition ci-dessus il n'y aura pas de cessation de contact et le mouvement sera régulier, mais il différera aussi peu qu'on voudra de celui qui se produisait sans elle, de sorte que le déplacement AA'' du point A différera peu de AA' et fera un angle obtus avec la force φ, dont le travail sera par suite négatif. D'ailleurs ceux des forces f, f', etc., ont par hypothèse une somme nulle pour tout déplacement régulier infiniment petit, entre autres pour celui-là. En leur joignant la force φ le travail total serait négatif et devrait être égal à l'accroissement de la demi-force vive ; or c'est impossible, puisqu'elle est positive et sa valeur initiale nulle.

Par conséquent, *si le système est strict, la condition exprimée par la formule* (A) *est non seulement nécessaire, mais suffisante pour l'équilibre. Si le système est non strict, la condition additionnelle ci-dessus est en outre nécessaire.*

Extension du principe des forces vives. — Si le système n'étant pas strict une cessation de contact venait à se produire, le mouvement régulier, comme on l'a vu, se changerait en un autre également régulier d'une certaine durée. Le principe des forces vives serait exact jusqu'à l'instant de la suppression, et le serait aussi à partir de cet instant ; il le serait donc encore pour les deux périodes réunies, et on en peut dire autant quel que soit le nombre des périodes.

Par conséquent, pour tout système strict ou non le principe des forces vives reste exact tant qu'il ne se produit pas des changements brusques de vitesse résultant d'une percussion.

Principe des forces vives dans le mouvement relatif à une figure invariable ayant une translation rectiligne et uniforme. — Toutes les lois de la mécanique s'étendent à ce mouvement relatif, entre autres le principe des forces vives, pourvu que les solides extérieurs d'où résultent les liaisons soient relativement immobiles ou partagent la translation. Souvent toutefois cette condition est superflue ; prenons pour exemple une locomotive ayant un mouvement rectiligne et uniforme, en l'assimilant à un système théorique. Le principe des forces vives aura lieu en calculant soit les vitesses, soit les déplacements correspondant aux travaux des forces, par rapport à des axes qui accompagneraient son mouvement. Les rails, il est vrai, ne le partagent pas, mais occupent la même position que s'ils le partageaient, de façon à produire le même effet comme liaison, et la même pression normale. Il n'y a de changé que le frottement, c'est-à-dire une force extérieure.

Évaluation de la force vive. — C'est celle d'un système de solides ; il suffit donc de la trouver pour chacun d'eux ; désignons-la par F.

1° Si le solide n'a qu'un mouvement de translation la vitesse v est commune à tous ses points, et l'on a

$$F = \Sigma m v^2 = v^2 \Sigma m .$$

2° Si le solide tourne sans glisser autour d'un axe fixe ou instantané, on a $v = ru$, u étant la vitesse angulaire, et r la distance de l'élément à l'axe. Il en résulte

$$F = \Sigma m r^2 u^2 = u^2 \Sigma m r^2 = C u^2 ,$$

C étant le moment d'inertie par rapport à l'axe.

3° Si le solide tourne en tous sens autour d'un point fixe O, on a comme on l'a vu au numéro 90,

$$F = A p^2 + B q^2 + C r^2 ,$$

A. B. C étant les moments d'inertie par rapport aux axes principaux d'origine O, et p, q, r les composantes de la vitesse angulaire suivant ces axes.

4° Dans le cas général désignons par x_{1}, y_{1}, z_{1} les coordonnées du centre de gravité par rapport à des axes fixes; par x, y, z celles de l'élément m par rapport à des axes parallèles aux autres et de même sens ayant pour origine le centre de gravité; il en résulte

$$v^{2} = \left(\frac{dx_{1} + dx}{dt}\right)^{2} + \left(\frac{dy_{1} + dy}{dt}\right)^{2} + \left(\frac{dz_{1} + dz}{dt}\right)^{2}.$$

$$\Sigma m \left(\frac{dx_{1} + dx}{dt}\right)^{2} = \frac{dx_{1}^{2}}{dt^{2}} \Sigma m + \Sigma m \frac{dx^{2}}{dt^{2}} + 2 \frac{dx_{1}}{dt} \Sigma m \frac{dx}{dt} \ ;$$

on a

$$\Sigma m x = o, \qquad \Sigma m \frac{dx}{dt} = o \ ,$$

et en transformant de même les autres termes, on trouve

$$\mathrm{F} = \Sigma m v^{2} = \mathrm{M} v_{1}^{2} + \Sigma m v'^{2},$$

en désignant par M la masse totale, et posant

$$v_{1}^{2} = \frac{dx_{1}^{2} + dy_{1}^{2} + dz_{1}^{2}}{dt^{2}}, \qquad v'^{2} = \frac{dx^{2} + dy^{2} + dz^{2}}{dt^{2}} \ .$$

De la sorte v_{1} est la vitesse du centre de gravité, et $\Sigma m v'^{2}$ la force vive relative à ce centre. Elle est la même que si le solide tournait autour de lui comme un point fixe; il en résulte

$$\Sigma m v'^{2} = \mathrm{A} p^{2} + \mathrm{B} q^{2} + \mathrm{C} r^{2}.$$

5° Le cas particulier où le solide peut être assimilé à une figure plane se mouvant dans son plan se ramène au second cas ci-dessus, la figure tournant toujours autour d'un centre instantané.

Supposons par exemple qu'il s'agisse d'une tige, figurée par une droite dont les extrémités A, B se déplacent sur une circonférence de centre O et sur une droite OL. Soient :

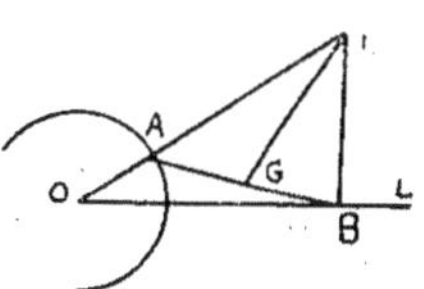

M sa masse ;

G son centre de gravité ;

C' son moment d'inertie par rapport à un axe mené par ce centre et perpendiculaire au plan de la figure ;

v la vitesse du point A ;

I l'intersection de BI perpendiculaire à OL, et du prolongement de OA.

Comme IA, IB sont perpendiculaires aux vitesses des points A et B, I est le centre de rotation instantané ; le solide tourne avec la vitesse angulaire u autour d'un axe mené par I et perpendiculaire au plan de la figure ; on a $v = u \times \mathrm{IA}$, d'où

$$F = Cu^2 = \frac{Cv^2}{\overline{\mathrm{AI}}^2} \, .$$

D'ailleurs, en comparant les axes menés par I et G,

$$C = C' + M \times \overline{\mathrm{IG}}^2, \qquad F = \frac{C' + M \times \overline{\mathrm{IG}}^2}{\overline{\mathrm{AI}}^2} \, v^2$$

valeur connue dans toutes les positions de la tige.

100. **Remarques sur les formules** (A) **et** (B) **du numéro 98. Équations du mouvement sous forme finie.** — 1° *Signification des formules* (A) *et* (B) *quand le système est strict.* — Le mouvement ne peut être alors que régulier ; tout déplacement du système l'est aussi ; la condition d'équilibre qu'exprime l'équation (A) est nécessaire et suffisante ; elle coïncide donc avec le principe des vitesses virtuelles tel qu'il a été énoncé au numéro 9 pour les systèmes normaux, dans lesquels rentrent les systèmes stricts. Il en résulte une seconde démonstration de ce principe.

Pour que des forces extérieures se fassent équilibre pendant le mouvement, ou que leur effet soit nul, il faut et il suffit qu'elles disparaissent de la formule (B) ou que les travaux $X\delta x + Y\delta y + Z\delta z$ qui leur correspondent se détruisent pour tout déplacement ; cela signifie que ces forces satisfont séparément la formule (A), et par suite les conditions d'équilibre sont les mêmes à l'état de mouvement qu'à l'état de repos, comme le suppose le principe de d'Alembert. Aussi les équations du mouvement se déduisent des conditions d'équilibre, ou la formule (B) de (A), en remplaçant X par

$$X - m\frac{d^2x}{dt^2}, \text{ etc.}$$

2° *Cas où le système n'est pas strict.* — La formule (B) donne encore les lois du mouvement si l'on est assuré qu'il restera régulier. C'est, du reste, un cas très général dans lequel rentre un grand nombre de machines. Si l'on n'est pas certain de cette régularité on ne peut en juger qu'en recourant à la première forme des équations du mouvement.

Les conditions d'équilibre à l'état de mouvement et de repos ne peuvent plus s'exprimer comme ci-dessus, et d'ailleurs ne sont pas toujours les mêmes, comme on l'a vu au numéro 88.

Le principe des vitesses virtuelles donné par la formule (A) n'est exact que moyennant la restriction indiquée au numéro précédent. Aussi doit-on préférer la forme plus précise du même principe trouvée au numéro 8, savoir que la somme des travaux des forces doit être nulle ou négative pour tout petit déplacement possible, régulier ou non.

3° *Équations et forces de liaison.* — Bien que nous ayons évité de faire usage de ces termes, il convient de les mentionner, à cause de leur emploi dans plusieurs démonstrations du principe des vitesses virtuelles.

Les équations de liaison sont des relations qu'on suppose exister entre les coordonnées des points d'application des forces extérieures. Les *forces de liaison* sont celles qui en agissant sur ces mêmes points remplaceraient les liaisons ; elles n'ont donc aucun rapport avec celles que nous avons nommées les forces de contact.

Les liaisons ne sont définies que par les équations, leur nature restant indéterminée.

La formule (A) étant démontrée, on en conclut la formule (B) par le principe de d'Alembert en supposant les conditions d'équilibre les mêmes à l'état de mouvement et de repos.

En outre, dans ces démonstrations tout système est considéré comme strict; aussi avons-nous employé une autre méthode pour trouver les équations du mouvement. Il est d'ailleurs avantageux de préciser comme nous l'avons fait ce qu'on doit entendre par les forces extérieures et les liaisons.

4° *Frottement.* — A l'état de repos la valeur et le sens de cette force restent indéterminés; on peut y avoir égard comme nous l'avons fait au chapitre II, mais non dans le principe des vitesses virtuelles, dont l'emploi est ainsi fort limité.

Au contraire, pendant le mouvement le frottement a une valeur et un sens déterminés, et on peut en tenir compte, tout en employant les équations du mouvement où il est supposé nul, pourvu qu'on le fasse rentrer dans les forces extérieures.

Si son effet devait être calculé avec précision, ce qui n'est pas toujours nécessaire, on serait forcé de connaitre les pressions, et pour cela d'employer comme au numéro 95 la première forme des équations du mouvement.

5° *Équations du mouvement sous forme finie.* — Admettons comme précédemment que toutes les variables des solides soient exprimées dans les mouvements réguliers en fonction de variables indépendantes u_1, u_2, u_3, etc.; les coordonnées x, y, z de chaque point en seront aussi des fonctions, de sorte que pour tout déplacement régulier on aura

$$\delta x = \left(\frac{dx}{du_1}\right) \delta u_1 + \left(\frac{dx}{du_2}\right) \delta u_2 + \text{etc.}$$

$\left(\frac{dx}{du_1}\right)$, $\left(\frac{dx}{du_2}\right)$, etc., étant des dérivées partielles. La formule (B) doit être satisfaite quelles que soient les variations δu_1, δu_2, etc., et par suite quand une seule diffère de o; en la désignant par δu, substituant la valeur de δx, de même que ses analogues pour δy, δz et supprimant le facteur δu, on trouve

$$(\text{C}) \quad \Sigma\left[\left(\text{X} - m\,\frac{d^2x}{dt^2}\right)\left(\frac{dx}{du}\right) + \left(\text{Y} - m\,\frac{d^2y}{dt^2}\right)\left(\frac{dy}{du}\right) + \left(\text{Z} - m\,\frac{d^2z}{dt^2}\right)\left(\frac{dz}{du}\right)\right] = 0\,.$$

En remplaçant u par u_1, u_2, u_3, etc., on aura toutes les équations du mouvement; en effet, leur nombre est celui des inconnues u_1, u_2, etc.

Les sommes contenant m s'étendent à tous les éléments de masse, et les autres à toutes les forces extérieures.

101. Conditions additionnelles. Liaisons dues aux solides sans masse. Cas où les liaisons sont fonctions du temps. — 1° *Conditions additionnelles.* — On est quelquefois assuré d'avance que les variables u du système, en désignant ainsi u_1, u_2, etc., satisferont toujours dans le mouvement régulier des équations ou conditions additionnelles que nous désignerons par L, indépendamment des conditions trouvées jusqu'ici et provenant des liaisons.

En ce cas on pourra, au moyen des relations L, exprimer les variables u en fonction d'un nombre moindre de variables v_1, v_2, etc., qui seront complètement indépendantes, de sorte que le mouvement régulier sera moins général; nous dirons alors qu'il est *restreint.*

Il rentre dans les mouvements réguliers et par suite la formule (B) est satisfaite en faisant correspondre δx, δy, δz au seul mouvement restreint.

Toutes les valeurs de x, y, z sont alors des fonctions de v_1, v_2, etc. En supposant qu'une seule v varie, comme nous l'avons fait pour u au numéro précédent, nous trouverons de la même manière la formule (C) où l'on devra remplacer tour à tour u par

v_1, v_2, etc. Les équations étant en même nombre que les inconnues v le mouvement sera entièrement déterminé.

S'il s'agit par exemple, comme au numéro 95, de la machine d'Atwood, en négligeant le frottement, et supposant que le système part du repos, il n'y a aucune raison pour que les fils cessent d'être verticaux, ou que les poids se balancent d'un côté plutôt que de l'autre, ni pour qu'ils tournent dans un sens plutôt que dans l'autre.

Les conditions additionnelles consistent alors en ce qu'ils auront une simple translation verticale. En outre, bien que le système soit non strict, on est assuré que le mouvement restera régulier, ou que les fils ne se détendront pas.

2° *Conditions additionnelles dues aux solides extérieurs.* — Soient : σ le système donné de solides S, dont la position dépend des variables u; σ' un système de solides extérieurs S', mobiles, ayant des contacts avec σ, et dont la position dépend des variables u', c'est-à-dire u'_1, u'_2, etc.

Désignons aussi par E l'ensemble des équations entre les variables u et u', qui dans un mouvement régulier proviennent des contacts entre σ et σ'.

Il peut arriver qu'en éliminant les variables u' entre les équations E on obtienne entre les seules variables u des conditions additionnelles L, qui par suite seront toujours satisfaites. Elles expriment ainsi les conditions géométriques qu'entraîne pour le système σ l'existence des corps S'; mais en même temps ceux-ci étant extérieurs et mobiles, ou compris parmi ceux que nous avons désignés par P', on devra regarder comme des forces extérieures celles qu'ils exercent sur σ.

Le cas précédent se présente en particulier quand les corps S auxquels on applique les équations du mouvement ne forment qu'une portion d'un système ; de la sorte tout en étant exactes, elles ne déterminent pas complètement le mouvement, qui dépend en partie de celui des autres solides.

3° *On doit considérer comme de simples liaisons les solides extérieurs S' s'ils ont une masse nulle et qu'aucune force extérieure n'agisse sur eux.* Cela signifie qu'on ne doit pas compter parmi les forces extérieures celles qu'exercent leurs contacts. Par conséquent, pourvu qu'on ait égard aux relations L qui peuvent en résulter, les équations du mouvement de σ sont les mêmes que si les corps S' n'existaient pas.

Pour le démontrer appliquons la formule (B) aux systèmes σ et σ' réunis en un seul.

Les masses des corps S' disparaîtront de cette formule. Par exemple, bien que les termes $m \dfrac{d^2x}{dt^2} \delta x$ qui leur correspondent soient en nombre pour ainsi dire infinis, leur somme est inférieure au produit de la plus grande valeur de $\dfrac{d^2x}{dt^2} \delta x$ par la quantité négligeable Σm.

Aucune force extérieure agissant sur σ' n'entrera dans la formule, non plus que celles des contacts de σ et σ'; elle sera donc la même que si on l'appliquait au seul système σ, l'autre σ' n'existant pas, mais les déplacements réguliers étant assujettis aux conditions additionnelles provenant des contacts.

Sans doute des solides, s'ils sont creux, peuvent avoir des masses négligeables; toutefois le cas précédent s'applique plutôt à des dispositions purement fictives, imaginées dans le but de réaliser un mode de liaison donné.

4° *Cas où le mouvement du système σ' est connu d'avance.* — Désignons alors par E comme ci-dessus toutes les équations entre les variables u et u' provenant des contacts entre les systèmes σ et σ', comme si les solides S' devaient servir de liaison.

Nous admettrons qu'on en ait tiré en tout ou en partie les valeurs des variables u en fonction de u'_1, u'_2, etc. Celles-ci étant connues en fonction du temps, u_1, u_2, etc., le seraient de même si on pouvait les tirer toutes de cette manière, et le mouvement de σ serait ainsi déterminé.

En laissant de côté ce cas, on trouvera les valeurs des variables u en fonction de u'_1, u'_2, etc., et d'un nombre moindre de variables indépendantes v_1, v_2, etc.

Supposons maitenant qu'on applique la formule (B) aux système σ et σ' réunis. Bien que u'_1, u'_2, etc., varient dans le mouvement réel, la formule est exacte pour tous les déplacements virtuels, indépendants du déplacement réel. Nous ne l'emploierons que pour ceux où v_1, v_2, etc., varient seuls, u'_1, u'_2, etc., restant constants, ou le système σ' immobile.

En ce cas tous les termes des sommes Σ correspondant à σ' disparaissent, δx, δy, δz étant nuls pour chacun d'eux. Les forces exercées par σ' sur σ aux contacts n'y entrent pas non plus; la formule (B) ne s'applique ainsi en réalité qu'au seul système σ et se change comme ci-dessus dans la formule (C) en y remplaçant u par v_1, v_2, etc., et supposant les variables u' constantes dans les dérivées partielles $\left(\dfrac{dx}{dv}\right)$, etc.

Si donc u'_1, u'_2, etc., sont connues en fonction du temps, la formule (C) fournira autant d'équations qu'il y a d'inconnues v_1, v_2, etc., et déterminera complètement le mouvement du système σ.

Il faut remarquer dans les applications que u'_1, u'_2, etc., étant des fonctions données du temps t, les équations E existent entre t et les variables u. Celles-ci se trouvent ainsi déterminées en fonctions de t, v_1, v_2, v_3, etc., et il en est de même de toutes les valeurs de x, y, z. De la sorte, en les substituant dans la formule (C) appliquée au seul système σ on aura toutes les équations de son mouvement.

Les forces des contacts de σ' et σ n'entrant pas dans le résultat, les corps S' jouent le rôle de liaisons. On dit en ce cas que *les liaisons sont fonctions du temps*.

Le principe des forces vives n'est plus alors exact, parce que le système σ' est supposé immobile dans les déplacements virtuels employés, qui par suite ne contiennent plus comme cas particulier le déplacement réel.

En supposant v_1, v_2, etc., seuls variables, la formule (B), telle que nous l'avons employée ci-dessus, coïncide avec celle qui correspondrait à σ seul, en regardant les corps S′ comme fixes dans leur position actuelle. Par suite si le système est strict, les conditions d'équilibre d'un ensemble de forces pendant le mouvement sont les mêmes à tout instant que si le système σ' était fixe, et le système σ en repos.

Nous nommerons *mouvement contraint* celui d'un corps, lorsqu'il est assigné d'avance, indépendamment des forces que le système peut exercer sur lui, comme on l'a supposé dans ce qui précède pour les corps S′.

L'existence de mouvements contraints est fréquente dans les applications. Les corps extérieurs servant d'appuis à une machine sont emportés par le mouvement de la terre ; le cas est analogue si elle est placée sur un navire, et qu'on puisse négliger l'influence du mouvement de la machine sur celui du navire. Les effets des tremblements de terre en sont un autre exemple. Si un système où les forces en jeu sont faibles se trouve en contact avec une machine puissante, le mouvement de celle-ci peut encore être considéré comme contraint.

On doit faire rentrer dans cette classe non seulement tous les cas où un solide du système est en contact avec une surface emportée par un mouvement contraint, mais aussi celui où cette surface se déforme suivant une loi quelconque donnée en fonction du temps, ce qui équivaut à un mode de mouvement. Il en est de même de celui où un point d'un solide du système est fixé aux corps extérieurs de manière à avoir lui-même un mouvement contraint, etc.

5° *Cas simples des mouvements contraints.* — Nous nommerons ainsi ceux où tous les corps S′ ayant ce mouvement forment un système invariable, ou se réduisent à un solide unique ; c'est entre autres le cas du mouvement terrestre. On peut alors, sans employer les résultats précédents, en trouver l'effet en rapportant le mouvement du système à des axes qui partagent celui du corps S'. Le mouvement relatif d'un point matériel, comme ou l'a vu au numéro 71, suit les mêmes lois que si le corps S' et les axes étaient fixes, moyennant l'adjonction de forces fictives aux forces réelles. On peut en dire autant pour le mouvement d'un système de solides et même d'un système matériel quelconque.

102. Formules de Lagrange. — On désigne ainsi une nouvelle forme remarquable des équations (C) du mouvement.

Au lieu d'employer les lettres u_1, u_2, etc., ou v_1, v_2. etc., il sera plus simple de désigner par p, q, r, les variables du système, et même de n'en supposer que trois, le résultat s'étendant aisément à un plus grand nombre.

Nous admettrons que les liaisons puissent être fonctions du temps t.

On doit évaluer directement le travail élémentaire des forces extérieures correspondant à des variations δp, δq, δr de p, q, r, de sorte qu'il aura la forme

$$P\delta p + Q\delta q + R\delta r .$$

On trouvera P par exemple en supposant que p varie seul. Chaque solide ayant alors une translation ou une rotation élémentaire, le travail s'en déduira aisément, et nous supposerons dans ce qui suit que les quantités P, Q, R sont connues en fonction de p, q, r.

Ce seront des fonctions de p, q, r, t si les liaisons sont fonctions du temps ; mais en ce cas, en évaluant le travail, on regardera p, q, r comme variant seuls, ou t comme constant, de sorte que dans le déplacement des solides du système les corps ayant un mouvement contraint doivent être considérés comme immobiles.

Le travail des forces est

$$\Sigma(X\delta x + Y\delta y + Z\delta z) ,$$

et par suite P représente l'expression

$$P = \Sigma \left[X \left(\frac{dx}{dp} \right) + Y \left(\frac{dy}{dp} \right) + Z \left(\frac{dz}{dp} \right) \right].$$

De la sorte la première équation (C), en y remplaçant u par p, prend la forme

$$(C) \qquad \Sigma m \left[\frac{d^2x}{dt^2} \left(\frac{dx}{dp} \right) + \frac{d^2y}{dt^2} \left(\frac{dy}{dp} \right) + \frac{d^2z}{dt^2} \left(\frac{dz}{dp} \right) \right] = P.$$

Les autres s'en déduisent en remplaçant p par q, r et P par Q, R.

Pour les transformer nous devons établir d'abord quelques relations auxiliaires.

Désignons $\frac{dx}{dt}$, $\frac{dy}{dt}$, $\frac{dz}{dt}$ par x', y', z', et $\frac{dp}{dt}$, $\frac{dq}{dt}$, $\frac{dr}{dt}$ par p', q' r'. Le cas où les liaisons sont fonctions du temps renfermant tous les autres, on a par hypothèse pour l'élément m,

$$x = f(t, p, q, r),$$

d'où

$$\frac{dx}{dt} \text{ ou } x' = H + Ap' + Bq' + Cr',$$

H, A, B, C étant les dérivées partielles

$$H = \left(\frac{df}{dt} \right), \qquad A = \left(\frac{df}{dp} \right), \qquad B = \left(\frac{df}{dq} \right), \qquad C = \left(\frac{df}{dr} \right),$$

toutes fonctions de t, p, q, r. De la sorte,

$$\left(\frac{dA}{dq} \right) = \left(\frac{dB}{dp} \right) = \left(\frac{d^2f}{dpdq} \right),$$

et l'on a de même,

$$\left(\frac{dA}{dt} \right) = \left(\frac{dH}{dp} \right), \qquad \left(\frac{dA}{dq} \right) = \left(\frac{dB}{dp} \right), \qquad \left(\frac{dA}{dr} \right) = \left(\frac{dC}{dp} \right).$$

La dérivée complète $\dfrac{dA}{dt}$, en faisant varier t, p, q, r, se forme de même que celle de x, d'où

$$\frac{dA}{dt} = \left(\frac{dA}{dt}\right) + \left(\frac{dA}{dp}\right) p' + \left(\frac{dA}{dq}\right) q' + \left(\frac{dA}{dr}\right) r',$$

et d'après les relations précédentes on peut l'écrire

$$\frac{dA}{dt} = \left(\frac{dH}{dp}\right) + \left(\frac{dA}{dp}\right) p' + \left(\frac{dB}{dp}\right) q' + \left(\frac{dC}{dp}\right) r'.$$

Considérons maintenant les dérivées partielles de l'expression

$$x' = H + Ap' + Bq' + Cr',$$

en regardant t, p, q, r, p', q', r', comme des lettres indépendantes; nous aurons

$$\left(\frac{dx'}{dp}\right) = \left(\frac{dH}{dp}\right) + \left(\frac{dA}{dp}\right) p' + \left(\frac{dB}{dp}\right) q' + \left(\frac{dC}{dp}\right) r',$$

ou

$$\left(\frac{dx'}{dp}\right) = \frac{dA}{dt} \quad \text{et} \quad \left(\frac{dx'}{dp'}\right) = A\,.$$

Transformons ensuite le premier terme λ de la formule (C), ou

$$\lambda = m\frac{d^2x}{dt^2}\left(\frac{dx}{dp}\right);$$

$\left(\dfrac{dx}{dp}\right)$ est le même que $\left(\dfrac{df}{dp}\right)$ ou A. On peut donc écrire

$$\lambda = mA\,\frac{dx'}{dt} = m\,\frac{d.(Ax')}{dt} - mx'\,\frac{dA}{dt}\,,$$

ou d'après les relations précédentes,

$$\lambda = m\,\frac{d.\left[x\left(\frac{dx'}{dp'}\right)\right]}{dt} - mx'\left(\frac{dx'}{dp}\right) = \frac{m}{2}\,\frac{d.}{dt}\left(\frac{d.x'^2}{dp'}\right) - \frac{m}{2}\left(\frac{d.x'^2}{dp}\right).$$

En transformant de même les autres termes de l'équation (C) elle devient

$$\frac{d.}{dt} \Sigma \left[\frac{d.\frac{m}{2}(x'^2 + y'^2 + z'^2)}{dp'} \right] - \Sigma \left[\frac{d.\frac{m}{2}(x'^2 + y'^2 + z'^2)}{dp} \right] = \mathrm{P},$$

les dérivées par rapport à p et p' étant partielles ; $m(x'^2 + y'^2 + z'^2)$ est la force vive de l'élément m. Si donc on désigne par T la demi-force vive totale du système, et qu'on joigne à l'équation précédente ses analogues relatives à q, r, etc., on aura quel que soit le nombre des variables,

$$\frac{d.}{dt}\left(\frac{dT}{dp'}\right) - \left(\frac{dT}{dp}\right) = \mathrm{P}, \qquad \frac{d.}{dt}\left(\frac{dT}{dq'}\right) - \left(\frac{dT}{dq}\right) = \mathrm{Q}, \text{ etc.}$$

Ce sont les formules de Lagrange. De la sorte, au lieu d'avoir à calculer les sommes Σ relatives aux masses qui entrent dans les équations (C) on doit simplement exprimer la force vive en fonction des variables p, q, r, etc., et de leurs dérivées p', q', etc., qui y entrent nécessairement au second degré. Elles entrent au premier dans $\left(\frac{dT}{dp'}\right)$ etc., et par suite les équations sont linéaires par rapport à $\frac{dp'}{dt}$, $\frac{dq'}{dt}$, etc.

103. **Mouvement du gyroscope.** — Il s'agit ici de l'appareil imaginé par Foucault, composé d'un solide de révolution dont le centre de gravité est fixe et dont l'axe de figure en outre est contraint de se mouvoir dans un plan Π. Si la rotation autour de cet axe est très rapide, il se déplace d'une manière sensible sous l'influence de la force centrifuge composée due à la rotation terrestre.

Pour simplifier nous supposerons que le plan Π contient la droite OL dirigée vers le pôle boréal du ciel, O étant le centre de gravité immobile. Nous définirons les angles polaires ψ, θ, φ comme au numéro 44, le plan fixe L'OD étant perpendiculaire à OL; mais nous emploie-rons trois systèmes d'axes; le premier est celui des axes principaux, mobiles avec le solide, OZ' étant l'axe de figure, et le plan des autres OX', OY' coupant le plan fixe suivant OD; pour le second OZ est le même et OX est placé sur OD; pour le troisième OZ″ est sur OL et OX″ sur OD. Pour chacun le sens xy par rapport à l'axe des z est celui de la rotation terrestre, indiqué par la flèche : θ est compté de OL vers OZ ou de OY″ vers OY dans le sens direct par rapport à OD; φ est compté de OD vers OX′ dans le sens direct par rapport à OZ. Quant à ψ ou L'OD il est constant le plan II étant perpendiculaire à OD.

1° *Emploi des formules de Lagrange.* — Le système se réduit à un solide dont les variables sont θ et φ; en désignant $\dfrac{d\theta}{dt}$, $\dfrac{d\varphi}{dt}$ par θ', φ', ces formules deviennent

$$\frac{d.}{dt}\left(\frac{dT}{d\theta'}\right) - \left(\frac{dT}{d\theta}\right) = P, \qquad \frac{d.}{dt}\left(\frac{dT}{d\varphi'}\right) - \left(\frac{dT}{d\varphi}\right) = Q;$$

P et Q sont tels que la somme des travaux des forces extérieures pour un petit déplacement soit $Pd\theta + Qd\varphi$; cette somme est ainsi $Pd\theta$ lorsque $d\varphi = o$ ou que le corps tourne autour de OD; le travail est d'autre part le produit de l'angle décrit $d\theta$ par la somme des moments par rapport à l'axe de rotation. Par consé-quent P signifie la somme des moments des forces extérieures par rapport à OD, et pour la même raison, le corps tournant autour de OZ quand $d\theta = o$, Q est la somme des moments des forces par rapport à OZ. La force vive totale est, d'après le numéro 90.

$$A p^2 + B q^2 + C r^2.$$

D'ailleurs $B = A$, et les valeurs de p, q, r du numéro 44, en y remplaçant $\dfrac{d\psi}{dt}$ par o, $\dfrac{d\theta}{dt}$ et $\dfrac{d\varphi}{dt}$ par θ', φ', sont

(1) $\qquad p = \theta' \cos\varphi, \qquad q = -\,\theta' \sin\varphi, \qquad r = \varphi'.$

Il en résulte pour la demi-force vive T,

$$T = \frac{1}{2} A\theta'^2 + \frac{1}{2} C\varphi'^2 ,$$

valeur indépendante de θ et φ. En la substituant dans les équations de Lagrange, on trouve

$$(2) \qquad A \frac{d\theta'}{dt} = P, \qquad C \frac{d\varphi'}{dt} = Q .$$

Le moment d'inertie par rapport à OD est A ; ainsi d'après le numéro 89 ces deux équations sont séparément les mêmes que si le corps tournait autour de OD comme axe fixe, ou autour de OZ.

2° *Emploi de la première forme des équations du mouvement.*— Cet emploi consiste à remplacer les obstacles par des forces équivalentes. C'est ce que nous ferons pour les forces f de contact qui contraignent l'axe à rester dans le plan Π ; cette substitution est inutile pour le point O qui sera supposé fixe, et les équations du mouvement sont ainsi celles d'Euler du numéro 90, en posant $B = A$, ou

$$A \frac{dp}{dt} + (C - A)qr = \mu + M, \qquad A \frac{dq}{dt} + (A - C)pr = \mu' + M',$$

$$C \frac{dr}{dt} = \mu'' + M'',$$

M, M', M″ étant les sommes des moments des forces f par rapport aux axes principaux, et μ, μ', μ'' les sommes de ceux des autres forces.

Les forces de contact sont appliquées à l'axe OZ et perpendiculaires au plan Π ou parallèles à OD, et par suite le moment principal de chacune tombe sur OY ou son prolongement ; il en est de même du moment principal de leur ensemble que nous désignerons par L ; comme OY fait avec OX', OY', OZ' les angles $\frac{\pi}{2} - \varphi, \varphi, \frac{\pi}{2}$, on a

$$M = L \sin \varphi, \qquad M' = L \cos \varphi, \qquad M'' = 0,$$

si L tombe sur OY ; on peut en dire autant s'il est en sens contraire en le supposant négatif.

Les forces de contact doivent être éliminées entre les équations du mouvement, et pour faire disparaître L nous devons ajouter les deux premières multipliées par $\cos \varphi$ et $- \sin \varphi$; elles deviennent ainsi

$$A \left(\frac{dp}{dt} \cos \varphi - \frac{dq}{dt} \sin \varphi \right) + (C - A) r \, (q \cos \varphi + p \sin \varphi) = \mu \cos \varphi - \mu' \sin \varphi$$

$$C \, \frac{dr}{dt} = \mu''.$$

Les sommes de moments se transforment comme les coordonnées, et par suite $\mu \cos \varphi - \mu' \sin \varphi$ est la somme des moments des forces par rapport à OD ou celle qui a été désignée par P, et l'on a aussi $\mu'' = Q$. D'autre part en remplaçant p, q, r par leurs valeurs (1) les premiers membres des équations précédentes se réduisent à $A \, \frac{d\theta'}{dt}$, $C \, \frac{d\varphi'}{dt}$, et l'on retrouve ainsi les équations (2) que nous avions d'abord obtenues par une méthode plus courte.

3° *Valeurs de P et Q.* — Le plan des $x''y''$ étant parallèle à l'équateur, les projections de la force centrifuge composée sur le troisième système d'axes, pour l'unité de masse, sont d'après le numéro 73,

$$X'' = 2n \, \frac{dy''}{dt}, \qquad Y'' = - 2n \, \frac{dx''}{dt}, \qquad Z'' = 0 ,$$

n étant la vitesse angulaire de la rotation terrestre.

Il n'y a pas d'autre force extérieure ; ainsi en désignant $\frac{dx''}{dt}$ par α, on aura

$$P = \Sigma m (y'' Z'' - z'' Y'') = 2n \Sigma m z'' \alpha = 2n \Sigma m (y \sin \theta + z \cos \theta) \alpha .$$

D'après le numéro 42, α étant la projection de la vitesse sur OX, on a

$$\alpha = q' z - r' y ,$$

p', q', r' étant les projections de la vitesse angulaire sur OX, OY, OZ; elles sont p, q, r, pour OX', OY', OZ, et d'ailleurs se transforment comme des coordonnées, de sorte qu'on a

$$p' = p \cos \varphi - q \sin \varphi, \qquad q' = p \sin \varphi + q \cos \varphi, \qquad r' = r,$$

et d'après les valeurs (1), $q' = o$, $r' = \varphi'$. Il en résulte

$$\alpha = - y\varphi', \qquad P = - 2n\varphi'\Sigma my(y \sin \theta + z \cos \theta).$$

Les axes OX, OY, OZ étant principaux, on a

$$\Sigma myz = o , \qquad \Sigma my^2 = \Sigma mx^2 = \frac{1}{2} \Sigma m(x^2 + y^2) = \frac{1}{2} C,$$

et P se réduit à

$$P = - nC\varphi' \sin \theta .$$

On pourrait trouver Q par un calcul analogue, mais il est plus simple de remarquer que la force en chaque point est parallèle au plan des $x'' y''$, perpendiculaire à la projection de la vitesse sur ce plan, et par suite à la vitesse elle-même, de sorte que dans le mouvement réel son travail est constamment nul, ou qu'on a

$$Pd\theta + Qd\varphi = o \quad \text{ou} \quad P\theta' + Q\varphi' = o ,$$

De la valeur ci-dessus de P on déduit ainsi $Q = nC\theta' \sin \theta$, et les équations (2) du mouvement deviennent

$$A \frac{d\theta'}{dt} = - nC\varphi' \sin \theta, \qquad C \frac{d\varphi'}{dt} = nC\theta' \sin \theta.$$

On peut remarquer que le travail des forces extérieures étant nul, la force vive est constante.

4° *Intégration.* — Soient α, k, k' les valeurs initiales de $\theta, \varphi', \theta'$; on peut supposer k positif; s'il ne l'était pas on changerait son signe en remplaçant OZ par son prolongement. Posons en outre

$$\cos \theta - \cos \alpha = s ,$$

quantité dont la valeur initiale est nulle. La seconde équation peut s'écrire

$$\frac{d\varphi'}{dt} = -n\frac{d.\cos\theta}{dt} = -\frac{nds}{dt}, \quad \text{d'où} \quad \varphi' = k - ns.$$

En multipliant la première équation par $\theta'dt = d\theta$, et substituant la valeur de φ', on a

$$A\theta'd\theta' = -nC\varphi' \sin\theta d\theta = nC(k - ns)ds,$$

et en intégrant

$$\theta'^2 = f(s), \quad \text{où} \quad f(s) = \frac{nC}{A}(2ks - ns^2) + k'^2.$$

Supposons d'abord k' différent de o. L'équation $f(s) = o$ a une racine positive et une négative et $f(s)$ n'est positif que si s est compris entre elles. Mais $\cos\theta$ ne varie qu'entre ± 1 et s entre $+ s'$ et $- s''$, en posant

$$1 - \cos\alpha = s', \qquad 1 + \cos\alpha = s''.$$

Par suite si l'on a à la fois $f(s') > o$, $f(-s'') > o$, ou

$$k'^2 > \frac{nC}{A}(ns'^2 - 2ks'), \qquad k'^2 > \frac{nC}{A}(ns''^2 + 2ks''),$$

$f(s)$ ou θ'^2 ne s'annulera jamais pendant le mouvement, et l'axe OZ tournera autour de O toujours dans le même sens. Or le phénomène que le gyroscope doit mettre en évidence ne se réalise pas dans ce cas. Comme n est un très petit nombre on doit regarder $\frac{k}{n}$ comme très grand; d'ailleurs $s' =$ ou < 2; par suite la première inégalité est exacte, le second membre étant négatif. Nous devons donc supposer k' assez petit pour que l'autre ne soit pas satisfaite. Il y aura de la sorte un instant où l'on aura $\theta' = o$, et nous pourrons le prendre comme initial; k' est alors nul et les formules deviennent

$$\varphi' = k - ns, \qquad \theta'^2 = \frac{nC}{A}(2k - ns)s, \qquad s = \cos\theta - \cos\alpha;$$

$\dfrac{k}{n}$ étant un grand nombre, φ' est presque invariable ou la rotation autour de l'axe presque uniforme. En outre $2k - ns$ étant positif, s doit l'être aussi, de sorte que $\cos \theta$ oscillera entre 1 et $\cos \alpha$, ou θ entre $\pm \alpha$.

En négligeant n^2, le mouvement de l'axe diffère alors à peine de celui que représente l'équation

$$\theta'^2 = \frac{2knC}{A} \cdot s = \frac{2knC}{A} (\cos \theta - \cos \alpha),$$

et en la comparant à l'équation du mouvement du pendule simple de longueur l, qui est

$$\theta'^2 = \frac{2g}{l} (\cos \theta - \cos \alpha),$$

on voit que les deux mouvements ont la même loi; en supposant $\dfrac{g}{l} = \dfrac{knC}{A}$. Quand les oscillations ne sont pas très grandes on peut prendre pour la durée T de l'oscillation

$$T = \pi \sqrt{\frac{l}{g}} = \sqrt{\frac{\pi^2 A}{knC}}.$$

Soit $N = 86164^s$, durée de la révolution terrestre, ou du jour sidéral, et i le nombre de tours du gyroscope par seconde à l'instant initial; on aura

$$n = \frac{2\pi}{N}, \qquad k = 2\pi i, \qquad T = \sqrt{\frac{A}{C} \cdot \frac{N}{4i}} = \sqrt{\frac{A}{C} \cdot \frac{21541}{i}}.$$

L'axe du gyroscope oscillera dans le temps T de part et d'autre de la direction du pôle céleste. On a

$$A = \Sigma m(z^2 + y^2) = \Sigma mz^2 + \frac{1}{2} C;$$

par suite le rapport $\dfrac{A}{C}$ n'a pas de limite supérieure, mais est au moins $\dfrac{1}{2}$; il prend cette valeur si $\Sigma\, mr^2$ est négligeable ou si le gyroscope a la forme d'un disque mince. En ce cas on voit que même pour $i = 1$, T dépasserait à peine 100 secondes, en supposant, cela va sans dire, un appareil parfait et sans frottements.

104. Effets d'un tremblement de terre. — Cette question sera un exemple des mouvements contraints ; nous nous bornerons à chercher l'effet de la secousse sur un pendule composé. Menons le plan de la figure par le centre de gravité G perpendiculairement à l'axe horizontal de rotation qu'il coupe en O.

Prenons cet axe pour OY, OZ étant vertical dirigé en bas. Soient : $OG = h$; m la masse totale ; C le moment d'inertie par rapport à l'axe, et θ l'angle d'écart ZOG pris positif du côté de OX, négatif de l'autre.

Nous supposerons qu'à l'instant initial, le corps étant immobile, l'axe de rotation commence à être rapidement déplacé par un mouvement de translation rectiligne, le chemin décrit par chaque point étant une fonction donnée u du temps, et les constantes α, β, γ, étant les cosinus de ses angles avec les axes.

Nous désignerons $\dfrac{d\theta}{dt}, \dfrac{d^2\theta}{dt^2}, \dfrac{du}{dt}, \dfrac{d^2u}{dt^2}$ par θ', θ'', u', u''. Aucun point ne pouvant prendre soudainement une vitesse finie, on aura $\theta = o$, $\theta' = o$, $u = o$, $u' = o$ pour $t = o$.

1° *Emploi des formules de Lagrange.* — La seule variable du système est θ, et l'équation du mouvement

$$\frac{d}{dt}\left(\frac{dT}{d\theta'}\right) - \left(\frac{dT}{d\theta}\right) = P.$$

Les forces extérieures se réduisent au poids mg appliqué en G ; P est tel que $P\delta\theta$ soit le travail de cette force pour un déplacement dans lequel le solide ayant un mouvement contraint, c'est-à-dire l'axe, est supposé fixe; P est donc le moment de la force par rapport à l'axe, d'où

$$P = - mgh \sin \theta .$$

La force vive 2 T, comme on l'a vu au numéro 99 est la somme de celle du centre de gravité et de celle de la rotation autour de ce centre. Les coordonnées variables du point G sont $x = h \sin \theta$, $y = o$, $z = h \cos \theta$, et les projections de sa vitesse relative aux axes

$$h\theta' \cos \theta, \qquad o, \qquad - h\theta' \sin \theta .$$

En leur ajoutant celles de la vitesse de translation, on aura celles de sa vitesse absolue. Sa force vive est par suite

$$m \left[(\alpha u' + h\theta' \cos \theta)^2 + \beta^2 u'^2 + (\gamma u' - h\theta' \sin \theta)^2 \right] ,$$

ou

$$m \left[u'^2 + h^2\theta'^2 + 2hu'\theta'(\alpha \cos \theta - \gamma \sin \theta) \right] .$$

L'angle de rotation du corps autour du point G est θ, et la force vive de rotation $C'\theta'^2$, C' étant le moment d'inertie par rapport à un axe mené par G et perpendiculaire au plan de la figure. D'ailleurs, comme on l'a vu au numéro 79, $C' = C - mh^2$. En réunissant les deux forces vives on trouve

$$2T = C\theta'^2 + m \left[u'^2 + 2hu'\theta'(\alpha \cos \theta - \gamma \sin \theta) \right] ,$$

et en substituant les valeurs de T et P dans l'équation du mouvement

$$\frac{d.}{dt} \left[C\theta' + mhu'(\alpha \cos \theta - \gamma \sin \theta) \right] + mhu'\theta'(\alpha \sin \theta + \gamma \cos \theta) =$$

$$= - mgh \sin \theta ,$$

ou

$$C\theta'' + mhu''(\alpha \cos \theta - \gamma \sin \theta) = - mgh \sin \theta .$$

2° *Autre méthode. Emploi d'une force fictive.* — Le solide extérieur déplacé ou l'axe étant une figure invariable on peut calculer le mouvement relatif ou la valeur de θ en supposant cet axe fixe, pourvu qu'on joigne aux forces extérieures une force fictive qui, rapportée à l'unité de masse, sera dans le cas actuel l'accélération u'' du point O en sens contraire. Elle est en chaque point proportionnelle à la masse, a partout la même direction, et par suite, comme la pesanteur, elle équivaut à une force unique mu'' appliquée en G ; ses projections sont

$$X = - mu''\alpha, \qquad Y = - mu''\beta, \qquad Z = - mu''\gamma.$$

Le moment du poids par rapport à l'axe est $- mgh \sin \theta$, et en lui joignant le moment μ de cette force, on aura d'après le numéro 89

$$C\theta'' = - mgh \sin \theta + \mu ;$$

d'ailleurs z et x étant les coordonnées de G,

$$\mu = zX - xZ = mhu''(\gamma \sin \theta - \alpha \cos \theta).$$

On retrouve ainsi par une méthode plus simple la même équation du mouvement que ci-dessus.

3° *Intégration.* — Comme elle n'est pas possible sous la forme générale précédente, nous admettrons que l'angle θ, d'abord nul, ne prenne jamais de grandes valeurs, de sorte qu'on puisse remplacer $\sin \theta$ par θ et $\cos \theta$ par 1. Nous laisserons de côté également le cas où la secousse aurait une composante verticale, de sorte que γ sera nul ; l'équation ne contient pas β et ne dépend ainsi que de la composante de la translation suivant OX ; il est donc plus simple de la prendre elle-même pour u, mais il vaut mieux la considérer comme positive quand elle est sur le prolongement de OX, ce qui revient à remplacer α par $- 1$. L'équation se réduit ainsi à

$$C\theta'' - mhu'' = - mgh\theta .$$

Posons $\dfrac{C}{mh} = l$, qui est la longueur réduite du pendule et en outre

$n = \sqrt{\dfrac{g}{l}}$; l'équation divisée par mh devient

$$l \frac{d^2\theta}{dt^2} + n^2 l\theta = u''.$$

Son intégrale complète est

$$l\theta = \mathrm{F} \cos nt + \mathrm{F}' \sin nt,$$

F et F' étant des fonctions assujetties à satisfaire les relations

$$\frac{d\mathrm{F}}{dt} \cos nt + \frac{d\mathrm{F}'}{dt} \sin nt = o, \qquad - \frac{d\mathrm{F}}{dt} \sin nt + \frac{d\mathrm{F}'}{dt} \cos nt = \frac{u''}{n}.$$

Par suite on a

$$l \frac{d\theta}{dt} = - n\mathrm{F} \sin nt + n\mathrm{F}' \cos nt.$$

Les valeurs de θ, $\dfrac{d\theta}{dt}$ étant nulles quand $t = o$, il en est de même de F et F'. D'ailleurs

$$\frac{d\mathrm{F}}{dt} = - \frac{u''}{n} \sin nt, \qquad \frac{d\mathrm{F}'}{dt} = \frac{u''}{n} \cos nt .$$

En intégrant par partie u'', et remarquant que $u' = o$ quand $t = o$, il en résulte

$$\mathrm{F} = - \frac{1}{n} \int_o^t u'' \sin nt \, . \, dt = - \frac{u'}{n} \sin nt + \int_o^t u' \cos nt \, . \, dt,$$

$$\mathrm{F}' = \frac{1}{n} \int_o^t u'' \cos nt \, . \, dt = \frac{u'}{n} \cos nt + \int_o^t u' \sin nt \, . \, dt .$$

En substituant ces valeurs dans celle de $l\theta$, remplaçant t par t' sous le signe $\int$ et regardant alors u comme une fonction de t', on trouve

$$l\theta = \int_o^t \frac{du}{dt'} \cos . \, n(t - t') \, . \, dt'.$$

Nous laisserons de côté les diverses évaluations qu'on peut faire de cette expression en donnant à la fonction u des formes particulières, et nous nous bornerons à chercher une limite supérieure des valeurs de $l\theta$ en supposant que u croisse d'abord de o à λ puis décroisse jusqu'à o. On aura cette limite en remplaçant le cosinus par 1 et prenant constamment pour $\dfrac{du}{dt'}$ sa valeur numérique.

Alors $l\theta$ croît avec t jusqu'à l'instant où u et $\dfrac{du}{dt}$ deviennent nuls, et reste ensuite constant. Cette intégrale constante se compose de deux parties correspondant à la croissance et à la décroissance de u, et toutes deux sont son accroissement total λ. Par suite $l\theta$ ne pourra jamais dépasser 2λ ni pendant la secousse ni après ; on pourrait vérifier du reste que ce maximum théorique est en général trop élevé. Mais il suffit pour apprécier l'erreur commise en supposant θ peu considérable, son maximum étant $\dfrac{2\lambda}{l}$, où λ est l'amplitude de l'excursion du point O.

105. Effets d'une percussion extérieure sur un solide. — Comme nous l'avons vu au numéro 69 la force f développée dans un choc a une énorme intensité, une direction constante, et agit pendant un instant θ tellement court qu'on peut regarder comme négligeable le déplacement du corps pendant ce temps, bien que les vitesses éprouvent un changement notable.

Nous nommerons *impulsion* l'intégrale

$$\varphi = \int_{t}^{t+\theta} f\, dt.$$

étendue à la durée θ du choc ou de la percussion. Si X, Y, Z sont les projections de f, celles de l'impulsion φ seront

$$\xi = \int_{t}^{t+\theta} X dt, \qquad \eta = \int_{t}^{t+\theta} Y dt, \qquad \zeta = \int_{t}^{t+\theta} Z dt,$$

dont les rapports à φ sont les mêmes que ceux de X, Y, Z à f.

Si une impulsion connue vient à agir sur un solide ses effets se déduisent aisément des équations du mouvement; nous devons y regarder f comme l'unique force extérieure, toute influence des autres étant négligeable pendant la durée θ.

Premier cas. Le solide ne peut que tourner autour d'un axe fixe. — Soient u la vitesse angulaire, et C le moment d'inertie par rapport à l'axe, que nous prendrons pour celui des z : on a

$$\mathrm{C}\,\frac{du}{dt} = \mu, \qquad \mathrm{C}\int_{t}^{t+\theta} \frac{du}{dt}\,dt = \int_{t}^{t+\theta} \mu\,dt\,;$$

μ est la somme des moments des forces extérieures, c'est-à-dire celui de f, ou $\mu = x\mathrm{Y} - y\mathrm{X}$, x, y, z étant les coordonnées de son point d'application. Elles restent constantes pendant la durée θ, d'où

$$\int_{t}^{t+\theta} \mu\,dt = x\eta - y\xi = \mathrm{M}\,,$$

M étant le moment de l'impulsion φ, évalué comme celui d'une force. En désignant par la caractéristique δ l'accroissement fini d'une vitesse, nous aurons ainsi

$$\delta u = \frac{\mathrm{M}}{\mathrm{C}}$$

pour celui de la vitesse angulaire.

Second cas. Le solide ne peut que tourner autour d'un point fixe O. — En prenant OX, OY, OZ les axes principaux, la première équation d'Euler donne en l'intégrant

$$\mathrm{A}\int_{t}^{t+\theta} \frac{dp}{dt}\,dt + (\mathrm{C}-\mathrm{B})\int_{t}^{t+\theta} qr\,dt = \int_{t}^{t+\theta} \mu\,dt\,;$$

μ est la somme des moments des forces extérieures par rapport à OX. On voit comme ci-dessus que $\int \mu\,dt = \mathrm{M}$, en désignant par M, M', M″ les moments de l'impulsion par rapport aux axes;

$\int qr\,dt$ est négligeable, qr n'atteignant point comme f de grandes valeurs pendant la durée θ ; on aura donc $A\delta p = M$, et en interprétant de même les autres équations,

$$\delta p = \frac{M}{A}, \qquad \delta q = \frac{M'}{B}, \qquad \delta r = \frac{M''}{C} ;$$

δp, δq, δr sont les vitesses angulaires p, q, r elles-mêmes si le solide part du repos.

Troisième cas. Le solide est entièrement libre. — Soient m sa masse : x_1, y_1, z_1 les coordonnées du centre de gravité, v_1 sa vitesse : en intégrant la première équation du mouvement du centre, on a

$$m\frac{d^2 x_1}{dt^2} = X, \qquad m\delta\left(\frac{dx_1}{dt}\right) = \int_t^{t+\theta} X\,dt = \xi ;$$

comme $m\dfrac{dx_1}{dt}$, $m\dfrac{dy_1}{dt}$, $\dfrac{mdz_1}{dt}$ sont les projections de la quantité de mouvement antérieure mv_1, on voit que sa nouvelle valeur est résultante de celle-là, et d'une autre ayant pour projections ξ, η, ζ, ou qui est égale à φ en grandeur et en direction. Si le solide était en repos on aurait après le choc $mv_1 = \varphi$. En même temps le solide tourne autour du centre de gravité comme s'il était fixe, les forces restant les mêmes ; le mouvement de rotation sera donc modifié comme dans le second cas ci-dessus.

Pendule balistique. — Dans ce qui précède le solide étant théorique la déformation résultant du choc était supposée négligeable. Le pendule balistique est un exemple du cas où il n'en est pas ainsi. Cet appareil, destiné à mesurer la vitesse d'un boulet au

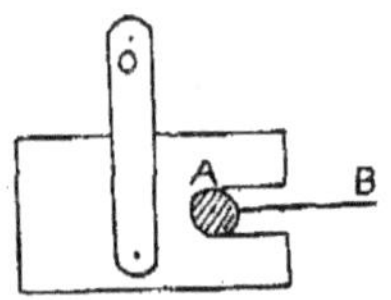

sortir de la pièce, se compose d'une caisse pleine de sable fin qui est maintenu par une feuille métallique très mince ; elle est suspendue à un axe horizontal perpendiculaire au plan de la figure, qui le coupe en O. Le boulet arrivant horizontalement suivant BA reste fixé en A, et l'appareil, qui est un pendule composé en y comprenant le boulet, se met en mouvement avec une vitesse angulaire u. On observe son angle d'écart α, ou l'amplitude d'oscillation; par la loi du mouvement du pendule on en déduit alors la valeur u de la vitesse angulaire dans la position initiale.

Pour la comparer à la vitesse v du boulet nous ne pouvons à cause de la déformation employer l'équation du mouvement du pendule, mais bien la loi générale des aires dont cette équation résulte. Le système se compose du pendule et du boulet, les deux solides étant regardés comme libres. Pour tout système on a

$$\frac{d.}{dt}\, \Sigma m \left(\frac{xdy - ydx}{dt} \right) = \mu,$$

μ étant la somme des moments des forces extérieures par rapport à OZ pour lequel nous prendrons l'axe de suspension. L'effet de la pesanteur est négligeable pendant le choc; les forces extérieures se réduisent donc à celles qui remplacent la résistance de l'axe; or, leur bras de levier est nul, d'où

$$\mu = 0, \qquad \Sigma \frac{m(xdy - ydx)}{dt} = \text{const.},$$

c'est-à-dire la somme des moments des quantités de mouvement par rapport à l'axe est constante.

Avant la rencontre des deux corps, M étant la masse du boulet et h la distance de BA au point O, cette somme de moments se réduisait à $Mv \times h$, le pendule étant immobile. Après la pénétration du boulet, nous avons vu au numéro 89 que cette somme était Cu, u étant la vitesse angulaire, et C le moment d'inertie du pendule et du boulet réunis par rapport à l'axe; il en résulte

$$Mhv = Cu,$$

d'où l'on déduit v après avoir trouvé u comme ci-dessus.

106. Effet des percussions extérieures sur un système; centre de percussion. — Nous supposerons le système strict dans ce numéro et le reste du chapitre.

Les équations (C) de son mouvement d'après le numéro 100, ont la forme

$$\Sigma \left[A \left(X - m \frac{d^2x}{dt^2} \right) + B \left(Y - m \frac{d^2y}{dt^2} \right) + C \left(Z - m \frac{d^2z}{dt^2} \right) \right] = o \,,$$

où A, B, C sont les dérivées $\left(\dfrac{dx}{du} \right)$, etc., c'est-à-dire ne dépendant que de la position de l'élément m.

En outre le système étant strict, nous avons vu au même numéro que ces équations se déduisent des conditions d'équilibre en remplaçant

$$X \text{ par } X - m \frac{d^2x}{dt^2}, \text{ etc.}$$

Par suite ces conditions ont la forme correspondante

$$\Sigma(AX + BY + CZ) = o \,.$$

Soient a, b, c les projections de la vitesse de l'élément m avant les percussions, et a_1, b_1, c_1 après. Leurs accroissements seront

$$\delta . \frac{dx}{dt} = a_1 - a, \text{ etc.}$$

Les coefficients A, B, C restent constants pendant la durée θ des percussions, puisque la position des corps du système ne change pas; en multipliant l'équation du mouvement ci-dessus par dt, et intégrant de t à $t + \theta$, on aura donc

$$\Sigma \left[A \left(\int_t^{t+\theta} X dt - ma_1 + ma \right) + B \left(\int_t^{t+\theta} Y dt - mb_1 + mb \right) + \right.$$
$$\left. + C \left(\int_t^{t+\theta} Z dt - mc_1 + mc \right) \right] = o \,.$$

Dans les expressions $\int_{t}^{t+\theta} X dt$, etc., on n'a à tenir compte que des percussions, l'influence des autres forces extérieures pendant la durée θ étant négligeable. En comparant l'équation précédente à la condition

$$\Sigma(AX + BY + CZ) = 0 ,$$

et lui joignant ses analogues, on voit qu'il y a équilibre entre trois systèmes de forces, ayant pour projections, soit $- ma_{,}$, etc., soit ma, etc., soit $\int X dt$, etc. Par conséquent *il y a équilibre entre les quantités de mouvement antérieures aux percussions, les quantités de mouvement postérieures prises en signe contraire, et les impulsions*. Les conditions de cet équilibre suffisent pour déterminer les changements des quantités de mouvement ou des vitesses.

En particulier si le système se réduisait à un solide unique on pourrait en déduire tous les résultats obtenus au numéro précédent par une méthode plus simple. Toutefois cette méthode serait mpropre à résoudre la question suivante, qui sera une application de la règle générale ci-dessus.

Centre de percussion. — Supposons une percussion unique ou une impulsion extérieure φ appliquée à un solide immobile ne pouvant que tourner autour d'un axe fixe OZ, et cherchons dans quels cas l'axe ne recevra aucune percussion.

Nous pourrions pour cela remplacer l'axe par deux points fixes O et Z, et ceux-ci par les forces qu'ils exercent, de façon à regarder le corps comme entièrement libre ; ces forces ramènent constamment les points O, Z à l'immobilité, et d'ailleurs pendant la durée θ elles prennent en général le caractère des percussions, c'est-à-dire agissent avec une grande intensité, produisant des impulsions φ', φ''.

Les quantités de mouvement antérieures à la percussion sont nulles ; désignons par S l'ensemble des quantités de mouvement postérieures. D'après la règle ci-dessus il y a équilibre entre les quantités S en sens contraire et les impulsions φ, φ', φ''. Or on demande à quelles conditions les percussions sur l'axe, et par suite φ', φ'' sont nulles; il faut donc et il suffit pour cela que — S et φ seules se fassent équilibre, ou qu'en les assimilant à des forces le système S agissant sur le solide libre soit équivalent à la force φ.

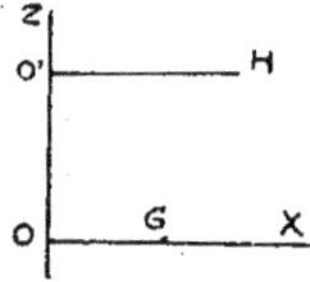

Menons le plan de la figure par l'axe et le centre de gravité G ; prenons l'axe pour celui des z, l'origine O étant le pied de la perpendiculaire GO qui sera l'axe des x, et soit GO $= l$.

Comme on l'a vu au numéro 42 les projections de la vitesse de l'élément m sont — uy, ux, o, u étant la vitesse angulaire; celles de la quantité de mouvement sont — muy, mux, o; si l'on en déduit ses moments par rapport aux axes, on trouvera pour les sommes de projections et de moments du système S,

$$X = - u\Sigma my, \qquad Y = u\Sigma mx, \qquad Z = o ,$$

$$P = - u\Sigma mxz, \qquad Q = - u\Sigma myz, \qquad R = u\Sigma m(x^2 + y^2) ,$$

D'ailleurs

$$\Sigma mx = Mx_1, \qquad \Sigma my = My_1 ,$$

M étant la masse totale et x_1, y_1, les coordonnées du centre de gravité; on a $x_1 = l$, $y_1 = o$, d'où

$$X = o, \qquad Y = Mul, \qquad Z = o .$$

Ces projections doivent être aussi celles de φ qui par suite est perpendiculaire au plan de la figure. On peut supposer OY dans le sens de φ, d'où

$$\varphi = Mul, \qquad u = \frac{\varphi}{Ml} .$$

On peut regarder l'impulsion comme appliquée en un point H du plan, dont nous nommerons x', z' les coordonnées. Ses moments sont ainsi — $z'\varphi$, o, $x'\varphi$, et en les égalant à P, Q, R on aura

$$u\Sigma mzx = z'\varphi, \qquad \Sigma mzy = o, \qquad uC = x'\varphi,$$

C étant le moment d'inertie par rapport à l'axe.

La relation $\Sigma\, myz = o$ ne dépend que de la position relative de l'axe et du centre de gravité. Il n'y a ancune solution à moins que cette équation ne soit satisfaite, et dans ce cas, d'après la valeur de u, les deux autres donnent

$$x' = \frac{C}{Ml}, \qquad Z' = \frac{\Sigma mxz}{Ml},$$

coordonnées du point H, nommé *centre de percussion;* elles sont indépendantes de φ. La connaissance de ce point est quelquefois importante dans les machines, comme dispensant un axe de rotation d'être mis en état de résister à un choc.

107. Effet d'une percussion intérieure sur un système. — S'il se produit un choc entre deux solides d'un système, soit f la pression normale qu'il développe, et A. A' des points situés sur la normale au point de contact, à une distance finie de part et d'autre de ce point, à l'intérieur des deux corps.

La distance r de A et A' varie très légèrement pendant le choc, et on verrait comme au numéro 69 où il s'agissait de deux sphères, que la somme des travaux élémentaires de la force f sur les deux corps pendant leur déformation est $\Sigma\, fdr$, négative pendant la première période du choc, dans laquelle r diminue.

Si les corps sont parfaitement élastiques et se séparent après le choc, f redevient le même quand r reprend la même valeur, et par suite la somme $\Sigma\, fdr$, étendue à toute la durée du choc, est nulle. Sans cela elle est négative, surtout si la première période existe seule. Dans ce dernier cas nous dirons que le *contact est persistant,* la vitesse normale étant alors la même pour les deux points en contact. C'est ce qui arrive, soit quand les corps sont parfaitement mous, soit quand ils sont élastiques, mais restent adhérents l'un à l'autre, par l'effet du mouvement ou de nouvelles liaisons. On ne peut mentionner de propriétés spéciales pour les cas intermédiaires entre les deux précédents, et nous ne nous occuperons que de ceux-ci.

Il est clair qu'on ne peut point dans les équations du mouvement assimiler la pression f à une force de contact; aussi devons-nous la considérer comme une force extérieure agissant sur les deux corps à la fois pendant une durée θ. Le choc produit des réactions sur les autres contacts du système, et nous admettrons qu'il n'en résulte pas des changements de liaisons.

L'effet des autres forces extérieures étant négligeable pendant la durée θ, les changements de vitesse produits par la percussion intérieure se trouveront alors par les règles du numéro précédent, dans lesquelles on connaît la direction de l'impulsion φ considérée comme extérieure, mais non sa valeur.

Dans les deux cas extrêmes mentionnés plus haut, on obtiendra comme il suit une équation pour la déterminer.

Si les corps choqués sont parfaitement élastiques et se séparent après le choc, la somme des travaux de la force extérieure f est nulle comme on l'a vu, et par suite la force vive totale du système n'est pas changée.

Si le contact est persistant, la composante normale de la vitesse au point de contact devient la même pour les deux corps choqués.

Relation particulière aux chocs de seconde espèce ou dans lesquels les contacts sont persistants. — En ce cas il est clair qu'il s'est formé de nouvelles liaisons. D'après le numéro précédent il y a équilibre entre les nouvelles quantités de mouvement prises en sens contraire, les anciennes avec leur sens, et les impulsions sur les deux corps choqués. Ainsi la somme des travaux de ces trois systèmes de forces est nulle pour tout déplacement virtuel compatible avec les nouvelles liaisons, et entre autres pour le déplacemen̦t réel. Or pour celui-là le travail de l'impulsion sur les deux corps choqués est le même en signe contraire, les projections de la vitesse et du déplacement des points de contact sur la normale étant les mêmes.

Le travail des impulsions disparait ainsi. Pour les deux autres systèmes de forces la somme des travaux est

$$\Sigma m(adx + bdy + cdz), \qquad - \Sigma m(a_1 dx + b_1 dy + c_1 dz),$$

en désignant comme précédemment par a, b, c, les anciennes projections de la vitesse de l'élément m, et par a_1, b_1, c_1 les nouvelles, dx, dy, dz correspondent au déplacement réel après le choc, de sorte qu'on a $dx = a_1$, dt, etc. Il en résulte

$$\Sigma m \left[(a - a_1)a_1 + (b - b_1)b_1 + (c\ c_1)c_1 \right] = 0 .$$

Cette relation peut s'écrire

$$\Sigma m(a^2 + b^2 + c^2) - \Sigma m(a_1{}^2 + b_1{}^2 + c_1{}^2) =$$
$$\Sigma m \left[(a - a_1)^2 + (b - b_1)^2 + (c - c_1)^2 \right] .$$

On exprime ce résultat en disant que *la diminution de la force vive du système est égale à la force vive due aux vitesses perdues.*

On désigne ici par *vitesses perdues* celles qui ont pour projections $a - a_1$, $b - b_1$, $c - c_1$, bien que pour divers éléments elles puissent correspondre à un accroissement de vitesse.

108. Fonction des forces. Stabilité de l'équilibre. — 1° *Cas où le principe des forces vives fournit une intégrale.* — Désignons comme au numéro 102 par p, q, r, etc., les variables indépendantes qui fixent la position du système, et en fonction desquelles peuvent s'exprimer les coordonnées x, y, z de tous les points d'application des forces extérieures. On aura pour le travail total

$$\Sigma(Xdx + Ydy + Zdz) = Pdp + Qdq + Rdr + \text{etc.}$$

P, Q, etc. étant déterminés comme au numéro 102.

Si ce travail est la différentielle totale d'une fonction V ne contenant pas d'autre quantité variable que p, q, etc., ou si l'on a séparément

$$P = \left(\frac{dV}{dp}\right), \qquad Q = \left(\frac{dV}{dq}\right), \qquad R = \left(\frac{dV}{dr}\right) \text{ etc.,}$$

on nomme V la *fonction des forces*; le principe des forces vives donne alors

$$d \cdot \frac{1}{2} \Sigma mv^2 = dV, \qquad \frac{1}{2} \Sigma mv^2 = V + \text{const.}$$

On voit que l'accroissement de la demi-force vive d'une première position à une seconde est celui de la fonction V, indépendant des positions intermédiaires par lesquelles le système a passé.

Si par exemple il n'y a pas d'autre force que la pesanteur, en prenant pour OZ la verticale inférieure, le travail total est $\Sigma mg\,dz$, d'où

$$V = \Sigma mgz = g\Sigma mz = g M z_1 \,,$$

M étant la masse totale du système, et z, l'ordonnée de son centre de gravité.

2° *Relations entre la fonction des forces quand elle existe, et les positions d'équilibre du système.* — Les conditions d'équilibre, déduites du principe des vitesses virtuelles, consistent en ce que la somme des travaux soit nulle pour tout déplacement, ou qu'on ait $P = o$, $Q = o$, etc. d'où $dV = o$. Il en est ainsi quand V est maximum ou minimum séparément par rapport à chacune des lettres p, q, etc., variant seule.

Le cas le plus important est celui où V est réellement maximum pour certaines valeurs $p = p_0$, $q = q_0$, etc,, de sorte que la valeur V_0 de V dépasse alors toutes celles pour lesquelles p, q, etc., différeraient peu de p_0, q_0, etc.

D'une manière plus précise, désignons par λ les expressions

$$p_0 \pm h, \qquad q_0 \pm h, \qquad r_0 \pm h, \text{ etc.}$$

et soit $V_0 - \varepsilon$ la plus grande valeur que prenne V en supposant p, q, etc., compris entre les quantités λ, et en outre l'une au moins égale à l'une de ses deux limites.

Nous admettrons comme condition résultant du maximum de V, qu'en prenant h assez petit on ait $V_0 - \varepsilon < V_0$, ou que ε soit positif et différent de o.

Cela posé, imaginons qu'on place le système dans une position initiale quelconque où p, q, etc., soient compris entre les limites λ, et soit alors $V = V'$. Imprimons-lui aussi des vitesses quelconques, donnant ε' pour sa demi-force vive. Dans le mouvement qui se produira alors on aura

$$\frac{1}{2} \Sigma mv^2 - \varepsilon' = V - V', \quad \text{d'où} \quad V > V' - \varepsilon',$$

puisque Σmv^2 est positif.

D'autre part, au premier instant où l'une des variables p, q, etc., atteindrait une de ses limites λ, on aurait par hypothèse $V =$ ou $< V_0 - \varepsilon$, d'où

$$V_0 - \varepsilon > V' - \varepsilon', \qquad (V_0 - V') + \varepsilon' > \varepsilon.$$

Or en prenant la position initiale suffisamment rapprochée de celle de l'équilibre, la valeur numérique de $V_0 - V'$ sera aussi petite qu'on voudra ; il en est de même de ε', en supposant les vitesses initiales très faibles ; on pourra ainsi faire en sorte que l'inégalité précédente ne soit pas satisfaite. En ce cas les valeurs de p, q, etc. ne pourront jamais atteindre les limites λ, et le système dans son mouvement s'écartera toujours très peu de sa position d'équilibre. Par suite *aux maxima de la fonction V correspondent des positions d'équilibre stable.*

Si par exemple la pesanteur est la seule force extérieure, $V = Mgz_1$, et ces maxima seront ceux de z_1 ; il pourra quelquefois y en avoir plusieurs, mais en tout cas la position du système où le centre de gravité est aussi bas que le permettent les liaisons correspond bien à un maximum, ou est une position d'équilibre stable.

109. **Application à la chaînette.** — Si nous prenons comme exemple une chaîne pesante joignant deux points donnés, elle aura pour position d'équilibre celle où son centre de gravité est le plus bas possible, et en la supposant infiniment mince, on pourra en dire autant d'un fil pesant. En prenant pour OY la verticale supérieure, la courbe qu'il forme en équilibre devra donc être telle que l'expression

$$y_1 = \frac{\Sigma my}{\Sigma m}$$

soit minimum. En supposant le fil homogène, de section constante, on peut remplacer m par l'élément ds de l'arc, qui lui est proportionnel; comme d'ailleurs Σds est la longueur donnée du fil, c'est de $\Sigma y ds$ que le minimum correspondra à la courbe cherchée, en supposant la somme Σds donnée.

L'application du calcul des variations qui se présente ici rentre dans la question générale suivante :

En posant

$$U = \int P dx, \qquad U' = \int P' dx ,$$

Ces sommes s'étendant à une courbe qui joint deux points donnés A, B, on demande celle qui rend U maximum ou minimum, U' ayant en même temps une valeur donnée. On suppose que P, P' sont des fonctions connues de x, y, et de $y' = \dfrac{dy}{dx}$.

Nous ferons varier la courbe en augmentant y de αu et y' de $\alpha \dfrac{du}{dx}$ u étant une fonction arbitraire de x, nulle en A et B, et α un coefficient infiniment petit. En désignant par δ les accroissements de U et U', nous aurons

$$\delta U = \int \left[\left(\frac{dP}{dy} \right) \alpha u + \left(\frac{dP}{dy'} \right) \alpha . \frac{du}{dx} \right] dx,$$

$\left(\dfrac{d\,\mathrm{P}}{dy}\right)$, $\left(\dfrac{d\mathrm{P}}{dy'}\right)$ étant des dérivées partielles, et en intégrant par partie $\dfrac{du}{dx}\,dx$ dans le second terme, u étant nul aux limites,

$$(1) \qquad \delta\mathrm{U} = \alpha \int \mathrm{R}u\,dx, \quad \text{où} \quad \mathrm{R} = \left(\frac{d\mathrm{P}}{dy}\right) - \frac{d\,.}{dx}\left(\frac{d\mathrm{P}}{dy'}\right),$$

en regardant dans la dernière dérivée y et y' comme des fonctions de x.

Supposons la fonction arbitraire u toujours nulle, sauf quand x est compris entre $x_1 \pm h$, en outre $x_2 \pm h$, x_1 et x_2 étant deux valeurs particulières de x, et h un petit nombre. Nous aurons

$$\frac{\delta\mathrm{U}}{\alpha} = \int_{x_1 - h}^{x_1 + h} \mathrm{R}u\,dx + \int_{x_2 - h}^{x_2 + h} \mathrm{R}u\,dx.$$

Nous devons supposer la fonction u continue, ayant employé sa dérivée ; nous admettrons en outre qu'elle ait un signe constant dans chacun des intervalles précédents. Si μ, μ' sont le maximum et le minimum de R quand x varie de $x_1 - h$ à $x_1 + h$, $\mu - \mathrm{R}$, $\mathrm{R} - \mu'$ seront toujours positifs, et en posant

$$\int_{x_1 - h}^{x_1 + h} u\,dx = \mathrm{I}, \qquad \int_{x_2 - h}^{x_2 + h} u\,dx = \mathrm{I}',$$

les expressions

$$\int_{x_1 - h}^{x_1 + h} (\mu - \mathrm{R})u\,dx, \qquad \int_{x_1 - h}^{x_1 + h} (\mathrm{R} - \mu')u\,dx,$$

ou

$$\mu\mathrm{I} - \int_{x_1 - h}^{x_1 + h} \mathrm{R}u\,dx, \qquad \int_{x_1 - h}^{x_1 + h} \mathrm{R}u\,dx - \mu'\mathrm{I},$$

auront le même signe, et par suite

$$\int_{x_1 - h}^{x_1 + h} \mathrm{R}u\,dx = \mathrm{R}_1\mathrm{I},$$

R_{1} étant compris entre μ et μ', ou étant une valeur de R pour laquelle x est compris entre $x_{1} \pm h$. On aura de même

$$\int_{x_{2}-h}^{x_{2}+h} R u\, dx = R_{2} I',$$

R_{2} correspondant à une valeur de x comprise entre $x_{2} \pm h$.

Ce qui précède s'applique aussi à $\delta U'$, d'où résulte

$$\delta U = \alpha(R_{1} I + R_{2} I'), \qquad \delta U' = \alpha(R'_{1} I + R'_{2} I'),$$

R'_{1}, R'_{2} étant des valeurs moyennes de la fonction

$$(2) \qquad R' = \left(\frac{dP'}{dy}\right) - \frac{d.}{dx}\left(\frac{dP'}{dy'}\right),$$

Nous n'avons à comparer que les courbes pour lesquelles U' est le même ou $\delta U' = o$, et pour celle qui rend U maximum ou minimum on doit avoir aussi $\delta U = o$, d'où résulte

$$R_{1} I + R_{2} I' = o, \qquad R'_{1} I + R'_{2} I' = o.$$

Nous pouvons supposer que R_{1}', R_{2}' ne soient pas nuls; I, I' ne le sont pas non plus, et l'on en conclut

$$\frac{R_{1}}{R_{1}'} = \frac{R_{2}}{R_{2}'}.$$

Cette égalité reste exacte si l'on fait converger h vers o, auquel cas R_{1}, R'_{1}, correspondent exactement à $x = x_{1}$, et R_{2}, R'_{2} à $x = x_{2}$; d'ailleurs x_{1}, x_{2} sont deux valeurs quelconques de x. Il faut donc qu'on ait

$$R = cR',$$

c étant une constante. Cette condition est d'ailleurs suffisante car il en résulte $\delta U = c \delta U'$, et tant que u satisfera la condition $\delta U' = o$ on aura aussi $\delta U = o$.

Dans le cas particulier considéré plus haut on a

$$U' = \int ds, \qquad U = \int y\, ds,$$

479

ou

$$P' = \sqrt{1 + y'^2}, \qquad P = y\sqrt{1 + y'^2},$$

et en posant $\dfrac{dy'}{dx} = y''$, il en résulte, d'après (1) et (2),

$$R' = -\frac{d.}{dx}\left(\frac{y'}{\sqrt{1 + y'^2}}\right) = -\frac{y''}{(1 + y'^2)^{\frac{3}{2}}}.$$

$$R = \sqrt{1 + y'^2} - \frac{d.}{dx}\left(\frac{yy'}{\sqrt{1 + y'^2}}\right) = \frac{1}{\sqrt{1 + y'^2}} - \frac{yy''}{(1 + y'^2)^{\frac{3}{2}}}.$$

On doit substituer ces valeurs dans la relation $R - cR' = o$; mais il est clair qu'en déplaçant l'origine de façon à remplacer y par $y + c$ on fait disparaître le terme $- cR'$: en multipliant le résultat par y' on trouve

$$\frac{y'}{\sqrt{1 + y'^2}} - \frac{yy'y''}{(1 + y'^2)^{\frac{3}{2}}} = o, \quad \text{ou} \quad \frac{d.}{dx}\left(\frac{y}{\sqrt{1 + y'^2}}\right) = o.$$

On en tire

$$m^2y^2 = 1 + y'^2,$$

m étant une constante arbitraire. Il en résulte deux solutions, pour lesquelles my est ou > 1 ou $< - 1$; les valeurs de y dans les deux cas sont évidemment les mêmes en signe contraire, et il suffit de considérer le premier. Nous poserons alors

$$my = \frac{1}{2}\left(z + \frac{1}{z}\right),$$

z étant une variable positive, car de la sorte my pourra prendre toutes les valeurs supérieures à 1. Il en résulte

$$\frac{1}{4}\left(z + \frac{1}{z}\right)^2 = 1 + \frac{1}{4m^2}\left(1 - \frac{1}{z^2}\right)^2\frac{dz^2}{dx^2};$$

ou

$$\frac{1}{4}\left(z - \frac{1}{z}\right)^2 = \frac{1}{4m^2z^2}\left(z - \frac{1}{z}\right)^2\frac{dz^2}{dx^2}, \qquad \frac{dz}{z} = \pm\, mdx,$$

et en remarquant que z est positif,

$$l(z) = \pm\, m(x - a), \qquad z = e^{\pm\, m(x - a)},$$

a étant une constante arbitraire. En substituant la valeur de z dans celle de y, on trouve

$$my = \frac{1}{2}\left(e^{m(x - a)} + e^{- m(x - a)} \right).$$

C'est l'équation connue de la chaînette.

La seconde solution, où le signe de y est changé, correspond à une chaînette renversée, pour laquelle y, serait maximum. On ne peut du reste la regarder comme une positoin d'équilibre d'un fil, sa tension en ce cas devant être négatie.

———

CHAPITRE VII

COMPLÉMENT DE LA DYNAMIQUE

110. Signification industrielle du travail. Transmission du travail par les machines. — Ce que nous désignons par le complément de la dynamique doit évidemment comprendre celle des systèmes non théoriques, et entre autres des corps déformables. Mais nous nous occuperons en premier lieu des machines; celles-ci sont en général à peu de chose près des systèmes théoriques; toutefois d'une part leur mouvement exact ne peut être déterminé par le calcul, et d'autre part leur adaptation à un but industriel nécessite des considérations spéciales.

Signification industrielle du travail. — Jusqu'ici ce mot a été défini comme un produit, ou une expression purement mathématique. On a donné à cette expression le nom de travail à cause de la propriété suivante ; *Lorsqu'on emploie les forces dans un but industriel, l'effet utile consiste toujours à faire parcourir à un point un certain espace malgré une résistance ou une force f qui s'oppose au mouvement, et la mesure de l'effet utile est le travail de cette force f,* lequel est négatif.

Si par exemple on monte un poids p à une hauteur h, le travail du poids est — ph, et l'effet utile, ou plutôt la valeur vénale de ce travail devient deux fois plus grande quand on double ou le poids ou la hauteur ; en effet, dans les deux cas on peut dire que c'est le même résultat répété deux fois. L'effet utile est donc mesuré par ph ou par le travail. Cette relation est encore plus évidente si on remarque qu'en montant le poids p d'une différence de niveau h, le travail est toujours — ph quel que soit le chemin suivi, et que l'effet utile ne dépend pas non plus de ce chemin.

De même si des chevaux tirent sur une route horizontale une voiture exigeant un effort f et lui font parcourir une distance l le travail de la force est — lf et la valeur vénale de l'effet est bien proportionnelle à l et à f ou à lf.

A cause de l'importance de cette notion de travail on emploie pour lui une unité spéciale, le *kilogrammètre.* Elle suppose que la force est évaluée en kilogrammes et l'espace en mètres.

Quelquefois on dit que *le travail est ce qui se paie ;* dans ce qui précède cette mesure vénale n'a été vérifiée qu'en comparant des travaux de même nature, mais elle sera bientôt généralisée.

Transmission du travail par les machines. — On nomme *machines* les appareils propres à transformer les forces pour les adapter à un usage industriel. On y distingue trois parties :

1° Le *récepteur* est la portion à laquelle est appliqué directement le *moteur* ou la force qui fait mouvoir la machine.

2° L'*opérateur* est l'ensemble des *outils* ou des pièces produisant l'effet industriel, agissant directement sur les corps que cet effet concerne.

3° Les pièces de *transmission* communiquent le mouvement du récepteur à l'opérateur.

Ce qui caractérise une machine au point de vue mécanique consiste en ce que le mouvement de toutes les pièces est uniforme, ou périodique à courtes périodes, et cela pendant un temps prolongé : c'est ce qu'on appelle le *mouvement permanent* de la machine, ou sa *marche de régime*.

Nommons T_m pendant une durée quelconque le travail positif dit *moteur*, et $-T_r$ le travail négatif dit *résistant*, tous deux étant ceux des forces extérieures seules. Si nous assimilons la machine à un système théorique, en négligeant les légères différences qui seront examinées plus tard, le principe des forces vives sera applicable, et en désignant par F la force vive totale de la machine, on aura entre deux époques quelconques

$$\text{accroiss}^t \ \frac{1}{2} \ F = T_m - T_r \, .$$

Au commencement de chaque période du mouvement tous les points de la machine reprennent la même position et la même vitesse, et F une même valeur F'.

1° Si les deux époques appartiennent au mouvement permanent, et sont des commencements d'une période, $\frac{1}{2} F$ est le même et la relation précédente devient $T_m = T_r$; tout le travail moteur se transforme en résistant ; c'est le principe de la transmission du travail. Il en est de même si l'on prend la première époque avant la mise en mouvement, la seconde après l'arrêt de la machine.

2° Si l'on prend la première époque avant la mise en mouvement, la seconde dans le mouvement permanent, on a

$$\frac{1}{2} \ F' - o = T_m - T_r \, ;$$

ainsi T_m doit avoir un excédent de $\frac{1}{2}$ F', employé à fournir la demi-force vive.

3° Si la pemière époque est dans le mouvement permanent, la seconde après l'arrêt de la machine, on a

$$0 - \frac{1}{2} F' = T_m - T_r , \qquad T_r = T_m + \frac{1}{2} F' ;$$

le travail résistant a un excédent de $\frac{1}{2}$ F', c'est-à-dire qu'après la suppression du moteur la machine travaille encore un certain temps par suite de son impulsion.

On exprime les deux derniers résultats en regardant la demi-force vive permanente *comme une quantité de travail emmagasinée,* fournie au commencement par le travail moteur, et qui se transforme à la fin en travail résistant.

La machine se déplace dans le sens que lui imprime le moteur ; le travail de celui-ci est donc positif ; le travail utile, comme on l'a vu, est négatif et forme la partie principale de $- T_r$. Par conséquent, si un même moteur est employé successivement à des usages industriels différents, et qu'on le fasse marcher de la même manière, T_m restera le même, et d'après la règle de transmission on en pourra dire à peu près autant du travail utile ; aussi, bien que ce travail soit de nature diverse, il correspondra sensiblement à une même dépense du moteur, ou aura la même valeur vénale, abstraction faite des frais d'établissement de la machine.

En supposant que le système soit à liaison complète, ce qui est le cas ordinaire, son unique condition d'équilibre est que la somme des travaux des forces extérieures soit nulle dans le mouvement réel, qui est alors le seul mode de déplacement possible. Ces forces ont ainsi la même relation que dans l'état de mouvement permanent. Toutefois cette assimilation suppose les frottements négligeables, et n'est pas fort exacte en pratique.

111. **Résistances passives.** — Nous allons énumérer les différentes sortes de travail dont se composent T_m, T_r, et cela en supposant d'abord que la machine soit un système théorique.

Les deux principaux sont le travail du moteur, positif, rentrant dans T_m, et le travail utile $— T_u$ effectué sur l'opérateur. Il y faut joindre le travail $— T_f$ des frottements, soit entre les corps de la machine, soit sur des corps extérieurs fixes. Nous trouverons les autres termes en énumérant toutes les forces qui peuvent agir sur le système. Ce seront ou la pesanteur, ou d'autres forces agissant à distance finie, ou des forces agissant au contact.

Forces à distance finie. — L'attraction universelle étant négligeable ce ne peut être que des actions électriques, qu'il faudrait évidemment comprendre parmi les forces extérieures, lors même qu'elles agiraient entre deux corps du système. Mais les cas où il en est ainsi forment un sujet d'étude spécial, et doivent être exclus de la recherche actuelle.

Pesanteur. — Si p est le poids d'un corps de la machine ayant un mouvement alternatif, et que son centre de gravité monte et descende tour à tour d'une hauteur verticale h, les travaux correspondants de la pesanteur sont ph, $— ph$, et se détruisent dans l'ensemble d'une période; il n'en résulte donc aucun terme dans T_m, T_r. Il en serait autrement si le corps descendait ou montait indéfiniment; mais cela n'arrive que s'il rentre dans le moteur, ou dans la résistance principale.

Forces au contact. Nous avons tenu compte des frottements : quant aux pressions leur travail n'entre dans l'équation des forces vives que si elles sont exercées par des corps extérieurs non immobiles. Or en excluant celles qui agissent sur le récepteur et l'opérateur, il ne restera évidemment de cette catégorie que la résistance de l'air ou en général du milieu dans lequel se meut la machine ; elle agit toujours en sens contraire du mouvement et par suite son travail que nous désignerons par $— t$ est constamment négatif.

Chocs. Nous devons encore tenir compte des cas où il y aurait

un changement brusque de force vive, c'est-à-dire une percussion ;
ce changement, comme on l'a vu au numéro 108 est en général une
diminution, ou du moins ne peut être une augmentation. Pour que
la force vive redevienne la même il faudra donc un excédent de
travail positif, et notre but étant de comparer le total du travail
moteur et du travail résistant pendant une longue durée, on voit
que pour les rendre égaux le second doit être augmenté ; ainsi on
devra ajouter un terme — T_c dû au choc, et égal à la moitié de la
diminution de force vive.

Résistances passives. — En résumé le travail positif T_m se réduit
à celui du moteur. Le négatif T_r est la réunion du travail utile T_u
et du travail T_p comprenant l'ensemble des autres; c'est le *travail
perdu*, ou le travail des *résistances passives*, nom qu'on donne aux
causes dont il provient, frottement, etc. Il se compose surtout de T_f,
travail du frottement, et nous pouvons grouper les autres en un
seul terme T_c, qui désignait précédemment l'effet des chocs, et dans
lequel nous ferons maintenant rentrer soit le travail t de la résistance du milieu ambiant, soit quelques autres termes peu considérables, mentionnés au numéro suivant.

La loi exacte du mouvement serait pour la plupart des machines
impossible à déterminer, mais dans la pratique la seule chose
essentielle à connaître est la répartition de T_m ou de son égal T_r
entre les deux portions T et T_p, c'est-à-dire la valeur de T_p ; le
rapport $\dfrac{T_u}{T_m}$ se nomme le *rendement* de la machine.

La portion T_f peut se calculer, du moins pour les frottements
principaux, connaissant la pression normale des deux solides et le
coefficient du frottement ; leur produit est son intensité f. Si l'un
des corps est immobile le travail est $f\delta$ pour un petit déplacement
relatif δ ; il en est encore de même quand les deux corps sont en
mouvement. En effet, dans une petite étendue nous
pouvons assimiler leurs surfaces à deux plans.
Supposons que des points I, I' de chacune, d'abord
en contact, décrivent simultanément IA, I'A', et

imaginons que le point I′ porte une pointe rayant le premier corps; la raie sur celui-ci partira du point I transporté en A et passera aussi en A′ où est la pointe; pour ce corps la direction de la raie ou du frottement est donc AA′; la projèction du chemin IA sur cette direction est —AB, et par suite —$f \cdot$ AB est le travail du frottement sur le premier corps; il est de même —$f \cdot$ A′B sur le second, ou en tout —$f \cdot$ AA′, c'est-à-dire —$f\delta$, le déplacement relatif δ étant évidemment AA′.

Le travail des autres résistances passives se déduit plutôt de l'expérience.

112. Effet des déformations. — Nous avons supposé que la machine était un système théorique; en général il n'en est pas exactement ainsi, et elle comprend des solides déformables; il serait impraticable de chercher les lois de leur déformation, mais il nous suffit d'en trouver l'effet en l'assimilant à une résistance passive.

1° *Supposons qu'un corps S de la machine soit parfaitement élastique.* — Pour nous borner aux cas usuels admettons que pendant une période du mouvement de la machine, ce corps, sans qu'aucune force extérieure autre que la pesanteur agisse sur lui, se déforme puis se reforme en repassant exactement par les mêmes positions. Soient P, P′ deux de celles-ci, supposées très voisines; puisqu'elles sont les mêmes dans les deux parties de la période, il faut admettre que les contacts avec d'autres corps, lesquels déterminent la forme du premier, sont aussi les mêmes. D'ailleurs le corps étant parfaitement élastique les forces normales des contacts, provenant de la déformation, ont la même valeur; ainsi soit que le corps se déforme ou se reforme, le travail des pressions normales, en passant de la position P à P′, ou de P′ à P, est le même en signe contraire; leur travail total est donc nul pendant une période entière.

Il en est ainsi pour le travail exercé par le corps S sur le reste du système ; par suite pendant une durée contenant un nombre entier de périodes on aura encore $T_m = T_r$ pour l'ensemble de la machine, de sorte qu'il ne résulte de la déformation du corps S aucune résistance passive.

En réalité tous les solides de la machine au point de vue physique sont déformables, et ils rentrent dans ce qui vient d'être dit en supposant que leur limite de parfaite élasticité ne soit pas dépassée. Nous avons vu par exemple au numéro 46 que pendant le mouvement le parallélogramme de Watt fausse légèrement la tige d'un piston dont le cylindre est fixe.

2° *Cas où un corps S de la machine a une élasticité imparfaite.* — Le mouvement étant périodique, nous ne devons pas supposer la déformation permanente. Si comme dans le cas précédent le corps se déforme et se reforme en passant par les mêmes positions, les forces développées à la surface sont plus énergiques pendant la déformation ; elles constituent pour le reste du système une résistance dont le travail sur lui est négatif ; celui-là l'emporte donc sur le travail positif pendant la période entière.

Souvent la déformation ne s'effectue pas de la manière simple que nous venons de considérer ; mais le résultat consiste toujours en une perte de travail ou un nouveau terme que nous faisons rentrer dans T_c.

Cette résistance passive se nomme la *raideur des cordes*. Elle se manifeste en particulier quand une corde passe sur une poulie fixe O. Le mouvement 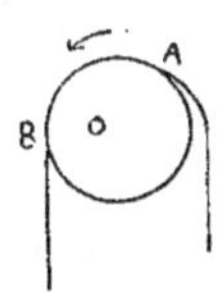 ayant le sens de la flèche, la corde en s'enroulant en A décrit un arc de courbe plus prononcé qu'en se déroulant en B. Quand il s'agit de communications de mouvement, il est avantageux de remplacer les cordes par des courroies ; mais il existe encore une perte de travail se manifestant sous une forme différente. 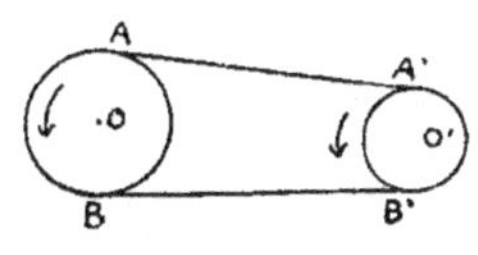

Si la roue motrice O transmet le mouvement à O′ dans le sens des flèches la portion AA′ de la courroie a une tension plus grande que BB′ et s'allonge davantage, de sorte qu'il y entre une masse moindre. Il en résulte un léger glissement de la courroie sur les roues, et la vitesse angulaire transmise à O′ se trouve en moyenne de 2 °/₀ plus faible que si l'on remplaçait la courroie par un fil rigoureusement inextensible.

3° *Vibrations.* — Au point de vue théorique nous avons vu qu'il n'y a pas de perte de force vive dans le choc de deux solides S, S′ parfaitement élastiques, mais cette perte existe si l'on tient compte de leur nature physique.

Une couche superficielle de S′, infiniment mince, étant comprimée par le choc, les forces élastiques qui produisent sa reformation partagent leur effort entre la surface de S qui est repoussée et les couches suivantes de S′ qui se compriment à leur tour en propageant un mouvement vibratoire ; par suite la répulsion exercée sur S est moins énergique que dans la première période du choc, comme dans le cas d'une élasticité imparfaite. Toute perte accidentelle de force vive dans une machine équivaut comme on l'a vu à un travail négatif, et la précédente constitue une résistance passive.

Son existence ne suppose pas nécessairement un choc proprement dit. L'imperfection inévitable des appareils de transmission, la nécessité d'y laisser un certain jeu, entraîne dans une certaine mesure des trépidations et des ballottements produisant le même effet, et il se manifeste entre autres par les vibrations acoustiques imprimées à l'air, ou par le bruit de la machine : toujours les vibrations se communiquent plus ou moins aux appuis, et se répandent au loin.

113. Moyens de régulariser le travail. Modérateurs, régulateurs et volants. — En général il importe de rendre la vitesse de la machine aussi uniforme que possible. Les inégalités auxquelles elle est exposée sont de deux espèces ;

les unes ont une période courte qui est celle du mouvement; les autres, dont nous nous occuperons en premier lieu sont à longue période et proviennent des variations accidentelles, soit du moteur soit du travail de l'opérateur. On y remédie par les distributeurs de matière, les modérateurs et les régulateurs.

Distributeurs de matière. — On nomme ainsi des appareils agissant directement sur le travail pour le rendre régulier.

S'il s'agit de l'opérateur et que le travail consiste à scier une pièce de bois, ce sera le mécanisme qui la fait avancer uniformément, de même s'il s'agit d'un moulin le distributeur fera arriver le blé régulièrement sous la meule, etc.

Les appareils analogues pour le moteur, par exemple pour une machine à vapeur, sont la pompe d'alimentation, les *trémies* qui distribuent également le combustible sous la chaudière, etc.

On voit que la machine met en mouvement les distributeurs avec une consommation de travail minime.

Modérateurs. — On nomme ainsi des dispositions propres à empêcher l'accélération du mouvement, en créant des résistances passives, de façon à entraîner une perte de travail. Dans les cas simples ils ont des formes très variées; tels sont par exemple les *freins* qui entretiennent l'uniformité du mouvement d'une voiture à une descente; les *déversoirs* d'un bassin, perdant une partie de la chute d'eau qu'il doit alimenter, dans le but d'entretenir l'eau à un niveau constant; les soupapes de sûreté qui perdent une quantité de vapeur capable sans cela d'effectuer du travail, etc.

Dans les lampes ordinaires le modérateur est un *obturateur* conique O fermant en partie le passage étroit AB par lequel monte l'huile, refoulée par un ressort. La petitesse du passage ainsi ouvert au fluide ralentit son mouvement et forme une résistance passive. A mesure que le ressort en se détendant perd de sa force, l'obturateur monte et laisse le passage plus libre.

Dans l'horlogerie, quand le but est la mesure du temps, et

qu'une grande régularité est nécessaire, le modérateur se nomme *échappement ;* il annule périodiquement la force vive au moyen d'un choc. Soit dans ces appareils soit en général dans les mécanismes que fait mouvoir la descente d'un poids, on emploie souvent le *modérateur à ailettes,* composé d'un petit arbre vertical A, tournant sur lui-même, et entraînant dans son mouvement des tiges horizontales, terminées par des palettes planes B. La résistance que leur oppose l'air croît rapidement avec la vitesse et maintient le mouvement uniforme.

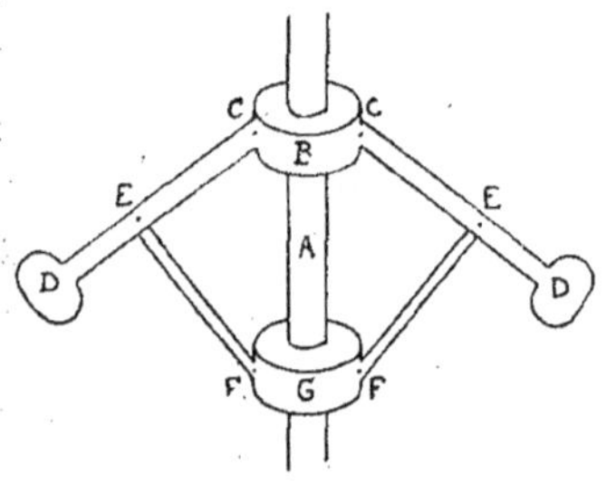

Régulateurs. — Les modérateurs précédents ont en général pour seul effet de prévenir un accroissement progressif de la vitesse. Outre qu'ils perdent du travail ils sont insuffisants pour remédier aux grandes inégalités du travail résistant, en particulier dans le cas suivant : Fréquemment dans une usine le moteur communique le mouvement à un arbre horizontal nommé *arbre de couche ;* celui-ci le transmet à une série d'ateliers au moyen de courroies enroulées sur des colliers placés sur l'arbre de distance en distance. Quand le travail d'un atelier s'interrompt une fourche saisit la courroie et la place à côté sur une *poulie folle* tournant seule sans éprouver de résistance, cette opération se nomme le *désembrayage,* et l'inverse l'*embrayage.*

Le travail de l'opérateur éprouve ainsi un changement soudain ; pour empêcher celui de la vitesse de la machine l'appareil le plus usité est le *régulateur à force centrifuge.* Dans sa forme primitive il se compose d'un petit arbre vertical A que la machine fait tourner rapidement sur lui-même. Un collier B qui lui est fixé entraîne dans son mouvement deux tiges symétriques CD qui ne peuvent que se mouvoir dans un plan vertical autour des points C. Elles sont soutenues par deux autres tiges qui leur sont articulées en E, et le sont d'autre part en F à un collier G pouvant glisser librement le long de l'arbre. Lorsque la vitesse s'accélère la force centrifuge fait écarter les boules massives D qui terminent les tiges, et le collier G en se relevant met en mouvement des leviers qui réduisent la section du conduit de vapeur, ou si le moteur est hydraulique, ferment en partie la *vanne* d'introduction de l'eau. Toutefois dans ce dernier cas il faut des dispositions spéciales pour que la résistance de la vanne ne soit pas trop grande.

On a perfectionné le régulateur en le rendant plus sensible; Foucault en particulier y a adapté un système de leviers rendant l'équilibre des boules presque indifférent, de sorte que le plus imperceptible changement de vitesse suffit pour les déplacer notablement.

Volants. — Les inégalités de courte durée ont pour période celle du mouvement, et proviennent de plusieurs causes. La machine étant un système à liaison complète, les vitesses de tous ses points sont proportionnelles à la vitesse angulaire ω de l'arbre, et les forces vives Σmv^2 de chaque solide à ω^2, de sorte que pour celle de la machine entière on a $F = A\omega^2$, le coefficient A étant indépendant de ω et ne changeant pas pour une même position de la machine; mais il varie avec cette position, c'est-à-dire pendant une période de mouvement, entre un maximum A' et un minimum A''; il en est ainsi du moins s'il existe des pièces ayant un mouvement alternatif.

C'est la vitesse ω qu'on doit rendre autant que possible uniforme, et on voit que la force vive ne peut en même temps être constante.

En outre le moteur et l'opérateur présentent fréquemment les mêmes inégalités périodiques; par exemple le travail de la vapeur sur un piston devient nul aux extrémités de sa course où sa vitesse est nulle.

On y remédie en partie en associant deux cylindres tels que

dans l'un le piston soit au milieu de sa course quand il est aux extrémités dans l'autre.

Mais on ne peut en général obtenir une uniformité suffisante qu'au moyen d'un *volant*.

C'est une roue massive, centrée sur l'arbre, auquel elle est fixée. Sa force vive est $C\omega^2$, C étant son moment d'inertie par rapport à l'axe de l'arbre. Voici comment on trouve la valeur à à donner à C, connaissant pour le reste de la machine les nombres A', A''.

Cas particulier. — Supposons T_m et T_r constamment égaux, de sorte que la force vive F de la machine reste invariable; elle était $A\omega^2$, et en comprenant le volant dans la machine, elle devient

$$F = (A + C)\omega^2 ;$$

C étant une constante, $A + C$ varie entre $A' + C$ et $A'' + C$, et si la vitesse angulaire ω est en même temps ω', ω'', les valeurs correspondantes de la force vive étant égales, on aura

$$(C + A')\omega'^2 = (C + A'')\omega''^2, \qquad \frac{\omega'}{\omega''} = \sqrt{\frac{A'' + C}{A' + C}} ;$$

par suite le rapport $\dfrac{\omega'}{\omega''}$ qui sans le volant était $\sqrt{\dfrac{A''}{A'}}$ sera devenu plus rapproché de l'unité, ce qui est le résultat demandé. Si par exemple on veut qu'aucune des vitesses ω', ω'' ne diffère de la moyenne de plus de $\dfrac{1}{30}$, on tirera C de l'équation

$$\frac{1 - \frac{1}{30}}{1 + \frac{1}{30}} = \sqrt{\frac{A'' + C}{A' + C}} .$$

Cas général. — C'est celui où il se produit pendant la période des excès de travail moteur ou résistant. Si par exemple $T_m - T_r$ augmente de δ, l'accroissement de la force vive $(C + A)\omega^2$ est 2δ, d'où résulte $\dfrac{2\delta}{C + A}$ pour celui de ω^2 ; il serait $\dfrac{2\delta}{A}$ s'il n'y avait pas

de volant. Celui-ci a donc encore pour effet de diminuer les variations de la vitesse ω.

114. Mesure du travail. Frein de Prony. — 1° *Tra-*
vail sur l'arbre. — Partageons la machine en deux parties, assimilées à deux machines distinctes. La première se composera du
récepteur, de l'arbre, et des pièces intermédiaires. La seconde
contiendra le reste, ou les opérateurs. Le travail T_a de ceux-ci
sur l'arbre forme le travail résistant de la première partie, tandis
qu'en le considérant comme exercé par l'arbre sur les opérateurs
il est en même temps le travail moteur de la seconde.

On a ainsi, par le principe de transmission,

$$T_m = T_a + T_{p'}, \qquad T_a = T_u + T_{p''},$$

$T_{p'}$ et $T_{p''}$ étant les portions du travail T_p des résistances passives
qui correspondent aux deux parties.

Ce travail se compose surtout des frottements; on l'atténue par
des enduits et aussi en diminuant l'espace décrit par les points
frottés, ou en rendant très petits les rayons des tourillons sur lesquels tournent l'arbre, les volants et les pièces massives. Ainsi en
comparant deux pièces de poids inégal, non seulement l'intensité
du frottement est en général à peu près proportionnelle au poids,
mais son travail varie dans un plus grand rapport, le tourillon
étant moindre pour la pièce la moins lourde. Les corps les plus
massifs se trouvant dans la première partie de la machine, il en
résulte que l'importance des frottements et en général des résistances passives est moindre dans la seconde, ou que $T_{p''}$ est très faible et T_a peu différent de T_u. Voici
comment on mesure T .

2° *Frein de Prony.* — Il se compose de deux pièces A de bois ou
de fonte, devant embrasser l'arbre
dont la coupe est figurée par O. On

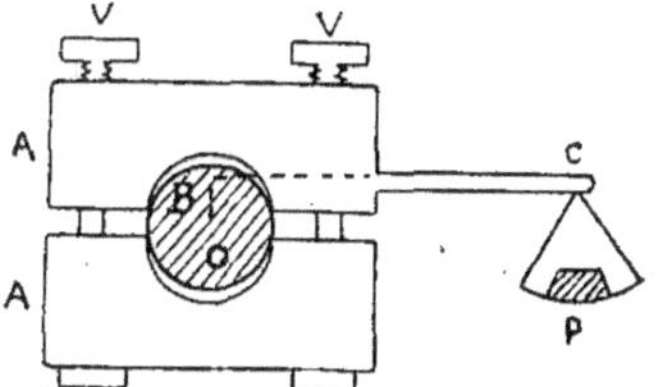

le presse au moyen de vis V en maintenant le frein immobile, et cela jusqu'à ce qu'en supprimant tous les opérateurs, et faisant agir le moteur dans les conditions ordinaires, la machine ait acquis sa vitesse de régime, par suite du frottement du frein sur l'arbre; de la sorte à cet instant le travail T_a de ce frottement est exactement égal à celui qu'exerce d'ordinaire l'opérateur.

Soit f l'intensité du frottement sur un élément de surface de l'arbre; pendant qu'il décrit un petit espace α le travail est $f\alpha$: pour tous les éléments frottants réunis, α leur étant commun, ce sera

$$\Sigma f\alpha = \alpha\Sigma f,$$

Σf désignant la somme numérique des frottements, qu'on peut regarder comme invariable.

Si on évalue T_a pour un tour de l'arbre les valeurs de α ne font que s'ajouter, formant $2\pi r$, r étant le rayon de l'arbre; on a donc

$$T_a = 2\pi r\Sigma f.$$

D'autre part, en continuant à maintenir le frein immobile, on place des poids P dans un plateau suspendu en C à l'extrémité d'un bras de levier fixé au frein, et cela jusqu'à ce que le frein abandonné à lui-même reste immobile. Il est alors un solide en équilibre ne pouvant que tourner autour de l'axe de l'arbre. Les forces agissant sur lui sont :

1° Le poids P dont le bras de levier R est CB prolongé jusqu'à la verticale du point O ; son moment par rapport à l'axe est PR. On pourrait y faire rentrer le poids de la tige CB s'il n'était pas négligeable.

2° L'autre force est l'ensemble des frottements élémentaires f exercés par l'arbre sur le frein, et dont chacun a pour bras de levier r et pour moment rf ; le moment total des frottements est donc $r\Sigma f$, et l'équilibre du frein exige qu'on ait

$$r\Sigma f = RP.$$

Substituant cette valeur dans $T_a = 2\pi r \Sigma f$ on trouve

$$T_a = 2\pi RP ,$$

et T_a est ainsi connu avec précision.

3° *Puissance d'une machine.* — L'unité de production est le *cheval* qui équivaut à 75 kilogrammètres par seconde ; la production d'une machine en chevaux s'appelle quelquefois sa *force*, d'une manière impropre. Pour que cette évaluation ne soit pas ambiguë il faut savoir si elle s'applique à T_m ou à T_u : la valeur de T_u qui est évidemment l'essentielle se nomme le nombre de chevaux *effectifs*. Toutefois la vérification de T_u, fort aisée si ce travail est l'élévation d'un poids, ou une traction continue comme celle d'une voiture, ne l'est pas dans la plupart des applications industrielles ; c'est alors le travail T_a mesuré par le frein qu'on prend pour T_u ; on a vu plus haut qu'ils diffèrent très peu.

Quant au travail moteur il faut remarquer que si la nature des opérateurs est infiniment variée il n'en est pas de même des récepteurs.

Nous laisserons de côté ceux où l'électricité est employée, et qui nécessitent des considérations spéciales ; nous mentionnerons plus loin les moteurs animés, pour lesquels l'évaluation de T_m est fort simple. Outre ceux-là il ne reste guère que les moteurs hydrauliques et les machines à vapeur, en y comprenant les machines à air chaud.

Pour avoir le travail $T_p = T_m - T_u$ perdu par les résistances passives il faut prendre pour T_m le travail sur le premier solide du récepteur, par exemple celui de la vapeur sur les pistons. Mais pour le rendement on doit tenir compte d'une autre sorte de perte de travail, provenant de ce que le récepteur ne tire pas du moteur tout le parti possible, et c'est en supposant celui-ci complètement utilisé qu'on évalue alors T_m.

Par exemple on nomme *travail nominal* d'une chute d'eau le produit de la hauteur de chute par le nombre de kilogrammètres d'eau écoulés, et sa puissance forme les *chevaux disponibles*. On verra au chapitre suivant que ce serait le travail moteur d'une machine utilisant la chute d'une façon parfaite. En conséquence, le rendement $\dfrac{T_u}{T_m}$ d'un moteur hydraulique se calcule en prenant pour T_m le travail nominal de la chute qui le traverse.

Pour des raisons analogues, dans une machine à vapeur, l'élément à considérer, au lieu du rendement, est le poids de charbon consommé par cheval effectif et par heure, poids très variable suivant la nature de la machine, à haute ou basse pression, etc., mais qui n'est toujours qu'un très petit nombre de kilogrammes.

On pourrait du reste trouver pour le rendement des valeurs diverses en remplaçant les calories, soit développées par la combustion du charbon, soit introduites dans l'eau, par leur équivalent en kilogrammètres.

4° *Moteurs animés.* — Il se présente pour ceux-là un élément nouveau ; la production est limitée par la fatigue ; de plus elle est influencée par le mode d'application. L'expérience a prouvé que des efforts plus énergiques mais intermittents ne sont pas avantageux au point de vue de la production ; un travail plus modéré mais soutenu est préférable. Il est évident que ce travail pourra être plus énergique s'il dure moins longtemps par jour ; mais pour qu'il puisse sans excès de fatigue se reproduire chaque jour, et soit en même temps le plus productif, il y a une certaine proportion que l'expérience a établi entre le nombre N de kilogrammètres produit par seconde, et le nombre H d'heures de travail par jour. Quelques-uns de ces nombres se trouvent dans le tableau suivant, pour des hommes ou des animaux de force moyenne.

1° *Travail d'un homme*	N.	H.
Montée de son propre poids	9,75	8
Poids élevés à la main	3,50	6
Poids élevés avec une pelle	1,08	10
Tirage horizontal	7,2	8

<table>
<tr><td colspan="2" align="center">2° Travail des animaux</td><td>N.</td><td>H.</td></tr>
<tr><td>Cheval attelé, au pas</td><td></td><td>63</td><td>10</td></tr>
<tr><td colspan="4">(Au trot, beaucoup moins en tout par jour)</td></tr>
<tr><td>Bœuf attelé à un manège</td><td></td><td>39</td><td>8.</td></tr>
</table>

On voit que le travail de l'homme est le plus considérable quand il ne monte que son poids. On l'utilise alors en faisant tourner un treuil au moyen d'une grande roue à chevilles; celles-ci sont disposées comme une sorte d'échelle qu'un homme monte constamment, faisant ainsi tourner la roue.

115. Vibrations longitudinales d'une tige élastique. — Les mouvements des corps élastiques rentrent dans la physique mathématique, et nous n'examinerons en détail que l'exemple précédent, le plus simple de tous. La tige est supposée homogène, prismatique à base quelconque, et nous la figurerons verticale. A l'état de repos la pression sur chaque section horizontale est normale et a une même valeur q rapportée à l'unité de surface, évidemment égale à la pression atmosphérique agissant sur la surface latérale; elle sera en tout qs sur la section, s étant son aire.

Nous admettrons que certains points soient déplacés par une cause quelconque, à l'instant initial où $t = o$, et reçoivent en même temps des vitesses, mais nous supposerons pour simplifier que ces déplacements et ces vitesses sont purement dans le sens vertical, et ont une valeur commune pour tous les points d'une même section.

Si celle-ci était infinie dans le sens horizontal, il n'y aurait aucune raison pour que dans le mouvement subséquent les particules prissent des vitesses horizontales dans un sens plutôt que dans l'autre; toutes seraient verticales; il n'y aurait pas non plus de raison pour qu'elles fussent différentes en deux points d'une même tranche. On pourrait partager le solide en tiges verticales d'une section limitée où il en serait de même; c'est l'une de celles-là

32

que nous considérons, de façon à supprimer les complications du mouvement qui pourraient provenir des surfaces latérales. En réalité du reste le résultat s'étendrait fort exactement à une tige isolée, et serait tout à fait rigoureux si elle consistait en une colonne d'air dans un tube rectiligne.

Prenons pour OZ la verticale supérieure, l'origine O étant intérieure à la tige. Dans l'état d'équilibre chaque section est caractérisée par l'ordonnée z qui lui correspond. Quand elle sera en mouvement, cette ordonnée deviendra $z + u$ et la quantité u, constante pour tous les points de la section d'après ce qui précède, correspondra à la fois à toutes les sections en la regardant comme une fonction de t et aussi de z. C'est l'inconnue à déterminer.

Cherchons d'abord les forces existant sur chaque section pendant le mouvement. Si une longueur $MM' = l$ de la tige à l'état d'équilibre devient plus tard $l(1 + \delta)$ il se produit dans cette portion une tension longitudinale proportionnelle à δ et à la section s; sa valeur est ainsi $ks\delta$, k étant un nombre de kilogrammes propre à chaque substance, nommé le *coefficient d'élasticité*. Soient z, z' les ordonnées des sections M, M'; on aura $l = z' - z$; à l'état de mouvement, si u, u' correspondent à z, z' la distance deviendra

$$l(1 + \delta) = z' + u' - z - u = (z' - z)\left[1 + \frac{u' - u}{z' - z}\right],$$

et puisque $z' - z = l$, on en tire

$$\delta = \frac{u' - u}{z' - z}.$$

Pour avoir la tension en M nous devons supposer l ou $z' - z$ très petit; on aura donc $\delta = \left(\dfrac{du}{dz}\right)$; c'est une dérivée partielle où t est supposé constant, car c'est à un même instant que l'on compare ainsi les valeurs de u et u'. Il en résulte $ks\left(\dfrac{du}{dz}\right)$ pour la tension sur la section, force en vertu de laquelle l'une des portions qu'elle sépare attire l'autre quand $\left(\dfrac{du}{dz}\right)$ est positif ; mais elle ne fait que se composer avec la pression qs qui existait à l'état d'équilibre, et exprimait non une tension, mais une pression. On aura donc en tout

$$P = - \, qs + ks \left(\dfrac{du}{dz}\right)$$

pour la tension sur une section.

On peut remarquer que si la tige se terminait quelque part par une section à l'air libre, P en ce point se réduirait à la pression atmosphérique et l'on aurait $P = -qs$; ainsi $\left(\dfrac{du}{dz}\right)$ devrait être nulle à cette extrémité. Si au contraire la tige se terminait à une section complètement fixe on aurait en ce point $u = o$.

Soit maintenant à l'état d'équilibre ρ la densité, rapport de la masse au volume, et considérons de nouveau la tranche comprise entre les sections M, M' et ayant pour épaisseur $z' - z = l$; son volume sera ls et sa masse $m = \rho ls$. Celle-ci ne change pas à l'état de mouvement et il est alors exercé au-dessous suivant MM une tension ou attraction P, et une autre P' suivant M'M'. En nommant z_1 l'ordonnée du centre de gravité de la tranche on aura donc, en négligeant son poids,

$$m \, \frac{d^2 z_1}{dt^2} = P' - P \; ;$$

substituant $m = \rho sl = \rho s(z' - z)$ il en résulte, en supposant la tranche très mince

$$\frac{d^2 z_1}{dt^2} = \frac{1}{\rho s} \cdot \frac{P' - P}{z' - z} = \frac{1}{\rho s} \left(\frac{dP}{dz}\right).$$

Ici $\left(\dfrac{dP}{dz}\right)$ est encore une dérivée partielle, P et P' étant comparés au même instant. La tranche étant infiniment mince, z_1 se confond avec l'ordonnée $z + u$ de la section MM, et $\dfrac{d^2 z_1}{dt^2} = \left(\dfrac{d^2 u}{dt^2}\right)$.

C'est encore une dérivée partielle, u correspondant à une section MM ou une valeur de z toujours la même. En substituant la valeur de P on aura donc

$$\left(\frac{d^2u}{dt^2}\right) = \frac{1}{\rho s}\left(\frac{dP}{dz}\right) = \frac{1}{\rho s} \cdot ks\left(\frac{d^2u}{dz^2}\right),$$

qu'on peut écrire

$$\left(\frac{d^2u}{dt^2}\right) = a^2\left(\frac{d^2u}{dz^2}\right), \text{ où } a = \sqrt{\frac{k}{\rho}}.$$

C'est une équation aux dérivées partielles qu'il faut intégrer. On suppose données pour $t = o$ les valeurs de u et de la vitesse $\frac{du}{dt}$, et cela pour tous les points de la tige ; ce seront

$$u = f(z), \qquad \frac{du}{dt} = a\varphi(z),$$

f et φ étant des fonctions arbitraires données ; elles sont constantes pour tous les points d'une même section comme on l'a supposé. Posons

$$x = z + at, \qquad x' = z - at.$$

Si l'on prend pour u la valeur $u = F(x)$, F étant une fonction quelconque, et $F'(x)$, $F''(x)$ ses dérivées, on aura

$$\frac{du}{dt} = F'(x)\frac{dx}{dt} = aF'(x), \qquad \frac{d^2u}{dt^2} = a^2F''(x),$$

et comme de même $\frac{d^2u}{dz^2} = F''(x)$ la valeur $u = F(x)$ satisfait l'équation

$$\frac{d^2u}{dt^2} = a^2\frac{d^2u}{dz^2}.$$

Il en serait de même de la valeur $u = F_1(x')$, F_1 étant une autre fonction quelconque, car on n'a fait que remplacer a par $-a$ ou x par x'. L'équation sera donc aussi satisfaite en prenant

$$u = F(x) + F_1(x').$$

Or on peut disposer de F, F, de manière à satisfaire les conditions initiales. En désignant leurs dérivées par F', F',, on aura

$$\frac{du}{dt} = aF'(x) - aF_1'(x') \, ,$$

et comme $x = x' = z$ pour $t = o$ les conditions

$$u = f(z), \qquad \frac{du}{dt} = a\varphi(z)$$

deviennent

$$F(z) + F_1(z) = f(z), \qquad aF'(z) - aF_1'(z) = a\varphi(z) \, .$$

Désignant par $f'(z)$ une quelconque des valeurs de

$$\int \varphi(z)dz \, ,$$

la seconde équation pourra être remplacée par

$$F(z) - F_1(z) = f'(z) + C \, ,$$

C étant une constante arbitraire. Cette équation et la première donnent

$$F(z) = \frac{1}{2} f(z) + \frac{1}{2} f'(z) + \frac{C}{2}, \quad F_1(z) = \frac{1}{2} f(z) - \frac{1}{2} f'(z) - \frac{C}{2} \cdot$$

Supposons la tige indéfinie dans les deux sens ; les seconds membres, sauf la constante C, seront alors connus pour toutes les valeurs de z et par suite les équations resteront exactes en remplaçant z par x dans la première, par x' dans la seconde. Substituant les valeurs de $F(x)$, $F_1(x')$ dans celle de u on aura

$$u = F(x) + F_1(x') = \frac{1}{2} f(x) + \frac{1}{2} f(x') + \frac{1}{2} f'(x) - \frac{1}{2} f'(x') \, ,$$

et la constante C disparaissant la solution est complète et bien déterminée.

Interprétation du résultat. — Supposons l'ébranlement initial

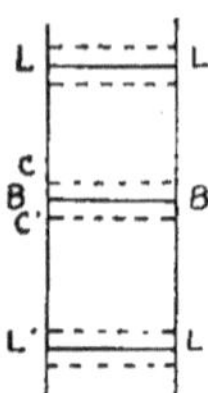

circonscrit dans une tranche CC' comprise entre deux sections d'ordonnées $h \pm e$, celle de BB étant h. Alors les fonctions $f(z)$, $\varphi(z)$ seront nulles quand z est non compris entre $h \pm e$; quant à $f'(z)$, comme en dehors de ces limites sa dérivée $\varphi(z)$ est nulle, elle sera elle-même constante; on pourra la choisir de façon qu'elle soit nulle pour $z < h - e$; alors elle aura quand $z > h + e$ une valeur constante α, qui sera

$$\alpha = \int_{h-e}^{h+e} \varphi(z)dz \ .$$

Cherchons maintenant le mouvement après un temps déterminé t; portons $BL = BL' = at$, et regardons LL, $L'L'$ comme les sections moyennes de tranches d'épaisseur $2e$.

Si l'on supposait u exprimé par le seul terme $\frac{1}{2} f(x)$, on aurait $u = 0$, à moins que x ou $z + at$ ne fût compris entre $h \pm e$; or $z - h$ est l'ordonnée d'une section quelconque, comptée de l'origine B au lieu de O; $z - h + at$ ou $x - h$ est la même comptée au-dessus de L'. Pour que u ne soit pas nul il faut que celle-là ou $x - h$ soit comprise entre $\pm e$, ou que la section M soit intérieure à la tranche L'. Les points de cette tranche sont donc seuls écartés de l'état d'équilibre. Quand t augmente de même que BL', la position de la tranche descend; elle forme donc une onde limitée; celle-ci est à chaque instant la portion non immobile de la tige. L'onde descend avec une vitesse uniforme a.

De même si l'on réduisait u à $\frac{1}{2} f(x')$, il n'y aurait de mouvement en M qu'en supposant $x' - h$ ou $z - at - h$ compris entre $\pm e$; or $z - h - at$ est l'ordonnée de M comptée de L, et l'on voit que les points de la tranche L seraient seuls en mouvement. Cette tranche serait une onde montant avec la vitesse uniforme a.

En prenant pour u la somme $\frac{1}{2} f(x) + \frac{1}{2} f(x')$, les mouvements précédents s'ajouteraient algébriquement, d'où résulteraient les deux ondes précédentes se propageant simultanément.

Nous devrions y ajouter les mouvements qui correspondent aux deux autres termes $\frac{1}{2} f'(x) - \frac{1}{2} f'(x')$, et il est clair que les deux mêmes ondes existeront encore, avec des intensités différentes ; il reste à chercher comment le phénomène est modifié en dehors des ondes, c'est-à-dire dans les trois positions suivantes de la section :

1° Elle est au-dessus des deux ondes ; alors

$$x > h + e, \qquad x' > h + e.$$

2° Elle est au-dessous de toutes deux :

$$x < h - e, \qquad x' < h - e.$$

3° Elle est entre les deux ondes, et en remarquant que $x > x'$, il en résulte

$$x > h + e, \qquad x' < h - e.$$

Or par hypothèse $f'(x) = \alpha$ ou o suivant que $x > h + e$ ou $< h - e$; il en est de même de $f'(x')$, et par suite en bornant u aux deux termes $\frac{1}{2} f'(x) - \frac{1}{2} f'(x')$, les autres étant nuls dans les trois positions, on aura dans la première $u = \frac{1}{2} \alpha - \frac{1}{2} \alpha$; dans la seconde $u = o - o$; dans la troisième $u = \frac{1}{2} \alpha - o$.

Il faut remarquer qu'en imprimant des vitesses initiales on produit sur le corps l'effet d'une impulsion. Celle-ci doit entraîner un mouvement du centre de gravité ; de là provient le déplacement permanent $\frac{1}{2} \alpha$ qui succède au passage des deux ondes et affecte la portion de la tige comprise entre elles ; les portions que les ondes n'ont pas encore atteintes restent à l'état naturel.

On peut remarquer aussi que le fait de la propagation du mouvement était d'avance évident, mais le calcul seul pouvait nous apprendre que cette propagation avait la forme d'ondes limitées, dans lesquelles le mouvement suit constamment les mêmes lois.

Cas où la tige se termine à l'origine par une section fixe infé-rieure. — Nous supposons que l'espace ébranlé ou la tranche comprise entre les ordonnées $h \pm e$ soit entièrement supérieur à l'origine, et pour simplifier nous admettrons aussi que la cons-tante α est nulle.

Les fonctions $f(z)$, $f'(z)$ sont données seulement pour tous les points de la tige, ou quand z est positif. Alors par les conditions initiales nous connaîtrons $F(x)$, $F_{,}(x')$ seulement pour les valeurs positives de x, x' ; elles seront nulles à moins que x ou x' ne soit compris entre $h \pm e$. D'ailleurs x n'est jamais négatif ; mais x' peut l'être et en ce cas $F_{,}(x')$ serait arbitraire sans la condition $u = o$ pour $z = o$ énoncée précédemment ; comme alors $x = at$, $x' = -at$ il en résulte

$$F(at) + F_{,}(-at) = o \; ;$$

il doit en être ainsi quel que soit at, et de la sorte quand x' aura une valeur négative $-x''$ on devra prendre $F_{,}(-x'') = -F(x'')$. Or $x'' = -x' = at - z$. Cette condition peut se réaliser plus simplement en admettant que $F_{,}(x')$ est nulle pour toute valeur négative de x', mais augmentant u d'un troisième terme $-F(x'')$, nul aussi quand x'' est négatif, x'' ayant pour valeur $at - z$. Quant aux valeurs positives de x', x'', nous savons déjà que $F_{,}(x')$, $F(x'')$ sont nuls à moins que x', x'' soient compris entre $h \pm e$. On aura ainsi

$$u = F(x) - F(x'') + F_{,}(x') .$$

En réduisant u à $F_{,}(x')$ le mouvement est encore représenté par l'onde L ; pour $u = F(x)$ c'est l'onde L' tant qu'elle ne sort pas de l'espace occupé par la tige. Quant à $F(x'')$ la condition pour qu'il ne soit pas nul est que x'' ou $at - z$ soit compris entre $h \pm e$, ou que $at - z - h$ le soit entre $\pm e$, auquel cas il en sera de même de $z + h - at$ ou $x' + h$; elle signifie donc que M soit compris dans l'onde supérieure envoyée par une couche ébranlée dont la section moyenne aurait pour ordonnée — h au lieu de h, et n'existerait donc pas matériellement. Cette onde atteindrait l'origine en même temps que l'onde L′, et commencerait à exister dans la tige et s'y propager en montant, en même temps que l'autre disparaîtrait. Ce serait ainsi l'onde L′ réfléchie par l'origine. Son intensité est exprimée par la même fonction F, mais les déplacements correspondants sont inversés, le terme $F(x'')$ ayant le signe —.

116. Emploi du principe de d'Alembert. — En général dans un corps élastique des conditions d'équilibre correspondent à chaque élément de masse, et en désignant par X, Y, Z les projections de la force extérieure f agissant sur l'un d'eux, elles ont la forme

$$X + G = 0, \qquad Y + G' = 0, \qquad Z + G'' = 0 ,$$

les quantités G, G′, G″ dépendant des variables qui définissent la déformation du corps ; elles expriment donc les forces ou pressions exercées par les éléments de masse voisins. S'il n'y a pas équilibre la force totale agissant sur l'élément a pour projections X + G, etc., et par suite, x_1, y_1, z_1 étant les coordonnées de son centre de gravité, les équations de son mouvement sont

$$m \frac{d^2 x_1}{dt^2} = X + G, \text{ etc. },$$

et pourraient ainsi se déduire des conditions d'équilibre en remplaçant X, Y, Z par $X - m \frac{d^2 x_1}{dt^2}$, etc. Cette déduction est conforme au principe de d'Alembert, mais résulte immédiatement des équations du mouvement d'un point matériel, et toute considération des forces perdues ou des forces d'inertie est superflue dans le cas actuel. Au numéro précédent par exemple, où l'élément était une tranche, nous avons égalé de suite $m\,\dfrac{d^2u}{dt^2}$ aux forces verticales agissant sur la tranche.

Application aux oscillations transversales d'une tige élastique. — En conservant les données et les notations du numéro 35 nous avons trouvé

$$\frac{k\omega\lambda^2}{\rho} = \mu$$

entre autres conditions pour l'équilibre de la portion EFH de la tige comprise entre la section droite quelconque EF et la section terminale H ; μ est la somme des moments des forces extérieures agissant sur cette portion par rapport au point G, et pour le filet moyen ρ est le rayon de courbure en G ; k est le coefficient d'élasticité, ω la section de la tige et λ^2 une constante du même ordre de grandeur.

Nous avions ensuite examiné le cas où une force extérieure unique était appliquée en H ; mais dans la recherche actuelle nous devons supposer qu'il en agit une sur tous les éléments de masse ; pour ceux-ci d'ailleurs nous avons pris des tranches comprises entre deux sections normales très voisines. En ne considérant que les forces verticales, soit Yds celle qui agit sur un élément interceptant la longueur ds du filet moyen, Y étant une fonction donnée de l'abcisse x de la tranche. En remplaçant μ par la somme des moments de ces forces nous aurons

$$\frac{k\omega\lambda^2}{\rho} = \Sigma Y'ds(x' - x),$$

la somme Σ s'étendant à toutes les tranches comprises entre EF et H ; x correspond à EF ; x' à la tranche quelconque ; Y' est ce que devient Y en y remplaçant x par x'.

Toutefois en négligeant le carré du rapport $\dfrac{dy}{dx}$ supposé très petit on a $\dfrac{1}{\rho} = \dfrac{d^2y}{dx^2}$, et en outre $ds = dx'$, d'où

$$k\omega\lambda^2\frac{d^2y}{dx^2} - \int_x^a Y'(x' - x)dx' = 0 ,$$

a étant la valeur de x en H.

Cette condition d'équilibre n'a pas la forme convenable, Y restant sous le signe $\int$; on doit la remplacer par sa dérivée par rapport à x, ou

$$k\omega\lambda^2\frac{d^3y}{dx^3} + \int_x^a Y'dx' = 0.$$

Celle-ci toutefois n'équivaut pas à l'équation primitive, mais à cette équation avec l'addition d'un terme constant ; il faut donc y joindre comme condition complémentaire ce que devient l'équation primitive pour une valeur particulière de x, et nous prendrons pour celle-là $x = a$; la condition à joindre à la dérivée ci-dessus sera donc $\frac{d^2y}{dx^2} = 0$ pour $x = a$. Quant à cette dérivée, où Y entre encore sous le signe $\int$, on devra de nouveau la remplacer par sa dérivée relative à x, en y joignant ce qu'elle devient pour $x = a$. c'est-à-dire par

$$k\omega\lambda^2\frac{d^4y}{dx^4} - Y = 0, \quad x \text{ étant quelconque} ,$$

et

$$\frac{d^3y}{dx^3} = 0 \text{ pour } x = a .$$

On trouverait des relations analogues pour la composante X de la force extérieure ; mais pour connaître la loi des vibrations transversales, la précédente nous suffit ; y correspondant au centre de gravité de la tranche, on doit remplacer Ydx par Y$dx - m\frac{d^2y}{dt^2}$ m étant la masse de la tranche ; si D est sa densité on a $m = \omega Ddx$, et par suite Y doit être remplacé par $Y - \omega D\frac{d^2y}{dt^2}$; nous supposerons d'ailleurs ensuite $Y = o$, ce qui donnera pour équation du mouvement

$$k\omega\lambda^2 \frac{d^4y}{dx^4} + \omega D \frac{d^2y}{dt^2} = o, \quad \text{ou} \quad \frac{d^2y}{dt^2} + b^2 \frac{d^4y}{dx^4} = o,$$

en posant $\dfrac{k\lambda^2}{D} = b^2$; il y faut joindre les conditions particulières

$$\frac{d^2y}{dx^2} = o. \qquad \frac{d^3y}{dx^3} = o,$$

pour $x = a$, et en outre

$$y = o, \qquad \frac{dy}{dx} = o,$$

pour $x = o$, la tige étant encastrée à l'origine. Cette équation et d'autres analogues ont été intégrées en série par Poisson ; la démonstration rigoureuse de ces solutions résulte de théorèmes généraux donnés par Cauchy.

Inutilité des conditions d'équilibre relatives aux moments ; exemple d'un fil élastique. — C'est par extension qu'au numéro 35 nous avons pris pour éléments des tranches qui n'étaient infiniment petites que dans le sens de l'épaisseur. Communément un élément de masse l'est dans les trois dimensions. Par définition, ces éléments sont assez petits pour qu'en considérant l'équilibre du corps dont ils font partie toute force agissant sur l'un d'eux puisse être regardée indifféremment comme appliquée à tout point de son intérieur, par exemple à son centre de gravité ; dès lors il suffit pour l'équilibre de l'élément que les sommes des projections des forces agissant sur lui soient nulles, car les forces étant appliquées au même point seront alors détruites, et les sommes des moments s'annuleront d'elles-mêmes.

Cette réduction s'étend aux équations du mouvement ; en remplaçant X, Y, Z par $X - m \dfrac{d^2x_1}{dt^2}$, etc., on aura seulement les valeurs de $\dfrac{d^2x_1}{dt^2}$, etc., sans aucune équation concernant la rotation de l'élément ; et, en effet, l'état de mouvement d'un corps élastique est entièrement déterminé si l'on connaît celui du centre de gravité de chaque élément.

Au numéro 33 par exemple nous avons trouvé pour condition d'équilibre d'un fil flexible.

$$d.(\text{T}\cos\alpha) + \text{X}ds = o\,,$$

T étant la tension, et deux autres seulement, parce que l'élément de longueur ds est infiniment petit en tous sens, et le point d'application de la force extérieure indéterminé sur cette longueur. Il est clair que ces mêmes équations exprimeraient encore les conditions d'équilibre si le fil était élastique, c'est-à-dire non seulement flexible, mais extensible. Pour en déduire la première équation du mouvement, x, y, z étant les coordonnées d'un point de l'élément, il faut remplacer Xds, première composante de la force extérieure par $-m\,\dfrac{d^2x}{dt^2}$, en supposant ensuite la force nulle ; en nommant c la masse de l'unité de longueur du fil à l'état naturel, et λ la longueur alors occupée par l'élément qui devient plus tard ds, on aura $m = c\lambda$. L'équation deviendra ainsi

$$d.(\text{T}\cos\alpha) - c\lambda\,\frac{d^2x}{dt^2} = o\,,$$

dans laquelle en outre T est une fonction de l'extension.

Application aux cordes vibrantes. — Supposons que le fil à l'état naturel soit tendu avec une force h entre deux points fixes A, B, et qu'on l'écarte légèrement de cette position. En prenant A pour origine, AB pour axe des x, chaque point M du fil sera défini par la valeur de x qui lui correspond dans l'état naturel, et nous désignerons par $x + u, y, z$, ses coordonnées variables pendant le mouvement, de sorte que u, y, z seront fonctions à la fois de x et de t ; ainsi dans la première équation du mouvement $\dfrac{d^2x}{dt^2}$ doit être remplacé par $\dfrac{d^2u}{dt^2}$. Si x', u', y', z' correspondent au point

510

M', de sorte que $x' - x = dx$, $u' - u = du$, etc., on aura pour la distance $MM' = ds$

$$ds^2 = (x' + u' - x - u)^2 + (y' - y)^2 + (z' - z)^2 =$$

$$= dx^2 \left[\left(1 + \frac{du}{dx} \right)^2 + \left(\frac{dy}{dx} \right)^2 + \left(\frac{dz}{dx} \right)^2 \right],$$

d'où

$$\cos \alpha = \frac{dx + du}{ds}, \qquad \cos \beta = \frac{dy}{ds}, \qquad \cos \gamma = \frac{dz}{ds}.$$

Nous considèrerons $\frac{du}{dx}, \frac{dy}{dx}, \frac{dz}{dx}$ comme de très petits rapports, et en négligeant les termes qui les contiennent à un degré supérieur au premier, nous aurons

$$ds = dx \left(1 + \frac{du}{dx} \right), \qquad \cos \alpha = 1, \qquad \cos \beta = \frac{dy}{dx}, \qquad \cos \gamma = \frac{dz}{dx}.$$

La longueur primitive dx de l'élément étant devenue ds ou $dx \left(1 + \frac{du}{dx} \right)$, $\frac{du}{dx}$ est l'allongement relatif, auquel l'accroissement de la tension est proportionnel. Par conséquent

$$T = h + g \frac{du}{dx},$$

g étant une constante. On a ainsi

$$T \cos \alpha = h + g \frac{du}{dx}, \qquad T \cos \beta = h \frac{dy}{dx}, \qquad T \cos \gamma = h \frac{dz}{dx}$$

En substituant ces valeurs dans l'équation

$$d.(T \cos \alpha) - c\lambda \frac{d^2 u}{dt^2} = 0$$

et ses analogues, remplaçant λ par dx, on trouve

$$\frac{d^2 u}{dt^2} = a^2 \frac{d^2 u}{dx^2}, \qquad \frac{d^2 y}{dt^2} = b^2 \frac{d^2 y}{dx^2}, \qquad \frac{d^2 z}{dt^2} = b^2 \frac{d^2 z}{dx^2},$$

où $a^2 = \dfrac{g}{c}$, $b^2 = \dfrac{h}{c}$. Ces équations aux dérivées partielles sont pareilles à celle que nous avons intégrée au numéro précédent; mais la même méthode ne peut être suivie actuellement; nous avons vu que si la tige se terminait à une section fixe, l'onde était réfléchie, mais s'il y en a deux en A et B la répétition des réflexions en chacun d'eux donne au mouvement une forme périodique fort différente; il s'exprime alors au moyen de ce qu'on nomme la série de Lagrange, que nous n'exposerons pas ici.

Les vibrations longitudinales d'une tige élastique terminée en deux points fixes, celles de l'air contenu dans un tuyau fermé, rentrent aussi dans ce qui précède.

117. Relations fondamentales entre les pressions intérieures d'un corps. — La pression sur un plan limité P signifie comme nous savons l'ensemble des forces du contact exercées par la portion du corps située d'un premier côté du plan sur celle qui est située de l'autre, et pour simplifier nous supposerons toujours cette dernière du côté où l'on mène la normale au plan. Les forces du contact sont projetées sur trois axes rectangulaires, ce qui donne les pressions suivant trois directions.

Chacune de ces composantes dépend de l'aire plane sur laquelle elle s'exerce, et lui est sensiblement proportionnelle quand cette aire est petite; en effet, elle est la même pour deux aires voisines égales et très petites. Le rapport de la pression à l'aire supposée infiniment petite se nomme la pression rapportée à l'unité de surface.

Soit M le point pour lequel nous voulons évaluer les pressions ou par lequel nous menons une petite aire plane; si sa normale est parallèle à l'axe des x et de même sens, les projections de la pression sur les axes rapportées à l'unité de surface, seront désignées par p_{xx}, p_{xy}, p_{xz}; ce seront de même p_{yx}, p_{yy}, p_{yz}, si la normale à l'aire plane est parallèle à l'axe des y, et p_{zx}, p_{zy}, p_{zz} si elle l'est à l'axe des z. Comme on l'a vu plus haut, ces forces sont exercées sur la portion du corps située, par rapport à l'aire plane, du côté des coordonnées positives.

Chaque expression p_{xx}, etc , est une fonction continue des coordonnées x, y, z du point M ; en effet, si par exemple p_{zz} était différent pour deux plans infiniment voisins parallèles à celui des xy, cette différence, c'est-à-dire une force finie, agirait sur la masse infiniment petite comprise entre les plans, et lui donnerait une vitesse infinie.

Les relations entre les pressions qui forment l'objet de ce numéro se rattachent à la dynamique et non à la statique, parce que le corps peut être en repos ou en mouvement ; elles restent exactes quel que soit ce corps, ou s'étendent à un système matériel quelconque, pouvant être hétérogène, élastique ou fluide. Elles ne cesseraient même pas d'avoir lieu si le mouvement supposé consistait dans la déformation permanente d'un corps mou.

On le reconnaîtra, dans toutes les démonstrations qui suivent, à ce qu'elles sont basées sur le principe du mouvement du centre de gravité ou sur celui des aires, ayant tous deux cette généralité.

Première propriété. — *Soient p'_x, p'_y p'_z les trois composantes de la pression en M sur un plan P dont la normale ML fait avec les axes les angles λ, μ, ν, la pression étant comme ci-dessus exercée sur la portion du corps située du côté de cette normale ; on aura*

$$(\text{A}) \quad \begin{cases} p'_x = p_{xx} \cos \lambda + p_{yx} \cos \mu + p_{zx} \cos \nu, \\ p'_y = p_{xy} \cos \lambda + p_{yy} \cos \mu + p_{zy} \cos \nu, \\ p'_z = p_{xz} \cos \lambda + p_{yz} \cos \mu + p_{zz} \cos \nu. \end{cases}$$

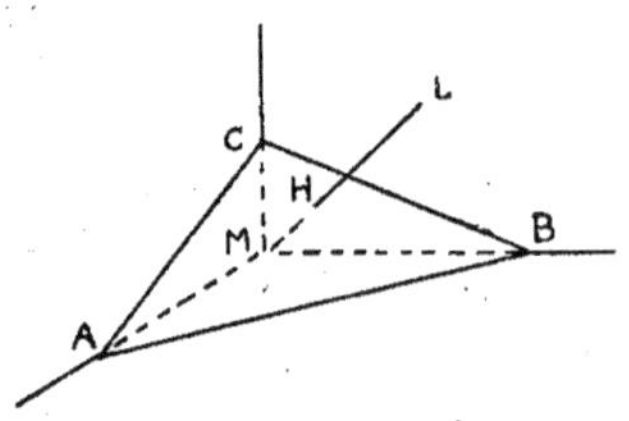

Démonstration. — Menons le plan ABC parallèle à P à une très petite distance et du côté de la normale ML ; soient H, A, B, C les points où il coupe cette normale, et des parallèles aux axes menées par le point M. En supposant le corps en mouvement soient x_1, y_1, z_1 les coordonnées du centre de gravité de la masse m comprise, à l'instant que l'on considère, dans le tétraèdre MABC ; on aura

$$m \frac{d^2 x_1}{dt^2} = \Sigma X \ ,$$

ΣX étant la somme des projections des forces qui agissent sur la masse ; la distance MH, jusqu'ici arbitraire, sera supposée décroître jusqu'à o, et pour un instant nous laisserons de côté dans l'équation précédente tous les termes qui par rapport à MH seraient alors au moins du troisième degré. Il en est ainsi du volume et de la masse m du tétraèdre, et par suite des termes X dus à des forces extérieures autres que les pressions, ces forces variant sensiblement comme la masse ; de la sorte, en négligeant les termes du troisième degré, on aurait $\Sigma X = o$, la somme ne s'étendant qu'aux pressions exercées sur le tétraèdre.

Pour celles qui agissent sur chaque élément de la face MAB, rapportées à l'unité de surface, on peut prendre partout la même valeur qu'en M ; l'erreur commise sur cette pression en effet serait du premier degré, et s'exercerait sur tous les éléments d'une aire qui est du second ; l'erreur totale serait ainsi du troisième ; cette remarque s'étend aux faces MAC, MBC. Pour la même raison on peut attribuer aux composantes des pressions sur ABC les mêmes valeurs que pour le plan P mené en M, ou p'_x, p'_y, p'_z.

Soit maintenant X_1 la valeur de ΣX après ces réductions, et s l'aire ABC ; le terme de X_1 correspondant à la pression sur ABC est $- sp'_x$, en remarquant qu'elle était désignée par sp'_x quand elle s'exerçait sur la portion du corps située du côté de HL, ou extérieure au tétraèdre. Pour une autre face, par exemple MAC, son aire étant s', la pression exercée sur la masse intérieure, ou le terme de X_1, est de même $+ s'p_{yx}$ si MB a le sens des y positifs ; μ est alors aigu et c'est le dièdre des plans BAC, MAC, d'où $s' = s \cos \mu$; ce terme devient ainsi $sp_{yx} \cos \mu$; il conserve la même

514

forme quand MB a le sens des y négatifs ; en effet, $s'p_{yx}$ représente alors le terme cherché en signe contraire, et, d'autre part,
μ étant obtus, on a $s' = s \cos (\pi - \mu)$.

On vérifierait de même que les termes de X_1 correspondant aux
faces MAB, MBC, sont

$$sp_{zx} \cos \nu, \qquad sp_{xx} \cos \lambda,$$

d'où

$$X_1 = s(p_{xx} \cos \lambda + p_{yx} \cos \mu + p_{zx} \cos \nu - p''_x).$$

L'équation générale

$$\Sigma X - m \frac{d^2 x_1}{dt^2} = o$$

devient ainsi

$$X_1 + \psi = o, \quad \text{ou} \quad \frac{X_1}{s} + \frac{\psi}{s} = o,$$

ψ désignant l'ensemble des termes négligés du troisième degré.
Comme s est du second, $\frac{\psi}{s}$ est encore du premier, et converge
vers o quand MH diminue ; en même temps $\frac{X_1}{s}$ ne change pas, et
par suite à la limite on a $\frac{X_1}{s} = o$; c'est la première des formules (A) ; les autres s'en déduisent par des échanges de lettres.

*Conséquence : Si en un point M la pression est uniquement nor-
male en tous sens, elle est aussi égale en tous sens.* — En effet, par
hypothèse $p_{yx} = o$, $p_{zx} = o$, et pour le plan P, de même p'_x, p'_v, p'_z
sont les projections d'une pression unique p' exercée du côté de la
normale et dans sa direction ; par suite $p'_x = \mathrm{p}' \cos \lambda$. La première
équation (A) devient ainsi

$$p' \cos \lambda = p_{xx} \cos \lambda, \qquad p' = p_{xx}.$$

Ainsi la pression normale p' sur tout plan passant par le
point M a la valeur constante p_{xx}, et entre autres $p_{xx} = p_{yy} = p_{zz}$.

Seconde propriété. — *Les sommes des projections des pressions agissant sur un volume V sont*

$$- \mathrm{V}\xi, \qquad - \mathrm{V}\eta, \qquad - \mathrm{V}\zeta,$$

en posant

(B)
$$\left\{ \begin{aligned} \xi &= \frac{d.p_{xx}}{dx} + \frac{d.p_{yz}}{dy} + \frac{d.p_{zx}}{dz}, \\[1ex] \eta &= \frac{d.p_{xy}}{dx} + \frac{d.p_{yy}}{dy} + \frac{d.p_{zy}}{dz}, \\[1ex] \zeta &= \frac{d.p_{xz}}{dx} + \frac{d.p_{yz}}{dy} + \frac{d.p_{zz}}{dz}, \end{aligned} \right.$$

ces dérivées partielles correspondant chacune à l'un des points intérieurs au volume V.

Pour vérifier la valeur de la première somme que nous désignerons par X, partageons la surface du volume V en éléments ω, et soient pour chacun λ, μ, ν les angles de la normale intérieure avec les axes. D'après les équations (A) la projection cherchée, pour la pression agissant sur un seul élément, est

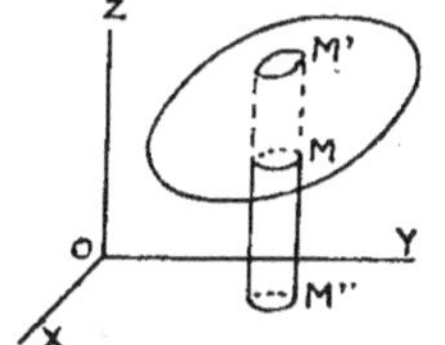

$$\omega \left[p_{xx} \cos \lambda + p_{yx} \cos \mu + p_{zx} \cos \nu \right]$$

d'où résulte X = A + B + C, en posant

$$A = \Sigma \omega p_{xx} \cos \lambda, \qquad B = \Sigma \omega p_{yx} \cos \mu, \qquad C = \Sigma \omega p_{zx} \cos \nu,$$

les sommes s'étendant à tous les éléments.

Il nous suffit de considérer le cas où la surface est convexe. Pour évaluer C partageons le plan des xy en éléments tels que M″ et sur chacun élevons un prisme mince qui intercepte sur la surface deux éléments M, M′; soient pour le second ω', ν', z', p'_{zx} ce que deviennent ω, ν, z, p_{zx} qui correspondent à M; soit aussi ω'' l'aire de M″; comme évidemment ν est aigu, ν' obtus, on a

$$\omega'' = \omega \cos \nu, \qquad \omega'' = \omega' \cos (\pi - \nu') = - \omega' \cos \nu';$$

ainsi les termes de C correspondant à M, M' sont

$$- (p'_{zx} - p_{zx})\,\omega'' = -\,\omega''(z' - z)\,\frac{p'_{zx} - p_{zx}}{z' - z}\;;$$

l'ailleurs $\omega''(z' - z) = v$, volume MM' intercepté par le prisme, en outre comme p_{zx} est une fonction continue de z, et $p'_{zx} - p_{zx}$ son accroissement quand z varie seul, on a, d'après un théorème connu,

$$\frac{p'_{zx} - p_{zx}}{z' - z} = \frac{d\cdot p_{zx}}{dz},$$

cette dérivée partielle ayant une valeur intermédiaire entre la plus grande et la plus petite qui correspondent aux divers points de la droite MM'. Il en résulte

$$- C = \Sigma v\left(\frac{d\cdot p_{zx}}{dz}\right);$$

mais nous pouvons remplacer $\dfrac{d\cdot p_{zx}}{dz}$ par une valeur moyenne qui sera évidemment la valeur de cette dérivée correspondant à un certain point intérieur au volume total V ; nous aurons ainsi

$$C = -\,\frac{d\cdot p_{zx}}{dz}\,\Sigma v = -\,V\,\frac{d\cdot p_{zx}}{dz},$$

V étant le volume total. On trouverait de même

$$A = -\,V\,\frac{d\cdot p_{xx}}{dx}, \qquad B = -\,V\,\frac{d\cdot p_{yx}}{dy},$$

et de la sorte X ou $A + B + C$ prend la forme $-V\xi$, ξ ayant la valeur (B) ; on en déduirait les deux autres sommes de projections $-V\eta$, $-V\zeta$ par des échanges de lettres.

Conséquence : Conditions d'équilibre et équations du mouvement. — En supposant la masse m très petite ou réduite à un élément, V étant son volume, les projections des pressions agissant sur elle sont — $V\xi$, etc. ; les autres forces extérieures étant sensiblement proportionnelles à la masse, nous désignerons par mX, mY, mZ les sommes de leurs projections, de sorte que X, Y, Z sont des quantités finies ; la première condition d'équilibre de l'élément est ainsi

$$m\mathrm{X} - V\xi = 0 \; ;$$

les autres s'en déduisent par des échanges de lettres. On en tire les équations du mouvement en remplaçant mX, mY, mZ par $m\mathrm{X} - m\dfrac{d^2x}{dt^2}$, etc. En les divisant par V, et désignant par ρ la densité, de sorte que $m = V\rho$, elles deviennent

$$(\mathrm{C}) \qquad \rho\left(\mathrm{X} - \frac{d^2x}{dt^2}\right) = \xi, \qquad \rho\left(\mathrm{Y} - \frac{d^2y}{dt^2}\right) = \eta, \qquad \rho\left(\mathrm{Z} - \frac{d^2z}{dt^2}\right) = \zeta,$$

en donnant à ξ, η, ζ les valeurs (B).

Troisième propriété. Les composantes tangentielles des pressions sont égales deux à deux, c'est-à-dire qu'on a

$$(\mathrm{D}) \qquad p_{yx} = p_{xy}, \qquad p_{zx} = p_{xz}, \qquad p_{zy} = p_{yz}.$$

Démonstration. — Menons par M des droites MA, MB, MC, parallèles aux axes et de même sens, ayant des longueurs égales l, et en prenant M pour origine, appliquons le principe des aires à la masse qui à l'instant que l'on considère occupe le cube MABC. Nous aurons

$$\Sigma(x\mathrm{Y} - y\mathrm{X}) - \Sigma m\left(\frac{xd^2y - yd^2x}{dt^2}\right) = 0 ,$$

la seconde somme s'étendant à tous les éléments m de la masse.

Supprimons provisoirement dans cette relation les termes qui en supposant l très petit seraient au moins du quatrième degré. Comme $x < l$, on aurait, même en donnant à $\dfrac{d^2y}{dt^2}$ sa plus grande valeur

$$\Sigma \frac{m.xd^2y}{dt^2} < l\frac{d^2y}{dt^2}\Sigma m ,$$

expression du quatrième degré, Σm ou la masse totale étant du troisième ; ce terme disparaît donc et il en est de même de

$$\Sigma \frac{myd^2x}{dt^2} \, .$$

On en peut dire autant des moments des forces extérieures autres que les pressions ; pour l'une d'elles X, Y varient sensiblement comme la masse ou sont du troisième degré, et x, y du premier ; l'équation se réduit ainsi à

$$\Sigma(xY - yX) = 0 \, ,$$

en n'y tenant compte que des pressions ; quant à celles-ci rapportées à l'unité de surface une erreur du premier degré par rapport à l est négligeable, car multipliée par x ou y elle deviendrait du second, et serait multipliée encore par l'élément d'une face dont l'aire est l^2, et par suite deviendrait en tout du quatrième. Nous pouvons donc en chaque point d'une des faces attribuer aux projections p_{xx}, p_{xy}, etc., la même valeur qu'au point M, en tenant compte du changement de sens de ces forces quand on passe d'une face à son opposée ; l'erreur commise sur chacune est en effet du premier degré.

Pour calculer $\Sigma (xY - yX)$ nous devons partager en éléments d'une façon identique deux faces opposées du cube, et associer les termes de la somme qui correspondent à deux éléments homologues. Pour ceux-là les forces sont égales et opposées ; si donc x était le même pour tous deux les termes correspondants de ΣxY se détruiraient ; c'est ce qui aurait lieu pour les faces MAC, MAB et leurs opposées ; on ne doit donc tenir compte que de MBC pour laquelle $x = 0$, et de son opposée pour laquelle $x = l$, tandis que la projection de la pression sur l'axe des y est $-p_{xy}$ pour l'unité de surface et en tout $-l^2p_{xy}$; on a par suite

$$\Sigma xY = -l^3 p_{xy},$$

On trouverait de même

$$\Sigma y \mathrm{X} = - l^3 p_{yx},$$

en remarquant que dans cette somme on doit tenir compte seulement des pressions sur la face MAC pour laquelle $y = o$, et sur son opposée pour laquelle $y = l$. En désignant par ψ l'ensemble des termes négligés, l'équation des aires devient ainsi

$$l^3(p_{yx} - p_{xy}) + \psi = o, \qquad p_{yx} - p_{xy} + \frac{\psi}{l^3} = o \,.$$

Si l'on diminue l, comme ψ est au moins du quatrième degré $\frac{\psi}{l^3}$ décroît sans limite, et l'équation ne peut rester exacte, à moins qu'on n'ait $p_{xy} = p_{yx}$ ou la première des relations (D); les autres se démontreraient de même.

118. **Valeur des pressions en fonction des variables qui expriment la déformation.** — Les forces développées dans les corps mous par une déformation ne dépendent pas seulement de celle-ci, mais encore de son état de croissance ou de décroissance. Nous supposons actuellement que la déformation étant connue, les pressions le sont aussi; il faut donc admettre que le corps est parfaitement élastique. Sa nature est donc moins générale qu'au numéro précédent, et, entre autres, les fluides sont exclus.

Nous dirons que le corps est à *l'état naturel* si la pression est normale en tous sens, auquel cas, d'après le numéro précédent, elle est égale en tous sens. Nous admettrons qu'elle ait alors partout une même valeur h. Dans cet état chaque point du corps est défini par ses coordonnées x, y, z, qui après la déformation se changent en $x + u$, $y + v$, $z + w$. De la sorte u, v, w sont des fonctions de x, y, z, et en outre de t si le corps est en mouvement.

Valeurs générales des pressions. — Les valeurs des six composantes des pressions ou de p_{xx}, etc., au point M sont fonctions, non de la déformation absolue, mais de la déformation relative des points voisins, c'est-à-dire que si x, y, z, u, v, w correspondent à M et que leur accroissement pour un autre point soit désigné par la caractéristique Δ, c'est des valeurs de Δu, Δv, Δw dans le voisinage immédiat de M que les pressions dépendent, ces valeurs étant les changements des coordonnées de ces points pour l'origine M. D'ailleurs, par la série de Taylor on a

$$\Delta u = \left(\frac{du}{dx} \right) \Delta x + \left(\frac{du}{dy} \right) \Delta y + \left(\frac{du}{dz} \right) \Delta z + \text{etc.} ,$$

et Δv, Δw se développent de même. Mais les pressions ne dépendent que des lois de la déformation dans les points immédiatement voisins de M, pour lesquels les séries doivent être réduites au premier degré par rapport à Δx, Δy, Δz. Il en résulte déjà que *les pressions sont fonctions uniquement des neuf dérivées partielles*

$$\frac{du}{dx}, \ \frac{du}{dy}, \ \frac{du}{dz}, \ \frac{dv}{dx}, \ \frac{dv}{dy}, \ \frac{dv}{dz}, \ \frac{dw}{dx}, \ \frac{dw}{dy}, \ \frac{dw}{dz} ;$$

en effet les lois que suivent Δu, Δv, Δw ne dépendent que de ces nombres.

Ces fonctions seraient impossibles à déterminer si la déformation était considérable, comme cela peut avoir lieu, entre autres pour le caoutchouc ; nous devons donc la supposer faible ; d'ailleurs il en est ainsi en général, sans quoi la limite d'élasticité serait dépassée. Nous ne poserons pas comme condition que u, v, w sont partout très petits, cette expression, appliquée à une distance absolue, n'ayant pas de sens précis ; mais nous admettrons que *si r, r' sont les distances de deux points avant et après la déformation l'angle de ces droites est très petit et que le rapport $\frac{r'}{r}$ diffère très peu de l'unité.*

En réalité, la déformation restant faible, le déplacement du corps et les valeurs de u, v, w peuvent être considérables. On doit alors décomposer le changement en deux autres ; pour le premier il y a déformation sans changement notable de position, de sorte que les conditions précédentes sont satisfaites ; pour le second il n'y a pas de déformation, mais un déplacement pareil à celui d'une figure invariable. D'ailleurs les pressions intérieures ne résultent que du premier changement, et on pourrait les trouver après le second par une transformation de coordonnées ; mais ce cas d'un déplacement notable ne présentant pas d'application importante est inutile à considérer, de sorte que nous pouvons toujours supposer les conditions ci-dessus satisfaites par u, v, w dans l'état d'équilibre ou de mouvement ; voici ce qui en résulte :

Soit dans l'état naturel A un point voisin de M, MA étant supposé parallèle à l'axe des x, de sorte que $\Delta y = o$, $\Delta z = o$; après la déformation soit A' la position de A relative à M, ayant pour coordonnées relatives

$$x' = \Delta x + \Delta u, \qquad y' = \Delta v, \qquad z' = \Delta w ;$$

le rapport $\dfrac{r'}{r} = \dfrac{\text{A}'\text{M}}{\text{AM}}$ doit différer peu de l'unité ; il en est de même de $\dfrac{\Delta x + \Delta u}{\text{A}'\text{M}}$, $\Delta x + \Delta u$ étant la projection de A'M sur AM ou sur l'axe des x, et l'angle AMA' étant très petit; on pourra donc en dire autant de

$$\frac{\Delta x + \Delta u}{\text{AM}} = \frac{\Delta x + \Delta u}{\Delta x},$$

et par suite $\dfrac{\Delta u}{\Delta x}$ sera très petit ; $\dfrac{y'}{\text{AM}}$ ou $\dfrac{\Delta v}{\Delta x}$ et $\dfrac{\Delta w}{\Delta x}$ doivent l'être aussi. D'ailleurs d'après les valeurs de Δu, Δv, Δw, où $\Delta y = \Delta z = o$, ces rapports sont les mêmes que $\left(\dfrac{du}{dx}\right)$, $\left(\dfrac{dv}{dx}\right)$, $\left(\dfrac{dw}{dx}\right)$. Ce raisonnement s'étend aux autres dérivées partielles $\left(\dfrac{du}{dy}\right)$, etc., en supposant MA parallèle à l'axe des y ou des z ; la condition ci-dessus relative à r, r' revient donc à ce que ces neuf dérivées partielles sont très petites. En développant les six pressions suivant leurs puissances, on pourra donc négliger les termes de degré supérieur au premier, et réduire ainsi les pressions à des fonctions linéaires des dérivées ; c'est ainsi qu'au numéro 115 la pression P était exprimée par $-qs + ks\left(\dfrac{du}{dz}\right)$; en général, cette réduction aux termes du premier degré signifie que si l'on modifie la déformation en la laissant semblable à elle-même, c'est-à-dire si l'on augmente u, v, w dans un même rapport indépendant de x, y, z, les pressions croissent toutes dans ce rapport en faisant abstraction de leur valeur primitive h ; or, dans la réalité, ces pressions constituent des résistances à l'extension, au glissement, à la torsion, et la loi précédente est toujours observée. Il ne nous reste donc qu'à trouver les coefficients des dérivées.

Première réduction. — En posant

$$(\text{E})\quad\begin{cases} \dfrac{du}{dx} = \text{X}, & \dfrac{dv}{dz} + \dfrac{dw}{dy} = \alpha, & \dfrac{dv}{dz} - \dfrac{dw}{dy} = \alpha_1, \\[2mm] \dfrac{dv}{dy} = \text{Y}, & \dfrac{dw}{dx} + \dfrac{du}{dz} = \beta, & \dfrac{dw}{dx} - \dfrac{du}{dz} = \beta_1, \\[2mm] \dfrac{dw}{dz} = \text{Z}, & \dfrac{du}{dy} + \dfrac{dv}{dx} = \gamma, & \dfrac{du}{dy} - \dfrac{dv}{dx} = \gamma_1, \end{cases}$$

nous pouvons regarder les pressions comme des fonctions linéaires de X, Y, Z, α, β, γ, α_1, β_1, γ_1, au lieu des neuf dérivées, et leurs coefficients resteront les mêmes quelle que soit la déformation dans le voisinage de M. En prenant pour un instant M comme origine, ce qui ne change point les dérivées, imaginons qu'on tire u, v, w des relations

$$x + u = x\cos\theta + y\sin\theta, \qquad y + v = -x\sin\theta + y\cos\theta, \qquad w = o ;$$

le corps n'aura fait que tourner du petit angle θ autour de l'axe des z mené par M ; on a alors

$$\frac{du}{dy} = \sin\theta, \qquad \frac{dv}{dx} = -\sin\theta,$$

et toutes les autres dérivées sont ou nulles ou du second degré par rapport à 0 ; parmi les neuf quantités X, Y, ... γ_1 on a $\gamma_1 = 2 \sin \theta$ toutes les autres étant nulles ou du second degré.

D'autre part, la déformation n'existant pas, les pressions doivent se réduire à la pression primitive h, et par suite le terme en γ_1 doit manquer dans chacune d'elles ; en considérant des rotations autour de l'axe des x ou des y on trouverait le même résultat pour α_1 et β_1. On a donc

$$(\text{F}) \quad \begin{cases} p_{xx} = h + \text{AX} + \text{BY} + \text{CZ} + \text{A}'\alpha + \text{B}'\beta + \text{C}'\gamma , \\ p_{yz} = \text{A}''\text{X} + \text{B}''\text{Y} + \text{C}''\text{Z} + \text{A}'''\alpha + \text{B}'''\beta + \text{C}'''\gamma , \end{cases}$$

et quatre autres valeurs analogues, A, B, etc., étant des constantes inconnues, en remarquant que s'il n'y a pas de déformation, ou si X, Y, Z, α, β, γ sont nuls, on doit trouver $p_{xx} = h$, $p_{yz} = o$.

Cas de l'isotropie. — Nous dirons que le corps est *isotrope* autour du point M s'il est constitué de la même manière dans toutes les directions, de sorte que dans les valeurs des pressions les coefficients restent les mêmes quand on change la direction des axes. Si cela n'a pas lieu, il existe en général certains plans de symétrie qu'on doit employer pour simplifier les formules, mais nous nous bornerons au cas de l'isotropie ; les équations (F) resteront alors exactes quand on remplace chaque axe par le suivant, et par suite chaque lettre x, y, z par la suivante dans l'ordre alphabétique, ce changement étant le même pour u, v, w, pour X, Y, Z, et pour α, β, γ ; les valeurs de toutes les pressions se déduiront ainsi de celles de p_{xx} et de p_{yz}, contenant douze coefficents indéterminés.

Pour exprimer complètement la condition d'isotropie, il faut remarquer que les équations (A) du numéro précédent donnent les pressions p'_x, p'_y, p'_z sur un plan quelconque, et, d'autre part, en transformant les coordonnées de façon que ce plan devienne celui des yz, les pressions devront coïncider avec les valeurs de p_{xx}, p_{xy}, p_{xz}, résultant des formules (F) ; mais tout changement de coordonnées résulte de la succession de trois autres dans chacun desquels un axe est conservé, et il suffit évidemment de faire la vérification pour un de ces changements simples.

Nous admettrons donc, en prenant pour un instant M pour origine, que la normale au plan P résulte de MX en le faisant tourner d'un angle i dans le sens direct autour de l'axe MZ ; on aura alors dans les formules (A)

$$\cos \lambda = \cos i, \qquad \cos \mu = \sin i, \qquad \cos \nu = 0,$$

d'où

$$p'_x = p_{xx} \cos i + p_{yx} \sin i, \qquad p'_y = p_{xy} \cos i + p_{yy} \sin i,$$

$$p'_z = p_{xz} \cos i + p_{yz} \sin i.$$

Soient MX′, MY′, MZ′ les positions de nouveaux axes qui auraient accompagné la rotation précédente, et x', y', z' les coordonnées correspondantes. Les pressions parallèles à ces axes seraient évidemment

$$p'_{x'} = p'_x \cos i + p'_y \sin i, \quad p'_{y'} = - p'_x \sin i + p'_y \cos i, \quad p'_{z'} = p'_z,$$

ou d'après les valeurs précédentes et les relations (D),

$$(\text{I}) \qquad \left\{ \begin{aligned} p'_{x'} &= p_{xx} \cos^2 i + p_{yy} \sin^2 i + 2 p_{xy} \sin i \cos i, \\ p'_{y'} &= (p_{yy} - p_{xx}) \sin i \cos i + p_{xy} \cos 2i, \\ p'_{z'} &= p_{xz} \cos i + p_{yz} \sin i. \end{aligned} \right.$$

D'autre part $p'_{x'}$, $p'_{y'}$, $p'_{z'}$ sont les valeurs de p_{xx}, p_{xy}, p_{xz} rapportées aux nouveaux axes, auxquels correspondent X′, Y′, Z′ u', v', w', α', β', γ' ; les formules (F) et les valeurs de p_{zx}, p_{xy} qui s'en déduisent donnent ainsi

$$(\text{II}) \qquad \left\{ \begin{aligned} p'_{x'} &= h + AX' + BY' + CZ' + A'\alpha' + B'\beta' + C'\gamma', \\ p'_{y'} &= A''Z' + B''X' + C''Y' + A'''\gamma' + B'''\alpha' + C'''\beta, \\ p'_{z'} &= A''Y' + B''Z' + C''X' + A'''\beta' + B'''\gamma' + C'''\alpha'. \end{aligned} \right.$$

Les formules de transformation sont

$$x = x' \cos i - y' \sin i, \qquad y = x' \sin i + y' \cos i, \qquad z = z'$$

et par suite q étant une fonction quelconque de x, y, z,

$$\frac{dq}{dx'} = \frac{dq}{dx} \cos i + \frac{dq}{dy} \sin i, \quad \frac{dq}{dy'} = -\frac{dq}{dx} \sin i + \frac{dq}{dy} \cos i, \quad \frac{dq}{dz'} = \frac{dq}{dz} ;$$

En outre

$$u' = u \cos i + v \sin i, \qquad v' = -u \sin i + v \cos i, \qquad w' = w .$$

Il en résulte

$$\frac{du'}{dx'} = \cos i \left(\frac{du}{dx} \cos i + \frac{dv}{dx} \sin i \right) + \sin i \left(\frac{du}{dy} \cos i + \frac{dv}{dy} \sin i \right),$$

$$\frac{dv'}{dy'} = -\sin i \left(-\frac{du}{dx} \sin i + \frac{dv}{dx} \cos i \right) + \cos i \left(-\frac{du}{dy} \sin i + \frac{dv}{dy} \cos i \right),$$

$$\frac{du'}{dy'} = -\sin i \left(\frac{du}{dx} \cos i + \frac{dv}{dx} \sin i \right) + \cos i \left(\frac{du}{dy} \cos i + \frac{dv}{dy} \cos i \right),$$

$$\frac{dv'}{dx'} = \cos i \left(-\frac{du}{dx} \sin i + \frac{dv}{dx} \cos i \right) + \sin i \left(-\frac{du}{dy} \sin i + \frac{dv}{dy} \cos i \right),$$

$$\frac{dw'}{dx'} = \frac{dw}{dx} \cos i + \frac{dw}{dy} \sin i, \qquad \frac{du}{dz'} = \frac{du}{dz} \cos i + \frac{dv}{dz} \sin i ,$$

$$\frac{dv'}{dz'} = -\frac{du}{dz} \sin i + \frac{dv}{dz} \cos i, \qquad \frac{dw'}{dy'} = -\frac{dw}{dx} \sin i + \frac{dw}{dy} \cos i .$$

En remarquant qu'on a $X' = \dfrac{du'}{dx'}$, etc , $\gamma' = \dfrac{du'}{dy'} + \dfrac{dv'}{dx'}$, etc., on en conclut, en ayant égard aux relations (E),

$$(\text{III}) \quad \left\{ \begin{aligned} &X' = X \cos^2 i + Y \sin^2 i + \gamma \sin i \cos i, \\ &Y' = X \sin^2 i + Y \cos^2 i - \gamma \sin i \cos i, \\ &Z' = Z , \\ &\alpha' = -\beta \sin i + \alpha \cos i, \qquad \beta' = \beta \cos i + \alpha \sin i , \\ &\gamma' = 2(Y - X) \sin i \cos i + \gamma \cos 2i. \end{aligned} \right.$$

En substituant ces expressions dans les valeurs (II) de $p'_{x'}$, $p'_{y'}$, $p'_{z'}$, elles devront être identiques aux valeurs (I) quels que soient i, X, Y, Z, α, β, γ, car l'égalité doit subsister pour une déformation quelconque. Avant d'écrire ces conditions d'une manière générale, il convient de le faire pour des valeurs particulières de i, pour lesquelles les numéros (I), (II), (III) seront affectés d'un ou deux accents.

Premier cas : $i = \pi$; en ayant égard aux formules (F)

(III)′ $\quad$ X′ = X, $\quad$ Y′ = Y, $\quad$ Z′ = Z, $\quad$ $\alpha' = -\alpha$, $\quad$ $\beta' = -\beta$, $\quad$ $\gamma' = \gamma$.

(II)′
$$\left\{ \begin{aligned} p'_{x'} &= h + AX + BY + CZ - A'\alpha - B'\beta + C'\gamma, \\ p'_{y'} &= A''Z + B''X + C''Y + A'''\gamma - B'''\alpha - C'''\beta, \\ p'_{z'} &= A''Y + B''Z + C''X - A'''\beta + B'''\gamma - C'''\alpha. \end{aligned} \right.$$

(I)′
$$\left\{ \begin{aligned} p'_{x'} &= p_{xx} = h + AX + BY + CZ + A'\alpha + B'\beta + C'\gamma, \\ p'_{y'} &= p_{xy} = A''Z + B''X + C''Y + A'''\gamma + B'''\alpha + C'''\beta, \\ p'_{z'} &= -p_{xz} = -A''Y - B''Z - C''X - A'''\beta - B'''\gamma - C'''\alpha. \end{aligned} \right.$$

Les conditions de l'identité sont :

pour $p'_{x'}$,	A′ = 0,	B′ = 0 ;	
pour $p'_{y'}$,	B''' = 0,	C''' = 0,	
pour $p'_{z'}$,	A'' = 0,	B'' = 0,	C'' = 0 .

Second cas : $i = \dfrac{\pi}{2}$. En supprimant les coefficients nuls, on trouve

(III)″ $\quad$ X′ = Y, $\quad$ Y′ = X, $\quad$ Z′ = Z, $\quad$ $\alpha' = -\beta$, $\quad$ $\beta' = \alpha$, $\quad$ $\gamma' = -\gamma$.

(II)″ $\quad$ $p'_{x'} = h + AY + BX + CZ - C'\gamma$, $\quad$ $p'_{y'} = -A'''\gamma$, $\quad$ $p'_{z'} = A'''\alpha$.

(I)″
$$\left\{ \begin{aligned} p'_{x'} &= p_{yy} = h + AY + BZ + CX + C'\alpha, \\ p'_{y'} &= -p_{xy} = -A'''\gamma, \qquad p'_{z'} = p_{yz} = A'''\alpha. \end{aligned} \right.$$

Les conditions de l'identité sont B = C, C′ = 0.

Cas général. — Nous substituerons C = B, A = (A — B) + B ; d'après les relations (III) qui donnent X′ + Y′ = X + Y, les formules (II) deviendront

$$(\text{II}) \begin{cases} p'_{x'} = h + (\text{A} - \text{B})(\text{X} \cos^2 i + \text{Y} \sin^2 i + \gamma \sin i \cos i) + \text{B}(\text{X} + \text{Y} + \text{Z}), \\ p'_{y'} = \text{A}'''[2(\text{Y} - \text{X}) \sin i \cos i + \gamma \cos 2i], \qquad p'_{z'} = \text{A}'''(\beta \cos i + \alpha \sin i). \end{cases}$$

Les formules (F) donnent

$$(\text{F}) \begin{cases} p_{xx} = h + (\text{A} - \text{B})\text{X} + \text{B}(\text{X} + \text{Y} + \text{Z}), \\ p_{yy} = h + (\text{A} - \text{B})\text{Y} + \text{B}(\text{X} + \text{Y} + \text{Z}), \\ p_{yz} = \text{A}'''\alpha, \qquad p_{zx} = \text{A}'''\beta, \qquad p_{xy} = \text{A}'''\gamma, \end{cases}$$

et les valeurs (I) deviennent ainsi

$$(\text{I}) \begin{cases} p'_{x'} = h + (\text{A} - \text{B})(\text{X} \cos^2 i + \text{Y} \sin^2 i) + \text{B}(\text{X} + \text{Y} + \text{Z}) + 2\text{A}'''\gamma \sin i \cos i, \\ p'_{y'} = (\text{A} - \text{B})(\text{Y} - \text{X}) \sin i \cos i + \text{A}'''\gamma \cos 2i, \\ p'_{z'} = \text{A}'''(\beta \cos i + \alpha \sin i). \end{cases}$$

La condition d'identité se réduit à $\text{A} - \text{B} = 2\text{A}'''$. Nous verrons plus loin que A et A''' sont négatifs ; aussi est-il préférable de substituer $\text{A}''' = -k$, $\text{A} = -k'$, d'où $\text{B} = 2k - k'$; en employant en outre l'abréviation $s = \text{X} + \text{Y} + \text{Z}$, et remplaçant X, Y, Z, α, β, γ par leurs valeurs (E) dans les formules (F) ci-dessus, on aura

$$(\text{G}) \begin{cases} p_{xx} = h - 2k \dfrac{du}{dx} + (2k - k')s, & p_{yz} = -k \left(\dfrac{dv}{dz} + \dfrac{dw}{dy} \right), \\[2mm] p_{yy} = h - 2k \dfrac{dv}{dy} + (2k - k')s, & p_{zx} = -k \left(\dfrac{dw}{dx} + \dfrac{du}{dz} \right), \\[2mm] p_{zz} = h - 2k \dfrac{dw}{dz} + (2k - k')s, & p_{xy} = -k \left(\dfrac{du}{dy} + \dfrac{dv}{dx} \right), \\[2mm] \multicolumn{2}{c}{s = \dfrac{du}{dx} + \dfrac{dv}{dy} + \dfrac{dw}{dz}.} \end{cases}$$

Ce sont les valeurs des pressions qu'il s'agissait de déterminer. Ces formules sont exactes pour le point M, qu'il est maintenant inutile de prendre pour origine, et le seront pour tous les points, sans changer k et k', si le corps est homogène, constitué d'une manière uniforme, et isotrope en chaque point. Alors k et k' sont des constantes propres à chaque substance ; elles peuvent dépendre de la pression générale h ; toutefois cette influence est évidemment négligeable si cette pression est du même ordre de grandeur que celles qui résultent de la déformation. Quelques expériences semblent indiquer qu'on a $k' = 3k$; on ne peut toutefois affirmer cette relation comme une loi générale.

Signe de k et k'. Prenons pour l'axe des z la verticale supérieure, et considérons en particulier les forces p_{zx}, p_{zy}, p_{zz} agissant en M sur un plan horizontal et s'exerçant sur la portion supérieure du corps.

Si l'on suppose $u = o$, $v = o$, $w = az$, a étant une constante positive, les formules (G) donnent $p_{zz} = h - k'a$, $p_{zx} = o$, $p_{zy} = o$: d'ailleurs la déformation consiste uniquement en une dilatation dans le sens vertical, qui doit entraîner en ce sens non une pression mais une tension ; le terme de p_{zz} qui en résulte doit donc être négatif ; par conséquent k' est positif.

En supposant $u = az$, $v = o$, $w = o$, on aurait $p_{zz} = h$, $p_{zx} = -ka$, $p_{zy} = o$; tout plan horizontal éprouve alors une translation dans le sens de l'axe des x, de sorte que la déformation consiste en un glissement horizontal ; la force p_{zx} doit évidemment agir dans le sens opposé à ce déplacement ou être négative ; par suite k est aussi positif.

Conditions d'équilibre et équations du mouvement. — La valeur (B) de ξ d'après les formules (G) peut s'écrire

$$(k - k') \frac{ds}{dx} + k \frac{ds}{dx} - 2k \frac{d^2u}{dx^2} - k \left(\frac{d^2u}{dy^2} + \frac{d^2v}{dxdy} + \frac{d^2w}{dxdz} + \frac{d^2u}{dz^2} \right) =$$

$$= (k - k') \frac{ds}{dx} - k \left(\frac{d^2u}{dx^2} + \frac{d^2u}{dy^2} + \frac{d^2u}{dz^2} \right).$$

Par conséquent, en désignant par a^2, b^2 les constantes positives $\dfrac{k'}{\rho}$, $\dfrac{k}{\rho}$, et substituant les valeurs (G) dans les formules (C) du numéro précédent, elles deviendront

$$\frac{d^2u}{dt^2} - \mathrm{X} = (a^2 - b^2)\frac{ds}{dx} + b^2\left(\frac{d^2u}{dx^2} + \frac{d^2u}{dy^2} + \frac{d^2u}{dz^2}\right),$$

$$\frac{d^2v}{dt^2} - \mathrm{Y} = (a^2 - b^2)\frac{ds}{dy} + b^2\left(\frac{d^2v}{dx^2} + \frac{d^2v}{dy^2} + \frac{d^2v}{dz^2}\right),$$

$$\frac{d^2w}{dt^2} - \mathrm{Z} = (a^2 - b^2)\frac{ds}{dz} + b^2\left(\frac{dw^2}{dx^2} + \frac{d^2w}{dy^2} + \frac{d^2w}{dz^2}\right),$$

On en tirerait les conditions d'équilibre en supposant u, v, w indépendants du temps. En outre, si le corps n'est pas illimité, les valeurs des pressions à la surface déduites des formules (G) doivent être égales aux pressions extérieures.

119. Principes généraux relatifs aux petits mouvements vibratoires. — Nous admettrons d'abord que le système en mouvement se compose de points matériels libres, en nombre n; que les forces intérieures et extérieures agissant sur chacun sont fonctions uniquement des positions de tous les points; et enfin qu'il existe pour eux un ensemble de positions telles que tous soient en équilibre.

Désignons par x, y, z, x', y', z', etc., leurs coordonnées dans ces positions, et par $x + u$, $y + v$, $z + w$, $x' + u'$, $y' + v'$, etc., ce qu'elles deviennent pendant le mouvement. Si X est la projection d'une des forces agissant sur le premier point, c'est une fonction de $x + u$, $y + v$, $x' + u'$, etc., et on peut la supposer développée suivant les puissances de u, v, w, u' v', etc., accroissements des coordonnées, que nous supposons très petits; il en est de même si X est la somme des projections des forces agissant sur le point; alors le terme indépendant de u, v, etc., est nul, car c'est la valeur de X quand tous ces accroissements sont nuls, ou dans la position d'équilibre. D'autre part, nous regarderons les termes de degré supérieur au premier comme négligeables; ainsi X sera une fonction de premier degré de u, v, etc. Il en sera de même pour les sommes de projections des forces agissant sur chaque point. En les supposant divisées par les masses, et remarquant que x, y, z, etc., restent constantes, les équations du mouvement, en nombre $3n$, seront

$$\frac{d^2u}{dt^2} = Au + Bv + Cw + Du' + Ev' + \text{etc.},$$

$$\frac{d^2v}{dt^2} = A'u + B'v + C'w + D'u' + \text{etc.},$$

$$\frac{d^2w}{dt^2} = A''u + B''v + \text{etc.},$$

et d'autres analogues, les coefficients constants A, B, C, etc., changeant à chaque équation.

Généralité des données. — Nous avons supposé tous les points libres. Mais le système auquel s'appliquent les équations est beaucoup plus général. Les points peuvent être les centres de gravité de divers corps ; ceux-ci peuvent même être liés de diverses manières, et regardés comme libres, en remplaçant les liaisons par des forces équivalentes.

Tel est le cas du pendule simple ; c'est aussi celui du corps considéré au numéro précédent, les points étant alors ses éléments de masse, car la position de tous ces éléments étant donnée, toutes les forces mutuelles sont entièrement déterminées. On doit d'ailleurs faire la même restriction, c'est-à-dire admettre que les forces dépendent de la déformation, mais non de son état de croissance ou de décroissance, sans quoi elles seraient fonctions non seulement des positions mais des vitesses ; les fluides sont aussi évidemment exclus comme au numéro précédent, mais ils ne le sont pas des résultats qui vont suivre, parce que leurs petites oscillations de part et d'autre d'une position d'équilibre sont en général représentées par des équations linéaires.

Propriétés des intégrales. — On suppose données les valeurs initiales de u, v, w, u', etc., et de leurs dérivées $\frac{du}{dt}$, $\frac{dv}{dt}$, etc., ou des vitesses. Les équations du mouvement sont linéaires et l'on sait que leurs intégrales complètes ou les valeurs de u, v, etc., sont des sommes de termes proportionnels à des cosinus, sinus, ou des exponentielles dépendant du temps ; s'il s'y rencontre une de ces dernières telle que ρ^{st}, où s est une constante positive, elle croît sans limite avec le temps, et par suite l'hypothèse d'un mouvement toujours très petit est inadmissible, c'est-à-dire que l'équilibre est instable. Si s est négatif, l'exponentielle est toujours accompagnée d'une autre pour laquelle il est positif. On doit supposer le mouvement stable, et par suite les intégrales ne doivent renfermer que des termes de la forme.

$$f \cos (st + l),$$

où f, s, l sont des constantes réelles. Cette forme n'a pas du reste d'influence sur les propriétés suivantes :

Superposition des petits mouvements. — Désignons par V_1, V_2 l'ensemble des valeurs initiales dans deux cas différents, et soient $u = u_1$, $v = v_1$, etc., les intégrales ou les valeurs de u, v, etc., correspondant à V_1, tandis que pour V_2 elles seront $u = u_2$, $v = v_2$, etc. Si dans un troisième cas les valeurs initiales sont la somme algébrique de celles que représentent V_1, V_2, c'est-à-dire résultent de leur composition, il en sera ainsi pendant tout le mouvement, c'est-à-dire qu'on aura $u = u_1 + u_2$, $v = v_1 + v_2$, etc. En effet, ces valeurs de u, v, . . satisfont les conditions initiales par hypothèse, et il en est de même des équations du mouvement ; pour la première, par exemple, on suppose

$$\frac{d^2 u_1}{dt^2} = A u_1 + B v_1 + \text{etc.}, \qquad \frac{d^2 u_2}{dt^2} = A u_2 + B v_2 + \text{etc.},$$

et il en résulte

$$\frac{d^2 (u_1 + u_2)}{dt^2} = A(u_1 + u_2) + B(v_1 + v_2) + \text{etc.}$$

On peut dire alors que le troisième mouvement est la *superposi-*

tion des deux autres, les valeurs de u, v, s'ajoutant algébriquement.

Si par exemple, sur la surface d'une masse d'eau tranquille, on produit en O une agitation passagère, il se forme quelques ondes circulaires de centre O qui se propagent en s'affaiblissant. Si un autre point O' est ébranlé simultanément, les ondes des deux systèmes se superposent là où elles se rencontrent, c'est-à-dire que les hauteurs de l'eau au-dessus du niveau primitif s'ajoutent algébriquement.

Effets d'une force fonction du temps. — Supposons qu'à un instant quelconque, pendant le mouvement, les divers points reçoivent à la fois des impulsions soudaines produisant un changement brusque de vitesse, et nommons *mouvement principal* celui qui existerait sans elles. Les valeurs de u, v et leurs dérivées qui correspondent à ce mouvement à l'instant où les impulsions se produisent peuvent être regardées comme des valeurs initiales qui, si elles étaient seules, produiraient la continuation du mouvement principal. Ces vitesses initiales se composent avec celles qui résultent des impulsions au même instant, et par suite les mouvements ultérieurs dus à ces deux causes se superposent ; ainsi le mouvement que produiraient les seules impulsions si le système partait du repos se superpose au mouvement qui existait déjà.

Il en est de même pour une suite d'impulsions, ou en les supposant très rapprochées pour une force fonction du temps ; les vitesses élémentaires qu'elle imprime au système produiraient isolément des mouvements élémentaires et tous ceux-là se superposent.

Cela nous amène à distinguer deux sortes de mouvements oscillatoires. Nous avons vu au numéro 115 un exemple où le mouvement se composait de deux ondes se propageant au loin ; celles qui proviennent de l'ébranlement d'un point d'une surface fluide sont dans le même cas, et il en est ainsi pour les corps illimités, où le mouvement se propage à l'infini et disparaît. On ne peut point alors l'assimiler à une oscillation. Si au contraire le corps est limité de toutes parts, la suite des répercussions qui s'opèrent à la surface donne au mouvement une forme périodique, mais en réalité il s'éteint au bout d'un certain temps, soit par suite du défaut d'élasticité et des frottements, soit par sa transmission à l'air et aux supports. Ce temps peut être fort long si le corps a une dimension très faible comme une plaque, une cloche, etc., ou s'il en a deux comme une tige élastique ou une corde vibrante. L'extinction est presque immédiate s'il n'y a aucune petite dimension, et nous jugeons de cette faible durée par le bruit que l'air nous transmet. Quand elle est longue, le mouvement a le caractère d'une *oscillation pendulaire*, analogue à celle du pendule ou s'entretenant elle-même.

Mais dans d'autres cas le caractère oscillatoire du mouvement est dû à la répétition de la cause qui lui donne naissance ; c'est ainsi que les vibrations d'une corde impriment à l'air une série d'impulsions d'où résulte pour son mouvement la forme périodique, tandis qu'elle ne subsisterait pas d'elle-même si le mouvement de la corde cessait.

D'après ce qu'on a vu plus haut, toutes les ondulations dues aux diverses impulsions de la corde, naissant à des instants différents, se superposent, et il en est de même s'il existe plusieurs sources de mouvement, par exemple plusieurs cordes ; c'est ce qu'on nomme la *coexistence des petites oscillations*. Dans cet exemple, où chaque corde produit un son, l'oreille les perçoit même distinctement ; deux ondulations lumineuses de couleurs différentes produisent au contraire sur l'œil, en se superposant, l'effet d'une couleur simple.

Remarques sur ce qui précède. — Il n'y a pas de mouvements infiniment petits ; les lois que nous avons trouvées sont une limite dont s'approchent les lois réelles du mouvement oscillatoire, quand il est faible, et c'est par l'observation même de la superposition des mouvements qu'on peut juger de leur exactitude plus ou moins grande. Elle est suffisante en pratique dans les exemples que nous avons cités, les oscillations des corps élastiques, celles des ondes acoustiques et lumineuses ou de la chaleur rayonnante. Il n'en est plus ainsi dans d'autres phénomènes même quand ils sont faibles. Par exemple, on démontre en physique que la chaleur rayonnante est un mouvement de la matière éthérée. Cette chaleur s'absorbe en partie en traversant un corps transparent, en totalité s'il est opaque. Le mouvement étant ainsi détruit par l'influence des particules du corps doit nécessairement exercer des impulsions sur elles. Il se transforme donc en un autre, de nature mal connue, nommé *vibrations thermiques.* Il n'en résulte aucune vitesse sensible des diverses parties du corps, mais seulement une lente dilatation. Or d'après la forme des équations du mouvement que nous avons trouvées, si on change seulement le signe des valeurs initiales, celles de u, v, etc., restent les mêmes en signe contraire, car après ce changement elles satisfont les conditions initiales et les équations du mouvement. Si donc on changeait le signe des vibrations constituant la chaleur rayonnante incidente, ce sens serait changé pour tous les déplacements qui en résulteraient, et la dilatation du corps deviendrait une condensation, ce qui n'a pas lieu. Le phénomène de la dilatation ne rentre donc pas dans les lois des mouvemements infiniment petits, ou provient des termes négligés.

CHAPITRE VIII

MÉCANIQUE DES FLUIDES

120. Formules générales. — Pour chaque substance la pression tangentielle, dont les composantes ont été désignées au numéro 117 par p_{yz}, p_{zx}, p_{xy}, ne peut dépasser une certaine limite, qui est la résistance à la rupture par glissement.

Cette limite devient faible pour les corps aisément déformables; elle l'est encore plus pour ceux qui sont dans l'état dit *visqueux*, et on nomme *fluides* les corps dans lesquels la résistance au glissement est tout à fait nulle, de sorte que la pression sur tout plan imaginé à l'intérieur du fluide ne peut que lui être normale.

Alors, comme on l'a vu au numéro 117, la pression est constante pour un même point, c'est-à-dire reste la même sur une très petite surface, passant par ce point, quelle que soit sa direction. Ce principe, nommé *égalité de pression en tous sens*, est toujours exact, même à l'état de mouvement, et ne doit point être confondu avec celui de la *transmission des pressions* que nous verrons plus tard, et qui existe seulement dans un fluide immobile sur lequel n'agit aucune force extérieure.

La pression normale unique, valeur commune de p_{xx}, p_{yy}, p_{zz}, est désignée par p qui est ainsi une fonction des coordonnées x, y, z du point M, et en outre de t s'il y a mouvement.

En un point d'une paroi c'est encore la pression du fluide contre la paroi, et de la paroi contre le fluide, toutes deux étant normales; en effet, les propriétés des pressions démontrées au numéro 117, et entre autres la continuité de leurs valeurs, s'étendent au cas où le plan sur lequel elles s'exercent serait le plan de séparation de deux corps.

Si x_1, y_1, z_1 sont les coordonnées du centre de gravité d'une masse m, V son volume, les sommes des projections des pressions agissant sur elle et provenant des parties voisines sont, comme on l'a vu au numéro 117, $-\,V\xi$, $-\,V\eta$, $-\,V\zeta$, et comme $p_{xy} = o$, etc. les formules (B) de ce numéro donnent $\xi = \left(\dfrac{dp}{dx}\right)$, etc. En désignant par mX, mY, mZ les sommes de projections des forces extérieures à la masse m autres que les pressions, on aura pour le mouvement du centre de gravité

$$m\,\frac{d'x_1}{dt^2} = mX - V\xi, \text{ etc.}$$

ou en divisant par V et nommant ρ la densité moyenne $\dfrac{m}{V}$,

$$\text{(A)} \qquad \rho\left(\frac{d^2x_1}{dt^2} - X\right) = -\left(\frac{dp}{dx}\right), \qquad \rho\left(\frac{d^2y_1}{dt^2} - Y\right) = -\left(\frac{dp}{dy}\right),$$

$$\rho\left(\frac{d^2z_1}{dt^2} - Z\right) = -\left(\frac{dp}{dz}\right).$$

Les dérivées partielles $\left(\dfrac{dp}{dx}\right)$, etc., correspondent chacune à un certain point intérieur à la masse. En supposant celle-ci infiniment petite, les équations précédentes deviennent celles du mouvement, et coïncident avec les équations (C) du numéro 117. Si en outre on suppose x_1, y_1, z_1 indépendants de t, elles deviennent les conditions d'équilibre, qui sont ainsi

$$\text{(B)} \qquad \left(\frac{dp}{dx}\right) = \rho X, \qquad \left(\frac{dp}{dy}\right) = \rho Y, \qquad \left(\frac{dp}{dz}\right) = \rho Z.$$

Celles-ci doivent être satisfaites pour chaque point, p étant la pression, ρ la densité, X, Y, Z les projections de la force extérieure, rapportée à l'unité de masse.

Il y faut joindre une relation entre p et ρ ; si le fluide est un liquide, il suffit en général de le regarder comme incompressible. de sorte que ρ est constant, ou s'il y a plusieurs liquides superposés ρ a pour chacun une valeur donnée.

Si le fluide est un gaz partout à la même température, on a d'après la loi de Mariotte $p = k\rho$, k étant une constante.

121. Hydrostatique. — On nomme ainsi la théorie de l'équilibre des fluides. Nous avons trouvé pour les conditions de cet équilibre les équations (B) du numéro précédent ; il y faut joindre la relation physique qui lie p, ρ et la température t ; si celle-ci n'est pas uniforme, il faut en outre admettre pour l'équilibre qu'elle est maintenue invariable en chaque point par l'action de causes extérieures connues, ce qui fournit une seconde relation.

Cet ensemble de conditions est suffisant ; mais nous n'en pourrions tirer une solution générale en laissant les forces tout à fait arbitraires, et nous admettrons que *les projections X, Y, Z, de la force rapportée à l'unité de masse sont des fonctions de x, y, z indépendantes de la température et de la nature du fluide sur lequel elle agit.* Il en est ainsi dans toutes les applications ; cette hypothèse est d'ailleurs superflue dans ce que nous nommerons le *cas simple,* savoir celui où la masse se réduit à un fluide unique de température uniforme, toutes ses parties étant alors dans un état identique.

1° *Il est nécessaire pour l'équilibre que la force ait la forme potentielle.* — En effet, dans le cas simple précédent ρ ou $\dfrac{p}{\rho}$ est constant ; on peut donc trouver une fonction q de p telle qu'on ait $dq = \dfrac{dp}{\rho}$; la première des conditions d'équilibre (B) devient ainsi

$$ X = \frac{1}{\rho}\left(\frac{dp}{dx}\right) = \left(\frac{dq}{dx}\right), $$

et l'on aurait de même $Y = \left(\dfrac{dq}{dy}\right)$, $Z = \left(\dfrac{dq}{dz}\right)$. Si donc les projections données X, Y, Z n'avaient pas cette forme potentielle, l'équilibre serait impossible.

Dans le cas général, si la masse est divisée en plusieurs parties rentrant dans le cas simple, ce qui précède sera applicable à chacune d'elles, de sorte qu'on devra avoir en tout point de son intérieur

$$\frac{dX}{dy} - \frac{dY}{dx} = 0, \qquad \frac{dX}{dz} - \frac{dZ}{dx} = 0, \qquad \frac{dY}{dz} - \frac{dZ}{dy} = 0 .$$

D'ailleurs X, Y, Z n'étant fonctions que de x, y, z, ces relations seront satisfaites dans toute la masse.

Il en est encore ainsi en supposant les parties infiniment petites, auquel cas la répartition de la température et du mélange de plusieurs fluides devient quelconque.

Il faut donc admettre comme condition d'équilibre qu'on a

$$X = \left(\frac{dq}{dx}\right), \qquad Y = \left(\frac{dq}{dy}\right), \qquad Z = \left(\frac{dq}{dz}\right) ,$$

q étant une fonction donnée de x, y, z.

2° *Loi des pressions et des densités.* — Nous nommerons *surfaces de niveau* celles dont l'équation est $q =$ const. Si l'on passe d'un point M à un autre M' très voisin, les accroissements de q et p sont

$$dq = \left(\frac{dq}{dx}\right) dx + \left(\frac{dq}{dy}\right) dy + \left(\frac{dq}{dz}\right) dz ,$$

$$dp = \left(\frac{dp}{dx}\right) dx + \left(\frac{dp}{dy}\right) dy + \left(\frac{dp}{dz}\right) dz,$$

ou d'après les équations d'équilibre,

$$dp = \rho(Xdx + Ydy + Zdz) = \rho \left[\left(\frac{dq}{dx}\right) dx + \left(\frac{dq}{dy}\right) dy + \left(\frac{dq}{dz}\right) dz\right] ,$$

qui se réduit à $dp = \rho dq$. Si M et M' sont sur une même surface de niveau on a $dq = 0$ et par suite $dp = 0$; ainsi p ne change pas, ou p est constant sur toute surface de niveau. Par conséquent, si pour un point la valeur de q est donnée, cela suffit pour que celle de p soit déterminée ; cela signifie que p peut être considéré comme une fonction non de x, y, z, mais de q seul. On a ainsi

$$p = f(q),$$

f désignant une fonction inconnue, dont $f'(q)$ sera la dérivée. La relation $dp = \rho dq$ trouvée ci-dessus donne ensuite

$$\rho = \frac{dp}{dq} = f'(q).$$

Ainsi ρ comme p est constant sur toute surface de niveau ; par suite il en est de même de la température si elle n'est pas uniforme.

Par conséquent, s'il y a des inégalités de densité, le fluide en équilibre s'établit de lui-même de façon que les surfaces limitant les couches d'égale densité soient des surfaces de niveau.

Il en est donc ainsi également de la surface de séparation de deux fluides, entre autres de la surface libre d'un liquide dans l'air ou dans le vide.

En outre, la pression est la même sur toute cette surface libre, ou du moins sur une portion de surface qui soit continue. Entre autres un liquide ne peut être en équilibre à moins que la pression atmosphérique ne soit constante sur toute portion continue de la surface libre.

Si X, Y, Z n'étaient pas, comme on l'a supposé, indépendants de la nature du fluide, la fonction q et la forme des surfaces de niveau différeraient dans deux fluides contigus, et tous les résultats précédents seraient inexacts.

3° *Intégration.* — Comme q est supposé connu en fonction de x, y, z, elle se réduit à trouver la fonction f pour laquelle on a

$$p = f(q), \qquad \rho = f'(q).$$

Considérons d'abord le cas simple d'un seul fluide à température uniforme.

Si c'est un gaz on a $\dfrac{\rho}{p} = \dfrac{1}{k}$, k étant constant. Il en résulte

$$\frac{f'(q)}{f(q)} = \frac{1}{k}, \qquad l\,[f(q)] = \frac{q}{k} + l(a),$$

a étant une constante positive, et par suite

$$p = f(q) = ae^{\frac{q}{k}}$$

Si le fluide est un liquide ρ est une constante donnée, d'où

$$f'(q) = \rho, \qquad p = f(q) = \rho q + a,$$

a étant une constante, qui se déterminera par la valeur de la pression à la surface libre, s'il y en a une.

Si plusieurs liquides sont superposés la forme précédente de p ne convient qu'à un seul, et pour les autres on aurait des relations analogues

$$p = f(q) = \rho' q + a', \qquad p = \rho'' q + a'', \text{ etc.},$$

où ρ', ρ'', etc., sont donnés, et a, a', a'', etc., doivent être tels que p ait sur une surface de séparation de deux fluides la même valeur pour chacun d'eux. De même si le fluide se composait de plusieurs gaz contigus, mais non mélangés, on aurait pour chacun

$$p = ae^{\frac{q}{k}}, \qquad p = a'e^{\frac{q}{k'}}, \text{ etc.},$$

k, k', etc., étant donnés ; les constantes a, a', etc., seraient assujetties à la même condition que ci-dessus. Dans les deux cas la masse de chaque partie étant donnée, on peut en conclure son volume, et les deux surfaces de niveau entre lesquelles elle est comprise.

Ces données manquent si divers fluides sont mélangés, et on ne pourrait compléter l'intégration sans tenir compte des lois physiques suivant lesquelles, sous l'influence de la force, le mélange devient plus ou moins complet.

S'il y avait des températures variables, elles seraient données en fonction de q, p, ρ par la relation additionnelle mentionnée plus haut, ce qui modifierait la forme des intégrales précédentes.

122. Propriétés des surfaces de niveau. — Nous ne supposons point ici que la force agit sur une particule fluide. mais sur un point matériel quelconque. Les propriétés suivantes rentrent donc dans la statique générale, et si nous les rattachons à l'hydrostatique, c'est que celle-ci en présente la principale application.

Les projections de la force f rapportée à l'unité de masse sont encore les dérivées d'une fonction q, et les surfaces de niveau celles qui ont pour équation $q = $ const.

Première propriété. — Deux surfaces de niveau ne peuvent avoir aucun point commun; en effet, on aurait à la fois en ce point $q = c$, $q = c'$, c et c' étant deux nombres différents.

Il est clair en outre que par tout point on peut faire passer une surface de niveau, en prenant la valeur correspondente de q pour la constante.

Seconde propriété. — Si M, M' sont deux points très voisins pour lesquels on ait $q = c$, $q = c'$, la projection f' de la force sur MM' est

$$f' = \frac{c' - c}{\mathrm{MM}'} \, .$$

En effet, $c' - c$ est l'accroissement de q en passant de M à M'; par conséquent, en désignant par dx, dy, dz ceux des coordonnées, on a

$$c' - c = \left(\frac{dq}{dx} \right) dx + \left(\frac{dq}{dy} \right) dy + \left(\frac{dq}{dz} \right) dz = \mathrm{X}dx + \mathrm{Y}dy + \mathrm{Z}dz \, .$$

Par suite $c' - c$ est le travail élémentaire de la force f sur un point ayant pour masse l'unité, qui irait de M en M'; ce travail est aussi le produit de l'espace parcouru par la projection f' de la force sur l'espace, d'où résulte

$$c' - c = \text{MM}' \times f', \qquad f' = \frac{c' - c}{\text{MM}'}.$$

Troisième propriété. — *Une surface de niveau est partout perpendiculaire à la force.* En effet, en prenant dans ce qui précède M et M' sur la même surface de niveau on a $c' = c$, d'où $f' = 0$. La projection de la force sur toute direction tangente à la surface est donc nulle.

Par conséquent, *les surfaces de séparation des fluides en équilibre et leurs surfaces libres sont partout perpendiculaires à la force.*

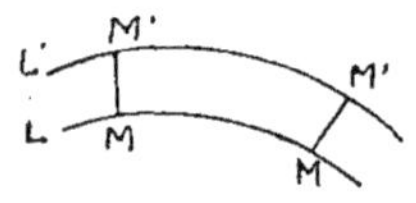

Quatrième propriété. — Soient $q = c$, $q = c'$ les équations de deux surfaces de niveau très rapprochées L, L', de sorte qu'on puisse avec une grande approximation leur mener des perpendiculaires communes MM'. En supposant $c' > c$ la force est dirigée de M vers M', puisque $c' - c$ et f' sont positifs; de plus la force étant perpendiculaire aux surfaces on a

$$f = f' = \frac{c' - c}{\text{MM}'}.$$

Ainsi *aux divers points de la surface L la force varie en raison inverse de MM'.*

Surfaces de niveau de la pesanteur. — Toutes les lois de la statique pour les corps situés à la surface de la terre sont les mêmes que si elle ne tournait pas, en joignant aux forces réelles la force centrifuge. La pesanteur est la résultante de celle-là et de l'attraction terrestre.

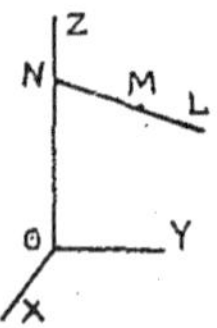

Supposons que l'origine O soit le centre de la terre, OZ l'axe des pôles, $\text{MN} = r$ le rayon du parallèle du point M, de coordonnées x, y, z, et ML le prolongement de NM. Nous savons que la force centrifuge pour l'unité de masse est $n^2 r$, dirigée suivant ML, n étant la vitesse angulaire terrestre. Il est clair que les projections de NM sur les axes sont x, y, et o; ses cosinus ou ceux de ML sont donc $\dfrac{x}{r}$, $\dfrac{y}{r}$ et o, et les projections de la force centrifuge

$$n^2 r \times \frac{x}{r} \ \text{ou} \ n^2 x, \qquad n^2 y, \qquad o\,.$$

Or elles sont les dérivées partielles d'une même fonction $\dfrac{1}{2}\,n^2 x^2 + \dfrac{1}{2}\,n^2 y^2$ ou $\dfrac{1}{2}\,n^2 r^2$. La force centrifuge a donc la forme potentielle et il en est ainsi quels que soient les axes. En effet, nous savons que si une force a cette propriété son travail total sur un point allant de A en B est le même quel que soit le chemin suivi; or ce résultat est indépendant de la direction des axes.

L'attraction de la terre sur un point a aussi la forme potentielle comme on l'a vu au numéro 81. On peut donc en dire autant de la résultante des deux forces ou de la pesanteur. Pour celle-là la fonction q se réduit presque au potentiel de l'attraction

$$V = \frac{m}{\rho} + \frac{m'}{\rho'} + \frac{m''}{\rho''} + \text{etc.,}$$

trouvé au numéro 81; m, m', ..., sont les intensités d'attraction des diverses particules terrestres, et ρ, ρ', etc., leurs distances au point attiré. La surface des océans, prolongée idéalement au-dessous des terres, est une surface de niveau, la pesanteur agissant seule à l'intérieur du fluide. Si l'on s'en écarte peu au dehors, par exemple jusqu'à la hauteur des montagnes les plus élevées, les distances ρ, ρ', etc., augmentent, V diminue et il est clair qu'il en est de même de q ou $V + \dfrac{1}{2}\,n^2 r^2$, bien que le petit terme $\dfrac{1}{2}\,n^2 r^2$ éprouve une faible augmentation. Les surfaces de niveau suivantes, représentées par $q = $ const. enveloppent donc de toute part la première, la constante diminuant quand on s'élève.

La pesanteur étant plus grande vers les pôles les surfaces de niveau, d'après leur quatrième propriété, doivent y être plus resserrées, ou s'aplatir comme celle des océans.

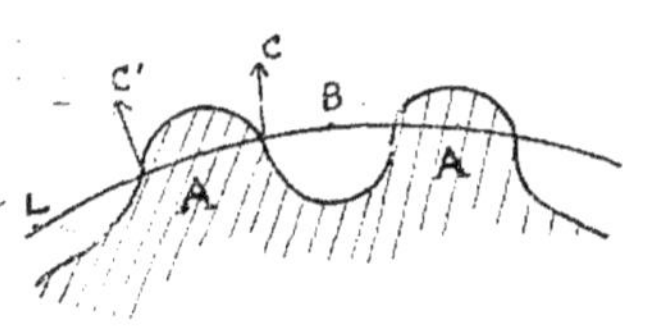

Cette forme sphéroïdale est encore modifiée par les accidents du sol. Si une surface de niveau LL tantôt traverse en A des montagnes ou massifs, tantôt passe en B au-dessus d'une vallée, elle a une courbure plus prononcée en A qu'en B. En effet, si le point attiré M est en A, il existe une infinité de points attirants très rapprochés qui augmentent $\Sigma \dfrac{m}{\rho}$ vu la petitesse de leurs distances au point M, et ces termes manquent si M est en B. Ainsi pour que q reste le même aux deux points il faut qu'en A l'ensemble des autres termes de $\Sigma \dfrac{m}{\rho}$ diminue, ou que la surface s'éloigne davantage du centre de la terre. Elle s'élève donc en traversant un massif et se déprime au-dessus d'une vallée. De cette disposition des surfaces résulte que les verticales C, C' des deux côtés d'une montagne divergent plus que si la terre était sphérique; cet effet peut aussi se calculer comme dû à l'attraction de la montagne sur le fil à plomb; toutefois le calcul de cette divergence et l'observation présentent un désaccord, tenant sans doute à la constitution du sol au-dessous de la montagne, et dont la cause est mal connue.

La courbure d'un lac est moindre que celle des plaines environnantes; en effet, la surface de niveau qui forme la surface libre peut être considérée comme passant au-dessus d'une vallée; il n'y a pas le vide au-dessous d'elle, mais ce qui revient au même il y a un milieu moins dense que le sol.

Lorsqu'on marche de niveau sur la surface de la terre, en se réglant sur un niveau à bulle d'air ou de toute autre manière, on suit un chemin perpendiculaire à la pesanteur, tel que la surface d'une eau tranquille. On reste donc toujours sur une même surface de niveau.

Supposons que dans un nivellement on marche ainsi de A en B, puis qu'en B on monte verticalement de $BB' = h$; qu'ensuite on aille de niveau de B' en A' au-dessus de A; on aura suivi une autre surface de niveau B'A'. Si la pesanteur est plus grande en A qu'en B on aura $AA' < BB'$ et en redescendant en A' de la hauteur h dont on est monté on se trouvera au-dessous du point de départ A. C'est une des causes qui dans les nivellements de grande étendue amènent ce qu'on appelle des *erreurs de clôture*; celles-ci d'ailleurs ne sont en général que de quelques centimètres.

Il en résulte aussi que ce qu'on appelle l'*altitude* d'un point, ou sa hauteur au-dessus du niveau de la mer, est susceptible de diverses valeurs suivant le chemin qu'on suit en la mesurant. Mais la différence est si faible que cette indétermination n'a aucun inconvénient dans la pratique.

123. Formule barométrique. — Dans cette question on suppose l'atmosphère en équilibre. La pression p et la température t deviennent p', t' à la station supérieure, et p'', t'' à la station inférieure. On peut dans la portion intermédiaire de l'atmosphère supposer constante la direction de la pesanteur.

Celle-ci est la seule force extérieure, et par suite en prenant l'axe des z vertical de haut en bas, on aura $X = Y = o$, $Z = g$, d'où $dq = gdz$; g et par suite q sont des fonctions de z seul. Les surfaces de niveau ont pour équation $q = $ const., ou $z = $ const. Elles sont ainsi des plans horizontaux, sur chacun desquels p, ρ, t restent invariables.

Ces quantités sont liées par la relation physique

$$p = c\rho(1 + \alpha t),$$

où $\alpha = 0{,}00367$ et c est une constante absolue.

On a pour déterminer p en fonction de z

$$dp = \rho dq = \rho g dz,$$

et en y substituant la valeur de ρ tirée de l'équation ci-dessus on trouve

$$\frac{dp}{p} = \frac{g}{c(1 + \alpha t)}\, dz.$$

La température est variable, et la relation additionnelle mentionnée au numéro 121 devrait la donner en fonction de z; mais cette loi entre les deux stations est mal connue, et l'on ne peut qu'attribuer à t une valeur constante moyenne. On doit faire de même pour g dont les variations sont plus faibles, et d'ailleurs incertaines dans le cas ordinaire où les stations sont sur une montagne. Il en résulte en intégrant entre les deux stations

$$l\left(\frac{p''}{p'}\right) = \frac{g}{c(1 + \alpha t)}\, Z,$$

Z étant leur différence de niveau; les pressions p', p'' sont connues au moyen des hauteurs barométriques, qu'on peut réduire à la température $0°$, et corriger également du rapport de la pesanteur aux deux stations s'il est connu. Soit G la valeur de g au niveau de la mer; la relation ci-dessus peut s'écrire

$$\frac{g}{G}\, Z = b(1 + \alpha t)l\left(\frac{p''}{p'}\right), \quad \text{où} \quad b = \frac{c}{G}.$$

Pour trouver b appliquons l'équation $p = c\rho(1 + \alpha t)$ au cas où l'air est au niveau de la mer, à la température de $0°$, la hauteur barométrique étant $0^{\mathrm{m}},76$. En désignant par p_0, ρ_0 les valeurs correspondantes de p et ρ nous aurons

$$\frac{c}{G} = \frac{p_0}{G\rho_0};$$

p_0 est le poids d'une colonne de mercure haute de $0^{\mathrm{m}},76$ ayant un mètre carré pour base; ρ_0 est la masse et $G\rho_0$ le poids d'un mètre cube d'air dans les mêmes circonstances. On aura donc

$$p_0 = 0{,}76\,.\mathrm{D}\Pi, \qquad G\rho_0 = \mathrm{D}'\Pi, \qquad b = 0{,}76\,\frac{\mathrm{D}}{\mathrm{D}'}\,,$$

Π étant le poids d'un mètre cube d'eau, et D, D' les poids spécifiques du mercure et de l'air dans les conditions normales. En substituant $\mathrm{D} = 13{,}6$, $\mathrm{D}' = \dfrac{1}{772{,}28}$ on trouve $b = 7992{,}6$. Communément on remplace $\dfrac{g}{G}$ par l'unité, t par la moyenne $\dfrac{t' + t''}{2}$, et $l.\left(\dfrac{p''}{p'}\right)$ par $\dfrac{1}{\mu}$ log. $\left(\dfrac{p''}{p'}\right)$, ce nouveau logarithme étant tabulaire, de sorte que μ est le module. On trouve ainsi

$$Z = 18404^{\mathrm{m}}\left[1 + 0{,}00183\,(t' + t'')\right] \log.\left(\frac{p''}{p'}\right).$$

124. Équilibre des fluides pesants. — Nous laissons de côté les cas où la masse fluide a de grandes dimensions. La seule force agissant sur elle est la pesanteur, constante de grandeur et de direction. Comme au numéro précédent les surfaces de niveau sont des plans horizontaux; la pression et la densité étant constantes sur chacun, c'est aussi la forme des surfaces de séparation de deux fluides différents et des surfaces libres; p et ρ sont fonctions de z seul, en prenant pour OZ la verticale inférieure, et l'on a

$$dp = \rho\,dq = \rho g\,dz, \qquad p = g\int \rho\,dz.$$

Si la pression est p au point M et p' en M', et que toutes deux soient exercées sur une même petite surface s, les pressions totales seront ps, $p's$, et pour leur différence δ on aura

$$\delta = (p' - p)s = gs\int_h^{h'} \rho\,dz,$$

h et h' correspondant à M, M'. C'est le poids d'une colonne C du fluide, de base horizontale s, allant du niveau de M à celui de M'; en effet, en la partageant en tranches de hauteur dz le volume de l'une d'elle serait sdz, sa masse ρsdz, et son poids $g\rho sdz$; celui-ci ajouté pour toutes les tranches redonne bien δ.

Pour un gaz, par exemple l'air, on néglige en général les variations de ρ quand il ne s'agit pas d'une colonne atmosphérique considérable; on a donc pour un gaz comme pour un liquide $p = g\rho z + a$, a étant une constante.

Si l'on néglige la pesanteur ou qu'aucune force extérieure n'agisse sur le fluide on a dans toute la masse $p = \text{const.}$; c'est ce qu'on appelle le *principe de la transmission des pressions*, dû à Pascal, et que nous avons mentionné au numéro 120. Il est aisé de le démontrer directement; il existe aussi des appareils ayant pour but de le vérifier par expérience; mais ce ne peut être qu'avec une erreur provenant de la pesanteur, celle-ci ne pouvant être supprimée. Il y a toutefois des cas où son effet est négligeable; dans une presse hydraulique par exemple le principe de transmission peut être regardé comme exact. De même quand on parle de la pression d'un gaz contenu dans un vase on néglige la différence de ses valeurs au point le plus haut et le plus bas.

Il résulte de la relation $p = \rho gz + a$ que si un liquide unique est contenu dans plusieurs vases communiquant entre eux, la pression est la même au même niveau dans chacun d'eux. Si les pressions extérieures P, P' sur deux surfaces libres sont inégales, une colonne du fluide ayant pour hauteur la différence de leurs niveaux doit être la mesure de P — P'.

Si plusieurs liquides sont superposés on trouvera toutes les valeurs des pressions à leur intérieur en remarquant que si l'on s'abaisse d'une hauteur verticale h dans l'un d'eux, de densité ρ, la pression augmente de ρgh.

Principe d'Archimède. — Si dans un fluide en équilibre on considère comme solidifiée une portion quelconque, de volume V, l'équilibre n'est pas troublé. Les forces autres que les pressions qui agissent sur ce volume se réduisent alors à son poids, appliqué à son centre de gravité. Or si l'on substitue au volume V du fluide un solide quelconque les pressions superficielles restent les mêmes. Par conséquent, *les pressions exercées par un fluide en équilibre sur un solide immergé forment un système de forces réductible à une seule, égale et directement opposée au poids du fluide déplacé et appliquée à son centre de gravité.* Cette force unique se nomme la *poussée*.

Par exemple les poids métalliques employés dans les balances doivent être supposés placés dans le vide quand on les considère comme des mesures de force; dans l'air ils sont diminués de la poussée, mais l'erreur est presque toujours négligeable.

Le principe reste exact si le solide est placé sur la surface libre et partiellement immergé ; la poussée est alors la somme des poids du liquide et de l'air déplacés, mais on peut en général négliger le second.

Poussée sur des aires planes immergées dans un liquide unique. — Plaçons l'origine sur la surface libre ; dans l'équation $p = \rho gz + $ const., la constante représente alors la pression atmosphérique, correspondant à $z = o$. Mais les parois auxquelles la poussée est appliquée sont supposées soutenues de l'autre côté par cette même pression commune ; c'est donc seulement l'excédent de la pression que nous devons prendre pour celle qui produit la poussée, ou $p = \rho gz$. Soient S l'aire immergée ; G son centre de gravité ; prenons-le pour origine de deux axes dans le plan de l'aire, GX étant horizontal, et GY descendant, faisant avec le plan horizontal un angle aigu i qui est aussi l'inclinaison du plan de l'aire ; enfin soit L le point où le prolongement de GY rencontre la surface libre du liquide, et $GL = h$. Il est clair que pour le point G la valeur de z est $h \sin i$, projection de h sur la verticale ; on a donc pour la pression P en ce point $P = \rho gh \sin i$.

Partageons l'aire en élément ω ; pour l'un d'eux l'excès de sa profondeur sur celle du centre est $y \sin i$, d'où

$$Z = (h + y) \sin i, \qquad p = \rho g z = P + \rho g y \sin i .$$

Les forces $p\omega$ appliquées à chaque élément sont parallèles, de même sens, et se composent par les formules qui donnent le centre de gravité d'un corps ; ainsi en nommant R leur résultante, ou la poussée totale, et x_1, y_1 les coordonnées de son point d'application, nommé *centre de poussée*, on aura

$$R = \Sigma p\omega, \qquad Rx_1 = \Sigma p\omega x, \qquad Ry_1 = \Sigma p\omega y .$$

En substituant $p = P + \rho g y \sin i$ on trouve

$$R = P\Sigma\omega + \rho g\Sigma\omega y \sin i ,$$
$$Rx_1 = P\Sigma\omega x + \rho g\Sigma\omega xy \sin i ,$$
$$Ry_1 = P\Sigma\omega y + \rho g\Sigma\omega y^2 \sin i .$$

L'origine étant au centre de gravité on a $\Sigma\omega x = 0$, $\Sigma\omega y = 0$; la première équation se réduit ainsi à $R = P\Sigma\omega = PS$; ainsi *la poussée totale peut s'évaluer en supposant la pression partout la même qu'au centre de gravité.*

Ensuite en substituant

$$R = PS = S\rho g h \sin i ,$$

les autres équations se réduisent à

$$Shx_1 = \Sigma xy\omega, \qquad Shy_1 = \Sigma y^2\omega .$$

Si donc on déplace l'aire de façon que l'axe GX reste dans la même position par rapport à la surface, x_1 et y_1 varient en raison inverse de h.

Si l'axe des y partage l'aire en deux parties symétriques, comme dans les exemples qui suivent, il est clair qu'on a $\Sigma xy\omega = 0$,

$x_1 = o$, et par suite le centre de poussée G′ se trouve sur l'axe des y. On aura alors

$$y_1 = \frac{\mu}{\mathrm{S}h}, \quad \text{où} \quad \mu = \Sigma y^2 \omega.$$

On peut remarquer que μ est le moment d'inertie de l'aire par rapport à GX.

1° Si l'aire est un cercle de rayon a, on a en coordonnées polaires

$$\mu = \Sigma \omega y^2 = \Sigma \omega x^2 = \frac{1}{2} \Sigma \omega(x^2 + y^2) = \frac{1}{2} \int_0^a \int_0^{2\pi} r^3 d\varphi dr ,$$

ou

$$\mu = \frac{\pi a^4}{4}, \qquad \mathrm{S} = \pi a^2, \qquad y_1 = \frac{a^2}{4h} .$$

2° Si l'aire est un rectangle ayant le côté a horizontal, l'autre étant b,

$$\mu = \int_{-\frac{b}{2}}^{\frac{b}{2}} \int_{-\frac{a}{2}}^{\frac{a}{2}} y^2 dx dy = \frac{ab^3}{12}, \qquad \mathrm{S} = ab, \qquad y_1 = \frac{b^2}{12h} .$$

Dans le cas où le côté horizontal serait à la surface libre du liquide, on aurait $h = \frac{b}{2}$, $y_1 = \frac{b}{6}$; c'est la distance G′G; celle du centre de poussée au bord supérieur serait ainsi $\frac{b}{2} + \frac{b}{6}$ ou $\frac{2b}{3}$.

125. **Hydrodynamique.** — On nomme ainsi la théorie générale du mouvement des fluides. Nous admettrons que la température est uniforme, sans quoi on devrait tenir compte des lois de sa propagation.

Les équations obtenues au numéro 120 ne suffiraient pas pour déterminer les inconnues x, y, z, p, ρ. Pour en trouver d'autres, désignons par α, β, γ des fonctions inconnues de t, x, y, z, représentant pour tout point (x, y, z) du fluide les projections de la vitessè de la particule qui y passe à l'instant déterminé par la valeur de t.

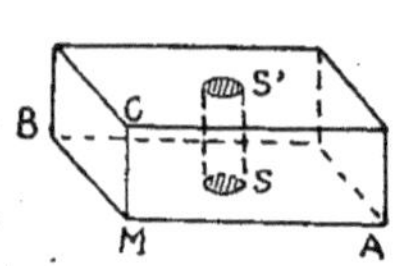

Soit MABC un parallélipipède rectangle mené par un point quelconque M, et ayant ses côtés MA, MB, MC parallèles aux axes et de même sens, MC étant vertical de bas en haut. Pour comparer les masses fluides qui entrent dans le parallélipipède ou en sortent pendant un petit temps θ, partageons son volume en petits prismes verticaux tels que ss' et cherchons l'excès de la masse qui entre sur celle qui sort à travers les éléments s, s', bases du prisme. Le volume passant en s a la forme d'un prisme oblique de base s ayant pour longueur l'espace $u\theta$ parcouru dans le temps θ, u étant la vitesse ; son volume est $su\theta \cos i$, i étant l'angle de la vitesse avec la verticale ; or $\gamma = \pm u \cos i$, et le volume sera $s\gamma\theta$, pourvu qu'on le considère comme positif s'il est entrant, négatif s'il est sortant, car alors il a toujours le signe de γ. La densité variable étant désignée par ρ la masse entrant est $\rho s\gamma\theta$. Pour l'élément s' on aurait $\rho's'\gamma'\theta$ pour la masse le traversant, ρ' et γ' correspondant à s' ; mais ce produit est une masse entrant ou sortant suivant que γ' est négatif ou positif, et par suite en le changeant de signe nous aurons en tout pour la masse entrant par les deux éléments

$$\rho s\gamma\theta - \rho's\gamma'\theta,$$

en remarquant que $s' = s$.

En désignant par l la hauteur du prisme et par v son volume sl, cette expression peut s'écrire

$$- v\theta \left(\frac{\rho'\gamma' - \rho\gamma}{l}\right) \quad \text{ou} \quad - v\theta \left(\frac{d.\rho\gamma}{dz}\right),$$

la dérivée partielle $\left(\dfrac{d.\rho\gamma}{dz}\right)$ correspondant à un point intermédiaire entre s et s'. En ajoutant ce résultat pour tous les éléments des faces horizontales et désignant par V le volume total on aura

$$- \mathrm{V}\theta \left(\frac{d \cdot \rho\gamma}{dz} \right),$$

la dérivée partielle correspondant à un point intérieur à la masse. Tel est l'excès de la masse entrant dans le parallélipipède sur celle qui en sort en ne comptant que les passages du fluide par les faces horizontales. En lui joignant les excès analogues correspondant aux autres faces leur somme sera $m' - m$, m et m' étant les masses comprises dans le parallélipipède au commencement et à la fin de l'instant θ. Il en résulte

$$\frac{m' - m}{\mathrm{V}\theta} = - \left(\frac{d \cdot \rho\gamma}{dz} \right) - \left(\frac{d \cdot \rho\alpha}{dx} \right) - \left(\frac{d \cdot \rho\beta}{dy} \right).$$

En supposant θ infiniment petit le premier membre devient $\dfrac{d \cdot}{dt} \left(\dfrac{m}{\mathrm{V}} \right)$, et en supposant aussi la masse infiniment petite les dérivées partielles correspondront au seul point M, et $\dfrac{m}{\mathrm{V}}$ sera exprimé par ρ; on aura ainsi

$$\left(\frac{d\rho}{dt} \right) + \left(\frac{d \cdot \rho\alpha}{dx} \right) + \left(\frac{d \cdot \rho\beta}{dy} \right) + \left(\frac{d \cdot \rho\gamma}{dz} \right) = 0.$$

Cette relation se nomme l'*équation de continuité*. Dans un liquide, ρ étant constant, elle se réduit à

$$\left(\frac{d\alpha}{dx} \right) + \left(\frac{d\beta}{dy} \right) + \left(\frac{d\gamma}{dz} \right) = 0.$$

Transformons de même en fonction de α, β, γ les équations (A) du numéro 120, appliquées à une masse infiniment petite; la première, en remplaçant x_1 par x devient

$$\frac{d^2x}{dt^2} = \mathrm{X} - \frac{1}{\rho} \left(\frac{dp}{dx} \right).$$

Soit MM' l'espace décrit par la particule dans le temps dt, x,

y, z s'accroissant de dx, dy, dz. Si u, u' sont les projections de sa vitesse sur l'axe des x en M et en M' on a

$$\frac{d^2 x}{dt^2} = \frac{u' - u}{dt}.$$

Nous avons désigné par α pour tout point (x, y, z), la projection de la vitesse de la particule qui y passe au bout du temps t sur l'axe des x; c'est donc la valeur de u; mais u' sera ce que devient cette même fonction α quand x, y, z ont augmenté de dx, dy, dz et t de dt, d'où résulte

$$u' - u = \left(\frac{d\alpha}{dt}\right) dt + \left(\frac{d\alpha}{dx}\right) dx + \left(\frac{d\alpha}{dy}\right) dy + \left(\frac{d\alpha}{dz}\right) dz.$$

les dérivées étant toutes partielles. En outre MM' ayant été décrit dans le temps dt avec la vitesse de la particule on a $dx = \alpha dt$, $dy = \beta dt$, $dz = \gamma dt$, et par suite

$$\frac{d^2 x}{dt^2} = \frac{u' - u}{dt} = \left(\frac{d\alpha}{dt}\right) + \alpha\left(\frac{d\alpha}{dx}\right) + \beta\left(\frac{d\alpha}{dy}\right) + \gamma\left(\frac{d\alpha}{dz}\right).$$

En substituant cette valeur dans la première équation du mouvement, transformant de même les autres, et leur joignant l'équation de continuité, on trouve

$$(1) \quad \begin{cases} \dfrac{d\alpha}{dt} + \alpha\dfrac{d\alpha}{dx} + \beta\dfrac{d\alpha}{dy} + \gamma\dfrac{d\alpha}{dz} = X - \dfrac{1}{\rho}\left(\dfrac{dp}{dx}\right), \\[2mm] \dfrac{d\beta}{dt} + \alpha\dfrac{d\beta}{dx} + \beta\dfrac{d\beta}{dy} + \gamma\dfrac{d\beta}{dz} = Y - \dfrac{1}{\rho}\left(\dfrac{dp}{dy}\right), \\[2mm] \dfrac{d\gamma}{dt} + \alpha\dfrac{d\gamma}{dx} + \beta\dfrac{d\gamma}{dy} + \gamma\dfrac{d\gamma}{dz} = Z - \dfrac{1}{\rho}\left(\dfrac{dp}{dz}\right). \end{cases}$$

$$(2) \quad \frac{d\rho}{dt} + \frac{d.\rho\alpha}{dx} + \frac{d.\rho\beta}{dy} + \frac{d.\rho\gamma}{dz} = 0.$$

C'est ce qu'on nomme les *équations générales de l'hydrodynamique*. Elles sont suffisantes à l'intérieur soit d'un liquide unique pour lequel $\rho = $ const., soit d'un gaz unique pour lequel $\dfrac{p}{\rho} = $ const.;

nous laisserons de côté le cas où plusieurs fluides seraient mélangés.

On doit joindre aux équations des *conditions aux limites*, correspondant à la surface de la masse fluide. Là où elle est libre, p a une valeur donnée. Là où elle est contiguë à une paroi, la vitesse relative du fluide doit lui être tangente.

Les formules se simplifient quand les forces ont la forme potentielle, de sorte que

$$X = \left(\frac{dq}{dx}\right), \qquad Y = \left(\frac{dq}{dy}\right), \qquad Z = \left(\frac{dq}{dz}\right),$$

q étant une fonction donnée de x, y, z, t. On peut alors essayer de satisfaire toutes les équations en supposant

$$(3) \qquad \alpha = \left(\frac{d\varphi}{dx}\right), \qquad \beta = \left(\frac{d\varphi}{dy}\right), \qquad \gamma = \left(\frac{d\varphi}{dz}\right),$$

φ étant une fonction inconnue de x, y, z, t. Cela suppose toutefois que les valeurs initiales données de α, β, γ ont cette forme potentielle, auquel cas la valeur initiale de φ est connue à une constante près.

En substituant pour α, β, γ les expressions précédentes, la première équation du mouvement devient

$$\frac{d^2\varphi}{dtdx} + \frac{d\varphi}{dx} \cdot \frac{d^2\varphi}{dx^2} + \frac{d\varphi}{dy} \cdot \frac{d^2\varphi}{dxdy} + \frac{d\varphi}{dz} \cdot \frac{d^2\varphi}{dxdz} = \left(\frac{dq}{dx}\right) - \frac{1}{\rho}\left(\frac{dp}{dx}\right),$$

Pour un gaz on a

$$\rho = \frac{p}{k}, \qquad \frac{1}{\rho}\left(\frac{dp}{dx}\right) = k\left(\frac{d \cdot lp}{dx}\right).$$

Par conséquent si l'on pose

$$R' = q - \frac{p}{\rho} \text{ pour un liquide,}$$

$$R' = q - kl(p) \text{ pour un gaz.}$$

et en outre

$$R = \frac{d\varphi}{dt} + \frac{1}{2}\left[\left(\frac{d\varphi}{dx}\right)^2 + \left(\frac{d\varphi}{dy}\right)^2 + \left(\frac{d\varphi}{dz}\right)^2\right].$$

l'équation ci-dessus prend la forme

$$\left(\frac{dR}{dx}\right) = \left(\frac{dR'}{dx}\right),$$

et les deux autres deviendraient de même

$$\left(\frac{dR}{dy}\right) = \left(\frac{dR'}{dy}\right), \qquad \left(\frac{dR}{dz}\right) = \left(\frac{dR'}{dz}\right).$$

Pour que ces trois équations aient lieu il faut et il suffit qu'on ait $R = R' + T$, T étant une fonction de t seul. Mais on peut la supprimer ; soit, en effet, T' une autre fonction de t seul telle qu'on ait $\frac{dT'}{dt} = T$. D'après la valeur de R, $R - T$ ou $R - \frac{dT'}{dt}$ est ce que devient R en remplaçant φ par $\varphi' = \varphi - T'$; or on a

$$\alpha = \left(\frac{d\varphi}{dx}\right) = \left(\frac{d\varphi'}{dx}\right), \qquad \beta = \left(\frac{d\varphi'}{dy}\right), \qquad \gamma = \left(\frac{d\varphi'}{dz}\right).$$

Il est donc indifférent de prendre pour la fonction inconnue φ' au au lieu de φ ; en la désignant ensuite par φ, les formules seront exactement les mêmes, sauf que T sera nul. On aura alors $R = R'$ et en outre l'équation (2) où l'on devra substituer $\alpha = \left(\frac{d\varphi}{dx}\right)$, etc.

Pour un liquide, où $\rho = $ const., les équations du mouvement sont ainsi

$$(4) \quad \begin{cases} \left(\dfrac{d\varphi}{dt}\right) + \dfrac{1}{2}\left[\left(\dfrac{d\varphi}{dx}\right)^2 + \left(\dfrac{d\varphi}{dy}\right)^2 + \left(\dfrac{d\varphi}{dz}\right)^2\right] = q - \dfrac{p}{\rho}, \\[2mm] \left(\dfrac{d^2\varphi}{dx^2}\right) + \left(\dfrac{d^2\varphi}{dy^2}\right) + \left(\dfrac{d^2\varphi}{dz^2}\right) = 0. \end{cases}$$

126. Applications. — 1° *Écoulement d'un liquide*. — Quand un liquide contenu dans un vase s'écoule par l'ouverture horizontale AA' on observe que les particules situées dans une même section horizontale descendent sensiblement avec une vitesse verticale commune, pourvu que les sections du vase ne varient pas trop rapidement. Ce mode de mouvement se nomme l'*hypothèse du parallélisme des tranches*.

En supposant OZ vertical dans le sens de la pesanteur on doit alors regarder α et β comme nuls, et γ comme indépendant de x, y, de sorte que les équations (1) du numéro précédent se réduisent à

$$\frac{d\gamma}{dt} + \gamma \frac{d\gamma}{dz} + \frac{1}{\rho}\frac{dp}{dz} - g = 0 .$$

Soient ;

MM' la section horizontale à laquelle correspondent z et γ ;
ω son aire ;

z', γ', ω' ce que deviennent z, γ, ω pour la section du niveau supérieur NN' ;

h, u, b les valeurs de z, γ, ω à l'orifice AA'.

De la sorte h et b sont des constantes données et u est une fonction inconnue du temps seul.

La pression extérieure est supposée la même en AA' et NN'. Si donc on multiplie l'équation ci-dessus par dz et qu'on l'intègre de $z = z'$ à $z = h$, on aura

$$\int \frac{dp}{dz}\, dz = 0, \qquad \int_{z'}^{h} \frac{d\gamma}{dt}\, dz + \frac{1}{2} u^2 - \frac{1}{2}\gamma'^2 - g(h - z') = 0.$$

Les volumes liquides s'écoulant en AA', MM', NN' dans l'instant dt sont $budt$, $\gamma\omega dt$, $\gamma'\omega' dt$, d'où

$$bu = \gamma\omega = \gamma'\omega'.$$

En substituant $\gamma = \dfrac{bu}{\omega}$, $\gamma' = \dfrac{bu}{\omega'}$ dans l'équation précédente, on aura

$$b\mu\,\frac{du}{dt} + \frac{u^2}{2} - \frac{b^2 u^2}{2\omega'^2} + g(z' - h) = 0 ,$$

en posant

$$\mu = \int_{z'}^{h} \frac{dz}{\omega} .$$

En outre $\dfrac{dz'}{dt} = \gamma' = \dfrac{bu}{\omega'}$; en remplaçant dt par $\dfrac{\omega'\,dz'}{bu}$ on trouve

$$\frac{\mu b^2}{\omega'},\; \frac{d(u^2)}{dz'} + \left(1 - \frac{b^2}{\omega'^2}\right) u^2 + 2g(z' - h) = 0 .$$

équation donnant u^2 en fonction de z' ; μ, ω', et par suite les coefficients de l'équation sont des fonctions connues de z'.

Il faut remarquer que l'équation (2) du numéro précédent se réduit à $\dfrac{d\gamma}{dz} = 0$, et n'est pas en général satisfaite dans l'hypothèse actuelle, qui n'est ainsi qu'approximative. Du reste, l'intégration rigoureuse des formules (1) et (2) est en général impossible, même dans des cas fort simples.

2° *Mouvements infiniment petits d'un liquide sur lequel n'agit que la pesanteur.* — En employant les formules (3) nous admettrons que α, β, γ, ou $\dfrac{d\varphi}{dx}$, etc., et leurs dérivées sont de très petites quantités, dont nous négligerons les carrés et les produits.

La première équation (4) se réduit alors à

$$gz - \frac{p}{\rho} = \frac{d\varphi}{dt} ,$$

en remarquant que $q = gz$.

On a vu qu'il était indifférent d'ajouter au premier membre une fonction de t seul, entre autres une constante; nous pourrons donc remplacer p par $p - p_1$, p_1 étant la pression atmosphérique.

Cette équation, quand on a trouvé la valeur de φ donne celle

de p, mais ce qu'on cherche est plutôt la loi des ondulations superficielles, ou la hauteur variable de la surface libre au-dessus du
niveau naturel; en prenant celui-ci pour le plan des xy ce sera
l'ordonnée $z = Z$. Or à cette surface on a $p = p_{,}$, d'où

$$gZ = \frac{d\varphi}{dt},$$

qui donnera Z quand φ sera connu. Cette fonction est déterminée
par l'équation (4), ou

$$\frac{d^2\varphi}{dx^2} + \frac{d^2\varphi}{dy^2} + \frac{d^2\varphi}{dz^2} = 0,$$

et par des conditions aux limites.

A la surface libre on a $\frac{dZ}{dt} = \gamma = \frac{d\varphi}{dz}$, et par suite, d'après
l'équation ci-dessus,

$$g\frac{d\varphi}{dz} = \frac{d^2\varphi}{dt^2},$$

où l'on peut supposer $z = o$, en négligeant le second ordre.

Au fond de la masse liquide la vitesse normale à sa surface est
nulle. Si elle est horizontale il en résulte $\gamma = o$ ou

$$\frac{d\varphi}{dz} = 0,$$

Nous ne pouvons reproduire ici l'intégration de ces équations
trouvée par Poisson, et dont les résultats sont d'ailleurs conformes
à l'observation.

Toutes les équations ont la forme linéaire. Par conséquent, si
elles sont satisfaites en prenant pour les valeurs de Z et φ soit
Z' et φ', soit Z'' et φ'', elles le seront encore en supposant $Z = Z' + Z''$,
$\varphi = \varphi' + \varphi''$.

Le principe de la superposition des petits mouvements est donc
exact pour les ondulations d'une surface liquide, comme nous
l'avons mentionné au numéro 119.

3° *Mouvements infiniment petits d'un gaz, ou vibrations acoustiques.* — Nous supposerons que l'effet de la pesanteur est négligeable, de sorte que dans les équations (1) on aura $X = Y = Z = o$. Soit en outre δ la densité dans l'état d'équilibre, et s la dilatation relative du volume, d'où $\rho = \dfrac{\delta}{1 + s}$. Nous admettrons que α, β, γ, s sont très petits; en négligeant le second ordre par rapport à ces quantités, on aura

$$\rho = \delta(1 - s), \qquad p = k\delta(1 - s) \, .$$

et on devra remplacer ρ par δ dans l'équation (2), sauf dans le premier terme, ce qui donne

$$\frac{ds}{dt} = \frac{d\alpha}{dx} + \frac{d\beta}{dy} + \frac{d\gamma}{dz}$$

On devra aussi réduire $\dfrac{1}{\rho}$ à $\dfrac{1}{\delta}$ dans les formules (1) qui deviendront

$$\frac{d\alpha}{dt} = k \cdot \frac{ds}{dx}, \qquad \frac{d\beta}{dt} = k \cdot \frac{ds}{dy}, \qquad \frac{d\gamma}{dt} = k \cdot \frac{ds}{dz} \, .$$

C'est de la dilatation s qu'on cherche les lois; pour cela on substituera les valeurs précédentes dans

$$\frac{d^2s}{dt^2} = \frac{d^2\alpha}{dt\,dx} + \frac{d^2\beta}{dt\,dy} + \frac{d^2\gamma}{dt\,dz} \, ,$$

dérivée de l'autre équation, ce qui donne la relation cherchée

$$\frac{d^2s}{dt^2} = k \left(\frac{d^2s}{dx^2} + \frac{d^2s}{dy^2} + \frac{d^2s}{dz^2} \right) \, .$$

Si le gaz était contenu dans un tuyau rectiligne ayant pour axe OZ, toutes les vitesses étant parallèles à l'axe, on aurait $\alpha = \beta = o$; il en résulterait

$$\frac{d^2s}{dt^2} = k \, \frac{d^2s}{dz^2} \, ,$$

comme nous l'avons déjà trouvé au numéro 115, où les ondes étaient définies par les valeurs de u au lieu de s.

Dans cette question on ne doit pas prendre pour le rapport $k = \dfrac{p}{\rho}$ celui que donne la loi de Mariotte, mais celui qui existe quand la chaleur développée par la condensation du gaz n'a pas le temps de se dissiper, comme c'est le cas dans les rapides alternatives qui constituent les vibrations acoustiques.

127. Remarques générales sur le mouvement des fluides. — Il semble que tout ce qui concerne ce mouvement devrait rentrer dans l'hydrodynamique. Toutefois on désigne plus spécialement par ce terme les lois du mouvement telles qu'elles résultent des formules du numéro 125, ou celles qu'on obtient en prenant pour inconnues les vitesses α, β, γ en un point quelconque. Nous avons vu que les résultats de cette méthode étaient fort limités.

On nomme *Hydraulique* la théorie des *mouvements permanents* des fluides, c'est-à-dire de ceux dans lesquels p, α, β, γ pour un même point sont indépendants du temps, ou fonctions de x, y, z seuls, l'espace total occupé par le fluide restant invariable.

Les applications industrielles de la théorie des fluides rentrent généralement dans l'hydraulique, dont les résultats pratiques sont nombreux, et les lois importantes, même au point de vue purement scientifique ; mais elles sont basées sur les formules (A) du numéro 120, et sur les lois générales de la mécanique, et il n'est plus fait aucun usage des formules du numéro 125.

Avant de nous occuper de l'hydraulique il est nécessaire d'examiner quelques propriétés importantes du mouvement des fluides, applicables soit qu'il soit permanent ou varié, et qui se déduisent directement des formules (A) du numéro 120.

Première propriété. — Nous nommerons *force accélératrice* la force autre que les pressions, telle que la pesanteur, etc., en la supposant rapportée à l'unité de masse. Dans les équations (A) du numéro 120 ses projections sont X, Y, Z. En supposant infiniment petite la masse sur laquelle elle agit, et remplaçant x_1, y_1, z_1 par x, y, z, ces équations deviennent

$$\frac{d^2x}{dt^2} = \text{X} - \frac{1}{\rho}\left(\frac{dp}{dx}\right), \quad \frac{d^2y}{dt^2} = \text{Y} - \frac{1}{\rho}\left(\frac{dp}{dy}\right), \quad \frac{d^2z}{dt^2} = \text{Z} - \frac{1}{\rho}\left(\frac{dp}{dz}\right).$$

Par suite *si dans une portion de la masse la pression est partout la même, chaque particule fluide se meut comme un point matériel animé de la seule force accélératrice.*

En effet, on a alors $\left(\dfrac{dp}{dx}\right) = o$, $\left(\dfrac{dp}{dy}\right) = o$, $\left(\dfrac{dp}{dz}\right) = o$, ce qui réduit les équations ci-dessus à

$$\frac{d^2x}{dt^2} = \text{X, etc.}$$

ou à celles du mouvement d'un point matériel libre, sans influence des pressions.

Tel est le cas d'une veine liquide mince lancée dans l'air, avant qu'elle se déforme en gouttelettes ; en effet, la pression atmosphérique agit sur le contour de toute section normale, et à l'intérieur la pression n'en peut différer que très peu. Aussi la veine décrit une parabole fort exacte, n'étant pas modifiée par la résistance de l'air, mais seulement par son frottement, qui est une force beaucoup plus faible.

Seconde propriété. — Considérons une petite masse déterminée m à un instant donné, et imaginons que l'axe des z ait été pris parallèle à sa vitesse à cet instant, et qu'en outre OX soit parallèle au rayon de courbure R de sa trajectoire, et de même sens. Dans les équations du mouvement $\dfrac{d^2x}{dt^2}$, $\dfrac{d^2y}{dt^2}$, $\dfrac{d^2z}{dt^2}$ sont les projections de son accélération sur les axes ; d'autre part, nous savons que celle-ci se décompose en deux autres rectangulaires, l'une suivant la vitesse v, l'autre suivant le rayon de courbure, égale à $\dfrac{v^2}{\text{R}}$. Par conséquent, la première est $\dfrac{d^2z}{dt^2}$, l'autre $\dfrac{d^2x}{dt^2}$, de sorte que $\dfrac{d^2y}{dt^2}$ est nulle. Les équations du mouvement donnent ainsi

$$\frac{v^2}{R} = X - \frac{1}{\rho}\left(\frac{dp}{dx}\right), \qquad o = Y - \frac{1}{\rho}\left(\frac{dp}{dy}\right).$$

En outre, comme on l'a vu au numéro 50, on nomme force centrifuge la force $\dfrac{mv^2}{R}$ ou simplement $\dfrac{v^2}{R}$ en la rapportant à l'unité de masse. On la considère comme agissant en sens contraire du rayon de courbure ; en la désignant par φ et remplaçant $\dfrac{v^2}{R}$ par $-\varphi$, nous aurons

$$\frac{1}{\rho}\left(\frac{dp}{dx}\right) = X + \varphi, \qquad \frac{1}{\rho}\left(\frac{dp}{dy}\right) = Y,$$

c'est-à-dire deux des trois équations d'équilibre, ou des équations (B) du numéro 120, sauf que X est augmenté de φ. Nous avons supposé le plan des xy perpendiculaire à la vitesse de m, mais il le sera aussi sensiblement pour d'autres particules voisines de la première, et OX sera à très peu près parallèle à leur rayon de courbure. Ainsi les mêmes relations auront lieu pour des particules traversant le plan au même instant que la première, et très près d'elle. Or si l'on passe du point m à ces dernières l'accroissement de p ne dépend que de $\left(\dfrac{dp}{dx}\right)$, $\left(\dfrac{dp}{dy}\right)$. Il en résulte la propriété suivante, indépendante du choix des axes :

Dans le voisinage d'un point m quelconque du fluide, dans un plan perpendiculaire à sa vitesse, la pression varie suivant les lois de l'hydrostatique, en admettant qu'outre la force accélératrice agisse la force centrifuge.

Si par exemple une rivière fait un contour on pourra prendre pour le plan précédent celui qui est perpendiculaire au courant ; et la propriété aura lieu en tous ses points ; en particulier à la surface libre, la force comme dans le cas d'équilibre devra lui être perpendiculaire. La force est résultante de la pesanteur et de la force centrifuge, et on en conclura comme au numéro 70 que la section de la surface est une parabole.

Troisième propriété. — Principe des forces vives. Dans les corps déformables, élastiques ou non, l'accroissement de la demi-force vive n'est point égal au travail des forces extérieures. Ainsi le principe des forces vives, démontré pour un système théorique, n'est en général vrai que dans ce cas; il n'est donc pas évident pour les fluides; pour les gaz il est inexact.

Au contraire, la formule de Bernouilli, qui, comme on le verra, sert de base à l'hydraulique, n'est autre que le principe des forces vives, fort aisé à démontrer dans le mouvement permanent. Mais quand il s'agit des moteurs hydrauliques le mouvement n'est plus permanent, bien que d'ordinaire on leur applique par induction les lois de l'hydraulique. Il importe donc d'établir le principe des forces vives pour le mouvement quelconque d'un liquide.

Il faut remarquer en outre que si le mouvement n'est pas permanent, les petites masses contiguës se mélangent en général pendant leur déplacement, ce qui n'empêche pas le centre de gravité de chacune de rester bien déterminé pendant qu'elle se disperse. La démonstration qui suit est indépendante de cette diffusion.

128. Démonstration du principe des forces vives pour un liquide. — Nous désignerons par y à chaque instant la somme

$$y = \Sigma mp ,$$

étendue à tous les éléments m de la masse; par z la somme

$$z = \Sigma m \left(\frac{dp}{dt} \right) ,$$

étendue aux mêmes éléments en considérant p comme une fonction de t, x, y, z, et $\left(\frac{dp}{dt} \right)$ étant sa dérivée partielle par rapport à t;

dT sera la somme des travaux élémentaires exercés sur tous les éléments pendant l'instant dt par les forces autres que les pressions ;

dT' sera la somme des travaux exercés pendant l'instant dt par la pression extérieure sur toute la surface qui limite la masse.

1° *Valeur de dT'*. — En comparant les positions de la masse liquide au commencement et à la fin d'un petit instant θ, soient E la portion de l'espace occupée par la masse fluide aux deux époques à la fois : E_1 celle qui n'était occupée qu'à la première époque ; E_2 celle qui ne l'est qu'à la seconde.

Le volume E_1 est une sorte de lame mince comprise entre les surfaces extérieures LL à la première époque, L'L' à la seconde.

Il est clair que E_1 peut se composer aussi de plusieurs semblables lames non contiguës : partageons LL en éléments ω et par le contour de chacun d'eux menons des normales à la première surface, qui en supposant θ très petit, seront aussi normales à la seconde. Tout l'espace E_1 sera ainsi partagé en petits prismes ayant pour base chaque élément ω et pour volume $v=\omega\lambda$, λ étant la longueur de la normale commune.

Chaque particule de ω s'est transportée pendant l'instant θ infiniment petit à la surface L'L' ; λ est la projection de la ligne qu'elle a décrite sur la direction normale de la force, ou de la pression extérieure p ; λ étant le même pour tous les points de ω, le travail de la force $p\omega$ appliquée à l'élément sera $p\omega\lambda$ ou pv ; par suite le travail de la pression extérieure sur la portion de la surface extérieure de la masse qui sert de limite à l'espace E_1 sera Σpv, la somme s'étendant aux éléments v de cet espace.

Le reste de la surface extérieure est la portion qui sert de limite à l'espace E_2, et pour celle-ci, où le travail est évidemment négatif, les points se déplaçant de dedans en dehors, on trouverait de même que le travail est $-\Sigma pv$, la somme s'étendant aux éléments v de E_2. Ces deux sommes sont donc les deux parties de

dT'. Nous aurons encore à faire usage plus tard de cette expression du travail, employée également dans la thermodynamique.

2° *Valeur de* $\dfrac{dy}{dt}$. — En définissant comme ci-dessus θ, E, E_1, E_2, sans supposer θ infiniment petit, soient y, y' les valeurs de y au commencement et à la fin de l'instant θ, de sorte que

$$\frac{dy}{dt} = \text{limite}.\left(\frac{y' - y}{\theta}\right).$$

Soient aussi S_1, S_2, S, S' les valeurs de la somme Σmp, semblables à y, mais étendues tour à tour au volume E_1, à E_2, à E à la première époque, à E à la seconde. Il est clair que le volume total est $E + E_1$ à la première, $E + E_2$ à la seconde, et par conséquent

$$y = S + S_1, \quad y' = S' + S_2,$$

$$\frac{dy}{dt} = \lim.\left(\frac{y' - y}{\theta}\right) = \lim.\left(\frac{S_2 - S_1}{\theta}\right) + \lim.\left(\frac{S' - S}{\theta}\right);$$

v étant l'élément de volume et ρ la densité du liquide, on a $m = v\rho$; $\dfrac{S_1}{\rho}$, $\dfrac{S_2}{\rho}$ ont donc une même forme Σpv, la somme s'étendant à E_1 ou E_2; leur différence quand θ est infiniment petit est comme on l'a vu la valeur de dT'; en ce cas $d\text{T}' = \dfrac{S_1 - S_2}{\rho}$, et par suite en général

$$\lim.\left(\frac{S_2 - S_1}{\theta}\right) = - \rho\,\frac{d\text{T}'}{dt}.$$

Remarquons ensuite que S et S' s'étendent au même volume E qui peut être décomposé en éléments de volume d'une façon identique aux deux époques; les éléments de masse auront donc la même forme, la même valeur, sans être composés de la même matière; on aura ainsi

$$\frac{S' - S}{\theta} = \Sigma m\left(\frac{p' - p}{\theta}\right),$$

p et p' étant pour les deux époques les pressions correspondant à un même point de l'espace ; par suite si θ devient infiniment petit $\dfrac{p'-p}{\theta}$ se réduira à la dérivée partielle $\left(\dfrac{dp}{dt}\right)$ et la somme précédente à celle qui a été désignée par z. Il en résulte

$$\frac{dy}{dt} = \lim.\left(\frac{y'-y}{\theta}\right) = Z - \frac{\rho\, dT'}{dt}\,.$$

3° *Démonstration du théorème.* — La première équation (A) du numéro 120, ou

$$\frac{d^2 x_1}{dt^2} = X - \frac{1}{\rho}\left(\frac{dp}{dx}\right),$$

concerne le centre de gravité G d'une masse m que nous ne considérons pas d'abord comme infiniment petite ; il faut remarquer que si cette masse est contiguë à la surface extérieure, la composante de la pression extérieure est déjà contenue dans le terme $-\dfrac{1}{\rho}\left(\dfrac{dp}{dx}\right)$ et qu'on ne doit point la comprendre dans la valeur de X.

En ajoutant les équations du mouvement multipliées par $\dfrac{dx_1}{dt}$, $\dfrac{dy_1}{dt}$, $\dfrac{dz_1}{dt}$, et désignant par v_1 la vitesse du centre G on a

$$\frac{1}{2}\frac{d\,.\,v_1^{\,2}}{dt} = \frac{X dx_1 + Y dy_1 + Z dz_1}{dt} - \frac{Q}{\rho}\,,$$

en posant

$$Q = \left(\frac{dp}{dx}\right)\frac{dx_1}{dt} + \left(\frac{dp}{dy}\right)\frac{dy_1}{dt} + \left(\frac{dp}{dz}\right)\frac{dz_1}{dt}\,.$$

Considérons d'abord la valeur p_1 de la pression en G, variable pendant le mouvement de ce point ; p est une fonction de t, x, y, z, et p_1 est la même fonction de t, x_1, y_1, z_1 ; en outre x_1, y_1, z_1 sont des fonctions de t, dépendant du mouvement de G ; de la sorte la dérivée totale de p_1 est

$$\frac{dp_1}{dt} = \left(\frac{dp_1}{dt}\right) + Q', \text{ où } Q' = \left(\frac{dp_1}{dx_1}\right)\frac{dx_1}{dt} + \left(\frac{dp_1}{dy_1}\right)\frac{dy_1}{dt} + \left(\frac{dp_1}{dz_1}\right)\frac{dz_1}{dt},$$

en désignant par $\left(\dfrac{dp_1}{dt}\right)$, $\left(\dfrac{dp_1}{dx_1}\right)$, etc., des dérivées partielles.

En posant

$$Q' - Q = \varepsilon,$$

la différence ε converge vers o quand on prend la masse m très petite. En effet les dérivées partielles $\left(\dfrac{dp}{dx}\right)$, $\left(\dfrac{dp}{dy}\right)$, $\left(\dfrac{dp}{dz}\right)$ correspondent chacune à un point intérieur à la masse, et du reste inconnu. Si ce point était G, $\left(\dfrac{dp}{dx}\right)$ serait la même expression que nous venons de désigner par $\left(\dfrac{dp_1}{dx_1}\right)$, p étant la même fonction de t, x, y, z que p_1, de t, x_1, y_1, z_1. Cette remarque s'étend à $\left(\dfrac{dp}{dy}\right)$, $\left(\dfrac{dp}{dz}\right)$. Si donc la masse m diminue sans limite, les points intérieurs sont infiniment près de G, et la différence $Q' - Q$ infiniment petite.

Les valeurs de $\dfrac{1}{2}\dfrac{d.v_1^2}{dt}$, $\dfrac{dp_1}{dt}$ donnent

$$\frac{1}{2}\frac{d.v_1^2}{dt} + \frac{1}{\rho}\frac{dp_1}{dt} = \frac{Xdx_1 + Ydy_1 + Zdz_1}{dt} + \frac{1}{\rho}\left(\frac{dp_1}{dt}\right) + \frac{\varepsilon}{\rho}.$$

En multipliant cette équation par m et ajoutant les relations analogues pour toutes les petites masses dans lesquelles le liquide est partagé, on a

$$\frac{d.}{dt}\Sigma\frac{1}{2}mv_1^2 + \frac{1}{\rho}\frac{d.}{dt}\Sigma mp_1 = \frac{\Sigma dT_1}{dt} + \frac{1}{\rho}\Sigma m\left(\frac{dp_1}{dt}\right) + \Sigma\frac{m}{\rho}\varepsilon,$$

où

$$dT_1 = mXdx_1 + mYdy_1 + mZdz_1.$$

Si maintenant nous réduisons les petites masses à de simples éléments, chaque valeur de ε converge vers o et par suite aussi $\Sigma m\varepsilon$;

$\Sigma mv_1{}^2$ devient la force vive F, car par définition on doit, pour l'évaluer, attribuer à chaque élément la vitesse de son centre de gravité ;

Σmp_1 est la même somme que y ou Σmp, p_1 correspondant au centre de gravité de m ;

ΣdT_1 devient dT, puisque mX, mY, mZ sont les projections de la force agissant sur l'élément et par suite dT_1 son travail :

enfin $\Sigma m\left(\dfrac{dp_1}{dt}\right)$ est le même que $\Sigma m\left(\dfrac{dp}{dt}\right)$ ou z. Il en résulte

$$\frac{d.\tfrac{1}{2}\,F}{dt} + \frac{1}{\rho}\,\frac{dy}{dt} = \frac{dT}{dt} + \frac{z}{\rho}\,,$$

où $\dfrac{dy}{dt}$ est une dérivée totale. En substituant sa valeur $z - \dfrac{\rho dT'}{dt}$, on trouve

$$\frac{d.\tfrac{1}{2}\,F}{dt} = \frac{dT}{dt} + \frac{dT'}{dt}, \qquad d.\left(\frac{1}{2}\,F\right) = dT + dT';$$

par suite *l'accroissement de la demi-force vive d'une masse liquide pendant un temps quelconque est égal à la somme des travaux effectués pendant ce temps sur chaque élément de masse par les forces autres que les pressions, plus le travail de la pression extérieure sur la surface qui limite la masse.*

En effet l'égalité ci-dessus exprime ce principe quand l'accroissement correspond à un instant dt, et on peut évidemment l'en déduire pour une durée quelconque.

129. **Principes fondamentaux de l'hydraulique.**
— Le mouvement permanent, comme nous l'avons dit, est tel que la surface extérieure de la masse est invariable, et que p α, β, γ sont constants pour un même point de l'espace ; la vitesse des particules qui y passent est donc à chaque instant la même en grandeur et en direction. Il en résulte pour le mouvement la disposition suivante, nommée *mouvement par filets*.

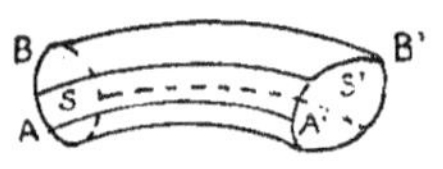

Si une particule passant en A parcourt la trajectoire AA′, toutes celles qui se succéderont en A suivront le même chemin. Si s est une portion de surface quelconque, les trajectoires AA′, BB′, etc. des particules passant aux divers points A, B, etc., de son contour formeront une sorte de canal fermé, nommé filet ; tout le fluide traversant s passera à son intérieur comme dans un tube matériel. Si on imagine que s, s' soient des sections normales de ce filet supposé très petit, les vitesses des particules dans une même section seront sensiblement égales ; si on les désigne par v en s, v' en s', les densités étant ρ et ρ', l'espace parcouru dans le temps dt sera en s vdt, le volume écoulé $svdt$, et sa masse $\rho svdt$: en s' elle sera $\rho's'v'dt$; comme elles doivent être les mêmes on aura $\rho sv = \rho's'v'$, et en particulier pour un liquide $sv = s'v'$, de sorte que dans un filet élémentaire ou infiniment mince *la vitesse varie en raison inverse de la section*.

Dans un grand nombre de cas le mouvement affecte cette forme permanente. Il en est ainsi communément pour le mouvement de l'eau dans les tuyaux de conduite et les canaux découverts. On en peut dire autant pour l'eau s'écoulant d'un réservoir entretenu à niveau constant, et pour des mouvements analogues de l'air et du gaz d'éclairage.

Résistances passives. — Le frottement d'un fluide contre ses parois est comme celui des solides un phénomène complexe, consistant en une suite de petits chocs contre les rugosités de la surface ; comme pour les solides également on n'en peut tenir compte en mécanique qu'en l'assimilant à une force retardatrice, agissant en sens contraire du mouvement, et produisant exactement le même effet. Mais il en existe une d'un autre genre.

Nous avons vu que des chocs de corps même parfaitement élastiques causaient une perte de force vive s'ils restaient adhérents au lieu de rebondir ; il en est ainsi pour une masse d'eau tombant sur une autre dans un vase où la seconde est empêchée de se déplacer ; mais il en est ainsi également quand un filet ou un courant d'eau est forcé de se dilater pour occuper un espace plus grand, sa vitesse diminuant forcément ; il se produit alors en quelque sorte un choc progressif et prolongé, et même si le courant arrive dans une masse considérable d'eau tranquille, sa vitesse est entièrement amortie. En général il en résulte une perte de force vive, pareille à un travail négatif, et tout à fait analogue à celui des résistances passives dans les machines. On le connaît par expérience, et ses lois, comme nous verrons, sont même semblables à celles de la perte de force vive que nous avons trouvée au numéro 107 comme résultant des chocs *à contact persistant*. Ces phénomènes sont fort complexes, et comme pour le frottement on ne peut en tenir compte en mécanique qu'en les considérant comme dus à une force retardatrice agissant en sens contraire du mouvement. Nous verrons même que le frottement peut être considéré comme compris dans cette force.

Ces résistances agissent également dans le mouvement varié, mais c'est en hydraulique qu'on en détermine la mesure exacte, pour toutes les circonstances que peut présenter le mouvement d'un fluide.

En outre, comme dans le principe des forces vives appliqué aux machines, on assimile les frottements à des forces extérieures, on devra pour les fluides classer les résistances passives parmi les forces autres que les pressions.

130. Formule de Bernouilli. — Soit m un élément de masse faisant partie d'un filet AA' infiniment mince, et comprise entre deux sections normales infiniment voisines.

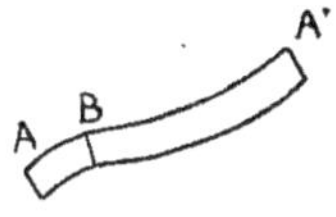

Pour appliquer à son mouvement le principe des forces vives, il est plus simple, en laissant de côté l'énoncé du numéro précédent, d'employer ses équations

$$\frac{d^2x}{dt^2} = X - \frac{1}{\rho}\left(\frac{dp}{dz}\right), \text{ etc.}$$

En les ajoutant multipliées par dx, dy, dz et désignant par v la vitesse, on aura

$$d.\left(\frac{1}{2}\,v^2\right) = \frac{\theta}{m} - \frac{dp}{\rho}\,,$$

où

$$\theta = mXdx + mYdy + mZdz\,,$$

$$dp = \left(\frac{dp}{dx}\right)dx + \left(\frac{dp}{dy}\right)dy + \left(\frac{dp}{dz}\right)dz.$$

Si les accroissements dx, dy, dz correspondent au déplacement de la masse m de A en B, dp est l'accroissement de p de l'un à l'autre de ces points, puisqu'en vertu de la permanence il est indépendant du temps en chacun d'eux ; θ est le travail élémentaire des forces autres que les pressions, car elles sont réductibles à une seule, ayant pour projections mX, mY, mZ.

Nous supposerons toujours dès à présent que l'axe des z est vertical dans le sens de la pesanteur, dont le travail est ainsi $mgdz$; nous admettrons aussi que les autres forces se réduisent aux résistances, dont le travail élémentaire sur la masse m, toujours négatif, sera désigné par $- dT$ et le travail total par $- T$ quand elle se déplace de A en A'.

Nous pouvons intégrer l'équation ci-dessus pour ce trajet, en substituant $\theta = mgdz - dT$. En supposant que v, z, p correspondent au point A et v' z' p' au point A', nous trouverons pour un liquide

$$\frac{1}{2}\,v'^2 - \frac{1}{2}\,v^2 = g(z' - z) - \frac{T}{m} - \frac{p' - p}{\rho}\,.$$

Pour un gaz la même intégration est possible en substituant $\rho = \dfrac{p}{k}$; mais le résultat ne représente plus le principe des forces vives. Il est

$$\frac{1}{2}\,v'^2 - \frac{1}{2}\,v^2 = g(z' - z) - \frac{T}{m} - kl\left(\frac{p'}{p}\right)\,.$$

Il faut remarquer que v, p, z ont en A des valeurs constantes, de même que v', p', z' en A', et les relations précédentes lient entre elles ces valeurs, abstraction faite de la considération de la petite masse m.

Nous laisserons de côté l'équation relative aux gaz, et nous mettrons l'autre, divisée par g, sous la forme suivante, nommée *formule de Bernouilli* :

$$\frac{v'^2 - v^2}{2g} = h - \psi \,,$$

en posant

$$(2) \qquad h = \left(z' - \frac{p'}{g\rho}\right) - \left(z - \frac{p}{g\rho}\right), \qquad \psi = \frac{T}{mg} \,.$$

Signification de h. — Nous désignerons constamment par z l'ordonnée de tout point M du fluide, comptée verticalement au-dessous d'un plan horizontal supérieur, supposé assez élevé pour que z soit partout positif. Nous n'avons plus à lui adjoindre des axes des x et des y situés dans ce plan.

En outre, p étant la pression en M, nous nommerons *ordonnée piézométrique* de ce point l'expression $z - \dfrac{p}{g\rho}$.

Dans une masse liquide en équilibre on a

$$p = \rho g z + \text{const.}, \qquad z - \frac{p}{g\rho} = \text{const.}$$

Cette ordonnée est alors la même en chaque point. On l'exprime aussi en disant que le niveau piézométrique est constant.

Dans l'état de mouvement on nomme *charge* d'un point M sur un autre M' l'excès de l'ordonnée piézométrique de M' sur celle de M. Il en résulte identiquement que si H est la charge de M sur M', et H' celle de M' sur un autre point M", H + H' est celle de M sur M".

D'après cette définition et l'équation (2) h est la charge du point A sur A'.

Signification de ψ. — Dans cette expression, qu'on nomme la *perte de charge,* T est le travail total des résistances sur une petite masse m allant de A en A′, mais on peut lui donner une forme plus simple.

Partageons le filet AA′ en n parties égales par un grand nombre de sections normales B, C, D, etc., de sorte qu'il se trouve une même masse m dans chacun des espaces A′B, BC, CD, etc , et soit θ la durée de l'écoulement d'une masse m à travers la section A.

Pendant cette durée chaque portion m viendra prendre la place qui était occupée par la suivante; T est la somme des travaux des résistances sur la première masse m seule, pendant qu'elle se transporte successivement de AB en BC, de BC en CD, etc., jusqu'en A′. C'est donc aussi le travail sur la masse totale nm comprise entre A et A′ pendant un seul de ces déplacements, de durée θ, sauf une irrégularité correspondant aux positions extrêmes, et qui est négligeable en prenant n très grand.

Par suite *la perte de charge* $\dfrac{T}{mg}$ *est le rapport du travail des résistances sur la masse totale contenue entre A et A′ pendant l'écoulement d'une petite masse m. au poids mg de cette masse.*

Ce rapport ne dépend pas de m, car il est clair que T et m sont tous deux proportionnels à la durée de l'écoulement. On voit aussi que si la perte de charge est ψ de A en A′, et ψ' de A′ en A″, elle est $\psi + \psi'$ de A en A″.

La formule (1) exprime que *l'accroissement de* $\dfrac{v^2}{2g}$ *de A en A′ est égal à la charge moins la perte de charge.*

Mouvement régulier. — Nous dirons que le mouvement est *régulier* sur une section d'un filet ou courant de dimensions finies, si en chacun de ses points la vitesse est perpendiculaire au plan de la section, et la courbure de la trajectoire négligeable, ou son rayon très grand.

D'après la seconde propriété démontrée au numéro 127, la

pression varie dans toute la section suivant la loi hydrostatique, puisque la force centrifuge est négligeable. En outre les résistances sont directement opposées aux vitesses, ou perpendiculaires au plan de la section, sur lequel par suite leurs projections sont nulles. Ses pressions en ses divers points varient donc comme dans l'état d'équilibre, quand la pesanteur est la seule force. Par conséquent, comme on l'a vu, *l'ordonnée piézométrique est constante sur toute la section.*

Extension de la loi de Bernouilli à un filet ou courant de section finie. — Cette extension n'est possible que si le mouvement est régulier sur les sections normales extrêmes A, A' qui limitent la portion du courant considérée.

En ce cas nous nommerons encore h la charge de A sur A', c'est-à-dire celle d'un point quelconque de A sur un quelconque de A'; elle est indépendante de ce point, l'ordonnée piézométrique étant constante sur chaque section.

La perte de charge ψ signifiera également $\dfrac{T}{mg}$, T étant la somme des travaux des résistances sur tout le liquide contenu entre A et A' pendant l'écoulement d'une petite masse m.

Désignons par θ la durée de cet écoulement, puis partageons le courant en filets F infiniment minces, pour lesquels la masse écoulée dans le temps θ soit μ, μ', μ'', etc., de sorte que

$$m = \mu + \mu' + \ldots = \Sigma\mu.$$

Pour chaque filet la charge est la même h, et la formule de Bernouilli étant démontrée pour un filet infiniment mince, il en résulte pour la perte de charge

$$h - \frac{v'^2 - v^2}{2g}.$$

Son produit par μg est le travail des résistances sur l'ensemble du filet F pendant l'écoulement de la masse μ ou le temps θ. En l'ajoutant pour tous les filets on aura pour le travail sur l'ensemble du courant

$$T = h\Sigma\mu.g - \Sigma \frac{v'^2 - v^2}{2g} \mu.g \; .$$

Par suite

$$\psi = \frac{T}{mg} = \frac{T}{g\Sigma\mu} = h - \frac{V'^2 - V^2}{2g} \; ,$$

en posant

$$V^2 = \frac{\Sigma\mu.v^2}{\Sigma\mu}, \qquad V'^2 = \frac{\Sigma\mu.v'^2}{\Sigma\mu} \; .$$

Soient ω, ω' pour un quelconque des filets F ses sections normales extrêmes en A et A'; on aura pour la masse écoulée

$$\mu = \rho v \omega \theta = \rho v' \omega' \theta \; ,$$

et les valeurs précédentes deviendront

$$V^2 = \frac{\Sigma v^3 \omega}{\Sigma v \omega}, \qquad V'^2 = \frac{\Sigma v'^3 \omega'}{\Sigma v' \omega'} \; ,$$

ω, ω' étant des éléments des sections A, A' du courant et v, v' les vitesses en chacun d'eux.

On nomme *vitesse moyenne* sur une section celle qui en la supposant uniforme produirait le même écoulement ou le même *débit*. En la désignant par u on aurait de la sorte

$$\Sigma v \omega = u \Sigma \omega \; .$$

En posant $v = u + \delta$, il en résulte $\Sigma \delta \omega = o$; en outre

$$\Sigma v^3 \omega = u^3 \Sigma \omega + 3u^2 \Sigma \delta \omega + 3u \Sigma \delta^2 \omega + \Sigma \delta^3 \omega \; .$$

Le second terme étant nul, on voit que si les vitesses v sont peu différentes, ou δ^2, δ^3 négligeables, on pourra remplacer v par u dans $\Sigma v^3 \omega$, et en général dans toute somme de la forme $\Sigma v^n \omega$. Il en résulte $V^2 = u^2$, et la même remarque s'applique à V'^2. En écrivant v, v' au lieu de V, V' dans la relation trouvée

$$\psi = h - \frac{V'^2 - V^2}{2g} \; ,$$

elle devient

$$\frac{v'^2 - v^2}{2g} = h - \psi,$$

ou l'équation (1). Par conséquent, *la formule de Bernouilli est applicable à un courant de section finie, pourvu que le mouvement soit régulier aux sections extrêmes, et que sur chacune d'elles les vitesses soient peu différentes, en prenant pour v, v' les vitesses moyennes.*

On définit quelquefois la perte de charge comme étant *le travail des résistances par unité de poids écoulée.* En ce cas ce n'est pas un travail total ordinaire. Il faut admettre qu'il s'exerce toujours sur la masse occupant le même espace AA' et sans cesse renouvelée.

131. Effet d'un élargissement du courant. Effet d'un obstacle. — *Disposition du courant.* — Nous supposons qu'un tube cylindrique L s'ouvre brusquement suivant une section normale CC, débouchant dans un tube cylindrique L' de même axe et de rayon plus grand. Le courant permanent arrivant par le tube L est régulier en chaque section normale jusqu'à la section d'ouverture B, les vitesses étant parallèles à l'axe. On observe qu'il se dilate ensuite progressivement jusqu'à une section E où il occupe tout le tube L', et à partir d'une section A' les vitesses

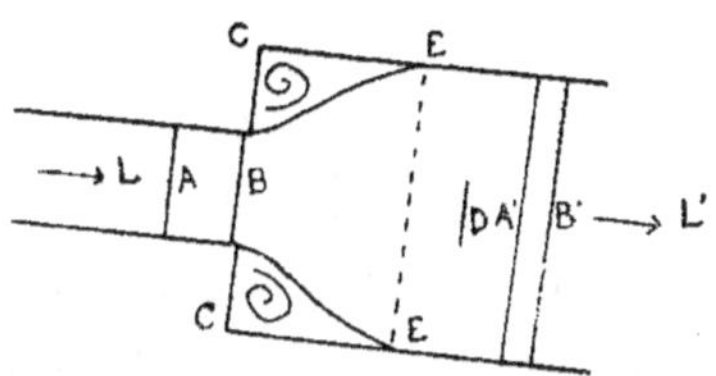

sont devenues toutes parallèles à l'axe et le mouvement régulier. En L et A' on suppose les vitesses peu différentes entre elles. Dans les régions voisines de C, non traversées par le courant, le liquide n'a que des mouvements de remous avec de très faibles vitesses.

Nous aurons aussi à examiner le cas où le courant parcourt un tube unique L, dans lequel est placé un disque D infiniment mince, perpendiculaire à l'axe ; le mouvement est alors régulier à quelque distance, entre autres sur des sections B, A′ employées aussi dans l'autre figure. Nous avons placé dans celle-ci le disque D, que nous supposons exister outre l'élargissement, pour ne pas recommencer des calculs qui sont les mêmes dans les deux cas.

Emploi du principe du mouvement du centre de gravité. — Prenons pour l'axe OX celui du tube, son sens étant celui du courant. Soit M une portion de la masse liquide, et x_1 l'abscisse de son centre de gravité. On a

$$\mathrm{M} \frac{d^2 x_1}{dt^2} = \Sigma X ,$$

ΣX étant la somme des projections des seules forces extérieures à la masse, c'est-à-dire des pressions extérieures et de la pesanteur, mais non des résistances, le frottement des parois pouvant être négligé, vu leur peu d'étendue. Substituons $\mathrm{M} x_1 = \Sigma m x$, la somme s'étendant aux éléments m de masse ; le résultat pourra s'écrire

$$\frac{d\mathrm{S}}{dt} = \Sigma X, \quad \text{où } \mathrm{S} = \Sigma m \frac{dx}{dt} .$$

Valeur de $\dfrac{d\mathrm{S}}{dt}$. La section normale B étant à l'ouverture du tube L, la masse fluide située au delà était limitée un instant θ auparavant par une section A, très voisine de B, et pouvant être légèrement courbe à cause de l'inégalité des vitesses.

Prenons pour la masse M celle qui au commencement du temps θ était comprise entre A et la section normale A′. Au bout de cet instant elle le sera entre B et une section B′ très voisine de A′, et pouvant être légèrement courbe.

Désignons par S_1, S_2, S_3, S_4 des sommes $\Sigma m \dfrac{dx}{dt}$ étendues :

pour S_1 à la masse comprise entre A et B à la première époque ;

pour S_2 à la masse entre A′ et B′ à la seconde ;

pour S_3 à la masse comprise entre B et A′ à la première époque ;

pour S_4 à la masse entre B et A′ à la seconde époque.

Ces deux dernières ne sont pas composées du même fluide, mais on peut les diviser de la même façon en éléments et les vitesses de chacun sont les mêmes ; par suite $S_3 = S_4$. Or pour la masse M tout entière, en désignant par S′ ce que devient S à la seconde époque, on a évidemment

$$S = S_1 + S_3, \qquad S' = S_2 + S_4, \qquad S' - S = S_2 - S_1.$$

Entre A et B la projection de la vitesse lui est égale, les vitesses étant parallèles à l'axe, et il en est de même entre A′ et B′.

Par suite en partageant ces deux espaces en filets infiniment minces, μ étant la masse contenue dans l'un quelconque d'entre eux, on aura

$$S_1 = \Sigma\mu v, \qquad S_2 = \Sigma\mu v',$$

x et v' étant les vitesses correspondantes en B, A′.

En supposant que θ converge vers o on a

$$\frac{dS}{dt} = \frac{S' - S}{\theta} = \frac{S_2 - S_1}{\theta} = \left[\frac{\Sigma\mu v'}{\Sigma\mu} - \frac{\Sigma\mu v}{\Sigma\mu} \right] \frac{\Sigma\mu}{\theta},$$

$\Sigma\mu$ étant le même en B et A′.

D'ailleurs comme on l'a vu au numéro précédent, en négligeant le carré des inégalités de vitesses sur les sections B et A′, on peut dans l'expression ci-dessus prendre pour v et v' les vitesses moyennes, d'où

$$\frac{dS}{dt} = (v' - v) \frac{\Sigma\mu}{\theta} ;$$

v' étant la vitesse moyenne en A′, si l'on désigne par a l'aire de cette section, on aura pour la masse écoulée

$$\Sigma\mu = \rho a v'\theta ;$$

d'ailleurs nous avons trouvé $\dfrac{d\mathrm{S}}{dt} = \Sigma \mathrm{X}$, d'où

$$(3) \qquad\qquad \rho a v'(v' - v) = \Sigma \mathrm{X} \, ;$$

v et v' sont les mêmes que les vitesses moyennes employées plus loin dans la formule (1).

Dans l'évaluation de $\Sigma \mathrm{X}$ qui nous reste à faire, nous pouvons admettre que la section A coïncide avec B, à l'entrée du tube L, et que A′ tombe sur B′.

Projections des pressions extérieures. — Suivant les parois C perpendiculaires à l'axe le liquide est presque immobile avec de faibles remous ; ces mouvements sont en outre symétriques tout autour du courant. On peut donc admettre que la pression y varie suivant la loi hydrostatique. Il en est de même pour la section A perpendiculaire aux vitesses, et sur laquelle le mouvement est régulier. Comme A est à l'ouverture, ou dans le plan des parois C, la pression totale pour ces deux portions réunies peut s'évaluer, comme on l'a vu au numéro 124, en la supposant partout la même qu'au point A, centre de la section ; la pression est donc pa, p correspondant au centre A, et a étant la section du grand cylindre. Sa projection est aussi pa.

Pour la pression sur la section A′, la projection sur l'axe OX est de même $- p'a$, p' correspondant au point A′ centre de la section.

Pour la paroi convexe du grand cylindre, la pression est perpendiculaire à l'axe et sa projection nulle.

Pour le disque sa pression du côté de A est plus forte que sa *contrepression* du côté de A′ ; nous désignerons par Q l'excès de la première sur la seconde, et nous l'appellerons simplement la pression. Sa projection sur OX est $- \mathrm{Q}$.

On a ainsi en tout pour les projections des pressions

$$(p - p')a - \mathrm{Q} \, .$$

Projection du poids. — On suppose A infiniment près de l'ouverture ; par suite en désignant AA′ par l, le volume de la masse est la, son poids $la\rho g$, et sa projection sur l'axe $la\rho g \cos i$, i étant l'angle aigu ou obtus que fait OX avec la verticale inférieure ; mais $l \cos i$ projection de AA′ sur cette verticale est la différence de niveau $z' - z$ de A et A′. La projection du poids est donc $\rho g a(z' - z)$.

En substituant les diverses parties de ΣX dans la formule (3) elle devient

$$\rho v' a(v' - v) = (p - p')a - Q + \rho g a(z' - z) .$$

Valeurs de la charge et de la perte de charge. — En divisant l'égalité précédente par $\rho g a$, on trouve

$$\frac{v'(v' - v)}{g} + \frac{Q}{\rho g a} = \left(z' - \frac{p}{g\rho}\right) - \left(z - \frac{p}{g\rho}\right) .$$

Le second membre est la différence des ordonnées piézométriques de A et A′, ou la charge h de A sur A′ ; on a donc

$$h = \frac{Q}{\rho g a} - \frac{v'(v - v')}{g} .$$

En substituant cette valeur dans la relation (1) du numéro précédent, ou

$$\frac{v'^2 - v^2}{2g} = h - \psi ,$$

on trouve

$$\psi = \frac{Q}{\rho g a} - \frac{v'(v - v')}{g} + \frac{v^2 - v'^2}{2g} = \frac{Q}{\rho g a} + \frac{(v - v')^2}{2g} .$$

Distinguons le cas où il y a un élargissement du courant sans disque, de sorte que $Q = o$, et celui où il n'y a que le disque sans élargissement ; il n'existe alors qu'un tube et $v' = v$; on aura ainsi

$$(4) \begin{cases} 1^o \text{ Pour l'élargissement seul,} \quad h = -\dfrac{v'(v-v')}{g}, \qquad \psi = \dfrac{(v-v')^2}{2g}, \\[2ex] 2^o \text{ Pour le disque seul,} \quad h = \psi = \dfrac{Q}{\rho g a}. \end{cases}$$

On peut remarquer que pour l'élargissement h est négatif, v étant plus grand que v' ; en outre

$$\psi = \frac{T}{mg}, \qquad T = \frac{1}{2}\, m(v-v')^2;$$

T est le travail des résistances passives sur la masse m et équivaut par suite à une demi-force vive perdue; elle est égale à la demi-force vive due à la vitesse perdue $v - v'$, conformément au principe énoncé à la fin du numéro 107 pour le cas d'une percussion à contact persistant.

132. **Écoulement par un orifice. Vérification expérimentale des formules du numéro précédent.**
— *Écoulement par un orifice en mince paroi.* — On nomme ainsi ceux où le liquide sort librement sans ajutage. Nous supposons qu'il s'écoule d'un réservoir dont le niveau N est entretenu constant. Alors, O étant l'orifice, on observe que les vitesses n'y sont pas parallèles entre elles ; elles le deviennent un peu plus loin dans une section H, nommée *section contractée*, et cette forme du mouvement est la *contraction* de la veine fluide. On peut mesurer directement l'aire de la section H en l'entourant d'un cadre garni de pointes fines, qu'on enfonce de façon à rétrécir l'espace intermédiaire. De plus, ω étant la section d'un courant régulier, v sa vitesse moyenne, $v\omega$ est le volume liquide écoulé par seconde, ou le *débit*, aisé à mesurer. On connaît ainsi exactement la vitesse de toute veine fluide.

Pour appliquer l'équation (1) du numéro 130, ou

$$\frac{v'^2 - v^2}{2g} = h - \psi,$$

nous prendrons pour seconde section A′ la section contractée, afin que les vitesses soient parallèles, ou le mouvement régulier.

La première section sera la surface horizontale du niveau N, supposée d'une grande étendue ; il importe peu qu'on y considère les vitesses comme parallèles, car elles sont tout à fait insensibles. Si l'on négligeait ψ, on aurait donc

$$v = 0, \qquad v' = \sqrt{2gh} .$$

De la sorte si le niveau N et le réservoir étaient tous deux à la même pression atmosphérique, la charge h se réduirait à $z' - z$ ou à leur différence de niveau, et la vitesse de sortie v' serait la vitesse acquise par un corps tombant dans le vide à partir du niveau. C'est ce qu'on nomme le principe de Torricelli. Mais il n'en est pas tout à fait ainsi ; on a évalué v' d'après l'expérience à $0,97 \sqrt{2gh}$ ou $0,98 \sqrt{2gh}$, et nous prendrons pour sa valeur la moyenne

$$v' = 0{,}975 \sqrt{2gh} .$$

Les expériences ont été faites dans toutes sortes de conditions, avec des pressions atmosphériques égales ou inégales sur la veine et le réservoir.

La section contractée de la veine, pour un orifice ne s'écartant pas trop de la forme circulaire, est environ 0,625 ou $\dfrac{5}{8}$ de celle de l'orifice ; c'est ce qu'on nomme le *coefficient de contraction*. Sa distance à l'orifice, quand il est circulaire, est environ la moitié du rayon.

Il résulte de ce qui précède que la perte de charge est très faible quand elle provient de l'écoulement par un orifice en mince paroi, et par suite en général d'un rétrécissement du courant.

Écoulement par un ajutage cylindrique.— Cet ajutage est un cylindre de révolution, ou tube L. ouvert aux deux extrémités suivant les sections normales O, A′; la première le fait communiquer à un réservoir où le liquide est entretenu à un niveau constant N ; sa sortie à l'air libre ne s'effectue ainsi qu'à la section A′. Après le passage par l'orifice O la veine se contracte en une section A, et se dilate pour occuper toute la largeur du tube ; son mouvement devient ensuite régulier, et nous le supposons tel en A′; il se conserve au delà et la veine ne se contracte plus. Le liquide situé près des points C autour du courant n'a que de faibles vitesses.

Désignons par A, A′ les centres des deux sections ; par v, v' les vitesses moyennes ; par h la charge du niveau N sur le point A ; par h' celle de A sur A′; par H celle du niveau N sur A′; on aura

$$H = h + h',$$

comme on l'a vu au numéro 130 ; d'ailleurs H est une quantité donnée.

Nous avons trouvé $v' = 0{,}975\sqrt{2gh}$ pour la vitesse sur la section contractée quand l'orifice est en mince paroi, h étant la charge du niveau N sur cette section ; cette formule est applicable au cas actuel, h étant déjà la charge de N sur la section contractée A ; mais la vitesse est désignée par v au lieu de v'; il en résulte.

$$2gh = \frac{v^2}{(0{,}975)^2}.$$

D'autre part, le mouvement du liquide de A en A′ est le même que s'il sortait d'un tube de section A pour se dilater dans un plus grand. Les sections A, A′ sont disposées comme au numéro précédent, et le mouvement est régulier sur chacune ; les relations (4) sont donc applicables et donnent

$$h = -\frac{v'(v - v')}{g},$$

v et v' correspondant à A, A′; mais la charge est actuellement désignée par h' au lieu de h, d'où

$$2gh' = -2v'(v - v');$$

comme on a $2g\mathrm{H} = 2gh + 2gh'$, les valeurs précédentes donnent

$$2g\mathrm{H} = \frac{v^2}{(0,975)^2} - 2v'(v - v')\,.$$

En outre, nous savons que l'aire de la section contractée est les $\frac{5}{8}$ de celle de l'orifice O ou de la section A′; les vitesses étant en raison inverse des sections, on a $v = \frac{8}{5}\,v'$, et en substituant cette valeur dans l'équation précédente, on trouve

$$2g\mathrm{H} = 2,6930\,v'^2 - \frac{6}{5}\,v'^2 = 1,4930\,v'^2,$$

d'où l'on tire

$$v' = 0,8184\,\sqrt{2g\mathrm{H}}.$$

Or il résulte de l'observation qu'on a constamment $v' = 0,82\,\sqrt{2g\mathrm{H}}$; la valeur calculée est donc complètement exacte, ce qui sert de vérification aux formules concernant l'élargissement des courants.

D'autres expériences concourent au même résultat; il en a été fait sur des courants contenant une série de rétrécissements et de dilatations; mais une autre circonstance est à remarquer dans le cas de l'ajutage cylindrique. La charge h' de A sur A′ a une valeur négative $-\dfrac{v'(v - v')}{g}$, où $v > v'$; d'ailleurs d'après les formules (2) du numéro 130

$$h' = (z' - z) + \left(\frac{p - p'}{\rho g}\right);$$

or A et A′ étant très rapprochés, $z' - z$ est très petit et d'ailleurs en général positif; par suite $p < p'$; les valeurs de v, v', p' étant connues on peut en déduire celles de h' et p; celle-ci est souvent très faible; c'est la pression dans la section A, ou au point C; on a pu la mesurer directement en adaptant au cylindre au point C un tube mince en forme de siphon qui va plonger dans un vase plein d'eau; la faiblesse de la pression en C produit une aspiration par suite de laquelle l'eau monte dans le tube, souvent à une grande hauteur ; celle-ci permet de mesurer la pression p, qui a été trouvée conforme à sa valeur calculée, sans erreur sensible.

133. Remarques sur les pertes de charge. — 1° Si l'on fait varier la charge sans changer la disposition du courant la vitesse à l'état permanent peut prendre des valeurs quelconques.

Pour l'écoulement par un orifice en mince paroi nous avons trouvé

$$\frac{v'^2}{2g} = (0{,}975)^2 h \; ;$$

d'autre part, v étant nulle au niveau du réservoir, on a d'après la formule de Bernouilli

$$\frac{v'^2}{2g} = h - \psi, \qquad (0{,}975)^2 \psi = \frac{v'^2}{2g} - \frac{v'^2}{2g} (0{,}975)^2 \; ;$$

la perte de charge, et en général celle qui provient du rétrécissement du courant, est donc proportionnelle au carré de la vitesse.

Il en est de même de celle qui est due à l'élargissement du courant, sa valeur étant $\dfrac{(v' - v)^2}{2g}$ d'après les formules (4) du numéro 131 et le rapport $\dfrac{v'}{v}$ restant constant.

Quant à celle qui est produite par l'interposition du disque, ou en général d'un obstacle quelconque, elle résulte de ce que le courant se rétrécit avant l'obstacle et se dilate après ; elle est donc aussi proportionnelle au carré de la vitesse. Il en est de même de la pression Q du disque, d'après la formule (4) ou

$$Q = g\rho a\psi \, .$$

C'est, en effet, pour un corps plongé dans un fluide en mouvement une loi de pression connue, bien qu'approximative.

2° Considérons un filet infiniment mince, de section uniforme ω ;

si le fluide avance d'une très petite longeur λ le poids écoulé est $g\rho\omega\lambda$, et par suite $g\rho\omega\lambda\psi$ est le travail des résistances.

Soit q en un point quelconque la valeur de la résistance elle-même, rapportée à l'unité de la masse sur laquelle elle agit. Pour un élément du filet de longueur ds elle sera $q\rho\omega ds$, et le chemin parcouru étant partout λ, on aura

$$\Sigma\lambda q\rho\omega ds = g\rho\omega\lambda\psi, \qquad \int q\,ds = g\psi\,,$$

la somme s'étendant à tous les éléments ds du filet. D'ailleurs il en est ainsi pour un filet quelconque où la section ω n'est pas constante, car on peut le partager en d'autres pour chacun desquels elle l'est sensiblement, et les valeurs de ψ ne font que s'ajouter.

On peut en conclure que la valeur moyenne de la résistance q est proportionnelle au carré de la vitesse.

3° *Conséquence remarquable de la perte de charge due au disque.* — D'après la formule (4) on a pour ce cas

$$\psi = \frac{Q}{\rho ga}\,.$$

Si le liquide dans le tube avance de λ le poids écoulé est $\rho ga\lambda$ et par suite le travail des résistances

$$T = \rho ga\lambda\psi = Q\lambda\,.$$

Sauf dans l'espace compris entre deux sections normales A, A' le mouvement est régulier, et nous admettrons que les vitesses sont égales, ce qui revient comme on le verra à supposer négligeable le frottement des parois.

Considérons ensuite le même mouvement regardé comme relatif à un système invariable qui aurait une translation rectiligne et uniforme avec la même vitesse v. Il sera le même que si le système était en repos. Or dans ce nouveau mouvement le disque rétrograde avec la vitesse v, en exerçant la même pression Q. Le liquide reste en repos, sauf dans l'espace AA'; la force vive n'existe que dans cet espace, dont la position se déplace uniformément, et par suite elle reste constante. La formule de Bernouilli n'est plus applicable, mais bien le principe général des forces vives du numéro 128, et, par conséquent, les travaux des forces extérieures ont une somme nulle, en comprenant parmi ces forces les résistances passives.

Nous pouvons supposer le tube terminé de part et d'autre à une grande distance ; le travail des pressions extérieures à ces extrémités est nul. Celui du disque quand il avance de λ est $Q\lambda$; celui des résistances est donc $- Q\lambda$ ou le même que dans le mouvement primitif, bien qu'il ne s'agisse ici que du travail relatif.

Tout ce qui précède est indépendant de l'aire de la section et reste exact pour une masse d'eau indéfinie en tous sens.

Il faut remarquer que le travail T du disque imprime à l'eau uue force vive et le siège des résistances qui la détruisent est derrière le disque après son passage.

4° Outre les pertes de charge mentionnées jusqu'ici, et les frottements qui nous occuperont au numéro suivant, on tient compte en hydraulique des pertes dues aux coudes et bifurcations des conduites d'eau, lesquelles sont analogues à celles qui proviennent d'un obstacle. Il en est d'autres qui échappent à tout calcul, savoir celles qui résultent des bouillonnements, ou de la rencontre brusque de masses ayant des vitesses différentes.

134. **Frottements.** — Considérons un courant, partout régulier, dans lequel les vitesses restent parallèles à une même droite nommée l'axe ; soient A, A' deux sections normales quelconques, s leur aire, l leur distance, faisant l'angle i avec l'horizon.

La portion intermédiaire sera décomposable en filets infiniment minces, parallèles à l'axe, ayant chacun une section constante ω, et par suite une vitesse partout la même. Voici les principaux résultats de cette disposition.

1° *Emploi de la formule de Bernouilli.* — Au numéro 130 nous avons trouvé pour l'ensemble du courant la formule rigoureuse

$$\frac{V'^2 - V^2}{2g} = h - \psi, \qquad V^2 = \frac{\Sigma \mu v^2}{\Sigma \mu}, \qquad V'^2 = \frac{\Sigma \mu v'^2}{\Sigma \mu},$$

les sommes Σ s'étendant aux filets, et μ étant pour l'un d'eux une petite masse écoulée. Puisqu'on a pour chacun $v' = v$, il en résulte $V^2 = V'^2$, d'où

$$h = \psi.$$

Il en est ainsi pour le courant et pour chaque filet, la charge h restant la même.

2° *Emploi du principe du mouvement du centre de gravité.* — En prenant pour OX l'axe du courant on a trouvé au numéro 131

$$\frac{dS}{dt} = \Sigma X, \quad \text{où} \quad S = \Sigma m \frac{dx}{dt}$$

la somme S s'étendant aux éléments m du liquide compris entre A et A'. Or la vitesse de chaque élément étant uniforme, on a

$$\frac{dS}{dt} = \Sigma m \frac{d^2 x}{dt^2} = o, \quad \text{d'où} \quad \Sigma X = o.$$

L'évaluation de ΣX, déjà faite au numéro 131, doit être recommencée dans le cas actuel, où elle est tout à fait rigoureuse.

Parmi les forces extérieures considérons d'abord la pesanteur et les pressions en A, A'. Pour un filet de section ω supposons que z, p correspondent à A, et z', p' à A'. Son poids est $g\rho\omega l$, et pour sa projection sur OX, ou le terme correspondant de ΣX, on a

$$g\rho\omega l \sin i, \quad \text{ou} \quad g\rho\omega(z' - z).$$

Les pressions en A, A' sont $p\omega$, $-p'\omega$, et l'ensemble de ces termes

$$g\rho\omega \left(z' - \frac{p'}{g\rho} - z + \frac{p}{g\rho} \right),$$

ou $g\rho\omega h$, d'après les formules (2) du numéro 130 ; en l'ajoutant pour tous les filets, h restant le même, on trouve pour la masse totale $g\rho hs$.

Puisque ΣX est nul et qu'on n'y doit comprendre aucune force intérieure, il doit agir sur la surface qui limite la masse une autre force F de sens contraire à OX, et telle qu'on ait

$$(5) \qquad\qquad F = g\rho hs.$$

Celle-là ne peut être que le frottement des parois mouillées.

Comme dans une autre portion du courant, pareille à la précédente et de même longueur, les vitesses sont les mêmes, il en est ainsi pour F et par suite pour h et ψ. Par conséquent pour chaque unité de longueur du courant, comptée sur son axe, h est le même et se nomme la *charge par mètre courant*.

3° Si nous répétons ce qui précède pour une partie seulement des filets, c'est-à-dire pour une portion du courant, formant ainsi à part un courant régulier de section S', nous aurons de même

$$F' = \rho ghs',$$

valeur d'une force qui s'exerce nécessairement sur la surface convexe du courant, et qu'on nomme le frottement du liquide sur lui-même.

Sans l'existence de cette force le nouveau courant, se mouvant comme dans un tube sans frottement s'accélèrerait de même que tout corps pesant ; c'est pour cela que l'hypothèse de la permanence du mouvement entraînerait une impossibilité.

De là résulte par exemple que dans un courant découvert de large section, si l'on partage la masse en tranches minces parallèles à la surface libre, chacune est frottée en sens contraire par celles qui la touchent au-dessus et au-dessous. Le premier de ces frottements, à la surface libre, est nul ; le dernier est celui du fond.

Aussi la vitesse décroît comme on l'observe à partir de la surface libre ; dans quelques cas ce décroissement est proportionnel au carré de la profondeur, mais ce n'est point un fait général ; le décroissement de la vitesse dans une conduite d'eau du milieu du tube jusqu'à sa paroi est aussi mal connu.

Nature du frottement. — Le frottement du liquide contre une paroi provient en tout ou en partie des rugosités de celle-ci. Dans le frottement de deux solides, si la vitesse augmente, la pénétration des saillies de l'un dans les rentrants ou cavités de l'autre diminue, et par une sorte de compensation, comme nous l'avons vu, le frottement n'augmente pas ; il en est autrement pour un liquide, qui remplit constamment toutes les cavités. Le frottement revient donc au fond à la résistance de petits obstacles, et doit varier à peu près comme le carré des vitesses, ce que l'expérience vérifie.

Quant au frottement du liquide sur lui-même, il faut remarquer que la surface de séparation de deux filets ne peut être rigoureusement invariable, comme le suppose la théorie, et si leurs vitesses sont différentes, il doit se produire entre eux un mélange partiel, accélérant le mouvement de l'un et retardant celui de l'autre. Le contact de petites masses de vitesses différentes entraîne en même temps une perte de charge. Telle est sans doute la principale cause du frottement dont il s'agit, et dont la loi est d'ailleurs mal connue.

Il en résulte, en outre, que le parallélisme des vitesses est souvent imparfait.

Par suite de l'insuffisance actuelle de la théorie et de l'observation, la seule des propriétés mentionnées plus haut dont nous ayons à faire usage est la formule (5), basée sur le mouvement du centre de gravité et non sur la permanence rigoureuse.

Il est évident, en effet, d'après sa démonstration que malgré les irrégularités indiquées ci-dessus on aura toujours, du moins en moyenne,

$$F = g\rho hs,$$

Le frottement F doit être une fonction de la vitesse contre les parois, laquelle est inconnue; mais pour les applications on a plutôt besoin de sa relation avec la vitesse moyenne u, seule observable. Celle-ci correspond au *débit* D, c'est-à-dire au volume liquide écoulé par seconde, de sorte qu'on a D $= us$. L'expérience donne u pour diverses valeurs de la charge h par mètre courant, et l'on en conclut celle de F, et du frottement φ en kilogrammes par mètre carré de surface frottante.

S'il s'agit du mouvement de l'eau dans un tuyau cylindrique on trouve ainsi pour la valeur de φ en fonction de u des expressions peu concordantes entre elles, même pour des tuyaux de fonte vieille, où l'eau a déjà fait des dépôts, et où par suite φ prend en réalité une valeur bien déterminée; toutefois pour ce cas, le plus important dans la pratique, la formule

$$\varphi = 0{,}625\,u^2 = \frac{5}{8}\,u^2$$

paraît représenter l'expérience d'une manière fort approximative.

Pour des canaux découverts, où la nature du fond est plus variable, il est clair que l'indétermination est encore plus grande; toutefois on emploie fréquemment la formule approchée

$$\varphi = 0{,}4\,u^2,$$

u étant encore, en mètres par seconde, la vitesse moyenne correspondant au débit, et φ le frottement en kilogrammes par mètre carré de surface frottante.

135. **Applications.** — Bornons-nous au cas examiné au numéro précédent, celui où toutes les vitesses, bien qu'inégales, sont parallèles à l'axe du courant, et la section s de celui-ci constante; h et F étant la charge et le frottement par mètre courant, nous avons vu que h était constante et qu'on avait

$$F = \rho g h s.$$

Jusqu'ici nous avons laissé à la densité ρ sa généralité, même dans des cas où le liquide ne pouvait être que de l'eau ; il convient de remplacer à présent ρg, poids de l'unité de volume ou d'un mètre cube, par 1000 kilogrammes. En outre soit c le périmètre mouillé, c'est-à-dire la portion immergée du contour de la section s ; c'est aussi la surface frottante pour un mètre de long et par suite $F = c\varphi$, φ étant le frottement par mètre carré ; on trouve ainsi

$$c\varphi = 1000\,hs,$$

et c'est de cette relation qu'on a pu tirer par expérience la valeur de φ en fonction de u.

1° Si le courant est dans un tuyau cylindrique de rayon r, on a $c = 2\pi r$, $s = \pi r^2$, et comme on l'a vu $\varphi = \dfrac{5}{8}\,u^2$. En outre, si h doit désigner la charge pour la longueur totale l du courant, et non plus pour 1^m, on doit remplacer h par $\dfrac{h}{l}$; on trouve ainsi

$$u^2 = \frac{800\,hr}{l}.$$

La vitesse u et le débit sont ainsi connus si la charge h est donnée ; si en particulier la pression est la même aux deux extrémités h se réduit à leur différence de niveau $z' - z$, et il est clair que $\dfrac{h}{l} = \sin i$, i étant l'inclinaison de l'axe du tuyau sur l'horizon.

Supposons maintenant que l'eau s'introduise dans le tuyau en sortant d'un réservoir entretenu à un niveau constant N ; nous avons vu au numéro 132 que la veine se contracte en A, et que le mouvement devient régulier un peu après sur une section A'. En outre, en tenant compte des pertes de charge du rétrécissement du courant et de sa dilatation, nous avons trouvé

$$2g\mathrm{H} = 1{,}4930\,v'^2,$$

H étant la charge du niveau N sur A′, et v' la vitesse en A′; nous pouvons assimiler celle-ci à u; nous aurons ainsi

$$2g\mathrm{H} = 1{,}4930\,u^2, \qquad \mathrm{H} = \frac{0{,}7465}{g}\,u^2.$$

D'autre part, A″ étant l'extrémité du tuyau, et h la charge de A′ sur A″, nous avons trouvé

$$u^2 = \frac{800\,hr}{l}, \qquad h = \frac{lu^2}{800\,r}.$$

On a $\mathrm{H} + h = \mathrm{H}'$, H′ étant la charge du niveau N sur A″, laquelle est donnée; en substituant les valeurs de h et H, il en résulte

$$u^2\left(\frac{0{,}7465}{g} + \frac{l}{800r}\right) = \mathrm{H}',$$

d'où l'on tirera la valeur de u.

2° Supposons que le courant soit dans un canal découvert; dans l'équation $c\varphi = 1000\,hs$, nous devons, comme on l'a vu, supposer $\varphi = 0{,}4\,u^2$, d'où

$$cu^2 = 2500\,hs.$$

La pression varie dans chaque section normale suivant la loi hydrostatique, et comme elle est partout la même à la surface, elle sera aussi constante à une même profondeur ou sur un même filet élémentaire; la charge h se réduit donc à $z' - z$, et comme elle correspond à 1 mètre courant, on a $h = \sin i$, i étant l'inclinaison de l'axe du courant sur l'horizon. On connaît ainsi h, mais non c et s, ce qui nécessite une nouvelle relation. Celle-là provient de ce que le débit D doit être donné; il est inutile, du reste, de spécifier de quelle manière l'eau est amenée dans le canal. On a ainsi $us = \mathrm{D}$, et en substituant $u = \dfrac{\mathrm{D}}{s}$, on trouve

$$c\mathrm{D}^2 = 2500\,hs^3;$$

la forme du canal fournit une autre relation entre c et s ; s étant connu on en déduira $u = \dfrac{D}{s}$.

Si par exemple la section du courant est rectangulaire, de largeur a, de hauteur inconnue x, on aura $c = a + 2x$, $s = ax$, et l'on tirera x de l'équation

$$2500\, ha^3 x^3 - (2x + a)D^2 = o\,.$$

Le premier membre ayant des signes contraires quand x est nul ou très grand le nombre des racines positives est impair. Il n'y en a donc qu'une seule, la somme des racines étant nulle.

La même équation donne le débit D correspondant à un courant de forme donnée.

Si par exemple on compare ceux qui ont la même pente i et des sections s de formes semblables, en posant $a = \alpha \sqrt{s}$, $x = \beta \sqrt{s}$, on aura

$$2500\, h\alpha^3\beta^3 s^3 - (2\beta + \alpha)D^2 \sqrt{s} = o\,.$$

Il est clair que α, β et h ou $\sin i$ restent invariables. Par suite il en est de même de $\dfrac{D^2\sqrt{s}}{s^3}$; D est donc proportionnel à $s^{5/4}$ et u ou $\dfrac{D}{s}$ à $\sqrt[4]{s}$.

136. Application du principe des forces vives aux moteurs hydrauliques. — *Simplification du travail des pressions*. — Comme on l'a vu au numéro 128 le travail des pressions extérieures sur une masse quelconque, pendant un très petit instant, a pour valeur Σpv, en prenant l'élément v du volume avec le signe $+$ pour la portion de ce volume qui a disparu, avec le signe $-$ pour celle qui l'a remplacée. La somme ne s'étend qu'à ces deux portions, et comme elles sont égales $\Sigma v = o$; par suite si la pression avait une valeur constante q son travail Σvq ou $q\Sigma v$ serait nul. Il sera donc indifférent pour l'évaluation du travail Σpv de le remplacer par $\Sigma(p - q)v$, ou de considérer toutes les pressions extérieures comme diminuées d'un même nombre q; nous prendrons pour celui-là la pression atmosphérique, et par suite nous devons la supposer soustraite des valeurs de toutes les pressions, car dans le principe du numéro 128 il n'en est pas employé d'autres que les pressions extérieures.

Disposition du courant et de la masse à laquelle le principe 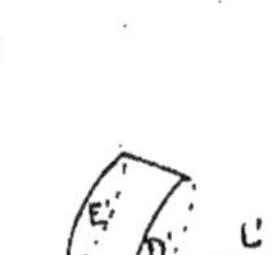 *s'applique*. — Imaginons un courant arrivant en L, faisant marcher un appareil hydraulique, et s'écoulant en L'; peu importe pour ce qui suit que L et L' soient des veines fluides, ou que l'eau s'y trouve dans des tuyaux ou des canaux découverts, que la section dans chacun soit constante ou variable. Mais nous supposons qu'il existe dans ces deux courants une portion, à distance suffisante de l'appareil, où les vitesses soient à peu près parallèles. Menons dans chaque portion des plans E, E' à peu près perpendiculaires aux vitesses, et dont la position restera invariable. De la sorte la pression variera sensiblement suivant la loi hydrostatique sur chacune de ces sections; c'est la seule condition que nous supposerons satisfaite dans le mouvement varié auquel nous appliquons le principe des forces vives.

L'accroissement de la force vive correspondra à deux époques entre lesquelles s'est écoulée à travers le plan E une masse μ considérée comme infiniment petite. L'eau du courant L qui est limitée à la seconde époque par le plan E se trouvait limitée à la première par une autre surface D, antérieure, en général courbe. De même l'eau du courant L' qui à la première époque était limitée à la section E' le sera à la seconde par une surface D' située au delà; par suite la masse totale qui à la première époque était comprise entre la surface D et le plan E' le sera à la seconde entre le plan E et la surface D'; c'est à cette masse et à ce déplacement que nous appliquerons le principe des forces vives.

Première forme de l'équation des forces vives. — Nous désignerons par C à toute époque l'espace occupé par l'eau entre les plans E et E' :

C, sera celui qu'elle occupe à la première époque entre D et E ;

C₂ sera celui qu'elle occupe à la seconde époque entre E' et D'.

Le premier contient par hypothèse la masse μ ; le second contient une masse μ' qui peut être différente.

Nous devons séparer d'abord les termes de l'équation qui correspondent à C, C₁, C₂.

Soient F_1 la force vive de l'eau contenue dans C_1, à la première époque ; F_2 celle de l'eau contenue dans C_2 à la seconde ; F' celle de l'eau contenue dans l'espace C à la première ; $F' + \Delta F'$ la même à la seconde, où l'eau est en partie renouvelée. La force vive totale de la masse, désignée en général par F, est $F_1 + F'$ à la première époque, $F_2 + F' + \Delta F'$ à la seconde, d'où résulte

$$\text{accr}^t \left(\frac{1}{2}\, F \right) = \frac{1}{2}\, F_2 - \frac{1}{2}\, F_1 + \frac{1}{2}\, \Delta F' .$$

La pression est réduite à son excès sur la pression atmosphérique ; sur toute portion de surface exposée à l'air libre cet excès est nul, de même que le travail. La pression de l'air ne peut produire de travail que s'il est contenu dans un espace fermé, ce qui ne peut exister que dans l'appareil hydraulique et dans la région C ; nous nommerons ΔT_a ce travail entre les deux époques.

Sur toute portion de surface limitée par une paroi immobile, la pression est normale et par suite perpendiculaire à l'espace parcouru et son travail est nul. Si des parois sont mobiles, elles ne peuvent être que des surfaces appartenant à l'appareil hydraulique. Nous désignerons par ΔT_u le travail de l'eau sur elles entre les deux époques, parce qu'en considérant l'eau comme une machine, il constitue le travail utile ; en même temps le travail de ces parois sur l'eau sera $- \Delta T_u$.

Parmi les pressions extérieures il ne reste à compter que celle de l'eau; il n'en peut exister dans la région C, la masse qu'elle contient n'étant en contact avec l'eau que sur les plans E, E'. La pression s'exerce donc seulement sur la surface de l'eau qui se déplace de D en E, et de E' en D'. Ce déplacement étant infiniment petit, le travail, comme on l'a vu au numéro 128 est égal à Σpv, en prenant l'élément de volume v négatif là où il figure un accroissement, ou dans l'espace C_2.

Désignons donc par T_1, T_2 la somme Σpv étendue à l'espace C_1 pour T_1, à C_2 pour T_2; nous aurons ainsi

$$T_1 - T_2 - \Delta.T_u + \Delta T_a$$

pour le travail des pressions.

Le frottement dans les régions C_1, C_2 s'exerce sur une surface frottante qui est infiniment petite en même temps que μ; l'espace parcouru, épaisseur de C_1 ou C_2, est du même ordre. Le travail de ce frottement est donc infiniment petit du second ordre, et doit être négligé. Nous désignerons par $- \Delta T_p$, entre les deux époques, le travail des autres résistances passives, exercé seulement dans la région C.

Le travail de la pesanteur sur un élément de masse m est l'accroissement de mgz; pour la masse entière c'est l'accroissement de Σmgz. Soient S_1, S_2 cette somme étendue soit à C_1 à la première époque, soit à C_2 à la seconde; si on la désignait pour la région C par S à la première, par $S + \Delta S$ à la seconde, l'accroissement total, ou le travail de la pesanteur, serait

$$(S_2 + S + \Delta S) - (S_1 + S),$$

mais il est préférable de désigner par M la masse variable contenue dans la région C, par Z l'ordonnée de son centre de gravité; il est clair qu'on aura ainsi $\Delta S = \Delta.g\mathrm{MZ}$, accroissement d'une époque à l'autre. Le travail des forces autres que les pressions sera ainsi

$$S_2 - S_1 + g\Delta.\mathrm{MZ} - \Delta T_p.$$

D'après le numéro 128, ce travail augmenté de celui des pressions extérieures, est égal à l'accroissement de la demi-force vive trouvé ci-dessus, d'où résulte la relation

$$\frac{1}{2}\,F_2 - \frac{1}{2}\,F_1 + \frac{1}{2}\,\Delta F' =$$
$$= S_2 - S_1 + g\Delta(\mathrm{MZ}) - \Delta T_p + T_1 - T_2 - \Delta T_u + \Delta T_a \,,$$

que nous mettrons sous la forme

$$\frac{1}{2}\,\Delta F' = \Delta T_m - (\Delta T_u + \Delta T_p)\,,$$

où

$$\Delta T_m = \left(S_2 - T_2 - \frac{1}{2}\,F_2\right) - \left(S_1 - T_1 - \frac{1}{2}\,F_1\right) + g\Delta . \mathrm{MZ} + \Delta T_a\,.$$

Évaluation des termes correspondant à C_1, C_2. — Nous désignerons par G_1, G_2 les centres de gravité des volumes C_1, C_2 : par p_1, p_2 les pressions en ces points ; par z_1, z_2 leurs ordonnées ; par y_1, y_2 leurs ordonnées piézométriques.

Comme C_1 est une tranche infiniment mince la pression varie dans toute son étendue suivant la loi hydrostatique, puisqu'il en est ainsi sur le plan E ; on a par suite

$$p = p_1 + g\rho(z - z_1)\,.$$

Or nous avons supposé $T_1 = \Sigma pv$, la somme s'étendant au volume C_1 ; G_1 étant son centre de gravité on a

$$\Sigma v(z - z_1) = 0\,,$$

et de la sorte T_1 se réduit à

$$T_1 = \Sigma p_1 v = p_1 \Sigma v = p_1\,\frac{\mu}{\rho}\,,$$

μ étant la masse totale

La somme $S_1 = \Sigma mgz$ s'étend au même volume ; on a donc

$$S_1 = g\Sigma mz = g\mu.z_1\,.$$

et par suite

$$S_1 - T_1 = g\mu\bar z_1 - p_1\,\frac{\mu}{\rho} = \mu g\left(z_1 - \frac{p_1}{g\rho}\right) = \mu g y_1\,,$$

puisque y_1 est l'ordonnée piézométrique du point G_1.

La force vive F_1 correspond à la même masse μ, et par suite $F_1 = \mu V^2$, V^2 étant une valeur moyenne des carrés des vitesses sur la section E. Il en résulte

$$S_1 - T_1 - \frac{1}{2}\,F_1 = \mu g\left(y_1 - \frac{V^2}{2g}\right).$$

En remarquant que le volume C_2 contient la masse μ', on trouverait de même

$$S_2 - T_2 - \frac{1}{2}\,F_2 = \mu'g\left(y_2 - \frac{V'^2}{2g}\right),$$

V'^2 étant une valeur moyenne des carrés des vitesses sur la section E'.

En substituant ces valeurs dans les relations trouvées elles prennent la forme

$$(A)\quad
\begin{cases}
\Delta.\left(\dfrac{F'}{2}\right) = \Delta T_m - (\Delta T_u + \Delta T_p),\\[2ex]
\Delta T_m = \mu'gP' - \mu gP + g\Delta.MZ + \Delta T_a,\\[2ex]
P = y_1 - \dfrac{V^2}{2g},\qquad P' = y_2 - \dfrac{V'^2}{2g}.
\end{cases}$$

Ces expressions semblent dépendre de la position du plan fixe d'où l'on compte les z, mais ce n'est qu'apparent. Si l'on élève ce plan d'une hauteur h, Z augmente de h, et il en est de même des ordonnées piézométriques, ou de P et P'. De la sorte ΔT_m augmenterait de

$$\mu'gh - \mu gh + gh\Delta M;$$

or d'une époque à l'autre la masse μ s'ajoute à M, et μ' s'en retranche ; on a donc $\Delta M = \mu - \mu'$ et par suite ΔT_m n'est pas changé.

Imaginons qu'on ajoute les valeurs de $\Delta \left(\dfrac{1}{2} F' \right)$ et de ΔT_m correspondant à plusieurs instants successifs infiniment petits, pendant chacun desquels s'écoule la même masse μ à travers le plan E.

Les accroissements désignés par Δ, qui ne correspondaient qu'à l'un de ces instants, ne feront en s'ajoutant que s'étendre à la durée totale, et pourront continuer à être désignés de même. On n'aurait donc qu'à remplacer dans les formules $\mu' g P' - \mu g P$ par

$$\Sigma \mu' g P' - \Sigma \mu g P \, ;$$

mais on peut dans cette expression regarder P, P' comme des constantes, en leur attribuant des valeurs moyennes convenablement choisies ; elle devient ainsi

$$P' g \Sigma \mu' - P g \Sigma \mu \, .$$

Ensuite nous remplacerons $\Sigma \mu$, $\Sigma \mu'$, par μ, μ' qui représenteront les masses totales d'eau écoulées simultanément à travers les plans E, E', pendant une durée quelconque, et c'est à cette durée que s'étendront les accroissements Δ dans les formules (A) qui resteront exactement les mêmes. Quant aux points G_1, G_2 dont dépendent P et P', ce sont toujours par définition les centres de gravité de la masse infiniment petite qui va s'écouler à la fois à travers la section E, ou vient de s'écouler à travers E'. Mais en réalité *ces points G_1, G_2 peuvent être choisis à volonté sur les sections E, E'* ; en effet ils en sont infiniment rapprochés, et par suite on peut les supposer sur ces plans eux-mêmes. Or comme la pression y varie suivant la loi hydrostatique, les ordonnées piézométriques y_1, y_2 restent les mêmes dans toute l'étendue des sections. En particulier si le courant L est dans un canal découvert, en prenant G_1, à sa surface libre, la pression y sera nulle et y_1 se réduira à l'ordonnée z de ce point. La même remarque s'applique à y_2.

Conséquences des formules (A). — Si le mouvement est varié, d'une nature quelconque, la valeur de $\Delta F'$ est exacte, mais une seule équation ne suffit pas pour connaître le mouvement. Bornons-nous maintenant au cas où il s'agit réellement d'un moteur hydraulique, dont le mouvement régulier a une forme périodique. L'équation

$$\text{accr}^t \ \frac{1}{2} \ F' = \Delta . T_m - (\Delta T_u + \Delta T_p)$$

coïncide avec la relation analogue qui exprime le principe des forces vives pour une machine ordinaire, en admettant que F' soit sa force vive, $\Delta . T_m$ le travail moteur, et ΔT_u, ΔT_p les deux parties du travail résistant, c'est-à-dire, comme dans le cas actuel, le travail utile et celui des résistances passives.

Quand il s'agit de l'eau, c'est celle que contient l'espace C, constamment renouvelée, qui est assimilée à la machine, et en attribuant au travail moteur la valeur de ΔT_m il en résultera le principe de la transmission du travail sous la même forme qu'au numéro 110, le mouvement de l'eau étant périodique en même temps que celui de l'appareil hydraulique.

Par conséquent si aux deux époques que l'on compare la masse d'eau est en repos, $\Delta F' = o$, et le travail moteur se convertit entièrement en travail utile et en travail perdu ; il en est de même si aux deux époques F' reprend la même valeur.

Si l'eau est en repos à la première époque et à l'état de mouvement régulier à la seconde, il a fallu un excédant de travail moteur pour lui fournir sa force vive F', et celle-ci joue le rôle de travail emmagasiné, qui lors de la cessation du mouvement se répartit entre T_u et T_p.

Il faut remarquer que le travail T_u étant appliqué à l'appareil hydraulique ou au *récepteur*, devient pour lui le travail moteur, auquel correspond de nouveau un travail utile et un travail perdu, différents de T_u, T_p qui concernent la masse d'eau.

Toute la question est réduite à l'évaluation de ΔT_m. On n'en peut rien dire de général si la durée que l'on considère est celle où commence ou finit le mouvement; dans le premier cas, par exemple, il se peut que l'espace C se remplisse partiellement, que le courant L' n'existe pas, etc. Il nous reste à examiner le cas principal où les deux époques que l'on compare appartiennent au mouvement régulier.

137. Travail moteur pendant le mouvement périodique. — Nous avons désigné par ΔT_a le travail de la pression de l'air sur l'eau dans un espace fermé : si z est l'ordonnée du niveau de l'eau, ω son aire, le travail élémentaire est $p\omega dz$; mais ω est une fonction de z; il en est de même du volume occupé par l'air, et par suite de sa pression p; $p\omega dz$ a donc la forme $f(z)dz$ ou $d.F(z)$, $f(z)$ et $F(z)$ étant des fonctions connues. L'accroissement ΔT_a est donc le même que $\Delta.F(z)$.

Nous admettrons maintenant que l'on compare deux époques comprenant un nombre entier de périodes; l'eau et l'appareil hydraulique à ces époques ont alors la même position et les mêmes vitesses; z et $F(z)$ dans ce qui précède et en outre F', M, Z prennent les mêmes valeurs; on a donc

$$\Delta.T_a = o, \qquad \Delta F' = o, \qquad \Delta.MZ = o .$$

Puisque M n'a pas changé les masses d'eau qui sont entrées et sorties sont égales, ou $\mu' = \mu$. Les formules (A) en remplaçant ΔT_m par sa valeur donnent alors

$$o = \mu g(P' - P) - \Delta T_u - \Delta T_p ,$$

$$P' - P = y_2 - y_1 + \frac{V^2 - V'^2}{2g} .$$

Bien que y_1, y_2, V, V' représentent des valeurs moyennes pendant une période, nous pouvons assimiler $y_2 - y_1$ à la charge de h du point G_1 sur G_2 ; en remplaçant $P' - P$ par sa valeur dans la première équation et la divisant par μg, poids total de l'eau écoulée, nous aurons

$$o = h + \frac{V^2 - V'^2}{2g} - T_u - \psi,$$

en remplaçant

$$\frac{\Delta T_u}{\mu g} \text{ par } T_u, \qquad \frac{\Delta T_p}{\mu g} \text{ par } \psi.$$

De la sorte T_u et ψ représentent actuellement le travail utile et celui des résistances passives par kilogramme d'eau écoulé : ψ est donc la perte de charge.

La forme usuelle de l'équation est la suivante :

$$(B) \qquad T_u = -\frac{V'^2}{2g} - \psi, \quad \text{où} \quad H = h + \frac{V^2}{2g} ;$$

H se nomme la *hauteur de la chute*. Voici d'où provient cette expression : supposons le courant L alimenté par un réservoir où l'eau soit entretenue à un niveau constant N ; en négligeant l'inégalité des vitesses sur la section E, appliquons la formule

$$\frac{v'^2 - v^2}{2g} = h - \psi$$

à la masse contenue entre cette section et le niveau N ; nous aurons sensiblement $v = o$ en N ; en remplaçant v' par V vitesse en E, et h, ψ par h', ψ', il en résulte

$$\frac{V^2}{2g} = h' - \psi' ;$$

h' est la charge de N sur E ou sur G_1 ; ψ' est la perte de charge, qu'on peut rendre insensible en évitant toute dilatation du courant, et prenant la portion L assez courte pour que le frottement soit négligeable. Alors ψ' le sera aussi et l'on aura

$$H = h + \frac{V^2}{2g} = h + h'.$$

Or h est la charge du point G_1 sur G_2 ; par suite H sera celle de N sur G_2, et si tous deux sont à l'air libre, ce qui arrive communément, H sera la différence de niveau entre le point où l'eau sort de l'appareil, et la surface du bassin, nommé *bief d'aval*, dont elle part sans vitesse.

D'ailleurs indépendamment de cette signification de H, qui n'est pas toujours rigoureuse, c'est une hauteur, donnée dans chaque cas, dont dépend uniquement l'effet qu'on peut faire produire à la chute, car la vitesse de sortie V', et la perte de charge ψ résultent de la disposition de l'appareil hydraulique.

D'après l'équation (B) c'est quand V' et ψ seront négligeables que T_u aura sa plus grande valeur H. Supposons qu'un appareil idéal remplisse cette condition, et soit Π en kilogrammes le poids de l'eau écoulée par seconde ; T_u étant le travail par kilogramme écoulé, le travail par seconde sera ΠT_u ou ΠH. Ce produit se nomme la *puissance de la chute*, ou son *travail disponible ;* il équivaut en chevaux dynamiques à $\dfrac{\Pi H}{75}$. C'est donc pour tout moteur la limite du travail par seconde qu'il peut produire, et on nomme *rendement* le rapport de son travail à celui-là, c'est-à-dire $\dfrac{T_u}{H}$, dont la différence à l'unité, ou

$$\frac{\dfrac{V'^2}{2g} + \psi}{H},$$

exprime la proportion de travail perdue.

Application de la formule (B) *aux roues en dessous.* — Cet appareil, d'un emploi fréquent à cause de sa simplicité, se compose d'une roue verticale, dont les palettes planes sont mises en mouvement par un courant horizontal LL'. Les palettes sont contenues dans un *coursier*, canal découvert qui dirige l'eau contre elles ; V est la vitesse du courant L, V' celle de L' ; V' est aussi la vitesse moyenne des palettes.

L'eau éprouve contre l'une d'elles une sorte de choc réduisant sa vitesse V à V'; au numéro 131 nous avons vu que dans la dilatation d'un courant, où cette même réduction s'effectue, il en résulte une perte de charge égale à $\dfrac{(V - V')^2}{2g}$, valeur conforme à la règle générale énoncée à la fin du numéro 107. Nous admettrons encore, sans recourir à un calcul direct, que dans le cas actuel la même règle générale soit applicable ; on aura donc

$$\psi = \frac{(V - V')^2}{2g},$$

comme on le suppose communément. En outre $h = o$, les deux courants étant au même niveau ; par suite $H = \dfrac{V^2}{2g}$, et l'équation (B) se réduit à

$$T_u = \frac{V^2}{2g} - \frac{V'^2}{2g} - \frac{(V - V')^2}{2g} = \frac{V'(V - V')}{g}.$$

La vitesse V est donnée, et suivant la forme et les dimensions de la roue on peut faire varier V' à volonté. On aurait $T_u = o$ soit si $V' = o$, soit si $V' = V$; on doit choisir V' de façon que T_u soit le plus grand possible ; or $V'(V - V')$ devient maximum pour $V' = \dfrac{1}{2} V$, ce qui donne

$$T_u = \frac{V^2}{4g} = \frac{1}{2} H.$$

Le rendement serait ainsi 0,50. Mais on a constaté par expérience que la valeur de V' donnant le rendement maximum est $\dfrac{2}{5}$ V, et que ce rendement est 0,30. Celui-ci ne résulte pas d'ailleurs de la formule

$$T_u = \frac{V'(V - V')}{g}.$$

qui pour $V' = \dfrac{2}{5} V$ donnerait

$$T_u = 0,24 \frac{V^2}{g} = 0,48 \, H.$$

On voit par cet exemple qu'il existe dans chaque cas une certaine vitesse à donner aux pièces mobiles recevant l'action de l'eau, de façon à avoir le rendement maximum. Celui-ci et la vitesse peuvent en général se déduire de la théorie, mais leur différence avec les valeurs qu'indique la pratique sont souvent notables, vu la difficulté d'évaluer les pertes de charge.

La faiblesse du rendement dans l'exemple précédent provient de ce que l'eau aborde les palettes par un choc, et que la vitesse de sortie n'est pas très faible. Par diverses modifications on peut améliorer le rendement, qui reste toutefois bien inférieur à 0,50 tant que les palettes sont planes. Avec des palettes courbes, et d'autres dispositions assez compliquées, Poncelet est parvenu à l'élever à 0,60.

Autres appareils hydrauliques. — Nous nous bornerons à une description succincte des plus usités.

Dans les *roues de côté* l'eau atteint les palettes peu au-dessous de l'axe de la roue, et parcourt un coursier circulaire. De la sorte elle aborde les palettes plus ou moins tangentiellement et avec une vitesse faible si la hauteur de chute n'est pas considérable. Le choc est ainsi évité ; aussi peut-on atteindre un rendement de 0,80, qui paraît même avoir été dépassé.

Dans les *roues en dessus* il n'y a pas de coursier : les palettes sont courbes, et l'intervalle de chacune à la suivante est fermé latéralement de façon à former une sorte de vase nommée *auget*. L'eau arrive par la partie supérieure de la roue avec une vitesse faible et remplit les augets qui font ensuite tourner la roue par leur poids. Le rendement peut aller jusqu'à 0,80 pourvu que la roue tourne lentement, sans quoi il est très inférieur ; les augets se vident partiellement avant d'atteindre le point le plus bas, ce qui occasionne une déperdition de travail.

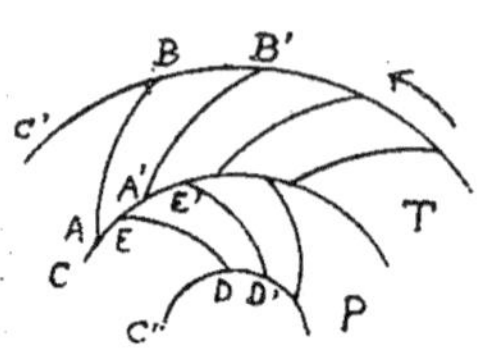

Les *turbines* sont des roues *à réaction*, c'est-à-dire que l'eau fait marcher les aubes par un effet de recul, et sort dans une direction opposée à la vitesse de l'aube. Voici leur principe :

En projection horizontale la turbine T se compose de deux plateaux annulaires, compris encore les circonférences C, C' de centre O. Ils sont réunis sur tout leur pourtour par une série de cloisons verticales AB, A'B', etc., en forme de spirale. Chacun de leurs intervalles forme ainsi un canal ouvert aux deux extrémités AA', BB'. Cet appareil est mobile autour d'un axe vertical élevé sur le centre O.

Au niveau du plateau inférieur se trouve un autre plateau annulaire P, compris entre les circonférences C, C'' de centre O. Il est fixe, indépendant de l'autre, et sert de fond à une cuve où l'eau arrive du bief ou bassin supérieur. Il supporte des parois verticales fixes DE, D'E', etc., en forme de spirale, de sens contraire à celles de la turbine, et formant de même des conduits ouverts en EE' sur la circonférence C. Ceux-ci dirigent les filets d'eau dans la turbine, et sa vitesse doit être telle que la trajectoire des particules d'eau dans chaque conduit ABA'B' soit le prolongement de celle qu'elles suivaient dans les conduits fixes DED'E'. L'eau pénètre ainsi sans choc dans la turbine et sort par les ouvertures BB' dans le bassin inférieur où la turbine est immergée.

Dans un autre système les conduits fixes et mobiles sont placés les uns sous les autres, de façon que les coupes verticales des cloisons sont encore des spirales de sens contraire.

Les dispositions précédentes évitent soit le changement brusque de vitesse à l'entrée de l'eau dans le récepteur, soit les bouillonnements qui se rencontrent dans les roues hydrauliques ; d'autre part il s'y produit des pertes de charge dues aux frottements, aux dilatations des filets et à leurs changements de direction ; aussi le rendement est seulement de 0,70 à 0,75. D'autre part, grâce à l'excessive rapidité de la rotation, elles ont l'avantage de pouvoir réaliser une grande puissance avec des dimensions très inférieures à celles des roues ; en outre la chute peut varier entre certaines limites sans que leur rendement soit fort diminué.

ERRATA

Page	ligne	au lieu de	lisez
14	9 en remontant	$\varphi' = \omega$	$\varphi' + \omega$
20	11 en remontant	comprimer	imprimer
72	7 —	$2\,\pi r$	$2\pi R$
121	3 en remontant	$= \dfrac{1}{2}\,ph^2$	$+ \dfrac{1}{2}\,ph^2$
130	7 —	ces angles	ses angles
133	6 —	$ta\varphi$	$td\varphi$
146	10 en remontant	$\dfrac{ds}{dt}\,u$	$\dfrac{ds}{dt} = u$
165	8 —	$r\alpha$	2α
167	3 —	ensuite en même temps	ensuite ou en même temps
171	12 en remontant	$x,\ v',\ v''$	$v,\ v',\ v''$
172	14 —	$\beta = pz$	$\beta = -pz$
203	7 —	$F' =$	$T' =$
204	figure	B B A''	B B' A''
204	12 —	$z' =$	$z_1 =$
211	15 —	$\cos u\ \dfrac{x}{h}$	$\cos u = \dfrac{x}{h}$
224	15 —	$T' = m\gamma \cos$	$T' = -m\gamma \cos$
226	7 en remontant	$+ \dfrac{1}{2}\sin 2u$	$+ \dfrac{1}{4}\sin 2u$
229	13 —	$= \dfrac{2\alpha^2}{\sqrt{h^2+\alpha^2}}$	$- \dfrac{2\alpha^2}{\sqrt{h^2+\alpha^2}}$
236	13 —	corps pesant soumis	corps pesant non soumis
237	dernière	$\cos 2^2 i$	$\cos^2 i$
240	4 —	toute son application	toute application
255	11 —	$x = \cos \varphi$	$x = r \cos \varphi$
265	9 —	$(r^2\ 3z^2)$	$(r^2 + 3z^2)$
266	3 —	$h\,(r^2\ z^2)$	$h\,(r^2 + z^2)$
284	2 en remontant	$x + du,$	$x + \alpha u,$

612

Page	ligne	au lieu de	lisez
292	6 —	$\dfrac{1}{\sqrt{f-g}}$	$\dfrac{1}{\sqrt{f-s}}$
293	8 en remontant	$+$ arc tang	$=$ arc tang
294	première	par la valeur	par sa valeur
303	7 en remontant	$\dfrac{dy}{dx}$ tang MTX	$\dfrac{dy}{dx} =$ tang MTX
310	dernière	latitude	latitude l
317	dernière	$\int x dx$	$\int y dx$
318	7 en remontant	$v = dvdy$	$v = dxdy$
322	équation 3	P$dzdydz$	P$dzdydx$
324	6 et 5 en remontant	S	s
328	10 en remontant	$x_2 = \dfrac{2}{3}, \dfrac{a \sin \alpha}{\alpha}$	$x_2 = \dfrac{2}{3} \dfrac{a \sin \alpha}{\alpha}$
344	6 en remontant	$X = Y \dfrac{1}{2}$	$X = Y = \dfrac{1}{2}$
345	7 en remontant	OY, OY	OY, OX
355	9 —	cos MOH	cos MHO
356	7 —	2Q	rQ
373	7 en remontant	$n^3 x$	$n^2 x$
389	9 en remontant	$(x\text{Y} - y\text{Z})$	$(x\text{Y} - y\text{X})$
408	première	des x_1, y_1 et z_1	des $x_1 \ y_1$, et z_1
418	6 —	frottant	frottants
452	dernière	$d.\left[x\left(\dfrac{dx'}{dp'}\right)\right.$	$d.\left[x'\left(\dfrac{dx'}{dp'}\right)\right]$
454	10 —	OZ	OL
460	première	Σmr^2	Σmz^2
473	11 —	$a_1, dt,$	$a_1 \ dt,$
476	4 en remontant	$\alpha \dfrac{du}{dx} u$	$\alpha \dfrac{du}{dx}, u$
480	8 —	$y,$	y_1
495	dernière	kilogrammètres	kilogrammes
515	5 —	$\dfrac{d.p_{yz}}{dy}$	$\dfrac{d.p_{yx}}{dy}$
567	5 —	$= \text{Z}$	$= z$
601	dernière	G_1, à sa	$\cdot\text{G}_1$ à sa
604	équation (B)	$\text{T}_u = -$	$\text{T}_u = \text{H} -$

TABLE DES MATIÈRES

INTRODUCTION

CHAPITRE PREMIER

Statique théorique

CHAPITRE II

Applications de la statique

CHAPITRE III

Cinématique

CHAPITRE IV

Première partie de la dynamique
Mouvement d'un point matériel

CHAPITRE V

Évaluations des sommes géométriques

CHAPITRE VI

Seconde partie de la dynamique
Mouvement d'un solide ou d'un système de solides

CHAPITRE VII

Complément de la dynamique

CHAPITRE VIII

Mécanique des fluides

LIBRAIRIE GAUTHIER-VILLARS ET FILS

QUAI DES GRANDS-AUGUSTINS, 55, A PARIS

Envoi franco contre mandat-poste ou valeur sur Paris

BOSSINESQ (J.), membre de l'Institut, Professeur de mécanique physique à la Faculté des Sciences de Paris. — **Cours élémentaire d'analyse infinitésimale**, à l'usage des personnes qui étudient cette Science *en vue de ses applications mécaniques et physiques.* 2ᵉ édition. 2 volumes grand in 8, avec figures.

    Tome I. — **Calcul différentiel**; 1887 .... 17 fr.
    Tome II. — **Calcul intégral**; 1890 .... 23 fr. 50 c.

On vend séparément

Tome I

Partie élémentaire, à l'usage des élèves des Écoles industrielles ... 7 fr. 50 c.
Compléments .... 9 fr. 50 c.

Tome II

Partie élémentaire... 7 fr. 50 c.
Compléments.. 16 fr.

CHAPPUIS (J.), Agrégé, Docteur ès Sciences, Professeur de Physique générale à l'École Centrale, et **BERGET (A)**, Docteur ès Sciences, attaché au laboratoire des recherches physiques de la Sorbonne. — **Leçons de Physique générale**. *Cours professé à l'École centrale des Arts et Manufactures et complété suivant le programme de la Licence ès sciences physiques.* 3 volumes grand in-8, se vendant séparément :

    Tome I. — *Instruments de mesure. Chaleur.* Avec 175 figures ; 1891..... 13 fr.
    Tome II. — *Électricité et Magnétisme.* Avec 305 figures ; 1891. .... 13 fr.
    Tome III. — *Acoustique. Optique. Électro-optique.* Avec 193 figures ; 1892 10 fr.

GILBERT (Ph.), Professeur à la Faculté des Sciences de l'Université catholique de Louvain. — **Cours de mécanique analytique**. *Partie élémentaire,* 3ᵉ édition augmentée. Grand in-8, avec figures ; 1891 .... 11 fr.

RESAL (H.), Membre de l'Institut, Ingénieur en chef des Mines, adjoint au Comité d'Artillerie pour les études scientifiques. — **Traité de Mécanique générale**, comprenant les *Leçons professées à l'École Polytechnique et à l'École des Mines,* 7 volumes in-8, se vendant séparément :

MÉCANIQUE RATIONNELLE

    Tome I : *Cinématique. — Théorèmes généraux de la mécanique.— De l'équilibre et du mouvement des corps solides.* In-8 avec 66 figures ; 1873. 9 fr. 50 c.

    Tome II : *Frottement. — Équilibre intérieur des corps. — Théorie mathématique de la poussée des terres. — Équilibres et mouvements vibratoires des corps isotropes, — Hydrostatique. — Hydrodynamique. — Hydraulique. — Thermodynamique, suivie de la théorie des armes à feu.* In-8, avec 56 figures ; 1874 .... 9 fr. 50 c.

MÉCANIQUE APPLIQUÉE (Moteurs et Machines)

    Tome III : *Des machines considérées au point de vue des transformations de mouvement et de la transformation du travail des forces. — Application de la Mécanique à l'Horlogerie.* In-8, avec 213 belles figures ; 1875.......... 11 fr.

    Tome IV : *Moteurs animés. — De l'eau et du vent considérés comme moteurs. — Machines hydrauliques et élévatoires.— Machines à vapeur, à air chaud et à gaz.* In-8, avec 200 belles figures levées et dessinées d'après les meilleurs types ; 1876 .... 15 fr.

CONSTRUCTIONS

    Tome V : *Résistance des matériaux. — Constructions en bois. — Maçonneries. — Fondations. — Murs de soutènement. — Réservoirs.* In-8, avec 308 belles figures levées et dessinées d'après les meilleurs types ; 1880. 12 fr. 50 c.

    Tome VI : *Voûtes droites et biaises, en dôme, etc.— Ponts en bois.— Planchers et combles en fer. — Ponts suspendus. — Ponts-levis. — Cheminées. — Fondations de machines industrielles.— Amélioration des cours d'eau. — Substruction des chemins de fer. — Navigation intérieure. — Ports de mer.* In-8, avec 519 figures et 5 planches chromolithographiques ; 1881............ 15 fr.

DÉVELOPPEMENTS ET EXERCICES

    Tome VII : *Développements sur la Mécanique rationnelle et la Cinématique pure, comprenant de nombreux exercices.* In-8, avec 43 figures ; 1889.. 12 fr.

Genève. Impr. Aubert-Schuchardt